Research on the Interaction,
Integration and Effects of
Producer Services and Manufacturing

生产性服务业与制造业
互动融合发展及效应研究

黄繁华 等 / 著

中国财经出版传媒集团

经济科学出版社
Economic Science Press

图书在版编目（CIP）数据

生产性服务业与制造业互动融合发展及效应研究/
黄繁华等著. -- 北京：经济科学出版社，2023.2
ISBN 978 - 7 - 5218 - 4523 - 5

Ⅰ.①生… Ⅱ.①黄… Ⅲ.①生产服务 - 服务业 - 产
业发展 - 研究 - 中国②制造工业 - 产业发展 - 研究 - 中国
Ⅳ.①F726.9②F426.4

中国国家版本馆 CIP 数据核字（2023）第 025499 号

责任编辑：初少磊　尹雪晶
责任校对：李　建
责任印制：范　艳

生产性服务业与制造业互动融合发展及效应研究
黄繁华　等/著
经济科学出版社出版、发行　新华书店经销
社址：北京市海淀区阜成路甲 28 号　邮编：100142
总编部电话：010 - 88191217　发行部电话：010 - 88191522
网址：www. esp. com. cn
电子邮箱：esp@ esp. com. cn
天猫网店：经济科学出版社旗舰店
网址：http://jjkxcbs. tmall. com
北京季蜂印刷有限公司印装
787 × 1092　16 开　32.75 印张　623000 字
2023 年 2 月第 1 版　2023 年 2 月第 1 次印刷
ISBN 978 - 7 - 5218 - 4523 - 5　定价：120.00 元
（图书出现印装问题，本社负责调换。电话：010 - 88191545）
（版权所有　侵权必究　打击盗版　举报热线：010 - 88191661
QQ：2242791300　营销中心电话：010 - 88191537
电子邮箱：dbts@ esp. com. cn）

前　言

　　进入发展新时代以来，我国坚持创新在发展中的核心地位，积极贯彻新发展理念，加快培育现代产业体系，努力构建新发展格局，不仅经济总量跃居世界排名第二，人均收入跨进中等偏上国家行列，而且产业结构持续优化，经济发展质量不断提升，在推进中国特色现代化建设中不断取得举世瞩目的新成就。

　　生产性服务业是促进技术进步、提高生产效率、保障工农业生产活动有序进行的服务行业，是现代服务业的重要组成部分。生产性服务业包括研发服务、运输物流服务、信息服务、金融服务、商务服务等，具有专业性强、创新活跃、产业融合度高等基本特征。世界先进经济体的制造业发展经验表明，尽管生产性服务业源于从制造业生产环节的剥离，但是生产性服务业对制造业的作用，已从"需求依附""相互支撑"转向"发展引领"，生产性服务业已成为提高制造业核心竞争力的重要源泉。特别是，在新一轮科技革命和产业变革影响下，生产性服务业和制造业的传统边界不断被打破，生产性服务业和制造业的协作互动和相互融合日益加深，以服务型制造为代表的生产性服务业和制造业互动融合发展新模式、新业态，正成为制造业转型升级的发展方向。

　　促进生产性服务业和制造业的互动融合发展，是我国壮大实体经济和优化制造业结构的需要，是完善我国现代产业体系的要求，也是我国实现经济高质量发展的重要途径。不仅如此，推进生产性服务业和制造业互动融合发展，在畅通和提高我国经济循环效率以及驱动我国产业向全球价值链分工高端的攀升中，也发挥重要作用。近年来，我国在积极发展生产性服务业和制造业的同时，高度重视生产性服务业和制造业的互动融合发展，取得了许多重要新进展。但是从总体上看，目前我国生产性服务业和制造业的互动融合发展还处于较低水平。其原因既有我国生产性服务业发展依旧相对滞后，存在供需结构不匹配等不足，也有对生产性服务业和制造业互动融合发展的认识与研究比较缺乏，面临相关政策和改革尚未到位等问题。

长江三角洲（以下简称长三角）是我国经济实力最雄厚、产业创新最活跃、开放程度最高的地区之一。根据我国发展战略部署，长三角地区肩负着作为全国强劲活跃增长极、高质量发展样板区、率先基本实现现代化引领区、区域一体化发展示范区、新时代改革开放新高地等重要使命。鉴于此，以我国特别是长三角地区实践为主要样本，深入和系统地研究生产性服务业与制造业互动融合发展及效应，无疑具有重要的理论学术价值和重要的现实指导意义。

本书是在我主持和承担的教育部人文社会科学重点研究基地重大招标项目"长三角地区生产者服务与制造业互动发展与全面升级：理论、实证与政策研究"基础上形成的研究成果。

本书以生产性服务业与制造业互动融合发展为研究主线，紧扣生产性服务业和制造业互动融合发展中的重大理论和实践问题，运用多种研究方法，从多个不同层面和角度进行深入探讨。研究既立足于学术前沿，进行理论分析和创新，又结合具体实践和案例，进行发展对策与路径思考。全书共分为四篇和二十九章，各篇章之间既相互独立又存在内在联系。

第一篇主要研究本土生产性服务业与制造业互动融合发展的现状和趋势，包括应用系统化数据剖析生产者服务业与制造业互动融合发展的背景和基础，探讨生产性服务业与制造业创新互动升级的动力学特征与均衡增长途径，检验知识密集型生产者服务业与高技术产业的互动融合关系；还详细论证了生产性服务业对我国参与国际循环的影响机制和实际效应，分析制造业服务化与我国制造业技术创新能力提升之间的关系。此外，第一篇分别运用理论分析和计量检验方法，探究了产业数字化、贸易自由化对我国制造业服务化转型的作用机理，检验了产业数字化和贸易自由化对我国制造业服务化转型的影响效果；还全面阐释了长三角城市群工业化、城市化影响生产性服务业与制造业互动发展和全面升级的内在逻辑及特征等。

第二篇以产业集聚为关键词，重点探讨生产性服务业和制造业产业集聚对生产性服务业与制造业互动融合发展的影响。产业集聚是产业发展演化过程中的一种典型空间组织形态，近年来产业集聚不仅重要性更为凸显，而且集聚形式更趋复杂。第二篇的研究内容包括：分析服务业集聚的动态效应和制约因素，检验制造业集聚对服务业生产率的积极效应，探究服务业和制造业双重集聚对FDI流入的促进与优化作用，研究在信息不对称下生产性服务业FDI进入东道国的空间集聚与模式选择。此外，通过将服务消费纳入多部门非平衡增长模型并进行有关分析，为破解中国式"服务业发展悖论"命题提供新的理论解释与实践解决方案。第二篇还进一步聚焦长三角地区实践,剖析生产性服务业与制造业协同集聚对经济增长效率的影响路径,检验生产性服务业与制造业协同集聚对经济增长效率的正向作用以及在本地区和周边城市之间的差异。

第三篇重点基于我国推进高水平对外开放的时代背景,探讨在开放条件下生产性服务业和制造业互动融合发展更加复杂的机制。具体而言,首先通过构建数理模型以及对模型的分析求解,解答生产性服务贸易影响制造业发展与升级的运行机理以及制约条件,着重剖析知识产权保护在其中的特殊作用。其次,在多维度精准评估我国服务业开放和制造业创新能力基础上,研究服务业基于不同开放方式下对制造业创新能力产生的效应。然后,重点探讨制造业服务化与我国出口技术复杂度之间的关系,分析提高我国服务业出口复杂度的可行途径。另外,第三篇还考察了生产性服务业与制造业国际转移的相互追随和空间重叠特性,计量检验了数字经济和互联网发展对我国外资流入造成的多重效应。

第四篇主要研究生产性服务业与制造业互动融合发展所产生的经济效应,重点包括对就业、收入分配、全球分工格局、国际创新要素转移、经济增长以及"双循环"新发展格局构建等方面的影响分析。就业和收入分配是经济学研究中的重要命题,由于制造业服务化对就业既有"创造效应"也有"破坏效应",因此,第四篇运用中国制造业微观企业面板数据和全球投入产出数据,系统验证了制造业服务化对我国就业的实际影响,还以长三角实践为案例,剖析了长三角地区产业协作互动与区域一体化和收入分配结构变动之间的关系。此外,分析了FDI服务化对国际创新研发外溢及经济增长的影响,运用跨国面板经验数据研究全球价值链分工格局演变的规律,检验了知识产权保护在服务贸易驱动经济增长中的功能,论述了服务贸易赋能我国新发展格局构建的途径及对策等。

促进生产性服务业和制造业互动融合发展是一项庞大复杂的系统工程,也是当前国内外学术界研究的前沿和热门课题。本书力求在国内外已有相关研究基础上,在以下方面形成自己的研究特色,做出自己的边际贡献。

第一,构建新的更加完善的理论研究体系和框架。生产性服务业和制造业互动融合发展作为产业变革演进升级中形成的新兴产业形态,具有主体多元、路径多样、动态变化、快速迭代等特点,这决定了生产性服务业和制造业互动融合发展研究体系和框架,必须及时更新和不断完善。目前,生产性服务业和制造业互动融合发展研究,既要关注生产性服务业和制造业互动融合发展层面的问题,也要对支撑生产性服务业和制造业互动融合的相关产业基础进行研究;既要分析生产性服务业和制造业互动融合发展的传统方式,更要探究在数字经济和对外开放作用下的新模式、新业态。本书立足理论学术研究创新，及时追踪实践最新发展动向，不仅将相关不同层面和不同视角的研究进行有机整合和衔接，构建了一个更为系统与全面的新的研究体系和框架，而且通过将研究视角延伸至生产性服务业和制造业互动融合的效应，从而进一步确保了此次成果在研究体系和框架上的时代性和新颖性。

第二，深化和拓展了相关重大理论与实践专题研究。借助南京大学长江三角洲经济社会发展研究中心等科研平台，历经多年潜心钻研和不断创新，本书在已有国内外有关成果基础上，形成了一批有影响的高质量新成果，尤其是在生产性服务业和制造业互动融合发展的运行机制、产业基础升级和转型、协同集聚和效应、产业数字化和知识产权保护、扩大开放和创新能力、长三角一体化及高质量发展等方面，提出来了一系列具有拓展性或突破性的新观点、新理论和新见解，有力地拓宽和深化了相关理论研究空间，也大大丰富了有关实践研究素材。据统计，在此次课题研究和书稿形成过程中，已先后有二十多篇中期研究论文，分别发表在《经济学（季刊）》《经济学动态》《经济理论与经济管理》《统计研究》《国际贸易问题》《世界经济研究》《产业经济研究》等权威或核心学术期刊，产生了广泛的学术影响。

第三，多种研究方法并举创新，成果具有较好的针对性和实际应用价值。本书综合运用经济学规范研究和实证分析方法，既有理论阐释和模型推理，也有实践证明与计量检验，并且能根据研究对象和目标的不同，在使用数理模型演绎法、重复博弈分析法、计量检验分析法、静态与动态分析法、局部均衡和一般均衡分析法过程中，进行调整、完善和创新。特别是在本书的撰写过程中，进行了大量实地调研和专题研讨，从而保证了本书具有较强的针对性和实用性以及更好的实际应用价值。例如：通过运用我国微观企业大数据和对企业的实地调研，研究发现扩大开放能显著提高我国制造业服务化水平，而产业数字化则将进一步强化这种正向效应；推进长三角地区产业互动融合和区域一体化发展进程，对不同地区的收入分配影响并不一致，这意味着改进和优化当前我国收入分配结构，还需要更多的相关体制机制改革与创新等。

目录

第一篇

本土生产性服务业与制造业互动融合发展研究

第一章

生产性服务业与制造业互动融合发展背景和基础

——以长三角地区为例

生产性服务业和制造业的互动和融合发展，是全球经济增长和现代产业发展的重要趋势，同时也反映出新一轮科技革命和产业变革的深刻影响。我国高度重视生产性服务业和制造业的互动融合发展，并将其作为增强制造业核心竞争力、培育现代产业体系、实现高质量发展的重要途径。长江三角洲（以下简称长三角）地区包括上海、江苏、浙江、安徽三省一市，是我国经济实力雄厚、发展活跃、开放程度高、创新能力强的地区。近年来，长三角地区积极贯彻新发展理念，深化产业结构调整升级，大力创新经济增长方式，产业发展新模式、新业态和新技术不断涌现。尤其是在推动生产性服务业和制造业的互动融合发展方面，不断取得新进展、新成效，从而为更深层次和更高水平的生产性服务业与制造业互动融合发展打下了基础。

第一节　长三角地区经济发展特征和产业结构演变

长三角位于我国长江的下游地区，濒临黄海与东海，地处江海交汇之地，人杰地灵，物阜民勤，是古往今来的富庶之地、鱼米之乡。改革开放以来，长三角地区充分利用自身在要素禀赋、产业基础和对外开放等方面的优势，经济社会发展综合实力一直走在全国前列，在国家现代化建设大局和全方位开放格局中具有举足轻重的战略地位。数据显示，长三角地区以不到4%的国土面积，创造出我国近1/4的经济总量，超过1/3的进出口总额和外商来华投资，在创新驱动和经济高质量方面，长三角主要指标更是长期名列全国前茅。

具体而言，首先从经济发展规模和增长速度上看，如图 1 - 1 所示，1990 年长三角地区生产总值为 3760.85 亿元，到 2019 年已增长到 237252.6 亿元，增长了 62.1 倍；1990 ~ 2019 年长三角地区经济年均增长率超过 14%，年均增速明显高于全国平均水平。与此同时，长三角地区生产总值占全国 GDP 的比重总体也呈上升趋势。截至 2019 年，长三角地区生产总值占全国 GDP 的比重已达到 23.9%。不仅如此，长三角地区人力、智力资源丰富，拥有全国 1/4 双一流高校和全国 1/3 的研发经费投入，是我国万亿元 GDP 城市最集中的地区。改革开放以来，长三角积极参与国际分工，逐步发展成为全国乃至全球瞩目的国际制造业基地，为我国成为"世界工厂"做出了重要贡献。

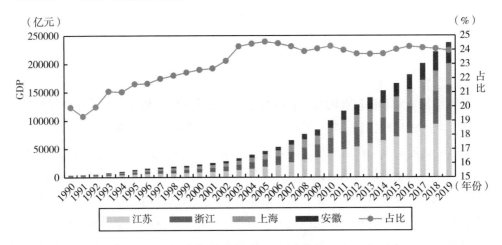

图 1 - 1 1990 ~ 2019 年长三角地区 GDP 水平及占全国比重

资料来源：根据 1990 ~ 2019 年《江苏统计年鉴》《浙江统计年鉴》《上海统计年鉴》《安徽统计年鉴》《中国统计年鉴》整理和计算。

其次，从产业结构的变化角度讲，世界经济发展史显示，经济的发展不仅是经济规模的增长，而且是产业结构不断调整和优化的过程。图 1 - 2 展示了长三角地区 1990 ~ 2019 年的地区生产总值产业结构变化情况。从图中可以看到，2013 年以前长三角地区的产业结构是呈现"二三一"的模式，即第二产业（工业）在地区生产总值中占比最大，其次是第三产业（服务业），第一产业（农业）的占比最小。其中，1994 年长三角第二产业增加值占当地 GDP 比重达到 53.2%，为近三十年的最高值。伴随着经济的发展，长三角地区产业结构开始从"二三一"模式向"三二一"模式转变，服务业占地区生产总值比重逐步升高。2000 年长三角地区服务业增加值占比为 40.4%，2013 年开始超过第二产业，到 2015 年更是突破了50%。截至 2019 年，长三角地区服务业增加值占地区生产总值的比重已达 55.4%。服务业对长三角地区经济增长的贡献率，从 2000 年的 60.8% 上升到 2019 年的

67.9%。当前，长三角服务业不仅在规模上超过了工业和农业生产总值之和，而且已成为驱动长三角地区经济增长的主要动力来源。

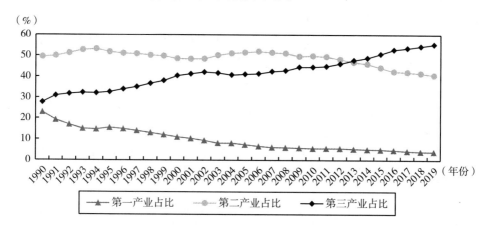

图1-2　1990~2019年长三角地区三大产业增加值占GDP比重

资料来源：根据1990~2019年《江苏统计年鉴》《浙江统计年鉴》《上海统计年鉴》《安徽统计年鉴》整理和计算。

进一步，在长三角地区的三省一市中，从地区生产总值上看，2000~2019年三省一市年均增长率分别为江苏15.8%、浙江15.7%、上海14.3%、安徽14.9%。截至2019年，江苏地区生产总值达到99631.5亿元，占长三角地区生产总值41.9%；浙江62351.7亿元，占26.3%；上海38155.3亿元，占16.1%；安徽37113.98亿元，占15.6%，江苏经济总量的占比最高。在服务业发展方面，2000~2019年上海服务业增加值的年均增速为13.5%，服务业占地区生产总值的比重从52.4%上升至72.7%；浙江年均增速为15.3%，占比从36.4%上升至54%；江苏年均增速为15.9%，占比由35.9%提升至51.3%；安徽年均增速为15%，比重从42.3%上升至50.8%。由此可见，2000~2019年江苏服务业的年均增速最高，上海服务业占比的提升幅度最大，这和上海作为现代大都市的经济发展特征相符（见表1-1）。

表1-1　　　　　　　　长三角三省一市服务业增加值占比和变化情况　　　　　　单位:%

地区	2000年	2005年	2010年	2015年	2019年	比重变化
江苏	35.9	35.9	41.4	48.6	51.3	15.4
浙江	36.4	39.9	43.6	49.8	54.0	17.6
上海	52.4	51.6	57.0	67.8	72.7	20.3
安徽	42.3	40.0	33.9	39.1	50.8	8.5
长三角	40.4	40.7	43.8	52.5	55.4	15.0

资料来源：历年《江苏统计年鉴》《浙江统计年鉴》《上海统计年鉴》《安徽统计年鉴》。

从就业结构上讲，经济学理论中的"配第—克拉克法则"指出，劳动力在三次产业中的结构变化与人均国民收入水平存在相关性。具体来说，随着经济的发展和人均国民收入水平的提高，劳动力将呈现从第一产业向第二产业、再由第二产业向第三产业转移的趋势。长三角地区经济发展的实践也验证了这一规律。从表 1 - 2 可以看到，2000 年以来长三角服务业就业人数占比明显增加，服务业成为了吸纳劳动力就业的重要渠道。2019 年，上海服务业就业人数占比达到 72.6%，与上海地区生产总值产业结构高度吻合。江苏、浙江、安徽的服务业就业人数占比也都较 2000 年有较大增长，分别由 27.0%、29.0%、24.6% 提升到 2019 年的 42.1%、44.0% 和 40.5%。不过与全国同期平均值相比，江苏、浙江和安徽的服务业就业比重，仍有进一步提升空间。

表 1 - 2　　　　　　长三角三省一市及全国服务业就业人数占比　　　　　　单位:%

年份	江苏	浙江	上海	安徽	全国
2000	27.0	29.0	44.9	24.6	27.5
2005	31.9	30.4	55.6	30.0	31.4
2010	35.7	34.2	55.9	35.8	34.6
2015	38.6	38.5	62.9	39.5	42.4
2019	42.1	44.0	72.6	40.5	47.4

资料来源: 历年《江苏统计年鉴》《浙江统计年鉴》《上海统计年鉴》《安徽统计年鉴》。

第二节　长三角地区生产性服务业发展现状和特点

服务业是指生产或提供各种服务的经济部门或各类企业的集合，它是衡量社会经济发达程度的重要标志。生产性服务业（produce service，PS）又称为生产者服务业，是指为促进技术进步、提高生产效率、为农业生产活动有序进行提供保障的服务行业。生产性服务业是现代服务业的重要组成部分。在新一轮产业革命大潮中，生产性服务业与制造业联系日趋紧密，贯穿生产制造的全部过程、各个阶段。

"十二五"以来，长三角地区服务业保持稳步增长态势，并且年均增速高于同期地区生产总值水平。如表 1 - 3 所示，2000 年长三角地区服务业增加值是 9159.2 亿元，2010 年为 43193.1 亿元。2019 年突破 13 万亿大关，达到 13.14 万亿元，不仅规模是 2000 年的 14.3 倍，而且总量远超珠三角、京津冀区域经济圈的服务业。在长三角的三省一市中，2019 年江苏服务业增加值突破 5 万亿元大关，位居长三角三省一市的首位，在全国各省份排名第二；浙江、上海同样位居全国前列，服务业增加值规模分列全国第四位、第六位。

表1-3　　　　　长三角三省一市及京津冀、珠三角服务业增加值情况　　　单位：亿元

地区	2000 年	2005 年	2010 年	2015 年	2019 年
江苏	3069.5	6497.1	17121.0	33931.7	51064.7
浙江	2246.7	5193.2	11936.1	21129.8	33687.8
上海	2521.6	4776.2	9942.3	17274.6	27752.3
安徽	1321.3	2137.8	4193.7	8602.1	18860.4
长三角	9159.2	18604.3	43193.1	80938.2	131365.2
京津冀	4723.7	10002.0	22310.7	39677.5	57514.1
珠三角	3966.7	8489.8	18600.1	33370.3	50033.7

资料来源：各年样本地区历年统计年鉴。

　　长三角地区服务业在总量增长的同时，内部行业结构也在不断调整、升级和优化。尤其是科学研究和技术服务业、信息传输软件和信息技术服务业、租赁和商务服务业等一批新兴服务行业增长迅速，产值不断扩大，对长三角地区服务业增长贡献率不断增加（见图1-3）。2019年，长三角金融业、信息传输软件和信息技术服务业对地区服务业增长的贡献率，分别达到13.4%和9.0%，贡献率位居各行业的前列（见图1-4）。

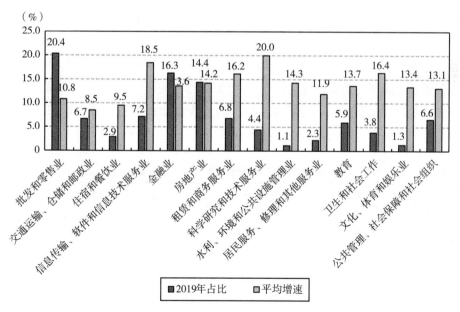

图1-3　2019年长三角地区服务业分行业增加值占比及2010～2019年平均增速

注：平均增速为名义增速的年平均值，考察年限为2010～2019年。

资料来源：根据2010～2019年样本地区统计年鉴整理和计算。

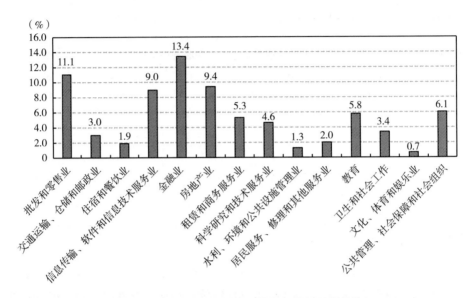

图1-4 2019年长三角地区服务业分行业贡献率

资料来源：根据2018年、2019年样本地区统计年鉴计算。

生产性服务业产业融合度高、创新活跃、涉及面广、带动作用强，是推动当前我国产业结构优化升级的重要力量。因此，生产性服务业的发展不仅体现在其自身专业化分工的广度与深度方面，还反映在与其他产业之间的协同融合与分工水平上。根据生产性服务业的基本特性，同时基于统计数据的可获得性和一致性，本章将生产性服务业（PS）界定为由交通运输服务业、金融服务业、批发零售服务业、信息商务服务业和科技服务业（RS）五类服务行业组成。由于2004年前后我国国民经济行业统计标准不同（见表1-4），为了提高数据的可比性，本章将2004年前有关生产性服务行业数据进行了技术处理。①

表1-4 **2004年前后生产性服务业的统计分类**

行业缩写	2004年以前的生产性服务业	2004年以后的生产性服务业
TS	交通运输、仓储及邮电通信业	交通运输、仓储和邮政业
FS	金融保险业	金融业
LS	批发、零售、贸易、餐饮业	批发和零售业

---

① 1990~2004年的全国、江苏和浙江的统计年鉴中，批发零售服务业中包括了餐饮、贸易，为此我们根据历史数据中餐饮与贸易所占的份额进行了测算，并进而得到这段时间全国批发零售服务业的增加值，以及江苏和浙江批发零售服务业的增加值。另外，因2020年中国统计年鉴中缺少2019年全国服务业分行业统计数据，2019年服务业分行业数据来自相关统计公报。

续表

行业缩写	2004 年以前的生产性服务业	2004 年以后的生产性服务业
BS	社会服务业	信息传输、计算机服务和软件业 租赁和商务服务业
RS	科学研究和综合技术服务业	科学研究、技术服务和地质勘查业

资料来源：根据《国民经济行业分类》（GB/T 4754—2002）与《国民经济行业分类》（GB/T 4754—1994）整理。

数据表明，从总量上看，1990～2019 年，长三角地区生产性服务业增加值从 762.04 亿元增加到 80883.6 亿元，年均增长速度达到 17.5%，超过全国同期 16.4% 的生产性服务业的增长速度，也高于同期长三角地区生产总值和全国 GDP 的增长水平。截至 2019 年，长三角地区生产性服务业增加值达到 80883.6 亿元，占长三角服务业增加值的比重达到 61.7%，占长三角地区生产总值的比重也达到 34.4%。与之相呼应，长三角生产性服务业在国内地位明显提升。1990～2019 年，长三角地区生产性服务业占全国的比重，从 1990 年的 19.8% 大幅上升到 2003 年的 31.6%，之后几年虽然略有下降，但始终超过 1/4，超过同期长三角地区生产总值占全国的比重。进一步分行业来看，长三角地区的交通运输、仓储和邮政业占全国比重，从 1990 年的 17.7% 上升至 2019 年的 21.0%，金融业从 1990 年的 17.2% 增加至 2019 年的 25.4%，信息传输、计算机服务和软件业、租赁和商务服务业更是从 1990 年的 18.0% 上升至 2019 年的 29.4%。

从分省市的情况来看，1990～2019 年苏、浙、沪、皖生产性服务业增加值分别从 254.9 亿元、187.8 亿元、210.7 亿元和 108.5 亿元，增加到 29375.4 亿元、20945.2 亿元、20293.5 亿元和 10269.4 亿元，年均增长率分别达到 17.8%、17.6%、17.1% 和 17.0%，均高于同期全国生产性服务业的增长速度。苏、浙、沪、皖生产性服务业增加值占本省（市）地区生产总值的比重，也分别从 18%、20.8%、27.0%、16.5%，增长到 29.8%、33.5%、53.5%、27.9%（见图 1-5）。在三省一市中，江苏的生产性服务业规模最大，2019 年占整个长三角地区的 36.23%。浙、沪、皖的占比分别为 26.07%、25.03% 和 12.67%（见表 1-5）。

另外，在各省市生产性服务业内部行业结构方面，批发和零售服务占据长三角地区生产性服务业的最大份额，2019 年占比为 33%。其中，江苏、浙江和安徽的比重分别达到 37.1%、35.1%、33.1%，均居本省生产性服务业的各行业首位。其次是金融服务业，2019 年金融服务业占据长三角生产性服务业的 26.4%，其中对作为全国金融中心的上海而言，金融服务业占比达到 32.5%，位居各生产性服务行业之首。江苏和安徽的金融服务业占比也分别高达 25.6%、22.8%，分别位列本省

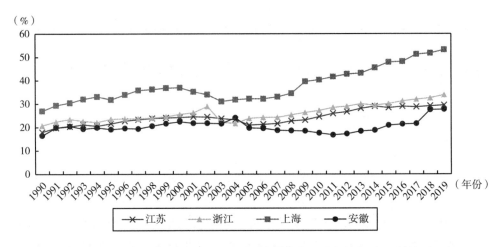

图 1 - 5 1990～2019 年长三角地区生产性服务业增加值占 GDP 的比重

资料来源：根据 1990～2019 年《江苏统计年鉴》《浙江统计年鉴》《上海统计年鉴》《安徽统计年鉴》整理和计算。

表 1 - 5 　　　　　　　1990～2019 年长三角地区生产性服务业发展情况

年份	长三角		江苏		浙江		上海		安徽	
	增加值 （亿元）	占全国 比重（%）	增加值 （亿元）	占长三角 比重（%）	增加值 （亿元）	占长三角 比重（%）	增加值 （亿元）	占长三角 比重（%）	增加值 （亿元）	占长三角 比重（%）
1990	762.0	19.76	254.9	33.45	187.9	24.65	210.8	27.66	108.5	14.24
1995	3139.4	26.03	1113.9	35.48	840.0	26.76	801.4	25.53	384.2	12.24
2000	6131.1	30.67	2072.7	33.81	1577.6	25.73	1779.2	29.02	701.5	11.44
2005	10999.7	27.22	3804.8	34.59	3110.2	28.28	2962.9	26.94	1121.8	10.20
2010	27167.9	27.68	10158.3	37.39	7455.1	27.44	7223.1	26.59	2331.4	8.58
2015	51226.1	25.11	20236.3	39.50	13122.5	25.62	12885.4	25.15	4982.0	9.73
2019	80883.6	25.80	29375.4	36.23	20945.2	26.07	20293.5	25.03	10269.5	12.67

资料来源：根据相关年份《江苏统计年鉴》《浙江统计年鉴》《上海统计年鉴》《中国统计年鉴》整理和计算。

各生产性服务行业的第二位。浙江金融服务业占比是 23.4%，位居本省生产性服务行业第三位。值得关注的是，近年来长三角地区信息传输、计算机服务和软件业、租赁和商务服务业发展加快，在长三角生产性服务业中地位明显上升。2019 年这些行业占长三角地区生产性服务业的比重已达到 22.6%，仅次于金融服务业。特别是浙江的占比为 26.5%，甚至高于金融服务业，体现了数字经济在浙江迅速发展的成效。2019 年上海这些行业占生产性服务业的 26.1%，位列第二，高于批发和零售业。江苏占比为 19%，位居江苏生产性服务行业的第三位（见表 1 - 6）。

表 1 - 6　　　　　　　2019 年长三角三省一市生产性服务行业的规模和占比

行业	长三角		江苏		浙江		上海		安徽	
	规模（亿元）	占比（%）	规模（亿元）	占比（%）	规模（亿元）	占比（%）	规模（亿元）	占比（%）	规模（亿元）	占比（%）
交通运输、仓储和邮政业	8739.2	10.8	3157.2	10.7	1980.1	9.5	1650.4	8.1	1951.5	19.0
金融业	21374.8	26.4	7529.6	25.6	4904.0	23.4	6600.6	32.5	2340.6	22.8
批发和零售业	26688.7	33.0	10901.3	37.1	7360.2	35.1	5023.2	24.8	3404.0	33.1
信息传输、计算机服务和软件业、租赁和商务服务业	18281.9	22.6	5574.4	19.0	5555.7	26.5	5303.7	26.1	1848.1	18.0
科学研究、技术服务和地质勘查业	5798.9	7.2	2212.9	7.6	1145.2	5.5	1715.6	8.5	725.2	7.1
生产性服务业	80883.5	100	29375.4	100	20945.2	100	20293.5	100	10269.4	100

资料来源：根据 2019 年《江苏统计年鉴》《浙江统计年鉴》《上海统计年鉴》《安徽统计年鉴》《中国统计年鉴》整理和计算。

在长三角地区生产性服务业取得很多成绩、赢得较快发展的同时，不能忽视长三角地区目前依然存在一些不足。首先，长三角地区的生产性服务业规模依旧偏小，生产性服务业占地区生产总值和服务业增加值的比重还偏低。以安徽为例，2019 年安徽生产性服务业增加值占地区生产总值和服务业的比重，分别是 12.7%、54.4%，均低于国内平均水平。其次，尽管长三角地区高附加值的、技术密集的、知识密集的现代生产性服务业所占比重在上升，然而就现状而言，传统生产性服务业所占比重依旧偏大。[①] 2019 年长三角地区传统生产性服务业占服务业增加值比重为 43.8%，占比明显偏高。相反，高附加值的技术和知识密集型生产性服务业占比，有待进一步提升。以科技服务业为例，2019 年科技服务业占长三角生产性服务业的比重只有 7.2%，是生产性服务行业中占比最低的服务行业。此外，在长三角生产性服务业发展体制机制方面，还需要进一步改革和完善。这说明目前长三角地区的生产性服务行业发展还有较大潜力。同时，这意味着对照与制造业高水平互动融合发展要求，当前长三角生产性服务业发展规模和结构都需要进一步改进。

---

① 根据现代服务业特点，在生产性服务业中，本章将交通运输服务业和批发零售服务业界定为传统生产性服务业；金融服务业、信息商务服务业和科技服务业界定为现代生产性服务业。

第三节 长三角地区制造业发展地位和优势

制造业是立国之本、强国之基。长三角地区是我国制造业最为发达的地区，是我国现代工业的主要发源地，也是我国成为"世界工厂"的主要承载地。凭借雄厚的产业基础，当前长三角地区制造业无论在产业规模、产业结构，还是在产业互动融合发展、机制创新等方面，均处于全国前茅，在全国制造业高质量发展中占据举足轻重的地位。

一、长三角地区制造业在全国的重要地位

从表 1 - 7 可看到，1980 年长三角地区工业增加值为 499.89 亿元，占全国工业增加值比重达到 24.81%，之后该比重虽有波动，但一直占据着全国工业增加值 1/5 以上的份额。1990 年长三角工业增加值为 1691 亿元，占全国总量的 24.49%；2000 年工业增加值是 9677.22 亿元，占全国比重为 24.04%；2010 年工业增加值增加到 43707.31 亿元，占比上升为 26.47%。从 2015 年开始，长三角地区工业增加值跨越 60000 亿元大关，2015 年达到 62855.08 亿元，在全国的占比为 26.75%。截至 2019 年长三角工业增加值已增长为 81791.38 亿元，规模超过 1980 年总量的 163 倍，在全国的占比为 25.79%。

表 1 - 7　　　　　部分年份长三角地区工业增加值及占全国的比重

年份	长三角 （亿元）	长三角占全国 比重（%）	江苏 （亿元）	浙江 （亿元）	上海 （亿元）	安徽 （亿元）
1980	499.89	24.81	151.22	73.71	230.87	44.09
1985	899.06	25.85	307.89	178.68	311.12	101.37
1990	1691.00	24.49	634.13	363.74	469.83	223.30
1995	5999.60	23.98	2467.63	1650.60	1318.93	562.44
2000	9677.22	24.04	3848.52	2964.69	2022.53	841.48
2005	21035.87	26.98	9154.98	6177.64	4038.67	1664.58
2010	43707.31	26.47	19382.18	12432.05	6943.93	4949.15
2015	62855.08	26.75	28802.63	17803.30	7888.59	8360.56
2019	81791.38	25.79	37825.32	22840.53	9670.68	11454.85

资料来源：根据相关年份《江苏统计年鉴》《浙江统计年鉴》《上海统计年鉴》《安徽统计年鉴》《中国统计年鉴》整理和计算。

　　随着新发展理念的深入实施，近年来，长三角各地扎实推进制造业高质量发展，转型升级、创新驱动已成为制造业发展的新动能，长三角三省一市的制造业结构优化调整步伐加快。其中，汽车、生物医药、绿色化工、智能制造、新材料等产业优势凸显，以电子、电气、机械为代表的装备制造业成为各地制造业发展的主要支撑力量。2019 年，长三角的集成电路和软件信息服务产业规模分别约占全国 1/2 和 1/3，汽车产品产量约占全国的 23%；长三角还集聚了全国 1/3 的生物医药产业园，拥有上海、杭州、泰州等国家生物医药产业基地；在集成电路方面，仅上海市集成电路规模已占全国的 1/5；在新材料方面，长三角是我国新材料产业基地数量最多的地区，约占全国总量的 1/3 以上。江苏重点打造的 13 个先进制造业集群，总量规模位居全国前列，其中有 9 个集群发展处于国内领先地位。另外，2013 年以来，长三角高新技术企业数量增长迅速，2013～2020 年的年均增长率达到 50% 左右。截至 2020 年，长三角地区高新技术企业数量已有 7 万多家，是 2013 年的 20 倍，全国占比从 6% 上升到 27%。[①]

　　我们按照 OECD 公布的行业分类，使用长三角地区和全国的规模以上制造业企业细分行业数据，将制造业 31 个子行业划分为高技术产业、中高技术产业、中低技术制造业和低技术制造业四种类型。从表 1-8 可以看出，2016～2019 年长三角地区高技术产业总产值占全国同类制造业的比重，一直高于 25%；中高技术产业总产值占全国比重甚至超过 30%；中低技术制造业占比稳定在 20% 左右；低技术制造业占比和产值规模则呈下降趋势。

表 1-8　　　　　　2016～2019 年按技术水平分类的长三角制造业总产值
及占全国同类制造业比重

行业分类	2016 年		2017 年		2018 年		2019 年	
	长三角（亿元）	占比（%）	长三角（亿元）	占比（%）	长三角（亿元）	占比（%）	长三角（亿元）	占比（%）
高技术	48323.19	30.51	43253.77	26.78	45537.63	29.85	43169.36	26.84
中高技术	116277.77	34.39	105132.46	31.70	104334.99	34.84	99184.57	34.03
中低技术	63288.07	20.93	60240.71	19.92	61385.77	21.17	63421.89	20.76
低技术	57635.77	22.74	46962.94	20.37	42132.78	21.88	40103.68	21.24

　　资料来源：根据 2016～2019 年《江苏统计年鉴》《浙江统计年鉴》《上海统计年鉴》《安徽统计年鉴》《中国统计年鉴》计算。

　　值得指出的是，在长三角三省一市中，不同省市制造业发展各有特点。其中，江苏制造业发展基础雄厚，拥有 40 个工业门类和苏南国家自主创新示范区，产业

---

① 徐宁，谢凡. 长三角产业创新发展报告：分布与协同 [R]. 南京大学长江产业经济研究院，2022.

门类齐全，产业链条完整，在长三角三省一市乃至全国中拥有较为突出的规模优势、集群优势。"十三五"期间，江苏制造业年增加值超过 3.5 万亿元，约占全国 1/8，位列各省市之首。2020 年的数据表明，在长三角地区，江苏高新技术企业数量最多（占长三角地区 40%）、浙江其次（占 28%）、上海第三（占 21%）、安徽最后（占 11%）。上海作为科技创新和金融中心，在先进制造业领域具有雄厚的研发基础和产业化能力；浙江民营经济基础好、市场活力强、数字经济发展特色鲜明；安徽作为长三角区域腹地，战略性新兴产业呈后发趋势。2019 年，上海、江苏、浙江、安徽装备制造业营业收入占制造业的比重分别为 60.9%、51.4%、42.4%、39%，占比均高于各自的原材料制造业、消费品制造业等。从制造业主导产业来看，上海汽车制造业以 21.2% 的占比位列上海制造业之首；江苏为计算机、通信和其他电子设备制造业，占比 14.7%；浙江、安徽两省均为电气机械和器材制造业，占比分别为 11%、10.9%，但浙江的电气机械和器材制造业更专注于输配电设备制造，而安徽更专注于白色家电制造等。

二、长三角地区制造业的比较优势和产业集中度

为了测算和量化分析长三角地区制造业在国内的地位和比较优势，下面采用显性比较优势（RCA）指数方法。显性比较优势指数计算公式是：$RCA_{ij}(t) = Q_{ij}(t)/Q_j(t)$，其中 $Q_{ij}(t)$ 表示在 t 时期 i 地区 j 行业产出在 i 地区总产出中所占的比重，$Q_j(t)$ 表示 j 行业在全国总产出中所占的比重。若 $RCA_{ij}(t) > 1$，则表明 i 地区在 j 行业的生产上相对于其他地区具有比较优势。并且该数值越高表示行业的比较优势越大。在此基础上，为了衡量制造业比较优势的变化情况，我们引入了动态比较优势指数（Cr）。该指标是指一个时段内的 RCA 指数与前一时段 RCA 指数之比。若 $Cr > 1$，则表明制造行业的显性比较优势提升了；若 $Cr < 1$，则表明其比较优势在弱化。

本章附表 1－1 至附表 1－4 显示了 2016～2019 年江苏、浙江、上海和安徽制造业显性比较优势指数和动态比较优势指数。[①] 从这些表中可以看到，2016 年，

---

① 制造业中包括 31 个行业，行业代码具体分别为：6 代表农副产品加工业；7 是食品制造业；8 为酒、饮料和精制茶制造业；9 是烟草制品业；10 是纺织业；11 为纺织服装、服饰业；12 是皮革毛皮羽毛及其制品和制鞋业；13 是木材加工和木竹藤棕草制品业；14 是家具制造业；15 为造纸和纸制品业；16 为印刷和记录媒介复制业；17 为文教工美体育和娱乐用品制造业；18 是石油、煤炭及其他燃料加工；19 是化学原料和化学制品制造业；20 是医药制造业；21 是化学纤维制造业；22 是橡胶和塑料制品业；23 是非金属矿物制品业；24 为黑色金属冶炼和压延加工业；25 是有色金属冶炼和压延加工业；26 为金属制品业；27 为通用设备制造业；28 是专用设备制造业；29 是汽车制造业；30 为铁路船舶航空航天和其他运输设备制造业；31 是电气机械和器材制造业；32 是计算机通信和其他电子设备制造业；33 是仪器仪表制造业；34 是其他制造业；35 为废弃资源综合利用业；36 为金属制品、机械和设备修理业。

$RCA > 1$ 的制造业行业江苏有 13 个，浙江有 17 个，上海有 11 个，安徽有 14 个。
2019 年，$RCA > 1$ 的行业江苏有 14 个，浙江有 15 个，上海有 13 个，安徽有 14 个。
上海和江苏具有显性比较优势的行业增加，浙江减少，安徽不变。从动态比较优势
指数来看，2017 年 $Cr > 1$ 的行业江苏有 11 个，浙江有 19 个，上海有 11 个，安徽
有 13 个；2019 年 $Cr > 1$ 的行业江苏有 15 个，浙江有 18 个，上海有 19 个，安徽有
12 个。上海和江苏显性比较优势提升的行业增加，浙江和安徽显性比较优势提升的
行业略有减少。

进一步，2016~2019 年江苏最具比较优势的三个制造业行业，分别是化学纤
维制造业、电气机械和器材制造业以及仪器仪表制造业，这三个行业均属于中高
技术行业。从 2019 年江苏 RCA 指数前十位的行业来看，除纺织业和金属制品业
外，其余 8 个行业均属于高技术或中高技术产业，体现了江苏制造业实力。2016~
2019 年浙江最具比较优势的三个行业，分别为化学纤维制造业、纺织业和家具制造
业，2019 年浙江制造业 RCA 排名前十的行业中，有 5 个低技术行业、1 个中低技术
行业、2 个中高技术行业和 2 个高技术产业；上海最具比较优势的三个制造行业，
分别为金属制品、机械和设备修理业、烟草制品业及汽车制造业，这三个行业在
2016~2019 年一直占据上海 RCA 指数前三位。2019 年上海 RCA 指数前十位的制造
行业中，有 7 个行业属于高技术或中高技术行业。安徽 2019 年 RCA 指数排名前十
的行业中，除电气机械和器材制造业外，其余 9 个行业均属于低技术或中低技术制
造业。

产业集中度又称为市场集中度，是用于衡量产业竞争性的常用指标。为了考
察长三角制造业的产业集中度情况，我们用长三角地区三省一市各自的十大制
造业优势行业产值占比进行衡量，结果如表 1-9 所示。从表中可以发现，上海
十大制造业优势行业的集中度最高，最具优势的前十大行业的总产值达 21803.17
亿元，占到上海制造业总产值的 65.76%，其中上海的汽车制造业产值占比最
大，达到 19.78%，其次是计算机、通信和其他电子设备制造业，占比为上海总
产值的 15.58%。江苏十大制造业优势行业总产值为 67032.31 亿元，占江苏制
造业总产值的 60%，其中产值占比最高的两大优势行业分别为计算机、通信和
其他电子设备制造业以及电气机械和器材制造业。安徽与浙江最具优势的制造
业前十大行业的总产值分别为 15130.59 亿元和 29398.6 亿元，分别占据本省制
造业产值的 44.75% 和 43.75%。即安徽、浙江的十大制造业优势产业的产值占
比明显低于江苏、上海，这说明和上海、江苏相比，安徽、浙江的制造业集中
度存在差距。

表 1-9 　　　　　　　　 2019 年长三角地区十大制造业优势产业集中度

优势行业代码				产值（亿元）				比重（%）			
江苏	浙江	上海	安徽	江苏	浙江	上海	安徽	江苏	浙江	上海	安徽
21	21	36	35	2644.62	2926.10	269.33	337.29	2.37	4.35	0.81	1.00
33	10	9	31	1534.81	4494.60	977.95	3698.74	1.37	6.69	2.95	10.94
27	33	29	25	7602.99	1086.00	6557.25	3062.45	6.81	1.62	19.78	9.06
10	11	27	13	4577.26	2176.60	3012.34	490.28	4.10	3.24	9.09	1.45
31	14	33	16	12128.23	988.30	401.15	361.52	10.86	1.47	1.21	1.07
28	27	30	23	5216.90	5026.40	772.80	2963.74	4.67	7.48	2.33	8.77
30	15	32	22	2440.62	1480.60	5165.94	1281.81	2.18	2.20	15.58	3.79
26	31	19	34	5414.61	7225.40	2985.73	110.36	4.85	10.75	9.01	0.33
32	22	28	6	16334.26	2686.40	1360.40	2135.42	14.62	4.00	4.10	6.32
19	17	14	11	9138.01	1308.50	300.28	688.98	8.18	1.95	0.91	2.04
合计				67032.31	29398.60	21803.17	15130.59	60.00	43.75	65.76	44.75

资料来源：根据《江苏统计年鉴》（2020）、《浙江统计年鉴》（2020）、《上海统计年鉴》（2020）和《安徽统计年鉴》（2020）整理和计算。

三、长三角地区制造业的专业化分工

制造业专业化指数，是指用来比较地区间制造业产业结构的差异，进而衡量地区间制造业分工程度的指标。我们采用 Krugman 专业化指数，分析长三角地区制造业发展的专业化分工程度。Krugman 专业化指数计算公式为：

$$s_{jk} = \sum_{i=1}^{n} \left| \frac{q_{ij}}{q_j} - \frac{q_{ik}}{q_k} \right|$$

其中，j 和 k 分别表示两个不同的地区，i 表示产业，q_{ij} 表示 j 地区 i 产业的产值，q_{ik} 表示 k 地区 i 产业的产值，q_j 和 q_k 分别表示 j 地区和 k 地区的总产值。$0 \leqslant s_{jk} \leqslant 2$，$s_{jk}$ 的值越高，代表两地区的分工程度越高。若 $s_{jk} = 0$，则说明 j 地区和 k 地区有完全相同的产业结构，两地制造业发展的专业化分工水平最低；若 $s_{jk} = 2$，则说明两个区域的产业结构毫不相关，两地制造业发展的专业化分工水平最高。

我们利用长三角三省一市统计年鉴中的历年数据，分别测算了 1990～2019 年江苏与浙江、江苏与上海、江苏与安徽、浙江与上海、浙江与安徽以及上海与安徽之间的制造业专业化指数，如图 1-6 所示。

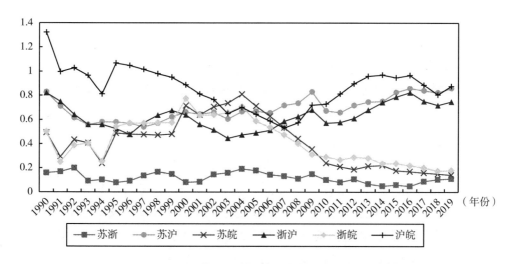

图 1 - 6　1990 ~ 2019 年长三角三省一市的 Krugman 专业化指数

资料来源：根据相关年份《江苏统计年鉴》《浙江统计年鉴》《上海统计年鉴》《安徽统计年鉴》整理和计算。

从图 1 - 6 可以看到，上海与江苏、浙江、安徽三省之间制造业产业分工程度相对较高，1990 ~ 2019 年制造业专业化指数基本上处于在 0.6 ~ 1.0。但是，江苏与浙江之间的分工协作水平较低，专业化指数在 0.12 左右，说明两省产业结构较为相似，分工程度相对较低。近年来随着安徽制造业发展加快，安徽与浙江、江苏之间的产业分工专业化程度明显下降。截至 2019 年，苏皖和浙皖之间的专业化指数分别仅为 0.14、0.18。这些情况表明，目前长三角制造业区域间的深层次合作还需要进一步改革与完善。

第四节　长三角地区生产性服务业与制造业互动融合发展基础

促进生产性服务业与制造业的互动融合发展，是我国产业转型发展的重要方向，是实现经济高质量发展的重要途径，也是立足新发展阶段、贯彻新发展理念、构建新发展格局的必然要求。自我国分别于 2016 年发布《发展服务型制造专项行动指南》、2020 年发布《进一步促进服务型制造发展的指导意见》以来，长三角三省一市积极细化并落实相关政策措施，加大生产性服务业和制造业互动融合发展推进力度，在各方面共同努力下特别是在数字经济的积极影响下，长三角地区生产性服务业和制造业的互动融合已呈现出良好发展势头。根据中国服务型制造联盟发布的《服务型制造区域发展指数（2020）》报告，通过从发展环境、工作基础、发展成效、融合程度四个维度对31个省（市、自治区）进行评价，长三角地区的浙江、江苏生产性服务业与制造业互动融合发展水平分列全国31个省（区、市）的前两名，上海居第4位，安徽居第7位。这从一个侧面反映出长三角地区在生产性服务业和制造业互动融合发展方面取得的成绩。

从理论上讲，生产性服务业与制造业互动融合发展形式多样，总体上可归纳为两个层面。一是产业层面。生产性服务业来自社会分工的深化，是在工业化过程中从制造业内部剥离出来形成的产业。但是，随着生产性服务业的不断专业化、规模化和知识化，生产性服务业逐步成为提高制造业效率和附加值以及促进制造业科技创新与占据竞争高地的关键因素；而制造业的转型升级与高质量发展，又反过来对生产性服务业提出更高要求和更多需求，这进一步促进了生产性服务业发展。于是，在生产性服务业与制造业之间形成了高度相关和双向互动的促进关系。二是产业内部的要素投入和产出层面。即在制造业的投入要素中，咨询、设计、金融、物流和供应链、研发、云计算、系统整体解决方案等服务中间投入所占比例增加，在生产环节的价值创造中地位提高；体现在销售产出上，就是制造业企业通过为客户提供更多的相关服务，从而提高在总产出中服务的比重。很显然，在要素投入和产出层面的生产性服务业与制造业互动融合发展，此时产业之间的传统界线已被打破或越来越模糊，故此，该层面的生产性服务业与制造业互动融合发展，一般又被称为制造业服务化或者服务型制造。

下面本节分别从生产性服务业与制造业的增长步调、生产性服务业与制造业发展的融合度、生产性服务业与制造业发展的相关性三个不同维度，分析和评估长三角地区生产性服务业和制造业互动融合发展的现状和趋势。

一、生产性服务业和制造业的增长步调

图1-7显示了1991~2019年长三角地区制造业增长率和生产性服务业增长率变化情况。可以看到，1991~2019年长三角地区制造业增长率和生产性服务业增长率变化具有相同的趋势。具体而言，在1993年以前，长三角地区的生产性服务业增长率和制造业增长率同时上升，1993~1998年则都处于下降态势，只是制造业增长率下降的速度稍快于生产性服务业增长率。1998年以后，生产性服务业和制造业增长率都出现波动，但波动的步调相似。其中，2015~2019年长三角地区生产性服务业和制造业增长率，都经历先上升后下降的变化等。

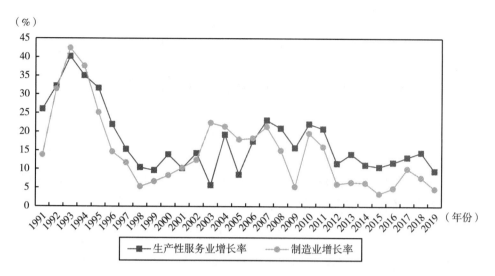

图 1 - 7　1991～2019 年长三角地区生产性服务业与制造业增长率变动

资料来源：根据 1991～2019 年《江苏统计年鉴》《浙江统计年鉴》《上海统计年鉴》《安徽统计年鉴》整理和计算。

　　在长三角地区制造业和生产性服务业的跨境贸易及利用外资上也呈现出同方向的增长趋势。例如，长三角地区制造业利用外资从 2005 年的 212.55 亿美元增加至 2019 年的 277.96 亿美元。长三角服务业利用外资从 2005 年的 286.19 亿美元上升到 2019 年的 733.56 亿美元（见图 1 - 8）。在长三角三省一市中，上海凭借其良好的

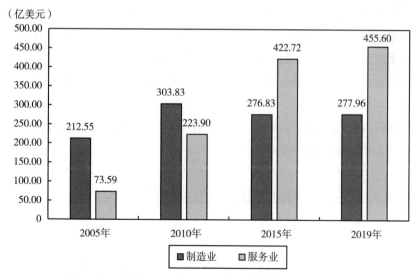

图 1 - 8　长三角地区制造业和服务业实际利用外资水平

资料来源：根据有关年份的《江苏统计年鉴》《浙江统计年鉴》《上海统计年鉴》《安徽统计年鉴》整理和计算。

经济基础和自贸区建设的"先行先试"优势，服务业实际利用外资上处于龙头地位。2019年，上海服务业实际利用外资达172.86亿美元，比上年增长11.6%。

二、生产性服务业和制造业互动融合发展的融合度

关于如何测量生产性服务业和制造业互动融合发展的融合程度，目前学术界还未形成统一的计算方法或标准。本章借鉴江静（2021）等的做法，将服务投入系数 M_{ij} 和服务业感应度系数 T_{ij} 结合起来构建指标 C_{ij}，用 C_{ij} 表示生产性服务业和制造业发展的融合度。C_{ij} 的计算公式是

$$C_{ij} = M_{ij} \times T_{ij}$$

其中，M_{ij} 用制造业的生产性服务业投入额与制造业总产值比值来衡量，反映的是制造业产出对于生产性服务业投入的需求程度；T_{ij} 为生产性服务业感应度系数，体现的是生产性服务业产出对制造业产出的溢出效应。$0 \leqslant M_{ij} \leqslant 1$，$T_{ij} \geqslant 0$，融合率 $C_{ij} \geqslant 0$，C_{ij} 数值越大表明生产性服务业和制造业的融合程度越高，反之越低。

运用2012年长三角三省一市的投入产出表数据，我们计算了长三角地区生产性服务业和各制造业行业的融合度（见图1-9）。可以看到，长三角三省一市生产性服务业和不同制造业行业的融合度存在差异。其中，上海在化学产品、专用设备、电气机械器材、仪器仪表等中高技术产业中的融合度最高，其余各制造业融合度也基本高于长三角平均水平或与平均水平持平，这折射出上海在促进生产性服务业和制造业互动融合发展上的成效。江苏在纺织服装鞋帽皮革羽绒及其制品、木材加工品和家具行业的互动融合发展，处于长三角三省一市领先水平。浙江与安徽在食品和烟草、纺织品、石油、炼焦产品和核燃料加工品、非金属矿物制品等低技术制造业的融合度较高，同时在化学产品、通用设备、专用设备、仪器仪表等中高端制造业也具有相对较好的融合度。

三、生产性服务业和制造业发展的相关性

为了进一步量化分析长三角地区生产性服务业和制造业互动融合发展的相关性，我们测算了1990~2019年长三角地区生产性服务业增加值和制造业增加值的相关系数即pearson系数，并根据生产性服务业与制造业的数据画出拟合回归散点图（见图1-10），以直观评估生产性服务业与制造业的关联程度。

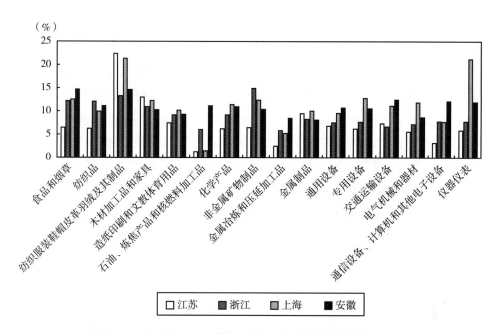

图 1-9　长三角三省一市生产性服务业和制造业分行业融合度

资料来源：根据 2012 年江苏、浙江、上海和安徽投入产出表数据整理和计算。

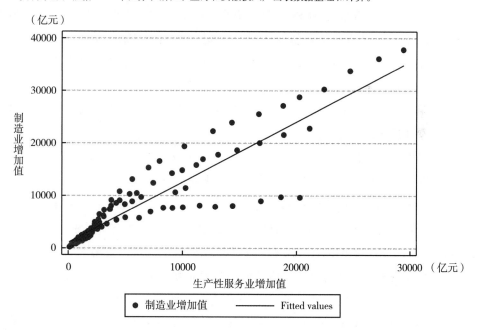

图 1-10　长三角地区生产性服务业增加值和制造业增加值的拟合回归散点

注：制造业增加值使用工业增加值替代。

资料来源：根据 1990~2019 年《江苏统计年鉴》《浙江统计年鉴》《上海统计年鉴》《安徽统计年鉴》整理和计算。

从图 1-10 可以看出，长三角地区生产性服务业和制造业发展的相关性比较明显。根据计算结果，发现长三角地区生产性服务业和制造业的相关系数高达0.978。如果将相关系数超过 0.8 作为高度相关标准，这意味着长三角地区生产性服务业和制造业发展相关性很大。从长三角三省一市的内部情况看，江苏的生产性服务业和制造业发展相关系数为 0.984，在三省一市中最高；浙江为0.979，排名第二，这两个省份生产性服务业和制造业的关联程度均超过长三角地区平均水平，也高于全国同期平均水平。上海和安徽的相关系数分别为 0.934和 0.942，也属于高度相关状态，但相关水平稍低于长三角平均值和全国平均值。分析其原因，我们认为这与上海和安徽的经济发展特点和阶段分不开。上海已进入服务经济时代，属于大都市经济，随着长三角一体化建设，上海生产性服务业辐射范围明显超出上海市行政区域，从而导致生产性服务业的增长速度明显超越制造业。数据表明，2008 年上海生产性服务业增加值为 5021.39 亿元，制造业增加值为 5831.99 亿元，两者相差不大；而到 2019 年，上海生产性服务业增加值增长到 20293.52 亿元，上海制造业增加值仅为 9670.68 亿元。安徽的情况和上海正好相反，安徽经济总体上尚处于工业化阶段，甚至生产性服务业一度跟不上本省制造业的发展。2004 年安徽的生产性服务业增加值为1236.77 亿元，其制造业增加值为 1378.16 亿元，两者相差有限。到 2014 年安徽制造业增加值增长到 8595.16 亿元时，生产性服务业增加值仅为 4232.34 亿元。不过，近年来随着安徽制造业转型升级，安徽生产性服务业发展开始加快。以 2019 年为例，安徽制造业增加值为 11454.85 亿元，同期生产性服务业增加值也上升到了 10269.45 亿元。

综上可以发现，目前长三角地区无论在生产性服务业还是制造业方面，都是产业基础雄厚，市场竞争力相对较高，在生产性服务业与制造业互动融合发展方面已取得很多成绩，积累了不少经验。但是就总体而言，长三角的生产性服务业与制造业互动融合发展仍处于较低水平。这既是长三角的现状，也是全国的"缩影"。究其成因，既有发展不足的因素，又有改革创新不到位的问题。随着长三角地区加快经济高质量发展和各方面对生产性服务业与制造业互动融合发展的重视，特别是经济日益数字化、智能化为生产性服务业与制造业互动融合发展创造出更多新机遇、新模式，可以相信，未来长三角生产性服务业与制造业互动融合发展的步伐必将加快，互动融合发展的领域、层次会更宽、更高，并在中国特色现代化建设中发挥更大作用。

附表 1 – 1　　　**2016～2019 年江苏制造业显性比较优势指数与动态比较优势指数**

行业	江苏						
	2016 年	2017 年		2018 年		2019 年	
	RCA	RCA	Cr	RCA	Cr	RCA	Cr
6	0.51	0.56	1.11	0.48	0.85	0.48	0.99
7	0.34	0.30	0.89	0.35	1.16	0.34	0.97
8	0.44	0.45	1.01	0.55	1.24	0.35	0.63
9	0.42	0.14	0.34	0.44	3.11	0.67	1.51
10	1.24	1.32	1.07	1.36	1.03	1.59	1.16
11	1.35	1.16	0.86	1.15	1.00	1.03	0.89
12	0.51	0.45	0.88	0.35	0.77	0.21	0.60
13	1.23	1.17	0.96	0.71	0.61	0.66	0.93
14	0.31	0.31	0.98	0.34	1.11	0.41	1.21
15	0.78	0.74	0.95	0.77	1.04	0.84	1.10
16	0.77	0.69	0.89	0.82	1.19	0.82	1.01
17	0.94	0.92	0.98	1.02	1.11	0.83	0.81
18	0.41	0.37	0.90	0.34	0.92	0.32	0.93
19	1.42	1.35	0.95	1.31	0.97	1.18	0.90
20	0.96	0.74	0.78	1.08	1.45	1.17	1.08
21	2.54	2.71	1.07	2.45	0.90	2.45	1.00
22	0.68	0.80	1.18	0.83	1.03	1.05	1.27
23	0.58	0.58	1.00	0.59	1.02	0.62	1.04
24	1.01	1.10	1.09	1.00	0.91	1.12	1.12
25	0.52	0.58	1.11	0.55	0.94	0.66	1.21
26	1.12	1.24	1.11	1.26	1.01	1.25	0.99
27	1.32	1.33	1.00	1.56	1.17	1.62	1.04
28	1.19	1.35	1.13	1.49	1.11	1.45	0.97
29	0.67	0.62	0.92	0.64	1.04	0.73	1.13
30	1.35	1.34	0.99	1.90	1.42	1.27	0.67
31	1.63	1.63	1.00	1.61	0.99	1.59	0.99
32	1.32	1.33	1.01	1.23	0.93	1.23	1.00
33	2.69	2.49	0.93	2.79	1.12	1.69	0.61
34	0.83	0.63	0.76	0.71	1.11	0.46	0.66
35	0.46	0.42	0.93	0.23	0.55	0.43	1.85
36	0.22	0.09	0.40	0.07	0.76	0.12	1.79

资料来源：根据相关年份《江苏统计年鉴》计算。

附表 1-2   2016~2019 年浙江制造业显性比较优势指数与动态比较优势指数

行业	浙江						
	2016 年	2017 年		2018 年		2019 年	
	RCA	RCA	Cr	RCA	Cr	RCA	Cr
6	0.26	0.27	1.01	0.26	0.96	0.26	1.01
7	0.38	0.39	1.01	0.38	1.00	0.37	0.97
8	0.42	0.43	1.00	0.39	0.92	0.40	1.02
9	0.92	0.96	1.04	0.74	0.77	0.71	0.96
10	2.44	2.29	0.94	2.27	0.99	2.59	1.14
11	1.73	1.82	1.05	1.74	0.96	1.99	1.14
12	1.62	1.30	0.80	1.34	1.03	1.34	1.01
13	0.56	0.56	1.01	0.70	1.24	0.72	1.03
14	1.93	1.92	0.99	2.02	1.05	1.89	0.93
15	1.53	1.69	1.10	1.67	0.99	1.58	0.94
16	0.94	0.94	1.01	1.02	1.08	1.03	1.02
17	1.47	1.31	0.89	1.33	1.02	1.42	1.06
18	0.74	0.61	0.83	0.51	0.83	0.57	1.12
19	1.02	1.14	1.12	1.25	1.10	1.23	0.99
20	0.81	0.82	1.02	0.89	1.08	0.95	1.06
21	5.24	4.70	0.90	4.45	0.95	4.51	1.01
22	1.42	1.40	0.99	1.49	1.07	1.48	0.99
23	0.51	0.57	1.13	0.80	1.39	0.83	1.04
24	0.58	0.46	0.78	0.42	0.93	0.36	0.84
25	0.74	0.71	0.96	0.68	0.95	0.62	0.92
26	1.02	1.24	1.21	1.17	0.94	1.22	1.04
27	1.50	1.66	1.11	1.77	1.07	1.78	1.00
28	0.75	0.78	1.05	0.92	1.18	0.95	1.03
29	0.93	0.99	1.07	0.92	0.93	0.89	0.97
30	1.24	0.82	0.66	0.94	1.14	0.62	0.66
31	1.50	1.52	1.01	1.52	1.00	1.57	1.03
32	0.54	0.58	1.08	0.59	1.01	0.61	1.04
33	1.40	1.37	0.98	1.61	1.18	1.99	1.23
34	1.85	1.69	0.91	2.15	1.27	1.40	0.65
35	1.06	1.14	1.08	0.82	0.72	0.74	0.90
36	1.24	1.31	1.06	0.70	0.53	0.70	0.99

资料来源：根据相关年份《浙江统计年鉴》计算。

附表 1 - 3　　　**2016～2019 年上海制造业显性比较优势指数与动态比较优势指数**

行业	上海						
	2016 年	2017 年		2018 年		2019 年	
	RCA	RCA	Cr	RCA	Cr	RCA	Cr
6	0.17	0.17	1.01	0.17	1.04	0.19	1.08
7	0.87	0.84	0.97	0.96	1.14	1.03	1.08
8	0.18	0.19	1.05	0.18	0.92	0.19	1.07
9	3.65	3.04	0.83	2.50	0.82	2.62	1.05
10	0.17	0.16	0.94	0.18	1.14	0.21	1.14
11	0.48	0.49	1.01	0.51	1.04	0.53	1.05
12	0.40	0.41	1.03	0.40	0.97	0.39	0.99
13	0.14	0.13	0.91	0.15	1.14	0.14	0.94
14	1.22	1.17	0.95	1.30	1.12	1.16	0.89
15	0.55	0.50	0.91	0.47	0.93	0.52	1.11
16	0.79	0.73	0.93	0.83	1.14	0.87	1.05
17	0.79	0.75	0.96	0.83	1.10	1.00	1.21
18	1.06	0.94	0.89	0.79	0.85	0.80	1.00
19	1.00	1.12	1.11	1.17	1.05	1.30	1.11
20	0.86	0.88	1.03	0.96	1.09	1.13	1.18
21	0.16	0.11	0.70	0.08	0.70	0.07	0.90
22	0.96	0.94	0.99	1.00	1.06	0.99	0.99
23	0.31	0.30	0.98	0.34	1.14	0.35	1.02
24	0.63	0.64	1.02	0.52	0.81	0.46	0.89
25	0.25	0.25	0.97	0.20	0.79	0.17	0.89
26	0.76	0.76	1.00	0.79	1.03	0.75	0.95
27	1.81	1.77	0.98	2.09	1.18	2.16	1.03
28	1.05	1.13	1.08	1.17	1.03	1.27	1.09
29	2.54	2.51	0.99	2.29	0.91	2.34	1.02
30	1.38	1.32	0.96	1.87	1.42	1.35	0.72
31	0.97	0.93	0.96	0.97	1.04	0.96	0.99
32	1.79	1.63	0.91	1.41	0.86	1.31	0.93
33	1.28	1.24	0.97	1.42	1.14	1.49	1.05
34	0.63	0.55	0.87	0.89	1.61	0.62	0.70
35	0.27	0.29	1.06	0.25	0.87	0.25	1.00
36	5.04	5.30	1.05	4.89	0.92	5.07	1.04

资料来源：根据相关年份《上海统计年鉴》计算。

附表 1 – 4　　2016 ~ 2019 年安徽制造业显性比较优势指数与动态比较优势指数

行业	安徽						
	2016 年	2017 年		2018 年		2019 年	
	RCA	RCA	Cr	RCA	Cr	RCA	Cr
6	1.23	1.22	0.99	1.23	1.01	1.26	1.02
7	0.83	0.86	1.04	0.88	1.02	0.81	0.92
8	1.06	0.93	0.88	1.03	1.11	1.06	1.02
9	0.85	0.91	1.07	0.86	0.95	0.98	1.15
10	0.68	0.68	1.00	0.70	1.03	0.73	1.05
11	1.27	1.27	1.00	1.39	1.09	1.25	0.90
12	0.85	0.86	1.01	0.88	1.03	0.86	0.97
13	1.31	1.25	0.95	1.70	1.35	1.55	0.91
14	1.19	1.18	0.99	1.06	0.90	1.04	0.98
15	0.77	0.71	0.92	0.68	0.96	0.74	1.10
16	1.51	1.28	0.85	1.49	1.16	1.49	1.00
17	0.78	0.77	0.99	0.85	1.10	0.81	0.94
18	0.29	0.36	1.22	0.32	0.91	0.37	1.16
19	0.75	0.75	1.00	0.80	1.08	0.91	1.13
20	0.80	0.92	1.15	1.02	1.10	0.91	0.90
21	0.33	0.33	1.00	0.32	0.98	0.36	1.12
22	1.38	1.37	0.99	1.48	1.08	1.40	0.95
23	1.10	1.17	1.06	1.50	1.28	1.47	0.98
24	0.79	0.80	1.01	0.80	0.99	0.74	0.93
25	1.11	1.54	1.38	1.70	1.11	1.59	0.93
26	0.95	1.18	1.24	1.10	0.93	1.02	0.93
27	1.29	1.21	0.94	1.04	0.85	1.12	1.08
28	1.15	1.00	0.87	1.04	1.04	0.96	0.92
29	0.99	0.88	0.88	0.79	0.90	0.86	1.09
30	0.45	0.31	0.68	0.41	1.35	0.24	0.57
31	1.87	1.85	0.99	1.55	0.84	1.60	1.03
32	0.62	0.63	1.02	0.67	1.06	0.71	1.06
33	0.64	0.50	0.79	0.54	1.06	0.52	0.97
34	1.26	1.07	0.85	1.86	1.73	1.27	0.69
35	3.43	2.37	0.69	2.38	1.00	1.81	0.76
36	0.82	0.98	1.19	1.02	1.04	0.93	0.91

资料来源：根据相关年份《安徽统计年鉴》计算。

第二章

知识密集型生产性服务业
与高技术产业互动融合发展

生产性服务业与制造业互动融合发展，既是顺应数字时代产业边界日益模糊趋势的选择，也是应对世界经济新格局下全球制造业分工深度重塑的有效手段。在生产性服务业与制造业互动融合发展中，知识密集型生产性服务业与高技术产业的互动融合无疑是发展的重点。促进知识密集型生产性服务业与高技术产业的互动融合发展，不仅有利于提高长三角地区先进制造业和现代服务业的发展水平，而且有助于长三角地区实现产业结构升级转型和经济高质量发展。上海是我国最大的经济中心城市和国家历史文化名城，更是长三角地区经济发展和科技教育创新的龙头。当前，上海正在努力建设国际经济、金融、贸易、航运、科技创新中心，加快建立以科技创新与战略性新兴产业引领、现代服务业为主体、先进制造业为支撑的新型产业体系，通过发挥在区域产业分工中的辐射带动作用，提升在全球经济体系中的资源配置能力和影响力。因此，本章以上海为案例，围绕上海生产性服务业与高技术产业互动融合发展进行深入的实证研究，无疑具有重要的理论和现实意义。

第一节　文献综述

知识密集型生产性服务业（knowledge-intensive producer service，KIPS）属于生产性服务业范畴。从 20 世纪 80 年代开始，国外学者就开始了制造业和生产性服务业相互关系的研究，一般认为生产性服务业是从制造业内部独立出来，是劳动分工不断细化的必然结果；生产性服务产业通过规模经济、范围经济、专业化分工等帮助制造业部门降低成本、加快创新，促进制造业部门的效率提升。在归纳总结生产性服务业和制造业的相互关系上，比较著名的观点有：一是"需求遵从论"，即认为制造业是服务业发展的前提和基础，服务业发展处于一种需求遵从地位，服务业发展附属于制造业发展；二是"供给主导论"，即认为生产性服务业是制造业生产率提高的前提和基础，强调生产性服务业对制造业提高竞争力的重要性；三是"互动论"，即认为部生产性服务业和制造业表现为相互作用、相互依赖、共同发展的互动关系；四是"融合论"，即认为随着信息通信技术的发展和广泛应用，生产性服务业与制造业之间的边界越来越模糊，两者出现了融合趋势等。在国内，随着现代服务业地位的重要性日显突出，近 20 年也吸引了很多学者进行研究，形成了很多研究成果。例如，刘志彪（2006）认为现代制造业所内含的技术、知识和人力资本，已主要来源于现代生产性服务业对其的中间投入。现代生产性服务业是制造业知识密集化的构成要素，是其心脏、大脑和起飞的翅膀；制造业与现代生产性服务业在空间上具有协同定位的效应，有利于我国产业集聚格局的形成和集群的升级。顾乃华等（2006）从分工和竞争力两个视角综述了生产性服务业与制造业互动的机制。周静（2014）认为生产性服务业与制造业的互动具有阶段性特征，即生产性服务业与制造业的互动需经历剥离独立、交叉互动和融合互动三个阶段，不同阶段二者的互动关联效应、互动溢出效应与互动辐射效应不同。王如忠等（2018）认为发挥生产性服务业对制造业的引领作用，不仅有利于促进生产性服务业与制造业的协同发展，也是当前我国供给侧结构性改革背景下提升产业发展能级、提高产业综合竞争力的重要内容。江静（2021）利用长三角三省一市的投入产出表，研究发现长三角地区的制造业和服务业融合发展，呈现出先降后升的发展特点。

国内外关于生产性服务业与制造业关联关系的实证研究，普遍采用两种方法：一是基于统计年鉴数据的计量经济学方法，二是基于投入产出数据的产业关联方法。例如，顾乃华等（2006）考通过 31 个省份面板数据的实证结果表明，生产性服务业的发展有利于提升制造业的竞争力，而且东部地区生产性服务业发挥的作用最为充分。江静等（2007）分别运用地区层面与细分行业数据的回归分析发现，生产性服务业促进了制造业效率提高。冯泰文（2009）基于 28 个制造业细分行业1999～2006 年面板数据的实证研究显示，生产性服务业发展通过降低交易成本促进了制造业效率的提高。格雷里（Guerrieri，2005）根据 OECD 六个成员国的投入产出数据，重点分析了以金融、通信和商务服务业为核心的生产性服务业与制造业的依存关系，结果表明制造业部门的需求是生产性服务业增强竞争力和服务差异化的决定性因素；吕铁（2007）利用投入产出表发现我国的生产性服务业及其与制造业的关联关系总体上仍处于较低水平。黄群慧（2014）基于国际投入产出数据，考察了全球制造业服务化水平及其影响因素；黄繁华（2020）利用世界投入产出表考察了生产性服务业对制造业参与国际分工影响，论证了生产性服务业对制造业参与国际分工地位的重要性。

　　KIPS 是知识密集型商务服务（knowledge-intensive business service，KIBS）的重要组成部分，国外对 KIBS 的研究始于 20 世纪 90 年代，通常认为 KIBS 是指那些显著依赖于专门领域的专业性知识，向社会和用户提供以知识为基础的中间产品或服务的公司和组织，在以知识为基础的知识经济社会中扮演着主动且关键的角色。其中，穆勒和曾克尔（Muller & Zenker，2001）认为 KIBS 是为其他企业提供高知识附加价值服务的咨询公司，是提供基于技术的知识密集型服务的商业企业，KIBS 及其客户均拥有受过良好教育的雇员，二者之间存在很高水平的交互作用。也有学者提出 KIBS 的定义主要包括三个方面：①知识是服务的重要投入；②服务高度依赖于专业能力和知识；③服务提供商和客户之间有高度的互动，为知识的扩散和新知识的产生提供了可能性。国内学者刘顺忠（2004）认为，知识密集型服务业是以知识为主要投入要素且具有较高创新投入和创新绩效的高知识密集的生产者行业。高传胜（2008）认为知识密集型的高级生产性服务业（APS）是全球价值链（GVC）中的主要增值点和盈利点，是国际产业竞争的焦点，是中国制造业升级和核心竞争力提升的重要支撑。另外，OECD（2001）认为，KIBS 是那些技术及人力资本投入密度较高、附加值大的服务行业。我国国务院发展研究中心（2001）把 KIBS 定义为运用互联网、电子商务等信息化手段的现代知识服务业，其产品价值体现在信息服务的输送和知识产权上。

　　目前国内外学者主要从 KIBS 与制造业的知识流动产生交互创新，从而达到二者互动的思路进行研究。托尔多尔（Tordoir，1995）通过对于服务提供过程中专业知识和技术互动整合的研究，提出了 KIBS 企业和制造业企业之间三种基本联系模式，并指出促使 KIBS 企业与制造业企业互动的是长期竞合式联系与短期合同式联系。温德鲁姆和汤姆林森（Windrum & Tomlinson，1999）的研究认为，KIBS 为客户提供服务的过程是一个双边互动学习过程，所提供的服务在内容和质量上很大程度是由作为服务提供者的 KIBS 和客户企业之间的联系方式决定的。穆勒和曾克尔（Muller & Zenker，2001）认为，在整个创新系统中，KIBS 主要起知识生产和传播的作用，它可以提高制造业创新的能力并得到自身创新的激励。服务业的成长、创新更多地可归结为与客户企业交互学习和相互作用的复杂知识转移过程。国内学者同样认为，KIBS 与制造业的互动创新是一个被双方优势及外在优势内在强化的循环累积过程，互动双方的不同特征、类型和规模都会影响互动关系的建立和稳定发展。例如，路红艳（2009）认为，KIBS 作为知识创新的创造者、传播者，通过与客户的相互接触，可以促进双方创新能力的提高。任皓等（2017）发现在知识经济内部知识密集型服务业与高技术产业具有明显的协同增长效应，并且运用工具变量法，计算结果显示知识密集型服务业对于高技术产业具有高产出弹性。

鉴于此，本章将在已有成果基础上，以上海市的知识密集型生产性服务业与高技术产业的互动融合发展为研究对象，从多个不同层面进行探讨，从而一方面可深化相关研究，另一方面可为上海乃至整个长三角地区知识密集型生产性服务业与高技术产业更好互动融合发展，提供政策制定理论依据。

第二节　知识密集型生产性服务业与高技术产业互动融合发展理论分析

KIPS 与高技术产业之间的互动融合发展有其内在的逻辑，KIPS 与高技术产业的互动发展正在成为长三角发达地区现代经济增长的新引擎。我们认为 KIPS 的内涵，应该界定为主要依靠新兴技术和专业知识的投入，结合现代管理方法、经营方式及组织形式发展起来的、为生产者提供中间投入的服务部门和企业集合。目前，我国 KIPS 的外延主要由金融服务业、信息服务业、商务服务业和科技服务业等组成。我们认为 KIPS 具有高知识性、高增值性和高创新性的特征。这种"三高"特性决定了 KIPS 对高技术产业具有较强的知识溢出效应和渗透性，与高技术产业的互动融合发展将有利于高技术产业创新能力和竞争力的提高。

知识密集型生产性服务业与高技术产业发展具有天然的耦合性。KIPS 是传统的生产性服务业发展到一定阶段的必然产物，与高技术有着天然的联系，在产业链上，KIPS 与高技术产业有着前向或者后向的联系，如研发服务是高技术产业前向延伸的直接结果，而信息服务是电子信息产品制造业后向延伸的直接结果。具体而言，研发服务产业是高技术产业为降低研发成本、缩短研发周期而将研发业务外包形成的；而电信服务产业则是依托电子信息产品制造业而发展壮大起来的。可以说，KIPS 是一个将技术与产业连接起来的纽带，一方面它是高技术的积极使用者（如金融、保险），另一方面也是高技术的创造和扩散者（如计算机软件开发、科技服务业）。这些新的服务业态的发展又促进了高技术产业的发展。另外，高技术产业的发展也拓展了知识密集型生产性服务业的服务范围，从而使得 KIPS 与高技术产业之间形成一种相互增强、相互促进的正反馈机制。

一、知识密集型生产性服务业作为中间投入的创新效应

高技术产业的竞争力取决于创新能力。根据熊彼特的内生增长理论，技术创新能够推动新产业和新产品的发展，并引导生产要素向新产业和新产品转移，进而取代旧产业和旧产品。知识密集型生产性服务业作为一种中间投入和"传送器"，是知识创造的重要来源。它将人力资本和知识资本导入高技术产业的生产过程中，不仅在技术上提高高技术产业的创新能力，而且在二者互动的过程中也会推动高技术企业的组织创新和市场创新，如越来越多的高技术企业在与知识密集型生产性服务业互动的过程中出现了创新网络化的趋势等。

KIPS 的发展对增强自主创新能力、建设创新型国家具有关键意义。研发设计、品牌策划对企业技术创新具有直接的决定作用；现代市场营销对企业开展市场需求导向的创新活动具有重大影响；现代金融服务和专业服务都是企业创新必不可少的条件；现代物流和供应链管理是产业创新链条的重要组成部分。不仅如此，知识密集型生产性服务在区域内的快速发展缩短了知识密集型生产性服务与制造业的距离，有利于促进产业间的劳动力流动，带动知识密集型生产性服务的知识外溢，营造有助于制造业转型升级的产业集聚。

另外，对高技术企业而言，服务定制化程度和异质性程度都很高，因为服务需要根据客户的需求量身定做，所以不存在复制的问题。而生产性服务企业为了保持企业竞争优势，也会采用多种创新手段来不断改进它们的服务，按照企业自己的话说，就是"持续创新以领先于市场"。同时，定制化的知识密集型服务业创新过程中，很多细节上的创新以隐性知识的形式存在于企业中，只有在提供服务的过程中才会表现出来，很难通过文字或图像来固化，因此创新变得难以模仿。

二、知识密集型生产性服务业作为价值链高端环节的结构效应

根据波特的价值链理论，对于特定产品而言，并不是价值链上的每一个环节都创造等量价值，价值链中的战略环节集中着绝大部分的附加值。根据价值链的"微笑曲线"，处于价值链两端的研发、技术创新、工艺设计、市场营销、售后服务等环节具有较高的利润，而中间段的生产制造环节获得的利润则相对要少很多。而创造较高附加值的战略环节大部分是知识密集型生产性服务，这些服务的投入是产品价值的重要构成部分和产品差异化的主要来源。一个高技术企业的价值链越先进，价值链的联系就越多、越复杂，知识密集型生产性服务投入的作用也就越大。

波特还指出，高端制造业的发展需要有专业化的高级生产要素的投入，即需要高端的知识密集型的生产性服务业与之相匹配。KIPS 作为一种中间投入和"传送器"，将人力资本和知识资本导入高技术产业的生产过程中，延长了高技术产业的迂回生产链条，降低了高技术产业的生产成本，提高了其产品品质，有利于高技术产业的专业化发展。而且高技术产业的生产过程越是迂回化，产业链就越长，附加价值就越大，知识资本和人力资本投入也越大，各种作为中间投入的 KIPS 也就越重要。

三、知识密集型生产性服务业与高技术产业互动融合的效率提升效应

随着社会分工的加剧，KIPS 不断地从制造业中分离出来，形成独立的服务部门。根据交易成本理论，当 KIPS 内部化成本高于外部成本时，企业倾向于服务外包。当 KIPS 发展水平较低时，制造业倾向于内部化服务，造成资源配置低效。KIPS 所带来的交易成本、运输成本等下降，能够显著降低高技术产业的生产成本，提高生产效率，扩大产能。

KIPS 降低高技术产业中间投入成本和提高其效率的成因，一是竞争效应使得 KIPS 在实现服务品质量提升的同时，降低成本加成率。二是规模经济效应使得 KIPS 提高了自身的效率。高技术产业的发展产生了对 KIPS 的大量需求，形成了巨大的市场。根据施蒂格勒（Stigler，1951）关于市场容量决定社会分工的理论，对 KIPS 市场需求的扩大，必然进一步推动这些新型部门的专业化分工，最终导致其规模的扩大和种类的扩张，使得规模经济在 KIPS 发展中成为可能。三是集聚使得服务交易成本降低。服务品的特性决定了服务的交易成本普遍较高。在 KIPS 的吸引和支持下，依托生产性服务的"主动创造性供给"，高技术产业会逐渐向 KIPS 发达的地区转移，导致上下游更好地集聚，实现创新链、价值链、产业链的端到端、点到点的精准对接。这显然有利于压缩服务交易信息搜寻等方面成本，并且促进高技术产业结构升级。

第三节　知识密集型生产性服务业
与高技术产业互动融合发展实证分析

一、数据来源

我们选取 1996～2020 年上海高技术产业总产值与知识密集型生产性服务业总

产值来进行实证分析，考虑数据可得性，使用上海高技术产业主营业务收入来测度上海高技术产业总产值，其数据来源于有关年份的《中国高技术产业统计年鉴》，知识密集型生产性服务业总产值来源于有关年份的《上海统计年鉴》。

二、变量的平稳性检验

进行时间序列分析，要求所用的时间是平稳的，即没有随机趋势或确定性趋势。否则将会产生"伪回归"现象。一般常用单位根检验来判断时间序列的平稳性，单位根检验主要有 DF 检验法、ADF 检验法及 PP 检验法等，本章采用迪克和富勒（Dickey & Fuller，1981）提出的 ADF 方法对上海 1996～2020 年的两个变量即高技术产业总产值（$hiti$）和知识密集型生产性服务业总产值（$kips$）进行单位根检验。在检验中，根据各变量时间序列的折线图确定是否存在截距和时间趋势项，最佳滞后阶数由 Stata 计量软件自行决定，检验结果如表 2-1 所示。

表 2-1　　　　　　　　　　　　变量的单位根检验结果

变量	检验形式 （C，T，L）	ADF 统计量	1% 临界值	5% 临界值	结论
ln$kips$	（C，0，3）	0.315	−3.750	−3.000	不平稳
ln$hiti$	（C，0，3）	−2.742	−3.750	−3.000	不平稳
D（ln$kips$）	（C，0，3）	−2.346	−3.750	−3.000	不平稳
D（ln$hiti$）	（C，0，3）	−1.355	−3.750	−3.000	不平稳
D（Dln$kips$）	（C，0，3）	−5.532 ***	−3.750	−3.000	平稳
D（Dln$hiti$）	（C，0，3）	−3.484 **	−3.750	−3.000	平稳

注：检验形式中的 C 代表常数项，T 代表时间趋势项，L 代表滞后阶数；D 表示变量的一阶差分，D(D) 表示变量的二阶差分；*** 表示在 1% 的水平上显著；** 在 5% 的水平上显著。

从表 2-1 可以看出，各变量原序列和一阶差分序列均在 5% 的水平下拒绝不存在单位根的原假设，表明各变量时间序列均存在单位根，是非平稳序列。变量 ln$kips$ 的二阶差分序列在 1% 的水平下接受不存在单位根的原假设，变量 ln$hiti$ 的二阶差分序列在 5% 的水平下接受不存在单位根的原假设。所以两个变量的时间序列均为二阶单整序列，为下面的协整检验提供了必要的前提。

三、协整和因果检验

我们采用 Johnson 极大似然法来检验本章的两个变量之间是否存在协整关系。

为了进一步探寻二者之间的互动关系，本章还采用 Granger 因果检验法来分析两个变量之间的因果关系。结果如表 2 - 2 和表 2 - 3 所示。

表 2 - 2　　　　　　　　　　变量的 Johnson 协整检验结果

零假设	特征值	迹检验		最大特征值检验	
		Trace	5% 临界值	λ-max	5% 临界值
$r = 0$	0.524	23.563	12.53	23.243$^{\Delta}$	11.44
$r \leqslant 1$	0.180	0.321	3.84	0.321	3.84

长期关系：$\ln hiti$ ＝　1.590　＋　0.821$\ln kips$
　　　　　　　　　　　　　(1.71)　　　(7.09***)

注：r 表示协整向量的个数，括号内数值为 t 统计值，$***$ 表示在 1% 的显著性水平下显著，Δ 表示在 5% 的显著性水平下拒绝存在 r 个协整向量的原假设。

表 2 - 3　　　　　　　　　　Granger 因果检验结果

零假设	F 值	P 值	滞后期	结论
$\ln kips$ 不是 $\ln hiti$ 的 Granger 原因	1.00	0.3866	3	接受
$\ln hiti$ 不是 $\ln kips$ 的 Granger 原因	12.49	0.0008	3	拒绝

从表 2 - 3 可知，上海的高技术产业总产值（$\ln hiti$）与知识密集型生产性服务业总产值（$\ln kips$）的迹检验和最大特征值检验结果都显示，二者在样本期内存在长期均衡关系，并在 1% 的显著性水平下高度显著。在因果关系方面，在滞后 3 期的情况下，上海高技术产业生产总值（$\ln hiti$）与知识密集型生产性服务业生产总值（$\ln kips$）存在单向因果关系。高技术产业生产总值（$\ln hiti$）是知识密集型生产性服务业生产总值（$\ln kips$）的 Granger 原因，但知识密集型生产性服务业生产总值（$\ln kips$）不是高技术产业生产总值（$\ln hiti$）的 Granger 原因。表明二者的互动效应还没有充分体现出来，高技术产业的发展产生了对知识密集型生产性服务业的需求，从而拉动了其发展，但知识密集型生产性服务业对高技术产业的推力不足。

四、VAR 模型

为了进一步分析二者之间的关系，我们先建立 VAR 模型，然后再进行脉冲响应和方差分解分析。VAR（向量自回归）模型是一种非结构化的建模方法，通常用于相关时间序列的预测和随机扰动对变量系统的动态影响，该方法不做任何先验性约束，令每个当期变量对所有变量的若干期滞后项进行回归，从而避免了划分解释变量和被解释变量的主观随意性。本章构建上海知识密集型生产性服务业与高技术产业的 VAR 模型，来分析二者在时间序列上的动态互动关系。准确建立 VAR 模型的关键在于滞后期数的确定，由于我们的样本空间有限，不宜选择较大的滞后阶数。根据多次的实际测算，确定滞后阶数为 3 的 VAR 模型最优（见表 2-4）。平稳性检验结果显示 VAR 模型全部特征根在单位圆曲线之内（见图 2-1），说明模型是一个平稳系统，可以进行脉冲响应和方差分解。ln*kips* 与 ln*hiti* 和方程调整后的 R^2 分别为 0.987 和 0.992，拟合效果较好，具有较强的解释力。对模型进行残差自相关检验，发现在 1% 的显著性水平下，各扰动项不与自己的滞后值相关，因此我们建立的上海知识密集型生产性服务业（ln*kips*）与高技术产业（ln*hiti*）的 VAR 模型总体效果良好，可以作为进一步分析的依据。

表 2-4　ln*kips* 与 ln*hiti* 互动关系的 VAR 模型

变量	ln*kips* (-1)	ln*kips* (-2)	ln*kips* (-3)	ln*hiti* (-1)	ln*hiti* (-2)	ln*hiti* (-3)	C	$\bar{R}^2$	AIC	SBIC
ln*kips*	0.88 (4.09)	0.06 (0.21)	-0.02 (-0.11)	0.19 (0.82)	-0.05 (-0.16)	0.01 (0.02)	-0.42 (-0.97)	0.987	-3.26	-2.56
ln*hiti*	-0.05 (-0.35)	-0.62 (-3.38)	0.58 (4.80)	1.00 (6.88)	-0.22 (-1.09)	0.19 (1.36)	1.15 (4.20)	0.992		

注：括号中的数字为 t 检验值。

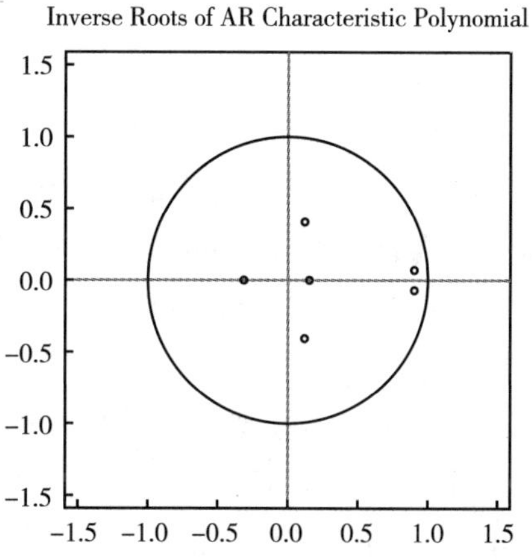
Inverse Roots of AR Characteristic Polynomial
1.5
1.0
0.5
0.0
-0.5
-1.0
-1.5
-1.5 -1.0 -0.5 0.0 0.5 1.0 1.5

图 2-1　模型系统平稳性检验结果

五、脉冲响应函数与方差分解

脉冲响应函数是分析当一个误差项发生变化，或者模型受到某种冲击时对系统的动态影响，用于衡量随机扰动项的一个标准差冲击对内生变量当前和未来取值的影响。根据前面的 VAR 模型，基于脉冲响应函数分析方法，可以得到上海知识密集型生产性服务业与高技术产业之间的相互冲击动态响应路径。

利用 VAR 模型，我们对变量 ln$kips$ 与 ln$hiti$ 进行脉冲响应分析，结果如图 2 - 2 所示。

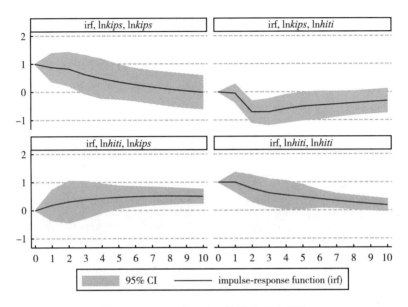

图 2 - 2　ln$kips$ 与 ln$hiti$ 的脉冲响应曲线

图 2 - 2 第一行展示了知识密集型生产性服务业（ln$kips$）受到一个单位标准差的冲击对 VAR 系统造成的影响：知识密集型生产性服务业（ln$kips$）本身会瞬间全部吸收冲击，对冲击做出 100% 的正响应，冲击的影响随时间推移逐步衰减，从第 3 期开始，该影响不再显著。高技术产业（ln$hiti$）受到该冲击后，第 1 期没有响应，从第 2 期开始产生显著的负响应，响应百分比超过 - 50% 。之后负响应逐步减弱，从第 5 期开始，冲击影响不再显著。

第二行展示了高技术产业（ln$hiti$）受到一个单位标准差的冲击对 VAR 系统造成的影响：知识密集型生产性服务业（ln$kips$）在冲击产生的第 1 期没有响应，从第 2 期产生正响应并逐步增强，自第 5 期以后正响应开始显著。高技术产业（ln$hiti$）对其自身的冲击迅速产生显著的正响应，随后逐步减弱，第 9 期以后冲击影响不再显著。

由上面的脉冲响应分析，可以初步得出以下结论：上海的高技术产业主要表现为自我增强型，即高技术产业对其自身具有显著且长期的支撑作用，而知识密集型生产性服务业对高技术产业的推动作用不强；另外，高技术产业对知识密集型生产性服务业则有较强的正面影响，这说明高技术产业对知识密集型生产性服务业产生了较大的需求，从而促进了其发展。知识密集型生产性服务业对其自身的影响比较短暂，内部各行业之间的关联效应还没有表现出来。

　　方差分解的基本思想是把系统中各内生变量的变动按其成因分解为与方程随机扰动项相关联的各组成部分，从而了解信息对模型中内生变量的相对重要性。我们对 VAR 模型进行方差分解以测算各变量对彼此波动的相对贡献率。从图 2-3 和表 2-5 可以看出，高技术产业对来自本产业当期偶然因素冲击的反应最明显，达到 100%，第 2 期开始逐步下降，但一直保持在 30% 以上；对来自知识密集型生产性服务业的偶然冲击第 1 期没有反应，之后逐步上升，第 10 期达到最大值 69.7%。知识密集型生产性服务业对来自其自身偶然因素的冲击反应很明显，第 1 期达到最大值 81.7%，之后开始下降，但一直保持在 57% 以上；对来自高技术产业偶然因素的冲击，知识密集型生产性服务业开始的反应不明显，在第 1 期时仅为 18.3%，之后逐步上升并于第 10 期达到最大值 42.5%。

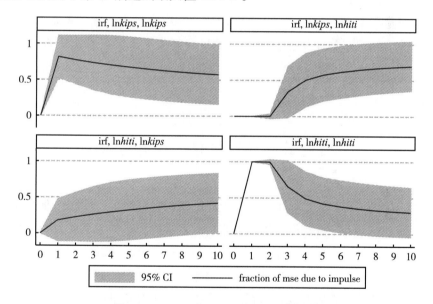

图 2-3　ln*kips* 与 ln*hiti* 的方差分解曲线

表 2-5　　　　　　　　　　　　　　ln*kips* 与 ln*hiti* 的方差分解

期数	（1）	（2）	（3）	（4）
0	0.000	0.000	0.000	0.000
1	0.817	0.000	0.183	1.000
2	0.772	0.002	0.228	0.998
3	0.734	0.341	0.266	0.659
4	0.703	0.505	0.297	0.495

期数	（1）	（2）	（3）	（4）
5	0.675	0.578	0.325	0.422
6	0.649	0.618	0.351	0.382
7	0.626	0.647	0.374	0.353
8	0.606	0.669	0.394	0.331
9	0.589	0.685	0.411	0.315
10	0.575	0.697	0.425	0.303

注：1. $irfname = irf$，$impulse = \text{ln}kips$，$response = \text{ln}kips$。

2. $irfname = irf$，$impulse = \text{ln}kips$，$response = \text{ln}hiti$。

3. $irfname = irf$，$impulse = \text{ln}hiti$，$response = \text{ln}kips$。

4. $irfname = irf$，$impulse = \text{ln}hiti$，$response = \text{ln}hiti$。

从以上脉冲响应效应和方差分解分析可以看出，二者基本一致。因此我们认为上海知识密集型生产性服务业与高技术产业之间存在一定的互动关系。具体来看，高技术产业为知识密集型生产性服务业的发展提供了市场需求，从而拉动了其发展。知识密集型生产性服务业对高技术产业的推动作用不强，但呈现出逐步加强的趋势。

第四节　研究结论与政策启示

从上面的分析可以得出以下结论：上海的知识密集型生产性服务业与高技术产业存在一定的长期动态互动融合发展关系，而且这种长期关系表现为高技术产业的发展为知识密集型生产性服务业提供了较大的市场需求，从而带动了知识密集型生产性服务业的发展，但知识密集型生产性服务业对高技术产业的推动作用不强，即知识密集型服务业的发展并没有起到提高高技术产业的效率和增强其产品品质的作用。从知识密集型生产性服务业自身来看，其内部各行业的关联效应还没有表现出来。究其原因，我们认为是由于在上海的生产性服务业中，传统的生产性服务业相对发达，知识密集型的生产性服务业发展相对滞后，其内部各个行业间还没有形成相互促进，互动融合发展的良好局面。从高技术产业自身来看，主要表现为自我增强型，即高技术产业的本期发展推动了下一期高技术产业的发展，说明高技术产业内部各个行业之间具有较强的联系。基于以上结论，我们对促进上海知识密集型生产性服务业与高技术产业的互动发展提出以下几点建议。

首先，要立足新发展阶段、贯彻新发展理念、构建新发展格局，把握产业融合发展趋势，以高质量发展为主题，围绕重点领域和关键环节，培育互动融合发展主体，探索互动融合发展路径，发展互动融合新业态新模式，创新互动融合发展体制机制，激发企业互动融合发展内生动力，从而推进知识密集型生产性服务与制造业协同互促和深度融合。改革是破解知识密集型生产性服务与制造业产业互动融合发展障碍的根本举措，创新是知识密集型生产性服务与制造业互动融合发展的内在驱动力，要加大坚持改革创新力度，破除各类显性隐性障碍，促进知识密集型生产性服务与制造业政策融通。企业是融合发展的主体，要积极发挥市场决定性作用和更好发挥政府作用，充分释放企业互动融合发展活力。知识密集型生产性服务与先进制造业融合发展在不同行业、领域、环节呈现出不同的特征、规律和模式，因此还要坚持因地制宜、分业施策，针对不同企业、行业、区域产业融合发展差异，支持企业、行业和区域自主实践和大胆创新，形成差异化、特色化的互动融合发展路径。

其次，要加快高技术产业服务化的进程，为知识密集型生产性服务业创造更多的需求。高技术产业服务化就是在高技术产业的投入中，服务所占的比重越来越高，服务性收入占高技术企业总收入的比重越来越大。在服务经济和数字经济时代，没有发达的 KIPS 的支撑，高技术产业的创新与发展可能会举步维艰，因为 KIPS 是高技术产业产品差异和附加值的主要来源，是提高高技术产业竞争力的重要投入。高技术产业服务化的程度越高，对 KIPS 的需求就会越多，从而会带动 KIPS 规模的扩张和种类的增加。

尤其是在当前外部竞争环境日趋激烈的背景下，对于高技术企业来说，追求专业化的差异化将成为其增强竞争优势的重要战略选择。因而，更多的高技术企业可以将一些原来内化于自身的研发、设计、财务、咨询等生产性服务环节逐步外部化。在这些生产性服务外部化的过程中，既促进了高技术产业专业化分工的深化和细化，又提高了生产性服务的创新能力，使其能够形成规模经济，降低了高技术产业从外部获取生产性服务的成本。这反过来又会进一步地推动高技术产业将更多的生产性服务环节外包，从而增加了 KIPS 的市场需求，促进其发展。如此发展下去，就会形成二者良性互动发展。

最后，要加大对知识密集型生产性服务业的投入和对外开放，进一步提高知识密集型生产性服务业发展水平。在产业结构转型升级的过程中，要积极引进和大力挖掘知识密集型生产性服务业发展要素资源，不断扩大金融、电信等垄断程度较高的生产性服务部门的开放程度，完善市场竞争体系，引导更多资源向这些知识密集型生产性服务业流动。就上海目前而言，要充分利用上海自贸区和综合配套改革的机遇，加快金融、信息、商务、科技等 KIPS 行业的发展，发挥这些行业内的联动效应，从而提高 KIPS 整体的发展水平。人力资源是 KIPS 的核心竞争力所在，从价值链的角度来看，KIPS 的价值增值更多地体现在专业服务人员与其客户的不断交流过程中。因为各种专业服务人员的知识储备和工作技能在 KIPS 的竞争力中起到了关键性的作用。上海要充分利用其科教、人才的优势，加强对各种类型 KIPS 专业服务人员的技能培训，从整体上提高其业务能力和综合素质。

第三章

服务业和制造业的创新互动机制

——长三角产业升级新视角

服务业和制造业互动融合发展是科技革命和产业变革的必然产物，是推动产业结构升级、价值链攀升的必由之路。当前，新一轮科技革命和产业革命蓬勃兴起，加快生产性服务业和制造业融合发展已成为全球产业发展的主流和趋势。本章以产业结构升级和创新为主线，首先考察了长三角地区 41 个地级以上城市的产业结构和变迁现状，接着以传统的两部门经济体为基础，通过将制造业部门扩展成制造业和服务业两部门，构建两部门的内生创新函数，进而探讨制造业和服务业之间的创新互动和内生产业升级路径。在此基础上，本章进一步研究了产业结构升级的动力学特征，分析了产业成功升级的动力学原理和平衡增长的路径和条件。

第一节　长三角地区 41 市的产业升级和结构调整之谜

世界经济发展史表明，经济发展不仅有总量的扩张，而且有产业结构的调整与升级。关于产业结构升级的界定，我们认为可以有以下三种情况：（1）产业内部的要素密集度上升；（2）技术进步或更新；（3）产业部门之间的结构比例优化。考察长三角经济发展的产业结构是否存在升级，可能不一定以上三个方面都满足，但是只要具备其中某一个方面条件，我们认为长三角就存在了产业的结构升级。

图 3-1 至图 3-3 分别显示了在长三角地区 41 个地级以上城市的地区生产总值中，第一产业（农业）、第二产业（工业）和第三产业（服务业）各自所占比重。

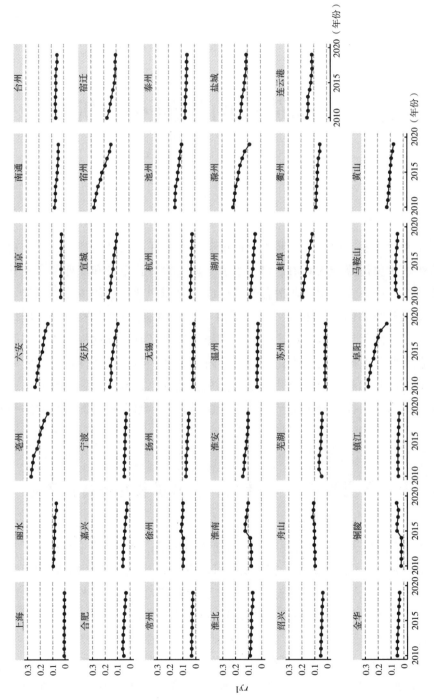

图 3－1　长三角 41 市第一产业经济总量比重（ry1）

资料来源：中经网。

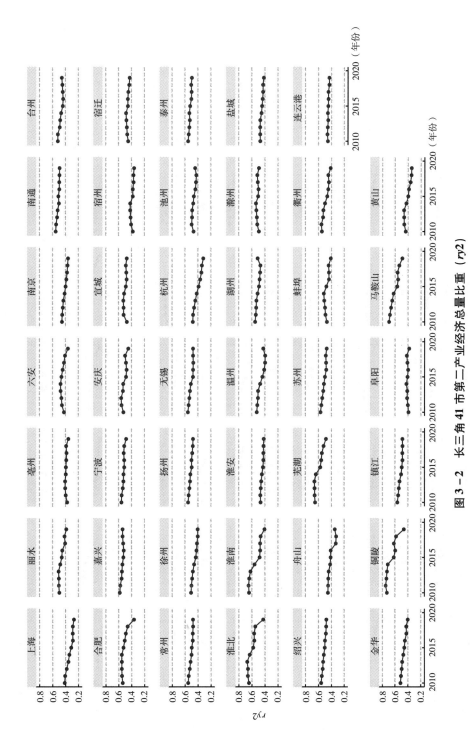

图 3 - 2 长三角 41 市第二产业经济总量比重（ry2）

资料来源：中经网。

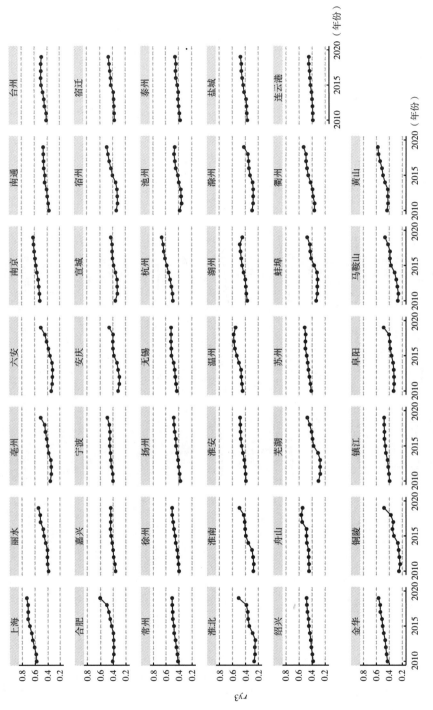

图 3-3 长三角 41 市第三产业经济总量比重 (ry3)

资料来源：中经网。

可以发现，2010～2019 年第一产业的比重普遍出现了下降，不过有些城市下降的速度比较快，有些比较慢，而上海作为经济大都市，第一产业占比一直很低，2010～2019 年第一产业比重平均为 0.47%，变化不大。第一产业比重下降速度最快的城市如亳州、宿州、六安等，在 2010～2019 年第一产业比重大幅减少，体现了这几个市伴随着工业化进程，当地非农经济发展进入快速道。其次，江苏的苏北地区及安徽大部分地区，第一产业在 2010～2019 年的占比均有较大下降。但是，江苏的苏南地区及浙江大部分地区，第一产业的占比都较为稳定，下降幅度有限。

在第二产业方面，可以看到 2010～2019 年长三角许多城市第二产业增加值占地区生产总值的比重，都出现先升后降的走势。例如，2010 年上海市第二产业增加值占当年 GDP 的比重超过 40%，随后逐年下降，2019 年已经降至 27.0%。与上海变化趋势类似的城市，还有杭州、金华、合肥、芜湖、铜陵等。泰州、连云港、淮安等市的第二产业增加值占比在 2010～2019 年有下降的趋势，但是变化幅度较小。与上海、杭州等不同的是，温州、湖州、舟山、台州等市的第二产业增加值占比，在 2010 年后逐渐下降，但在 2018 年后又出现了上升趋势。

再看第三产业即服务业的情况，长三角地区 41 市在 2010～2019 年第三产业增加值占地区生产总值的比重，大多表现为上升态势。其中，上海、杭州、合肥的上升速度尤为明显，其他的大部分城市第三产业占比，或是平稳上升，或是波动上升。然而也有一些例外，例如，2019 年温州、舟山、湖州等市的第三产业占比不增反降，这在一定程度上折射出上述城市的现代服务业发展基础还不稳固。

因此，从总体上看，2010～2019 年长三角地区经济发展的产业结构变化，基本格局是：第一产业增加值占比逐步下降，第二产业增加值占比先升后降，第三产业则是不断上升。截至 2019 年，上海和江、浙、皖三省一市的三大产业都呈现出"三二一"结构。进一步分地区看，上海的产业结构调整最为迅速，到 2019 年时，第一、第二产业增加值占 GDP 的比重之和仅为 27.2%，第三产业占比超过 70%，服务业成为上海经济发展的支柱产业。江苏各市第二产业占比趋于下降，第三产业占比趋于上升。浙江大部分城市第二产业占比处于下降趋势，小部分城市在近两年表现出上升趋势；浙江大部分城市的第三产业占比也是处于上升趋势，小部分城市在 2019 年出现下降。安徽大部分城市的第一产业占比在近十年来从较高水平迅速下降，第二产业占比缓慢下降，第三产业占比稳步上升，产业结构调整较为温和。

产业结构的调整和升级，与劳动力资源的重新优化配置是紧密相连的。本章将 2010～2019 年长三角 41 个城市的劳动力在三次产业中的比重变化趋势绘制成图，详见图 3-4 至图 3-6。

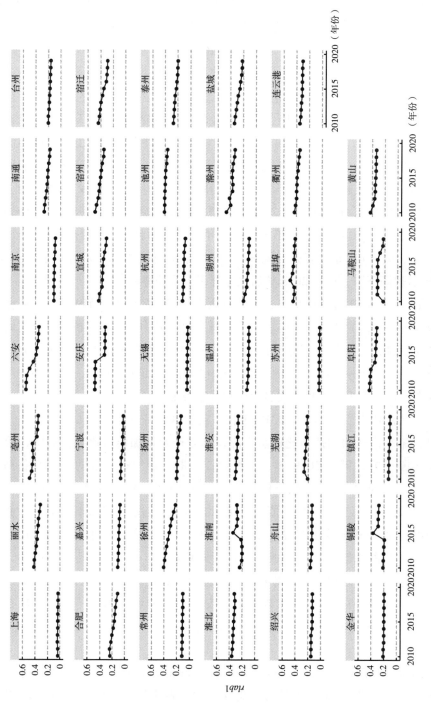

图 3-4 长三角 41 市第一产业就业人数比重（*rlab1*）

资料来源：中经网。

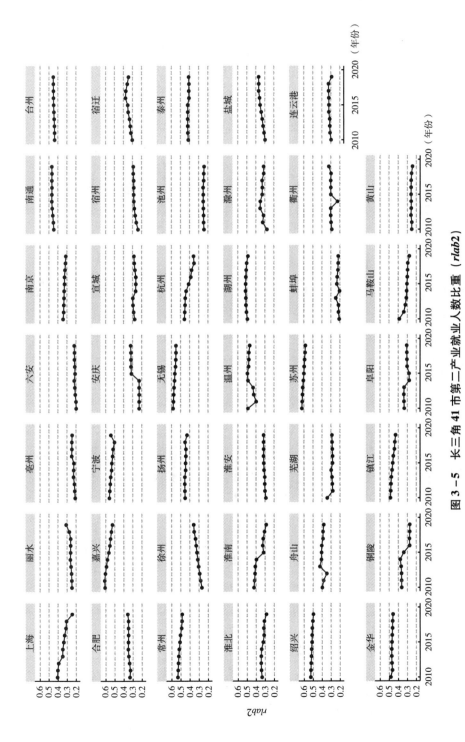

图 3-5 长三角 41 市第二产业就业人数比重（rlab2）

资料来源：中经网。

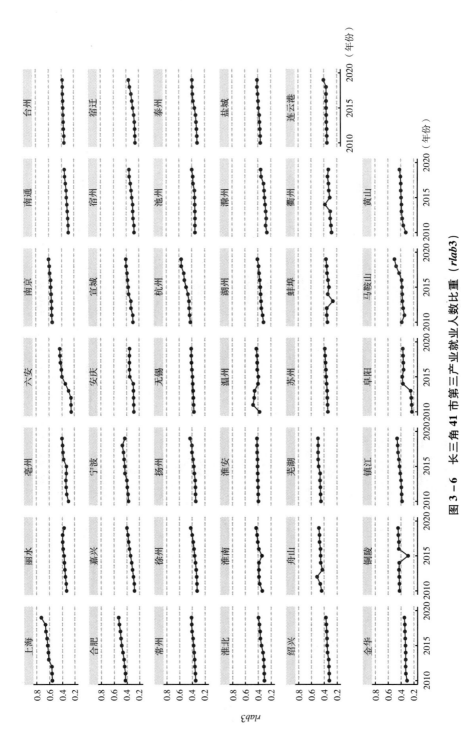

图 3 - 6 长三角 41 市第三产业就业人数比重（*rlab3*）

资料来源：中经网。

从图 3-4 至图 3-6 可以看出，除了个别城市以外，大部分城市第一产业的劳动力比重或较为稳定，或处于明显下降的趋势，仅有淮南、铜陵两市第一产业劳动力比重在 2015 年时出现较大幅度的上升。如果看最近几年的情况，整个长三角地区第一产业劳动力比重变化不大，这说明第一产业中的富余劳动力资源已经基本转移出来。传统理论中的农村劳动力无穷供给的年代即将结束。

从第二产业的劳动力比重走势图可以看到，长三角地区 41 市在十年间的变化趋势具有异质性。第一类城市以上海、杭州为代表，这些城市在 2010～2019 年第二产业劳动力比重迅速下降，其中上海由 2010 年的占比 40.7% 降至 2019 年的 24.4%；第二类城市如苏州、常州、绍兴等，这些城市的第二产业劳动力占该市总劳动力比重，在 2010 年时均较高，在 2010～2019 年变动幅度较小，但基本处于下降趋势；第三类城市如徐州、安庆等，这些城市的第二产业劳动力占比在十年间处于逐步上升趋势；第四类城市如温州、阜阳、宣城等，这些城市的第二产业劳动力比重在 2010～2019 年存在波动。

再观察长三角各市第三产业劳动力占比情况，可以发现各市第三产业劳动力比重均呈现出上升趋势。其中，对于经济较为发达的地区，已经出现了劳动力由第二产业向第三产业流动的趋势，表明第三产业已经代替第二产业成为吸纳就业和带动地区发展的支柱产业；对于经济相对不发达的地区，仍然遵循以工业化和制造业为主的发展模式，第二产业还在继续发挥吸纳就业的主力军作用。

综合以上分析，可以看到目前长三角的产业结构正在从以第一、第二产业为主向以第三产业为主转变，产业结构升级正在发生。特别是在经济相对发达的上海、杭州等地，现代服务业已经进入蓬勃发展阶段。基于上述现象，本章试图回答以下问题：原本存于制造业的劳动力配置，是否能支撑服务业在三次产业中的崛起？正确的产业升级路径又是什么？服务业和制造业之间到底应该是什么样的关系？两部门之间的创新又具有什么样的相互促进关系？我们以这些长三角经济现象为基础，以传统的两部门经济体为基本构架，纳入服务业和制造业两者之间的互动和创新，探讨内生性产业升级路径。

第二节　两部门模型中的创新互动

一、长三角经济体的抽象

本章的模型以传统的两部门经济体为基础（Uzawa，1961；Lucas，1988），将制造业部门扩展成制造业和服务业两部门，并且设置两部门的内生创新函数，进而寻求制造业和服务业之间的创新互动和内生产业升级路径。

为了研究服务业和制造业这两个部门内部的自主创新以及两个部门之间的迂回反馈效应，我们对长三角经济体进行必要的抽象。首先，为了突出重点，不妨假设长三角仅包含两个部门：服务业部门和制造业部门。制造业部门仅仅制造一种最终产品。当然，一种产品的假设只是为了模型表述的方便。事实上完全可以假设制造业部门生产 N 种商品。但是放松假设并不会增加更多的洞见，只会使得模型的表述更加复杂而难懂。或者我们也可以换一个角度来理解这种特殊的"一种产品"。假设现在经济中生产的商品种类数是 N，每种商品的产量是 Y_j，$j \in [1,N] \cap Z^+$。那么整个经济中总产量为 $\sum Y_j$。然而，这种简单加总会带来一个问题，就是不同种类的商品之间存在巨大的差别，仅仅依靠数量是无法显示出这种差别的。因此我们可以尝试对这 N 种商品进行某种调整。这种调整方法有很多，经常采用的有质量加权调整、效用偏好加权调整和边际生产力加权调整。每一种调整方法的设置都和整个经济的选择目标有密切关系。这里我们不妨采用质量调整法。假设第 j 种商品的质量调整权重是 q_j，那么我们可以定义一个新的产量指标：

$$Y = \sum_{j=1}^{N} q_j Y_j \tag{3.1}$$

通过采用技术手段，我们将多种产品的经济体等价转化为一种复合商品的经济体。下面需要分析这一种特殊的复合商品在两部门之间的创新互动中如何发生演化。

假设制造业在生产最终产品的过程中，需要投入资本、劳动和技术这几种生产要素。其中，技术要素更加细分为附加在资本上的技术和附加在劳动者身上的技术。基于这种考虑，我们不妨假设最终产品 Y 的生产函数具有以下形式：

$$Y = F(B_1 K, B_2 uL) = A(B_1 K)^{\alpha}(B_2 uL)^{1-\alpha} \tag{3.2}$$

其中，K 表示资本要素的投入，B_1 表示附加在资本品上的技术。在文献中，这种技术通常被称为体现性技术（technology embodied in the capital goods）。当资本品被转移的时候，附加的技术也相应被转移。需要说明的是，这种被体现的技术可以被资本品拥有者使用、进一步转移或者毁灭，但是一般不能被使用者进行二次开发。因为这是一种固化的技术，固化于资本品中，当资本品被销售给某个特定个体的时候，技术开发资料的细节通常是不会被公开的。例如汽车发动机技术。当一个厂商购买了发动机后，发动机制造商通常并不会因此而转移发动机的技术资料。当然，如果购买发动机的厂商采用非法手段获取技术资料，例如反向工程等，他当然会破解供应商的技术秘密，但是这种情况在本章的模型中被排除在外，不再考虑。本章的重点是考虑在知识产权得到有效保护、市场交易顺利进行的情况下，服务业和制造业之间的自主创新和相互之间的正反馈活动到底如何影响产业升级。

式（3.2）中的 L 表示无差别的、同质的简单劳动投入。一般可以用劳动力的数量来表示，它表示一些基本劳动技能，这些技能为所有的劳动者共有。在发展中国家，教育并不是全面普及，很多国家的识字率并不是 100%，因此识字并不能作为所有劳动者必备的技能之一。这种情况下，简单劳动投入就仅仅指体力劳动。在江苏的长三角地带，经济发展水平已经达到了一定的层次，中小学教育普及率已经非常高，基本上大部分人口都已经具备了必要的文化知识水平。这时候识字技能和简单的算术技能就是长三角所有劳动者都具备的技能之一。因此对于长三角这种经济体而言，能识字和进行简单算术运算的劳动力就成为简单劳动力。

然而，仅考虑简单劳动投入显然并不能完全揭示教育等人力资本投资对劳动力的影响。一些劳动者可能小学毕业就直接进入社会开始工作，一些人可能会读到初中毕业，还有一些人会坚持读到高中毕业。即使进入大学教育阶段，各个学校的教育水平也存在很大差异。这种巨大的差异无法用简单劳动力概念来涵盖，因此必须对劳动力的质量进行调整。调整方法是将简单劳动数量 L 乘以一个人力资本调整系数 B_2。B_2 可以看作是附加在劳动者身上的技术要素，其差异主要来自教育，也会来自工作中的干中学效应（Lucas，1988）。

整个长三角的劳动力配置主要发生在服务业和制造业部门内部和两大部门之间。我们不妨假设在某个特定时期，整个长三角地区的劳动力数量是固定的，这样 L 就是一个常数。这些劳动力被配置到制造业中的比例为 u，被配置到服务业中的比例为 $1-u$。因此在生产函数（3.2）中我们在劳动力 L 前面乘以 u，表示被配置到制造业部门的劳动力总数为 uL。

除了附加在资本投入和附加在劳动投入上的技术要素外，可能还会存在一些种类的知识，这些知识是全社会范围内共享的知识，每个个体和厂商都可以免费地获得这些知识。例如书本上的基础知识。因为这些知识并不附着在任何一种资本品上，也不会附着在任何一个特定的劳动者身上，因此我们并不将其包括在前面所述的 B_1 和 B_2 里面，而是单独在生产函数形式上进行设定，这就是生产函数最前面的 A。然而，这个系数 A 并不简单包含这些全社会共享知识，它还能包含社会制度的变化、经济体制的变化、经济政策的变化、文化对经济发展的影响等多种因素。毕竟这些因素和共享知识一样，具有一种共同的特征，那就是这些因素不依附于某种特定的要素投入。这些因素一旦发生改变，所有要素投入的生产力都会因此而改变。

二、生产要素空间和 Inada 条件

对于生产函数（3.2）而言，我们必须构建一个完备度量空间作为长三角经济体的生产空间。首先，α 表示资本的产出弹性，取值范围在 $[0,1]$。显然，本章的生产函数默认了产出对于资本和劳动投入具有不变的规模报酬；同时资本和劳动投入的边际产出为正，但是呈现递减的趋势；每种投入要素都是必需的，即不可能出现只投入资本、不投入劳动也能生产出产品来，或者只投入劳动、不投入资本同样能进行生产。生产函数所默认的这些内涵用数学符号来表示就是：

$$F(\lambda B_1 K, \lambda B_2 uL) = \lambda F(B_1 K, B_2 uL), \forall \lambda \in (0,1) \tag{3.3}$$

$$F(0, B_2 uL) = 0 \tag{3.4}$$

$$F(B_1 K, 0) = 0 \tag{3.5}$$

$$\frac{\partial F}{\partial K} > 0 \tag{3.6}$$

在附着在资本品上的技术含量不变的情况下，

$$\frac{\partial^2 F}{\partial K^2} < 0 \tag{3.7}$$

这就表明资本投入的边际产出是递减。同样对于劳动投入而言，

$$\frac{\partial F}{\partial L} > 0 \tag{3.8}$$

在附着在劳动者身上的技能不变的情况下，

$$\frac{\partial^2 F}{\partial L^2} < 0 \tag{3.9}$$

通常在经济学理论中，为了建模方便，会进一步对生产函数 F 的性质在所考虑的度量空间边界处做一些假设，以使得我们考虑的一些序列会有收敛结果，对于一些具有迭代性质的压缩算子也会有良好的性质和结论。因此我们不会排除生产函数中的零点，但是正如上面所述，生产函数中的零点虽然在理论上存在，但是对于一个理性选择的经济个体而言，显然不会出现投入大量的资本，但不投入哪怕一个劳动力，最后没有任何产出的情况。为了排除这种非理性的现象，我们必须在度量空间的边界零点设置驱逐效应——当理性选择的经济人接近该边界的时候，经济人的理性思维不会让他做出非理性行为——即选择某种投入但另一种投入为零。该边界条件就是 Inada 条件：

$$\lim_{K \to 0} \frac{\partial F}{\partial K} = +\infty \tag{3.10}$$

$$\lim_{L \to 0} \frac{\partial F}{\partial L} = +\infty \tag{3.11}$$

显然要想让理性驱赶经济人远离边界，最好的方法是让经济人在边界受到无穷大诱惑。如果不是无穷大，那么在某些特殊效用偏好下依然会出现非理性行为。一旦设置了无穷大的诱惑，如果经济人还选择在边界生产，那么就等价于为经济人设置了无穷大的损失。任何一种效用偏好都不会容忍经济人出现无穷大的损失。所以 Inada 条件成功地在度量空间的边界对理性人实施了驱赶。当然我们必须排除经济人以损失为乐的特殊情况。在现实经济中可能会存在这种极端情况。例如一些亿万富豪为了体验匪夷所思的心痛的感觉而故意产生一些巨大的损失。亿万富豪能从巨大的损失中感受到了想要的心痛的感觉，进而达到了自己的目的。但是这种极端的例子并不在本章的模型考虑范围内，而且纳入这种极端情况，对于理解长三角的服务业和制造业创新互动，进而理解长三角的产业升级过程，基本没有任何意义。

不过，我们的生产函数考虑的情况似乎是无界的。只要厂商愿意投入，一定会有新增产出。然而，边际报酬递减的情况暗示这种无界投入似乎不可能持续。只要生产要素的获得不是免费，厂商必须支付一定成本，那么持续不断的投入必定会最终面临边际报酬低于要素成本的情况。当然，如果要素价格足够低以至于接近于零，那么在一般均衡中，瓦尔拉斯条件揭示厂商对要素的需求会接近于无穷大。显然，现实经济中通常不会存在免费的午餐，要素价格不会为零。但是为了能在理论上分析，我们这里还是要将这种免费午餐情形排除出去。这就需要引入另外一半的 Inada 条件：

$$\lim_{K \to \infty} \frac{\partial F}{\partial K} = 0 \tag{3.12}$$

$$\lim_{L \to \infty} \frac{\partial F}{\partial L} = 0 \tag{3.13}$$

这两个条件使得厂商在极端投入情况下，即投入无穷大的要素量的情况下，厂商不会获得边际产出。如果这种情况下，厂商也依然能投入无穷大的要素量，要素价格必定为零，否则厂商的理性就要受到质疑。在长三角这种现实经济中，上升的要素价格配合条件（3.12）和条件（3.13），使得生产空间存在一个有限的驱赶点。超过驱赶点的厂商只要理性思维存在，一定会被驱赶回来。

三、两部门的创新和内生产业升级

本节考察服务业和制造业两大部门各自的创新过程，考察这两个部门的产业升级问题。首先要定义什么是创新，然后才能定义服务业和制造业的创新是什么。在本章的模型中，这些创新体现为什么？

创新可以有很多种形式，可以定义为"发现一种新原料、开发一种新思路、设计一种新方案"等（沈坤荣等，2022）。一个被广为传播的创新例子就是氧化铁的使用方法。很久以前可能只是因为氧化铁是红色的，所以被简单用作颜色涂料或者古典式化妆品。在图腾崇拜时代，可能在祭祀的时候被用作红色的替代品，以象征人体内的血液。然而，现代科学家发现了氧化铁的新用途，可以涂在塑料带子上来记录声音信息和图像信息（Romer，1990）。这就是创新。

在本章的模型中，服务业和制造业的创新又表现为什么呢？简单地讲，创新表现为两部门各自内部的生产技术的进步，即 B_1 和 B_2 的增长。在相同的资本投入和劳动投入情况下，更高的 B_1 和 B_2 会得到更高的产出水平。因此部门内部的技术进步直接影响到最终产出的增长。

（一）制造业内生创新

首先我们考察制造业中的技术进步。在本章的模型中，制造业部门的技术进步可以用 $\dot{B}_1$ 来表示。其中上面的小圆点表示对时间 t 求导。由于在技术进步的同时，物质资本存量也会不断积累并增长，这时候可以使用两种手段分析制造业部门中的技术进步。第一种是同时分析技术进步和资本积累；第二种是在资本存量不变的情况下，分析技术进步带来的影响。显然第一种比较符合现实情况。但是这种情况的分析会碰到比较复杂的动力学特征，并且不太容易让更多的读者清楚明白地理解。事实上，我们不妨采用第二种情况，这种情况虽然和现实有一些差别，但是最后所揭示的结论并不会有显著的改变，揭示的道理还是一样的。这背后的道理其实很简单，两种情况下结论的一致性来自我们生产函数中技术进步的要素扩大型设置，即简单要素的增加在某种程度上等价于固定要素投入量而改变要素附加的技术含量。所以，这里不妨假设要素投入的数量是固定的，而要素投入的质量或技术含量是不断进步的。在制造业部门这种假设还会带来一个更方便的结果，就是简化了制造业部门的技术进步动态方程。具体的动态方程可以设定如下：

$$\dot{B}_1 = Y - C - bB_1, b > 0 \tag{3.14}$$

该动态方程表示制造业部门的技术进步并不是来自外部性积累或者是无意识的获得，而是需要制造业部门的生产者花费一定的资源来从事研发才能获得。投入研发的资源量被假设为除去消费以后的所有储蓄量 $Y - C$。研发投资量越大，技术进步越快。当然本章这里并没有考虑研发的不确定性所带来的随机扰动。从某种意义上看，研发中的随机现象会对个体厂商产生不一样的影响，但是这些异质影响在大数定律的平均效果下最后会被磨平。从整个社会看，一定量的研发投入在平均意义上就可以产生一定量的技术进步。因此不考虑随机性带来的影响可能就是在本来充满毛刺和不规则凹凸的平衡增长路径上，这些毛刺和不规则波动全部被平均法则所磨平，从而出现了一条光滑的平衡增长路径（Barro & Sala-I-Martin，2004）。幸运的是，我们研究的是创新互动和产业升级的底层决定因素，这些底层决定因素在长期内会起到稳定的决定作用，因而不会随着随机过程而发生瞬息万变的革新。对于本章的研究目的而言，一条光滑的增长路径已经足够了。

动态方程中的参数 b 揭示了技术积累的自然损耗规律。任何知识都可能在历史长河中被淘汰。从制造业中的创新看，技术进步可以分为两类：一种是新产品种类的开发引起的技术进步。这种技术进步通常发生在实验室里面，因而也叫作实验室发明技术进步。另一种是对现有产品进行改良，寻求质量上的改进和提升。这种技术进步一旦出现，以前存在的质量较低的产品以及所对应的技术立刻被市场淘汰。例如彩色电视机的出现使得以前的黑白电视机被淘汰。这种创新被称为熊皮特毁灭性创新（Aghion & Howitt，1992；Aghion，2004）。参数 b 就是揭示这种毁灭性创新带来的影响。在制造业部门技术进步的过程中，每一阶段的创新都会使得过去的一部分知识和技术被淘汰，因此参数 b 前面的符号是负。将 b 乘以 B_1 表示 b 是被新发明毁灭的旧技术比例。因此，参数 b 可以被称作熊皮特毁灭率（rate of creative destruction，Schumpeter rate）。

（二）服务业内生创新

现在我们考察服务业中的技术进步。服务业中的技术进步同样表现为 $\dot{B}_2$。但是服务业和制造业有很大不同。制造业研发需要投入大量的物资资本等资源，而服务业创新却要投入大量的劳动力。这是因为服务业在本章的模型中是为生产性服务的行业，生产性服务业对于产业结构的升级以及长期经济增长都具有重要的决定意义（刘志彪，2001）。因此，这里对服务业创新的动态方程设定如下：

$$\dot{B}_2 = Z \cdot B_2 \cdot (1 - u)L - bB_2 \tag{3.15}$$

该动态方程首先表明服务业的创新 $\dot{B}_2$ 和劳动力在服务业中的配置数量有关，

即 $(1-u)L$。服务业中劳动力数量越多，服务业的技术进步速度就越快。其次，服务业创新很大程度上是服务模式的创新，因此具有很强的学习效应和外部性。一种服务模式一旦被发明出来，整个服务业都会开始模仿。例如银行业中的金融创新。当一种新的金融产品被创造出来后，任何一个个体或厂商都可以按照标准的协议购买该产品，这当然包括创新者的竞争对手。只要竞争对手购买到这种创新产品的协议，那么竞争对手就会几乎无成本地模仿并推广，最终整个银行业必定都会销售该创新产品。同时这种知识的迅速扩散会进一步激发其他竞争者的灵感，进而引发进一步的创新。这种很强的外部性在本章的模型中就表现为 B_2 出现在公式等号右端的第一项。已有的服务业知识越多，服务业创新速度就会越快。在 B_2 前面我们还设置了一个常数 Z，它表示服务业的创新效率。在相同情况下，给定服务业中的从业人员和服务业现有的技术水平，Z 越大，则服务业创新速度越快，这表明创新效率越高。

和制造业部门一样，服务业部门也存在着熊皮特毁灭性创新。这种熊皮特效应由动态方程右边的 $-bB_2$ 表示。这里我们采用了一个假设，就是熊皮特毁灭率在制造业部门和服务业部门是相同的。当然这个假设在现实中并不存在。对两个部门设置不同的熊皮特毁灭率是完全可行的，同时也是合理的。但是具有差异化的熊皮特毁灭率并不会使模型得到更多的新结论。沈坤荣和李剑（2009）曾经在一个研发驱动的技术外溢模型中讨论过差异化的两部门仅仅是不会得到显式解，但是通过数值方法依然可以得到类似的结论（沈坤荣和李剑，2009）。基于这种考虑，本章的熊皮特毁灭率采用同质性假设。

（三）创新互动和内生化产业升级路径

产业升级有很多表现形式，例如产业中要素密集度的上升，产业中主要技术的更新换代，产业结构的调整等。为什么要素密集度上升是产业升级的表现之一呢？中国的经济发展历程其实很清楚地展现了这一点。在一个初始要素密集度较低的阶段，中国的产品主要以劳动密集型产品为主，经过长时间的资本积累，劳动密集型产业比重会逐渐降低，而资本密集型产业会逐渐兴起，产品中的附加值会越来越高。这就是产业升级。同样，一个产业中采用的主要技术发生更新换代，同样会导致产业升级。在给定产业中的主要生产技术和要素密集度不变，那么结构的优化调整同样可以看作是产业升级的一种表现。

在本章的模型中，由于投入要素被假定为不变，因此要素密集度就是不变的。其次，本章的模型只考虑服务业和制造业两个部门，制造业只生产一种产品，而不考虑不同产品之间的结构问题。因此结构变化仅仅限于服务业和制造业两大部门之间，而不发生在部门内部。因此，产业升级在本章中就体现在两个方面：一是部门内部的技术进步引发的产业升级；二是服务业和制造业两大部门之间的结构优化和协调发展。

长三角经济圈的生产函数和两大部门的技术进步动态方程暗示，这两种类型的产业升级在模型中具有内在的联系和协调发展的可能。首先，物质生产部门的生产函数表明，最终产品的生产不仅需要制造业部门内部的技术进步，也需要服务业部门的技术进步。服务业部门的发展对于制造业升级而言具有非常重要的意义。从投入要素的必要性可以看出如果没有服务业投入，那么制造业部门最终也无法进行生产。服务业部门发展不充分也会严重影响到制造业部门的生产效率。因此服务业部门的创新对于制造业部门的产业升级而言有着直接的显著的影响。

其次，从制造业部门的技术进步方式看，服务业的协调发展有利于产出增长，进而在其他条件不变的情况下，整个社会有更多的资源投入制造业部门的创新活动中，进而促进制造业部门的技术进步。技术进步又会导致制造业部门的产出增长和产业升级。因此服务业发展又可以从这个角度间接影响制造业部门的产业升级。

最后，从服务业的技术进步方式看，服务业需要大量的劳动投入。当制造业部门的技术进步持续进行时，较少的劳动投入可以获得较高的产出增长，进而劳动会被逐步替代。多余的劳动力会逐渐被重新配置到服务业部门，从而支持服务业部门的技术进步。因此制造业的产业升级会对服务业的产业升级产生正反馈效应。这种交互反馈、产业协调升级最终会达到一种和谐的平衡增长状态。

因为可以预期到经济最终会达到一种平衡增长状态，服务业部门和制造业部门之间会出现互惠互利的平衡发展，不妨定义两部门的技术平衡系数 e 如下：

$$e = \frac{B_1}{B_2} \tag{3.16}$$

该系数的意义如下：分子和分母都是部门内部的技术水平，它们的变化体现了部门内部的产业升级。两者之比则揭示了产业升级的结构调整因素。因此 e 在本章的模型中具有重要的意义，它是本章模型的产业升级层面的综合体现。当产业升级开始时，e 会不断变化；当产业升级成功后，e 就进入一种稳定状态。由于在整个产业升级过程中，e 是内生变化的，其所体现出来的产业升级路径是一条内生化的产业升级路径。

对于内生化产业升级路径，我们更感兴趣的是：产业升级的过程中，e 是如何内生变化的？其动力学特征到底是什么？产业升级是否会一定成功？成功的路径又需要满足什么样的条件？下面本章就立足于拉姆齐的消费者最优框架（Ramsey，1928）对这些问题进行分析，从而探讨产业成功升级的动力学原理和平衡增长路径的存在性。

第三节 产业升级的动力学特征和平衡增长路径

一、以人民为中心的发展思想和欧拉方程

不管是产业升级还是技术进步，最终的目的是提高人民生活水平。这是中国特色社会主义"以人民为中心"的发展思想的体现。[①] 在经济学研究中，通常以人民的消费产生的效应为考量目标，以最优化未来所有的消费者效用来确定最优消费路径。这项贡献最初在拉姆齐（1928）中被首次以严格的数学形式所刻画。

假设每个消费者的效用函数采用如下形式：

$$u[c(t)] = \frac{c^{1-\theta} - 1}{1 - \theta} \tag{3.17}$$

其中，$\theta > 0$ 是边际效用的弹性。同时也不难看出该效用函数的跨期替代弹性是 $1/\theta$。消费者最优化的目标不是仅仅某个时点的效用，而是要有长远目光，要在未来整个消费路径上进行考虑。在考虑不同时点的同质商品带来的不同效用的情况下，消费者会在心理账户上对每种商品在不同时点进行效用评价。从严格意义上看，商品空间的维度必须包含时间维度。因此在时间维度上不同的、其他维度上相同的商品，在整个商品空间上看依然是不同的商品。对于动态一般均衡而言，这种区别是显而易见的。消费者的心理账户对时间维度的处理方式就是设定一个自己认可的时间偏好率，以体现时间维度在选择行为中的重要地位。显然，时间偏好率对于每个人而言都不同，因为每个人的心理账户不同。即使是同一个人，由于锚定效应的存在，不同的参考锚下面心理评价也具有很大的差异，进而对选择行为产生影响。

然而，差异锚定和差异个体的引入，如同产品种类一样，增加了模型的复杂性，可能并不一定能够增加模型的结论和创新。从全社会总体看，差异锚定和差异个体在大数定律的强势作用下都将被平均化。因此本章仅仅考虑平均意义下的个体时间偏好率。在这种假设下，个体时间偏好率等价于群体的时间偏好率。不妨以 ρ 来表示时间偏好率。消费者的最优化目标现在可以表述为：

---

① 习近平. 高举中国特色社会主义伟大旗帜 为全面建设社会主义现代化国家而团结奋斗——在中国共产党第二十次全国代表大会上的报告 [M]. 北京：人民出版社，2022.

$$\max_{\{C(t)\}_0^\infty} U_0 = \int_0^\infty u[C(t)]e^{-\rho \cdot t}\mathrm{d}t \tag{3.18}$$

消费者面临的约束条件是社会资源必须被分配到最终产品的生产领域、制造业的研发活动和服务业的研发活动中，剩下的资源才能被消费获得效用。因此制造业研发的动态方程和服务业研发的动态方程同时构成了消费者优化的一部分约束。在所有这些约束下，最优选择规则必须满足：

$$C^{-\theta}e^{-\rho t} = \lambda_1 \tag{3.19}$$

$$\lambda_1(1-\alpha)\frac{Y}{u} = \lambda_2 Z B_2 L \tag{3.20}$$

$$-\gamma_{\lambda_1} = \alpha A (B_1 K)^\alpha (B_2 uL)^{1-\alpha}\frac{1}{B_1} - b \tag{3.21}$$

$$-\gamma_{\lambda_2} = \frac{\lambda_1}{\lambda_2}(1-\alpha)A (B_1 K)^\alpha (B_2 uL)^{1-\alpha}\frac{1}{B_2} + Z(1-u)L - b \tag{3.22}$$

第一个条件（3.19）中的 λ_1 表示制造业中技术创新的影子价格。由于技术创新对物质资本的影响是倍乘扩展型的，因此该影子价格其实是以资本数量为简单代表的资本存量的影子价格。该条件（3.19）表示消费者的边际效用在最优状态下必须等于影子价格 λ_1。对该条件的简单变形可得到消费的增长率为：

$$\gamma_C = \frac{-\gamma_{\lambda_1} - \rho}{\theta} \tag{3.23}$$

如果消费的边际效用要高于制造业部门资源的影子价格，那么消费者会感觉到消费水平偏低，资源过多地投入制造业部门，因此他们会把资源从制造业部门的生产和研发中抽取出来，变成消费品以提高消费水平。直到边际效用下降到和影子价格相等为止。这时候重新达到平衡。该条件就是消费行为的欧拉方程。

第二个条件（3.20）表示劳动力在制造业部门和服务业部门之间的配置必须达到这样一种状态——劳动力在该部门中对社会总体福利效用的边际贡献相等。劳动力在制造业部门中的边际产品是 $(1-\alpha)Y/u$，对社会总福利的贡献是边际产品乘以影子价格 λ_1，就是左边的表达式。劳动力在服务业部门的边际产品是 ZB_2L，对社会总福利的边际贡献是边际产品乘以影子价格 λ_2，就是等式右边的表达式。在最优状态下，劳动力的自由流动导致其在两个部门中的边际贡献相同。对该条件的简单变形可得到最优状态下影子价格之比为：

$$\frac{\lambda_2}{\lambda_1} = (1-\alpha)\frac{A}{Z}e^\alpha u^{-\alpha}\left(\frac{K}{L}\right)^\alpha \tag{3.24}$$

第三个条件（3.21）表示社会资源投入制造业部门的研发活动中产生的净收益率在最优路径下必须等于资源在该部门的影子价格的缩水率。

第四个条件（3.22）的含义类似，表示社会资源投入服务业部门的净收益率在最优路径下必须等于该部门的资源影子价格缩水率。不过，资源投入服务业部门获得的社会收益不仅仅在服务业部门自身，而且对制造业部门的研发活动也有间接影响。因此条件（3.22）要比条件（3.21）多一项。

二、产业升级的动力学特征

为了分析产业升级过程中的动力学特征，本章定义消费和 B_1 的比例为 x。不难发现 e 和 x 的增长率可以表示为：

$$\gamma_e = \gamma_{B_1} - \gamma_{B_2} \tag{3.25}$$

$$\gamma_x = \gamma_C - \gamma_{B_1} \tag{3.26}$$

将 γ_{B_1} 和 γ_{B_2} 的表达式代入式（3.25）得到：

$$\gamma_e = AK^\alpha e^{-(1-\alpha)} u^{1-\alpha} L^{1-\alpha} - x - Z(1-u)L \tag{3.27}$$

将 γ_C 和 γ_{B_1} 的表达式代入式（3.26）得到：

$$\gamma_x = \left(\frac{\alpha-\theta}{\theta}\right) AK^\alpha e^{-(1-\alpha)} u^{1-\alpha} L^{1-\alpha} + x - \frac{b(1-\theta)+\rho}{\theta} \tag{3.28}$$

根据式（3.24），不难得到：

$$\gamma_{\lambda_2} - \gamma_{\lambda_1} = \alpha(\gamma_e - \gamma_u) \tag{3.29}$$

将已知的 γ_{λ_1}、γ_{λ_2} 和 γ_e 代入式（3.29），即可得到劳动力分配比例 u 的增长率为：

$$\gamma_u = ZL\frac{(1-\alpha)}{\alpha} + ZLu - x \tag{3.30}$$

在稳态中，

$$AK^\alpha e^{-(1-\alpha)} u^{1-\alpha} L^{1-\alpha} = x + Z(1-u)L \tag{3.31}$$

$$\left(\frac{\alpha-\theta}{\theta}\right) AK^\alpha e^{-(1-\alpha)} u^{1-\alpha} L^{1-\alpha} + x = \frac{b(1-\theta)+\rho}{\theta} \tag{3.32}$$

$$ZL\frac{(1-\alpha)}{\alpha} + ZLu = x \tag{3.33}$$

通过解方程可以得到稳态值为：

$$u^* = \frac{b(1-\theta)+\rho}{ZL \cdot \theta} + \frac{\theta-1}{\theta} \qquad (3.34)$$

$$x^* = \frac{b(1-\theta)+\rho}{\theta} + ZL\left(\frac{1}{\alpha} - \frac{1}{\theta}\right) \qquad (3.35)$$

$$e^* = \left(\frac{\alpha A}{ZL}\right)^{\frac{1}{1-\alpha}} K^{\frac{\alpha}{1-\alpha}} \cdot \left[\frac{b(1-\theta)+\rho}{ZL \cdot \theta} + \frac{\theta-1}{\theta}\right] \qquad (3.36)$$

这说明长三角经济体系统的产业升级过程是存在稳态的，最终产业升级是可以完成的。

下面本章将进一步分析当经济体的一些特征改变的时候，最终稳态如何变化。经济体的主要特征参数有服务业的研发效率 Z，经济体中的总体劳动力规模 L，消费者的边际效用弹性参数 θ，消费者的时间偏好率 ρ，熊皮特毁灭率 b，制造业部门的产出弹性 α 和共享因子 A。这里主要关心的是服务业研发效率对经济稳态到底有何影响，这直接涉及服务业和制造业两大部门之间的互动问题。其次，由于文中假设劳动力规模不变。在现实的长三角经济体中，劳动力规模是一个变化的量。因此，我们也想知道劳动力规模的变化对于经济体稳态的影响。

首先，分析服务业的研发效率 Z。通过对研发效率求导，可以得到稳态水平对研发效率变化的反应：

$$\frac{\partial u^*}{\partial Z} = -\frac{b(1-\theta)+\rho}{L \cdot \theta} \cdot \frac{1}{Z^2} \qquad (3.37)$$

$$\frac{\partial x^*}{\partial Z} = L\left(\frac{1}{\alpha} - \frac{1}{\theta}\right) \qquad (3.38)$$

$$\frac{\partial e^*}{\partial Z} = -\frac{1}{Z}\left[\left(\frac{\alpha A}{ZL}\right)^{\frac{1}{1-\alpha}} K^{\frac{\alpha}{1-\alpha}} \cdot \frac{b(1-\theta)+\rho}{ZL \cdot \theta} + \frac{e^*}{1-\alpha}\right] \qquad (3.39)$$

可见，研发效率带来的影响非常复杂，它对于稳态的影响并不是线性的，而是非线性的，取决于其他经济参数的取值。在一些情况下，研发效率的上升会使得劳动力资源集中到研发领域，但是在另外一些情况下，研发效率的上升会促使劳动力资源流向制造业部门。对于两个部门之间的研发活动，服务业部门的研发效率上升也并非简单地会导致资源更多地集中到服务业部门，这种资源配置也是有条件的。当 $\frac{b(1-\theta)+\rho}{ZL\theta} \geq 0$ 的情况下，服务业部门的研发效率上升会促使资源从服务业部门流动到制造业部门。但是如果 $\frac{b(1-\theta)+\rho}{ZL\theta}$ 为负，且足够小的话，情况会完全反过来。

其次，分析经济中出现的规模效应。将稳态对劳动力总规模求导得到：

$$\frac{\partial u^*}{\partial L} = \frac{-1}{L^2} \frac{b(1-\theta)+\rho}{Z \cdot \theta} \tag{3.40}$$

$$\frac{\partial x^*}{\partial L} = Z\left(\frac{1}{\alpha} - \frac{1}{\theta}\right) \tag{3.41}$$

$$\frac{\partial e^*}{\partial L} = -\frac{1}{L}\left[\left(\frac{\alpha A}{ZL}\right)^{\frac{1}{1-\alpha}} K^{\frac{\alpha}{1-\alpha}} \cdot \frac{b(1-\theta)+\rho}{ZL \cdot \theta} + \frac{e^*}{1-\alpha}\right] \tag{3.42}$$

基于同样的情况，劳动力规模的影响也是不确定的。

但是存在稳态并不表明这个经济体就会走向稳态。完全有可能不遵循既定的路线而最终偏离稳态。所以，本章还要证明，长三角经济体最终有一条可行的产业升级路径通向稳态。

三、长三角产业升级路径的可行性证明

定理：在一个由服务业和制造业两部门构成的经济体中，如果社会资源的各种分配比例 e、x 和 u 的增长率由式（3.27）、式（3.28）和式（3.30）给出，稳态下的资源分配比例由式（3.34）、式（3.35）和式（3.36）给出，那么这个经济体会沿着一条可行的产业升级路径，最终趋于稳态水平。

证明如下：

对于非线性动力系统式（3.27）、式（3.28）和式（3.30），在稳态附近进行线性化处理得到：

$$\frac{\mathrm{d}}{\mathrm{d}t}\begin{bmatrix} e \\ x \\ u \end{bmatrix} \approx M \cdot \begin{bmatrix} e - e^* \\ x - x^* \\ u - u^* \end{bmatrix}$$

其中系数矩阵定义如下：

$$M = \begin{bmatrix} -(1-\alpha)\left[x^* + ZL(1-u^*)\right], & -e^*, & (1-\alpha)\dfrac{e}{u}\left[x^* + ZL(1-u^*)\right] + ZLe^* \\[2ex] -(1-\alpha)\left[\dfrac{b(1-\theta)+\rho}{\theta} - x^*\right]\dfrac{x^*}{e^*}, & x^*, & (1-\alpha)\left[\dfrac{b(1-\theta)+\rho}{\theta} - x^*\right]\dfrac{x^*}{u^*} \\[2ex] 0, & -u^*, & ZLu^* \end{bmatrix}$$

显然该系统属于鞍点稳定。服务业和制造业两部门内部的产业升级和两部门之

间的产业结构调整比例最终沿着这条鞍点路径会到达稳态。

第四节　研究结论与政策启示

长三角地区是我国经济发展基础最好、活力最强的地区。本章通过统计数据分析发现，2010～2019 年长三角 41 个地级以上城市的产业结构都不同程度地发生了较大变化，其突出表现是第一产业增加值占 GDP 比重普遍下降，大多数城市第二产业占比有所下降，第三产业增加值占比普遍明显提高，并且成为拉动各市经济的支柱产业。与之相呼应，服务业也逐渐成为吸纳劳动力的主要产业。

接着，以传统的两部门经济体为基础，通过将制造业部门扩展成制造业和服务业两部门，构建两部门的内生创新函数，分析制造业和服务业之间的创新互动和内生产业升级路径，在此基础上，进一步探究产业升级的动力学特征，从而研究产业成功升级的动力学原理和平衡增长的路径和条件。具体而言，借助于修改传统的两部门经济体模型，通过纳入制造业和服务业的创新因素，论证了两大部门之间的交互效用和产业升级途径，从而指出长三角地区的产业升级存在的可行的稳态路径。

经过分析论证，认为制造业和服务业之间必须保持某种合理比例才能协调发展，任何一个部门的落后都将影响另外一个部门的发展。这种合理比例到底应该多少？从经验上估计这个合理比例，主要是根据内生产业升级路径上的稳态比例来确定，就是本章的 e^*。

从理论的角度看，产业升级路径是内生的，创新也是内生的。内生的产业升级路径要求部门之间按比例协调发展。因此人为地、集中地、短时间地过度发展某一个部门，必将引起比例失调，最终使长三角经济体虚火旺盛，失去持续发展的能力。

政府部门在内生产业升级路径中是否可以更好地发挥作用呢？当然可以。但是政府要改变过去的主观发展愿望，将思路改变为创造自由选择的环境，顺应经济发展规律，让市场个体自主选择，让劳动力自由流动。这样使得在产业升级过程中，劳动力比例能合理地维持在稳态比例 u^* 附近，以配合服务业和制造业之间的最优资源配置。需要提醒的是，长三角的产业升级路径是一条鞍点路径。走在这条路径上可以保证产业升级的内生发生，并且可以保证长三角最终走向稳态。但是，如果因种种原因，企业经营活动的自主选择行为受到过多的干扰，那么部门之间的比例和劳动力配置比例就会失调，一旦比例失调，长三角产业升级就会偏离鞍点路径，走向发散路径。一旦走向发散路径，要纠正过来将会付出较大的代价。

第四章

生产性服务业对制造业参与
国际循环影响研究

推进形成"以国内大循环为主体、国内国际双循环相互促进"的新发展格局，是我国适应世界百年未有之大变局加速变化、着眼我国即将进入新发展阶段而作出的重大战略部署。改革开放以来，长三角地区凭借优质价廉的劳动力和土地资源，主动融入跨国公司主导的制造业国际分工体系，通过参与"两头在外"的国际经济循环，不仅拉动了长三角地区对外贸易高速增长，而且促进了长三角地区经济蓬勃发展。然而从总体上看，长三角地区制造业参与国际分工和国际循环，当前主要是处于中低端环节，不仅获取的分工利益有限，而且抗风险的能力较弱，需要向国际分工环节中高端迈进。实际上，由于近年来国内劳动力、土地等要素价格的上涨，即使长三角地区原有的传统国际分工优势，也都明显减弱甚至丧失。特别是，面对经济全球化遭遇逆流和新冠肺炎疫情的冲击，全球产业链、供应链的萎缩和重构风险明显上升，长三角地区制造业参与国际体系分工的环境更趋恶化和复杂。

生产性服务业是指为制造生产活动提供支撑、配套或中间投入品的服务行业，是现代服务业的重要组成部分。在社会分工不断深化和科技进步的作用下，现在生产性服务业普遍具有知识技术含量高、规模经济明显等特征。全球价值链（GVC）是当前国际分工的重要形式，也是我国制造业参与国际循环的主要途径。因此，提高我国制造业在全球价值链体系中的分工地位，是我国提高参与国际循环水平的重要内容和发展方向。因此，鉴于当前我国构建"双循环"新发展格局的大背景，我们探讨通过生产性服务业提高制造业参与国际循环水平的机制和途径，对长三角更好地实现生产性服务业与制造业的互动融合发展，无疑具有重要的理论价值和现实意义。

第一节　文献综述

目前，国内外相关研究成果众多。因篇幅关系，这里仅选择和本章研究直接有关的成果，并且将其大致归纳为以下几个方面。

首先，在分析我国"双循环"新发展格局方面。余淼杰（2020）认为规模巨大的国内市场、深度融入全球价值链、产业聚集链明显、交易成本较低等因素，是我国开展"双循环"的优势和基础。赵蓉等（2020）分析发现，我国各地区参与全球化分工以及国内区域流入型融合，能对制造业产业升级产生明显溢出效应。王娟娟（2020）论证了新通道贯通"一带一路"与国内国际双循环的关系。刘志彪（2020）指出新发展格局需要以动态比较优势理论为指导进行多方面协同推进。

其次，在探讨全球价值链的形成和动因方面。安特拉斯（Antras，2019）强调了贸易成本对全球价值链分工的影响，并且进一步认为贸易成本不仅影响一国产业在全球价值链中的参与程度，而且左右其在全球价值链中的分工位置。关于对全球价值链的测度，早期比较简单的做法是用替代指标来度量，如采用垂直专业化比率、出口复杂度等。近期更多的学者是借助于国家投入—产出表的数据分解来测算。王直等（Wang et al.，2017）综合考虑了出口贸易和国内需求环节，利用前后生产长度的比较来重新定义 GVC 分工地位。随着全球投入产出表（WIOD）的成功构建，不少学者纷纷借助于 WIOD 数据库进行有关定量分析。例如，安特拉斯和乔尔（Antras & Chor，2018）利用 WIOD 数据实证检验了一些国家参与 GVC 的变化；刘等（Liu et al.，2019）运用全球投入产出表，探讨了金融和商务服务对制造业显性比较优势的影响等。此外，也有学者从微观即企业层面，研究常用的指标包括出口国内增加值、出口国内增加值率等（唐宜红和张鹏杨，2018）。

最后，在分析服务业与全球价值链发展的关系方面。海瑟和马图（Heuser & Mattoo，2017）指出当前服务贸易在 GVC 中的作用被严重低估。米鲁多（Miroudot，2017）认为服务活动已作用于 GVC 分工各个环节，服务业和制造业之间的界限正在趋于模糊。陈启斐和刘志彪（2013）发现，反向服务外包有助于我国制造业 GVC 地位提升。吕越等（2017）指出提高制造业服务化水平有利于提高我国企业全要素生产率。王欠欠和夏杰长（2019）认为提升服务业全球价值链分工地位能促进我国制造业的技术进步。刘斌（2020）发现制造业服务化能够显著提高我国企业在全球价值链中的分工地位，但是制造业投入服务化与服务贸易壁垒的交互效应对全球价值链分工产生逆向冲击。此外，吕越等（2018）认为嵌入全球价值链对中国的企业研发创新行为具有显著的抑制作用。肖宇等（2019）认为中国需要依靠技术效益提升和全要素生产率提高来改善在全球价值链中不利地位。高运胜和杨阳（2020）研究了全球价值链重构背景下我国制造业高质量发展目标与路径。

在国内外已有文献成果基础上，我们主要在以下方面作出边际贡献：（1）采用新的生产性服务业界定和发展水平测算方法，分别从国际和国内两个层面，探讨和检验生产性服务业发展水平对一国制造业参与 GVC 分工地位的实际影响，并且在此基础上进行比较研究。（2）在理论分析基础上，通过构建计量分析模型和从四个不同的维度，更为系统和全面地揭示生产性服务业影响一国制造业 GVC 分工地位的作用机制与具体效果。（3）不仅实证检验生产性服务业对制造业参与 GVC 分工的整体效应，而且还进一步探究了我国生产性服务业中不同细分行业影响的异质性，并提出更有针对性的对策建议。

第二节 影响机制的理论分析

随着国际分工进入全球价值链分工阶段，一国参与国际分工已不再集中于某种产品的生产，而是更多地专注于产品价值创造过程中的某一环节或流程。所谓全球价值链分工，就是指提供产品的生产流程被分割和安排于不同国家，从而体现不同国家参与全球生产体系并在其中获得收益的过程。由于全球价值链分工仍然属于国际分工的基本范畴，因此，国际分工理论对全球价值链分工，仍然具有较好的解释力，包括比较优势理论、要素禀赋理论、产业内贸易理论等。

在传统经济增长理论中，生产性服务业和制造业是此消彼长的关系，背后的基本逻辑是：如果提高生产性服务业发展水平，那么就意味着更多要素资源投向生产性服务业活动。在一国要素资源总量不变的情况下，这必将挤压该国投入制造业的资源，从而不利于制造业的发展，当然也不利于制造业向 GVC 分工地位高端的攀升。但是，在现代经济增长模式中，生产性服务业和制造业的内在关系已发生重大和深刻的变化。此时生产性服务业不仅可以和制造业相互促进发展，而且可以成为为制造业生产引入人力资本和知识资本的重要"飞轮"。生产性服务业无论对全球价值链的形成和发展，还是对一国制造业在参与 GVC 中的分工地位，都起着关键性作用。归纳起来，当前生产性服务业在这方面的影响和作用机制，主要体现在以下几个方面。

其一，生产性服务业是构建全球价值链分工体系的基础，并已经成为推动 GVC 分工体系不断深化的重要因素。GVC 分工的最大特点，是生产流程被分割于不同的国家。而将不同流程环节有机联系并使之高效运作功能的支撑平台，就是来自生产性服务业。近年来，随着生产性服务业内涵和效率大幅提升，不仅提高了中间产品在 GVC 分工环节间的贸易水平，而且大大促进了技术、资金、信息、人才等高端生产要素在 GVC 分工环节间的国际流动。正是借助于生产性服务业的发展，现在生产企业能在全球范围实现资源最优配置和规模经济。由于发达国家一般拥有高水平的生产性服务业，因此，这就导致发达国家在 GVC 分工体系中通常更容易占据有利位置。

其二，生产性服务业越来越成为 GVC 分工环节价值创造的重要来源，并且已成为在制造业 GVC 分工体系中能否成为"链主"的关键因素。由于人工智能等新技术的广泛应用，GVC 上制造业企业生产流程对利润的贡献纷纷在下降，而研发、设计、财务、营销等服务活动却是明显上升。与传统生产模式不同，现代企业为了提高自身核心竞争力，不仅将制造环节向更有竞争力的外部企业外包，而且企业内部的服务流程环节，也纷纷转由更专业性的外部企业承担。不仅如此，进一步还可发现，越是处于制造业 GVC 高端的企业，往往对生产性服务的需求越多、对生产性服务的要求也越高。即生产性服务业和增加值创造能力之间，存在正相关性。

其三，随着近年来各类新技术、新模式、新业态层出不穷，生产性服务业已成为打造 GVC 分工环节竞争新优势的重要"孵化器"。在数字经济时代，一方面生产性服务业本身就属于全球价值链的中高端产业；另一方面，制造业实现 GVC 分工地位的攀升所需要的高端要素和知识资本，主要也是依赖于一系列服务创新的产出，其中既涉及知识产权保护、大数据、云计算、研发等方面的创新服务，也包括知识传播及对劳动者技能与技术培训等方面的服务。生产性服务业在提升全球价值链整体知识密集度的同时，也正在明显影响和带动制造业全球价值链的重新布局与调整。

基于以上分析，我们认为一国制造业参与国际循环的水平，可以通过其在 GVC 中分工地位来衡量。而对制造业 GVC 分工地位的评估，应从该国制造业在 GVC 中的分工位置、获得的出口国内增加值率，以及参与 GVC 分工的前向参与度、后向参与度等四个不同维度进行分析。由此进一步提出以下研究假设：（1）生产性服务业对一国制造业参与 GVC 分工环节的位置，产生着正向效应，即生产性服务业发展水平越高，该国制造业在 GVC 分工体系中越是占据有利位置。（2）生产性服务业将影响该国制造业在 GVC 活动中的国内价值创造能力，或者说，提高生产性服务业水平能显著提升一国制造业出口的国内增加值率。(3)生产性服务业发展水平和制造业 GVC 参与度之间存在显著的正相关性,提高生产性服务业发展水平能扩大一国制造业的 GVC 前向参与度和后向参与度。(4)由于生产性服务业中不同细分行业众多,并且特性相互各异。因此,不同细分行业对本国制造业 GVC 分工地位的影响,存在异质性。

第三节 基于经验数据的实证分析

一、基于国际经验数据的实证分析

(一)构建计量分析模型

为了实证检验生产性服务业发展水平对一国制造业参与全球价值链分工地位的影响,构建以下计量分析模型:

$$GVC\_P_{it} = \alpha_0 + \alpha_1 PSER_{it} + \sum W_{it} + \delta_i + \xi_t + \varepsilon_{it} \tag{4.1}$$

在模型(4.1)中,$PSER$ 是核心解释变量,表示一国生产性服务业发展水平。GVC_P 为一国制造业参与 GVC 的分工地位。$\sum W$ 为控制变量集,具体包括:(1)要素禀赋。根据要素禀赋理论(H-O 模型),要素禀赋是决定国际分工格局和影响一国参与 GVC 分工地位的基础。(2)产业规模。由于制造业生产经营一般具有规模经济效应,因此,这里引入产业规模作为控制变量。(3)研发水平。鉴于研发活动对制造业 GVC 分工地位的重要性,将其作为一个独立的控制变量。(4)信息化程度。在数字经济时代,信息已经成为重要要素资源之一。(5)外商直接投资。GVC 主要由跨国公司通过 FDI 构建起来,而且联合国贸发组织(UNCTAD,2013)的研究也指出,一国外商直接投资与 GVC 分工存在相关性。(6)贸易和经营成本。参与全球价值链分工是市场经济行为,因此,影响经济效益的贸易和经营成本理应作为模型的控制变量。模型(4.1)中各变量下标 i 和 t 用于识别国家和时间,δ 为国家(地区)固定效应,ξ 为时间(年份)固定效应,ε 为随机扰动项。

(二)主要变量的测算

1. 生产性服务业发展水平

由于目前各国对服务业的统计,尚没有专门针对企业生产性活动提供服务的数据。因此，我们认为可借助于投入产出表划分生产性服务业范围，而对生产性服务业发展水平的测算，则可分为两步。第一步是计算各国服务业总体发展水平，具体是用测算出来的各国服务业人均劳动生产效率来表示，这也是国际学术界的主要方法。第二步是借助于通过投入产出表计算出来的各国制造业生产中服务投入的完全消耗系数，计算出生产性服务业发展水平，具体公式如下：

$$PSER_{it} = c_{it}SER_{it} \qquad (4.2)$$

在式（4.2）中，$PSER_{it}$ 表示 i 国生产性服务业发展水平，SER_{it} 为 i 国在 t 年的服务业发展水平，c_{it} 为 i 国在 t 年制造业生产中的服务投入完全消耗系数，它由直接消耗和间接消耗两部分组成。

2. 制造业 GVC 分工地位：分工位置维度

该指标是利用一国制造业在参与 GVC 分工体系和环节中所处的"空间"位置来评估其参与 GVC 的分工地位，这也是学术界分析 GVC 分工地位最早采用的做法。其依据是：在制造业 GVC 分工环节中，越是靠近研发、关键零部件设计等上游位置的国家，其制造业在 GVC 分工体系中的主导性和抗风险能力往往就越强。或者说是占据着更高的 GVC 分工地位。我们借鉴王等（Wang et al.，2017）提出的有关测算方法，利用一国参与 GVC 分工环节的前向长度与后向长度的比值，从而得到一国制造业参与 GVC 分工位置指数。具体计算公式如下：

$$GVCL_{it} = \frac{PL\_f_{it}}{PL\_b_{it}} \qquad (4.3)$$

在式（4.3）中，$GVCL$ 表示一国参与 GVC 分工位置指数；PL_f 表示参与 GVC 分工的前向长度，PL_b 表示参与 GVC 的后向长度。计算得到的 GVC 分工位置指数数值越大，代表一国制造业参与 GVC 分工的地位越好。

3. 制造业 GVC 分工地位：出口国内增加值维度

各国参与 GVC 分工的根本动因是获取预期经济利益，因此，考察一国制造业在参与 GVC 分工中获得的经济收益，可作为评估其参与 GVC 分工地位的指标。进一步，因在 GVC 分工体系中所获得的经济利益可用其创造的国内增加值表示。为此我们选择出口国内增加值率作为衡量制造业 GVC 分工地位的第二个维度和指标。具体公式如下：

$$GVCD_{it} = \frac{DVA_{it}}{E_{it}} \qquad (4.4)$$

在式（4.4）中，$GVCD$ 表示一国参与 GVC 分工的出口国内增加值率，DVA 代表一国出口中包含的国内创造的增加值，E 表示出口额。出口国内增加值率越大，说明从经济利益维度上看，一国制造业所处的 GVC 分工地位越高。

4. 制造业 GVC 分工地位：前向参与度和后向参与度维度

当前，学术界对于 GVC 参与度的内涵和测算，还没有达成共识。相对而言，由王直等（Wang et al.，2017）提出的有关概念和测算方法，我们认为比较准确和合理。鉴于此，我们借鉴其对前向参与度和后向参与度的定义。

其中，前向参与度指标是指在一国中间品出口中的国内增加值占总增加值的比重，具体计算公式如式（4.5）所示。从式（4.5）可以看到，GVC 前向参与度越高，不仅代表参与 GVC 分工的程度越深，而且表示参与分工环节的增值能力越强。不仅如此，通过比较式（4.4）和式（4.5）可发现，GVC 前向参与度和出口国内增加值率之间存在明显的正相关性。这意味着，GVC 前向参与度在一定程度上可被看作 GVC 分工出口国内增加值率指标的替代变量。后向参与度是定义为是一国中间品进口增加值占国内有关最终产品总产出的比重，具体计算公式如式（4.6）所示。计算得到的后向参与度数值越高，表示在一国制造业最终产品的总产出中进口中间品的占比越大，参与 GVC 分工体系的程度越高。

$$GVCP_{it}^{f} = \frac{V\_GVC_{it}}{(Va)_{it}'} \tag{4.5}$$

$$GVCP_{it}^{b} = \frac{Y\_GVC_{it}}{Y_{it}'} \tag{4.6}$$

在式（4.5）中，$GVCP^{f}$ 为 GVC 前向参与度，V_GVC 表示一国中间品出口中的国内增加值，$(Va)'$ 表示一国生产创造的总增加值；在式（4.6）中，$GVCP^{b}$ 为后向参与度，Y_GVC 表示一国进口中间品的增加值，Y' 表示有关最终产品的总产出。

（三）实证检验结果和分析

我们基于国际经验数据的实证分析，样本数据主要来自全球投入产出表（WIOD）数据库中的 43 个国家和地区（以下统称为经济体）[①]。因这 43 个经济体已完成或基本完成工业化进程，所以生产性服务业的内涵和功能在这些经济体间具有较好的可比性。样本数据时间跨度为 2000~2014 年。43 个经济体各自的生产性服务业发展水平、参与 GVC 分工位置指数、参与 GVC 分工出口国内增加值率，以

---

① WIOD 数据库中所有 43 个国家和地区，具体分别是澳大利亚、奥地利、比利时、巴西、保加利亚、加拿大、中国、克罗地亚、塞浦路斯、捷克、丹麦、爱沙尼亚、芬兰、法国、德国、希腊、匈牙利、印度、印度尼西亚、爱尔兰、意大利、日本、韩国、拉脱维亚、立陶宛、卢森堡、马耳他、墨西哥、荷兰、挪威、波兰、葡萄牙、罗马尼亚、俄罗斯、斯洛伐克、斯洛文尼亚、西班牙、瑞典、瑞士、中国台湾、土耳其、英国、美国。

及参与 GVC 分工前向参与度和后向参与度等变量数据，是分别根据式（4.2）~ 式（4.6）计算而得。而有关的原始数据，则分别来源于 WIOD 数据库、WIOD-SEA 数据库、OECD-WTO TiVA 数据库和 UIBE GVC Index 数据库等。

1. 对参与 GVC 分工位置的影响

应用模型（4.1）和以 GVC 分工位置指数作为被解释变量，并且采用双固定效应模型（FE）计量方法，得到实证检验结果如表 4-1 中第（1）~（4）列所示。从表 4-1 可以看到，在没有加入控制变量情况下，实证分析结果表明生产性服务业发展水平和 GVC 分工位置指数之间存在显著的正向关系，并且通过 1% 的显著性检验。也就是说，提高生产性服务业发展水平能显著提升一国制造业 GVC 分工位置。随着逐步加入控制变量，可以发现尽管这时核心解释变量的系数有所降低，但是生产性服务业发展水平对 GVC 分工位置指数的正向效应，始终没有改变，显示出生产性服务业对 GVC 分工位置影响的稳定性。

表 4-1　　　　生产性服务业发展水平对制造业 GVC 分工位置指数影响

变量	FE				2SLS			
	（1）	（2）	（3）	（4）	（5）	（6）	（7）	（8）
生产性服务业	0.967 ***	0.607 ***	0.600 ***	0.495 ***	0.908 ***	0.648 ***	0.648 ***	0.513 ***
	(11.99)	(8.02)	(7.74)	(6.13)	(9.45)	(7.70)	(7.70)	(5.03)
人均固定资产投资		0.797 ***	0.794 ***	0.641 ***		0.678 ***	0.678 ***	0.543 ***
		(12.26)	(12.00)	(8.77)		(8.66)	(8.66)	(7.92)
产业规模		-0.009 **	-0.008 **	-0.007 *		-0.009 ***	-0.009 ***	-0.007 **
		(-2.39)	(-2.25)	(-1.85)		(-2.66)	(-2.66)	(-2.28)
研发水平			0.196 ***	0.151 **				0.165 ***
			(3.29)	(2.54)				(2.91)
信息化水平			0.005 **	0.005 **				0.005 **
			(2.22)	(2.32)				(2.16)
外商直接投资				0.155 ***				0.144 **
				(3.47)				(2.04)
贸易与经营成本				0.014 *				0.012
				(1.91)				(1.20)
常数项	-10.850 ***	-11.660 ***	-11.860 ***	-10.490 ***	-6.758 ***	-8.350 ***	-8.350 ***	-7.712 ***
	(-7.58)	(-9.34)	(-9.38)	(-7.47)	(-3.69)	(-5.01)	(-5.01)	(-3.76)
国家固定	是	是	是	是	是	是	是	是
年份固定	是	是	是	是	是	是	是	是
样本数	548	548	529	503	511	511	511	473
R^2	0.744	0.808	0.811	0.789	0.979	0.984	0.984	0.986

注：表中除研发水平、信息化水平和贸易与经营成本以外，其他变量数据都进行了取对数处理，其他表格都做同样处理。*** 、** 和 * 分别表示在 1%、5% 和 10% 的水平上显著，括号中为回归系数的 t 值。

为规避实证分析中可能存在的内生性，我们通过引入核心解释变量的滞后一期项作为工具变量和采用两阶段最小二乘法（2SLS），对模型（4.1）再次进行实证检验，结果如表4-1中第（5）~（8）列所示。可以发现，在采用2SLS计量方法下，无论是否加入控制变量，实证分析结果仍然表明生产性服务业发展水平对GVC分工位置指数产生显著的积极影响。这也完全验证了我们在理论分析中提出的第一个研究假设。

从表4-1还可以看到，在控制变量方面，要素禀赋结构（即人均固定资产投资）和GVC分工位置之间存在显著的正相关性、研发水平对一国制造业GVC分工位置指数产生正向效应、信息化程度已成为影响一国制造业GVC分工位置的重要因素，这些都和理论分析结论一致。值得一提的是，表4-1中显示了FDI对GVC分工位置指数也产生积极影响，这意味着当前借助于FDI，东道国同样可以实现本国制造业GVC分工位置的提升。另外，表4-1中数据还表明，制造业的产业规模和GVC分工位置指数间存在负向的背离关系，这主要折射出在当前制造业GVC分工体系中，GVC高端环节纷纷向发达国家集中，而规模庞大的组装、代工等低端业务普遍向发展中国家转移的基本趋势。

2. 对参与GVC分工出口国内增加值率、前向参与度和后向参与度的影响

基于模型（4.1）和以出口国内增值率作为被解释变量，同时引入有关样本数据，实证检验结果如表4-2所示。从表4-2可看到，无论是采用FE还是采用2SLS计量方法，计量分析结论都显示生产性服务业对本国制造业出口国内增加值率，均产生显著的正向效应，并且均通过1%水平的显著性检验，这和理论分析形成的研究假设完全一致，说明提高生产性服务业水平，不仅可以提升制造业GVC分工位置，而且可以对制造业出口的国内增加值创造能力，发挥积极影响。

表4-2 　　　　生产性服务业发展水平对制造业出口国内增加值率、前向
参与度和后向参与度的影响

变量	FE			2SLS		
	出口国内增加值率	前向参与度	后向参与度	出口国内增加值率	前向参与度	后向参与度
生产性服务业	0.046 ***	0.041	0.058 **	0.039 ***	0.076 **	0.076 ***
	(7.52)	(1.36)	(2.19)	(6.38)	(2.35)	(2.66)
控制变量	是	是	是	是	是	是
国家固定	是	是	是	是	是	是
年份固定	是	是	是	是	是	是
样本数	523	538	538	491	505	505
R^2	0.305	0.015	0.028	0.941	0.071	0.088

注：***、**和*分别表示在1%、5%和10%的水平上显著，括号中为回归系数的t值。

表 4 - 2 中还列出了基于模型（4.1）和分别以 GVC 分工前向参与度和后向参与度作为被解释变量的实证检验结果。如表 4 - 2 中数据所示，在应用 FE 计量方法下，检验结果是表明生产性服务业发展水平对 GVC 前向参与度效应不显著。但是，在使用 2SLS 计量方法后，结果显示生产性服务业水平能对前向参与度产生积极影响，从而和前面理论分析假设相符。如将 GVC 前向参与度看作 GVC 分工位置指数的替代变量，那么这里的检验结果，实际上再次验证了生产性服务业水平对 GVC 分工位置指数正向效应的稳健性。

从表 4 - 2 还可看到，无论是采用 FE 还是采用 2SLS 计量方法，实证检验结果都表明生产性服务业对 GVC 后向参与度产生显著的正向影响。[①] 也就是说，提高生产性服务业发展水平能显著提升一国参与 GVC 分工的后向参与度，这和理论分析推论也一致。

二、基于我国经验数据的实证分析

（一）构建计量分析模型和数据说明

通过对前面模型（4.1）进行适当修改和调整，我们获得针对我国生产性服务业影响制造业 GVC 分工地位的计量模型。进行适当修改和调整的原因，一是因为对一个特定国家而言，模型（4.1）中个别控制变量失去了原有意义，同时个别变量的数据也难以获得。二是为了更好地体现我国经济运行的一些重要特征。模型具体如下。

$$GVCP_{it}^{CN} = \beta_0 + \beta_1 PSER_{it}^{CN} + \sum X_{it} + u_i + \xi_t + \varepsilon_{it} \qquad (4.7)$$

在模型（4.7）中，$GVCP^{CN}$ 表示我国制造业中各个行业参与 GVC 分工体系的分工地位，$PSER^{CN}$ 为核心解释变量，代表我国生产性服务业发展水平。$\sum X$ 为控制变量集，具体包括：我国制造业中各个细分行业的人均固定资产投资、行业规模、研发水平、外资渗透率以及政府干预程度和出口密集度等指标。其中，和模型（4.1）中相同变量的测算方法和原始数据来源，和基于模型（4.1）的一样。外资渗透率用港澳台和外资企业产出占总产出的比重表示；政府干预程度用政府支出科研经费占科研经费总支出的比重替代，出口密集度用出口交货值占工业总产值的比重表示。这几个变量的原始数据来源，分别是《中国工业经济统计年鉴》和《中国科

---

① 因本章主要考察生产性服务业发展水平对 GVC 分工地位的影响，为节省篇幅，在本章表 4 - 2、表 4 - 4、表 4 - 5 和表 4 - 6 中的控制变量计量分析结果没有具体列出。

技统计年鉴》。各变量下标 i 和 t 用于识别各制造细分行业和时间，μ 为行业固定效应、ξ 为时间（年份）固定效应，ε 为随机扰动项。样本数据时间为 2000 ~ 2014 年[①]。

（二）实证检验结果和分析

1. 对我国参与 GVC 分工位置的影响

表 4 - 3 显示了根据模型（4.7）和以我国制造业 GVC 分工位置指数作为被解释变量的实证检验结果。从表中可看到，在采用 FE 方法下，无论是否加入控制变量下，检验结果都表明我国生产性服务业发展水平和制造业 GVC 分工位置指数之间存在显著的正向关系，并且随着控制变量的加入，生产性服务业的正向效应显著性还得到进一步提升。在使用 2SLS 方法和加入控制变量情况下，上述实证检验的基本结论依旧保持不变。即，提高我国生产性服务业水平能够显著提升我国制造业 GVC 分工位置。这个结果和基于国际样本数据得到的结论是一致的。

表 4 - 3　　　　　我国生产性服务业发展水平对制造业 GVC 分工位置指数的影响

变量	FE				2SLS			
	（1）	（2）	（3）	（4）	（5）	（6）	（7）	（8）
生产性服务业	0.021 *	0.019 *	0.020 *	0.022 **	0.011	0.010	0.027	0.031 *
	(1.93)	(1.79)	(1.85)	(2.03)	(1.11)	(0.67)	(1.50)	(1.70)
人均固定资产投资		-0.033 ***	-0.035 ***	-0.032 ***		-0.022 **	-0.021 *	-0.019 *
		(-3.43)	(-3.56)	(-3.31)		(-2.12)	(-1.92)	(-1.77)
产业规模		0.028 ***	0.016 *	0.017 *		0.003	-0.010	-0.011
		(3.50)	(1.66)	(1.74)		(0.33)	(-0.89)	(-1.05)
研发水平			-0.137	-0.288			-0.149	-0.270
			(-0.35)	(-0.73)			(-0.48)	(-0.85)
外资渗透率			-0.634	5.362 *			-1.051	4.140
			(-0.80)	(1.82)			(-1.48)	(1.61)
出口密集度				-0.066 **				-0.059 **
				(-2.02)				(-1.98)

---

① 由于 WIOD 数据库和《中国工业经济统计年鉴》《中国科技统计年鉴》等统计口径不完全一致，因此，经过整理匹配，我们对制造业实证分析中制造业包括的细分行业，具体如下：化学原料及化学制品制造业，医药制造业，机械及设备制造业，运输设备制造业，电气机械及器材制造业，计算机、电子及光学设备制造业，其他制造业，石油加工及炼焦业，橡胶及塑料制品业，非金属矿物制品业，金属冶炼及加工业，金属制品业（除机械和设备），食品、饮料和烟草制造业，纺织品、服装和皮革制造业，木材、软木制品、稻草和编织材料制造业（除家具），造纸及纸制品业，印刷、记录媒介的复制。

续表

变量	FE				2SLS			
	（1）	（2）	（3）	（4）	（5）	（6）	（7）	（8）
政府干预程度				− 0.153 * （ − 1.79）				− 0.159 ** （ − 1.96）
常数项	0.477 *** （4.96）	0.534 *** （2.66）	0.647 *** （3.03）	0.614 *** （2.88）	0.537 *** （5.57）	0.774 *** （5.04）	0.714 *** （4.51）	0.724 *** （4.55）
行业固定	是	是	是	是	是	是	是	是
时间固定	是	是	是	是	是	是	是	是
样本量	255	255	255	255	221	221	221	221
R^2	0.071	0.162	0.179	0.207	0.002	0.025	0.018	0.041

注：***、** 和 * 分别表示在1%、5%和10%的水平上显著，括号中为回归系数的 t 值。

从表4−3中还可以发现，在控制变量方面，我国人均固定资产投资对我国制造业 GVC 分工位置产生显著的负面影响。这与理论分析预期不符，也和国际实证分析结论相反。我们认为这可能与我国目前参与 GVC 分工总体上还处于较低级阶段有关。具体而言，我国增加人均固定资产投资，可能主要吸引的是 GVC 分工体系中低端的组装业务向我国转移，从而导致我国制造业 GVC 分工位置的下降。另外表4−3数据还显示，制造业出口密集度对我国制造业 GVC 分工位置产生负向效应，这表明我国当前粗放型出口方式是不利于制造业 GVC 分工位置向高端攀升。而研发水平和政府干预的效应也和预期不符，则是体现出我国有关领域的改革，可能还需进一步深化和完善。

2. 对我国参与 GVC 出口国内增加值率、前向参与度和后向参与度的影响

表4−4给出了基于模型（4.7）和以出口国内增加值率作为被解释变量的实证计量结果。可以看到，虽然在 FE 方法下我国生产性服务业水平对出口国内增加值率效应没有通过显著性检验，但是借助于 2SLS 计量方法，结果表明我国生产性服务业对出口国内增加值率产生正向影响，并通过 1% 水平的显著性检验，说明提高生产性服务业水平能显著提升我国出口的国内增加值率。该结论和理论分析预期以及国际实证分析结果，完全相符。

表4−4　　　　我国生产性服务业发展水平对制造业出口国内增加值率、
GVC 前向参与度和后向参与度的影响

变量	FE			2SLS		
	出口国内增加值率	前向参与度	后向参与度	出口国内增加值率	前向参与度	后向参与度
生产性服务业	0.023 （1.16）	− 0.010 （ − 1.62）	− 0.001 （ − 0.22）	0.217 *** （4.31）	− 0.091 *** （ − 4.76）	− 0.131 *** （ − 5.58）

续表

变量	FE			2SLS		
	出口国内增加值率	前向参与度	后向参与度	出口国内增加值率	前向参与度	后向参与度
控制变量	是	是	是	是	是	是
行业固定	是	是	是	是	是	是
时间固定	是	是	是	是	是	是
样本量	225	255	255	195	221	221
R^2	0.799	0.696	0.735	0.603	0.025	0.036

注：***、** 和 * 分别表示在 1%、5% 和 10% 的水平上显著，括号中为回归系数的 t 值。

表 4 – 4 还显示了基于模型（4.7）和分别以 GVC 前向参与度和后向参与度作为被解释变量的实证检验结果。可以发现，在采用 2SLS 计量方法下，我国生产性服务业发展水平与制造业 GVC 前向参与度之间，存在负相关性，并且通过 1% 的显著性检验。换言之，提高我国生产性服务业发展水平，将减少我国 GVC 前向参与度。这个结论和基于国际经验实证分析得到的结果相反。究其原因，我们认为可能和我国目前生产性服务业总体水平较低、特别是内部结构比较落后是分不开的。

关于我国生产性服务业对制造业 GVC 后向参与度影响的实证分析结果，也列于表 4 – 4 中。借助于 2SLS 计量方法，可以看到我国生产性服务业和制造业 GVC 后向参与度之间，也存在负相关关系，并且通过 1% 水平的显著性检验。这个结论也和理论分析假设以及基于国际样本数据分析的结果不符，不过和我国开放型经济的发展变化是吻合的。因为在生产性服务业发展影响下，我国制造业自主研发能力不断增强，从而对进口中间品的依赖性逐步减少，这体现在 GVC 后向参与度上，便是我国制造业 GVC 后向参与度的逐步降低。

（三）不同细分行业影响的异质性分析

鉴于生产性服务业中不同细分行业间特性差异很大，我们在生产性服务业中选择了商务服务、金融服务、信息服务、运输服务作为细分行业的代表，通过这些代表性细分行业，就我国生产性服务业对制造业 GVC 分工地位影响，进行进一步实证分析。实证检验也是基于模型（4.7）和使用双固定效应模型计量方法。

1. 不同细分行业对我国 GVC 分工位置影响的异质性

表 4 – 5 列出了商务服务、金融服务、信息服务、运输服务对我国制造业 GVC 分工位置指数影响的实证检验结果。从表 4 – 5 可以看到，我国信息服务、金融服务都对我国制造业 GVC 分工位置产生显著积极效应，商务服务、运输服务的影响

却不显著，反映出我国商务服务、运输服务水平对制造业 GVC 分工位置效应上的异质性。从表 4 – 5 还可发现，商务服务、金融服务、信息服务、运输服务对我国出口国内增加值率，均产生显著的正向效应，并且通过 1% 水平的显著性检验，这和我国生产性服务业作为整体得到的实证检验结论一致。此外，从表 4 – 5 还可以看到，运输服务水平对我国出口国内增加值率的影响程度，明显高于商务服务、金融服务和信息服务。这表明和商务服务、金融服务、信息服务相比，提高我国运输服务水平对出口国内增加值率的正向作用，效果更为明显。

表 4 – 5　　　　　　　　不同生产性服务行业对我国制造业 GVC 分工位置
指数和出口国内增加值率的影响

变量	分工位置	出口国内增加值率	分工位置	出口国内增加值率	分工位置	出口国内增加值率	分工位置	出口国内增加值率
商务服务	0.003 (0.24)	0.038* (1.74)						
金融服务			0.025* (1.80)	0.072*** (2.93)				
信息服务					0.043*** (4.11)	0.067*** (3.57)		
运输服务							0.012 (0.73)	0.136*** (4.75)
控制变量	是	是	是	是	是	是	是	是
行业固定	是	是	是	是	是	是	是	是
时间固定	是	是	是	是	是	是	是	是
样本量	255	225	255	225	255	225	255	225
R^2	0.192	0.801	0.204	0.807	0.250	0.810	0.194	0.819

注：***、**和*分别表示在 1%、5% 和 10% 的水平上显著，括号中为回归系数的 t 值。

2. 不同细分行业对我国 GVC 前向参与度和后向参与度的异质性的影响

表 4 – 6 给出了商务服务、金融服务、信息服务、运输服务对我国制造业 GVC 前向参与度、后向参与度影响的实证分析结果。结果显示，我国商务服务、金融服务、运输服务对制造业 GVC 前向参与度均产生显著的负向效应，这和我国生产性服务业作为整体的实证分析结果相同。信息服务的影响不显著，反映出信息服务对我国制造业 GVC 前向参与度影响上的特殊性。

表 4 - 6　　　　　不同细分行业对我国制造业 GVC 前向参与度和后向参与度的影响

变量	前向参与度	后向参与度	前向参与度	后向参与度	前向参与度	后向参与度	前向参与度	后向参与度
商务服务	- 0.030 *** (- 4.42)	0.028 *** (4.11)						
金融服务			- 0.039 *** (- 5.11)	0.028 *** (3.62)				
信息服务					- 0.009 (- 1.44)	0.003 (0.45)		
运输服务							- 0.035 *** (- 3.69)	- 0.046 *** (- 5.01)
控制变量	是	是	是	是	是	是	是	是
行业固定	是	是	是	是	是	是	是	是
时间固定	是	是	是	是	是	是	是	是
样本量	255	255	255	255	255	255	255	255
R^2	0.717	0.754	0.725	0.750	0.695	0.735	0.710	0.763

注：*** 、** 和 * 分别表示在 1%、5% 和 10% 的水平上显著，括号中为回归系数的 t 值。

在对我国制造业 GVC 后向参与度的影响方面，如表 4 - 6 所示，商务服务、金融服务、信息服务、运输服务产生的效应差异很大。具体来说，提高运输服务水平将降低我国制造业 GVC 后向参与度。但是，提升金融服务和商务服务水平将增加我国制造业 GVC 后向参与度。究其成因，可能是随着金融服务和商务服务水平的提升，我国一般将扩大引进国外先进技术和关键零部件的规模，从而增加了制造业 GVC 后向参与度。此外，信息服务对制造业 GVC 后向参与度的影响，和对 GVC 前向参与度一样，依旧无法通过显著性检验。

第四节　研究结论与政策启示

在构建"以国内大循环为主体、国内国际双循环相互促进"的新发展格局中，提高长三角地区制造业参与国际循环即 GVC 的分工地位，具有十分重要的现实意义。我们深入探讨了生产性服务业对全球价值链分工的影响和作用机制，并以 WIOD 数据库中 43 个国家（地区）为样本，论证了服务业发展水平和制造业参与 GVC 分工地位之间的关系。然后，以我国制造业为例，从多个不同角度分析了生产性服务业影响制造业 GVC 分工地位的作用途径，得到了许多重要结论和发现，归纳起来主要有以下方面。

（1）当前全球价值链分工体系正在发生重大变化，不仅 GVC 布局的调整与重塑加快，而且影响 GVC 分工地位的关键因素明显改变。其中，生产性服务业不仅是构建 GVC 分工体系的基础，而且正成为 GVC 分工环节创造增加值的重要来源。特别是，随着数字经济的到来，生产性服务业已成为各国参与 GVC 分工体系新模式、新业态的重要平台与"孵化器"。当前，生产性服务业在驱动世界经济复苏的同时，正在推动全球价值链分工体系向着知识密集型和区域相对集中化方向发展。

（2）我们认为对生产性服务业范围的界定和发展水平的测算，应借助于投入产出表和对服务业劳动生产率的计算；而评估和衡量一国制造业在参与 GVC 分工体系中的分工地位，应运用四个不同维度和指标进行综合评判。具体而言，应分别包括：参与 GVC 分工位置指数、参与 GVC 分工国内增加值率、参与 GVC 分工的前向参与度、参与 GVC 分工后向参与度等。一国制造业 GVC 分工位置指数、GVC 分工国内增加值率和 GVC 分工前向参与度的数值越大，表示该国制造业 GVC 分工地位越高；而 GVC 分工后向参与度越低，意味着该国制造业对外国产业的依赖性越小。

（3）通过建模和应用 WIOD 中 43 个国家（地区）样本数据，经实证计量分析发现，提高生产性服务业发展水平能显著提升一国制造业在 GVC 分工体系中的分工位置。还发现，不仅要素禀赋结构（即人均固定资产投资）对制造业 GVC 分工位置产生积极影响，而且研发水平、信息化程度也已发挥显著正向效应。此外计量分析结果还表明：与传统理论的分析预期不同，一国制造业的产业规模和 GVC 分工位置之间存在负向背离关系，而借助于 FDI，东道国也可提升该国的制造业 GVC 分工位置。

（4）通过计量分析模型和引入我国样本数据，实证检验结果显示：提高生产性服务业发展水平，同样能提升制造业参与国际循环的分工位置。类似地，提高生产性服务业也有助于增加制造业参与国际循环的出口国内增加值率。但是，目前我国生产性服务业对制造业参与国际循环即 GVC 分工的前向参与度和 GVC 后向参与度都产生显著负向效应，这和基于国际经验数据的实证分析结果正好相反。前者反映了我国制造业参与国际循环分工模式和生产性服务业水平上的差距，后者则体现出我国制造业发展的自主性正在提升。

（5）从生产性服务细分行业影响的异质性上看，提高我国商务服务、金融服务、信息服务、运输服务水平都有利于增强我国制造业出口国内增加值创造能力。但是，在对 GVC 分工位置的影响上，我国只有金融服务、信息服务产生显著正向影响，而商务服务、运输服务的效应不显著。此外，商务服务、金融服务和运输服务对我国制造业 GVC 前向参与度都具有负向效应；不过在对 GVC 后向参与度的作用上，尽管我国运输服务仍然产生负向影响，但是商务服务、金融服务转为发挥显著正向作用。信息服务则无论对我国制造业 GVC 前向参与度还是后向参与度，都不产生显著效应。

基于以上研究结论，并且结合长三角地区发展特点，提出以下对策和建议。

其一，长三角地区在我国构建"双循环"新发展格局的大背景下，应主动适应当前全球价值链分工发展新特点、新趋势的需要，进一步加快生产性服务业发展。要加大生产性服务业优质要素投入，加快生产性服务业体制机制改革，不断提升生产性服务业管理水平，推动生产性服务业向专业化和价值链高端延伸。要进一步提高生产性服务业运行效率，积极鼓励生产性服务业创新发展，尤其是推进服务业与制造业的深度融合发展，从而更好发挥生产性服务业在促进我国制造业 GVC 分工地位向中高端攀升的动能与潜力。

其二，长三角地区要紧扣全球价值链分工环节的核心业务，加快生产性服务业数字化、标准化和品牌化建设，整合优化相关资源，进一步提高生产性服务业信息化、智能化水平。要遵循生产性服务业发展规律，不断提高生产性服务业中现代服务业的比重。努力统筹协调生产性服务业中不同细分行业以及国内、国外两个市场的发展，尽快构建优质高效、充满活力、富有竞争力的生产性服务业新体系。

其三，长三角地区应加快生产性服务业有序对外开放，依法保护外资企业合法权益，进一步提高生产性服务业利用外资水平。要鼓励生产性服务企业"走出去"，主动为"一带一路"建设服务，努力打造我国主导的 GVC 分工新体系。要更精准地把握好生产性服务业发展和开放的具体节奏，积极倡导和参加生产性服务业开放发展的国际合作，积极参与数字领域国际规则和标准制定，从而实现我国在生产性服务业发展与促进制造业 GVC 分工地位提升上的利益最大化。

其四，长三角地区要抢抓数字经济带来的新机遇，加快相关"新基建"基础设施建设，加速战略性新兴生产性服务业发展。要根据服务跨境提供的新模式、新业态的特点，充分发挥我国跨境电子商务优势，积极打造具有全球影响力的电子商务平台。不仅要关注生产者驱动的全球价值链，而且要重视采购商驱动的全球价值链。通过发展跨境电子商务平台，一方面促进我国企业"买世界"，另一方面推动我国企业"卖世界"，从而使生产性服务业在促进我国"双循环"新发展格局中，发挥更大和更好的作用。

第五章

长三角地区生产性服务业
与制造业互动融合发展助推器研究

　　长三角现代制造业基地的建设，不仅体现在制造业的空间布局上，更多还体现在服务业协调制造业生产力的空间布局优化上，并且生产性服务业对建设现代制造业基地正越来越发挥着举足轻重的作用。随着制造业结构形式的不断革新以及制造业与服务业界限的日渐模糊，未来服务业协调长三角制造业生产力空间布局优化将会拥有越来越广泛的新内涵。而服务业协调长三角生产力空间布局优化也就更加体现在现代制造业基地的建设与相关服务业的共同发展上。只有让二者形成整体合力，才能保持其在经济发展过程中的竞争优势。况且，现代制造业基地作为一个区域性制造系统，各主体之间的相互依存性要求制造业企业必须加强与系统内其他主体的合作互动。因此，现代制造业基地作为长三角全域范围内的区域性制造系统，该系统不仅是制造业企业在地域内的集聚，同时也是区域内制造企业与各服务企业之间紧密联系的一种特殊组织形式，是服务业协调长三角生产力空间布局优化的集中体现。可见，在长三角一体化进程中，长三角城市群不仅成为了生产性服务业与制造业互动发展与全面升级的助推器，同时也是全国区域经济协调发展中的成功典范。基于此，本章拟将二者结合起来进行研究。

　　本章试图从区域层面，运用长三角城市群基础设施资本存量的混合横截面和面板数据，考察基础设施影响区域经济发展的微观机制，进而揭示由于基础设施的溢出效应而导致的区域专业化、基础设施溢出效应与区域产出增长，以及基础设施所引致的生产性服务业与制造业互动发展之间的交互关系。

第一节　文献综述

　　基于产业互动和产业联系的思考，我们认为，对基础设施影响长三角区域经济发展的微观机制问题的研究，应当从服务业与制造业的互动关系出发。因为制造业与服务业特别是生产性服务业之间的关系是相辅相成的。一方面，制造业的发展，必然会引致对生产性服务需求的增长。根据斯密定理的基本思想，需求增长在市场经济条件下会通过规模经济性的提高而促进生产性服务业的市场化和专业化发展，使得许多原本内化在制造业内部的生产性服务功能逐渐地被外部化（externaliza-tion），或者与制造业实现了垂直分离（vertical disintegration），从而形成许多专业化的服务型组织。再根据奥地利学派的迂回生产与增强的专业化理论，资本深化过程的典型特征是伴随有生产的迂回性与增强的专业化，而生产性服务业的成长，无疑是生产迂回性提高与专业化增强的重要表现。另一方面，生产性服务业的成长又将通过专业化分工的深化与泛化而促进制造业生产及运营效率的提高、产出附加值的增加和竞争力的提升等（高传胜和刘志彪，2005）。总之，按照斯密的思想，分工是通过专业化提高生产效率的，而生产性服务的发展，则既有利于专业化分工的深化与泛化，又通过降低制造业生产中服务投入的实际成本而支持制造业的发展。

　　正如日本学者并木信义（1990）所指出的，在国际竞争的舞台上相互角逐的是制造业的产品，而服务业则是在制造业背后间接地左右着制造业的竞争力。这里，在制造业背后间接左右制造业竞争力的正是生产性服务业。另外，根据波特的竞争战略理论，竞争优势的培育，可以通过差异化战略、低成本战略和目标集聚战略来实现。其中，目标集聚战略又可细分为成本领先指导下的集聚和差异化指导下的集聚两种战略形式。因此，一个区域竞争优势的塑造，说到底只有两个最基本的来源，即差异化优势和低成本优势。而服务业正是培育这两种竞争优势的最基本来源。

　　正是基于制造业与服务业上述互动关系的思考，本章研究的服务业，其范围主要是生产性服务业。生产性服务又称生产者服务（producer services），即提供给生产者而非消费者的服务，因而其支撑制造业发展是其题中应有之义。按照加拿大学者格鲁伯和沃克尔（Grubel & Walker，1989）的定义，生产者服务与直接满足最终需求的消费者服务（consumer services）相对，是指那些为其他商品和服务的生产者用作中间投入的服务。因此，也有国内学者认为，由于作为商品和服务生产过程的投入而发挥中间功能，因而随着商品生产链条的拉长，在经济服务化趋势日益明显、知识经济日趋增强的今天，生产性服务越来越成为现代经济增长的基本动力源和主导驱动力量。

就研究的视角而言，对于服务业与制造业互动关系问题的研究，不仅可以从产业层面来展开，也可以从企业层面来展开。关于产业层面的考察，其研究重点可以通过对统计资料的分析，找出服务业在不同区域结构和比例上的差异；而对企业层面的考察，则可以充分利用模型分析的方法来揭示服务业企业空间布局的行为动机。后者正是区域经济学中有关企业区位理论常用的分析方法。因此，在不太严格的情况下，人们往往不会去细分企业区位理论和产业区位理论之间的内在差异。

目前，国内外有很多研究者对制造业和服务业的互动关系进行了研究，得出的结论主要有两个方面。第一，制造业和生产性服务业在生产力空间分布上具有协同定位效应。比如，格拉斯迈尔和豪兰（Glasmeier & Howland，1994）的研究发现，一个地区生产性服务业的发展提高了该地区其他产业的竞争力。拉夫和鲁尔（Raff & Ruhr，2001）分析的结果表明，生产性服务的 FDI 通常都追随制造业的 FDI 分布。而国内的研究者则着重关注制造业和生产性服务业之间协同定位的原因和机制。安德森（Anderson，2004）研究还指出，生产性服务业分布是制造业分布的函数；制造业分布也是生产性服务分布的函数。这种联动效应主要是基于二者的客户——供应商关系，即制造业需要在较近的空间距离中充分利用生产性服务的投入。江静和刘志彪（2006）对商务成本的构成，即要素成本和交易成本之间的关系进行了阐述，认为在一定区域内，随着商务成本的提高，对交易成本较敏感的生产性服务业主要集中在中心城市，对要素敏感的制造业主要分布在中心城市外围地区，形成了区域内生产性服务业和制造业的协同定位效应。

第二，生产性服务业与制造业有较强的产业关联度。生产性服务有两个特点：知识密集型和差异化（Markusen，1989）。其中，知识的获取需要大量的最初投资，而一旦投资以后，边际成本则相对较少，因此在这些领域，规模经济发挥着重要作用。这样，有能力使其产品差别化的企业拥有较强的市场势力，从而使服务业处于垄断竞争的市场格局。生产性服务业呈现出的这种市场结构特性，与当代处于寡头市场格局的制造业相互融合，无论是在产出能力和技术水平方面，还是在控制市场的能力和价值增值的幅度方面，都有别于传统制造业的增长模式。也就是说，高端制造业的发展，需要有专业化的、高级生产要素的投入（波特，2002），即需要高端的生产性服务业与之相匹配。而高端的生产性服务业的发展，反过来也取决于高端制造业对其产生的引致需求。正如刘志彪（2006）所指出的，脱胎于制造业母体的现代生产性服务业，可以降低服务业投入成本和提高投入品质，并且有利于制造业的专业化和精细化。顾乃华等（2006）基于面板数据进行的经验分析也表明，发展生产性服务业有利于提升制造业的竞争力，市场化程度越高的地区（如中国东部地区），生产性服务与制造业的互动关系越突出。对于那些必须依靠外部提供生产性服务（如金融服务）的制造企业而言，生产性服务对制造业竞争力提升的作用更加明显。

最近，在有关对长期经济增长的理论探讨中，公共基础设施的作用正越来越受到研究者的关注。比如，巴罗、罗默、阿罗、艾瑟尔、格雷纳、格鲁姆等学者都将基础设施资本以各种不同的方式植入了生产函数。其中，阿罗和库兹（Arrow & Kurz，1970）把公共资本存量纳入总量生产函数，即把具有纯公共品性质的资本存量 G 作为一个生产要素直接纳入私人生产函数中，建立的生产函数形式如下：

$$Y(t) = F[K(t), G(t), L(t)e^{xt}] \tag{5.1}$$

其中，$K(t)$ 代表私人资本存量，$G(t)$ 代表具有纯公共品性质的公共资本（基础设施资本）存量，x 代表外生给定的增加劳动的技术进步率。

巴罗（Barro，1990）则提出，公共服务可以阻止边际报酬递减，产生内生增长。他采用柯布—道格拉斯生产函数，将公共投资流量 G 纳入生产函数，假定企业生产中投入的劳动力和资本分别为 L_i 和 K_i，得到企业 i 的生产函数形式为：

$$Y_i = AL_i^{1-a}K_i^a G^{1-a} \tag{5.2}$$

这里 G 是一种纯公共品，并且 $0 < a < 1$。

格鲁姆和拉维库马尔（Glomm & Ravikumar，1994）将基础设施资本存量纳入总量生产函数时，认为这一存量不应当是整个基础设施资本存量，而应当是其中能够供私人部门使用的部分。这一思想的实质是在模型中引进挤出效应。假定经济中实际基础设施资本存量为 G，能够被私人部门使用的部分为 $\hat{G}$，私人企业生产投入的资本和劳动力分别为 K 和 L，则可建立的生产函数形式是：

$$Y(t) = A\hat{G}^{\theta}(t)K^a(t)L^{1-a}(t) \tag{5.3}$$

其中，$\hat{G}^{\theta}(t)$ 是能够提供有效服务的基础设施资本存量，考虑挤出效应的影响则有：

$$\hat{G}^{\theta}(t) = G/[K^{\rho}(t)L^{\phi}(t)] \tag{5.4}$$

其中，$\rho, \phi \geq 0$。当 $\rho, \phi = 0$ 时，能够提供有效服务的基础设施资本存量为纯公共品。

在此方面，目前国内的研究成果也比较多。比如，范前进等（2004）将公共基础设施发展水平引入区域经济的中间品生产过程中，建立了一个多部门一般均衡模型，分析了基础设施投资变动对于相关产品价格、产量、专业化分工程度及国际贸易模式的影响。研究结果表明，在一定条件下公共基础设施投入增多会提高工资率，降低中间品的价格，公共基础设施规模的大小则会影响专业化分工程度和产品的生产规模以及国际贸易格局。

娄洪（2003）对公共基础设施从投资建设到形成资本存量的整个过程对经济增长的不同作用机制和模式进行了研究。主要内容包含三个方面：第一，分析了基础设施投资作为需求拉动因素的投资，短期来看支出流量对逆周期调节的作用效果是，投资乘数与支出结构无关，而投资支出结构在中长期对收入结构和资本存量结构存在很大的影响。第二，分析了公共基础设施资本存量在长期经济增长中的作用机制，并将基础设施资本的拥挤性和纯公共性共同纳入经济增长模型。研究的结论是，无论是内生投资形成还是外生投资形成的公共基础设施资本都能提高经济的长期增长率，拥挤性公共基础设施虽然不能阻止边际产出递减，但却可以在一定程度上提高长期经济增长率，纯公共品性质的基础设施能支撑经济的长期稳定增长，基础设施拥挤程度不同对长期经济增长率的影响也不同，超前的、状况良好的、拥挤度低的基础设施资本是长期经济增长的强大动力。第三，分析了区域性公共基础设施资本存量对不同地区经济增长的作用机制。得出的结论是，两种情况下基础设施资本存量均能够提高地区的长期经济增长率，在一国比较同质的经济条件下，欠发达地区在使用外生投资形成的基础设施资本存量的过程中，可以获得较高的比较效益。从发达地区征税用于两地区共同使用的基础设施建设，可以在不影响发达地区使用基础设施资本的情况下促进欠发达地区对发达地区的赶超。

第二节　理论分析与假说推演

在理论源头上，霍茨-伊金和洛夫里（Holtz-Eakin & Lovely，1996）最早研究并强调了基础设施如何影响企业和市场的机制。通过构造一般均衡理论模型，他们研究发现，公共基础设施建设对于增进总体生产效率没有直接效应，但能通过增加制造业的数目和多样性间接改变总体生产率。在霍茨-伊金和洛夫里研究的基础上，布吉亚斯等（Bougheas et al.，2000，以下简称BDM）将基础设施作为降低成本的技术，引入罗默（Romer，1987）的内生增长模型框架之中。

在BDM的模型框架中，基础设施的形成需要消耗用来生产最终产品的有限资源。尽管基础设施积累可以通过降低最终产品的中间投入成本而增加中间投入的数目，提高地区专业化程度，进而促进经济增长，然而，由于基础设施积累消耗了本来就有限的资源，它对区域经济增长还可能有负面的影响。

BDM研究的结论可以用迪克逊和蒂尔沃（Dixon & Thirlwall，1975）的模型体系来说明。一个区域的经济增长包含由四个方程组成的方程体系：一是产出与生产

率增长方程 $q = a + \lambda y_{-1}$；二是成本与生产率增长方程 $p = w - q$；三是贸易多因素关联方程 $x = -b_0 p + b_1 p_f + b_2 z$；四是贸易增长与产出增长方程 $y = \gamma x$。在本方程体系的第一个方程中，a 为生产率的自主增长，λ 为 Verdoorn 系数，表明区域生产率增长（q），部分取决于滞后一期的产出增长（y），部分取决于其他未指明的因素（a）。第二个方程中，p 为产品价格，w 为劳动力成本，表明生产成本（w）的任何增加将直接反映到区域通胀率上，即生产率的增长能降低通胀率。在第三个方程中，b_0 和 b_1 分别为需求的自价格弹性和交叉价格弹性，b_2 表示外部对本区域的需求收入弹性，该方程表明出口增长（x）取决于区域内产品价格（p）的上涨、区域主要竞争对手产品价格（p_f），以及区域外收入的增长（z）。第四个方程中，γ 为区域产出增长对其出口增长的反应度，反映的是产出增长与出口增长和区际交换之间的相互关系。

迪克逊和蒂尔沃模型框架反映的正是各经济变量之间的相互联系及循环累积因果关系，也是导致长三角城市群各城市各行业产出效率差异的基本框架。当然，这些差异的形成，主要取决于两种基本的力量对比。就是说，在 BDM 研究框架中两种力量导致在基础设施存量产出比和稳定状态的经济增长率之间，存在着非单调的倒 "U" 型关系。

其实，在 BDM 框架中，这两种力量实质上就是空间经济学中通常所说的集聚力和分散力。这里，聚集因素是由于把生产活动按某种规模集中到同一地点来进行，因而给生产和销售方面带来利益或造成节约，分散因素则是因为把生产分散（分布到多个点上）进行而带来的利益或造成的节约。正如克鲁格曼（2000）研究所指出的，经济地理学模型必须反映两种基本力量之间的较量：一是使经济活动聚集在一起的 "向心力"，二是打破这种聚集或限制聚集规模的 "离心力"。在具体作用方向上，当地基础设施是促使经济活动走向聚集的 "向心力"，而各种可流动或不可流动要素的存在，则构成了破坏经济活动空间集聚现象的 "离心力"。

实证方面，BDM 等以美国制造业的调查数据为分析对象，对美国制造业的地区专业化程度、经济增长和基础设施之间的关系进行了研究。这些研究为基础设施与制造业和服务业生产过程之间的互动联系提供了坚实的微观经济基础。不过，整体来讲这些研究并没有充分体现区域和地理要素对基础设施的生产性的影响。科恩和保罗（Cohen & Paul，2004）的研究总结了在基础设施研究文献中所采用的一般计量经济学研究方法，并引入空间计量经济学的分析技术，重新考察了美国各地区基础设施的空间溢出效应问题。不过，他们所采用的是传统的生产函数和成本函数法，并且将基础设施视为最终产品生产过程中的投入，忽略了基础设施与生产过程之间的微观经济联系。

　　本章主要是从经济地理学的角度出发，综合上述两个方面的研究，既考虑将基础设施和生产过程联系起来的微观机制，又考虑地区之间的相互影响。具体的研究逻辑是，虽然基础设施是不可流动的，但一个地区的基础设施存在着空间"溢出效应"。因此，对于该地区而言，当地基础设施是使经济活动发生聚集的"向心力"，而对于其他地区而言则是打破其他地区聚集或限制其他地区聚集规模的"离心力"。

　　据此，可以猜想，一个地区的基础设施存量产出比越大，促使该地区经济活动聚集的"向心力"就越大，其对当地制造业和服务业产出活动的促进作用就越大。基于同样的理由，相对于本地区而言，其他地区的基础设施存量越大，则限制该地区聚集规模的"离心力"越大，对该地区经济的限制作用就越大。基于以上分析，故有以下命题：

　　H5.1：一个地区的制造业和生产性服务业的专业化水平与该地区的基础设施存量产出比正相关，与其他地区的基础设施存量产出比负相关。

　　H5.2：一个地区制造业企业的集聚效益与集聚程度，制造业企业和生产性服务业的产出效率与该地区的基础设施存量产出比之间存在着非单调（即倒"U"型）关系。

　　H5.3：考虑到基础设施的溢出效应，一个地区的基础设施存量产出比对该地区的企业产出效率增长率的贡献度低于不考虑溢出效应时的贡献度。

　　聚集效益之所以重要，是由于企业间的分工协作、共同使用公共设施、共同享受信息，以及更便于集中管理等方面而获得的。聚集效益呈现倒"U"型曲线表明，当聚集超过某一临界值时，其效益服从边际效用递减规律。也就是说，任何经济活动的聚集都是有限的，特别是人们对环境质量要求日益提高的今天，聚集更容易引起人们的普遍重视以防止过分聚集引发过多的环境问题。如果在某一临界点上聚集效益引起的生产成本降低以致超过了运费和劳动费增加之和，更多的企业将向集聚点集中，其必要条件是聚集效益引起的生产成本的变化与冰山贸易成本的变化和劳动费变化两者之和的差大于零。

　　为了客观反映基础设施可能存在的拥挤效应问题，本章利用当地基础设施存量水平与当地 GDP 的比值来代替当地基础设施存量水平作为解释变量。理论上讲，该比值越小拥挤程度越严重，当地经济规模所受到的限制越大。该比值越大，拥挤虽然得到了缓解，但基础设施消耗的资源对经济的负面影响越大，当地经济同样会受到限制。因此，在当地经济增长率和当地基础设施存量产出比之间可能存在着倒"U"型关系。

第三节 生产性服务业与制造业互动融合
发展助推器实证分析

一、基础设施溢出与地区专业化

根据前面的假说和描述，本章利用 2000～2009 年的面板数据，建立计量模型：

$$units_{i,t} = \beta_0 k_{i,t} + \beta_1 n_{i,t} + \beta_2 dum1_{i,t} + \beta_3 dum2_{i,t} + \beta_4 dum3_{i,t} + \beta_5 dum4_{i,t} + a_i + u_{i,t}$$
$$(5.5)$$

其中，$units_{i,t}$ 代表城市 i 在 t 期的全部国有及规模以上非国有工业企业单位数的对数值，$k_{i,t}$ 是城市 i 在 t 期的基础设施存量水平占该城市 GDP 的比例（基础设施存量产出比）的对数值，$n_{i,t}$ 是其他城市的公共基础设施存量水平 N_{it} 的对数值。$dum\ n_{i,t}$ 代表对长三角核心地区 16 个城市按照重点行业区位商进行分类的四类城市的虚拟变量。比如，以上海为代表的第一类电子 + 汽车 + 重化工类，$dum\ 1_{i,t} = 1$，其他城市 $dum\ 1_{i,t} = 0$；以苏州和南京为代表的第二类电子 + 重化工类，$dum\ 2_{i,t} = 1$，其他城市 $dum\ 2_{i,t} = 0$；以绍兴、南通、嘉兴和湖州为代表的轻纺类城市，$dum\ 3_{i,t} = 1$，其他城市 $dum\ 3_{i,t} = 0$。

这里采用了随机效应模型，a_i 是未观测到的效应，$u_{i,t}$ 是误差项。为了反映考虑"溢出"效应所带来的变化，本章还估计了不包括 $n_{i,t}$ 项的计量模型：

$$units_{i,t} = \beta_0' k_{i,t} + \beta_1' dum1_{i,t} + \beta_2' dum2_{i,t} + \beta_3' dum3_{i,t} + \beta_4' dum4_{i,t} + a_i' + u_{i,t}' \quad (5.6)$$

从表 5-1 左侧估计结果可以看出，除了 n_{it} 的系数在 5% 水平上显著之外，其他系数都在 1% 水平上显著，并且符号与预期基本一致。可见，在不考虑"溢出"效应时，地区专业化程度与该地区的基础设施存量产出比正相关；在考虑"溢出"效应时，地区专业化程度与该地区的基础设施存量产出比正相关，与其他地区的基础设施存量产出比负相关。

表 5-1 长三角城市群基础设施与地区专业化和产出增长率相关性检验

基础设施存量产出比与地区专业化			基础设施存量产出比与地区产出增长率		
变量	（1）无溢出	（2）有溢出	变量	（3）无溢出	（4）有溢出
k_{it}	0.11 *** (7.47)	0.17 *** (6.51)	$k_{i,t}$	0.51 *** (7.31)	0.16 *** (2.96)
n_{it}		-0.07 ** (-2.42)	$k_{i,t}^2$	-0.47 *** (-4.96)	-0.08 ** (-2.60)
$dum1_{it}$	1.28 *** (5.30)	1.30 *** (5.21)	$g_{i,t-1}$	-0.73 *** (-11.54)	-0.86 *** (-19.8)

	基础设施存量产出比与地区专业化			基础设施存量产出比与地区产出增长率	
变量	（1）无溢出	（2）有溢出	变量	（3）无溢出	（4）有溢出
$dum2_{it}$	2.21 *** (3.37)	2.27 *** (3.40)	n_{it}		0.93 *** (7.21)
$dum3_{it}$	1.89 *** (6.10)	1.91 *** (6.11)	$n_{i,t}^2$		−3.19 *** (−3.95)
$dum4_{it}$	0.91 *** (3.78)	0.88 *** (4.05)			
a_i	7.03 *** (21.6)	6.89 *** (20.21)	R^2	0.34	0.41
R^2	0.37	0.37	Adj-R^2	0.32	0.38
Adj-R^2	0.36	0.35	D-W 值	2.03	1.92

注：*** 、** 分别表示在1%和5%的统计水平上显著，括号内为异方差稳健的 t 检验值。

这里还采用了对数线性模型，k_{it} 的系数代表当地专业化程度的当地基础设施存量产出比弹性，n_{it} 的系数代表当地专业化程度的其他地区基础设施存量产出比弹性。表 5−1 左侧模型（1）计量的结果显示，在不考虑基础设施的"溢出"效应时，当地专业化程度的当地基础设施存量产出比弹性为 0.11，表示当地基础设施存量产出比每提高 1% 将使当地专业化程度上升 0.11%。模型（2）则显示，在考虑"溢出"效应时当地专业化程度的当地基础设施存量产出比弹性提高到 0.17，表示在考虑"溢出"效应时，当地基础设施拥挤程度的改善将在很大程度上提高当地专业化程度。模型（2）还显示，考虑"溢出"时当地专业化程度的其他地区基础设施存量产出比弹性为 −0.07，意味着当其他地区基础设施拥挤状况得到改善时当地专业化程度会下降。该模型从微观层面证实了基础设施"溢出"效应的存在。

二、基础设施溢出与地区产出增长

下面的实证检验利用的还是长三角核心地区的 16 个城市 1995～2009 年的面板数据。根据前面的假说和描述，构建如下的计量模型：

$$g_{it} = \alpha_1 k_{it} + \alpha_2 k_{it}^2 + \alpha_3 n_{it} + \alpha_4 n_{it}^2 + u_{it} \qquad (5.7)$$

式（5.7）中，g_{it} 是城市 i 在 t 年的人均 GDP 增长率。为了反映考虑"溢出"所带来的地区产出效率的变化，这里将模型进行修正，估计了包括 n_{it} 和 n_{it}^2 项的计量模型：

$$g_{it} = \gamma_1 k_{it} + \gamma_2 k_{it}^2 + \gamma_3 g_{i,t-1} + \gamma_4 n_{it} + \gamma_5 n_{it}^2 + u_{it} \qquad (5.8)$$

估计结果参见表 5−1 的右半部分。从该表中可以看出，几乎所有的系数均在 1% 的水平上显著，Durbin-Watson 值显示误差项不存在明显的序列自相关。

　　表 5 - 1 中，$g_{i,t-1}$ 的系数 $-1 < \gamma_i < 0$，表明上一时期产出增长率与当期产出增长率负相关，而且存在一个长期均衡的经济增长率。其中，k_{it}^2 的系数 γ_2 正如预期的那样为负数，表明在其他条件不变时，地区人均 GDP 增长率与当地基础设施存量产出比之间的关系是非单调的并且存在着一种倒 "U" 型的关系。经济含义是，当基础设施存量产出比 k_{it} 较小时，随着 k_{it} 的上升，当地基础设施拥挤状况逐渐改善时，人均 GDP 增长率也逐渐增加，即在倒 "U" 型曲线上升段，基础设施拥挤性表现得很明显。当 k_{it} 在超过某一临界值时，随着 k_{it} 的上升人均 GDP 增长率逐渐下降，即在倒 "U" 型曲线下降段，基础设施的资源成本占主导地位，当地基础设施拥挤状况的改善并不能带来经济增长率的提高。这种倒 "U" 型的钟状结构，类似于克鲁格曼和赫尔普曼关于区际差异问题的研究。不过，克鲁格曼关心的是时钟右边，赫尔普曼关心的是时钟左边。限于篇幅，我们对此问题不再深入分析。

　　表 5 - 1 右侧计量的结果与吴福象和刘志彪（2008）研究的结论是一致的，即长三角城市群城市化率与经济增长率之间存在一定的相关关系。具体来说，对于长三角城市群城市化率与经济增长的时点水平来说，无论是半对数变换后的计量检验还是全对数的计量检验结果均表明，长三角城市群各城市的经济增长与城市化率之间均具有高度的相关性。分时段检验结果还发现，长三角城市化率与经济增长之间的相关性在 2000 年之后明显高于 1992 年之后，表明长三角城市群经济增长与城市化率之间的相关性在不断增强。也就是说，以基础设施建设为主要内容的城市化，目前在长三角城市群经济增长中已经越来越作为一种重要的新引擎正发挥着越来越重要的作用。

　　在长三角核心地区 16 个核心城市中，在引入贸易、投资、消费和研发等变量之后进行检验的结果也表明，不仅长三角城市化率与经济增长之间均具有较高的相关性，而且在引入研发和投资等变量以后检验结果的显著性水平明显提高。结果如表 5 - 2 所示。

表 5 - 2　　　　　　　　　　　长三角城市群产出增长的多因素相关性检验

变量	被解释变量：$\ln(rperGDP)$							
Constant	9.243 (34.215)	8.003 (11.279)	-0.098 (-0.029)	7.761 (8.125)	3.229 (1.126)	2.435 (1.046)	1.619 (0.564)	-1.411 (-0.393)
rurban	0.017 ** (2.508)	0.019 *** (2.859)	0.015 ** (2.476)					
$\ln(rurban)$				0.592 ** (2.225)	0.626 ** (2.485)	0.513 ** (2.167)	0.519 ** (2.103)	0.506 ** (2.098)

续表

变量	被解释变量: $\ln(rperGDP)$							
rpatent	0.024* (1.874)					0.027** (2.262)		
$\ln(rpatent)$			1.288** (2.213)		1.088* (1.665)		1.278* (2.038)	1.296** (2.125)
rinvest							0.049* (1.767)	
$\ln(rinvest)$			1.311* (1.986)			1.311* (1.917)		1.319* (1.896)
R^2	0.296	0.438	0.556	0.256	0.377	0.526	0.486	0.511
Adj-R^2	0.249	0.357	0.451	0.207	0.288	0.419	0.367	0.398
D-W 值	1.341	1.493	2.278	1.426	1.551	2.360	2.261	2.331
F 统计值	6.285	5.412	5.344	4.951	4.147	4.778	4.030	4.471

注: ***、** 和 * 分别表示在 1%、5% 和 10% 的统计水平上显著,括号内为 t 检验值。

　　表 5-2 的检验结果表明,在引入专利权申请成功率和固定资产投资更新改造率之后,不仅新引入的变量通过了检验,而且城市化率在经济增长中的相关性和贡献度并没有降低。其中,研发水平用专利权申请成功率来表示,投资水平用固定资产投资中的更新改造投资占固定资产总投资的比例来反映。不过,根据吴福象和刘志彪研究的结果,如果将代表研发强度的专利权申请成功率和城市基础设施改造的更新改造投资率两个变量同时引入同一计量模型,显著性并没有提高。原因可能是,在长三角城市化群落中,城市化作为经济增长的新引擎,分别是通过城市人力资源积累而产生的专利权申请成功率和城市功能创新的固定资产投资两个渠道发挥作用的。尽管如此,不可否认的事实是,在长三角城市化群落中,城市化率在发挥对经济增长越来越重要的新引擎作用的同时,城市化率还通过城市固定投资的更新改造投资发挥对经济增长的拉动作用。这种引擎作用主要是通过研发创新和固定资产投资带动的,而消费和贸易在城市化提升经济增长中的作用则并不十分明显。比如,对长三角城市群城市化率与经济增长之间的 Granger 因果检验表明,1978 ~ 2008 年整个时段,经济增长是长三角城市群形成的原因,分段检验则出现了相反的情况,1978 ~ 1992 年经济增长是城市化的原因,1992 ~ 2008 年城市化则是经济增长的原因。

　　主要原因是,长期以来在我国区域经济发展过程中城市化落后于工业化,而在 1992 年前后国家实施的沿海开发战略,使得依靠吸收 FDI 拉动经济增长成为了长三角经济增长的重要引擎。而 FDI 拉动经济增长的过程,主要是依靠城市等级的提升来实现。具体的实现路径主要有两个：第一，地方政府之间的竞争吸引了大量外资的参与，推动了城市化进程，成为长三角经济增长和产业发展的外部推动力；第二，1992 年之后特别是 20 世纪 90 年代中后期，为了应对亚洲金融危机，政府果断地采取了扩张性的财政政策，加大了长三角城市群包括港口、铁路、公路、桥梁等在内的基础设施建设，使得长三角的城市化成为拉动经济增长和结构提升的内部推动力。因此，自 1978 年以来，虽然长三角整体上还处在依靠经济增长驱动城市化阶段，但从 1992 年以来特别是本世纪以来的最新发展趋势来看，长三角城市化正成为下一个阶段经济增长和产业空间布局的重要新引擎。

三、生产性服务业与制造业的耦合

前面的分析已经表明，制造业是生产性服务业产生的母体、发展的基础，生产性服务业依赖制造业的发展而发展。生产性服务业的活动大多数是产品生产的辅助性活动，其产出的相当比例是用于制造业部门生产的中间需求。服务业企业作为中间投入要素作用于制造企业，如果没有制造业的发展，服务业也就失去了需求的来源。世界各国发展的实践也表明，凡是制造业发达的国家和地区，其生产性服务业也就比较兴旺。已有研究学者通过对美国投入产出数据的分析表明，用于制造业部门的生产性服务在 1987 ~ 1994 年增加了整整一倍，约占了整个生产性服务产出的 48%。

当然，制造业的良性发展也离不开生产性服务业的有力支撑。许多生产性服务部门如金融、保险、电信、会计、法律、技术服务、咨询、R&D、物流等，都是支持制造业发展的重要部门。生产性服务能够提高制造业劳动生产率和产品的附加值。而生产的社会化、专业化发展，使企业在生产经营中的纵向和横向联系加强，相互依赖程度加深，又会引起对商业、金融、保险、运输、通信、广告、咨询、情报、检验、维修等服务需求量迅速上升。有关资料表明，产品价值构成中有高达75% ~ 85% 与生产性服务活动有关。比如，计算机市场上增值部分的 60% ~ 70% 就来自软件和维护服务。因此，有效率的生产性服务是制造业提高劳动生产率、增强产品竞争力的前提和保障。

为了进一步验证生产性服务业和制造业的互动关系，我们以长三角核心地区 16 个城市生产性服务业和制造业 1995 ~ 2009 年的增加值为衡量指标。通过查阅相关资料，我们整理了长三角核心地区的 16 个城市 1995 ~ 2009 年二者增加值数据。这些数据的统计分析结果参见表 5 – 3。

表 5 - 3　　　　　　　　长三角城市群制造业和生产性服务业增加值统计描述

指标	制造业增加值	生产性服务业增加值
平均值	9563.597	7671.585
中位数	5447.356	7367.563
最大值	24675.36	14960.76
最小值	1123.470	1203.340
标准差	8205.763	4009.471

　　为了更加直观地反映长三角城市群制造业与生产性服务业之间的耦合关系，可以将二者之间的增加值描绘成趋势线。比较生产性服务业增加值和制造业增加值的趋势可以发现，自 1995 年以来，长三角城市群生产性服务与制造业的走势极为相似。据此可以初步判断，长三角城市群制造业与生产性服务业之间的相关性是比较强的。如果对两组数据进行简单的线性拟合，可以得到表 5 - 4。考虑到可能存在的异方差问题，这里对增加值衡量指标进行了自然对数变换。单位根检验的结果显示，生产性服务业（$\ln PSI$）和制造业（$\ln MI$）的增加值变量的水平序列的单位根是非平稳的。而一阶差分后的检验结果则表明，其差分序列是平稳的。由此可见，长三角生产性服务业和制造业增加值两个变量均为一阶单整序列，符合协整检验的前提。

表 5 - 4　　　　　　长三角城市群制造业与生产性服务业相关性的耦合

变量	相关系数	标准差	t 统计量	P 值
生产性服务业增加值	1.772239 ***	0.283890	(6.242686)	0.0000
Constant	-4032.285	2439.763	-1.652736	0.1223
R^2	0.749861	Mean dependent var		9563.597
Adj-R^2	0.730620	S. D. dependent var		8205.763
S. E. of regression	4258.944	Akaike info criterion		19.67500
Sum squared resid	2.36E+08	Schwarz criterion		19.76940
log likelihood	-145.5625	F-statistic		38.97112
Durbin-Watson stat	0.636850	Prob（F-statistic）		0.000030

　　注：***、** 和 * 分别表示在 1%、5% 和 10% 的统计水平上显著，括号内为 t 检验值。

　　下面利用 EG 两步法对两变量进行协整检验。检验结果表明，残差至少在 1% 的显著性水平下拒绝了存在单位根的原假设。因此，生产性服务业和制造业增加值两个变量之间存在协整关系。二者残差的 ADF 检验结果如表 5 - 5 所示。

表 5 - 5　　　　长三角城市群制造业与生产性服务业增加值回归残差单位根检验

变量	检验形式	临界值			ADF 值	P 值	结论
		1%	5%	10%			
Reside	(0，0，1)	-2.8473	-1.9882	-1.6001	-3.4786	0.0032	平稳

下面采用 Granger 因果检验方法，进一步确定长三角生产性服务业和制造业增加值两个变量的因果关系，检验结果如表 5 - 6 所示。

表 5 - 6　　　长三角城市群制造业与生产性服务业交互关系 **Granger** 因果检验

因果关系假定	滞后期数	F 值	P 值	决策	因果关系结论
$\ln PSI \neq > \ln MI$	1	0.4693	0.5063	接受	$\ln PSI \neq > \ln MI$
$\ln MI \neq > \ln PSI$		8.3148**	0.0137	拒绝	$\ln MI = > \ln PSI$
$\ln PSI \neq > \ln MI$	2	5.1714**	0.0320	拒绝	$\ln PSI = > \ln MI$
$\ln MI \neq > \ln PSI$		5.6764**	0.0254	拒绝	$\ln MI = > \ln PSI$

注：** 表示在 5% 的统计水平上显著。

由表 5 - 6 可知，滞后 1 期时，即使在 10% 的显著性水平下，生产性服务业增长也不是制造业增长的 Granger 原因，而制造业增长在 5% 的显著性水平下则拒绝了不是生产性服务业增长 Granger 原因的原假设。因此，可以认为，长三角制造业增长在滞后 1 期时为生产性服务业增长的 Granger 原因。而在滞后 2 期时，在 95% 的置信水平下可以认为生产性服务业增长是制造业增长的 Granger 原因，同时制造业增长变量也是生产性服务业增长变量的 Granger 原因。也就是说，在滞后 2 期时 Granger 检验表明生产性服务业和制造业增长两变量之间存在着互为因果的关系。

为了较为全面地揭示长三角制造业和生产性服务业两变量之间的短期和长期关系，下面来构建误差修正模型。相应的误差修正模型为：

$$\Delta\ln MI_t = 0.1816 + 0.3983\Delta\ln PSI_t - 0.0855ECM_{t-1}$$
$$(11.734)\quad(3.7910)\qquad(-2.7559)\qquad\qquad(5.9)$$

$R^2 = 0.6342$，$D - W = 1.8703$。

从估计结果来看，短期系数为 0.3983，说明在短期内，生产性服务业增长波动 1% 会使制造业增长波动 0.3983%，体现了生产性服务业变动对于制造业变动的拉向推动作用。误差修正项前的系数为负，符合误差修正模型的反向修正机制，并以 0.0855% 的比例对下一年的制造业增长变动产生影响，说明生产性服务业增长和制造业增长之间的均衡机制对制造业增长具有一定的影响作用。

总之，以上检验的结果表明，长三角城市群工业化和城市化双轮驱动促进了生产性服务业和制造业的互动发展。早期主要表现为工业化驱动人口向城市集聚，后期则主要表现为较高的城市化水平带来了大城市产业集聚程度的提高、生产效率的增进和更新改造投资对城市功能的提升，以及生产要素集聚效应的累积等。未来长三角城市群的经济发展和产业结构提升的新引擎，将会由原来的消费和投资需求对生产力空间布局的导向作用逐渐让位于由研发创新和产业互动所引致的总部经济和工厂经济的溢出和反馈作用。

第四节　研究结论与政策启示

利用长三角城市群各城市基础设施资本存量产出比的混合面板数据，本章证实了地区专业化与当地基础设施存量产出比存在正相关关系，与其他地区基础设施存量产出比存在负相关关系。本章实证研究的结果还证实，区域经济增长率与当地基础设施存量产出比正相关。也就是说，在当地基础设施存量产出比水平较低，即当地基础设施拥挤程度较高时，该地区经济增长率也较低。伴随着当地基础设施存量产出比水平的不断提高，该地区经济发展水平也逐渐上升。不过，当该比例超过某一临界值之后，区域经济增长率与当地基础设施存量产出比之间出现负相关关系。因此，长期来看，当地基础设施存量产出比与经济增长率之间存在着非单调的倒"U"型钟状对应关系。

考虑到区域基础设施"溢出"效应的作用，各个地区的基础设施投资会在某种程度上相互制约，从而会削弱基础设施投资的生产效应。不过，这些检验结果需要谨慎地加以解释和说明，因为地区专业化程度或者说基础设施拥挤程度的数据不能直接被观察到，只能利用替代性指标来间接反映。目前，长三角城市群内的大多数城市尚处在该曲线的上升阶段，意味着核心地区城市基础设施的拥挤性仍然制约着大多数外围地区城市的经济增长，长三角城市群的大多数城市目前仍然要依赖当地基础设施投资带动经济增长。不过从长期来看，这种倒"U"型的钟状结构的临界点迟早会到来。

本章检验的结果还强调了基础设施积累的重要性，特别是对于基础设施拥挤程度较高的地区。由于基础设施的"溢出"强度取决于连接两个地区的基础设施状况。因此，如果将基础设施区分为地区内基础设施和地区间基础设施，则本章的政策含义是，地区间基础设施水平的提高会使得基础设施的"溢出"效应更为明显，地区内基础设施水平较高的地区更有可能从这种"溢出"效应中获益。为此，在长三角区域经济一体化过程中，核心城市更应该承担起地区间基础设施的建设，而不是反过来由地区内基础设施水平较低的外围地区承担地区间基础设施的建设，外围地区更应该将有限的资源投入地区内基础设施的建设上。

　　本章实证检验的结果显示，长三角城市群工业化和城市化双轮驱动促进了生产性服务业和制造业互动发展。早期主要表现为工业化驱动人口向城市集聚，后期则主要表现为较高的城市化水平带来了城市群制造业和生产性服务业的互动发展。长三角正是由于区域基础设施投资引起产业空间布局生态出现了较大的差异，才使得长三角城市群成为促进地区内生产性服务业与制造业互动发展和全面升级的助推器。

第六章

制造业转移会抑制本土生产性
服务业发展吗？

由于要素成本、贸易条件等变化所导致的区域比较优势的变动，造成了产业在地理上的分散和集中，已经成为现代经济发展过程中的一个重要现象。一般认为，从广义上讲生产性服务业和制造业是相互影响和共同发展的，但是具体到特定发展阶段和区域，生产性服务业不一定依赖于当地制造业的发展。长三角地区作为我国经济发展的核心增长极之一，制造业在当地经济中占据重要地位。但由于近年生产成本不断提高，地域优势地位逐步下降，其制造业发展正面临越来越大的压力，制造业向外转移已成为一种趋势。为此，本章在理论分析基础上，以上海为例，运用相关年份上海生产性服务业、制造业行业面板数据以及投入产出表，通过对城市生产性服务业投入结构分析以及制造业转移与生产性服务业规模关系计量分析，研究上海制造业向外转移与当地生产性服务业发展的关系。

第一节　制造业转移与生产性服务业
发展的关系：一般分析

根据产业梯度转移理论，随着时间推移，产业转移一般由高梯度地区向低梯度地区进行，呈现从劳动密集型产业到资本密集型产业再到技术和知识密集型产业，并且从发达地区转移到次发达地区的规律。随着生产性服务业对地区经济发展推动作用的日益增强，基于产业关联视角下的生产性服务业的研究也日益丰富。这些研究多以发达国家和地区的生产性服务业为研究对象，主要关注生产性服务业对制造业作用的供给层面。少数基于需求层面的研究也多认为，脱离制造业的服务业发展是不易持续的（Ann et al. ，1994）。弗朗索瓦（Francois，1990）认为生产性服务业的发展处于"需求遵从"地位，服务业部门发展必须依赖制造业发展。但从生产性服务业发展的需求结构角度来看，这一论点存在争议。

事实上，随着经济发展阶段、制造业专业化和社会化程度的变化，制造业和生产性服务业之间的关系会存在差异。特别是，当具体到国内处于特定发展阶段的某一区域而言时，生产性服务业并不一定依赖于制造业的发展。这其中的一个原因是，生产性服务业不仅可作为制造业中间投入，同时也是其他服务业的中间投入。随着服务业在国民经济占据主导地位，服务部门也将会衍生出对金融、通信等生产性服务的需求，从而增加了生产性服务业的中间投入比重，进而形成所谓的生产性服务业"自我增强"机制。朱利夫（Juleff，1996）的实证结论即表明制造业并不是高级生产性服务业最主要的需求方，生产性服务业对其自身的需求反而更为明显。程大中（2008）也指出，生产性服务业受其他部门的需求拉动作用不大，其增长主要依靠自身的自我增强作用。这就意味着，生产性服务业的发展具有一定程度的独立性，至少从地理集聚的角度看，生产性服务业布局并不一定要位于制造业集聚的区域。

因此，生产性服务业和制造业是互动融合发展的，但具体到特定发展阶段和区域，生产性服务业不一定依赖于制造业。也就是说，从产业发展的深层次原因来看，生产性服务业的发展主要是建立在专业化分工深化的基础上的。因为工业化阶段生产性服务业主要为制造业服务，从组织形式上看，生产性服务业与制造业的分工主要通过服务外包体现出来。然而随着分工的进一步深化，以及制造业社会化程度的提高，生产性服务业"外化"程度逐渐加深，表现为生产性服务业的独立性逐渐增强，其在经济中的比重逐渐上升。与此同时，生产性服务业与制造业的地理临近性逐渐被削弱，生产性服务业的可交易性进一步增强。在这一演进过程中，制造业开始逐步向外部转移，一方面可以为生产性服务业提供更多的发展空间；另一方面，制造业转移也伴随着经营范围的扩大，随着制造业转移所带来的大量投资流，制造业转入地必然对转出地形成新的与生产性服务业相关的贸易需求，这就更加促进了制造业转出地生产性服务业的发展。故此，制造业转移与生产性服务业发展的关系，归纳起来主要表现为以下方面。

一、制造业转移伴随着生产专业化和社会化程度的提高，增加了中间性需求

随着要素成本、地区比较优势等的不断变化，制造业区位也应随之做出相应调

整。改革开放以来，我国包括长三角地区制造业迅速崛起的一个原因即是依靠低工资、低廉的土地价格和较高的环境容忍度来获得综合比较成本优势（吕铁，2013）。而第三次工业革命的到来，制造业将更多采取大规模定制和社会化生产的形式，生产的专业化和社会化程度大幅提升，"分散生产，就地销售"将成为新的生产贸易模式，这将使目前我国制造业集中于沿海地区的现状发生根本改观，制造业逐步向内陆迁移，推动中西部地区的"就地工业化"，制造业将向着最终消费者所在地靠近。与此同时，制造业转移使得服务业及其内部各行业对制造业提供的生产性服务增加。一方面，从最终消费者角度来看，随着经济发展水平的提高，其更偏好更多种类的商品，但对每一类商品的需求量则减少。此时生产者面对的就是一个"较少数量"与"较多种类"的问题，这只能通过增加各类生产性服务的中间投入以满足最终消费者的多样化需求，进而增加了对生产性服务的需求。另一方面，制造业专业化和社会化程度的提升，意味着生产过程变得更加迂回，从原材料到最终品的生产过程中间出现更多的中间品，使得生产链条变长，这就增加了对作为制造业中间投入的生产性服务的需求，相应地促进了生产性服务业的发展。

二、制造业转移为生产性服务业提供更多发展空间

制造业转移为生产性服务业提供的发展空间并非意味着地理意义上的空间，其更多意义在于发展环境和要素资源的进一步拓展。与制造业相比，生产性服务业特别是高端生产性服务业（APS）显然对投资环境、高端人才等的依赖程度更高，而制造业转移将为生产性服务业发展提供更好的条件。由于地方政府普遍存在着"制造业偏好"，而对服务业发展投资不足。如果将制造业主动向外转移，从政策执行的角度强调发展生产性服务业的重要性，这显然也是有利于进一步改善生产性服务业的投资环境。特别是由于上海自贸区的获批，在生产性服务业领域进行"先行先试"的改革，推动社会资本进入垄断性较强的一些生产性服务业领域，这对于资本密集的上海来讲，无疑是进一步提高资源配置效率的机会。在人才方面，由于生产性服务业的相对独立性，制造业转移给生产性服务业创造了集聚发展的机遇，生产性服务业的集聚发展有助于吸引更多的高级专门人才，这是集聚优势发挥的体现。以中国香港为例，其在早期通过发展制造业成为了一个资本密集区，随后则将制造业主动向珠三角地区转移，但与之相关的生产性服务业则留在本地，通过实行自由贸易政策，大力发展转口贸易，带动了本地金融、商业咨询、运输等生产性服务业的发展。

三、制造业转移带来的投资流和市场扩张，增加了对生产性服务业的贸易需求

一般来说，制造业转移并非意味着企业的整体搬迁。以国外发达国家向中国的制造业转移为例，跨国公司往往先在中国建立生产基地，而将企业总部、研发设计中心等产业链高端保留在母国，这种转移往往伴随着从制造业转出地到转入地的巨大的投资流动，转入地对转出地存在强烈的对生产性服务的贸易需求，比如资金服务、研发设计服务等，这种投资流的存在必然促进转出地生产性服务业的进一步发展。同时，制造业转移往往也伴随着明显的市场扩张。弗朗索瓦（Francois，1990）指出，第二次世界大战之后的生产性服务业变得日益重要，主要是因为市场扩张的结果，而贸易显然有利于市场扩张，这就刺激了生产性服务业的成长。纵观世界各地的"全球城市"，其发展模式莫不如是。实际上，2019 年我国《长江三角洲区域一体化发展规划纲要》已明确指出，要引导长三角一体化区域内的产业进行重新布局，其中上海作为中心区，重点布局总部经济、研发设计、高端制造、销售等高附加值、高技术产业，主要发展创新经济、服务经济、绿色经济。因此，上海作为长三角制造业转移的转出地，加快不符合当地比较优势和发展需要的制造业向外转移，对其发展生产性服务业有重要推动作用。

第二节 制造业转移影响生产性服务业发展的实证分析

基于上文的理论分析，我们对上海的制造业转移和生产性服务业发展进行了一系列的实证检验，以判断以下命题：（1）上海服务业本身发展是否影响了生产性服务业的"自我增强"机制；（2）上海制造业转移的必要性，以及转移的程度和方向；（3）制造业转移是否会影响上海生产性服务业的发展。

一、上海生产性服务业投入结构分析

参考各省（市）出台的生产性服务业分类目录和现行统计数据中对服务业的分类方法，我们将生产性服务业范围确定为交通运输、仓储和邮政业，信息传输、计算机服务和软件业，批发和零售业，金融业，租赁和商务服务业，科学研究、技术服务和地质勘查业六大类行业，这样我们对生产性服务业分析相对比较全面，从而

避免了现有其他针对生产性服务业的研究仅涵盖其中少数几类行业的弊端。

根据上海市 2002 年和 2007 年 42 部门的投入产出表，我们首先计算了生产性服务业占各行业的中间投入状况（见表 6-1）。鉴于农林牧渔业在生产性服务业各行业中的投入比重很小（测算结果表明，除综合技术服务业 2007 年对农业牧渔业的投入比重较大外，其他行业比重均在 0.1% 以下），这里仅考察制造业和服务业的投入情况。

表 6-1　　　　　　上海生产性服务业投入结构——按制造业和服务业划分　　　　单位：%

行业	制造业		服务业	
	2002 年	2007 年	2002 年	2007 年
交通运输及仓储业	40.34	33.86	56.33	62.42
邮政业	25.02	16.78	69.54	78.37
信息传输、计算机服务和软件业	33.31	20.32	63.19	73.65
批发和零售业	11.34	5.53	76.78	88.05
金融业	14.67	8.58	81.64	87.03
租赁和商务服务业	32.54	31.08	64.70	66.32
科学研究与试验发展业	26.44	26.70	59.50	65.53
综合技术服务业	49.10	46.39	48.41	50.30

注：表中行业名称为 2007 年投入产出表中名称，2002 年"批发和零售业"为"批发和零售贸易业"，"金融业"为"金融保险业"，"科学研究与试验发展业"为"科学研究事业"，表 6-2 同。

生产性服务业投入结构反映了生产性服务业投入经济各行业的比重大小。从测算结果可以看出，类似于朱利夫（Juleff, 1996）的结果，但与程大中（2008）基于全国数据所得的结论不同的是，我们的结果表明上海市生产性服务业主要投入服务业，这表明上海生产性服务业的发展在很大程度上是可以自我维持的，具备较强的产业独立性。首先，从静态来看，无论是 2002 年还是 2007 年，生产性服务业各行业投入服务业中的比重都大于制造业中的比重。其次，动态趋势也显示，从 2002 年到 2007 年，生产性服务业投入制造业中的比重均在降低（科学研究事业例外），投入服务业中的比重均有不同程度的提高。制造业方面，信息传输、计算机服务和软件业的投入比重下降最大；服务业方面，批发和零售业的投入比重提高最多。批发和零售业、金融业这两类生产性服务业是对服务业投入比重最大的行业。

由于生产性服务业在不同类型制造业中的投入比重不同，不同类型制造业转移对生产性服务业的影响可能会有差异，故将制造业分为资源密集型、劳动密集型和资本技术密集型三类，以作进一步分析（见表 6-2）。

表 6 - 2　　　　　　上海生产性服务业投入结构——按制造业类型不同分类　　　　单位:%

行业	资源密集型制造业		劳动密集型制造业		资本技术密集型制造业	
	2002 年	2007 年	2002 年	2007 年	2002 年	2007 年
交通运输及仓储业	0.72	0.57	2.10	1.45	37.38	31.80
邮政业	7.60	10.33	2.60	0.43	14.81	6.02
信息传输、计算机服务和软件业	5.35	0.14	0.51	0.20	27.44	19.95
批发和零售业	1.54	0.01	2.28	0.05	7.25	5.47
金融业	6.57	6.06	2.56	1.10	5.17	1.42
租赁和商务服务业	20.61	1.23	1.88	19.03	9.99	10.79
科学研究与试验发展业	0.78	1.47	0.78	0.29	24.83	24.88
综合技术服务业	2.30	1.14	1.99	0.38	44.78	44.83

在三大类型制造业中，资源密集型和劳动密集型制造业已经很少需要生产性服务的投入，其向外转移的条件已经具备；生产性服务业各行业（仅少数几项例外）在资本技术密集型制造业中的投入比重明显要大于其他两类制造业，但除了租赁和商务服务业、科学研究与试验发展业和综合技术服务业三类生产性服务业占资本技术密集型制造业的投入比重有少许增加外，其他几类生产性服务业的投入比重出现了较大的下降，特别是交通运输及仓储业，邮政业，信息传输、计算机服务和软件业这三类生产性服务业投入比重下降更为明显。这具有三方面的含义：一是上海的多数资源密集型和劳动密集型制造业向外转移是充分可行的；二是生产性服务业占资本技术密集型制造业的投入比重较大，现阶段这部分制造业向外转移可能会对生产性服务业发展产生较大不利影响；三是上海以物流、信息服务等生产性服务业投入为代表的贸易成本在资本技术密集型制造业发展中的重要性在降低，相应地以租赁和商务服务、科研、技术服务等为代表的商务成本的重要性在提高，这表明即使是对于资本技术密集型制造业来说，生产性服务业与其分离发展也已具备一定基础，对生产性服务业集聚发展是有利的。

二、上海制造业转移的测度及结果分析

对于制造业转移方向的测度，由于相关数据来源的限制，除了采用微观的企业调查方法外，还有通过计算制造业动态集聚指数来测度制造业相对转移方向和程度的方法。该方法需要先计算制造业的区位熵，因而本章的计算也将从区位熵的计算开始。除了计算制造业的区位熵，为便于比较说明，本章也计算了生产性服务业的区位熵。考虑到现阶段上海制造业主要面向江苏和浙江转移，因此我们将研究范围

限定在长三角地区的上海、江苏、浙江两省一市，并且测算了上海、江苏、浙江两省一市 2004~2010 年制造业的区位熵。区位熵的计算公式为：

$$LQ_{ij} = (P_{ij}/E_i)/(P_j/E) \tag{6.1}$$

其中，LQ_{ij} 表示区域 j 产业 i 的区位熵；P_{ij} 为区域 j 产业 i 的产值；P_j 为区域 j 制造业或服务业的总产值；E_i 为高层次区域即两省一市的产业 i 的总产值；E 为高层次区域的制造业或服务业总产值。

制造业细分行业数据由各地历年统计年鉴（其中 2004 年制造业产值来自国研网工业统计数据库）搜集并整理得来，生产性服务业数据来自各地区历年统计年鉴。为消除价格因素的影响，我们用各地区历年的消费者价格指数将各项数据平减为 1990 年不变价格。

从计算结果来看，在 30 个制造业行业门类中，上海只有 11 个行业的区位熵有变大的趋势，只占约 1/3；16 个行业区位熵正在变小，超过一半，表明上海作为制造业集聚地区的优势正在削弱；上海有 7 个制造业行业区位熵在 0.5 以下，同时江苏、浙江两省的对应行业的区位熵都在 1 以上或接近 1，表明上海在此类制造业行业上已经失去比较优势，制造业向江苏、浙江转移明显有利于增强此类行业生产的专业化程度，制造业转移的必要性是显而易见的。生产性服务业中，上海除交通运输、仓储和邮政业外，其余 5 个行业的区位熵都大于 1；江苏、浙江各有 2 个生产性服务业行业区位熵大于 1。可以看出，上海生产性服务业的专业化优势在长三角地区中是很明显的，尤其是信息传输、计算机服务业和软件业，租赁和商务服务业，科学研究、技术服务和地质勘查业这三个行业的专业化程度更高，集聚优势更为突出。

在制造业区位熵计算的基础上，为进一步测算长三角区域内制造业转移的程度和方向，我们借鉴靖学青（2010）曾使用的产业动态集聚指数进行测度。产业动态集聚指数可表示为：

$$\sigma_{ij(0\sim t)} = \upsilon_{ij(0\sim t)} \Big/ \sum_{j=1}^{3} \upsilon_{ij(0\sim t)} \tag{6.2}$$

其中，$\sigma_{ij(0\sim t)}$ 表示（$0\sim t$）时间内产业 i 在区域 j 的动态集聚指数，$\upsilon_{ij(0\sim t)}$ 表示（$0\sim t$）时间内产业 i 在区域 j 的产值增长速度，$\sum_{j=1}^{3} \upsilon_{ij(0\sim t)}$ 表示上海、江苏、浙江三地区产业 i 在（$0\sim t$）时间内的平均增长速度。产值增长速度 υ_{ij} 的计算方法为：

$$\sigma_{ij} = \frac{1}{n}\ln\frac{Y_{it}}{Y_{i0}} \tag{6.3}$$

Y_{it}和Y_{i0}分别为期末和期初产业i的产值，n为年份数。根据上述公式，计算得出长三角三地区制造业的动态集聚指数（见表6-3）。

表6-3 2004～2010年上海、江苏、浙江制造业动态集聚指数

行业	上海	江苏	浙江
农副食品加工业	0.57	1.20	0.68
食品制造业	0.96	0.91	1.16
饮料制造业	0.51	1.20	0.95
烟草制品业	1.33	0.87	0.71
纺织业	0.32	1.11	0.94
纺织服装、鞋、帽制造业	0.31	1.30	0.82
皮革、毛皮、羽毛（绒）及其制品业	0.56	0.73	1.15
木材加工及木、竹、藤、棕、草制品业	0.06	1.40	0.62
家具制造业	1.12	0.88	1.00
造纸及纸制品业	0.91	1.09	0.93
印刷业和记录媒介的复制	0.66	1.20	1.05
文教体育用品制造业	0.00	1.32	1.08
石油加工、炼焦及核燃料加工业	0.71	1.26	1.03
化学原料及化学制品制造业	0.85	1.07	0.92
医药制造业	0.68	1.21	0.83
化学纤维制造业	-0.84	1.08	1.01
橡胶制品业	0.33	1.26	0.97
塑料制品业	0.90	1.00	1.03
非金属矿物制品业	0.50	1.22	0.85
黑色金属冶炼及压延加工业	0.37	1.13	1.23
有色金属冶炼及压延加工业	0.55	1.20	0.86
金属制品业	0.53	1.13	1.02
通用设备制造业	0.80	1.18	0.86
专用设备制造业	0.87	1.13	0.81
交通运输设备制造业	0.73	1.25	0.97
电气机械及器材制造业	0.60	1.25	0.81
通信设备、计算机及其他电子设备制造业	0.75	1.17	0.75
仪器仪表及文化、办公用机械制造业	0.27	1.28	0.93
工艺品及其他制造业	1.36	1.06	0.90
废弃资源和废旧材料回收加工业	1.22	1.56	0.79

从表6-3可以看出，考察期内上海仅有4个行业动态集聚指数大于1，大于0小于1的行业多达25个，化学纤维制造业的动态集聚指数小于0；江苏有多达26个行业的动态集聚指数大于1，仅有4个行业大于0小于1，没有小于0的行业；浙江有9个行业的动态集聚指数大于1，有21个行业大于0小于1，没有小于0的行业。这表明，上海的大多数制造业行业增速慢于长三角其他区域，正在向外部转移，特别是化学纤维制造业向外转移的速度更快，仅有烟草制品业、家具制造业、工艺品和其他制造业、废弃资源和废旧材料回收加工业等是向内部集聚的；浙江的情况也比较类似，多数行业呈现向外部相对转移的状况；江苏则呈现多数行业向内部集聚的特征。上海有7个制造业行业同时在向江苏和浙江进行转移，有17个行业主要向江苏转移，有2个制造业行业在主要向浙江转移。由于计算方法和时间跨度上的差异，我们的结论与靖学青（2010）认为的"上海制造业向浙江转移的力度更大"有所不同。我们认为，若以全国范围作为上级区域，计算出的结果包含了上海向江苏、浙江以外省份的制造业转移，得出的结论可能有所偏差，而且事实上江苏和浙江也正是上海制造业转移的主要承接地。因此若以长三角地区作为考察的上级区域，得出的结论更能反映最近几年上海制造业向江苏、浙江转移的状况。

三、上海制造业转移与生产性服务业发展的计量检验

为进一步检验上海制造业转移与其生产性服务业发展的关系，我们需要做进一步的计量检验。基于前文的理论分析，本章所拟定的面板数据计量方程的形式为：

$$\ln ps_{it} = \alpha_0 + \alpha_1 \ln manu(>1)_t + \alpha_2 \ln manu(<1)_t + \alpha_3 \ln serv_t$$
$$+ \alpha_4 \ln inv_{it} + \alpha_5 \ln labor_{it} + \alpha_6 \ln psw_{it} + \varepsilon_{it} \tag{6.4}$$

其中，变量 ps 代表上海生产性服务业总产值；变量 $manu(>1)$、$manu(<1)$、$serv$ 为主要的解释变量，以反映影响生产性服务业发展的需求因素主要来自制造业发展和服务业发展。$manu(>1)$代表上海向外转移程度较小的制造业总产值，以前面计算所得的2004~2010年上海制造业动态集聚指数大于1的制造业行业总产值作为代理变量；$manu(<1)$代表上海向外转移程度较大的制造业总产值，以2004~2010年上海制造业动态集聚指数小于1的制造业行业总产值作为代理变量；$serv$代表上海服务业总产值；inv代表上海生产性服务业固定资产投资；$labor$代表上海生产性服务业从业人员数；psw代表上海生产性服务业从业人员平均报酬。变量 inv、$labor$、psw 作为控制变量。为控制数据的异方差性，各变量均取其自然对数形式引入模型。

　　模型6.1对本章主要的3个解释变量 $manu(>1)$、$manu(<1)$、$serv$ 进行回归，模型6.2、模型6.3、模型6.4为逐步加入控制变量进行回归。回归之前首先要对面板模型的形式进行选择，Hausman 检验结果表明选择固定效应模型更为合适，表6-4报告了主要的回归结果。

表6-4　　　　　　　　　　　模型固定效应回归结果

变量	模型6.1	模型6.2	模型6.3	模型6.4
$manu$（>1）	0.3691 * (0.0748)	0.3219 ** (0.0237)	0.2038 ** (0.0320)	0.2219 * (0.0625)
$manu$（<1）	-0.1253 * (0.0617)	-0.1401 (0.1083)	-0.0931 (0.1538)	-0.0742 (0.1205)
$serv$	0.5774 ** (0.0284)	0.5209 *** (0.0034)	0.4121 ** (0.0486)	0.5293 ** (0.0350)
inv		0.5212 * (0.0679)	0.5472 * (0.0762)	0.6207 * (0.0803)
$labor$			0.5631 * (0.0740)	0.4841 ** (0.0374)
psw				0.1204 ** (0.0481)
$\_cons$	-0.6846 (0.1207)	-1.7461 * (0.0841)	-2.0289 * (0.0935)	-2.1127 (0.1150)
Hausman-test	47.25	51.02	53.79	66.43
F-test	15.82	16.41	18.15	21.24
Adj-R²	0.6531	0.7436	0.8038	0.8192
观察值	49	49	49	49

注：***、** 和 * 分别表示1%、5%、10%的显著性水平；括号内为 p 值。

　　从回归结果可以看出，各主要解释变量在控制变量逐步加入后，其系数值和符号均未发生大的变化，表明回归结果是相对稳健的。进一步分析回归结果，证实了以下结论。

　　（1）上海本地生产性服务业的发展更多来自本地服务业的需求。变量 $serv$ 的回归系数基本在5%或1%的显著性水平上通过了检验，且始终为正值，表明上海本地生产性服务业总产值与服务业总产值呈正向变动趋势，结合前面的投入产出分析，这进一步证实了上海本地的服务业发展构成了对生产性服务业的"自我增强"的需求拉动机制。从回归系数的大小上，可以看出 $serv$ 的回归系数大于 $manu(>1)$ 的回归系数，说明上海本地服务业的发展对生产性服务业发展的贡献要显著超过制造业的贡献。事实上，从计算所得的上海制造业动态集聚指数可以看出，上海未明显向外转移的制造业行业仅为烟草制品业、家具制造业、工艺品和其他制造业、废弃资源和废旧材料回收加工业，而在投入产出关系上，这些行业与生产性服务业的产业关联程度明显较弱，这进一步表明上海生产性服务业发展已在一定程度上形成在服务业内部的自持发展特征。

（2）上海的制造业向外转移对本地生产性服务业的发展并未起到显著的抑制作用。解释变量 manu（<1）虽然系数为负值，但仅在模型6.1中通过了10%的显著性检验，在添加了控制变量的模型6.2、模型6.3、模型6.4中均未通过显著性检验，说明上海制造业向外转移并未对本地生产性服务业的发展产生显著的负面影响。上海作为我国经济最为发达和外向型经济程度最高的地区之一，其产业结构正随着经济发展阶段的提升而不断演进，服务经济已成为上海主要的经济特征。在这一阶段，生产性服务业与当地制造业的关联度逐渐减小，取而代之的是来自服务业内部的需求成为生产性服务业发展的新动力，从而经济服务化趋势更为明显。

第三节　研究结论与政策启示

作为长三角核心增长极的上海市，制造业向外转移和生产性服务业集聚发展是近几年来城市经济发展的显著特征。虽然存在着认为生产性服务业离开制造业便不能持续发展的观点，以及对制造业转移可能导致"产业空心化"的担忧，但生产性服务业同制造业的关系在不同的经济发展阶段是不同的，特别是具体到某一区域，生产性服务业并不一定依赖于制造业的发展。由于制造业转移往往伴随着生产专业化和社会化程度的提高，这增加了对生产性服务业的中间性需求，同时制造业转移为生产性服务业提供更多发展空间，并且其带来的投资流和市场扩张增加了对生产性服务业的贸易需求，对立足于建设服务经济体系和国际化都市的上海而言，将不适合本地区发展的制造业部门向外转移、推动生产性服务业集聚发展是切实可行的选择。

计算结果表明，上海作为制造业集聚地区的优势正不断削弱，制造业向江浙等地转移很有必要，而且制造业转移有利于增强长三角地区制造业生产的专业化程度。对制造业转移的测算显示，上海大多数制造业行业正在向外部转移，且其中较多的行业在向江苏转移，仅有烟草制品业、家具制造业等少数行业向内部集聚。与之相应的是，上海作为生产性服务业集聚区的地位正在不断增强。生产性服务业的投入结构表明上海生产性服务业主要投入服务业中，且投入制造业中的比重在降低，投入服务业中的比重均有不同程度的提高。制造业与生产性服务业的关联程度正在显著下降，生产性服务业独立发展的趋势已很明显。资源密集型和劳动密集型制造业向外转移的条件已经具备，资本技术密集型制造业现阶段的向外转移可能会对生产性服务业发展产生较大不利影响，但生产性服务业与之分离发展也已具备一定基础。而计量检验的结果进一步证实，上海本地生产性服务业的发展更多来自本地服务业的需求，且制造业向外转移对本地生产性服务业的发展并未起到显著的抑制作用。

因此，本章蕴含以下政策含义：考虑到需要通过发展总部经济形式促进生产性服务业发展，制造业转移不宜采取整体搬迁的形式，可通过鼓励制造业企业在上海建立总部和研发中心，将生产过程外包到具备行业比较优势地区的模式，以促进上海生产性服务业的可持续发展；上海制造业的对外转移应该考虑梯度特征和行业异质性，现阶段应主要推动资源密集型和劳动密集型制造业向外转移，资本技术密集型制造业现阶段不适宜大规模对外转移，但可与生产性服务业在布局上形成"中心—外围"式结构，发挥生产性服务业的集聚优势；借助长三角一体化和自贸区新片区设立的机遇，加大服务业对内对外开放力度，通过加快高端要素流动与创新资源整合促进区域产业协同发展，营造良好的生产性服务业发展环境。

第七章

制造业服务化影响制造业
技术创新研究

制造业是我国的支柱性产业，技术创新是我国制造业发展中最核心的要素。历经几十年的飞速发展，自 2010 年以来我国制造业规模已连续十多年位居世界第一，并且已基本形成门类齐全、独立完整的产业基础体系。在 500 种主要工业产品中，我国有 40% 以上产品的产量居世界第一。但是，当前我国制造业也存在自主创新性不强、"卡脖子"技术受制于人、产业链韧性不足等问题。因此，提高我国制造业技术创新水平和培育发展新动能迫在眉睫。

制造业服务化是制造业与服务业互动融合发展的新型产业形态，是顺应新一轮科技革命和产业变革，增强制造业核心竞争力、培育现代产业体系、实现高质量发展的重要途径。从 2016 年以来，我国相关部委相继发布了《发展服务型制造专项行动指南》《关于推动先进制造业和现代服务业深度融合发展的实施意见》《关于进一步促进服务型制造发展的指导意见》等，旨在增强制造业核心竞争力、培育现代产业体系、推动制造业服务化进程。我国"十四五"规划也强调要促进先进制造业和现代服务业深度融合，构建实体经济、科技创新、现代金融、人力资源协同发展的现代产业体系。鉴于此，本章在已有成果的基础上，采用定性和定量分析方法，重点研究制造业服务化对于制造业技术创新产生的影响，并且在此基础上进行进一步的异质性分析。

第一节　制造业服务化影响制造业
技术创新的理论分析

制造业服务化又称为发展服务型制造，其主要表现是制造业企业通过创新优化生产组织形式、运营管理方式和商业发展模式，不断增加服务要素在投入和产出中的比重，从以加工组装为主向"制造＋服务"转型，从单纯出售产品向出售"产品＋服务"转变，从而实现价值链的延伸和提升。因此，制造业从产品视角看，服务化是企业从提供纯物品到提供以顾客为中心的包括物品、服务和知识等"组合"的转变。

国外学者对于制造业服务化的理论研究开始较早。范德默韦和拉达（Vandermerwe & Rada，1988）是最早的一批研究制造业服务化的学者。他们发现在全球范围内有越来越多的传统制造企业通过将服务作为其核心产品价值，并且能提高产品价格，他们将这种趋势称作"商业服务化"（servitization of business）。制造业服务化通过客户参与等方式使所有利益相关者在产业链中实现价值增值。萨拉韦茨（Szalavetz，2003）进一步指出，制造业服务化包含两层含义：一是在投入层面，服务要素在企业生产过程中扮演日益重要的角色，企业的生产效率和竞争力与企业能够获取的服务要素的质量挂钩；二是在产出层面，企业在产品之外提供的服务在满足消费者需求方面价值逐渐凸显，而且由服务产生的收入正在企业收入结构中占据更大的比重。随着制造业服务化的研究深入，越来越多学者开始将研究的视角聚焦在服务化对企业经营带来的影响上。其中，有学者通过分析比利时汽车制造行业的服务化进程，发现在汽车制造和销售之外增加的售后服务能够帮助汽车企业创造更多价值并建立竞争优势。罗伊（Roy，2009）通过整理各种不同类型的服务化案例，发现服务化能够起到帮助公司维持稳定营收和提升盈利能力的作用。贝恩斯（Baines，2011）开展了一项针对英国制造企业的问卷调研，结果发现很多制造企业成功地应用服务化策略吸引到顾客的关注并实现收入的增长。然后在一项针对为顾客提供高端服务的制造企业的调查中，发现积极推进服务化的生产企业，其业务的垂直整合能力往往更强。达克斯（Dachs，2012）分析了通过问卷调研得到的欧洲各国企业的投入产出数据，发现欧洲大部分国家的企业在 1995～2005 年服务产出占企业总产出的比例扩大，而且服务化与技术创新存在显著的相关性。阿哈迈德（Ahamed，2013）通过对国际商业机器公司（IBM）成功向服务化转型的案例研究，提出在当今世界服务化已经成为了制造企业打造自身竞争力、可持续性和差异化的关键策略之一，并且在此基础上提出了一套帮助企业从制造向服务转型的概念模型。克罗泽和米莱特（Crozet & Milet，2017）的研究也表明，生产性服务含有较高的技术和人力资本，制造业服务化更容易通过技术溢出效应促进制造业企业生产效率提升。

在国内，周大鹏（2013）通过实证研究发现，服务投入对制造业产出的影响显著，但对于不同类型的企业，服务要素的影响力不同。黄群慧（2014）认为推进制造业服务化是提高我国制造业竞争力的有效途径，并且分析发现服务业相对生产率、经济自由度、人力资本水平、创新能力、制造部门进口和出口等对制造业服务化产出具有明显的推动作用。刘斌（2016）等研究发现制造业服务化显著提高了我国企业在全球价值链中的参与程度和分工地位，且服务投入的异质性作用十分显著。胡昭玲（2017）运用计量分析发现制造业服务化显著促进了我国制造业的产业结构升级，且高端服务化促进作用较低端服务化更大。许和连等（2017）测算了我国制造业的投入服务化系数和出口国内增加值率，并通过实证分析发现投入服务化对出口国内增加值的影响呈"U"型关系，且这种影响存在显著的行业异质性。刘维刚（2018）分析了制造业服务化对我国企业技术进步的效应，发现我国服务投入的低端性和低质量导致其影响作用不显著。还发现服务化对不同类型企业的技术进步有不同效应，现代服务投入对企业技术进步的促进作用更显著。于明远（2019）通过实证分析发现制造企业可以通过将生产性服务嵌入其价值链，"软化"自身结构，从而获取动态比较优势。

　　综上，自制造业服务化概念自提出以来，学术界主要围绕制造业服务化对于全球价值链地位提升、产业结构升级等方面的影响进行探讨和研究。实际上，如果追溯制造业服务化的理论渊源，最早可以到1985年由迈克尔·波特提出的价值链理论以及更早期的由亚当·斯密提出的分工理论。波特的价值链理论将企业的生产经营活动细分为基本活动（生产、市场、销售、后勤、服务等）和辅助活动（采购、技术研发、人力资源、基础设施等）。两类活动的各个环节共同构成企业创造价值的过程，即价值链。从生产投入角度看，在企业经营过程中，由于成本压力等原因，企业将一些自身并不擅长的非核心的服务环节外包出去，运营中再向提供生产性服务的企业直接购买所需的服务要素，就形成了制造业的投入服务化。从产品产出角度看，价值链理论则主要立足提供与产品有关的服务，对产出服务化进行解释，认为制造企业通过向消费者提供产品相关的服务，以实现增加产品附加值和竞争力。目前传统的生产加工环节往往技术和知识密集度较低，只能主要依靠规模经济和成本优势进行竞争，这容易被竞争对手和新进入者模仿，不仅产品的同质化严重，而且大大压缩企业的利润空间。而研发、设计、营销等生产性服务，技术和知识密集度较高，且具有服务的无形性、异质性、不可分离性和不可存储性等特性，短期内很难被竞争对手模仿，是企业提升核心竞争力的关键。另外，企业还可以借助专利保护机制形成技术壁垒，建立和维持自身的竞争优势。因此，制造业服务化对制造业而言更为重要。关于制造业服务化对制造业技术创新的影响机制，本章重点从以下方面进行论述。

一、投入服务化对制造业技术创新的影响

投入服务化对于制造业技术创新的影响可以从技术外溢效应（直接）和分工效应（间接）两个方面进行分析。从直接的技术外溢效应来看，为制造企业提供生产过程中的服务投入中间品，具有显著的技术外溢效应，能够直接促进制造企业的创新。因生产性服务企业专精于一类或某几类服务，能够在该领域积累高质量的知识资本和人力资本，往往比制造企业自身的服务部门提供更具专业性的服务。因此，当制造企业向生产性服务企业购买服务要素时，制造企业可以学习特定领域的先进知识和技术，从而促进自身的技术创新。

从间接的分工效应来看，制造企业从生产性服务企业获取廉价高效（相对于内部提供服务而言）的服务要素，有助于企业将更多资源集中在创新环节上，促进企业内部的资源配置优化，让企业充分发挥比较优势，从而间接地促进企业的技术创新。

二、产出服务化对制造业技术创新的影响

产出服务化对制造业技术创新的影响是多方面的。首先，与产品一同提供给消费者的服务，不仅提供了差异化的产品形态和价值，而且还是传递市场信息的良好载体。制造企业在提供服务的过程中，通过不断地与顾客沟通，可以获取消费者的偏好、对于产品的使用反馈等方面信息。这些信息对企业在后续设计和研发中进行创新尝试和技术改进具有极其重要的意义，使得企业技术创新的针对性更强，成功率更高。其次，产出服务化能创造更多的企业销售收入和利润，这直接为企业从事创新研发，提供了更为充足的经费支持和保障。

三、研究假设

基于上述理论分析，我们就制造业服务化和制造业技术创新水平之间的关系提出以下研究假设。

H7.1：制造业服务化对制造业的创新能力有促进作用。

H7.2：制造业的运输、信息、金融和商务服务要素投入都对制造业的技术创新能力有促进作用。

H7.3：不同类型制造业的服务化对创新能力影响有差异。

H7.4：不同类型制造业的运输、信息、金融和商务服务投入对其技术创新能力影响不同。

第二节　制造业服务化衡量和变化趋势

根据前文所述，制造业服务化可以分为投入服务化和产出服务化两大类。因此，目前有关的服务化测度方法也截然不同。由于在现行会计准则和各类数据库的统计方法下，企业的服务收入没有被单独立项。而投入服务化尽管也是难以准确获取企业的微观数据，但是可以利用权威机构发布的投入产出数据库进行测算，数据不仅易获取而且可靠程度较高。因此，本章采用制造业投入服务化测算方法来度量制造业服务化程度。

一、制造业服务化测算方法和数据说明

关于制造业投入服务化的测算，现有相关文献普遍使用根据制造业生产中作为中间投入的服务要素占比来表示。它可以通过制造业投入产出中对服务中间品的消耗系数来衡量。进一步，消耗系数分为直接消耗系数和完全消耗系数。直接消耗系数指的是某一生产部门的单位总产出所直接消耗的其余各部门产出（产品或服务）的数量。直接消耗系数的计算公式如下：

$$a_{ij} = \frac{x_{ij}}{x_j} \tag{7.1}$$

其中，a_{ij} 代表 j 部门直接消耗 i 部门的产品或服务的直接消耗系数，x_{ij} 代表 j 部门在生产经营过程中直接消耗 i 部门产出的数量，x_j 代表 j 部门的总投入。由 a_{ij} 组成的 $n \times n$ 矩阵称为直接消耗系数矩阵，记为 A。

完全消耗系数指的是某一生产部门每提供一个单位的最终产品需要完全消耗（直接 + 间接）各部门产出量。相比于直接消耗系数，完全消耗系数能够更全面地说明制造业对服务业产出的消耗情况。因此，本章采用完全消耗系数作为衡量制造业服务化水平的指标。完全消耗系数的计算公式如下：

$$Servitization_{ij} = a_{ij} + \sum_{k=1}^{n} a_{ik}a_{kj} + \sum_{l=1}^{n} \sum_{k=1}^{n} a_{il}a_{lk}a_{kj} + \cdots \tag{7.2}$$

其中，$Servitization_{ij}$ 代表制造业 j 部门完全消耗服务业 i 部门提供的产品或服务的完全消耗系数。等式右侧第一项 a_{ij} 为直接消耗系数，第二项为 j 部门通过 k 部门消耗 i

部门产出的第一轮间接消耗系数,第三项为 j 部门通过 l 和 k 部门对 i 部门产出的第二轮间接消耗系数,以此类推,可以计算得到完全消耗系数。

完全消耗系数矩阵可以由直接消耗系数矩阵计算得到,公式如下:

$$B = (I - A)^{-1} - I \qquad (7.3)$$

其中,B 代表 $n \times n$ 的完全消耗系数矩阵,I 为 $n \times n$ 的单位矩阵。

考虑到我国国家统计局每 2～3 年才发布一次投入产出表,目前仅有 2002～2017 年的数据,而世界投入产出数据库(WIOD)每年发布有世界各国各行业的投入产出数据。其中,WIOD 数据库包含了我国 2000～2014 年期间完整的 15 年数据。因此,基于数据连续性方面的考虑,我们选择 WIOD 数据库作为测算我国制造业服务化的数据来源。

WIOD 数据库依据国际行业标准分类(ISIC Rev 4.0)将一国的产业划分为 56 个细分行业,其中 c5～c22 属于制造业范畴,c28～c56 属于服务业。由于国际行业标准分类与我国实行的国民经济行业分类(GB/T 4754—2017)有所区别,因此我们对 WIOD 数据中的制造业行业数据做以下调整:(1)将 c20(汽车、拖车和半拖车制造业)、c21(其他运输设备制造业)合并为"运输设备制造业";(2)由于c22(家具及其他制造业)与我国制造业细分行业的对应性不强,且存在数据缺失现象,因此将该行业剔除;(3)将调整后的 c5～c21 的行业编码按照原顺序重新编制为 1～16。

另外,按照 OECD 对制造业技术密集度的划分标准(ISCIC Rev 3.0),将制造业分为低技术(low-technology industries)、中低技术(medium-low-technology industries)、中高技术(medium-high-technology industries)、高技术(high-technology industries)四类。由于中低技术和中高技术两个类别较为接近,我们将制造业分类重新调整分为低技术、中技术和高技术密集度三类。调整后的制造业细分行业及其技术密集度的划分如表 7－1 所示。

表 7－1　　　　　　　调整后的制造业行业及按技术密集度不同的分类

行业序号	行业名称	技术密集度划分	WIOD 代码
1	食品、饮料和烟草制造业	低	c5
2	纺织品、服装和皮革制造业	低	c6
3	木材、软木制品、稻草和编织材料制造业(家具除外)	低	c7
4	造纸及纸制品业	低	c8
5	印刷业,记录媒介的复制	低	c9
6	石油加工及炼焦业	中	c10

续表

行业序号	行业名称	技术密集度划分	WIOD 代码
7	化学原料及化学制品制造业	高	c11
8	医药制造业	高	c12
9	橡胶及塑料制品业	中	c13
10	非金属矿物制品业	中	c14
11	金属冶炼及加工业	中	c15
12	金属制品业（机械和设备除外）	中	c16
13	计算机、电子及光学设备制造业	高	c17
14	电气机械及器材制造业	高	c18
15	机械及设备制造业	高	c19
16	运输设备制造业	高	c20、c21

资料来源：根据 WIOD、国民经济行业分类及 OECD 技术密集度标准整理。

此外，WIOD 数据库将服务业划分为 29 个细分行业（c28 ~ c56），本章将对应的生产性服务业进行调整合并如下：（1）将 c31（陆路运输和管道运输服务）、c32（空运服务）、c33（运输的仓储和支持活动）合并为运输服务业；（2）将 c39（通信服务）、c40（计算机程序设计、咨询和信息服务）合并为信息服务业；（3）c41（金融服务、保险和养老金除外）、c42（保险、再保险和养老金、强制性社会保障除外）、c43（金融和保险的辅助服务）合并为金融服务业；（4）c45（法律和会计服务、总部服务和管理咨询服务）、c46（建筑、工程、技术测试和分析服务）、c47（科研开发服务）、c48（广告和市场服务）、c49（其他专业、科学和技术服务）合并为商务服务业。

二、制造业服务化水平和变化趋势

基于以上计算方法和有关样本数据，我们计算得到 2000 ~ 2014 年我国制造业各行业对生产性服务业的完全消耗系数如表 7 - 2 所示（考虑篇幅限制，仅展示部分年度）。从各行业 2000 ~ 2014 年完全消耗系数的均值可以看到，在我国制造业中，化学原料及化学制品制造业（以下简称化工业）、医药制造业、计算机、电子及光学设备制造业（以下简称电子制造业）、电气机械及器材制造业（以下简称电气制造业）、机械及设备制造业（以下简称机械制造业）、运输设备制造业等高技术密集度行业的服务化程度，在制造业中明显较高。其次是金属制品业、橡胶及塑料制品业（以下简称橡胶制品业）和非金属矿物制品业（以下简称非金属制品业）

等中技术行业，而食品、饮料和烟草制造业（以下简称食品制造业）等部分低技术行业则相对较低。从增速上看，我国各制造行业的服务化进展速度均较慢，除食品制造业外均没有显著的年均增长。但从 2014 年与 2000 年的数据对比可以看到，我国制造业大部分行业服务化水平均有提高。仅木材、软木制品、稻草和编织材料制造业（以下简称木材制造业）、非金属矿物制品业、金属冶炼及加工业（以下简称金属加工业）等少数几个行业的服务化水平略有下降，这与许和连等（2017）的研究结论一致。

表 7 – 2　　　　2000 ~ 2014 年部分年份我国制造业服务化完全消耗系数和变化趋势

行业序号	2000 年	2002 年	2012 年	2013 年	2014 年	均值	年平均增长率（%）
1	0.283	0.284	0.277	0.303	0.318	0.268	0.832
2	0.303	0.319	0.327	0.360	0.379	0.304	0.011
3	0.350	0.338	0.279	0.299	0.316	0.294	− 0.005
4	0.400	0.373	0.333	0.357	0.377	0.336	− 0.003
5	0.349	0.308	0.332	0.364	0.386	0.310	0.005
6	0.284	0.327	0.249	0.262	0.286	0.256	0.000
7	0.366	0.340	0.335	0.360	0.387	0.317	0.003
8	0.352	0.321	0.388	0.413	0.435	0.361	0.011
9	0.346	0.315	0.353	0.379	0.406	0.313	0.008
10	0.410	0.393	0.337	0.358	0.383	0.343	− 0.003
11	0.396	0.360	0.295	0.318	0.346	0.309	− 0.007
12	0.407	0.378	0.356	0.378	0.409	0.342	0.000
13	0.316	0.297	0.355	0.372	0.406	0.309	0.013
14	0.402	0.370	0.377	0.400	0.434	0.354	0.004
15	0.372	0.357	0.371	0.392	0.424	0.342	0.006
16	0.384	0.346	0.411	0.423	0.453	0.361	0.008

资料来源：笔者根据有关公式和数据计算。

第三节　制造业服务化影响技术创新的实证分析

一、计量模型和变量说明

根据本章第二节的理论分析和提出的研究假设，本章构建制造业服务化影响技术创新的计量模型如下：

$$innovation_{it} = a_0 + a_1\,servit_{it} + a_2 X_{it} + \varepsilon_{it} \tag{7.4}$$

其中，因变量 $innovation_{it}$ 代表制造业的 i 行业在 t 时期的技术创新水平。自变量 $servit_{it}$ 代表制造业的 i 行业在 t 时期的服务化水平，X_{it} 代表控制变量，ε_{it} 为残差值。

（一）被解释变量和核心解释变量

1. 被解释变量

技术创新水平作为被解释变量，常见的评价方法是利用年专利申请数、年末专利拥有数或新产品年销售收入等来表示。考虑到在上述指标中，年末专利拥有数会受到相关政策、专利转让、专利到期等因素的干扰，新产品年销售收入则会受到企业的营销策略、产品定价、市场竞争态势等因素的影响，因此，本章选取年专利申请数量作为衡量制造业技术创新能力的指标。

我国制造业各行业的专利申请数如表 7-3 所示。可以看到，从行业专利申请数的均值角度讲，2000~2014 年我国技术密集度较高的电子制造业、电气制造业、机械制造业、运输设备制造业和化工业（除医药制造业外）的专利申请数均值，远高于其他技术密集度较低的行业。我国高技术行业是制造业中专利申请的"主力军"。从增长趋势上看，一些技术密集度较低的行业尽管专利申请的绝对数量较少，但其增速甚至超过一些高技术密集度的行业，不过一些技术密集度较高行业的专利申请年平均增长率也都在 29% 以上。考虑这些行业的专利申请基数大，所以高技术密集度行业的每年专利申请数的绝对增长量其实也是十分可观的。

表 7-3　　　　　　　　　2000~2014 年我国制造业各行业专利申请数

行业序号	2000 年	2002 年	2012 年	2013 年	2014 年	均值	年平均增长率（%）
1	1066	1352	15923	19262	21198	7056	23.8
2	190	791	22280	21342	24685	8916	41.6
3	9	17	2442	2603	2467	911	49.3
4	73	55	3445	3278	4351	1173	33.9
5	40	36	1970	2867	3117	867	36.5
6	202	236	1441	1600	2078	658	18.1
7	827	805	25285	30342	33565	10212	30.3
8	547	1000	14976	17124	19354	6484	29.0
9	199	738	12651	15427	16042	5155	36.8

续表

行业序号	2000 年	2002 年	2012 年	2013 年	2014 年	均值	年平均增长率（%）
10	427	409	11711	15369	16627	5381	29.9
11	497	1068	20138	22896	25239	8357	32.4
12	215	399	16722	18318	19564	6457	38.0
13	1358	3888	82406	88960	103504	37434	36.3
14	2213	4387	74811	78154	92954	30080	30.6
15	1883	2388	100590	121849	130147	40315	35.3
16	541	2085	47433	57377	64660	20700	40.7

资料来源：历年《中国科技统计年鉴》。

2. 核心解释变量

制造业服务化水平是核心解释变量。关于制造业服务化水平，本章是从制造业的投入服务化角度，利用制造业各行业使用生产性服务业中间投入的完全消耗系数来衡量。有关计算方法和内容前文已述。

（二）控制变量

（1）外商直接投资（lnfdi）。现有的研究表明外商直接投资往往产生显著的技术溢出效应，外商在国内投资办厂不仅是资金的直接输入，还带来了先进的技术和管理模式，有利于有关行业的技术创新。本章选用中国工业经济统计年鉴中（港澳台资本＋外商资本）除以当年销售产值之后的对数值，作为度量外商直接投资的控制变量。

（2）行业规模（ln$scale$）。规模较大的企业除了能够借助规模经济降低生产成本，实现更丰厚的利润之外，往往还能够吸引更优质的研发人员和更顶尖的研发机构合作。这些因素都将影响企业技术创新的能力。本章选用各行业年末的从业人数除以企业数量之后的对数值作为衡量行业规模的控制变量。

（3）国有控制程度（ln$control$）。经济运行方式不同，对企业技术创新也会带来影响，本章选用各行业的国企销售产值除以总销售产值之后的对数值作为评估国有控制程度的控制变量。

（4）研发人员投入（ln$staff$），研发人员是企业进行技术创新的重要投入。本章选用 R&D 人员全时当量的对数值作为衡量研发人员投入的控制变量。

（5）研发经费投入（lnrd），研发经费投入是企业进行技术创新时另一项重要指标。本章选用 R&D 经费内部支出的对数值作为衡量研发经费投入的控制变量。

（三）数据来源和描述性统计

本章研究所用原始数据主要来自 2000～2014 年世界投入产出表（WIOD）中的中国部分以及相应时期的《中国工业统计年鉴》和《中国科技统计年鉴》资料，详见表 7-4。制造业各行业的整体服务化水平、创新能力等各个变量的均值、标准差、最大值、最小值等信息，即数据的统计性描述，具体列于表 7-5。

表 7-4　　　　　　　　　　　各变量定义及数据来源

变量名称	变量定义	变量测算方法	数据来源
lnpatent	创新能力	专利申请数的对数值	《中国科技统计年鉴》
servit	制造业服务化系数	完全消耗系数法	WIOD 数据库
lnfdi	外商直接投资	外商直接投资占行业总产值比重的对数值	《中国工业经济统计年鉴》
lnscale	行业规模	企业平均员工数的对数值	《中国工业经济统计年鉴》
lncontrol	国有控制程度	国有企业销售产值占总销售产值比重的对数值	《中国工业经济统计年鉴》
lnstaff	研发人员投入	R&D 人员的对数值	《中国科技统计年鉴》
lnrd	研发经费投入	R&D 经费内部支出的对数值	《中国科技统计年鉴》

表 7-5　　　　　　　　　　　统计性描述分析

变量	观察值个数	均值	标准差	最小值	最大值
lnpatent	240	7.969	1.935	2.197	11.776
servit	240	0.324	0.046	0.205	0.453
trans	240	0.077	0.015	0.046	0.122
inform	240	0.017	0.005	0.008	0.036
finan	240	0.048	0.014	0.024	0.094
busin	240	0.049	0.021	0.015	0.130
lnfdi	240	-2.897	0.793	-5.215	-0.135
lnscale	240	-3.717	0.415	-4.411	-2.519
lncontrol	240	-1.790	0.917	-4.327	-0.089
lnstaff	240	10.749	1.335	6.987	13.039
lnrd	240	12.421	1.416	8.747	15.180

二、计量回归结果和分析

表 7-6 汇报了基于模型（7.4）和有关样本数据得到的制造业服务化对创新能

力影响的计量结果。其中，第（1）列是 OLS 回归的结果。可以看到，核心解释变量制造业服务化水平 lnservit 的系数为 0.74，并且在 1% 的水平上显著。为解决可能存在解释变量的内生性问题，这里我们参考许和连等（2017）的做法，设置自变量 servit 的一期滞后项 L.servit 作为工具变量，利用两阶段最小二乘法（Two Stage Least Square，TSLS）再次进行回归，从而削弱内生性的干扰。两阶段的回归结果分别如第（2）列、第（3）列所示。DWH 检验的 p 值在 1% 的水平上显著，这说明拒绝"不存在内生解释变量"的原假设，应该采纳 TSLS 的结果。一阶段回归的 F 值为 107.49，Kleibergen-Paap Wald 检验的 F 统计量为 484.101，大于 Stock-Yogo 10% 的临界值 16.38，显著拒绝"存在弱工具变量"的原假设。Kleibergen-Paap LM 检验的统计量为 76.194，在 1% 的水平显著，拒绝"工具变量识别不足"的原假设，不存在工具变量"过度识别"问题。

表 7-6　　　　　　　　　　服务化影响制造业创新能力的计量结果

变量	因变量：lnpatent			因变量：lnproduct
	OLS	TSLS		OLS
		一阶段	二阶段	稳健性检验
	(1)	(2)	(3)	(4)
L.lnservit		0.90441 ***		
lnservit	0.73840 **		0.77825 *	0.78429 ***
lnfdi	-0.56023 ***	-0.00960	-0.34645 ***	-0.00986
lnscale	-0.77774 ***	-0.01271	-0.46887 ***	0.41310 ***
lncontrol	-0.64738 ***	-0.01478 ***	-0.59795 ***	-0.06839 ***
lnstaff	1.31747 ***	-0.00509	0.33311	-0.01179
lnrd	-0.00224	0.01984	0.91783 ***	
lnprd				0.94398 ***
constant	-10.99825 ***	-0.39756 ***	-9.77644 ***	-4.11898 ***
F 值	198.98 ***	107.49 ***	1479.38 ***	887.47 ***
调整后 R^2	0.8410	0.7723	0.8614	0.9694
White 检验	102.56 ***			90.36 ***
Kleibergen-Paap LM 检验			76.194 ***	
Kleibergen-Paap Wald 检验 F 值			484.101	
DWH 检验 p 值			0.0000	0.9081

注：***、** 和 * 分别表示 1%、5% 和 10% 的显著性水平。

因此，根据二阶段回归的结果，可以看到自变量回归系数约为 0.78，在 10% 的水平上显著，说明制造业服务化对制造业创新能力具有促进作用，从而与理论预期相符。

为排除指标选取可能对回归结果产生的影响，本章还对回归结果进行稳健性分析。制造企业的创新能力不仅可以用每年的专利申请数量表征，还可以通过新产品的销售收入来进行指代。创新能力强的企业，除了每年会申请较多的申请专利外，其研发新产品的数量和质量一般都处于行业前列，而且得益于其研发能力和对市场信息的掌握，这类企业推出的新产品也往往更容易被市场接受，最终表现为来自新产品的销售收入增加。本章选取制造业的新产品销售收入的对数值（lnproduct）代替专利申请数的对数值（lnpatent）作为因变量，代入计量模型进行回归。同样基于模型（7.4），得到的回归结果如表 7-6 中的第（4）列所示。由于 DWH 检验的 p 值不显著，无法拒绝"不存在内生解释变量"的原假设，故选用 OLS 的回归结果。自变量制造业服务化 servit 的回归系数为 0.78，并且在 1% 的水平上显著。该系数的符号和显著性与原回归模型的基本结论一致。因此，可以认为原回归模型得到的回归结果是稳健的。

三、区分不同类型服务投入的异质性分析

服务业内部行业众多，并且不同行业的服务要素特性差异很大。服务要素异质性，决定了研究制造业投入服务化应区分不同服务要素类型，进行进一步的异质性分析。根据服务行业重要性和数据的可获得性，本章将制造业服务化细分为制造业的运输服业化、信息服务化、金融服务化、商务服务化四种类别。与前面一样，这里通过 DWH 检验确定是否存在内生解释变量，并结合 White 检验、Kleibergen-Paap LM 检验、Kleibergen-Paap Wald 检验等对异方差、工具变量的不可识别性和弱工具变量等问题进行检验。最终确定了有效的回归模型。

表 7-7 给出了四类细分服务化类型各自影响制造业创新能力的计量结果。表 7-7 中第（3）列的结果表明，金融服务化（lnfinan）的 OLS 回归系数为 1.41，在 1% 的水平上显著。第（4）列结果也显示，商务服务化（lnbusin）的 OLS 回归系数为 1.33，在 1% 的水平上显著。这说明金融服务化和商务服务化对制造业的创新能力，产生显著的促进作用。这与理论分析预期相符。但是，从第（1）列可以看到，制造业运输服务化（lntrans）的 TSLS 回归系数为约 -2.26，并且在 1% 的水平上显著。第（2）列结果显示，信息服务化（lninform）的 TSLS 回归系数为 -1.43，在 1% 的水平上显著。这说明，运输服务化和信息服务化不利于提升制造业创新能

力，该结论和理论预期相反，其成因我们认为可能是制造企业的运输服务化和信息服务化初期投入大，从而挤占了现阶段制造企业创新经费所致等，当然这也表明当前我国运输服务、信息服务与制造业互动融合发展的正向机制尚未形成。

表 7 - 7 　　　　　　　　　不同类型服务投入对制造业创新能力影响的计量结果

变量	因变量：lnpatent			
	TSLS	TSLS	OLS	OLS
	（1）	（2）	（3）	（4）
lntrans	- 2. 25882 ***			
lninform		- 1. 43031 ***		
lnfinan			1. 40662 ***	
lnbusin				1. 32606 ***
lnlnfdi	- 0. 34149 ***	- 0. 15607 *	- 0. 39833 ***	- 0. 37869 ***
lnscale	- 0. 68624 ***	- 0. 15905	- 0. 69212 ***	- 0. 44790 ***
lncontrol	- 0. 47665 ***	- 0. 55922 ***	- 0. 52033 ***	- 0. 47375 ***
lnstaff	0. 93519 ***	0. 79633 ***	1. 29402 ***	0. 99089 ***
lnrd	0. 30778	0. 51273 ***	- 0. 05108	0. 09941
constant	- 16. 05449 ***	- 14. 82004 ***	- 5. 62456 ***	- 3. 41579 ***
F 值	1722. 89 ***	1627. 88 ***	314. 83 ***	320. 46 ***
R^2	0. 8524	0. 8717	0. 8721	0. 8891
White 检验	119. 74 ***	101. 59 ***	122. 85 ***	118. 80 ***
Kleibergen-Paap LM 检验	82. 354 ***	59. 924 ***		
Kleibergen-Paap Wald 检验 F 值	630. 440	950. 728		
DWH 检验 p 值	0. 0000	0. 0000	0. 8417	0. 7108

注：*** 、** 和 * 分别表示 1% 、5% 和 10% 的显著性水平。

在对回归结果进行稳健性分析方面，本章依旧使用替换被解释变量法，即采用新产品销售收入的对数值（lnproduct）作为制造业创新能力的替代指标，得到的回归结果如表 7 - 8 所示。可以看到，金融服务化的回归系数为 0. 25，在 5% 的水平上显著；商务服务化的回归系数为 0. 36，在 1% 的水平上显著。运输服务化的回归系数为 - 1. 30，在 1% 的水平上显著；信息服务化的回归系数为 - 0. 83，在 1% 的水平上显著。这些基本结论和原回归模型一致。因此，可以认为表 7 - 8 中的回归结果是稳健的。

表7－8　　　　　不同类型服务投入对制造业创新能力影响的稳健性检验结果

变量	因变量：lnpatent			
	TSLS	TSLS	TSLS	OLS
	(1)	(2)	(3)	(4)
ln*trans*	− 1. 29618 ***			
ln*inform*		− 0. 82836 ***		
ln*finan*			0. 25383 **	
ln*busin*				0. 33567 ***
ln*lnfdi*	− 0. 10919 ***	− 0. 00187	− 0. 08387 *	− 0. 12191 ***
ln*scale*	0. 13746 *	0. 44162 ***	0. 26531 ***	0. 26599 ***
ln*control*	− 0. 08641 **	− 0. 13350 ***	− 0. 14233 ***	− 0. 14014 ***
ln*staff*	− 0. 09374	− 0. 17161 *	− 0. 34886 ***	− 0. 16664 ***
ln*prd*	1. 12223 ***	1. 23815 ***	1. 38441 ***	1. 16510 ***
constant	− 1. 41824 **	− 0. 73105	2. 68326 ***	3. 55691 ***
F 值	4176. 41 ***	203. 23 ***	4611. 22 ***	713. 18 ***
R^2	0. 9498	0. 6171	0. 9475	0. 9448
White 检验	86. 92 ***	79. 04 ***	91. 78 ***	90. 17 ***
DWH 检验 P 值	0. 0000	0. 0156	0. 0096	0. 4806

注：***、** 和 * 分别表示1%、5%和10%的显著性水平。

第四节　制造业服务化影响技术创新的异质性分析

根据 OECD 技术密集度标准，本章将我国制造业细分为低技术、中技术和高技术三个不同类型制造业，同样基于模型（7.4），本章进一步就不同类型制造业服务化对其创新能力的影响，进行实证计量分析和检验。

一、制造业服务化对高技术、中技术和低技术制造业技术创新能力的影响

如表7－9所示，可以看到在被解释变量为创新能力的回归方程中，主要由电子制造业、电气制造业、医药制造业等组成的高技术产业，其服务化的回归系数为1.55，并且在5%的水平上显著。上述结果说明，对于高技术的制造行业而言，服务化对于创新能力产生显著的促进作用。第（2）列为中技术制造业服务

化对影响技术创新的计量结果。数据表明中技术制造业服务化的回归系数为
1.64，在10%的水平上显著。这意味着对于中技术制造行业来说，服务化也有助
于创新能力的提升。第（3）列汇报了食品制造业、纺织业、木材加工业等低技
术制造业服务化对技术创新影响计量结果。可以看到，在低技术制造业服务化的
回归系数为不显著且为负值。也就是说，低技术的制造业服务化，没有对创新能
力产生显著效应。

表 7 - 9　　　　制造业服务化对高技术、中技术和低技术制造业技术创新能力的影响

变量	高技术	中技术	低技术
	OLS	TSLS	TSLS
	（1）	（2）	（3）
ln*servit*	1.55161 **	1.63573 *	- 0.52400
ln*fdi*	- 0.56701 **	- 0.72666 ***	- 0.29075
ln*scale*	- 0.16193	- 0.92388	- 2.11255 ***
ln*control*	- 0.85770 ***	- 0.75532 *	- 0.55457 ***
ln*staff*	1.59642 ***	0.04069	0.93630 **
ln*rd*	- 0.05262	0.84070 **	0.48515
constant	- 10.84798 ***	- 8.02009 ***	- 18.61580 ***
F 值	108.44 ***	791.89 ***	663.78 ***
R^2	0.8446	0.8450	0.8314
White 检验	73.53 ***	64.50 ***	55.07 ***
Kleibergen-Paap LM 检验		15.314 ***	19.057 ***
Kleibergen-Paap Wald		33.875	103.058
DWH 检验 P 值	0.1753	0.0079	0.0817

注：***、** 和 * 分别表示1%、5%和10%的显著性水平。

二、不同服务投入类型对高技术、中技术和低技术制造业创新能力的影响

这部分将深入区分四种不同类型服务投入（运输、金融、信息和商务）对不同
类型制造业的创新能力影响，分别进行实证分析和检验。使用的模型和方法同上。
从表7-10可以看到，运输服务投入对高技术产业创新能力回归系数为 - 1.75，
在1%的水平上显著。信息服务投入的回归系数为 - 1.39，在1%的水平上显著。

表7－10　　　　不同服务投入类型对高技术、中技术和低技术制造业创新能力影响的计量结果

变量	高技术产业				中技术制造业				低技术制造业			
	TSLS (1)	TSLS (2)	OLS (3)	OLS (4)	TSLS (1)	TSLS (2)	OLS (3)	OLS (4)	TSLS (1)	TSLS (2)	OLS (3)	OLS (4)
lntrans	-1.75455 **				-5.42284 ***				-7.68722 ***			
lninform		-1.38831 ***				-1.31638 ***				-3.64155 ***		
lnfinan			1.34065 ***				1.65018 ***				1.62529 ***	
lnbusin				1.13382 ***				2.05552 ***				1.05058 **
lnfdi	-0.75640 ***	-0.23560	-0.40217	-0.28820 **	-0.38167	-0.46804 *	-0.73193 ***	-0.20836	-0.16318	-0.06207	-0.44256 **	-0.36839
lnscale	-0.19266	0.23175	-0.11506	-0.11376	0.10212	-0.32125	-1.20679 **	0.18501	0.81211	0.14749	-2.66700 ***	-2.03118 ***
lncontrol	-0.46522 ***	-0.60155 ***	-0.66527 ***	-0.55761 ***	-0.90613 ***	-0.91168 ***	-0.56217	-0.55580 *	-0.39020 ***	-0.55173 ***	-0.31032 **	-0.39075 **
lnstaff	0.79200 ***	0.77846 ***	1.41239 ***	1.40172 ***	3.21195 ***	0.93059 ***	0.86889 ***	0.83539 ***	-1.15600 ***	0.67494 ***	1.61263 ***	1.22599 ***
lnrd	0.61771 ***	0.64485 ***	-0.06242	0.12880	-1.82830 **	0.18222	-0.02665	0.06331	1.62085 ***	0.23954	-0.05649	0.09461
constant	-16.49283 ***	-14.98521 ***	-5.17553 ***	-8.00078 ***	-19.99792 ***	-13.90535 ***	-3.94628 *	3.74974	-18.33302 ***	-18.91459 ***	-15.33767 ***	-12.56537 ***
F值	652.23 ***	777.94 ***	124.77 ***	162.31 ***	292.87 ***	805.61 ***	151.89 ***	160.19 ***	726.69 ***	599.74 ***	150.96 ***	168.24 ***
R²	0.8500	0.8814	0.8593	0.9053	0.6853	0.8317	0.8854	0.8929	0.8406	0.8548	0.8832	0.8653
White检验	66.22 ***	58.10 ***	66.31 ***	46.01 **	66.51 ***	62.96 ***	66.39 ***	55.31 ***	52.91 ***	38.22 *	52.91 ***	43.94 ***
Kleibergen-Paap LM检验	24.916 ***	36.211 ***			23.185 ***	21.920 ***			17.499 ***	29.811 ***		
Kleibergen-Paap Wald检验 F值	122.639	259.666			49.336	316.380			59.752	162.183		
DWH检验 p值	0.0011	0.0076	0.7251	0.1849	0.0000	0.0002	0.4784	0.3768	0.0003	0.0002	0.2860	0.7554

金融服务投入的回归系数为 1.34，在 1% 的水平上显著。商务服务投入的回归系数为 1.13，也在 1% 的水平上显著。上述结果说明，运输和信息服务化对高技术产业的创新能力，产生负面影响；而金融和商务服务化对高技术产业的创新能力，发挥正向的促进作用。在中技术制造业方面，运输服务投入的回归系数为 -5.42，在 1% 的水平上显著。信息服务投入的回归系数为 -1.32，在 1% 的水平上显著。金融服务投入的回归系数为 1.65，在 1% 的水平上显著。商务服务投入的回归系数为 2.03，在 1% 的水平上显著。由此可见，就中技术制造业而言，不同类型服务投入对其创新能力的效应，和高技术制造业一样。在低技术制造业方面，运输服务投入的回归系数为 -7.69，在 1% 的水平上显著。信息服务投入的回归系数为 -3.64，在 1% 的水平上显著。金融服务投入的回归系数为 1.65，在 1% 的水平上显著。商务服务投入的回归系数为 1.05，在 1% 的水平上显著。这些结果同样显示，金融服务、商务服务要素投入对制造业创新能力提升的重要性。金融服务提高了企业的资金利用效率，促使企业在研发方面有更多的投入。而商务服务投入可以为制造业提供高质量的中间服务投入品，包括人员培训、科研服务等，这些虽然能够提高制造企业的创新能力。

第五节　研究结论与政策启示

本章在分析制造业服务化对其技术创新能力作用机制的基础上，从多个不同角度实证检验了我国制造业服务化对制造业技术创新能力的影响实际效果，形成了许多有价值的研究结论。

首先，本章论述了制造业服务化通过投入和产出两个途径促进制造业技术创新能力提升的作用机制。接着，通过构建实证检验模型和样本数据，计量分析发现从总体上看我国制造业服务化确实对自身的创新能力产生显著促进作用。进一步，通过将制造业服务化细分为运输投入、信息投入、金融投入和商务服务投入四种类型服务化，结果显示，金融服务化和商务服务化对制造业的创新能力，产生显著的促进作用。运输服务化和信息服务化对我国制造业创新能力的提升作用却是相反的负向效应。这与理论分析预期相悖。究其原因，我们认为比较复杂，可能与我国制造企业现阶段正处于运输服务化和信息服务化的初期，资金投入量大，从而挤占了制造企业创新经费等因素有关。

在此基础上，本章将制造业区分为高技术产业、中技术制造业和低技术制造业，实证检验结果表明，制造业的服务化产生的创新能力正向效应，主要体现在高技术以及中技术制造业层面，对低技术制造业的效果不明显。但是，如果将服务要素投入类型细分，计量结果显示，金融投入和商务服务投入对高技术、中技术和低技术制造业的创新能力，都产生显著积极影响。

　　鉴于以上分析结论，我们认为我国应加大推进制造业服务化的进程，并在此基础上区分不同类型的制造业服务化，更有针对性地对企业进行合理引导。包括对不同技术密集度的制造行业，要根据其发展现状，制定差异化政策。要积极放大制造业金融服务化、商务服务化对制造业创新能力的提升效应，加快有关体制机制的改革与创新。要坚持问题导向，针对运输服务化、信息服务化中存在的问题，积极发展现代物流等新型运输模式，提高社会的流通效率。应加大对人工智能、大数据、云计算等高端信息产业的支持力度，努力提高我国高端信息服务业水平，从而推动我国制造业高质量发展迈出新的更大步伐。

第八章

产业数字化、贸易自由化
与制造业服务化转型研究

数字技术是新一轮科技革命的核心技术，数字经济已成为我国促进经济高质量发展的重要新引擎。产业数字化是数字经济发展的重要组成部分，是指产业在生产、经营和服务过程中，应用数字技术减少重复劳动，或以先进数字技术取代传统生产技术的变革过程。当前，一方面随着数字化技术的日新月异和广泛应用，产业在产品形态、业务流程、产业业态、商业模式、生产方式、生产组织等各个方面发生深刻变革，尤其在数字技术与实体经济、数字技术与生产性服务业的融合发展模式上，不断推陈出新。另一方面，作为我国高水平对外开放的着力点之一，我国正在加大服务业对外开放力度，包括增设服务业扩大开放综合试点、减少外商投资进入门槛等。因此，研究产业数字化和服务业扩大开放对制造业服务化转型的影响，具有重要的理论价值和实践意义。

与国内外已有相关成果相比，本章研究的边际贡献主要在于：（1）分析视角具有新意。不仅考察服务贸易自由化对制造企业服务化转型的影响，还进一步实证检验了服务贸易开放与产业数字化的交互作用对制造企业服务化的效应，从而拓展和完善了既有成果。（2）采用服务销售收入占比作为制造企业服务化水平的度量方法，这比目前一般使用服务投入的衡量方法研究的针对性更强。同时，我们在产业数字发展水平的测算上，扩充了度量数字发展水平的二级指标，从而比现有其他成果的测算更加全面和准确。（3）实证分析建立在我国大量的微观企业数据基础上，计量分析中既有服务贸易自由化以及产业数字化总体效应的研究，也有针对作用机制以及异质性的实证检验。

第一节　理论分析和命题假说

综观国内外有关研究和本章相关的研究成果主要可归纳为三个方面。第一是关于数字发展影响制造业的成果。学者们普遍认为，近年来数字技术的蓬勃兴起，对制造业发展产生了深远的影响。王可和李连燕（2018）指出，互联网技术是数字技术的重要组成部分，互联网的应用增强了制造业企业的创新投入，黄群慧等（2019）则强调了应用数字技术提高了制造业的全要素生产率。另外，有学者指出数字技术的迅速发展和数字产品的日益繁多推动数字要素成为企业生产的新型投入，极大促进了企业的研发创新（Brynjolfsson & Saunders，2010）；提高企业数字化程度降低了企业的内部管理成本和外部交易成本，有助于提高组织的管理效率，实现组织的高效运转（施炳展，2016；袁淳等，2021）；提升数字经济发展水平可以减少中间品成本（何树全等，2021），显著扩大中间品进口（石良平和王素云，2018）。

第二是关于服务贸易自由化影响制造业的成果。目前不少学者从微观层面对服务贸易进行分析，结果表明服务贸易自由化对制造业企业发展产生正向效应。例如，有学者认为服务贸易自由化形成的进口竞争增加了制造业企业可选择的服务投入种类，从而降低了企业的服务中间品成本（Amiti & Konings，2007）；国外竞争者的参与带来的先进技术将推动企业生产率的提升（Arnold et al.，2011；侯欣裕等，2018；邵朝对等，2021）；以法律、会计为代表的专业服务的对外开放，有利于提升企业的管理和组织运营能力，降低企业管理成本，进而提高企业经营绩效（孙浦阳等，2018）；金融服务部门开放与服务贸易自由化紧密相连，金融开放支持了企业的研发创新活动（武力超等，2019）等。

第三是关于促进制造业服务化转型的成果。其中，有学者认为目前中国制造业的服务化程度相对不足（彭水军等，2017）；有学者指出可以通过降低中间投入品成本、增强研发创新、提高全要素生产率，以提高制造业服务化水平（杨玲，2015；刁莉和朱琦，2018）。周念利和包雅楠（2021）以数字服务贸易为例，认为提高服务贸易自由化能降低数字服务投入的进口成本、提高企业对技术的吸收能力，从而加快制造业服务化转型，并且指出限制数字服务贸易措施，对互联网发展水平越高的经济体的制造业服务化，抑制作用越大。此外，在测度制造业服务化水平方面，大多数学者从制造企业的投入角度进行衡量（顾乃华和夏杰长，2010；Lodefalk，2014）。但是也有少部分学者是从制造业的产出角度，通过计算服务销售收入占总收入比例来评估制造业服务化的水平，并进而展开有关研究（Crozet & Milet，2017；Breinlich，2018；陈丽娴和沈鸿，2017）。

　　为了从理论上探讨服务贸易自由化和产业数字化水平对制造业服务化转型的影响，我们在参考以上成果基础上，重点借鉴布林利希等（Breinlich et al.，2018）的研究成果，进行以下数理分析。首先我们假设每个国家中的企业都处于垄断竞争市场并且构建一个多国家局部均衡模型。在模型中，企业在定价时忽略其定价选择对行业产品总数量的影响。进一步，假设在每个国家中，行业是连续的，在每个行业中有一个代表性的消费者，消费者消费特定行业的服务产品和货物产品。再假定消费者对于服务和货物的偏好是独立的，并且在每个行业中，其效用函数服从连续的 CES 效用函数形式。于是，可以得到以下消费者对于某个特定国家 n 特定行业 k 中的企业 i 的服务和货物的需求函数：

$$\begin{cases} q_{iknS} = \dfrac{P_{knS}^{\delta}E_{knS}}{p_{iknS}^{\delta}} \\[3mm] q_{iknG} = \dfrac{P_{knG}^{\theta}E_{knG}}{p_{iknG}^{\theta}} \end{cases} \tag{8.1}$$

其中，q_{iknS}、q_{iknG} 分别为消费者对第 n 国第 k 个行业第 i 个企业的服务和货物产品的消费需求；E_{knS}、E_{knG} 分别为消费者对第 n 国第 k 个行业所有服务及货物的消费需求；P_{knS}、P_{knG} 分别为第 n 国第 k 个行业服务和货物产品的价格水平；p_{iknS}、p_{iknG} 分别为第 n 国第 k 个行业中的第 i 个企业服务与货物产品的价格；θ、δ 分别为货物和服务的需求价格弹性。假设 θ、δ 均大于 1。从上述需求等式可以看出，在消费者对特定行业的总消费需求和该行业价格水平不变的情况下，该行业中的企业服务或货物的价格越高，消费者对该产品的需求越小。

　　假设企业 i 的生产函数服从如下形式：

$$\begin{cases} Y_{iS} = A_{iS}L_{iS} \\[2mm] Y_{iG} = A_{iG}L_{iG} \end{cases} \tag{8.2}$$

其中，L_{iS}、L_{iG} 分别为企业 i 生产服务和货物产品的劳动力投入。A_{iS}、A_{iG} 分别反映企业生产服务和货物产品的专业能力，这种专业能力主要是指企业的员工在长期生产过程中所积累的生产熟练程度、工作经验等，是需要时间去积累的能力，在短期内总量较为固定。假设一个企业所拥有的专业能力总量为 A_i，企业可以选择将专业能力投入货物产品和服务产品的生产：

$$A_i = \left[(A_{iS})^\varphi + (A_{iG})^\varphi \right]^{\frac{1}{\varphi}} \tag{8.3}$$

其中，φ 为专业能力在货物和服务商品生产之中的专用程度。若专业能力的专用度高，即投入生产某种产品的专业能力很难被转移至生产另一种商品，那么 φ 值就小；若专业能力的专用度低，即投入生产某种商品的技能熟练度或工作经验较容易被转移并用于生产另一种商品，那么 φ 值就大。

假设 D_k 为企业所面临的产业数字发展水平，尽管企业的专业能力总量 A_i 在短期内不变，不会受到数字发展水平的影响，但是专业能力在服务产品和货物产品之间的分配却受到数字发展水平的影响，即有 $A_i = \bar{A}_i$，$A_{iS} = A_{iS}(D_k)$，$A_{iG} = A_{iG}(D_k)$，其中 $\bar{A}_i$ 为具有企业异质性的不变专业能力总量。

假定本国企业在将产品运至第 n 国市场销售时，需要承担冰山成本 σ_{nS} 和 σ_{nG}。那么，企业 i 将 Y_{inS} 数量的服务产品运往第 n 国所需要付出的劳动力为 $L_{inS} = \dfrac{\sigma_{nS} Y_{inS}}{A_{iS}}$，将 Y_{inG} 数量的货物产品运往外国所需要付出的劳动力为 $L_{inG} = \dfrac{\sigma_{nG} Y_{inG}}{A_{iG}}$。

那么企业所面临的利润最大化问题及约束为：

$$\max \pi_i = \sum_{n=1}^{N} \left(p_{inS} Y_{inS} + p_{inG} Y_{inG} - w_i L_{in} \right)$$

$$\text{s. t. } A_i = \left[(A_{iS})^\varphi + (A_{iG})^\varphi \right]^{\frac{1}{\varphi}}$$

$$L_{in} = L_{inS} + L_{inG}$$

由于市场均衡时，所有市场的总产出与所有市场的总需求相等，因此将式（8.1）、式（8.2）及约束条件代入，并根据一阶条件可以求得企业 i 的服务和货物产品最优价格水平为：

$$\begin{cases} p_{inS} = \dfrac{\delta}{\delta - 1} \dfrac{\sigma_{nS} w_i}{A_{iS}} \\[3mm] p_{inG} = \dfrac{\theta}{\theta - 1} \dfrac{\sigma_{nG} w_i}{A_{iG}} \end{cases} \tag{8.4}$$

从最优价格水平的关系式中可以看出，对于企业而言，其对应产业投入的专业能力越强，该企业服务和货物产品的最优价格水平就越低，表明该企业的产品越具有竞争力。

将式（8.4）代入企业的利润最大化问题，并分别对 A_{iS}、A_{iG} 求偏导，可得关于

A_{iS}、A_{iG} 的一阶条件 $\dfrac{\partial \pi_i}{\partial A_{iS}} = 0$、$\dfrac{\partial \pi_i}{\partial A_{iG}} = 0$。根据该一阶条件，得出包含均衡 A_{iS}、A_{iG} 的表达式如下：

$$A_{iS}^{\theta-\delta}\left[\left(\frac{A_i}{A_{iS}}\right)^{\varphi}-1\right]^{\frac{\theta-1-\varphi}{\varphi}} = A_{iG}^{\theta-\delta}\left[\left(\frac{A_i}{A_{iG}}\right)^{\varphi}-1\right]^{\frac{1+\varphi-\delta}{\varphi}} = F(P_{kHS}) \tag{8.5}$$

其中，$F(P_{kHS}) = (w_i)^{\theta-\delta}\dfrac{\left(\dfrac{\theta}{\theta-1}\right)^{\theta}}{\left(\dfrac{\delta}{\delta-1}\right)^{\delta}}\dfrac{\sum\limits_{n=1}^{N}\sigma_{nS}^{1-\delta}P_{knS}^{\delta-1}E_{knS}}{\sum\limits_{n=1}^{N}\sigma_{nG}^{1-\theta}P_{knG}^{\theta-1}E_{knG}}$。

进一步对式（8.5）中的均衡 A_{iS}、A_{iG} 求关于本国 k 行业的服务产品市场价格指数 P_{kHS} 的偏导，得到方程组如下（下文中所有下标 H 均代表本国，下标 n 代表非特指的某国）：

$$\begin{cases} \dfrac{\partial A_{iS}}{\partial P_{kHS}} = \dfrac{V_{kHS}^{iS}}{(\theta-\delta)-(\theta-1-\varphi)\dfrac{A_i^{\varphi}}{A_i^{\varphi}-A_{iS}^{\varphi}}} \\[6mm] \dfrac{\partial A_{iG}}{\partial Pk_{HS}} = \dfrac{V_{kHS}^{iG}}{(\theta-\delta)-(1+\varphi-\delta)\dfrac{A_i^{\varphi}}{A_i^{\varphi}-A_{iG}^{\varphi}}} \end{cases} \tag{8.6}$$

其中，$V_{kHS}^{iS} = (\delta-1)(w_i)^{\theta-\delta}\dfrac{\left(\dfrac{\theta}{\theta-1}\right)^{\theta}}{\left(\dfrac{\delta}{\delta-1}\right)^{\delta}}\dfrac{\sigma_{HS}^{1-\delta}E_{kHS}P_{kHS}^{\delta-2}}{\sum\limits_{n=1}^{N}\sigma_{nG}^{1-\theta}E_{knG}P_{knG}^{\theta-1}}A_{iS}^{1+\delta-\theta}\left[\left(\frac{A_i}{A_{iS}}\right)^{\varphi}-1\right]^{\frac{1+\varphi-\theta}{\varphi}} > 0$，

$V_{kHS}^{iG} = (\delta-1)(w_i)^{\theta-\delta}\dfrac{\left(\dfrac{\theta}{\theta-1}\right)^{\theta}}{\left(\dfrac{\delta}{\delta-1}\right)^{\delta}}\dfrac{\sigma_{HS}^{1-\delta}E_{kHS}P_{kHS}^{\delta-2}}{\sum\limits_{n=1}^{N}\sigma_{nG}^{1-\theta}E_{knG}P_{knG}^{\theta-1}}A_{iG}^{1+\delta-\theta}\left[\left(\frac{A_i}{A_{iG}}\right)^{\varphi}-1\right]^{\frac{\delta-1-\varphi}{\varphi}} > 0$。

根据式（8.6）可知，当 $\theta > \delta > 1+\varphi$ 时，有 $\dfrac{\partial A_{iS}}{\partial P_{kHS}} < 0$，$\dfrac{\partial A_{iG}}{\partial P_{kHS}} > 0$；当 $\theta < \delta < 1+\varphi$ 时，有 $\dfrac{\partial A_{iS}}{\partial P_{kHS}} > 0$，$\dfrac{\partial A_{iG}}{\partial P_{kHS}} < 0$。

上述分类讨论表明，当货物的需求弹性大于服务的弹性，且专业能力的专用程度足够高（φ 足够小）时，可以跨产出类型共用的专业能力较弱。在这种情况下，本国服务贸易自由化造成服务产品市场价格下降时，企业将投入更多专业能力进行服务产品的生产，并减少货物产品的专业能力投入。由于投入专业能力将增加产

出，故此时企业将增加服务产出，减少货物产出，实现产出服务化转型。

当货物的需求弹性小于服务的弹性，且专业能力的专用度足够低时，专业能力可以较容易地在企业内部生产中转移，从而同时用于两种类型产品的生产。在这种情况下，如果企业面临本国服务贸易自由化，那么将减少服务产品的专业能力投入，并将其投入货物产品生产部门，增加货物产出，减少服务产出，从而抑制企业的服务化转型。考虑在现实情况下，用于生产服务和货物产品的专业能力专用程度一般是比较高的，不易跨产出类型转移，因此，可得以下命题：

H8.1：以产出作为衡量指标，假定企业专业能力总量不变，则服务贸易自由化将增加制造企业的服务产出，减少货物产出，从而提高制造企业服务化水平。

进一步，由于数字发展水平影响专业能力在服务产品和货物产品之间的投入分配，因此在式（8.6）基础上，继续对 D_k 求偏导，并分别对 $\theta > \delta > 1 + \varphi$ 和 $\theta < \delta < 1 + \varphi$ 两种情况进行讨论，可得：若 $\dfrac{\partial A_{iS}}{\partial D_k} > 0$，$\dfrac{\partial A_{iG}}{\partial D_k} < 0$，则在两种情况下均有 $\dfrac{\partial A_{iS}}{\partial P_{kHS} \partial D_k} < 0$，$\dfrac{\partial A_{iG}}{\partial P_{kHS} \partial D_k} < 0$。

由上述推导结果，我们得到以下命题：

H8.2：在服务贸易开放促进制造服务化转型的过程中，提升产业数字化水平将显著增加制造企业的服务产出，其增幅超过货物产出，从而推进制造企业服务化进程。

为了衡量服务销售收入占总销售收入比重，我们将求出的最优价格代入式（8.1）中，可以求得企业 i 生产服务和货物所获得的本国销售收入分别为：

$$\begin{cases} R_{iHS} = \left(\dfrac{\delta}{\delta - 1} \right)^{1-\delta} \left[\dfrac{\sigma_{HS} w_i}{A_{iS}(D_k)} \right]^{1-\delta} (P_{kHS})^{\delta} E_{kHS} \\ R_{iHG} = \left(\dfrac{\theta}{\theta - 1} \right)^{1-\theta} \left[\dfrac{\sigma_{HG} w_i}{A_{iG}(D_k)} \right]^{1-\theta} (P_{kHG})^{\theta} E_{kHG} \end{cases} \qquad (8.7)$$

由式（8.7）可得使用服务销售收入占总销售收入比重作为企业制造服务化衡量指标的公式如下：

$$SR_i = \dfrac{R_{iHS}}{R_{iHS} + R_{iHG}} \qquad (8.8)$$

根据式（8.7）、式（8.8），当服务和货物产品的市场价格水平 P_{kHS}、P_{kHG} 以及产业数字发展水平 D_k 变动时，由于 P_{kHS}、P_{kHG}、D_k 对企业专业能力 A_{iS}、A_{iG} 的分配产生的影响取决于企业专业能力专用程度 φ 和产品需求价格弹性 θ、δ 的大小，因此无法从理论中推导出确定的结果，必须结合实证分析。

另外在作用机制方面，首先从服务贸易自由化产生的影响上看，提高服务贸易自由化意味着可降低制造企业物流仓储、邮电通信等运输和信息服务的价格，并提高这些服务中间投入品的质量。同时，企业在采购货物中间品的过程中可采用更高效的信息服务，做出更合理的采购决策，从而降低企业的中间品成本；而法律、会计、设计、咨询等专业服务的开放，有助于企业应用更先进的管理模式，提高企业的管理效率，特别是，服务贸易自由化扩大了企业吸收国外先进技术和知识的渠道，并且由于进口竞争产生的倒逼效应，迫使企业增加研发投入和创新，从而促进制造企业服务化转型。其次，考虑产业数字化水平在服务贸易开放进程中的影响，由于服务作为一种无形产品，具有生产与消费的不可分离性、易逝性等天然特性（Zeithaml et al.，1985），因此，长期以来服务产出效率较低。但是数字技术打破了服务作为无形产品的传统限制，通过规模经济、"压缩空间"、节约交易成本等，大幅度降低企业在服务产出的中间品、管理成本和研发等方面的开支。不仅如此，提升数字化发展水平必然会完善信息基础设施，提高知识流通速度，增加资源共享方式，提高企业的生产率，从而对制造企业的服务化转型起着促进作用。

以上分析表明，服务贸易自由化和数字发展水平影响制造企业服务化转型的途径，可概括为通过中间品成本、管理成本、研发投入和全要素生产率等渠道。考虑 H8.1、H8.2 的假设前提，可知当满足 H8.1 和 H8.2 时，存在 $\frac{\partial A_{iS}}{\partial M_i} \cdot \frac{\partial M_i}{\partial P_{kHS}} < 0$，$\frac{\partial A_{iG}}{\partial M_i} \cdot \frac{\partial M_i}{\partial P_{kHS}} > 0$，$\frac{\partial A_{iS}}{\partial M_i} \cdot \frac{\partial M_i}{\partial P_{kHS} \partial D_k} < 0$，$\frac{\partial A_{iG}}{\partial M_i} \cdot \frac{\partial M_i}{\partial P_{kHS} \partial D_k} < 0$。

其中 M_i 分别表示企业 i 的中间品成本、管理成本、研发投入和全要素生产率。当 M_i 表示中间品成本和管理成本时，$\frac{\partial M_i}{\partial P_{kHS}} > 0$，$\frac{\partial M_i}{\partial P_{kHS} \partial D_k} > 0$，意味着成本随服务贸易自由化下降，数字发展水平进一步强化服务贸易开放的影响；当 M_i 表示研发投入和全要素生产率时，$\frac{\partial M_i}{\partial P_{kHS}} < 0$，$\frac{\partial M_i}{\partial P_{kHS} \partial D_k} < 0$，意味着研发投入和生产率随服务贸易自由化上升，数字发展水平进一步强化服务贸易开放的影响。因此，关于服务贸易自由化和数字发展水平影响制造企业服务化的作用机制，命题如下：

H8.3：服务贸易自由化和产业数字化水平，将通过降低中间品成本和管理成本，提高研发创新投入和全要素生产率等途径，作用于制造企业的服务化转型。

第二节 模型构建和指标选取

一、模型构建

根据以上理论分析，并参考布林利希等（Breinlich et al.，2018）、刘斌和赵晓斐（2020）等的研究成果，我们构建以下基准回归模型：

$$\ln Y_{it} = \beta_1 \ln S_{\tau kt}^d + \beta_2 \ln DEDI_{pkt} + \beta_3 \ln S_{\tau kt}^d \times \ln DEDI_{pkt} + \Gamma X_{it} + \lambda_t + \alpha_k + \gamma_p + \varepsilon_{it} \quad (8.9)$$

其中，Y_{it} 为被解释变量，包括制造业企业的服务销售收入占总收入比重、服务销售收入、货物销售收入；$\ln S_{\tau kt}^d$ 是企业面临的 k 行业第 t 年的本国服务贸易自由化指标的对数值；$\ln DEDI_{pkt}$ 是 p 省 k 行业第 t 年的数字化发展水平对数值；X_{it} 为一系列控制变量，包括本国货物贸易自由化指标的对数值 $\ln G_{\tau kt}^d$、外国服务贸易自由化指标的对数值 $\ln S_{\tau kt}^f$、外国货物贸易自由化指标的对数值 $\ln G_{\tau kt}^f$、企业年龄对数值 $\ln age_{it}$、企业资本密集度对数值 $\ln cap_{it}$、企业资产回报率对数值 $\ln ROA_{it}$、企业规模对数值 $\ln scale_{it}$、企业劳动力生产率对数值 $\ln \rho_{it}$、GDP 对数值 $\ln GDP_{pt}$、城市化水平对数值 $\ln city_{pt}$、外商投资水平对数值 $\ln FDI_{pt}$，自由贸易区 FTZ_{pt}。除此以外，我们还控制了年份、行业、地区固定效应 λ_t、α_k、γ_p。

二、被解释变量指标

我们基准回归模型的被解释变量是制造业服务化水平。关于制造业服务化水平的测算，我们参考陈丽娴和沈鸿（2017）、布林利希等（Breinlich et al.，2018）的做法，使用服务销售收入占企业总收入的比例来表示。该比例数值越大，表明企业制造业服务化程度越高，反之，说明企业制造业服务化程度越低。由于影响服务销售收入占企业总收入比例大小的成因，既可能是因企业服务销售收入增长超过货物销售引起，也可能是因服务销售收入不变、货物销售收入减少导致。因此，我们在以服务销售收入占企业总收入的比例作为被解释变量指标基础上，进一步将企业的服务销售收入和货物销售收入，作为辅助性被解释变量。

和大多数学者采用的投入衡量方法相比，我们从产出视角进行的制造服务化水平评估，因直接与企业的实际经营绩效挂钩，所以针对性和说服力更强。具体原始数据的获取，是利用 BvD Osiris 数据库，按照关键词提取的方法，分离有关企业的服务和货物销售收入并进行计算。其中，选取的服务产品关键词，参考 OECD 数据库中 STRI 指数、PMR 指数所涉及的服务行业以及我国《生产性服务业统计分类 (2019)》中的服务行业关键词。

三、主要解释变量的指标

（1）本国服务贸易自由化水平。由于不同行业投入的服务中间投入占比不同，因此我们根据 OECD 数据库公布的 STRI 指数计算各行业的加权 STRI 指数作为本国和外国服务贸易自由化的测度指标。使用 WIOD 数据库 2014 年的投入产出表计算我国制造业各行业对服务业各行业的直接消耗系数作为权重[①]，可得：

$$S\tau_{kt}^d = \sum_j STRI_{jt}^d \times w_{jk}^d \qquad (8.10)$$

其中，$STRI_{jt}^d$ 为本国第 t 年服务业行业 j 的 STRI 指数，w_{jk}^d 为本国 2014 年制造业行业 k 使用服务业行业 j 作为中间品的直接消耗系数。STRI 指数是表示各国的服务贸易壁垒情况，其数值越大表明服务贸易壁垒越高，STRI 指数越小，说明服务贸易开放程度越大。

（2）产业数字化水平。我们参考赵涛等（2020）、柏培文和张云（2021）、詹晓宁和欧阳永福（2018）的做法，采用熵值法，先构建地区级数字发展指标，再通过行业加权的方式构建各地区各行业的数字发展指标。同时，参考了《中国区域与城市数字经济发展报告（2020）》及其他既有文献，加入了网络安全保障指标，从而构建数字经济发展水平的测度指标（见表 8-1）。

表 8-1　　　　　　　　　　　数字化水平测度指标

一级指标	二级指标	三级指标	方向
数字基础设施	信息基础设施	移动电话基站密度	正向
		移动互联网普及率	正向
		长途光缆密度	正向
		固定宽带平均下载速率	负向
	网络安全保障	互联网安全相关的行政处罚数	负向
		互联网安全相关的法律法规数	正向

[①]　由于 STRI 指数的行业分类与 WIOD 数据库中的服务行业分类并不相同，因此我们将两种数据的服务行业相匹配，匹配结果见本章附表 8-1。

续表

一级指标	二级指标	三级指标	方向
数字产业发展	产业规模	电信业务总量	正向
		软件产品收入	正向
		信息技术服务收入	正向
		嵌入式系统软件收入	正向
	数字需求	网上零售额占比	正向
		ICT 产业固定资本投资额占比	正向
		ICT 产业出口额占比	正向
	数字供给	ICT 产业上市公司数	正向
		信息服务人员就业人数	正向
		计算机通信就业人数	正向
数字融合应用	企业层面	每百家企业拥有网站数	正向
		每百家企业拥有 IPv4 地址数	正向
		每百家企业拥有宽带端口数	正向
		企业电子商务采购额和销售额占比	负向
	产业层面	农业数字化投入占比	正向
		工业数字化投入占比	正向
		服务业数字化投入占比	正向
数字市场环境	政务支持	数字经济政策发布数（累计数）	正向
		政务微博竞争力指数	正向
		人民政府网站访问热度	正向
	创新环境	RD 研发投入强度	正向
		每万人口 RD 人员数	正向
		电子及通信设备制造业专利申请数	正向

　　由于各指标的量纲与数量级存在明显的差异，因此，我们对所有三级指标进行归一化处理。按照指标对数字经济发展影响的方向不同，对正向和负向指标处理公式如下：

　　正向指标：$z'_{lt} = \dfrac{z_{lt} - \min \{z_l\}}{\max \{z_l\} - \min \{z_l\}}$。

　　负向指标：$z'_{lt} = \dfrac{\max \{z_{lt}\} - z_l}{\max \{z_l\} - \min \{z_l\}}$。

其中，$\max\{z_l\}$ 为第 l 个指标所有年份中的最大值，$\min\{z_l\}$ 为第 l 个指标所有年份中的最小值。

根据熵值法，计算第 t 年第 l 项指标占总指标的比重 v_{lt}：

$$v_{lt} = \frac{z'_{lt}}{\sum_{l=1}^{m} z'_{lt}} \qquad (8.11)$$

进一步计算信息熵 e_l，并根据信息熵计算指标权重：

$$e_l = -\frac{1}{\ln m} \sum_{l=1}^{m} v_{lt} \times \ln v_{lt} \qquad (8.12)$$

$$\varpi_l = \frac{1 - e_l}{\sum_{l=1}^{m} d_l} \qquad (8.13)$$

其中，m 表示样本时间跨度。基于各项指标占总指标的比重 v_{lt} 及指标权重 ϖ_l，可以得出数字经济发展水平指标 $DEDI_t$：

$$DEDI_t = \sum_{l=1}^{m} v_{lt} \times \varpi_l \qquad (8.14)$$

根据上述计算过程计算中国 31 个省份的数字经济发展水平指标 $DEDI_{pt}$，然后使用各制造业行业使用数字投入占总产出的比重（直接消耗系数）作为产业数字化权重 w_k^{dig}，计算各省各产业数字发展水平指标：

$$DEDI_{kpt} = DEDI_{pt} \times w_k^{dig} \qquad (8.15)$$

依据数字技术的定义，数字产业有狭义和广义之分，其中狭义的数字产业聚焦于信息通信产业（ICT），广义定义则是在狭义定义的基础上从数字内容、数字交易等角度对数字产业的内涵进行扩充。我们计算行业权重所使用的数据为 WIOD 数据库 2014 年世界投入产出表，该数据参照 ISIC Rev 4.0 行业编码，划分了 56 个行业门类。在充分考虑数据可得性的基础上，我们参考 OECD 数据库 ISIC Rev 4.0 行业编码下的 ICT 产业分类及王春云和王亚菲（2019）、党琳等（2021）关于数字产业的选择，从相对狭义但更为精确的角度选择数字行业以衡量各行业的数字化权重，具体行业选择为：C26 计算机、电子和光学产品制造业；J59 ~ J60 电影、录像电视节目制作、录音和音乐出版活动；节目和广播活动；J61 电信；J62 ~ J63 计算机编程、咨询和相关活动；信息服务活动。根据上述行业计算各制造业行业使用数字行业中间品的直接消耗系数作为权重 w_k^{dig}。

四、控制变量的指标

（1）本国货物贸易自由化水平。我们选取本国各行业最惠国从价税率作为本国货物贸易自由化水平 $G\tau_{kt}^d$ 的测度指标。

（2）外国服务贸易自由化水平。综合考虑了样本期间测度服务、货物贸易自由化水平的数据以及中国与各国贸易规模数据的可得性，我们选取 27 个国家构建外国服务贸易自由化水平①。首先按照所选取国家的投入产出表及 STRI 指数构建各国各行业的服务贸易自由化指标，然后根据 2014 年中国与各国进出口贸易额占中国进出口贸易总额的比重作为权重进行加权，合成外国服务贸易自由化指标。具体计算公式如下：

$$S\tau_{kt}^f = \sum_n a_n \sum_j STRI_{njt}^f \times w_{njk}^f \tag{8.16}$$

其中，$STRI_{njt}^f$ 表示（除中国外）第 n 国第 t 年服务业行业 j 的 STRI 指数，w_{njk}^f 表示第 n 国 2014 年制造业行业 k 使用服务业行业 j 作为中间品的直接消耗系数，a_n 表示 2014 年第 n 国与中国的贸易额占中国对外贸易总额的比重。

（3）外国货物贸易自由化水平。同样使用外国服务贸易壁垒中选取的 27 个国家，按照加权平均的方式计算外国货物贸易壁垒。具体计算公式如下：

$$G\tau_{kt}^f = \sum_n a_n \times MFN_{nkt} \tag{8.17}$$

其中，$G\tau_{kt}^f$ 表示第 t 年制造业行业 k 的外国货物贸易壁垒，MFN_{nkt} 表示第 n 国第 t 年制造业行业 k 的最惠国从价税率。

（4）企业年龄。企业年龄为企业成立至今时间，由样本当年的时间减去企业成立年份计算得到。

（5）资本密集度。使用企业资本存量除以员工人数计算得到。

（6）资产回报率。使用企业利润总额除以企业资产总额来表示。

（7）劳动生产率。使用企业营业收入除以员工人数的结果表示。

（8）员工人数。员工人数代表生产经营中劳动投入规模，这里用企业总员工数衡量。

（9）人均 GDP 水平。以 2014 年为基期进行平减得到企业所在省份的实际人均 GDP 水平。

（10）城市化水平。使用企业所在省份常住人口除以省域面积计算得到。

（11）外商直接投资水平。使用样本企业所在省份的实际利用外资数据测度。

（12）自由贸易区。该指标为虚拟变量，若在样本期间某年，企业所在省份设

---

① 选取的国家如下：澳大利亚、巴西、加拿大、瑞士、印度尼西亚、印度、日本、韩国、墨西哥、挪威、俄罗斯、土耳其、美国，以及法国、德国、意大利、荷兰、丹麦、英国、西班牙、奥地利、芬兰、瑞典、波兰、捷克、立陶宛、比利时。

立了自由贸易区，则该年及后续年份中虚拟变量值均设为 1；否则为 0。

五、内生性讨论

作为主要解释变量的本国服务贸易自由化水平，是由 STRI 指数加权构成的。具体 STRI 指数分别从外资准入限制、人员流动限制、其他歧视性措施、竞争限制、监管透明度五个方面对国家的服务贸易限制程度进行评估，这些限制措施与贸易限制政策密切相关。政策因素所构成的非关税壁垒影响企业的产出结构，同时国家也倾向于制定政策保护结构转型中的制造业。若该内生性问题存在，那么得到的估计结果是有偏的，存在反向因果造成的内生性问题。为解决内生性问题，我们参考刘斌和赵晓斐（2020）的研究，构建工具变量如下：

$$IV_{kt}^2 = \sum_n S\tau_{kt}^n \times SI_n \qquad (8.18)$$

$$SI_n = 1 - \left(\frac{pcGDP_n}{pcGDP_n + pcGDP_{chn}}\right)^2 - \left(\frac{pcGDP_{chn}}{pcGDP_n + pcGDP_{chn}}\right)^2 \qquad (8.19)$$

其中，$S\tau_{kt}^n$ 表示满足外生条件的外国 n 第 k 个制造行业的服务贸易自由化水平，$S\tau_{kt}^n$ 的构建方法与本国服务贸易自由化指标的构建方法相同。SI_n 为中国与外国 n 的人均 GDP 的相似指数，构建方法如式（8.19）所示，其中 $pcGDP_n$ 为外国 n 的人均 GDP 水平，$pcGDP_{chn}$ 为中国的人均 GDP 水平。中国与外国的人均 GDP 越相近，SI_n 越大，表示两国越可能具有相似的经济发展水平、产业结构和贸易政策，因此赋予外国 n 的服务贸易自由化水平更大的权重。在所有可获得数据的国家中，选取截至 2018 年既未与中国签订 FTA，也不属于同一地理区域的国家作为满足外生条件的国家，以保证工具变量的外生性[①]。

六、解释变量和控制变量的数据和描述性统计

计算本国和外国服务贸易自由化水平的原始数据来源于 OECD 数据库，本国和外国货物贸易自由化水平的原始数据来源于 WTO 关税数据库。企业数据来源于 BvD Osiris 数据库，测度工具变量的原始数据来源于世界银行数据库，人均 GDP、外商直接投资水平、城市化水平的原始数据来源于各省市统计年鉴。计算产业数字发展水平的各项三级指标原始数据来源于《中国统计年鉴》《中国科技统计年鉴》《中国第三产业统计年鉴》《中国信息产业年鉴》《中国劳动统计年鉴》《中国宽带

---

① 满足外生性的国家和因不满足外生条件被排除的国家列表见本章附表 8 - 2。

速率状况报告》《政务指数报告》《中国互联网企业 100 强发展报告》以及 CSMAR 国泰安数据库和北大法宝。

　　由于各数据库所使用的行业编码不同，其中 BvD Osiris 数据库使用的行业编码为 NAICS 2017，WTO 关税数据库使用的行业编码为 HS2007、HS2012，测算服务贸易自由化水平所用的服务行业投入系数来源于行业编码为 ISIC4 的投入产出表，因此我们对各行业编码进行了匹配：从美国人口普查局（United States Census Bureau）获取了 NAICS 2017 行业编码与 ISIC4 行业编码之间的索引；从全球贸易分析项目（GTAP）获取了 ISIC3 行业编码与 HS2002 行业编码的匹配标准；从联合国统计局分别获取了 HS2002、HS2007、HS2012、ISIC3、ISIC4 行业编码的匹配标准。根据上述标准，将六位的 HS 行业编码、NAICS 编码与四位的 ISIC 编码匹配，以此将所有数据按年份、地区和行业匹配对应。

　　另外，变量的说明和描述性统计如表 8-2 和表 8-3 所示。

表 8-2　　　　　　　　　　　　　　变量名称及说明

变量名称	变量含义	解释说明	数据来源
SR	服务化水平	反映企业产出服务化水平	BvD Osiris 数据库
R_S	服务销售收入	直接反映企业产出服务化变化	
R_G	货物销售收入	间接反映企业产出服务化变化	
$DEDI$	产业数字化发展水平	熵值法构建	详见前文数据来源及匹配
$S_T{}^d$	本国服务贸易壁垒	中国 STRI 指数加权计算获得	OECD 数据库
$S_T{}^f$	外国服务贸易壁垒	贸易伙伴国 STRI 指数加权计算获得	
$G_T{}^d$	本国货物贸易壁垒	中国各行业进口商品最惠国从价税率	WTO 关税数据库
$G_T{}^f$	外国货物贸易壁垒	贸易伙伴国各行业进口商品最惠国从价税率的加权平均数	
age	企业年龄	企业经营年限	BvD Osiris 数据库
ρ	劳动生产率	企业营业收入/员工人数	
cap	资本密集度	企业资本存量/员工人数	
ROA	资产回报率	企业利润总额/资产总额	
$scale$	企业规模	企业员工人数	
GDP	经济发展水平	企业所在省份 GDP 水平	各省统计年鉴
$city$	城市化水平	企业所在省份常住人口/省域面积	
FDI	外商直接投资	企业所在省份实际利用外资	
FTZ	自由贸易区	企业当年设立 FTZ，则该年及后续年份为 1，否则为 0	

表 8 - 3   变量描述性统计

变量	样本量	平均数	标准差	最小值	最大值
$\ln SR$	39007	0.192	0.276	0.000	1.000
$\ln R_S$	39007	5.327	5.829	0.000	21.442
$\ln R_G$	39007	10.597	4.405	0.000	21.091
$\ln DEDI$	39007	0.010	0.027	0.000	0.166
$\ln S\tau^d$	39007	1.404	0.411	0.095	2.097
$\ln G\tau^d$	39007	2.101	0.826	0.000	4.190
$\ln S\tau^f$	39007	0.909	0.145	0.498	1.146
$\ln G\tau^f$	39007	1.091	0.520	0.000	3.626
$\ln age$	39007	2.626	0.456	1.386	4.787
$\ln cap$	39007	5.407	1.032	2.454	8.260
$\ln ROA$	39007	0.216	0.123	0.010	0.705
$\ln scale$	39007	5.847	1.722	2.639	10.371
$\ln \rho$	39007	6.465	0.898	3.774	9.051
$\ln GDP$	39007	4.678	0.011	4.610	4.710
$\ln city$	39007	15.545	0.999	10.205	17.480
$\ln FDI$	39007	4.662	1.647	1.141	13.275
FTZ	39007	0.431	0.495	0.000	1.000

第三节 计量分析结果与解释

一、基准回归结果

基于模型（8.9）的基准回归结果如表 8 - 4 所示。

表 8 - 4   基准回归结果

变量	(1) 服务化水平	(2) 服务收入	(3) 货物收入	(4) 服务化水平	(5) 服务收入	(6) 货物收入
$\ln S\tau^d$	-0.889 *** (-10.92)	-0.789 *** (-16.99)	0.113 *** (5.17)	-0.654 *** (-2.78)	-0.839 *** (-2.84)	0.135 *** (7.91)
$\ln DEDI$	3.727 *** (4.96)	5.345 *** (6.32)	1.468 *** (11.13)	0.390 (0.53)	-0.548 (-1.21)	-0.022 (-0.15)

续表

变量	(1)	(2)	(3)	(4)	(5)	(6)
	服务化水平	服务收入	货物收入	服务化水平	服务收入	货物收入
$\ln S_\tau^d \times \ln DEDI$	− 22. 629 *** (− 3. 92)	− 31. 505 *** (− 12. 43)	− 9. 192 *** (− 4. 04)	− 10. 436 * (− 1. 94)	− 7. 866 ** (− 2. 46)	− 2. 155 * (− 1. 80)
$\ln G_\tau^d$				− 0. 043 (− 0. 84)	− 0. 006 (− 0. 13)	0. 013 *** (3. 36)
$\ln S_\tau^f$				2. 154 (0. 84)	1. 419 (0. 64)	0. 157 *** (4. 10)
$\ln G_\tau^f$				− 0. 119 (− 1. 18)	− 0. 130 (− 1. 62)	0. 003 (0. 28)
$\ln age$				0. 037 ** (2. 19)	0. 104 *** (9. 48)	0. 022 *** (5. 34)
$\ln cap$				0. 052 *** (4. 08)	0. 058 *** (4. 68)	− 0. 008 ** (− 2. 31)
$\ln ROA$				0. 085 (1. 54)	0. 188 *** (4. 22)	0. 086 *** (4. 62)
$\ln scale$				− 0. 009 * (− 1. 74)	0. 111 *** (24. 24)	0. 102 *** (79. 22)
$\ln \rho$				− 0. 021 ** (− 2. 13)	0. 114 *** (18. 71)	0. 097 *** (33. 46)
$\ln GDP$				0. 673 (1. 10)	1. 293 ** (2. 42)	0. 517 ** (2. 52)
$\ln city$				0. 000 (0. 00)	0. 000 (0. 00)	0. 000 (0. 00)
$\ln FDI$				0. 015 ** (2. 30)	0. 011 * (1. 73)	− 0. 012 *** (− 4. 35)
FTZ				0. 003 (0. 24)	0. 025 * (1. 88)	0. 009 ** (2. 40)
常数项				0. 677 (0. 21)	5. 830 ** (2. 01)	3. 218 *** (3. 35)
控制变量	否	否	否	是	是	是
年份	否	否	否	是	是	是
行业	否	否	否	是	是	是
地区	否	否	否	是	是	是
N	39007	39007	39007	39007	39007	39007
R^2	0. 0220	0. 0262	0. 0103	0. 0941	0. 1549	0. 1099

注：括号中数值为 z 统计量，*** 、 ** 、 * 分别表示1%、5%、10%的显著性水平。本表使用聚类稳健标准误。下文表格中不再报告控制变量系数。

其中第（1）～（3）列为未加入其他控制变量且未控制固定效应的回归结论。可以看到，首先在没加入其他控制变量和未控制固定效应的情况下，降低本国服务贸易壁垒，将显著增加制造企业服务销售收入和减少货物销售收入，从而显著提高企业服务化水平，这与H8.1相符。其次，服务贸易自由化和产业数字化的交乘项回归结果均显著为负，这表明服务贸易自由化与数字发展水平的协同效应，同时促进了服务销售收入和货物销售收入的增长，而且对服务销售收入的影响强于货物销售收入，加速了企业的服务化转型。从第（1）～（3）列交乘项结果还可以看到，两者的协同效应不仅能显著提升制造企业服务化水平，并且其效应强度远大于服务贸易自由化本身，而实现的路径和服务贸易自由化一致。这也意味着制造企业所在行业的数字发展水平越高，那么服务贸易自由化对该行业制造企业的服务化转型推动力度越大，该结论与H8.2一致。

表8-4中的（4）～（6）列为加入控制变量且控制年份、行业、地区固定效应的回归分析结果。可以看到，在加入控制变量且控制年份、行业、地区固定效应后，服务贸易自由化对制造企业的服务化转型的显著正向效应没有变化。包括：减少服务贸易壁垒将显著扩大制造企业服务收入和减少货物收入，进而显著提升制造企业服务化水平。同样，服务贸易自由化和产业数字化交乘项的回归结果也再次表明，服务贸易自由化与数字发展水平的协同效应，能显著促进制造企业的服务化转型。然而，在加入控制变量且控制年份、行业、地区固定效应后，产业数字化水平本身对制造企业服务化的影响转为不显著。分析其原因，我们认为，由于我们使用地区—行业级数字发展水平指标，该指标与地区、行业固定效应可能存在一定的共线性，因此在控制固定效应后，产业数字化水平的作用被固定效应吸收，对企业服务化转型的影响系数不再显著。我们构建交乘项时，对交乘项中的服务贸易自由化和产业数字化变量均进行了去中心化处理，故交乘项与地区、行业固定效应间不存在共线性问题，在控制固定效应和其他变量后，结果仍是显著的，从侧面验证了我们结果的稳健性。

在控制变量的回归结果方面，从表8-4的（4）～（6）列可以发现，首先本国货物壁垒下降和外国服务壁垒上升都将导致企业货物收入上升，但是对企业的服务收入和服务化转型均不产生显著效应。因为本国货物贸易壁垒减少即进口关税下降，将导致货物产品价格下降。在货物产品弹性较高时，会推高企业货物销售收入；外国服务壁垒上升将造成出口企业的服务出口受阻，从而会倒逼有关企业更多地转向货物的生产和销售。另外，外国货物壁垒的变动对制造企业的服务化转型也没有显著影响。

其次，从体现企业特征的控制变量上看，一是企业年龄、资本密集度对制造企业服务化转型和服务销售收入，都存在显著的正向效应。经营时间越长的企业，生产和管理体系会越成熟，在行业中的技术积累越充足，获取服务中间品渠道越广泛，因而有利于企业服务化转型；资本密集度高的企业，往往更有能力购买先进技术和设备，并且生产出含有更多服务附加值的高科技产品。不过，企业经营时间和资本密集度对制造企业货物销售收入的影响不同，前者是产生正向效应，后者则是负向影响。二是企业资产回报率对服务和货物销售收入都产生正向显著效应，但是对企业的服务化转型影响不显著。这表明在企业层面没有形成偏向服务的资产收益格局。三是企业规模与劳动生产率对服务销售收入和货物销售收入的估计系数均显著为正，即扩大企业规模和提高劳动生产率都将增加服务销售收入和货物销售收入，然而企业规模和提高劳动生产率对企业服务化水平的影响却均显著为负。也就是说，我国当前规模越大、劳动生产率越高的企业，企业的服务化水平越低。究其成因，从 z 值大小可发现这两个控制变量对货物销售收入的正向效应，远超对服务销售收入的影响。

最后，从反映地区特征的控制变量上看，企业所在地区的经济发展水平和是否拥有自由贸易试验区，对企业的服务收入和货物收入都产生正向作用。因经济发展水平高的地区存在更多的服务消费需求，拥有自由贸易试验区的地区一般也是发达地区。但是，经济发展水平和自由贸易试验区两个控制变量对企业的服务化转型影响都不显著，表明这两个控制变量的作用有待强化。值得关注的是，外商投资控制变量不仅对企业服务销售收入起到显著正向作用，而且能对企业服务化转型产生显著效应，体现了利用外资对我国制造企业服务化转型的重要性。

二、稳健性检验

上文中已证实服务贸易自由化和产业数字发展水平对企业服务化转型具有显著促进作用。为检验这一结论的可靠性，我们使用改变计量方法、滞后解释变量、讨论内生性问题等手段进行稳健性检验。

（1）改变计量方法。考虑到我们的被解释变量零值较多的问题，基准回归中使用高维固定的 PPML 方法估计结果。在稳健性检验中，我们将使用 LSDV、FE 和 Tobit 三种计量方法进行回归，其中 FE、LSDV 方法可以控制模型中与解释变量相关的固定效应，Tobit 方法可以处理被解释变量存在零值的数据结构。

（2）使用滞后期解释变量。将解释变量滞后一期代入回归，不仅可以检验解释变量在较长时间的影响，还可以解决反向因果带来的内生性问题。

（3）内生性处理。尽管使用解释变量滞后项可以在一定程度上解决反向因果带来的内生性问题，但是一些不可观测的因素也可能带来内生性问题，为此，需要使用工具变量法分离解释变量中的内生因素和外生因素。在前文中，我们已经构建了工具变量指标。

稳健性检验与基准回归结果在核心解释变量上的显著性与符号基本相同，从 Kleibergen-Paap rk LM 统计量和 Cragg-Donald Wald F 统计量可知 2SLS 的估计结果通过了识别不足检验和弱工具变量检验；由于仅有一个工具变量，属于恰好识别的情况。

稳健性检验的结果中，核心解释变量及交乘项对服务化水平和服务收入的影响系数符号和显著性均与基准回归一致；除滞后期结果外，货物收入的核心解释变量系数符号与显著性与基准回归基本相同，而滞后期结果表明，在更长时期，服务贸易自由化对货物收入的影响可能由负向转为正向，服务贸易开放在长期对企业的两种收入增长均是有益的。货物收入的交乘项系数则出现负向显著或不显著两种结果，这表明在服务贸易自由化的冲击下，数字发展水平对企业的货物销售收入具有一定的促进作用，但是效果较弱，不如数字发展水平对服务收入的促进效果明显，该结果与基准回归结果并不矛盾。稳健性检验的结果为基准回归结果提供了进一步支持（见表 8 - 5）。

表 8 - 5 稳健性检验

变量	(1)	(2)	(3)
	服务化水平	服务收入	货物收入
FE			
$\ln S_{T}^{d}$	- 0. 115 *** (- 3. 79)	- 3. 736 *** (- 3. 30)	3. 251 *** (2. 95)
$\ln DEDI$	0. 124 * (1. 69)	- 0. 066 (- 0. 01)	0. 346 (0. 15)
$\ln S_{T}^{d} \times \ln DEDI$	- 1. 012 * (- 1. 91)	- 35. 467 * (- 1. 68)	- 18. 401 (- 1. 04)
N	39007	39007	39007
R^2	0. 0078	0. 0523	0. 4276
LSDV			
$\ln S_{T}^{d}$	- 0. 178 *** (- 3. 07)	- 3. 541 *** (- 3. 03)	3. 416 *** (2. 98)
$\ln DEDI$	0. 083 (0. 48)	- 2. 575 (- 0. 51)	1. 660 (0. 76)
$\ln S_{T}^{d} \times \ln DEDI$	- 2. 117 ** (- 2. 27)	- 49. 397 ** (- 2. 26)	1. 943 (0. 11)

续表

变量	(1)	(2)	(3)
	服务化水平	服务收入	货物收入
N	39007	39007	39007
R^2	0.244	0.259	0.429
Tobit			
$\ln S_T^d$	−0.178 *** (−3.08)	−3.541 *** (−4.25)	3.405 *** (3.20)
$\ln DEDI$	0.083 (0.48)	−2.575 (−1.07)	1.688 (1.12)
$\ln S_T^d \times \ln DEDI$	−2.117 ** (−2.28)	−49.397 ** (−3.74)	1.717 (0.11)
N	39007	39007	39007
R^2	1.0605	0.047	0.096
滞后期			
$\ln S_T^d$	−0.315 *** (−193.79)	−0.376 *** (−239.38)	−0.388 *** (−40.31)
$\ln DEDI$	0.931 (1.16)	−0.508 (−0.76)	0.277 ** (2.51)
$\ln S_T^d \times \ln DEDI$	−14.067 *** (−6.02)	−7.112 *** (−5.28)	2.855 (1.28)
N	30545	30545	30581
R^2	0.0914	0.1524	0.0408
2SLS			
$\ln S_T^d$	−0.301 *** (−4.67)	−9.076 *** (−10.08)	4.070 * (1.65)
$\ln DEDI$	−0.020 (−0.14)	2.383 (0.29)	−5.702 (−1.15)
$\ln S_T^d \times \ln DEDI$	−1.382 *** (−2.87)	−96.561 * (−1.66)	−35.889 * (−1.69)
Kleibergen-Paap rk LM 统计量	168.272 ***	22.576 ***	43.764 ***
Cragg-Donald Wald F 统计量	1965.041	1650.655	1166.107
N	38880	38880	38880
R^2	0.008	0.045	0.074
控制变量	是	是	是
年份	是	是	是
行业	是	是	是
地区	是	是	是

注：FE 估计、滞后估计、2SLS 估计括号中数值为 z 统计量；LSDV 估计、Tobit 估计括号中数值为 t 统计量；*** 、** 、* 分别表示 1%、5%、10% 的显著性水平。本表使用聚类稳健标准误。

三、作用机制检验

根据本章 H8.3 内容，下面对服务贸易自由化、产业数字化水平影响制造企业服务化水平的作用机制进行实证检验，结果如表 8 – 6 所示。全要素生产率使用 LP 法进行计算，中间品成本、管理成本和研发投入数据来源于 BvD Osiris 数据库。

表 8 – 6 机制检验结果

变量	(1) 中间品成本	(2) 管理成本	(3) 研发投入	(4) 全要素生产率
$\ln S\tau^d$	0.014 ** (2.57)	– 0.022 ** (– 2.17)	– 0.051 (– 0.97)	– 0.036 ** (– 2.45)
$\ln DEDI$	0.004 (0.25)	– 0.016 (– 0.91)	0.011 (0.28)	0.327 *** (3.86)
$\ln S\tau^d \times \ln DEDI$	0.272 ** (2.48)	0.217 *** (2.73)	– 0.186 (– 0.62)	– 2.225 *** (– 3.42)
控制变量	是	是	是	是
年份	是	是	是	是
行业	是	是	是	是
地区	是	是	是	是
N	39001	30447	27155	38986
R^2	0.0864	0.042	0.0406	0.0003

注：括号中数值为 z 统计量，***、**、* 分别表示 1%、5%、10% 的显著性水平。使用聚类稳健标准误，下同。由于部分企业没有汇报管理成本和研发投入，导致第 (2) 列和第 (3) 列的样本数变动较大。

从表 8 – 6 第 (1) 列可以看出，服务贸易自由化对企业中间品成本产生正向显著影响，即服务贸易自由化能降低企业的中间品成本。进一步的，服务贸易自由化和产业数字化水平的协同效应还显示，在服务贸易自由化中，行业的数字化水平越高，中间品成本下降速度将越快。因产业数字化水平越高和服务市场越是开放，企业越容易获取物美价廉的中间品供应商，从而越是能够减少企业中间品成本。这与 H8.3 中的结论一致。

表 8 – 6 第 (2) 列报告了核心解释变量和交乘项对管理成本的影响。从估计结果看，服务贸易自由化对管理成本的回归系数为负且显著，该估计结果与 H8.3 中内容不符。究其成因，我们认为可能与我国服务市场对外开放的时间相对较晚有

关。因为在服务贸易自由化初期，存在较多的前期投入，比如增加人员培训服务、管理咨询服务等，结果造成服务贸易自由化增加了企业管理成本。但是，服务贸易自由化和产业数字化的协同效应对管理成本的影响显著为正，并且数值远大于服务贸易自由化的回归系数，也就是说，服务贸易自由化和产业数字化对企业管理成本的总体效应，是降低企业管理成本，这与 H8.3 是相符的。

表 8-6 第（3）列结果显示，核心解释变量和交乘项的回归结果不显著，即服务贸易自由化和产业数字化，并没有显著促使企业增加研发投入。这与 H8.3 中有关内容不符。实际上，利用服务贸易自由化和产业数字化，企业可以接触更多来自国外的新技术、新知识、新思路，并且在竞争倒逼效应作用下加大创新力度，增加创新研发投入。这说明，目前我国制造企业的创新机制和体系，还有待进一步完善。

表 8-6 第（4）列为全要素生产率的估计结果。该结论表明，服务贸易自由化和产业数字化水平都将显著提高企业的全要素生产率，并且交乘项的回归结果显示，数字发展水平大幅度放大了服务贸易自由化的正向作用，这和 H8.3 的结论一致。综合第（3）列和第（4）列的结果还可以发现，企业全要素生产率的提高，主要是源于吸收国外技术，而非国内企业的自主研发投入和创新。

四、异质性分析

1. 基于企业层面的异质性

根据总体样本的企业年龄、企业规模、资本密集度中位数划分样本，研究企业特征差异造成的异质性影响。回归结果如表 8-7 所示。

表 8-7　　　　　　企业特征异质性回归结果

变量	(1)	(2)	(3)	(4)	(5)	(6)
	高于中位数			低于中位数		
	服务化水平	服务收入	货物收入	服务化水平	服务收入	货物收入
企业年龄						
$\ln S\tau^d$	-1.117*** (-6.81)	-0.894*** (-10.77)	0.151*** (2.59)	-0.317*** (-14.10)	-0.510*** (-2.87)	0.128*** (4.31)
$\ln DEDI$	0.336 (0.53)	-0.240 (-0.34)	-0.404*** (-2.79)	-0.800 (-0.60)	-1.770* (-1.73)	0.497 (1.17)
$\ln S\tau^d \times \ln DEDI$	-10.537** (-2.10)	-9.754* (-1.69)	-1.962** (-2.34)	0.416 (0.08)	3.232 (0.75)	-1.025 (-0.52)
N	20091	20091	20134	18674	18568	18674

续表

变量	(1)	(2)	(3)	(4)	(5)	(6)
	高于中位数			低于中位数		
	服务化水平	服务收入	货物收入	服务化水平	服务收入	货物收入
R^2	0.0548	0.1514	0.0834	0.1141	0.0397	0.1686
企业规模						
$\ln S_{\tau}^{d}$	−1.063*** (−2.59)	−1.062** (−2.37)	0.118*** (2.73)	−0.598* (−1.69)	−0.860* (−1.83)	0.471 (1.15)
$\ln DEDI$	0.143 (0.17)	−1.200 (−1.13)	0.076 (0.38)	0.414 (0.40)	0.041 (0.04)	0.534** (2.10)
$\ln S_{\tau}^{d} \times \ln DEDI$	−19.031** (−2.21)	−9.614** (−2.11)	−2.256** (−2.25)	3.416 (0.61)	0.570 (0.12)	−1.799 (−1.08)
N	17792	17792	17898	20924	20924	21096
R^2	0.0969	0.1560	0.0344	0.1034	0.1575	0.0788
资本密集度						
$\ln S_{\tau}^{d}$	−0.465 (−1.64)	−0.842*** (−2.79)	0.505*** (3.42)	−1.037*** (−3.56)	−0.966*** (−3.51)	0.450 (1.55)
$\ln DEDI$	−1.178 (−0.77)	−1.957* (−1.88)	0.701* (1.91)	1.360 (1.24)	0.296 (0.47)	−0.123 (−0.43)
$\ln S_{\tau}^{d} \times \ln DEDI$	7.858 (0.60)	5.748 (0.69)	−3.802 (−1.11)	−17.157** (−2.35)	−14.741*** (−5.89)	1.414 (1.35)
N	19338	19338	19416	19452	19452	19532
R^2	0.0861	0.1550	0.1042	0.1171	0.1649	0.1335
控制变量	是	是	是	是	是	是
年份	是	是	是	是	是	是
行业	是	是	是	是	是	是
地区	是	是	是	是	是	是

从企业年龄的异质性回归结果中可看到，对于企业年龄高于中位数的分样本，服务贸易自由化对企业服务收入和服务化转型，都产生显著积极效应，并且影响程度明显强于企业年龄低于中位数的样本结果。关于服务贸易自由化与产业数字化的协同效应影响，对企业年龄高于中位数的分样本而言，回归结果显示同样会对企业服务收入和服务化转型产生显著的正面影响；但是对企业年龄低于中位数的分样本来说，这方面的影响很小，无法通过显著性检验。

关于企业规模的异质性回归，结果表明，服务贸易自由化能显著提高规模大于中位数的企业样本的服务收入和服务化水平，但是对低于中位数的企业分样本而言，这方面影响不仅影响幅度明显缩小，而且显著性也大为降低。在服务贸易自由化与产业数字化的协同效应方面，服务贸易自由化与产业数字化的协同效应能显著提升规模大于中位数企业的服务收入，促进企业的服务化转型，然而对规模小于中位数的企业而言，服务贸易自由化与产业数字化的协同效应的作用不显著。该结果可对前面基准回归结论进行有效补充。

在资本密集度异质性方面，从表8-7中回归结果可知，服务贸易自由化能增加资本密集度高于中位数的分样本企业的服务收入，但是对这类企业的服务化水平影响不显著。服务贸易自由化与产业数字化的协同效应对资本密集度高于中位数企业的服务化水平、服务收入和货物收入影响均不显著。相反地，对资本密集度低于中位数的分样本企业来说，服务贸易开放以及服务贸易自由化和产业数字化的协同效应，都对企业的服务收入增长和服务化转型，形成十分显著的积极效应。形成这种结果的原因，我们认为可能是资本密集度高的企业，因本身服务化水平就比较高，同时这类企业在面临服务贸易开放带来的进口竞争时，通常具有较强的风险抵御能力。而资本密集度低的企业在面临更激烈的进口竞争时，为了增加企业生存能力，可能会有更强的意愿进行服务化转型，包括增加与货物产品相关的服务产品产出，从而提高附加在货物产品上的服务增加值等。此外，由于这类制造企业的初始服务化水平较低，因而服务贸易自由化和产业数字化对其的服务化转型，助推效应更加明显。

2. 基于地区层面的异质性

我们根据全国31个省份每年经济发展水平、城市化水平、外商直接投资水平的中位数划分样本，研究地区异质性在服务贸易自由化和产业数字化影响企业服务化转型中的作用。回归结果如表8-8所示。

表8-8　　　　　　　　　　　　地区特征异质性回归结果

变量	(1)	(2)	(3)	(4)	(5)	(6)
	高于中位数			低于中位数		
	服务化水平	服务收入	货物收入	服务化	服务收入	货物收入
城市化水平						
$\ln S_T{}^d$	-0.695 ** (-2.02)	-0.892 ** (-2.27)	0.391 (1.41)	-0.535 (-0.63)	-0.777 (-1.08)	0.021 (0.17)
$\ln DEDI$	0.201 (0.29)	-0.764 (-0.98)	0.129 (0.65)	-42.706 *** (-4.34)	-23.495 *** (-3.86)	2.383 * (1.88)

续表

变量	(1)	(2)	(3)	(4)	(5)	(6)
	高于中位数			低于中位数		
	服务化水平	服务收入	货物收入	服务化	服务收入	货物收入
$\ln S\tau^d \times \ln DEDI$	−10.165***	−7.654**	0.382	−12.811	−22.175	−18.251***
	(−2.82)	(−2.06)	(0.26)	(−0.22)	(−1.10)	(−2.65)
N	33885	33885	33902	4882	4882	5096
R^2	0.0963	0.1565	0.1101	0.1089	0.1643	0.1126
经济发展水平						
$\ln S\tau^d$	−0.893**	−0.948*	0.129***	−0.706***	−0.919***	0.383
	(−2.09)	(−1.85)	(2.68)	(−3.03)	(−5.68)	(0.96)
$\ln DEDI$	0.677	−0.659	−0.094	−32.677	−25.723	2.374
	(0.97)	(−0.64)	(−0.60)	(−1.00)	(−1.17)	(0.29)
$\ln S\tau^d \times \ln DEDI$	−11.436***	−8.683**	−2.727***	−8.518	18.249	5.376
	(−2.62)	(−2.26)	(−2.67)	(−0.32)	(0.86)	(0.33)
N	34194	34194	34194	4612	4612	4808
R^2	0.0696	0.1109	0.1015	0.1220	0.1864	0.1261
外商投资水平						
$\ln S\tau^d$	−0.756***	−0.879***	0.086**	−0.106*	−0.248	0.286***
	(−7.43)	(−33.61)	(2.32)	(−1.87)	(−0.53)	(15.11)
$\ln DEDI$	0.064	−1.036*	0.016	0.179	−0.336	0.222
	(0.06)	(−1.74)	(0.08)	(0.09)	(−0.13)	(0.31)
$\ln S\tau^d \times \ln DEDI$	−12.022*	−8.227*	−2.797*	3.744	−3.881	−0.720
	(−1.72)	(−1.69)	(−1.79)	(0.44)	(−0.26)	(−0.14)
N	22592	22592	22645	16257	16257	16351
R^2	0.0972	0.1497	0.0947	0.0949	0.1611	0.1207
控制变量	是	是	是	是	是	是
年份	是	是	是	是	是	是
行业	是	是	是	是	是	是
地区	是	是	是	是	是	是

从城市化水平异质性回归结果中发现，处于城市化水平较高省份的企业，其服务化转型受服务贸易自由化以及服务贸易自由化与产业数字化协同效应的影响显著。其中，服务贸易自由化既能显著增加企业服务收入，又能显著提高企业服务化水平。服务贸易自由化与产业数字化的协同效应，不仅能显著增加企业服务收入和

提升服务化程度，而且影响幅度远超服务贸易自由化。相比较而言，处于城市化水平较低地区的企业，服务贸易自由化以及服务贸易自由化与产业数字化的协同效应，对企业服务收入和服务化转型，均不产生显著影响。

在经济发展水平异质性方面，服务贸易自由化对处于经济发展水平高于中位数和低于中位数的企业，都能增加其服务收入和促进其服务化转型。但是，在面临服务贸易自由化和数字化的交互影响时，只有高于中位数的企业能继续获得正向效应，低于中位数企业受到的影响不显著。在外商投资水平异质性分析方面，回归结果显示，服务贸易自由化对处于外商投资水平高于中位数企业的服务收入与服务化转型，能产生显著积极影响；服务贸易自由化与产业数字化的协同效应，也能起到一定的促进作用。但是，对于处于中位数以下企业而言，仅在服务贸易自由化上，对企业的服务化转型具有产生一定的积极影响。

第四节　研究结论与政策启示

推进制造企业服务化转型和提高制造业服务化水平，是我国制造业贯彻新发展理念、拓展盈利空间和打造新的竞争优势的重要战略举措，不仅有利于巩固和提升我国制造业在全球产业链中的地位，而且有助于我国深化供给侧结构性改革，促进构建新发展格局。当前，随着我国正在进入以服务贸易自由化为重点的高水平开放新阶段，借助于数字技术的广泛应用，我国正处于服务贸易快速发展的黄金期，这为我国制造企业服务化转型提供了很好契机。

本章应用国际经济学、产业经济学和计量经济学有关理论与方法，探讨了服务贸易自由化、产业数字化对制造企业服务化转型的影响，研究了服务贸易自由化和产业数字化影响制造企业服务化转型的作用机制。在此基础上，使用 2014～2018 年中国微观企业级数据，通过构建计量模型和运用 PPML 等方法，从多个不同角度实证检验了服务贸易自由化、产业数字发展水平对我国制造企业服务化产生的效应。研究结果表明，服务贸易自由化将显著增加我国制造企业的服务产出和减少货物产出，从而显著提升我国制造业服务化水平。服务贸易自由化和产业数字化交互作用所生的协同效应，不仅同样显著推进我国制造业服务化转型，而且其促进作用明显高于服务贸易自由化本身。研究结论还显示，服务贸易自由化和产业数字化的协同效应，对制造企业的服务收入和货物收入增长均产生正向影响，之所以能提高企业服务化水平，是由于对企业服务收入增长的积极效应强于货物收入。从研究结果还可发现，服务贸易自由化与产业数字化影响制造业服务化的作用机制，主要是表现在降低企业中间品成本、压缩管理费用和提高企业全要素生产率等，但是对企业研发投入的影响不显著。此外研究结果显示，从企业特征的异质性上讲，服务贸易开放和提高产业数字发展水平对经营时间长、规模大、资本密集度低的企业服务化转型，助推作用更为明显；从区域特征异质性上看，服务贸易自由化和产业数字化对处于城市化、经济发展和外商投资水平较高地区的企业服务化进程，正向效应更为强烈。

　　基于上述结论，本章得到以下政策启示：第一，政府应当积极推动服务贸易自由化，实施更高水平的服务业市场准入和投资准入政策，尤其是积极发展技术知识密集的数字服务贸易，在此基础上加强监管，为服务贸易自由化提供更加安全稳定的发展环境。同时，应当引导制造企业利用服务开放的契机，提高制造产品的服务附加值、优化供给产品质量、扩大有效供给。第二，要进一步促进和推动我国数字经济发展，加强工业互联网、5G、云计算等数字基础设施建设，加快制造业数字技术与生产效率变革，提高各地区各行业的数字竞争力。应加快科技体制的改革与创新，以多种形式引导企业增加研发投入，鼓励企业自主创新。第三，推进产学研结合，强化知识产权保护，扩大人才供给，推动资源技术共享；进一步优化产业结构和积极引进外资；对制造企业服务化转型存续时间不长、规模较小的制造企业，应给予适当补贴，从而为我国制造企业服务化转型创造更好的发展环境。

附表 8－1　　　　　　　**STRI 指数与 WIOD 数据库行业之间的匹配处理**

OECD STRI 指数	WIOD IO 表	ISIC Rev 4.0 行业代码
物流货物装卸 物流仓储 物流货运代理 物流报关	仓储和运输支持活动	H52
会计 法律	法律和会计活动；总部的活动；管理咨询活动	M69 – M70
建筑 建造 工程	建筑和工程活动；技术测试与分析	M71
电影 广播 录音	电影、录像和电视节目制作、录音和音乐出版 活动；节目和广播活动	J59 – J60
电信	电信	J61
空运	空输	H51
海运	水上运输	H50
公路货运 铁路货运	陆上运输和管道运输	H49
快递	邮政和快递活动	H53
分销	汽车和摩托车的批发和零售贸易及维修 批发贸易，机动车辆和摩托车除外 零售业，机动车辆和摩托车除外	G45 G46 G47
商业银行	金融服务活动，保险和养老基金除外 金融服务和保险活动的辅助活动	K64 K66
保险	保险、再保险和养老基金，强制社会保障除外	K65
计算机	计算机编程、咨询和相关活动；信息服务活动	J62 – J63

附表 8－2　　　　　　　　　　　**样本国家选取说明**

条件	国家
满足外生性的样本国家	奥地利、比利时、加拿大、哥伦比亚、丹麦、爱沙尼亚、芬兰、法国、德国、希腊、匈牙利、爱尔兰、以色列、意大利、拉脱维亚、立陶宛、卢森堡、墨西哥、荷兰、挪威、葡萄牙、斯洛伐克、西班牙、瑞典、土耳其、英国、美国、巴西、印度、哈萨克斯坦、南非、泰国
因与中国签订 FTA 而被排除的样本国家	智利、澳大利亚、冰岛、瑞士、新西兰、秘鲁、韩国、哥斯达黎加、印度尼西亚、马来西亚、波兰、捷克、斯洛文尼亚
因属同一地理区域而被排除的样本国家	日本、俄罗斯

第二篇

集聚视角下生产性服务业与制造业互动融合发展研究

第九章

服务业动态溢出效应
和制约因素研究

随着经济发展，服务业在国民经济中的地位越来越重要。我国"十四五"规划中明确指出，要扩大服务业有效供给，繁荣服务业发展。与其他发达国家相比，我国服务业发展相对滞后，如何加快服务业发展和进一步发挥服务业在经济结构调整中的作用，已经引起了学界的高度关注。空间集聚是现代产业发展的一个显著现象，和制造业相比，服务业产品的无形性和不可储存、无法运输等特征，使得服务业集聚发展的重要性更为突出。

根据克鲁格曼（Krugman，1991）的观点，区域经济发展均衡存在两股力量：向心力和离心力。当向心力作为主导力量时，产业呈现集聚态势，反之则会扩散。经济活动的空间集聚一方面会形成信息和知识溢出、产业专业化、劳动力市场效应以及市场规模效应；另一方面也可能导致区域内地租、住房等生活成本的提高，从而形成集聚不经济。鲍德温和马丁（Baldwin & Martin，2004）指出经济活动的空间集聚不仅能够通过产业的前后向关联效应降低企业的成本，还可以通过技术外溢和扩散的关联效应促进增长。然而，不同类型的集聚不仅会产生促进经济增长的"集聚效应"（agglomeration effects），还会产生阻碍地方经济发展的"拥塞效应"（congestion effects），这两种效应会在不同时间达成不同的均衡状态。由此可见，产业集聚是否促进生产率增长取决于"拥塞效应"与"集聚效应"的强弱。

目前我国的服务业集聚情况如何，服务业集聚能否促进服务业生产率的提高？动态效应怎样？本章基于我国 261 个地级及以上城市的经验证据对这些问题进行解答，不仅可以为加快我国服务业发展提供可行的路径，而且也有助于促进我国生产性服务业与制造业的协同集聚和互动发展。

第一节 文献综述

在理论模型中，产业集聚促进生产率进步往往表现在企业数量的增加、产品种类的增加以及人均收入的提高，但在实证研究中主要考察产业集聚对劳动生产率或者 TFP 的影响，并且结论并不一致。希科尼和豪尔（Ciccone & Hall，1996）分析了美国非农就业密度与劳动生产率之间的关系，结果显示就业密度越高的地区，集聚效应越能够抵消拥挤效应。随后希科尼（Ciccone，2002）在原有模型基础上测算了法国、德国、意大利、西班牙和英国的集聚效应，实证结果表明这些欧洲国家的集聚效应稍弱于美国，劳动生产率的就业密度弹性为 4.5%。布鲁哈特和梅西斯（Brülhart & Mathys，2008）测算了欧洲国家就业密度对劳动生产率的影响，从以下两点扩展了希科尼（Ciccone，2002）的研究：第一，利用动态面板数据系统 GMM 对集聚效应进行了估计，从而解决了内生性问题；第二，对不同部门的集聚效应进行了分析。研究结果表明，整体来看，产业集聚对劳动生产率的影响显著。国内学者范剑勇（2006）通过将非农就业密度对劳动生产率的促进程度定义为集聚效应，验证了中国产业集聚对区域劳动生产率具有正的影响。以上研究普遍发现集聚有利于促进生产率的提高，但也有研究得出不同结论。海德森（Herderson，2003）证明了集聚同样会对地方经济产生不利的影响，即"拥挤效应"。随后，越来越多的学者考察集聚与生产率之间的非线性关系以及两者之间所依赖的前提条件。威廉姆森（Williamson，1965）指出在经济发展早期阶段，由于交通、信息等基础设施稀缺、资本市场有限，此时，生产活动的集聚会显著促进经济效率。然而随着基础设施的改善以及资本市场的扩张，"拥塞效应"导致的外部性逐步显现，即随着经济发展水平到达某一临界水平，集聚的效应则转变为负，该结论被称为"威廉姆森假说"。随后许多学者沿袭了这一思路，布鲁哈特和斯布噶密（Brülhart & Sbergami，2008）、孙浦阳等（2011）利用跨国动态面板 GMM 方法估算了集聚的效应，结果证明了"威廉姆森假说"存在，即集聚只有在经济发展达到一定水平之前会促进经济增长。刘修岩等（2012）用中国城市动态面板数据对集聚与 TFP 之间的关系进行了实证检验，结果显示，经济发展初期，集聚效应为正，而当经济发展水平达到一定门槛之后，集聚效应转变为负。

自马歇尔以来，对产业集聚及其效应研究大部分集中于制造业部门，而关于服务业集聚的研究相对较少。国内学者陈建军等（2009）基于新经济地理学，采用我国 222 个城市的截面数据对其生产性服务业集聚以及影响因素进行了考察，研究结果表明，服务业集聚与城市规模之间的非线性关系显示了东部地区与中西部地区集聚的路径相反。胡霞和魏作磊（2009）深入服务业，考察了中国城市服务业集聚效应，实证结果显示，服务业集聚程度对服务业生产率的影响显著为正，因此验证了服务业集聚经济效应的存在。陆铭和向宽虎（2010）利用中国城市面板数据考察了区域核心大城市到大港口距离对第三产业劳动生产率的影响，研究结果表明向沿海和大城市周边的空间集聚对于服务业发展很重要，城市服务业劳动生产率与该城市到大港口的距离存在三次的曲线关系。

通过以上文献的梳理，我们发现以下几点不足：第一，无论国内还是国外，对于产业集聚与劳动生产率之间关系的实证研究并未产生一致结论；第二，从产业层面出发，专门针对服务业集聚与服务业生产率之间关系的研究更是明显不足；第三，大部分研究选择人口密度来衡量集聚，但是这并不能很好地反映不同产业的集聚程度；第四，在模型设定时，变量的内生性问题并未很好地予以处理。基于此，本章将从以下几个方面扩展现有研究：第一，在样本数据选取上，采用城市层面的数据弥补了省级层面数据过于粗糙的缺陷，可以更好地描绘出我国服务业集聚的现状。第二，在指标处理上，本章并未选择地区人口密度衡量集聚水平，而是选择更能反映产业集聚水平的区位熵指数测算城市服务业集聚。与此同时，本章还特别引入制造业集聚，试图从产业关联的视角，分析产业集聚对服务业劳动生产率的影响。第三，在实证方法中，本章采用了动态面板数据模型的两步系统 GMM 方法，考察服务业集聚与服务业生产率之间的动态效应。该方法可以较好地解决内生性问题，从而得到稳健的计量结果。

第二节　计量模型的设定与变量说明

一、计量模型设定

希科尼（Ciccone，2002）基于 C-D 生产函数，构建了包含物质资本、劳动、人力资本的静态计量模型，以此衡量空间集聚的外部性。

$$y_c = \alpha A_c + \sum_{n=1}^{N} \beta_{nc} H_{nc} + \varepsilon_c + \mu_c \tag{9.1}$$

其中，y_c 为地区劳动生产率，A_c 为非农就业密度，H_{nc} 表示不同教育程度劳动力数量，α、β 表示各个回归系数，α 反映了净集聚效应（即集聚效应减去拥塞效应），

ε_c 为不可观察的地区固定效应，μ_c 表示随机误差项。

然而，集聚对生产率的影响作用的发挥还会受到其滞后一期变量的影响，关于集聚效应的动态研究较少，海德森（Henderson，2003）考察了美国企业层面生产率的决定因素，研究结果表明集聚效应的发挥具有滞后性，因此需考察滞后一期变量对生产率的影响，但他的研究仅限于制造业。我们借鉴布鲁哈特和梅西斯（Brülhart & Mathys，2008）的方法，在希科尼（Ciccone，2002）的基础上，构建了服务业集聚对服务部门劳动生产率影响的动态模型，具体形式如下：

$$\ln ys_{ct} = \alpha \ln ys_{c,t-1} + \beta_0 \ln sagg_{ct} + \beta_1 \ln sagg_{c,t-1} + \delta \ln X_{ct} + \varepsilon_c + \rho_t + \mu_{ct} \qquad (9.2)$$

式（9.2）中，$c = 1, \cdots, 261$ 和 $t = 2000, \cdots, 2011$，分别代表全国样本中的城市以及时间维度。ys_{ct} 表示城市服务业劳动生产率，$ys_{c,t-1}$ 为滞后一期的服务业劳动生产率。$sagg_{ct}$ 表示城市服务业集聚，$sagg_{c,t-1}$ 滞后一期的服务业集聚，X_{ct} 表示一系列的控制变量，α、β、δ 为各变量的系数，ε_c 为地区特定区域效应，ρ_t 为特定时间效应，μ_{ct} 表示随机误差项。

X_{ct} 为一个多元组合，包含了影响服务业劳动生产率的一系列控制变量。由于我们试图从产业关联视角分析制造业集聚是否会对服务业劳动生产率产生正向的外部性，因此参照孙浦阳等（2012）的做法，引入制造业集聚水平。而物质资本、人力资本是影响一国整体生产率以及服务业生产率的重要因素，我们同时引入这些变量，使得 $X_{ct} = X(magg, k, hum)_{ct}$。

加入控制变量后，计量方程设定为：

$$\ln ys_{ct} = \alpha \ln ys_{c,t-1} + \beta_0 \ln sagg_{ct} + \beta_1 \ln sagg_{c,t-1} + \delta_0 \ln magg_{ct} + \delta_1 \ln k_{ct} + \delta_2 \ln hum_{ct}$$

$$(9.3)$$

式（9.3）中，$magg_{ct}$ 为制造业集聚、k_{ct} 为物质资本、hum_{ct} 表示人力资本水平。最后，由于本章将深入考察城市经济发展水平是否影响服务业集聚的溢出效应，因此参照孙浦阳等（2012）、刘修岩等（2012）的处理方法，引入交叉相乘项，其中包括人均 GDP、FDI 以及工资水平与服务业集聚的交叉相乘项。

结合以上分析，本章最终计量方程设定为：

$$\ln ys_{ct} = \alpha \ln ys_{c,t-1} + \beta_0 \ln sagg_{ct} + \beta_1 \ln sagg_{c,t-1} + \delta_0 \ln magg_{ct} + \delta_1 \ln k_{ct} + \delta_2 \ln hum_{ct}$$

$$+ \delta_3 \ln pgdp_{ct} \times \ln sagg_{c,t} + \delta_4 \ln FDI_{ct} \times \ln sagg_{c,t} + \delta_5 \ln wage_{ct} \times \ln sagg_{c,t}$$

$$+ \varepsilon_c + \rho_t + \mu_{ct} \qquad (9.4)$$

其中，$pgdp$ 为人均 GDP、$FDI_{c,t}$ 表示地区外商直接投资、$wage_{c,t}$ 为工资水平。

二、相关变量说明

(一) 被解释变量

服务业劳动生产率 (ys)，表示各城市服务业增加值除以城市服务业从业人数，单位为万元/人。对于生产率的衡量现有文献一般采用劳动生产率或者全要素生产率 (TFP) 来表示，由于城市服务业相关数据的缺乏，对服务业全要素生产率的计算存在一定难度，因此我们参照范剑勇 (2006)、孙浦阳等 (2011) 的处理方法，选取劳动生产率作为衡量城市服务业生产率的指标。

(二) 解释变量以及控制变量

服务业集聚 ($sagg$)。本章重点考察城市服务业集聚对服务业劳动生产率的影响。而产业集聚的测度方法有多种，包括空间基尼 (Gini) 系数、赫芬达尔 (H) 指数、E-G 系数等。本章选择区位熵指数作为衡量城市服务业集聚程度的指标。区位熵指数主要用以衡量某一区域要素的空间分布情况，反映某一产业部门的专业化程度，该指数可以排除区域规模差异因素，更能显示区域的真正优势行业，区位熵公式如下：

$$LQ_{ij}(t) = \left[\begin{array}{c} e_{ij}(t) \\ \sum\limits_{i} e_{ij}(t) \end{array} \right] \Bigg/ \left[\begin{array}{c} \sum\limits_{j} e_{ij}(t) \\ \sum\limits_{i} \sum\limits_{j} e_{ij}(t) \end{array} \right] \tag{9.5}$$

式 (9.5) 中，$LQ_{ij}(t)$ 表示 t 时期 i 城市 j 行业的区位熵指数，$e_{ij}(t)$ 表示 t 时期 i 城市 j 行业的产值，$\sum\limits_{i} e_{ij}(t)$ 表示 t 时期所有城市 j 行业产值总和，$\sum\limits_{j} e_{ij}(t)$ 表示 t 时期 i 城市所有行业产值总和，$\sum\limits_{i} \sum\limits_{j} e_{ij}(t)$ 表示 t 时期所有城市的所有行业产值总和。若 $LQ_{ij}(t)$ 大于 1，则表示行业 j 在 i 城市相对集中。区位熵指数越大，表明产业集聚程度越高，反之，则越低。本章采用了城市服务业增加值来计算服务业集聚水平。

制造业集聚 ($magg$)。本章同时采用式 (9.5) 测算了各个城市制造业集聚指数。由于服务业尤其是生产性服务业的产出大部分作为制造业的重要中间投入，而制造业企业的集聚会产生劳动力蓄水池效应、产品多样化效应以及知识溢出效应，从而提高劳动者素质、降低集聚区生活成本，这些对于服务业劳动生产率提升十分重要。

物质资本 (k)。物质资本存量一般根据永续盘存法"进行测算，$K_t = I_t/P_t + (1-\delta)K_{t-1}$，其中，$K_t$ 为当年的资本存量，K_{t-1} 为上一期的资本存量，I_t 为当期的投资额，P_t 为当期的资本价格，δ 为资本折旧率。而城市物质资本存量的测算中由于无法获得各城市样本期初值，因此我们参考刘修岩的方法，选择各城市全社会固定资产投资占 GDP 比重，该变量反映了物质资本投资的规模。

人力资本（hum）。新增长理论认为，人力资本水平是一个国家或地区长期经济增长的关键因素。而服务业中会计、研发、金融以及旅游业等对于从业者的专业化程度要求较高，因此，人力资本水平对服务业影响显著。由于城市数据的限制，我们利用所在辖区在校学生总人数除以地区总人口数来表示城市人力资本水平，其中在校学生总人数为普通高等学校在校学生、普通中学在校学生数以及小学在校学生数加总。

交叉相乘项：（1）人均 GDP 与服务业集聚的交叉相乘项（$pgdp \times sagg$）：$pgdp$ 表示人均 GDP，该交叉相乘项参考孙浦阳等（2012）用于检验"威廉姆森假说"的方法，来考察随着经济发展水平的提高，服务业集聚对服务业生产率的影响是否减弱。（2）外商直接投资与服务业集聚的交叉相乘项（$FDI \times sagg$）：该项用于考察城市的对外开放程度是否能够影响服务业集聚的溢出效应。FDI 用城市实际利用外资金额占 GDP 的比重来表示，并根据实际汇率调整到人民币计价。（3）工资水平与服务业集聚的交叉相乘项（$wage \times sagg$）：现阶段中国面临着劳动力成本上升的问题，工资也是新经济地理学分析框架中重要的组成部分，本章引入城市工资水平分析劳动力成本对服务业集聚溢出效应的影响。

（三）数据来源及变量统计性描述

本章以 2000 ~ 2011 年全国 261 个地级以及以上城市为样本。其中，服务业增加值、服务业从业人数、全社会固定资产投资、普通高等学校在校学生、普通中学在校学生数、小学在校学生数、外商直接投资、工资的数据来自各省份统计年鉴、《中国城市统计年鉴》以及中经网统计数据库。表 9 – 1 所示为变量的基本信息。

表 9 – 1　　　　　　　　　　变量描述性统计

变量名称	观察值	平均值	标准差	最小值	最大值
lnys	3132	2.551	0.679	0.685	5.022
ln$sagg$	3132	− 0.162	0.225	− 1.524	0.608
ln$magg$	3132	− 0.007	0.251	− 1.104	0.675
ln$k$	3132	− 0.898	0.515	− 2.874	1.136
lnhum	3132	0.659	0.577	− 4.605	2.544
ln$pgdp$	3132	0.360	0.814	− 4.605	2.863
lnfdi	3132	− 4.357	1.310	− 9.748	− 0.742
ln$wage$	3132	0.501	0.580	− 6.927	4.656

第三节　实证分析及结果说明

一、全国层面

固定效应与随机效应模型要求解释变量与误差项无关，即所有解释变量均为外生。而本章选取的变量之间存在着逆向因果以及内生性的问题，由此得到的参数估计可能是有偏的、非一致的。希科尼（Ciccone，2002）、范剑勇（2006）均采用工具变量法解决这一问题。鉴于 GMM 在异方差情形下比单纯的 IV 估计更为有效，本章选择动态面板 GMM 估计。GMM 方法可分为差分 GMM 和系统 GMM。由于差分 GMM 容易受弱工具变量以及小样本偏误的影响，雷亚诺和鲍威尔（Arellano & Bover，1995）提出了系统 GMM 估计方法，布伦德尔和邦德（Blundell & Bond，1998）对其在小样本的估计进行了改进。系统 GMM 方法同时对差分方程以及水平方程进行估计，将水平方程的滞后项作为差分方程的工具变量，还将差分方程的滞后项作为水平方程的工具变量，从而较好地解决内生性问题。该方法必须假定 $\{\Delta y_{i,t-1}, \Delta y_{i,t-2}, \cdots\}$ 与个体效应 μ_i 无关，若此条件不能满足，则不能采用系统 GMM。

基于以上考虑，我们选择采用两步法系统 GMM 进行估计，将模型中服务业集聚以及滞后一期的服务业集聚设定为内生解释变量，其他变量均设定为外生，各解释变量以及交互项采用滞后一期作为工具变量。考虑到内生性回归系数会隐含偏误，因此需要在动态面板回归后对过度识别的约束条件进行检验，我们采用 Sargan 检验以及相关 p 值反映样本矩条件工具的总体有限性。模型中限制工具变量的最大滞后长度不超过三期。

表 9 - 2 所示为两步法系统 GMM 的回归结果，5 个方程的 AR（2）的检验结果支持估计方程的误差项不存在二阶序列相关的假设，因为 p 值均大于 0.1。而 Sargan 过度识别检验结果也显示，不能拒绝工具变量有效性假设（p 值均显著的大于 0.1）。这意味着模型设定的合理性和工具变量的有效性。同时，方程均通过了 Wald 检验，表明整体计量方程是稳健的。其中，方程 9.1 为包含 *sagg*、*magg*、*k* 以及 *hum* 的估计结果，方程 9.2 则在方程 9.1 的基础上加入滞后一期的服务业集聚项，用于衡量服务业集聚的动态效应，方程 9.3 ~ 9.5 则逐步加入人均 GDP、FDI 以及工资水平与服务业集聚的交叉相乘项，分别检验城市经济发展水平、对外开放程度以及劳动力成本是否影响服务业集聚的溢出效应。我们将方程 9.5 作为最终计量结果。

表 9 – 2　　　　　　　　　　　整体样本两步法系统 GMM 计量结果

变量	方程9.1	方程9.2	方程9.3	方程9.4	方程9.5
	lnys	lnys	lnys	lnys	lnys
$L.\,lnys$	1.0890 ***	1.0447 ***	1.0625 ***	1.0590 ***	1.0555 ***
	(0.0122)	(0.0106)	(0.0128)	(0.0131)	(0.0128)
$lnsagg$	0.7240 ***	0.8560 ***	0.8294 ***	0.8892 ***	0.9119 ***
	(0.0430)	(0.0492)	(0.0523)	(0.0627)	(0.0644)
$lnmagg$	0.3114 ***	0.2378 ***	0.2469 ***	0.2293 ***	0.2410 ***
	(0.0509)	(0.0510)	(0.0500)	(0.0518)	(0.0516)
lnk	0.0425 ***	0.0456 ***	0.0487 ***	0.0454 ***	0.0449 ***
	(0.0115)	(0.0108)	(0.0116)	(0.0119)	(0.0117)
$lnhum$	0.2729 ***	0.2641 ***	0.2503 ***	0.2476 ***	0.2306 ***
	(0.0300)	(0.0299)	(0.0295)	(0.0287)	(0.0277)
$lnsagg$（−1）		−0.8054 ***	−0.8498 ***	−0.8162 ***	−0.8185 ***
		(0.0441)	(0.0448)	(0.0472)	(0.0471)
$lnpgdp \times lnsagg$			−0.1163 ***	−0.0989 ***	−0.1147 ***
			(0.0317)	(0.0353)	(0.0387)
$lnfdi \times lnsagg$				0.0185 **	0.0208 **
				(0.0086)	(0.0086)
$lnwage \times lnsagg$					−0.0224
					(0.0208)
Constant	−0.1867 ***	−0.1636 ***	−0.2046 ***	−0.1934 ***	−0.1740 ***
	(0.0497)	(0.0500)	(0.0553)	(0.0571)	(0.0557)
WALD 检验	28917	42088	39147	41940	43431
	(0.0000)	(0.0000)	(0.0000)	(0.0000)	(0.0000)
AR（2）	1.371	1.189	1.084	0.718	0.722
	(0.170)	(0.234)	(0.278)	(0.472)	(0.469)
Sargan 检验	107.3	97.53	87.45	101.2	80.21
	(0.102)	(0.145)	(0.167)	(0.159)	(0.238)
观察值	3132	3132	3132	3132	3132
城市数目	261	261	261	261	261

注：1. 实证结果均根据 Stata 11.0 软件计算结果整理得出。

2. *** 、** 分别表示1%、5%的显著性水平。

3. Wald 检验的原假设为变量时外生的（H_0：/athrho = 0）；AR（2）检验主要用于检验动态面板随机误差的自相关性；Sargan 检验主要考察动态面板数据过度识别问题。

观察表 9 - 2 可以得出以下结论。

（1）当期的服务业集聚对服务业生产率的提升作用十分显著，其中服务业集聚程度提高 1% 可促进服务业生产率提高 0.91%。但是不同时期服务业集聚的效应存在显著差异，滞后一期的服务业集聚与服务业生产率之间存在负相关关系，即上一期的服务业集聚程度每提高 1% 会带来当期服务业生产率降低 0.81%。该结果说明城市的服务业集聚对服务业生产率的影响是动态的，集聚效应与拥塞效应同时存在，而对劳动生产率的影响取决于两种效应的强弱。实证结果表明，期初服务业集聚的集聚效应占据主导地位，一方面，当服务业集聚之后，相对市场规模扩大，市场规模扩张带来分工细化。随着分工程度的提高，服务企业之间以及服务企业和工业企业之间联系加强，相互需求程度也会提高，因此，"本土市场效应"便会发挥作用，即当集聚区服务产品需求增长时，会对生产的增长产生一定的"放大效应"，使得生产的增长大于需求的增长，从而促进服务业劳动生产率提升。另一方面，服务产品的差异化程度高，服务企业生产率存在较高的异质性。因此当服务业集聚在某一区域时，会吸引更多的厂商进入，厂商数量的扩张使得竞争加剧。由于生产率的差异，企业存在一种"自我选择"机制，生产率较低的企业会逐步退出集聚区服务行业，而生产率较高的企业得以生存。与此同时，资源从生产率低的企业流向生产率高的企业，实现了资源的再分配效应，从而提高了集聚区行业整体的生产率。

（2）人均 GDP 与服务业集聚的交叉相乘项的系数为负，该结果表明，当经济发展到一定的水平后，服务业集聚对服务业生产率影响的积极效应将被削弱，再结合滞后一期的服务业集聚的负效应，进一步说明了我国的服务业可能存在"威廉姆森"假说。$FDI \times sagg$ 项的回归结果表明，外商直接投资的流入有助于实现服务业集聚对生产率的促进作用。一方面，外商直接投资产生的竞争效应、示范效应以及知识溢出效应有助于东道国企业的创新；另一方面，我国 FDI 已发生了结构性转变，2004 ~ 2011 年，服务业 FDI 占总体 FDI 的比重从 23% 上升至 50%，服务业首次超过制造业成为吸引外资流入的第一大产业。$wage \times sagg$ 交叉相乘项的系数不显著，该结果说明了现阶段虽然劳动力成本提高，但并不会抑制服务业集聚的正向溢出。一般来说，企业为了追求较低的劳动力成本会选择在工资水平较低的地区投资建厂，然而由于服务业的独特性质，服务企业并非以追求过低的劳动力成本为目标。

（3）制造业集聚程度每提高 1% 会导致服务业生产率提高 0.24%。这一结果从集聚视角反映了我国二三产业的良性互动。我们认为产生该结果的原因有以下几点：第一，当制造业大量集中某一地区时，该地区作为制造业中间投入的生产性服务产品的需求增大，服务产品的需求增大意味着市场潜力增长，这样会促进服务产品的生产，提高行业生产率。第二，制造业集聚会产生共享的劳动力市场，这些劳动力作为服务产品的消费者，会促进消费服务需求的提高，进而导致服务业集聚的形成，促进部门劳动生产率提升。由此可见，服务业与制造业之间存在着相互依赖的关系，两者之间的协同发展对于实现产业内以及产业间的技术溢出效应十分重要。

（4）物质资本项和人力资本项对服务业劳动生产率提升作用均显著。其中，人力资本项的系数大于其物质资本项，物质资本每提高1%可带来服务业生产率提高0.04%，而人力资本水平每提高1%可带来服务业生产率提高0.23%。服务业发展对劳动者素质以及专业化水平的要求高，这就决定了服务业企业更倾向于在人力资本水平较高的地区进行投资。

二、区域层面

我国经济发展存在显著的区域差异性，因此我们将261个城市样本分为东部地区、中部地区及西部地区，其中东、中、西部的城市样本个数分别为110、106以及45。分区域的研究有助于不同地区制定合理的服务业发展政策，有利于缓解区域经济发展不平衡。我们仍采用两步系统GMM法对东、中、西部服务业集聚对服务业生产率的影响进行检验。表9-3所示为分区域最终计量结果。

表9-3　　　　　　　　　分区域样本计量结果

变量	东部 lnys	中部 lnys	西部 lnys
$L.\text{ln}ys$	0.9858 *** (0.0066)	0.9975 *** (0.0102)	1.0051 *** (0.0043)
$\text{ln}sagg$	1.4761 *** (0.0483)	0.7625 *** (0.0703)	0.9265 *** (0.0391)
$\text{ln}magg$	0.3708 *** (0.0303)	0.2912 *** (0.0329)	0.1882 *** (0.0290)
$\text{ln}k$	0.0002 (0.0070)	-0.0086 (0.0095)	0.0445 *** (0.0045)
$\text{ln}hum$	0.3304 *** (0.0092)	0.4811 *** (0.0167)	0.2322 *** (0.0213)
$\text{ln}sagg$（-1）	-0.6946 *** (0.0211)	-0.7680 *** (0.0439)	-0.8687 *** (0.0227)

续表

变量	东部	中部	西部
	lnys	lnys	lnys
ln$pgdp$ × ln$sagg$	− 0. 0475 ** (0. 0220)	− 0. 2087 *** (0. 0407)	− 0. 2236 *** (0. 0239)
lnfdi × ln$sagg$	0. 1109 *** (0. 0077)	− 0. 0137 (0. 0098)	0. 0025 (0. 0041)
ln$wage$ × ln$sagg$	− 0. 0016 (0. 0042)	0. 1112 ** (0. 0482)	0. 0382 ** (0. 0171)
Constant	0. 1334 *** (0. 0256)	− 0. 1697 *** (0. 0399)	− 0. 0804 *** (0. 0216)
WALD	11187 (0. 0000)	42692 (0. 0000)	15195 (0. 0000)
AR (2)	0. 344 (0. 730)	0. 499 (0. 617)	0. 927 (0. 353)
Sargan 检验	67. 432 (0. 254)	78. 551 (0. 104)	41. 294 (0. 987)
观察值	1320	1272	540
城市数目	110	106	45

注：1. 实证结果均根据 Stata 11. 0 软件计算结果整理得出。

2. *** 、** 分别表示1%、5%的显著性水平。

3. Wald 检验的原假设为变量时外生的（H_0：/athrho = 0）；AR (2) 检验主要用于检验动态面板随机误差的自相关性；Sargan 检验主要考察动态面板数据过度识别问题。

表9 – 3 中结果显示，东、中、西部的当期服务业集聚与劳动生产率之间呈显著正相关关系，但各地区服务业集聚对生产率的影响又存在显著差异。其中东部地区服务业集聚的产业内溢出效应最为显著，西部地区次之，中部地区最低。具体来看，东部、中部、西部地区服务业集聚每提高 1% 可分别促进服务业劳动生产率提升1. 48% 、0. 76% 、0. 93% 。分析原因可知：首先，我国东部地区服务业发展水平明显高于中部、西部地区，而服务业集聚水平也较高，如北京中关村的中介服务业集聚、上海陆家嘴金融服务业集聚等。根据我们对于我国 31 个省区市服务业空间基尼系数的计算可知，我国服务业集聚水平排名前十位的为北京、上海、广东、天津、江苏、山东、重庆、四川、浙江以及湖北，其中有七个均隶属东部地区，由此可见，东部地区的服务业集聚程度相对较高，而集聚正向外部性的发挥有利于服务业劳动生产率的提升，而服务业集聚的发展仍然具有很强的市场潜力。其次，虽然西部地区服务业集聚水平不高，但是其产业内溢出效应显著为正，这也说明西部地

区应大力发展服务业，提高服务业集聚水平，扩大服务业发展规模，大量引进东部、中部服务业人才，以东部、中部优先发展逐步带动西部地区服务业增长。东部、中部、西部滞后一期的服务业集聚对服务业生产率的影响显著为负，该结论与整体样本中类似，即当服务业集聚发展到一定水平后，集聚的拥塞效应会提高。

观察服务业集聚与人均 GDP 交互项估计结果可知，在 1% 的显著性水平下中部、西部地区的该项系数为负，而东部地区在 5% 的显著性水平下为负。换言之，东部、中部、西部地区服务业集聚对生产率影响的积极效应均受到经济发展水平的影响，即当经济发展到一定的水平后，人均 GDP 的提高会带来集聚的拥塞效应，使得集聚的效应会转变为负。*FDI* 和 *sagg* 交叉相乘项对不同区域的影响差异较大，其中，东部地区 FDI 可显著提升服务业集聚的溢出效应，但在中部、西部地区，该效应并不显著。*wage* 与 *sagg* 的交叉相乘项结果也存在差异，在整体样本中，该项系数不显著；东部地区的该项系数也不显著，但中部、西部地区在 5% 的显著性水平下，工资对服务业集聚溢出效应的影响为正，即中部、西部地区应逐步提高工资水平，以实现服务业集聚的正向溢出。

关于制造业集聚项，如表 9 - 3 所示，东部、中部、西部地区制造业集聚显著促进服务业劳动生产率增长，其中，东部地区最为强劲，因此，需继续大力发展制造业与生产性服务业之间的良性互动与融合。而人力资本项，东部、中部、西部地区的该弹性系数均为正，西部地区的该项作用较小，应加大各地区，特别是西部地区的教育科研投入，提高人力资本水平，实现"产学研"结合，以改善中国服务业发展滞后的现状。

第四节　研究结论与政策启示

在经济高质量发展的背景下，我国许多城市的服务业集聚现象日趋显著，但是与发达国家相比，我国的服务业发展相对滞后。本章基于 2000 ~ 2011 年中国 261 个城市面板数据，采用区位熵指数计算了各样本地区服务业集聚程度以及制造业集聚程度，并通过两步 GMM 方法实证检验了服务业集聚对城市服务业劳动生产率的影响，解决了以劳动生产率作为被解释变量的内生性问题，并得到以下研究结论与政策启示。

第一，服务业集聚对服务业劳动生产率的影响是动态的，当期的服务业集聚对城市服务业劳动生产率的促进作用显著，但滞后一期的服务业集聚会抑制其生产率的增长。该结果说明了期初服务业集聚产生的集聚效应大于拥塞效应，而当集聚过度时，其产生的生活成本提高、企业间非良性竞争等使得拥塞效应大于集聚效应。因此，各地政府应以服务业集聚为抓手、招商引资，发挥服务业集聚的正外部性，扭转我国服务业发展滞后的局面。值得注意的是，服务业企业的集聚程度应保持在适度的范围内，一旦集聚过度，反而会产生集聚的不经济效应。

第二，服务业集聚对生产率影响的积极效应受到人均 GDP、FDI 的影响，当经济发展到一定的水平后，人均 GDP 的提高会带来集聚的拥塞效应，服务业集聚的效应会转变为负，这就验证了服务部门"威廉姆森假说"在中国的存在性。而 FDI 的流入同样有助于城市服务业集聚的溢出效应，但工资的提高对其影响并不显著。物质资本、人力资本与服务业劳动生产率之间呈正相关关系。我们认为大部分服务业是资本以及知识密集型产业，应大力提高城市人力资本水平，培育高素质的服务业从业人员，满足人们日益变化的服务需求，提高服务产品多样化水平。

第三，制造业集聚可通过产业关联效应的发挥来促进服务业劳动生产率的提升，该结论从集聚视角出发，为我国制造业与服务业发展之间关系提供了新的路径，也进一步论证了在大力发展服务业特别是现代服务业时，必须注重二、三产业的协同发展，如果两者之间缺乏良性互动，不仅不利于服务业集聚效应的发挥，还会成为改善服务业滞后的"绊脚石"。

第十章

服务业、制造业集聚
对服务业 FDI 影响研究

在全球经济服务化的背景下，国际资本流动发生了结构性转变，服务业外商直接投资已占据主导地位。根据联合国贸发会议 2020 年《世界投资报告》，2019 年在全球绿地投资项目中服务业占比已达到 54%，在跨国并购中服务业项目更是占到 72%。我国利用外资结构也显现出类似变化，2004 年，我国服务业利用外资占利用外资总额的比重为 23%，2011 年增加到 50%，首次超过制造业。2019 年我国服务业利用外资达到 952.7 亿美元，占当年我国利用外资总额的 69%，服务业已经成为我国外商直接投资的最大产业。

新经济地理学以及相关文献认为产业集聚是影响东道国外商直接投资区位选择的关键因素之一（Krugman，1991）。集聚经济可以划分为专业化经济（localization economies）和多样化经济（urbanization economies），当专业化经济占主导地位时，特定的产业的本土企业会集聚在特定区域，随着区域内分工的细化，行业间和行业内会产生正的外部性。为了利用正的外部性，外资企业会在该集聚区域进行投资。然而，产业集聚不仅出现在工业部门，服务部门集聚现象也日趋明显，并逐步成为优化服务业资源配置的有效方式之一。

现有研究大多从制造业的视角研究集聚以及外商直接投资（FDI），割裂了服务业集聚与服务业 FDI 之间的联系，使得学界无法真正厘清服务业 FDI 影响因素。那么，集聚视角下服务业 FDI 的影响因素有哪些？服务业集聚和制造业集聚是否会影响我国服务业 FDI 流入？对这些问题，本章基于我国省级面板数据经验数据进行研究，既可以为我国制定适宜的外资引进政策提供理论依据，而且有助于探讨我国现代服务业加快发展、进而推进生产性服务业与制造业互动融合发展的对策路径。

第一节　文献综述

早期的学者对 FDI 的研究大多集中于制造业，随着服务经济时代的来临，服务业 FDI 的影响因素成为理论界关注的热点，现有的研究主要从总体层面和分行业两个维度展开。总体层面上，邓宁（Dunning，1989）较早分析了一国吸收服务业 FDI 的影响因素，他认为从事跨国经营的服务企业所有权优势来源于信息与市场、范围经济、规模经济以及自身品牌的商誉。随后，学者观察到服务业 FDI 大多表现出追逐制造业 FDI 的特征。科尔斯塔德和维朗格（Kolstad & Villanger，2008）利用 1989~2000 年 57 个国家的跨国面板数据实证检验了服务业 FDI 的影响因素，结果显示服务业 FDI 与制造业 FDI 显著相关，并且相较于总体投资风险和政治稳定性，制度质量以及民主因素对服务业 FDI 的影响更为显著；当民主因素低于一定的阈值时，不利于外资的流入；并且贸易开放程度并不影响服务业 FDI。巴拉和马修（Bala & Matthew，2010）利用 OECD 国家的面板数据，对比分析了影响制造业 FDI 和服务业 FDI 因素，结果显示服务业 FDI 与经济增长率、服务业开放度以及市场规模高度正相关，而制造业 FDI 是影响服务业 FDI 最重要的因素。田素华（2012）以代表性企业跨国经营利润函数为基础，基于 D-G 模型分析了外商直接投资区位选择的决定因素，结果表明 FDI 的集聚效应、对外贸易开放程度的提高均对 FDI 进入规模的增加影响显著，劳动工资的提高却会导致 FDI 规模的下降。此外，张诚（2008）从需求、供给和市场环境三个方面出发，对中国 15 个省份面板数据进行了实证检验，结果显示基础设施和政府干预程度是影响我国服务业 FDI 区位选择的关键因素。从行业层面出发，对 FDI 的影响因素研究逐步深入生产性服务业以及一些细分行业。拉夫和鲁尔（Raff & Ruhr，2001）利用美国 1976~1995 年在 25 个国家的对外直接投资面板数据分析了生产性服务业 FDI 的影响因素，实证结果表明除了政府限制和文化差异，生产性服务业企业还将面临进入国外市场的信息障碍，这些障碍为生产性服务业追随下游制造业 FDI 的倾向提供了一种合理的解释。国内学者杨仁发和刘纯彬（2012）实证分析了生产性服务业不仅与市场规模、市场增长潜力以及前一期的生产服务业 FDI 呈正向相关，而且具有追逐制造业 FDI 的特征，与制造业 FDI 以及服务业整体服务业有差异的是，这里生产性服务业 FDI 与劳动力工资水平呈正相关。

以上学者从不同的角度研究了服务业 FDI 的区位选择问题，丰富了外商直接投资理论。随着新经济地理学的发展，产业集聚与外商直接投资区位选择的关系受到越来越多的关注。然而，无论是马歇尔（Marshall，1920）的外部经济理论还是克鲁格曼（Krugman，1980）、藤田（Fujita，1999）以及维纳布尔斯（Venables，2011）等为代表的新经济地理学，对产业集聚的研究大多集中于制造业。由于服务部门的集聚现象日趋显著，服务业集聚才开始受到越来越多的关注（Ellison，2010；陈建军等，2009）。国内学者孙浦阳（2012）从新经济地理学（NEG）视角出发，探讨了不同类型的产业集聚因素对总体 FDI 流入的不同影响。研究表明，服务业集聚对有助于吸引外商直接投资，而制造业集聚和外资集聚对城市吸引 FDI 流入的作用为负。李文秀（2012）探讨了服务业 FDI 与服务业集聚之间的互动机理，实证结果表明服务业 FDI 并不一定促进服务业集聚的形成。

综上所述，大量文献验证了劳动力成本、市场规模、制造业 FDI、人力资本存量、开放程度等均是影响总体和分行业服务业 FDI 区位选择的重要因素，且已有学者将产业集聚纳入外商直接投资区位选择的研究中。但现有研究缺乏从集聚视角深入分析服务业集聚和制造业集聚如何共同影响服务业 FDI 流入。基于此，本章从集聚视角出发，从以下几点拓展现有研究：第一，利用空间基尼系数测算了我国服务业分行业集聚水平；第二，利用省级面板数据，探讨服务业集聚、制造业集聚程度以及其他因素对服务业 FDI 的影响；第三，将服务业分为生产性服务业与消费者服务业，探讨不同类型的服务业集聚对服务业 FDI 影响的差异。

第二节　服务业集聚的特征事实

我们将服务业划分为生产性服务业和消费者服务业，具体根据投入产出表，计算出服务业各部门的中间需求率，将中间需求率大于 50% 的行业定义为生产性服务业[①]，其余则为消费者服务业。而服务业各行业集聚水平则选取空间基尼系数来衡量，空间基尼系数最早由克鲁格曼（Krugman）于 1991 年提出，其计算方法如下：

$$G = \sum_i (s_i - x_i)^2 \qquad (10.1)$$

其中，G 为空间基尼系数，s_i 为 i 地区某产业就业人数占全国该产业总就业人数的

---

①　本章所指的生产性服务业部门包括交通运输及仓储业，邮政业，信息传输、计算机服务和软件业，批发和零售贸易业，金融保险业，租赁和商务服务业，科学研究事业，综合技术服务业。

比重，x_i 为该地区就业人数占全国就业人数的比重。空间基尼系数比较了某个地区某一产业的就业人数占该产业总就业人数的比重与该地区全部就业人数占总就业人数的情况。$0 \leq G \leq 1$。系数越大，表明该产业在地理上的集聚程度越高。

图 10 - 1、图 10 - 2 分别为我国 2004 ~ 2011 年生产性服务业以及消费者服务业细分行业的空间基尼系数变化趋势。结果显示，由于服务业各行业之间的异质性极高，其空间基尼系数也表现出很大的差异性，其中 2011 年我国服务业集聚程度最高的行业为信息传输、计算机服务和软件业，空间基尼系数达 0.036，最低的为卫生、社会保障和社会福利业，空间基尼系数仅为 0.0014。我国服务业集聚的主要特征表现为：第一，生产性服务业集聚程度明显高于非生产性服务业。其中，信息传输、计算机服务和软件业，租赁和商务服务业，居民服务和其他服务业，科学研究、技术服务业和地质勘察业的生产性服务业空间基尼系数在 14 个服务业中排名前四。第二，从各服务业集聚动态变化来看，2004 ~ 2011 年，生产性服务业集聚均呈现出逐步上升的态势；而消费者服务业集聚则呈现不同程度的下降。

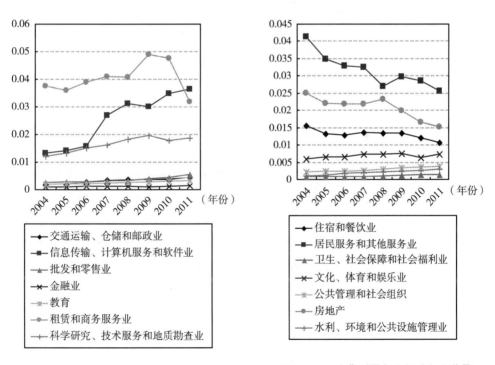

图 10 - 1 生产性服务业细分行业集聚　　　**图 10 - 2 消费型服务业细分行业集聚**

资料来源：根据各省份《中国第三产业统计资料汇编》计算整理。

第三节　计量模型设定及数据来源说明

一、计量方程设定

上文中对服务业各行业集聚程度进行了测算与描述，为了探讨集聚视角下不同类型的产业集聚以及其他因素对服务业 FDI 的影响，我们将计量方程设定为：

$$\ln sfdi_{i,t} = \gamma_i + \theta_i + \alpha \ln sera_{i,t} + \beta \ln manua_{i,t} + \lambda^k \sum_k X_{i,t}^k + \varepsilon_{i,t} \qquad (10.2)$$

其中，$sfdi_{i,t}$ 为各地区服务业外商直接投资实际金额，$sera_{i,t}$ 分别表示服务业集聚、生产性服务业集聚以及非生产性集聚度。$manua_{i,t}$ 表示区位熵指数计算的制造业集聚程度。$\sum_k X_{i,t}^k$ 为控制变量，包括各地区影响服务业 FDI 区位选择的其他因素：即制造业 FDI、对外开放程度、政府规模以及区域经济的稳定性。

二、数据来源说明及处理方法

本章以我国省际年度面板数据为基础，检验不同类型的产业集聚以及其他因素对服务业 FDI 流入的影响。由于《三次产业划分规定》（2003）的颁布，2004 年服务业行业分类与先前有所不同，为了满足统计口径的一致性以及数据可得性，选取了 2004～2010 年全国 26 个省级面板数据[①]。数据主要来源于 2005～2009 年省级统计年鉴、《中国统计年鉴》（2005～2009 年）、《第三产业统计资料汇编》以及中经网。其中，服务业 FDI、制造业 FDI 数据来源于各个省份统计年鉴；服务业集聚和制造业集聚则根据中经网数据库数据计算而来；人力资本、政府消费占比、进出口值以及政府支出的数据选自中经网和国研网。本章的主要研究变量以及来源如下。

（一）被解释变量

服务业 FDI（SFDI）：各省份统计年鉴中存在外商直接投资合同金额以及实际金额两种数据，本章选择 2004～2010 年各省份的服务业实际利用外资金额。而服

[①]　由于数据的缺损，本章剔除了西藏、甘肃、吉林、海南、四川五个省份。

务业 FDI 数据的获取是本章的难点，许多省份的服务业 FDI 的数据则根据 14 个服务业细分行业实际利用外资金额加总得来。由于数据获取的难度，国内关于服务业 FDI 实证研究的文献大部分基于时间序列或者行业面板数据分析（姚战琪，2012），无法体现区域差异性，因此我们选取了我国服务业 FDI 的省级面板数据。数据来源于历年各个省份统计年鉴。

（二）解释变量以及控制变量

（1）服务业集聚（SERA）、生产性服务业集聚（psera）以及非生产性服务业集聚（npsera）。本章重点考察不同类型的服务业集聚对服务业 FDI 流入的影响。其中，服务业集聚的测算方法有多种，包括空间基尼（Gini）系数、区位熵指数、赫芬达尔（H）指数、E-G 指数等，各种方法的侧重点也有较大差异，如前文中空间基尼系数更多的是从行业角度出发，衡量行业的集聚程度。在计量分析中本章选取区位熵作为衡量不同类型服务业集聚程度的指标（Donoghue & Gleave，2004）。区位熵指数用于衡量某一区域要素的空间分布情况，反映某一产业部门的专业化程度，该指数可以排除区域规模差异因素，更能显示区域的真正优势行业。区位熵公式如下：

$$LQ_{im}(t) = \left[\frac{e_{im}(t)}{\sum_i e_{im}(t)}\right] \bigg/ \left[\frac{e_m(t)}{\sum_i e_m(t)}\right] \tag{10.3}$$

其中，$LQ_{im}(t)$ 表示 t 时期 i 地区 m 行业的区位熵指数，$e_{im}(t)$ 表示 t 时期 i 地区 m 行业的产值，$\sum_i e_{im}(t)$ 表示 t 时期 i 地区所有行业产值总和，$e_m(t)$ 表示全国在 t 时期 m 行业产值，$\sum_i e_m(t)$ 表示全国在 t 时期所有行业产值总和。若 $LQ_{im}(t)$ 大于 1，则表示行业 m 在 i 地区相对集中。区位熵指数越大，表明产业集聚程度越高；反之，则越低。

（2）制造业集聚（MANA）：我们在研究不同类型服务业集聚对服务业 FDI 影响的同时，引入制造业集聚，有助于从二三产业互动的视角分析不同类型产业集聚对服务业 FDI 流入影响的差异。制造业集聚程度同样采用区位熵指数来表示。

（3）制造业 FDI（MFDI）：各省制造业实际利用外资金额。计算单位均统一为人民币计价，如果制造业 FDI 的规模与服务业 FDI 流入量呈正相关，则表明服务业 FDI 呈现追逐制造业 FDI 的特征，即具有追随客户的特征。许多研究结论也证实了不管是服务业 FDI 还是生产性服务业 FDI 在区位选择上会追逐制造业 FDI（赵伟，2007）。拉夫和鲁尔（Raff & Ruhr，2001）发现生产性服务业倾向于投资在顾客规模更大的地方，由于一些服务业的投资需要大量的初始投资，这些投资的边际成本较低，此时规模经济的产生有助于促进服务业 FDI 的流入。我们预测该因素与服务业 FDI 呈正相关。

（4）对外开放程度（OPEN）：本章用进出口之和占地区国内生产总值的比重来衡量区域对外开放程度，进出口总额按照样本区间内各年度美元兑人民币汇率进行换算，统一调整为以人民币计价，以保持与 GDP 单位的一致性。对于不可贸易的服务部门而言，贸易自由化程度是外商直接投资区位选择的重要因素。国际资本倾向于流入贸易开放程度越高的国家，对跨国型服务企业而言，进行外商直接投资时，双边贸易的程度是十分重要的影响因素。因此，预测该项为正。

（5）政府对经济的干预程度（GOVC）：我们借鉴张诚（2008）的做法，将政府消费占最终消费比重作为各地区政府对经济的干预程度的变量。事实上，相较于制造业，很多服务业细分行业均属于国家管制类，政府管制程度影响着 FDI 的流入。我们预期该变量与服务业 FDI 呈负相关。区域经济稳定性（INSTI）：用政府决算内支出占 GDP 的比例来衡量。当地区经济稳定，则无论是货物还是服务的生产与消费更加流畅，更容易吸引国外服务企业流入。因此预测与服务业 FDI 呈正相关。

（6）交叉相乘项：人力资本（HUMR）与服务业集聚（SERA）的交叉相乘项：我们将引入人力资本与不同类型服务业集聚的交叉项来分析人力资本是否有助于提高或降低服务业集聚对服务业 FDI 的影响。关于人力资本的计算主要参考盛斌（2011）等的做法，用区域受教育水平占劳动力数量的比重来表示。其中 L_{it} 表示 i 地区的 t 年的劳动力数量，受教育水平用 H 表示，$H = 6h_1 + 9h_2 + 12h_3 + 16h_4$，其中 h_1 表示小学毕业人数，h_2 表示初中毕业人数，h_3 表示高中毕业生人数，h_4 表示大专、本科及本科以上毕业生人数。人力资本水平 $Hum_{it} = H_{it}/L_{it}$。选择两者作为交叉相乘项的原因包括：第一，人力资本有助于吸引效率寻求型 FDI，劳动力熟练程度越高越能强化跨国公司的所有权优势，但是人力资本在服务业 FDI 研究中常被忽视，事实上，诸如银行、保险、法律、会计以及旅游等服务业均要求从业人员具有较高的专业素质。第二，服务的消费有利于人力资本的形成与积累，当一特定产业集聚在某地区生产时，会产生劳动力蓄水池效应，使得该产业从业人员的劳动生产率有所提升，因此有利于集聚区域吸引外商直接投资企业的流入。

（三）统计性描述

为了更好地了解样本的信息，首先对样本进行统计性分析，表 10 - 1 给出了样本的基本信息。

表 10 - 1   描述性统计结果

变量	观察值	平均值	标准差	最小值	最大值
ln$sfdi$	180	13.005	1.879	7.386	16.600
lnpsa	182	0.157	0.500	-0.535	1.713
ln$npsa$	182	0.158	0.457	-0.522	1.573
ln$sera$	182	0.158	0.472	-0.526	1.624
ln$muna$	182	0.009	0.166	-0.677	0.206
ln$mfdi$	180	13.504	1.823	4.406	16.441
ln$open$	182	-1.564	1.084	-3.295	0.587
ln$insti$	182	-1.814	0.382	-2.536	-0.597
ln$govc$	182	-1.242	0.214	-1.661	-0.736

接下来,我们给出了本章主要解释变量的散点图,可以发现,随着服务业集聚和制造业集聚程度的提高,地区服务业 FDI 呈现上升趋势(见图 10 - 3 和图 10 - 4)。在定性了解统计信息的特征之后,开始对计量模型进行回归分析。

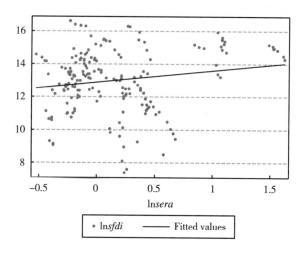

图 10 - 3 服务业 FDI 和服务业集聚散点

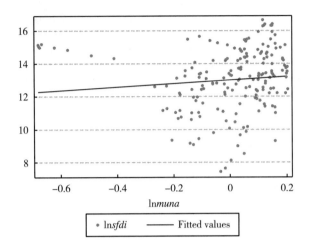

图 10 - 4　服务业 FDI 和制造业集聚散点

第四节　实证结果分析

我们的计量选取了中国 26 个省级数据，样本的时间区间设定为 2004～2010 年，采用面板数据对计量方程进行回归。对于面板数据的计量分析，有固定效应和随机效应两种。根据豪斯曼检验结果，我们采用固定效应模型。表 10 - 2 中模型 1～3 给出了固定效应计量模型的回归结果。3 个方程均通过 Wald 检验，表明估计效果良好，方程整体式是稳健的。

表 10 - 2　　　　　　　　　　　计量回归结果

变量	(1)	(2)	(3)
	服务业集聚	生产性服务业集聚	非生产性服务业集聚
	ln$sfdi$	ln$sfdi$	ln$sfdi$
ln$sera$	2.6263 *** (0.6868)		
lnpsa		2.3307 *** (0.6686)	
ln$npsa$			1.7936 *** (0.6959)
ln$muna$	3.7875 *** (0.8828)	3.7878 *** (0.8913)	3.7831 *** (0.8774)

续表

变量	(1)	(2)	(3)
	服务业集聚	生产性服务业集聚	非生产性服务业集聚
	ln$sfdi$	ln$sfdi$	ln$sfdi$
ln$mfdi$	0. 2179 ***	0. 2262 ***	0. 2132 ***
	(0. 0730)	(0. 0732)	(0. 0729)
ln$open$	0. 8192 ***	0. 7916 ***	0. 8334 ***
	(0. 2083)	(0. 2117)	(0. 2062)
ln$insti$	1. 4315 ***	1. 4335 ***	1. 4322 ***
	(0. 3802)	(0. 3821)	(0. 3790)
ln$govc$	− 1. 4272 **	− 1. 5023 **	− 1. 3824 **
	(0. 6311)	(0. 6316)	(0. 6306)
lnhum × ln$sera$	4. 4997 ***		
	(1. 0384)		
lnhum × ln$psera$		4. 1609 ***	
		(0. 9829)	
lnhum × ln$npsera$			3. 6921 ***
			(1. 0735)
$Constant$	12. 2689 ***	11. 9847 ***	12. 4330 ***
	(1. 5790)	(1. 5828)	(1. 5751)
Wald 检验	1316 [0. 000]	1160 [0. 000]	921 [0. 000]
Hausman	0. 000	0. 000	0. 000
Observations	180	180	180
Number of region	26	26	26

注：1. 实证结果均根据 Stata 11. 0 软件计算并整理得出。

2. Wald 检验的原假设为变量时外生的（H_0：/athrho = 0），方括号内是 Wald 检验的 P 值。圆括号内是稳健的标准差。

3. *** 、** 分别表示1%、5%的显著性水平。

通过对计量结果的分析，我们可以发现以下研究结论。

（1）服务业集聚有利于服务业 FDI 流入，区域内服务业集聚程度提高1%，会带来服务业 FDI 增长2.63%，即服务业集聚是各地区吸引服务业 FDI 的重要因素。服务业集聚可以促进地区吸收服务业 FDI 的主要原因有：第一，当市场规模较大时，规模经济会带来厂商进入成本的降低；与此同时，较高的市场购买力要求更高的产品差异化程度，从而促使服务产品的本地化。在规模经济和不完全竞争的条件下，为了节约运输成本，服务企业会选择在需求规模较大的地区进行生产，逐步形成服务业集聚，集聚区一旦形成，"本土市场效应"①便会发挥作用，即当集聚区服务产品需求增长时，会对生产的增长产生一定的"放大效应"，使得生产的增长大于需求的增长。因此，服务业规模经济的实现与市场需求密切相关，本土市场效应影响着服务业区位选择，有助于服务业 FDI 流入。第二，相较于制造业，服务业 FDI 面临更多因素的限制。服务产品交易不仅强调生产和消费过程的同时性，也需要生产者与顾客的直接接触。服务产品的无形性使得质量难以被消费者辨别，导致信息不对称的风险加大（Raff & Ruhr，2001）。跨国公司在东道国进行生产和经营的过程中，需面临许多交易障碍，如语言、文化差异以及对服务部门缺乏技术规范和法律保护等，这使得外资企业进入市场后信息成本加大。而较高的服务业集聚意味着该地区服务业专业化水平较高，专业化程度的提高有利于降低市场进入的不确定性风险，从而克服各种信息成本导致的交易障碍（孙浦阳等，2011）。对于战略资产寻求型服务业 FDI 而言，较低的市场风险和信息成本能够吸引更多的服务业 FDI 流入。第三，服务业具有生产和消费的不可分性等特征，因此比工业更为依赖本地市场的规模。

（2）细分行业的研究表明，生产性服务业集聚和消费者服务业集聚都可以加大对服务业 FDI 的吸收力度。服务产品的差异化程度高，服务企业生产率存在较高的异质性。因此当生产性服务业集聚在某一区域时，会吸引更多的厂商进入，厂商数量的扩张使得竞争加剧。由于生产率的差异，企业存在一种"自我选择"机制，生产率较低的企业会逐步退出集聚区服务行业，而生产率较高的企业得以生存。与此同时，资源从生产率低的企业流向生产率高的企业，实现了资源的再分配效应，从而提高了集聚区整体的福利水平。因此，服务企业之间的竞争效应会提高该行业的总体生产率，促进效率追寻型服务业 FDI 的流入。而消费者服务业集聚程度较高的地区，消费性服务产品的种类增加，产品均衡价格指数下降，对劳动力的吸引力增强，因此集聚区劳动力成本和中间投入成本会逐渐降低，这也是服务业集聚正的外部性的体现。另外，随着劳动力的集中，集聚区服务业从业人员专业化素质将会提升，跨国公司的所有权优势得到强化。东道国较低的劳动力成本有利于服务业企业实现规模经济，从而吸引跨国服务企业来华进行投资。

由于不同服务产业的差异性较大，服务品内部知识和技术含量更高，因此服务型企业总是倾向于在人力资本较高的地区进行投资。我们的研究结果显示：服务业集聚和人力资本的交叉项显著为正，表明伴随服务业集聚（整体和细分行业），可

---

① "本土市场效应"是指由于企业的集聚，当本地需求扩大1%会导致出口扩张超过1%。

以强化人力资本对服务业 FDI 吸收作用。

（3）制造业集聚与服务业 FDI 存在显著的正相关关系。具体表现为：制造业集聚程度每提高 1%，则会带来服务业实际利用外资金额增长 3.79%。学界关于制造业集聚是否会导致服务业 FDI 流入的争论，还没有达成统一的共识。孙浦江（2012）认为制造业集聚对 FDI 的影响为负，但是他的结论仅仅是基于整体层面外商直接投资金额，并没有研究行业层面的 FDI。李文秀（2012）指出，当考虑到行业的差异性时，制造业集聚可能是服务业 FDI 区位选择的重要原因之一。我们认为，制造业集聚通过三种渠道影响服务业 FDI：第一，当制造业大量集中于某一地区时，该地区作为制造业中间投入的生产性服务产品的需求增大，服务产品需求的增大意味着市场潜力的增长，因此服务业 FDI 增加。第二，制造业集聚会带来大量的劳动力，首先，这些劳动力也是服务产品的消费者，因此对服务业需求增加。其次，专业化人才的集聚会带来正向知识溢出效应，会进一步吸引服务业 FDI。第三，服务业和制造业之间存在相互依赖、共同发展的互补关系，只有两者协同发展才能提高社会整体劳动生产率（Porter，2007）。而两者之间的互动发展主要体现在制造业和生产性服务业的关系上，其中制造业的服务化以及服务业机械化和自动化，是两大产业相互渗透的结果。生产性服务产品通常作为中间投入品导入工业品的生产过程中，而服务业集聚的形成有利于促进制造业内涵式发展。随着制造业部门的扩大，生产性服务业的需求增长，制造业部门生产率提高，同时又会增强制造业部门吸引外商直接投资的能力，生产性服务业 FDI 本身存在追随制造业 FDI 的特征，因此集聚区会吸引更多的服务业外商直接投资。

（4）制造业 FDI 对服务业 FDI 影响显著为正，这证明了服务业 FDI 会追逐制造业 FDI。因此具有所谓的跟随客户的特征，这与之前许多学者的研究结论类似（Raff & Ruhr，2001）。服务业 FDI 追随制造业 FDI 很大程度归结于生产性服务业在产业转移中所起的作用。服务业作为生产的"润滑剂"，和生产过程高度契合。随着分工的细化，制造业和服务业尤其是生产性服务业的互动程度加深（江静等，2007）。此时的制造业表现出生产服务化特征（即制造业中服务活动的比重上升）。因此，服务业 FDI 会产生追逐制造业 FDI 的情况。

（5）各地区对外开放程度的提高以及政府的稳定性有利于服务业吸收外商直接投资，而政府的干预程度的下降会对服务业 FDI 流入产生积极的影响。这也证明了经济稳定性强、市场自由化程度高以及政府管制越少，越利于服务业外商直接投资的流入。服务业通常面临严格的政府管制，服务部门的准入门槛的降低以及该地区对外开放程度的提高，有利于服务业 FDI 的流入。

第五节 研究结论与政策启示

随着我国经济发展进入新时代,产业结构呈现出诸多新迹象。服务业已超过制造业成为吸引外商直接投资的第一大产业,与此同时,服务业集聚现象在诸多经济发达的地区越来越显著,为了分析各地区服务业集聚是否有利于服务业 FDI 的流入,我们基于国际直接投资理论以及新经济地理学,采用区位熵指数计算了各样本地区的服务业以及制造业集聚程度,建立计量模型,利用我国 26 个省份 2004～2010 年省级面板数据实证检验了服务业集聚以及制造业集聚对服务业 FDI 的影响,得到以下结论与启示。

第一,我们的研究表明,在经济结构日趋服务化、集团化的今天,双重集聚是促进 FDI 的流入的重要因素。服务业集聚对服务业 FDI 具有显著的促进作用。服务业集聚程度的提高有利于服务业吸收 FDI,这与理论分析的结果一致。这意味着,现阶段服务业集聚,发挥规模经济是吸引服务业 FDI 的重要因素。同时,制造业集聚程度与服务业 FDI 高度正相关。各地区吸引更多服务业 FDI 流入的重要途径是提高区域内服务业和制造业集聚程度,这样有助于外资企业降低进入东道国市场的成本、优化跨国公司投资环境、降低投资风险。另外,也显示了我国服务业集聚程度相对较低,因此,在全球经济迈入"服务经济"的时代,我国应借鉴其他国家发展服务业的经验,结合本国基本国情,合理培育适宜地方经济发展的产业集群,扭转服务业发展相对滞后的局面。

第二,制造业 FDI 对服务业 FDI 的影响显著为正,我国服务业 FDI 呈现出追逐制造业 FDI 的特征。因此,我们应利用制造业和服务业之间良好的产业关联效应,通过引进制造业 FDI 的途径间接促进服务业 FDI。尤其要重视生产性服务业的作用。在后危机时代,我们应该继续加大引资力度,合理配置到资金稀缺的区域及相关产业。

第三,各地区对外开放程度的提高有利于服务业吸收外商直接投资,政府的干预程度的下降会对服务业 FDI 流入产生积极的影响。因此,政府应降低服务业准入壁垒,提高贸易自由化程度,改善服务业 FDI 结构,从而吸引更多高质量的服务业 FDI,利用服务业 FDI 的产业内溢出效应促进服务业发展,实现产业结构升级与经济的可持续发展。

第十一章

长三角城市群生产性服务业集聚和经济增长效率

生产性服务业是从制造业内部生产服务部门逐步分离和发展起来的，可以通过直接的服务或间接的知识溢出效应，作用于整个工业生产过程，不断推动技术进步和生产效率的提升。自20世纪80年代开始，生产性服务业在西方国家得到了飞速发展，并逐渐成为推动经济社会发展的重要力量。近年来，我国的生产性服务业对整体经济的支撑作用也愈加明显，但是与发达国家相比，总体上仍然存在较大差距。

加快生产性服务业发展和进一步提高其集聚水平，是推进长三角地区高质量发展的重要内容。当前，在新一轮科技革命和产业变革的影响下，生产性服务业的内涵和外延不断扩大，与制造业发展不断融合，诸如研发、物流、技术支持等生产性服务业，不仅成为企业创造价值和利润的关键环节，而且成为影响全球价值链分工地位的重要因素。在发达国家，生产性服务业主要分布于大城市中，具有明显的空间集聚特征。我国的生产性服务业发展也呈现出一定的空间集聚特点，随着长三角城市群的发展和区域地位的上升，越来越多的生产性服务业不断向长三角区域集中，正在形成以上海为核心的生产性服务业集聚区。在长三角一体化发展战略中，长三角城市群肩负着建设成为"全国经济发展强劲活跃的增长极"和"全国经济高质量发展的样板区"的重要使命。目前，长三角一方面作为我国的先进制造业与现代服务业中心，已在全国乃至世界城市群竞争中奠定了较好基础。但是另一方面，长三角总体上仍然处于转变经济发展方式和优化升级产业结构的关键期，需要从多个层面推进经济增长质量与效率的提升，包括从空间溢出角度，进一步强化生产性服务业集聚对长三角城市群经济增长效率的正面效应。

第一节　文献综述和理论分析

一、文献综述

自从斯科特（Scott，1988）首次提出"服务业集聚"这一概念后，学界逐渐将研究重点放在了生产性服务业集聚方面，到目前已经取得了较大进展。国内外学者的研究重点聚焦在两个方面。一是生产性服务业与制造业发展的关系问题，例如江静和刘志彪（2007）认为生产性服务业以高级要素投入为主，其发展能够降低制造业的生产成本，是制造业效率提高的重要源泉。宣烨（2012）的研究证实了生产性服务业集聚可以降低制造业交易成本，不仅能够促进本地区制造业效率的提升，而且还可以对周边城市的制造业效率产生正向溢出效应。于斌斌（2017）利用空间计量模型对生产性服务业集聚与中国城市制造业生产率之间的关系进行了实证分析，研究发现中国城市制造业生产率存在显著的空间相关性，行业结构、地区差异和城市规模等因素都会对两者的关系产生作用，而且生产性服务业集聚的三种外部性对制造业生产率的影响也存在明显的异质性特征。二是关于生产性服务业集聚与经济增长的关系问题，例如格鲁伯和沃克尔（Grubel & Walke，1989）认为生产性服务业与其他产业相比，蕴含着更多的人力资本和知识资本，将其作用于商品和服务的生产过程中，能够提高全社会的生产率。生产性服务业集聚所带来的知识溢出和技术扩散能够促进城市经济发展（Aslesen & Isaksen，2007）。江小涓和李辉（2004）探讨了服务业与经济增长的相互关系，认为服务业在国民经济中的重要性将日益增加，服务业的发展状况会在很大程度上决定未来的经济增长速度。文丰安（2018）实证检验了生产性服务业集聚的经济增长质量效应，认为生产性服务业集聚不利于提升城市经济增长质量，原因是生产性服务业集聚的拥挤效应阻碍了经济增长质量的改善。

综合现有研究，目前关于生产性服务业集聚对经济增长影响的研究还存在一些不足。首先，在研究视角方面，已有文献对生产性服务业集聚对城市经济增长效率影响的研究还比较少，同时缺乏对空间溢出效应的详细分析。其次，在样本选择方面，现有关于生产性服务业集聚与经济增长关系的研究主要集中于全国层面，缺乏对特定区域的研究。鉴于此，本章力图在以下几个方面进行拓展：（1）利用空间杜宾模型检验生产性服务业集聚对长三角城市群经济增长效率的影响及空间溢出效应；（2）进一步按行业分组回归，以考察各细分行业集聚对长三角城市群经济增长质量的影响差异；（3）分析生产性服务业集聚的三种外部性对长三角城市群经济增长效率的作用；（4）从产业协同视角研究生产性服务业与制造业协同集聚如何影响长三角城市群经济增长效率。

二、理论分析

不同于经济增长速度，经济增长效率的核心内容在于经济增长过程中的投入产出比，而劳动、资本和技术又是生产过程中的三大投入要素，因此经济增长效率的提升应包含劳动生产率的提升、资本生产率的提升和全要素生产率的提升。结合集聚经济理论和新经济地理理论，我们从以下几个角度来探讨本章的理论机制。

1. 生产性服务业集聚与经济增长效率

现代经济增长的主要特征表现为产业在空间上的集聚活动，产业在区域范围内的集聚与发展是推动一个地区经济规模增加与效率提升的重要基础。在产业集聚形成的初期，市场需求和生产要素是某一产业集聚的主要因素，市场需求规模大和相关生产要素丰裕的地区往往会吸引大量相互关联并相互竞争的企业在此集聚。生产性服务业的集聚也是如此，长三角地区作为我国的现代化制造业基地，为生产性服务业集聚培育了广阔的发展空间。而生产性服务业的集聚不仅能够为城市提供相应的专业化服务，还可以通过沟通成本、交易成本的降低和知识、技术的扩散促进整个城市经济增长效率的提升。详细来讲：首先，生产性服务业集聚有利于吸引高水平人才的流入，在地区内形成良好的集体学习和创新氛围，这为劳动生产率的提高提供了较强的人力资本支撑。其次，生产性服务业集聚可以通过推动技术创新和进步提高制造业生产率，驱动"中国制造"在全球价值链中的攀升，从而提高产品附加值和资本生产率。最后，生产性服务业集聚可以增强产业内和产业间的技术交流与合作，有助于提高知识和技术扩散效率，从而提升整个地区的全要素生产率。

2. 生产性服务业集聚的外部性与经济增长效率

马歇尔（Marshall，1920）提出了企业因外部性而聚集于同一地理区位的现象，并指出劳动力市场共享、投入产出关联和知识外溢是导致这一现象产生的三个重要因素。在"马歇尔外部性"理论的基础上，格莱泽等（Glaeser et al.，1992）提出MAR外部性理论，认为产业的专业化集聚是外部性产生的重要基础，同一产业在同一地区内的集聚可以降低该产业的生产成本，并有利于知识共享和扩散，从而推动地区内的技术创新。生产性服务业的专业化集聚不仅可以使本产业获得规模经济，而且还能通过专业化服务降低制造业的生产成本，同时扩大了知识和技术溢出的范围，从而促进经济增长效率的提升。与 MAR 外部性理论强调专业化集聚促进了生产率提升的观点不同，Jacobs 外部性理论的核心思想是生产率提升的关键原因在于产业的多样化集聚。地区内多产业间的互动引发知识和技术溢出的跨行业渗透，由此吸引更多的关联产业和专业人才向该地区集聚，从而进一步提高区域内的市场容量、创新动能和增长潜力。生产性服务业的多样化集聚增加了生产性服务业各细分产业间的互动交流，有利于加速人才流动和知识、技术的传播，同时还可以为制造业提供更加完善的服务，对本地区制造业价值链的攀升形成更加有力的支撑，从而带动整体经济增长效率的提升。Porter 外部性理论则认为外部性来源于市场竞争互动中所产生的技术创新和知识溢出，企业之间良好、健康的竞争有助于增强区域内产业集群的竞争优势，提升本地区产业链的整体质量。由于市场竞争效应的存在，生产性服务业为靠近市场、共享某种丰裕要素等原因聚集在某一区域而获得竞争优势。随着集聚程度的增加和专业化分工的深化，本地区生产性服务业的集群竞争优势得到逐步增强，从而推动该地区产业链整体质量和经济增长效率的提升。

3. 生产性服务业—制造业协同集聚与经济增长效率

随着产业分工和融合进程的加快，产业集聚形态发生了明显变化，由过去单一产业集聚逐步向多产业协同集聚过渡，产业协同集聚对经济增长效率的影响也不容忽视。生产性服务业与制造业是"供应商—需求者"的关系，因此两者的融合与协同集聚尤为明显，其产生的经济效应越发值得关注。知识密集型商业服务与制造业企业的协同集聚有助于企业间的创新互动和创新绩效的提升（Muller，2001），进一步强化知识溢出效应，从而形成对经济增长效率的协同创新驱动。具体来说，生产性服务业企业为了贴近市场和靠近"客户"，在制造业集中的地区进行集聚，拉近了供应商与需求者的空间距离，这种"面对面"的高效互动与服务大大降低了沟通与交易成本。同时，生产性服务业与制造业通过人才、知识和技术等生产要素的共享，使产业分工与合作得到深化，有利于优化资源配置和提高生产效率。此外，生产性服务业与制造业融合互动趋势的增强，加快了知识溢出和技术传播的速度，这将大幅缩短本地企业创新和产业转型升级的时间周期，从而提高该地区的经济增长效率。

4. 生产性服务业集聚对经济增长效率的空间溢出效应

克鲁格曼（Krugman，1991）认为，本地要素的溢出效应不会因为地理边界的存在而只作用于初始溢出地。因此，对生产性服务业集聚的经济增长效应研究不能忽略邻近城市之间的空间关系。一方面，生产性服务业集聚会对邻近城市的经济增长效率产生正向溢出效应。原因在于邻近城市生产性服务业员工间的相互交流与学习，可以加速生产性服务业集聚所产生的先进技术和研发创新在城市之间的传播，这种人才、知识和技术等要素的跨市流动将增强城市经济增长效率的趋同性；同时，一个城市通过生产性服务业的前后向产业关联与周边城市发生经贸联系，加强了城市之间的经济联动性，进而产生空间溢出效应；此外，当一个城市的经济发展到一定阶段后，人口、资源和环境承载力达到极限，本地的资金、人才和产业便会向周边城市外溢，以寻求新的发展空间，从而对周边城市的经济增长效率产生正向促进作用。另一方面，生产性服务业集聚也可能对邻近城市的经济增长效率产生负向溢出效应。主要原因是各城市之间在资源要素方面存在一定竞争关系，生产性服务业集聚程度高和发展强势的地区对相关资源要素的吸引力更强，导致周边城市的各种资源要素向本地区集聚，造成"虹吸效应"的发生。

第二节　研究设计

一、空间计量模型设定

为了研究空间溢出效应，需要建立空间计量模型。通过 Wald 检验和 LR 检验，得知空间杜宾模型（SDM）优于空间自回归模型（SAR）和空间误差模型（SEM）。同时，根据 Hausman 的检验结果，应选择固定效应模型。因此，综合上述理论分析和模型检验结果，我们首先设定如下形式的空间面板杜宾模型：

$$\ln EFT_{it} = \rho \sum_{j=1}^{n} W_{ij} \ln EFT_{it} + \beta \ln Paggl_{it} + \theta \sum_{j=1}^{n} W \ln Paggl_{it} + \gamma \ln X_{it} + \alpha_i + \nu_t + \varepsilon_{it}$$

$$(11.1)$$

其中，i 和 t 分别表示城市和时间；被解释变量 ETF_{it} 表示各城市的经济增长效率；ρ 为被解释变量的空间滞后项系数；j 表示空间权重矩阵；$Paggl_{it}$ 为解释变量生产性服务业集聚水平；θ 为解释变量的空间滞后项系数；X_{it} 为一系列控制变量；α_i 和 ν_t 分别表示个体固定效应和时间固定效应；ε_{it} 为随机扰动项。至于空间权重矩阵 W 的设置，我们采用两个城市之间的直线距离的倒数来构造。公式如下：

$$W_{ij} = \begin{cases} 1/d_{ij} & i \neq j \\ 0 & i = j \end{cases} \quad (11.2)$$

其中，W_{ij} 对角线上的元素都为 0；d_{ij} 为城市 i 和城市 j 之间的地理直线距离。

佩斯和勒萨热（Pace & Lesage，2009）指出，由于空间计量模型包含了对邻近地区的影响，在对解释变量对被解释变量的影响进行分析时，不能只观察解释变量的估计系数，应综合考虑解释变量对被解释变量的直接效应和空间溢出效应。因此，我们将 SDM 模型重新设定为如下形式：

$$\ln EFT_{it} = (1 - \rho W)^{-1}(\beta \ln Paggl_{it} + \theta \sum_{j=1}^{n} W\ln Paggl_{it} + \gamma \ln X_{it})$$
$$+ (1 - \rho W)^{-1}(\alpha_i + \nu_t + \varepsilon_{it}) \tag{11.3}$$

假设以第 k 个解释变量为自变量，其对应的被解释变量 $\ln EFT$ 的期望值偏导数矩阵为：

$$\left[\frac{\partial \ln EFT}{\partial \ln Paggl_{1k}} \cdots \frac{\partial \ln EFT}{\partial \ln Paggl_{nk}}\right]_t = (1 - \rho W)^{-1}\begin{bmatrix} \beta_k & w_{12}\theta_k & \cdots & w_{1n}\theta_k \\ w_{21}\theta_k & \beta_k & \cdots & w_{2n}\theta_k \\ \vdots & \vdots & \ddots & \vdots \\ w_{n1}\theta_k & w_{n2}\theta_k & \cdots & \beta_k \end{bmatrix}_t \tag{11.4}$$

其中，W_{ij} 表示空间权重矩阵 W 的第 (i, j) 个元素；直接效应由矩阵中对角线元素的平均值来衡量；间接效应由非对角线元素的平均值来衡量。

其次，依据外部性理论，考察生产性服务业集聚的三类外部性（MAR 外部性、Jacobs 外部性和 Porter 外部性）对长三角城市群经济增长效率的影响及空间溢出效应。模型构建形式如下：

$$\ln EFT_{it} = (1 - \rho W)^{-1}(\beta_1 \ln MAR_{it} + \beta_2 \ln Jacobs_{it} + \beta_3 \ln Porter_{it} + \theta_1 \sum_{j=1}^{n} W\ln MAR_{it}$$
$$+ \theta_2 \sum_{j=1}^{n} W\ln Jacobs_{it} + \theta_3 \sum_{j=1}^{n} W\ln Porter_{it} + \gamma \ln X_{it}) + (1 - \rho W)^{-1}(\alpha_i + \nu_t + \varepsilon_{it})$$
$$\tag{11.5}$$

最后，为考察生产性服务业与制造业协同集聚对长三角城市群经济增长效率的影响和空间溢出效应，我们建立如下空间面板杜宾模型：

$$\ln EFT_{it} = (1 - \rho W)^{-1}(\beta \ln Coaggl_{it} + \theta \sum_{j=1}^{n} W\ln Coaggl_{it} + \gamma \ln X_{it})$$
$$+ (1 - \rho W)^{-1}(\alpha_i + \nu_t + \varepsilon_{it}) \tag{11.6}$$

其中，$Coaggl_{it}$ 表示生产性服务业与制造业协同集聚，$W\ln Coaggl_{it}$ 表示生产性服务业与制造业协同集聚的空间滞后项。

二、变量说明

1. 被解释变量

经济增长效率（*EFT*）。经济增长效率不同于数量型经济增长，体现的是经济增长过程中的投入产出比。对一个经济体来说，在一定投入约束条件下的产出越多，意味着经济增长效率越高，反之则越低。根据柯布—道格拉斯生产函数 $Q = AL^{\alpha}K^{\beta}$ 所反映出来的投入产出关系，劳动、资本和综合技术水平是决定经济增长水平的主要因素。因此，为了反映一个城市的综合经济增长效率，我们从劳动生产率、资本生产率和全要素生产率三个维度来构建经济增长效率指标，然后利用熵值法将这三个分项指标进行合成，最终形成各城市的经济增长效率指数。其中，劳动生产率用城市 GDP 与城市就业人数的比值来衡量；资本生产率用城市 GDP 与城市资本存量的比值来衡量，资本存量采用永续盘存法估算；全要素生产率则是借鉴张军和施少华（2003）的研究，采用索洛残差法进行测算。

2. 核心解释变量

生产性服务业集聚（*Paggl*）[①]。我们借鉴基布尔和布赖森（Keeble & Bryson, 1991）的做法，采用区位熵指标对生产性服务业集聚程度进行衡量。公式如下：

$$Paggl_{ij} = \frac{E_{ij} / \sum_{i} E_{ij}}{\sum_{j} E_{ij} / \sum_{i} \sum_{j} E_{ij}} \tag{11.7}$$

其中，E_{ij} 表示城市 i 在 j 产业上的就业人数，$\sum_{i} E_{ij}$ 表示城市 i 所有产业就业人数之和，$\sum_{j} E_{ij}$ 表示全部城市在 j 产业上的总就业人数，$\sum_{i} \sum_{j} E_{ij}$ 表示全部城市所有产业就业人数之和。区位熵指数代表一个地区某个产业的集聚程度在所有地区中的相对水平（孙浦阳等，2012），$Paggl_{ij}$ 的值与产业集聚程度成正比。

3. 控制变量

（1）经济发展水平（*Dev*），我们用人均 GDP 来衡量一个城市的经济发展水平。（2）外商直接投资（*FDI*），用 FDI 占该城市 GDP 的比重来表示。（3）政府干预程

---

① 结合已有研究对生产性服务业的定义，本章选取"交通运输、仓储和邮政业""信息传输、计算机服务业和软件业""租赁和商业服务业""金融业""科学研究、技术服务和地质勘查业"等行业来代表生产性服务业。

度（Gov），用政府财政支出占城市 GDP 的比重来衡量。（4）人力资本水平（Human），采用在校大学生人数占城市总人口的比重作为代理变量。（5）基础设施（Infras），用人均道路铺装面积来衡量。（6）信息化水平（Inform）采用人均邮电量作为代理变量。

三、数据来源

鉴于数据的可得性，我们选取 2003～2016 年长三角核心区 26 个城市的面板数据进行实证研究，城市名单可见 2016 年 5 月国务院批准的《长江三角洲城市群发展规划》。本章的原始数据来源于国家统计局网站、《中国统计年鉴》《中国城市统计年鉴》及各省份统计年鉴。

第三节 实证结果与分析

一、空间自相关检验

首先，需要判断长三角城市经济增长效率之间是否存在空间相关性，我们采用 Moran's I 指数来进行检验。公式如下：

$$Moran's\ I = \frac{\sum_{i=1}^{n} \sum_{j=1}^{n} W_{ij}(Y_i - \bar{Y})(Y_j - \bar{Y})}{S^2 \sum_{i=1}^{n} \sum_{j=1}^{n} W_{ij}} \tag{11.8}$$

其中，$S^2 = \frac{1}{n} \sum_{i=1}^{n} (Y_i - \bar{Y})^2$，$\bar{Y} = \frac{1}{n} \sum_{i=1}^{n} Y_i$，$Y_i$、$Y_j$ 分别为第 i、j 个城市的经济增长效率，n 为城市数量，W_{ij} 为空间权重矩阵。Moran's I 指数值介于 [-1,1]，如果等于 0，表示长三角城市经济增长效率之间不存在空间相关性；如果大于 0，说明长三角城市经济增长效率之间具有空间正相关性；如果小于 0，则表明长三角城市经济增长效率之间存在空间负相关性。另外，Moran's I 指数的显著性水平用如下公式来检验：

$$Z(Moran's\ I) = \frac{Moran's\ I - E(Moran's\ I)}{\sqrt{VAR(Moran's\ I)}} \tag{11.9}$$

其中，$E(Moran's\ I) = -\dfrac{1}{n-1}$。

表 11-1 展示了 2003~2016 年长三角城市群经济增长效率的 *Moran's I* 指数检验结果。结果显示，除了 2006 年、2007 年和 2008 年的 *Moran's I* 指数不显著外，其余年份的 *Moran's I* 指数均在 5% 或 1% 的统计水平上显著为正，这说明长三角城市群经济增长效率之间具有较强的正向空间相关性。因此，采用空间计量模型是比较合适的。

表 11-1　　　2003~2016 年长三角城市群经济增长效率的 *Moran's I* 指数

年份	*Moran's I*	Z 统计值	P 值	年份	*Moran's I*	Z 统计值	P 值
2003	0.082 ***	4.079	0.000	2010	0.027 **	2.261	0.012
2004	0.043 ***	2.773	0.003	2011	0.012 **	1.799	0.036
2005	0.018 **	1.923	0.027	2012	0.027 **	2.299	0.011
2006	-0.007	1.092	0.137	2013	0.092 ***	4.437	0.000
2007	-0.021	0.633	0.263	2014	0.058 ***	3.250	0.001
2008	-0.010	1.019	0.154	2015	0.073 ***	3.765	0.000
2009	0.016 **	1.870	0.031	2016	0.075 ***	3.876	0.000

注：*** 和 ** 分别表示 1% 和 5% 的显著性水平。

二、空间面板模型回归

表 11-2 报告了 SAR、SEM 和 SDM 三种空间面板模型的回归结果。通过 Wald spatial lag 检验和 LR spatial lag 检验，发现空间杜宾模型（SDM）是最优的。因此，将 SDM 模型作为最终的分析模型。此外，进行 Hausman 检验和时间个体效应检验后发现，应选择时间个体双向固定效应。

表 11-2　　　　　　　　三种空间面板模型的回归结果

变量	SAR	SEM	SDM
ln*Paggl*	0.0974 *** (0.0236)	0.0969 *** (0.0240)	0.1270 *** (0.0221)
ln*Dev*	0.0928 *** (0.0282)	0.0982 *** (0.0289)	0.1030 *** (0.0272)
ln*FDI*	-0.0166 * (0.0098)	-0.0153 (0.0100)	-0.0199 ** (0.0096)
ln*Gov*	-0.2790 *** (0.0407)	-0.2900 *** (0.0422)	-0.2200 *** (0.0365)

续表

变量	SAR	SEM	SDM
ln*Human*	− 0. 0027 （0. 0199）	− 0. 0061 （0. 0205）	0. 0334 * （0. 0203）
ln*Infras*	− 0. 0650 *** （0. 0164）	− 0. 0673 *** （0. 0166）	− 0. 0595 *** （0. 0172）
ln*Inform*	− 0. 0033 （0. 0149）	− 0. 0023 （0. 0151）	0. 0002 （0. 0146）
*W*ln*Paggl*			0. 4700 ** （0. 1970）
*W*ln*Dev*			− 0. 3870 ** （0. 1790）
*W*ln*FDI*			− 0. 2760 *** （0. 0736）
*W*ln*Gov*			1. 7330 *** （0. 2860）
*W*ln*Human*			0. 9640 *** （0. 1800）
*W*ln*Infras*			0. 1380 （0. 1500）
*W*ln*Inform*			− 0. 0199 （0. 1300）
ϱ 或 λ	− 0. 4610 * （0. 2400）	− 0. 0619 （0. 2170）	1. 0080 *** （0. 2690）
Log-L	469. 7438	467. 7492	514. 0141
观察值	364	364	364
R^2	0. 193	0. 143	0. 041

注：*** 、** 和 * 分别表示在 1% 、5% 和 10% 的水平上显著，括号内为标准误，本章下同。

从表 11 – 2 的 SDM 列可以看出，核心解释变量 ln*Paggl* 的系数显著为正，这证实了生产性服务业集聚对长三角城市群的经济增长效率具有明显促进作用。而且，生产性服务业集聚空间滞后项 *W*ln*Paggl* 的系数同样显著为正，表明在长三角城市群中确实存在生产性服务业集聚对经济增长效率的空间溢出效应，即一个城市生产性服务集聚程度的增加对本城市及周边城市的经济增长效率均具有明显的促进作用。进一步地，空间自回归系数 ρ 在 1% 水平上显著为正，说明长三角城市群之间的经济增长效率存在较为明显的正向外溢效应，即一个城市经济增长效率的提升会向周边城市扩散，从而使周边城市的经济增长效率也得到一定程度提升，这意味着相邻城市间经济增长效率具有良性互动的正反馈效应。长三角城市群经济增长效率呈现的良性互动关系反映出长三角区域合作、协调和经济联动性在不断增强，形成了更加紧密的区域命运共同体，从而为长三角一体化高质量发展奠定了坚实的基础。

在进行空间计量模型估计时，生产性服务业集聚对经济增长效率的影响和空间溢出效应不能仅用点估计结果来进行解释，还需要进行空间效应分解。因此，我们进一步探讨生产性服务业集聚对长三角城市群经济增长效率的直接效应和间接效应。如表 11 - 3 所示，生产性服务业集聚对长三角城市群经济增长效率的直接效应和间接效应均显著为正，这进一步验证了生产性服务业集聚对本地及邻近城市的经济增长效率均具有显著提升作用。生产性服务业集聚可以增强本地不同产业间的互动和融合，形成区域内跨行业的协作、分工和竞争网络，有利于改善资源配置和加快知识溢出速度，从而促进本地经济增长效率的提升。同时，本地生产性服务业集聚可以通过自身的"非自愿扩散效应"、邻近城市的"学习模仿效应"以及生产性服务业在本地和邻近城市之间的"促竞争效应""要素流动效应""产业关联效应"等多种途径对周边城市的经济增长效率产生正向空间溢出效应。

表 11 - 3　　　　　空间杜宾模型的直接效应、间接效应和总效应回归结果

变量	直接效应	间接效应	总效应
$\ln Paggl$	0.1170 *** (0.0224)	0.1780 * (0.1000)	0.2950 *** (0.1010)
$\ln Dev$	0.1180 *** (0.0291)	- 0.2560 ** (0.1040)	- 0.1380 (0.0906)
$\ln FDI$	- 0.0108 (0.0094)	- 0.1360 *** (0.0369)	- 0.1470 *** (0.0367)
$\ln Gov$	- 0.2840 *** (0.0365)	1.0410 *** (0.1780)	0.7580 *** (0.1760)
$\ln Human$	0.0034 (0.0186)	0.5040 *** (0.1110)	0.5080 *** (0.1150)
$\ln Infras$	- 0.0652 *** (0.0157)	0.0982 (0.0787)	0.0329 (0.0826)
$\ln Inform$	0.0009 (0.0142)	- 0.0060 (0.0692)	- 0.0051 (0.0721)

对于其他控制变量，经济发展水平的直接效应显著为正，间接效应显著为负。可知本地经济发展水平与邻近城市的经济增长效率呈负相关，原因在于城市之间在

资源和要素等方面存在某种程度的竞争关系，经济发展水平高的城市会对周边城市产生虹吸效应。外商直接投资的直接效应不显著，间接效应显著为负。这意味着本地 FDI 的增加会对邻近城市经济增长效率产生负面影响，这同样是受城市间的竞争关系所引起。政府干预程度的直接效应显著为负，间接效应显著为正。表明本地政府干预程度增加会对经济增长效率产生抑制作用，但可以促进邻近城市经济增长效率的提升。可能的原因是政府在制定产业政策时，存在资源错配，造成效率的损失，但邻近城市的关联产业有可能会因这种资源错配而获益。人力资本水平的直接效应不显著，间接效应显著为正，即人力资本水平的提升不一定会影响到本地的经济增长效率，但可以对邻近城市产生正向影响。这是由于人力资本水平较高城市的人力资本逐渐饱和，对周边城市产生了溢出效应。基础设施的直接效应显著为负，间接效应不显著。说明本地基础设施的改善阻碍了经济增长效率的提升，这似乎与预期不相符合。可能的解释是长三角地区的基础设施已经很完善，进一步增加基础设施投资所带来的正向作用有限，而且基础设施投资过多会对其他产业造成挤出效应。信息化程度的直接效应、间接效应都不显著，说明信息化对本地以及邻近城市经济增长效率的影响均不太明显。

三、按行业分组回归

为了考察生产性服务业集聚对长三角城市群经济增长效率影响的行业异质性，我们进一步对生产性服务业的细分行业进行实证研究与分析。回归结果如表 11 - 4 所示。从表 11 - 4 中可以看出，生产性服务业集聚对长三角城市群经济增长效率的影响及空间溢出效应存在一定的行业异质性。交通运输、仓储和邮政业、租赁和商业服务业、金融业、科学研究、技术服务和地质勘查业的直接效应系数均显著为正，而信息传输、计算机服务业和软件业的直接效应系数都不显著。这说明除了信息传输、计算机服务业集聚和软件业集聚的影响效果不明显外，其他四个细分行业的集聚对长三角城市群经济增长效率均具有显著促进作用。进一步观察各行业集聚的间接效应，发现在生产性服务业细分行业中，只有科学研究、技术服务和地质勘查业集聚不仅能够促进本地经济增长效率，还可以对周边城市的经济增长效率产生正向影响，而其他细分行业集聚对长三角城市群经济增长效率均不具有空间溢出效应。可能的原因在于：经济集聚的空间溢出效应会随着地理距离的增加而不断下降，生产性服务业的单一类别行业集聚所产生的知识溢出和经济效应有限，虽然可以有效促进本地经济增长效率的提升，但受地理距离的约束还不足以影响到其他地区。而科学研究、技术服务业是以技术和知识向全社会提供服务的产业，具有科技含量高、产业附加值大的特点，该产业的集聚能够大幅提高技术扩散效率，推动整个区域的技术创新、科技进步与生产率的提高。因此，科学研究、技术服务业集聚产生的经济效应更大，辐射带动作用也更强，可以突破地理距离产生空间溢出效应。

表 11 - 4　　　　　　　　　　　　　细分行业的回归结果

效应	变量	交通运输、仓储和邮政业	租赁和商业服务业	信息传输、计算机服务业和软件业	金融业	科学研究、技术服务和地质勘查业
直接效应	$\ln Paggl$	0.0491 *** (0.0159)	0.0209 ** (0.0106)	0.0087 (0.0067)	0.0812 *** (0.0189)	0.0688 *** (0.0153)
	控制变量	是	是	是	是	是
间接效应	$\ln Paggl$	0.0364 (0.0736)	0.0452 (0.0511)	0.0303 (0.0355)	0.0304 (0.0824)	0.2150 *** (0.0731)
	控制变量	是	是	是	是	是
总效应	$\ln Paggl$	0.0856 (0.0722)	0.0661 (0.0538)	0.0390 (0.0360)	0.1120 (0.0789)	0.2840 *** (0.0763)
	控制变量	是	是	是	是	是

注：受篇幅所限，控制变量的结果没有展示。

四、生产性服务业集聚外部性对经济增长效率的影响

进一步我们从外部性视角进行实证分析。我们借鉴格莱泽等（Glaeser et al., 1992）、张学良（2012）的研究，采用专业化指数、多样化指数和波特指数来对生产性服务业集聚的三类外部性进行衡量。公式如下：

$$MAR_i = \text{Max}(s_{ji}/s_j) \tag{11.10}$$

$$Jacobs_i = 1/\sum_j |s_{ji} - s_j| \tag{11.11}$$

$$Porter_i = \frac{N_i/G_i}{\sum_i N_i / \sum_i G_i} \tag{11.12}$$

其中，s_{ji} 为城市 i 中产业 j 的就业人数占该城市所有就业人数的比重；s_j 为产业 j 的就业人数占所有城市总就业人数的比重；N_i 为城市 i 批发零售贸易企业数；G_i 为城市 i 限额以上批发零售贸易业商品销售总额。

表 11 - 5 的回归结果显示，生产性服务业集聚的三类外部性对长三角城市群经济增长效率的影响存在一定差异。具体来看，生产性服务业集聚的 MAR 外部

性的直接效应显著为正，即生产性服务业的专业化集聚能够显著提升长三角城市群的经济增长效率。同类企业在空间范围内的集聚通过人员流动、资源共享和知识外溢，加速了本地创新水平和产业竞争力的提升，进而提高了经济增长效率。Jacobs 外部性的直接效应同样显著为正，即生产性服务业的多样化集聚也对长三角城市群经济增长效率具有明显的正向作用。多样化产业集聚有利于增强产业间的互动，人才、知识、技术等要素在不同产业间的渗透与融合能够进一步激发区域内的创新活力，从而推动经济增长效率的提升。Porter 外部性的直接效应显著为负，表明区域内的竞争互动增强不利于长三角城市群经济增长效率的提高。可能的原因在于长三角地区生产性服务业缺乏良性、健康的竞争秩序，存在过度竞争现象或者同质化竞争严重的问题，因此造成了经济增长效率的损失。此外，由间接效应结果来分析生产性服务业集聚外部性对经济增长效率的空间溢出效应。可以看到，生产性服务业集聚的 MAR 外部性、Jacobs 外部性和 Porter 外部性对经济增长效率的间接效应均不显著。这表明，虽然生产性服务业集聚的三种外部性均能够对本地经济增长效率产生显著影响，但还不足以对周边城市的经济增长效率产生空间溢出效应。

表 11 – 5　　　　　　　生产性服务业集聚外部性影响的回归结果

变量	直接效应	间接效应	总效应
lnMAR	0.0652 *** (0.0145)	0.0740 (0.0720)	0.1390 * (0.0719)
ln$Jacobs$	0.0446 *** (0.0153)	− 0.0102 (0.0812)	0.0344 (0.0828)
ln$Porter$	− 0.0274 *** (0.0103)	0.0476 (0.0489)	0.0203 (0.0484)
控制变量	是	是	是

五、生产性服务业与制造业协同集聚对经济增长效率的影响

前文理论部分分析了生产性服务业与制造业协同集聚对城市经济增长效率的影响，现在对此进行实证检验。我们借鉴艾力森（Ellison，2010）、崔书会（2019）的研究，用如下公式对生产性服务业与制造业协同集聚程度进行衡量：

$$Coaggl_{it} = \left(1 - \frac{|Maggl_{it} - Paggl_{it}|}{Maggl_{it} + Paggl_{it}}\right) + |Maggl_{it} + Paggl_{it}| \qquad (11.13)$$

其中，$Maggl_{it}$表示制造业集聚指数，$Paggl_{it}$表示生产性服务业集聚指数，$Maggl_{it}$和$Paggl_{it}$两个集聚指数同样都是采用区位熵法来计算。

从表11-6中可以看出，生产性服务业与制造业协同集聚的直接效应显著为正，意味着生产性服务业与制造业协同集聚对长三角城市群经济增长效率具有明显促进作用。生产性服务业与制造业的协同集聚有助于深化产业间的融合，加快人才、信息、知识和技术的跨行业流通速度。而产业融合的深化和生产要素流动的加快，不仅可以大幅降低生产成本，还可以激发创新活力和推动产业转型升级，从而提高各关联产业乃至整个区域的生产效率。进一步观察空间效应，得知生产性服务业与制造业协同集聚抑制了周边城市的经济增长效率。原因在于：本地的生产性服务业与制造业协同集聚程度增强对邻近城市的资源要素具有"虹吸效应"，本地的多产业协同集聚会降低该区域企业的要素成本和提高区域内的创新水平，这将吸引邻近地区的资源要素向本地集聚，由此对周边城市造成负面影响。

表 11-6 　　　　　　　　生产性服务业与制造业协同集聚影响的回归结果

变量	直接效应	间接效应	总效应
ln$Coaggl$	0.0973 ** (0.0440)	-0.3820 * (0.2150)	-0.2840 (0.2100)
控制变量	是	是	是

第四节　进一步计量分析

在现实经济活动中，产业的空间集聚关系不仅仅与地理特征有关，还会受到社会经济特征的影响。因此，我们进一步引入经济距离权重矩阵和人力资本距离权重矩阵，从多种角度考察生产性服务业集聚对经济增长效率的空间溢出效应。

一、引入经济距离权重矩阵

为考察城市之间经济发展水平的差异性对生产性服务业集聚空间溢出效应的影响，我们引入经济距离权重矩阵：

$$W_{2,ij} = \begin{cases} 1/\left|\overline{GDP_i} - \overline{GDP_j}\right| & i \neq j \\ 0 & i = j \end{cases} \tag{11.14}$$

其中，$\overline{GDP}$为 2003～2016 年某城市的 GDP 平均值，以衡量一个城市的经济发展水平。

由表 11 - 7 中可知，$\ln Paggl$ 的间接效应不显著，这意味着生产性服务业集聚对经济发展水平相近城市的经济增长效率不存在明显的空间溢出效应。生产性服务业集聚的 Jacobs 外部性和生产性服务业与制造业协同集聚的间接效应均显著为负，说明生产性服务业集聚的 Jacobs 外部性和生产性服务业与制造业协同集聚对经济发展水平相近城市的经济增长效率都具有负向溢出效应。这是因为：本地生产性服务业多样化集聚和生产性服务业与制造业协同集聚程度的提高能够促进产业之间的融合发展，降低企业间的贸易成本、要素成本和沟通成本，增强本地区对其他城市资源要素的吸引力。特别是经济特征相近城市之间存在着较强的竞争关系，本地区产业竞争力的提升和企业经营环境的改善将不可避免地对经济特征相近的城市形成"虹吸效应"，从而对这些城市的经济增长效率产生抑制作用。

表 11 -7 　　　　　　　　　　基于经济距离权重矩阵的回归结果

变量	生产性服务业集聚		生产性服务业集聚外部性		生产性服务业与制造业协同集聚	
	直接效应	间接效应	直接效应	间接效应	直接效应	间接效应
$\ln Paggl$	0.0995 *** (0.0242)	- 0.0244 (0.0507)				
$\ln Coaggl$					0.0906 ** (0.0462)	- 0.3350 *** (0.0844)
$\ln MAR$			0.0610 *** (0.0150)	0.0032 (0.0328)		
$\ln Jacobs$			0.0608 *** (0.0160)	- 0.0898 *** (0.0345)		
$\ln Porter$			- 0.0347 *** (0.0104)	- 0.0358 (0.0229)		
控制变量	是	是	是	是	是	是

二、引入人力资本距离权重矩阵

为考察城市之间人力资本水平的差异性对生产性服务业集聚空间溢出效应的影响，我们引入人力资本距离权重矩阵：

$$W_{3,ij} = \begin{cases} 1 \big/ \left| \overline{Human_i} - \overline{Human_j} \right| & i \neq j \\ 0 & i = j \end{cases} \tag{11.15}$$

其中, *Human* 为 2003～2016 年某城市的人力资本平均值, 以衡量一个城市的人力资本水平。

如表 11 -8 所示, 生产性服务业集聚的间接效应不显著, 即生产性服务业集聚对人力资本水平相近城市的经济增长效率的空间溢出效应不明显。生产性服务业集聚的 Porter 外部性的间接效应显著为正, 这意味着本地区产业竞争程度的加剧会对人力资本水平相近城市的经济增长效率产生正向溢出效应。这是因为: 本地区生产性服务业的过度竞争会产生拥挤效应, 不断推动土地、资源和人力成本的上升, 恶化本地企业的经营环境。在日益激烈的竞争状况下, 企业会通过区域流动来寻求更好的发展。由于生产性服务业对人力资本的依赖程度较高, 因此具有相近人力资本水平的城市将成为这些外迁企业的主要承接地, 于是就进一步增强了这些城市生产性服务业的集聚效应。生产性服务业与制造业协同集聚的间接效应显著为正, 表明生产性服务业与制造业协同集聚可以通过外溢效应促进人力资本水平相近城市的经济增长效率。原因在于: 一方面, 多产业协同集聚可以进一步增强产业关联效应, 深化产业之间的融合发展, 扩大产业集聚效应和空间溢出效应。另一方面, 产业集聚的实质是资源要素的集聚, 其中尤为重要的是人力资本的集聚。城市之间产业集群的互动合作需要相应的人力资本水平作为支撑, 人力资本水平差距较小有利于加速城市间人力资源的流动和劳动力共享市场的形成, 增加互动学习的机会, 提高创新效率。

表 11 -8　　　　　　　　　基于人力资本距离权重矩阵的回归结果

变量	生产性服务业集聚		生产性服务业集聚外部性		生产性服务业与制造业协同集聚	
	直接效应	间接效应	直接效应	间接效应	直接效应	间接效应
ln*Paggl*	0. 0759 *** (0. 0241)	- 0. 0442 (0. 0530)				
ln*Coaggl*					0. 1470 *** (0. 0489)	0. 5530 *** (0. 1200)
ln*MAR*			0. 0432 *** (0. 0152)	- 0. 0380 (0. 0408)		
ln*Jacobs*			0. 0355 ** (0. 0155)	0. 0409 (0. 0417)		
ln*Porter*			- 0. 0236 ** (0. 0102)	0. 1140 *** (0. 0303)		
控制变量	是	是	是	是	是	是

第五节　研究结论与政策启示

　　本章分析了生产性服务业集聚对经济增长效率的影响机制，并利用2003～2016年长三角城市群的面板数据实证检验了生产性服务业集聚对经济增长效率的影响和空间溢出效应。结果显示，生产性服务业集聚不仅能够显著提升长三角城市本地区的经济增长效率，而且还对周边城市的经济增长效率产生正向溢出效应，但是这种影响在生产性服务业各细分行业之间存在一定异质性。进一步，本章又探讨了生产性服务业集聚的三种外部性对经济增长效率的影响。其中，生产性服务业集聚的 MAR 外部性和 Jacobs 外部性有利于长三角城市群经济增长效率的提升，Porter 外部性的作用则相反，而这三种外部性对经济增长效率的空间溢出效应均没有通过显著性检验。此外，我们还从产业协同集聚的视角检验了生产性服务业与制造业协同集聚的影响及空间溢出效应。结果表明，长三角地区的生产性服务业与制造业协同集聚对本地区经济增长效率具有显著促进作用，但对周边城市的经济增长效率则因"虹吸效应"而具有一定抑制作用。最后，本章进一步引入经济距离权重矩阵和人力资本距离权重矩阵，从社会经济因素方面考察生产性服务业集聚对经济增长效率的空间溢出效应。结果显示，生产性服务业集聚的 Jacobs 外部性和生产性服务业与制造业协同集聚均对经济发展水平相近城市的经济增长效率具有负向溢出效应，而生产性服务业集聚的 Porter 外部性和生产性服务业与制造业协同集聚均对人力资本水平相近城市的经济增长效率具有正向溢出效应。

　　综合以上分析，本章得出以下政策启示：（1）政府应制定相应政策进一步引导生产性服务业在长三角城市群的空间集聚，减少地区间要素流动、知识共享和技术传播的障碍，充分发挥生产性服务业集聚对区域经济增长效率的提升作用和空间溢出效应。（2）长三角地区需要继续推动生产性服务业内部的行业结构优化，重点扶持科技创新产业的发展，集聚各类创新要素，进一步激发创新对区域高效发展的强大驱动力。（3）鼓励长三角地区生产性服务业的专业化集聚和多样化集聚，提高专业化服务核心竞争力，为地区产业升级和生产率的提升提供完善的中间服务。同时，要营造良好、健康和有序的市场竞争环境，培育区域内的差异化竞争优势。（4）经济发展水平相近的城市应注重产业的差异化发展，加强彼此之间的交流与合作，优化资源配置，减少同质化竞争。人力资本水平相近的城市要做好产业的梯度转移，不断优化产业空间布局，进一步增强产业集聚的正向空间溢出效应。（5）各地区要推动生产性服务业与制造业的融合发展，优化多产业良性互动的市场环境，促进产业间的融合与协同创新。同时，按照因地制宜的原则，对长三角地区的产业布局进行统筹规划，在城市群之间形成合理分工、优势互补、协同发展的良好局面，加快推进长三角区域一体化发展。

第十二章

生产性服务业与高技术产业协同集聚和经济高质量增长

长期以来，我国部分地区追求经济规模和增长速度，严重依赖"高投入、高能耗、高污染"的发展路径，忽视了增长质量和社会效益，导致产能过剩、资源短缺、生态环境恶化、增长动能不足等问题的出现。为此，中央指出我国经济已由高速增长阶段转向高质量发展阶段，正处在转变发展方式、优化经济结构、转换增长动力的攻关期，建设现代化经济体系是跨越关口的迫切要求和我国发展的战略目标。

生产性服务业与制造业的互动融合发展，不仅是现代产业发展趋势，而且是转变经济发展方式、推动经济提质增效的必然要求。生产性服务业与高技术产业的融合发展需要两者的协同集聚，这有利于促进产业间的互动交流、知识共享和分工协作，加快科技创新和技术外溢，进一步提高经济社会效益。那么，生产性服务业与高技术产业协同集聚是否真的能够改善经济增长质量？通过哪些渠道来改善？背后的作用机制是什么？这一系列的问题都需要进行检验，这对于促进我国生产性服务业与制造业互动融合发展和实现我国经济高质量发展目标，都具有重要的理论与现实意义。

第一节 文献综述

在现有研究中，与本章主题相关的文献大致可以分为以下四类：

第一类是关于经济增长质量指标体系构建与衡量的研究。目前，学界对经济增长质量的衡量方法主要分为两种：一种是从狭义角度来对经济增长质量进行定义。

例如，沈利生和王恒（2006）认为增加值率从总体上衡量一个经济体的投入产出效益，可以在一定程度上反映一个经济体的经济增长质量。而沈坤荣和傅元海（2010）则是采用全要素生产率来代表经济增长质量。以上学者都是采用单一指标来衡量经济增长质量，但是经济增长质量是一个复合概念，不应局限于经济增长的效率。因此，近年来，一些学者又提出了第二种经济增长质量衡量方法，即从广义角度出发，通过构建指标评价体系来测算经济增长质量。比较有代表性的是：钞小静和惠康（2009）根据经济增长质量的内涵，从经济增长结构、经济增长稳定性、经济增长的福利变化与成果分配以及资源利用与生态环境代价四个维度构建了中国经济增长质量指标体系。之后，毛其淋（2012）将经济增长质量的评价体系扩展为经济增长的协调性、有效性、持续性、稳定性和分享性五个维度。何兴邦（2018）则是以经济增长效率、产业结构升级、经济发展稳定性、绿色发展、福利改善和收入分配公平性六个方面作为经济增长质量评价体系的分项指标。可以看出，学界对经济增长质量内涵的理解在不断深化，涵盖的范围也在不断扩大，经济发展的价值不应局限于物质的增长和财富的增加，也关系到人的全面发展、社会的全面进步和生态体系的和谐。

第二类是关于经济增长质量影响因素的研究。近年来，有关经济增长质量影响因素的研究主要体现在以下几个方面。（1）经济开放特别是对外直接投资对经济增长质量的影响是学界研究的重点领域。随洪光和刘廷华（2014）利用国际面板数据研究了 FDI 与发展中东道国经济增长质量的关系。孔群喜等（2019）从微观视角检验了 FDI 对中国经济增长质量的作用。（2）金融、财税对经济增长质量的影响同样不可忽视。马轶群和史安娜（2012）考察了金融发展与经济增长质量的关系。林春（2017）等从财税角度分别探讨了财政分权和税制结构变迁对经济增长质量的作用。（3）现阶段我国越来越重视绿色低碳经济的发展，不少学者开始关注环境规制对经济增长质量的影响，如何兴邦（2018）等。（4）随着我国城市化进程进入新阶段，产业集聚趋势越发明显，很多学者开始关注产业集聚的经济增长质量效应。包括文丰安（2018）等利用中国城市面板数据考察了生产性服务业集聚对经济增长质量的影响，但得出了不同的结论。由此可见，有关经济增长质量影响因素的研究已经取得一定进展，这些文献对本章的选题和研究都具有重要启示和帮助。

第三类是关于产业集聚的经济社会效应的研究。现有文献主要从经济增长、产业发展、劳动生产率、技术创新和环境效益等方面对产业集聚的经济社会效应进行了分析。具体来看，希科尼（Ciccone，2002）等利用欧洲多个国家的数据，研究了产业集聚与经济增长之间的关系，证实了产业集聚是经济增长的重要推动力量。

于斌斌（2017）等考察了生产性服务业集聚对制造业的影响。孙浦阳等（2013）的研究表明工业集聚在长期能有效提升劳动生产率，而服务业集聚的影响不明显。惠炜和韩先锋（2016）认为生产性服务业集聚促进了劳动生产率的提升，但这种集聚效应存在明显的地区差异。闫逢柱等（2011）的研究结果显示，产业集聚在短期内能够降低环境污染程度，但从长期看，这种正向效果将变得不显著。显然，以上文献都只是从单一方面或狭义角度来探讨产业集聚的经济社会效应，缺乏广义视角的研究。

第四类是关于产业协同集聚及其经济社会效应的研究。近年来，随着产业融合发展进程的不断加快，产业协同集聚对经济社会产生的影响日益扩大，学界开始逐渐重视对产业协同集聚效应的研究。艾利森和格莱泽（Ellison & Glaeser，1997）最早关注了产业协同集聚现象，构建了 E-G 指数来衡量产业协同集聚水平。此后，E-G 指数便经常被用于产业协同集聚的相关研究中。比如，路江涌和陶志刚（2006）基于工业企业数据，利用 E-G 指数测算了中国制造业的区域集聚和共同集聚程度，并对此进行了国际比较。陈建军等（2016）则是借鉴 E-G 指数的思想，构建了新的产业协同集聚测算方法，并基于此研究了产业协同集聚对城市生产效率的影响。随后，崔书会等（2019）也借鉴这一新方法测算了 2003～2016 年我国 280 个地级市的产业协同集聚水平，并考察了产业协同集聚的资源错配效应。

从现有文献来看，目前关于产业集聚对经济增长质量的影响研究有了一定的广度和深度，但仍然存在以下不足：首先，经济增长质量是一个复合概念，涵盖经济和社会的方方面面，已有文献大多数都是从单一方面或狭义角度来研究产业集聚的经济社会效应，较少从全局或广义角度对产业集聚的经济增长质量效应进行探讨。其次，大多数文献都侧重于考察单一产业集聚的经济社会效应，缺少基于产业协同集聚特别是生产性服务业与高技术产业协同集聚视角的研究。最后，不少文献虽然分析了产业集聚对经济增长的作用途径，但缺乏相关的实证检验。基于此，本章试图在以下几个方面做出贡献：第一，在研究视角方面，本章将生产性服务业与高技术产业协同集聚和经济增长质量相结合，构建了相应的理论分析框架，从产业协同视角探讨了提升经济增长质量的实现路径。虽然近年来不乏关于产业集聚与经济增长质量的文献，但是有关产业协同集聚对经济增长质量影响的研究却鲜有出现，我们的研究对此进行了补充。第二，在研究方法方面，现有文献大部分采用主成分分析法对经济增长质量进行测算，而本章则是重点采用熵值法来测算经济增长质量指标，同时采用主成分分析法进行了稳健性检验，从而使得出的研究结论更加可靠。第三，在研究内容方面，除了考察生产性服务业与高技术产业协同集聚对经济增长质量的影响之外，我们还通过建立中介效应模型和构建产业协同集聚的三类外部性衡量指标，分别从技术进步和产业协同集聚外部性视角检验了生产性服务业与高技术产业协同集聚对经济增长质量的作用机制，弥补了现有文献在作用机制检验方面的不足，进一步深化和丰富了产业集聚与经济增长质量关系的研究。

第二节　理论分析

一、生产性服务业—高技术产业协同集聚与经济增长质量

生产性服务业与高技术产业都以人力资本和知识资本作为主要投入品，属于知识密集型产业和技术密集型产业。两者在空间范围内的协同集聚，有利于促进产业间的互动融合，加快知识共享和技术传播的速度，进一步激发地区创新活力，创造更大规模的经济效应和社会效应，推动地区经济增长质量的提升。具体来讲，生产性服务业与高技术产业协同集聚对经济增长质量的影响主要体现在以下五个方面。

1. 生产性服务业—高技术产业协同集聚与经济增长效率

现代经济增长的主要特征表现为产业在空间上的集聚活动，产业在区域范围内的集聚与发展是推动地区经济规模增加与效率提升的重要基础。首先，生产性服务业与高技术产业协同集聚有利于改善地区投资经营环境，促进企业间的技术交流与合作，吸引大规模高素质专业性人才的流入，提升产业对先进技术的吸收能力，促进地区劳动生产率的提高。其次，生产性服务业与高技术产业协同集聚可以通过技术创新与进步，驱动产业价值链攀升，提高地区产品附加值和资本生产率。最后，生产性服务业与高技术产业协同集聚会使市场分工更加细化，越来越细密的生产链分工促进地区专业化水平和协作效率的进一步提升，这将更有力地激发创新活力，推动技术、产品与服务持续升级，不断提高地区全要素生产率。

2. 生产性服务业—高技术产业协同集聚与经济增长稳定性

经济增长稳定性主要是指经济在一个较长时期内保持健康稳定的增长态势，具体表现为适度的经济增长速度、较低的失业率和稳定的物价水平。因此，我们从以下三个方面来探讨生产性服务业与高技术产业协同集聚对经济增长稳定性的影响。第一，生产性服务业与高技术产业协同集聚有利于产业间的互动融合，推动新行业、新业态和新模式的孕育成长，为经济发展提供新动能，平抑经济波动。第二，

高技术产业和生产性服务业等新兴产业的不断壮大，能创造大量就业岗位，吸引传统产业和产能过剩部门的员工向新兴产业转移，以缓解就业压力和降低社会失业率。第三，生产性服务业与高技术产业协同集聚，有利于提高劳动生产率，降低制造业生产成本，抑制成本推动型通货膨胀。

3. 生产性服务业—高技术产业协同集聚与经济结构优化

生产性服务业与高技术产业协同集聚对经济结构的优化作用主要体现在产业结构优化方面，即产业结构的合理化和高级化。生产性服务业与高技术产业内部各部门的协同集聚有利于地区多样化经济发展，提升市场分工的细化水平，优化资源要素配置状况，实现产业结构的合理化发展。同时，生产性服务业与高技术产业协同集聚将促进地区劳动密集型产业和资源密集型产业向知识密集型产业和技术密集型产业转变，加快技术创新，而技术创新带来的需求结构变动与劳动生产率变革，是地区产业结构升级的重要推动力。

4. 生产性服务业—高技术产业协同集聚与社会福利

生产性服务业与高技术产业协同集聚对社会福利的影响主要体现在以下三个方面：第一，产业协同集聚能够推动城市化的发展，创造更多就业机会，转移大量农村剩余劳动力，提高城乡居民收入。第二，在生产性服务业与高技术产业协同集聚程度较高的地区，知识和技术溢出效应更加明显，这不仅能有效提高地区劳动生产率，还可以降低要素成本和交易成本，提高该地区的企业利润和工资水平。第三，生产性服务业与高技术产业协同集聚有利于推动地区产业价值链的提升，创造更多的社会财富和更优越的生活环境，从而改善基础设施，提高教育、医疗等公共服务水平。

5. 生产性服务业—高技术产业协同集聚与绿色发展

产业集聚不仅可以通过价格机制和竞争机制提高资源配置效率，还能有效促进企业间的节能环保知识溢出和共享，加快环境技术创新，提高能源利用效率，促进污染减排（沈能等，2013）。具体来讲，首先，生产性服务业与高技术产业聚集了大量专业技术人员，在集体学习和知识溢出的作用下，会加速推动绿色技术创新，不断孕育出新的环境污染治理技术和处理方法，持续改善环境质量。其次，生产性服务业与高技术产业协同集聚有助于推动清洁能源技术的研发和节能减排等先进生产技术在制造业中的应用，提高资源利用效率，改善能源利用结构。最后，生产性服务业与高技术产业协同集聚能促进产业结构转型升级，使生产环节向低污染和高附加值的两端延伸，不断优化要素投入结构，降低能源消耗程度和碳排放水平。

基于此，提出以下假说。

H12.1：生产性服务业与高技术产业协同集聚能够显著改善地区经济增长质量。

H12.2：生产性服务业与高技术产业协同集聚对经济增长质量的改善作用主要源于其对经济增长效率、经济增长稳定性、经济结构优化、社会福利和绿色发展五个方面的积极影响。

二、生产性服务业与高技术产业协同集聚对经济增长质量的作用机制

上一部分分析了生产性服务业与高技术产业协同集聚对经济增长质量的影响，但没有详细阐释生产性服务业与高技术产业协同集聚究竟是通过哪些途径作用于经济增长质量的。接下来，我们从技术进步和产业协同集聚外部性两个视角来探讨生产性服务业与高技术产业协同集聚对经济增长质量的作用机制。

1. 技术进步作用

格莱泽等（Glaeser et al.，1992）指出大量相似或不同产业在一定空间范围内的集聚，有利于知识溢出和技术传播，进而推动地区技术创新。这是因为知识和技术的传播具有空间局限性，会随着地理距离的增加而衰减和扭曲，在有限的时间内新知识新技术只能在有限的空间内传播，对知识和技术的充分吸收以及再创新，需要通过人与人面对面地频繁交流。而产业集聚为知识和技术的传播提供了便利的空间环境，降低了员工之间的交流成本，大幅缩短了知识和技术传播的时滞，从而有效推动地区技术创新。生产性服务业与高技术产业同属于知识密集型产业，都以人力资本和知识资本作为主要投入品，因此两者可以共享人才市场和中间产品，同时也成为了"供应商—需求者"的关系。两者的共同集聚有利于促进产业间的互动融合，加速知识、技术溢出，进一步强化产业集聚的技术进步效应。

技术进步是经济持续稳定增长的动力源泉，生产性服务业与高技术产业协同集聚可以通过推动技术进步提升经济增长质量。这主要体现在以下几个方面：（1）生产性服务业与高技术产业协同集聚引起的技术进步可以突破资源要素的瓶颈制约，提升劳动生产率、资本生产率和全要素生产率，进而提升总体经济增长效率。（2）在高投入、高消耗的粗放型经济增长模式不可持续的情况下，技术进步是保持经济稳定增长的不竭动力。（3）技术进步可以提高技术研发和创新能力，促进产业结构转型升级，使产业集群向价值链高端攀升，改善地区产业结构、产品质量结构和出口结构。（4）技术进步能有效提升产业竞争力和劳动生产率，提高当地企业利

润和工资水平，从而也会带来更多的财政收入，使当地有能力进一步改善地区基础设施，提高教育、医疗等公共服务水平。（5）技术进步可以推动绿色技术创新，不断创造出新的清洁能源和环境污染处理技术，提高资源利用效率和能源利用结构，进而促进地区绿色发展。

基于此，提出以下假说。

H12.3：生产性服务业与高技术产业协同集聚通过推动技术进步这一传导机制促进经济增长质量的提升。

2. 外部性作用

（1）MAR 外部性。马歇尔（Marshall，1920）指出劳动力市场共享、投入产出关联和知识外溢是导致企业因外部性而聚集于同一地理区位现象产生的三个重要因素。在此基础上，格莱泽等（Glaeser et al.，1992）进一步提出了 MAR 外部性理论，认为产业的专业化集聚是外部性产生的重要基础，同类产业的集聚可以降低生产成本，并有利于知识共享和扩散，推动地区技术创新。具体而言，首先，专业化集聚易于形成专业化的供应链，提高产业专业化程度，扩大产业内的规模经济效应，促进产业发展和结构优化（Krugman，1980）。其次，专业化集聚可以创造出一个更加完善的劳动力市场，不仅能使当地企业共享劳动力，也有利于员工的就业和跨部门流动，这样既可以避免劳动力短缺现象的发生，又可以降低失业率。最后，专业化集聚有利于专业化人力资源在专业化分工体系内的流动，减少知识和技术溢出的衰减和扭曲，使知识和技术得到更加充分的传播。

（2）Jacobs 外部性。雅各布（Jacobs，1969）认为外部性源于产业间知识的差异性和多样化，产业间的互动、交叉领域的碰撞所形成的知识溢出和技术传播，是实现技术创新的重要途径。高技术产业和各类生产性服务业都具有一定关联性和互补性，多样化集聚有助于促进产业间的互动融合，各领域的人才相互交流和知识、技术的跨部门传播会产生"相互孕育"的效果，由此加速技术创新（Audretsch & Feldman，1998）。尤其是高技术产业和众多类型生产性服务业的融合，能够集聚更加多样化的创新要素，孕育出更多交叉领域的创新产品和服务，进一步扩大经济增长质量效应。同时，多样化集聚还可以促进产业内和产业间的精细化分工，在集聚区内形成相互竞争、协作的商业网络，激发地区经济活力，增强地区竞争力，为高质量增长提供有力支撑。

（3）Porter 外部性。Porter 外部性理论认为知识溢出来源于市场竞争，强调企业或产业的竞争优势对经济增长的重要性（Porter，1990）。产业在空间范围内的集聚，增加了企业的生存压力，企业为了获得持续的竞争优势，就会促使自身不断进行创新。企业间的这种竞争互动关系将促进知识和技术的溢出，不断推动产业向质量更高、结构更优的阶段发展，从而对地区经济增长质量的改善形成有力支撑。而且，在一个地区中，企业间的相互竞争会加速优胜劣汰，低效率的企业将无法在市场中继续生存，市场最终属于竞争力强的企业。因此，为提高竞争力，企业会不断强化其高效业务模块，分割或外包其低效业务模块，那么所有有竞争力的个体及其高效业务模块加起来就构成一个具有竞争力的产业集群，而产业集群竞争优势的形成又将进一步推动地区经济增长质量的提升。

基于此，提出以下假说：

H12.4：生产性服务业与高技术产业协同集聚还可以通过产业协同集聚的外部性作用机制促进经济增长质量的提升。

第三节　计量模型和实证分析

一、计量模型设定

为检验生产性服务业与高技术产业协同集聚对经济增长质量的影响，同时考虑可能存在的内生性问题，我们采用两步系统 GMM 法，进行动态面板模型估计。为此，我们构建如下形式的动态回归模型：

$$Quality_{it} = \beta_0 + \gamma_1 Quality_{i,t-1} + \beta_1 Coaggl_{it} + \lambda_1 Control_{it} + \mu_i + \varepsilon_{it} \qquad (12.1)$$

其中，$Quality_{it}$ 是 i 地区 t 年的经济增长质量综合指数，$Coaggl_{it}$ 为 i 地区 t 年的生产性服务业与高技术产业协同集聚度，$Control_{it}$ 表示一系列的控制变量，μ_i 为个体效应，ε_{it} 为随机误差项。

二、变量和数据说明

1. 被解释变量：经济增长质量（*Quality*）

经济增长质量注重在经济数量增长基础上数量与质量的协调统一，注重经济增长的后果和前景以及长短期的结合，是效率提高、结构优化、稳定性提高、福利分配改善、生态环境代价降低、创新能力提高的综合体现（任保平，2013）。我们根据经济增长质量的内涵，并参考何兴邦（2018）等学者的研究思路，从五个维度来构建经济增长质量综合指标体系。具体如表 12−1 所示。

表 12 – 1 经济增长质量指标体系构建

一级指标	二级指标	基础指标	单位	指标属性
经济增长质量综合指数	经济增长效率（*Effi*）	资本生产率	%	正向指标
		劳动生产率	元/人	正向指标
		全要素生产率	%	正向指标
	经济增长稳定性（*Stab*）	经济增长波动率	%	逆向指标
		消费者物价指数	%	逆向指标
		城镇登记失业率	%	逆向指标
	经济结构优化（*Stru*）	第二产业增加值占 GDP 比重	%	正向指标
		第三产业增加值占 GDP 比重	%	正向指标
		高技术产业产值占工业总产值比重	%	正向指标
		非国有经济比重	%	正向指标
	社会福利（*Welf*）	城镇居民恩格尔系数	%	逆向指标
		农村居民恩格尔系数	%	逆向指标
		每千人卫生技术人员	人	正向指标
		每万人拥有公共交通车辆	辆/万人	正向指标
		人均公园绿地面积	m²	正向指标
	绿色发展（*Green*）	单位 GDP 能耗	吨标准煤/万元	逆向指标
		单位 GDP 工业废水排放量	吨/万元	逆向指标
		单位 GDP 工业废气排放量	立方米/万元	逆向指标
		单位 GDP 工业固体废弃物排放量	吨/万元	逆向指标

我们采用熵值法将表 12 – 1 中的各个基础指标合成经济增长效率、经济增长稳定性、经济结构优化、社会福利和绿色发展五个二级指标，然后用同样的方法将这五个二级指标最终合成一级指标（经济增长质量综合指数）。此外，在研究过程中，我们还将采用主成分分析法再次测算经济增长质量指数，并在此基础上重新进行模型估计，以考察本章研究结论的稳健性。

2. 核心解释变量：生产性服务业与高技术产业协同集聚（*Coaggl*）

本章借鉴陈建军等（2016）的测算方法，构建衡量生产性服务业与高技术产业[①]协

[①] 结合已有研究对生产性服务业的定义，本章选取"交通运输、仓储和邮政业""信息传输、计算机服务业和软件业""租赁和商业服务业""金融业""科学研究、技术服务和地质勘查业"等行业代表生产性服务业。

同集聚程度的指标，公式如下：

$$Coaggl_{it} = \left(1 - \frac{|Haggl_{it} - Paggl_{it}|}{Haggl_{it} + Paggl_{it}} \right) + |Haggl_{it} + Paggl_{it}| \qquad (12.2)$$

其中，$Haggl$ 表示高技术产业集聚指数，$Paggl$ 表示生产性服务业集聚指数。$Haggl$ 和 $Paggl$ 两个集聚指数都是采用区位熵法来计算，公式如下：

$$Aggl_{ij} = \frac{E_{ij} / \sum_i E_{ij}}{\sum_j E_{ij} / \sum_i \sum_j E_{ij}} \qquad (12.3)$$

其中，$Aggl_{ij}$ 表示 i 地区 j 产业集聚度，E_{ij} 表示 i 地区在产业 j 上的就业人数，$\sum_i E_{ij}$ 表示 i 地区所有产业的就业人数，$\sum_j E_{ij}$ 表示全国 j 产业的总就业人数，$\sum_i \sum_j E_{ij}$ 表示全国所有产业的就业人数之和。

3. 控制变量

（1）城镇化水平（*Urban*）：用各地区的城镇人口占该地区总人口的比重来衡量，用于控制城镇化水平对经济增长质量的影响。（2）贸易开放度（*Trade*）：用各地区的进出口贸易总额与该地区 GDP 的比值来衡量，用于控制贸易开放水平对经济增长质量的影响。（3）外商直接投资（*Fdi*）：用各地区的外商直接投资额与该地区 GDP 之比来衡量，用于控制利用外商直接投资规模对于经济增长质量的影响。（4）人口抚养比（*Pop*）：用各地区少年儿童（14 岁以下）人口抚养比与老年（65 岁以上）人口抚养比之和来衡量，用于控制人口结构因素对经济增长质量的影响。（5）政府干预程度（*Gov*）：用各地区财政支出与该地区 GDP 的比值来衡量，用于控制政府支出规模对经济增长质量的影响。（6）人力资本水平（*Hum*）：用人均教育年限来衡量，用于控制劳动力素质对经济增长质量的影响，计算公式为 $A \times 6 + B \times 9 + C \times 12 + D \times 16$，其中，$A$、$B$、$C$、$D$ 分别是指小学、初中、高中、大专及以上受教育人口占 6 岁及以上人口的比例。

4. 数据说明

鉴于数据的可得性，我们选取 2003～2016 年 30 个省份[①]的面板数据作为研究样本，各变量的原始数据主要来源于国家统计局网站、《中国统计年鉴》《中国高技术产业统计年鉴》《中国工业统计年鉴》《中国环境统计年鉴》。

---

① 选取样本中不含港澳台和西藏。

三、基本回归

为了考虑结果的稳健性，我们先采用面板 OLS 法来考察生产性服务业与高技术产业协同集聚对经济增长质量的影响，结果如表 12 - 2 所示。其中，第（1）列仅加入核心解释变量 *Coaggl* 进行回归，经 Hausman 检验，Prob > chi2 = 0.000，强烈拒绝原假设，故选用固定效应模型；第（2）列加入全部控制变量进行回归，Hausman 检验结果显示接受原假设，应采用随机效应模型。表 12 - 2 的回归结果显示，第（1）列与第（2）列中 *Coaggl* 的系数显著为正，表明生产性服务业与高技术产业协同集聚程度的增强有利于改善我国的经济增长质量。

表 12 - 2　　　　　　　　　　基本回归结果

变量	面板 OLS		两步系统 GMM	
	（1）	（2）	（3）	（4）
Coaggl	0.061 ***	0.031 ***	0.112 ***	0.054 ***
	(0.013)	(0.012)	(0.005)	(0.009)
Urban		0.101		0.107
		(0.104)		(0.115)
Trade		0.141 ***		0.097 ***
		(0.030)		(0.028)
Fdi		0.913 ***		0.549
		(0.292)		(0.729)
Pop		−0.310 ***		−0.197 **
		(0.111)		(0.079)
Gov		−0.530 ***		−0.435 ***
		(0.075)		(0.122)
Hum		0.033 ***		0.026 ***
		(0.012)		(0.006)
L. Quality			0.319 ***	0.179 **
			(0.042)	(0.077)
地区效应	是	是	是	是
时间效应	是	是	是	是
FE/RE	FE	RE		
Constant	1.315 ***	1.205 ***	0.733 ***	0.914 ***
	(0.029)	(0.096)	(0.059)	(0.144)

续表

变量	面板 OLS		两步系统 GMM	
	（1）	（2）	（3）	（4）
Hausman Test	16. 75 ［0. 000］	8. 55 ［0. 382］		
R²	0.058	0.773		
AR（1）Test			− 4. 264 ［0. 000］	− 4. 132 ［0. 000］
AR（2）Test			1. 111 ［0. 267］	0. 649 ［0. 517］
Sargan Test			29. 447 ［1. 000］	25. 735 ［0. 993］
样本数	420	420	390	390

注：***、** 和 * 分别表示 1%、5% 和 10% 的显著性水平；（）内为标准误；［］内为 p 值。

为克服可能存在的内生性问题，进一步采用两步系统 GMM 法进行估计，并以此方法得出的回归结果作为主要分析依据。我们使用 Arellano-Bond 检验对回归结果进行扰动项自相关检验，并采用 Sargan 检验进行工具变量过度识别检验。表 12 – 2 中所有 AR（2）的 P 值均大于 0.05，故接受"扰动项 $\{\varepsilon_{it}\}$ 无自相关"的原假设；所有 Sargan 检验的 P 值也都大于 0.05，因此接受"所有工具变量均有效"的原假设。这说明模型的设定是合理的，可以进行系统 GMM 估计。从第（3）列与第（4）列的回归结果中可以看出，Coaggl 的系数均显著为正，与面板 OLS 回归结果一致，即生产性服务业与高技术产业协同集聚有助于我国经济增长质量的提升。这证实了本章理论部分的分析，生产性服务业与高技术产业集聚有利于推动知识密集型产业和技术密集型产业的融合，促进人才跨行业交流，加速知识溢出和技术传播，激发全社会的创新活力，以科技创新驱动经济高质量发展。受篇幅所限，控制变量的回归结果在此不再赘述。

四、分行业回归

接下来，我们检验高技术产业与不同类型生产性服务业协同集聚对经济增长质量的影响，以考察行业上的异质性。我们借鉴于斌斌（2017）对生产性服务业的划分方法，根据研发强度、人均产值等指标，将生产性服务业分为高端生产性服务业和低端生产性服务业两类。

表 12 – 3 的回归结果显示，高技术产业无论与高端生产性服务业还是与低端生产性服务业的协同集聚都能够显著改善经济增长质量。这是因为高端生产性服务业和低端生

产性服务业都是保障国民经济健康运行的重要行业，对众多产业活动都起着关键性支撑作用。高端生产性服务业为高技术产业和其他产业提供融资服务和技术服务，低端生产性服务业可以为高技术产业和一般制造业的生产活动提供不可或缺的辅助支持，高技术产业与高、低端生产性服务业的协同集聚都能够产生良好的社会经济效益。

表 12 – 3　　　　　　　　　　　　　　分行业回归结果

变量	高技术产业与高端生产性服务业协同集聚	高技术产业与低端生产性服务业协同集聚
	（1）	（2）
Coaggl	0. 049 ***	0. 051 ***
	（0. 009）	（0. 013）
控制变量	是	是
AR（1）Test	– 4. 190	– 4. 124
	［0. 000］	［0. 000］
AR（2）Test	0. 509	0. 659
	［0. 611］	［0. 510］
Sargan Test	24. 516	25. 496
	［1. 000］	［1. 000］
样本数	390	390

注：***、**和*分别表示1%、5%和10%的显著性水平；（）内为标准误；［］内为 p 值；限于篇幅，省略了控制变量的回归结果。

五、政府干预程度和人力资本水平的调节效应检验

考虑到中国各地区的政府干预程度和人力资本水平存在较大差异，我们引入生产性服务业与高技术产业协同集聚和两者的交互项，以考察政府干预程度和人力资本水平对生产性服务业与高技术产业协同集聚影响经济增长质量的调节效应，结果如表 12 – 4 所示。

表 12 – 4　　　　　政府干预程度和人力资本水平的调节效应检验

变量	政府干预程度的调节效应	人力资本水平的调节效应	同时加入政府干预程度和人力资本水平的调节效应
	（1）	（2）	（3）
Coaggl	0. 110 **	0. 044 ***	0. 045 **
	（0. 047）	（0. 015）	（0. 020）
Coaggl × Gov	– 0. 414 *		– 0. 314 **
	（0. 215）		（0. 152）

续表

变量	政府干预程度的调节效应	人力资本水平的调节效应	同时加入政府干预程度和人力资本水平的调节效应
	(1)	(2)	(3)
$Coaggl \times Hum$		0.011 ** (0.005)	0.016 * (0.008)
控制变量	是	是	是
AR (1) Test	-3.913 [0.000]	-3.908 [0.000]	-3.949 [0.000]
AR (2) Test	0.984 [0.325]	0.610 [0.542]	0.863 [0.388]
Sargan Test	24.086 [1.000]	27.277 [1.000]	27.215 [1.000]
样本数	390	390	390

注：***、** 和 * 分别表示1%、5%和10%的显著性水平；（）内为标准误；［］内为 p 值；限于篇幅，省略了控制变量的回归结果。

1. 政府干预程度的调节效应

表12-4的回归结果显示，政府干预程度的增强会抑制生产性服务业与高技术产业协同集聚对经济增长质量的提升作用。这是因为：（1）在国家产业政策和政绩考核体制的导向下，个别地方政府不顾本地区的资源禀赋和经济基础条件，对高技术产业和生产性服务业等新兴产业采取过度干预或不当干预，引导企业的盲目投资和重复投资，从而造成了严重的产能过剩。（2）近年来，各地方政府为大力发展新兴产业，以配套资金、税收减免等形式对本地相关企业进行了大量补贴，这在一定程度上加重了企业对政府补贴的依赖，不利于形成有效的市场竞争环境。而且一些企业为了获取各项补贴，投资了许多短平快的低技术项目，并没有带来良好的经济社会效益，造成资源配置效率的损失。

2. 人力资本水平的调节效应

表12-4的回归结果显示，人力资本水平的提高有助于促进生产性服务业与高技术产业协同集聚对经济增长质量的提升作用。原因在于：高技术产业和生产性服务业作为技术密集型和知识密集型产业，都以人力资本和知识资本为主要投入品，这决定了人力资本是高技术产业和生产性服务业的核心资源，也是科技创新与进步的动力源泉。一个地区人力资本水平的提升将吸引更多高科技公司和生产性服务业公司在此集聚，而这两个产业集聚程度的增加将进一步推动该地区的科技创新与进步，从而更有力地促进经济增长质量的提升。

六、经济增长质量分项指标回归

前文考察了生产性服务业与高技术产业协同集聚对经济增长质量综合指数的影响，为进一步了解生产性服务业与高技术产业协同集聚对经济增长质量五个维度分项指标的影响，本节分别以经济增长效率、经济增长稳定性、经济结构优化、社会福利和绿色发展为因变量，进行经济增长质量分项指标的检验。

由表12 – 5可知，生产性服务业与高技术产业协同集聚对经济增长质量的改善作用主要源于其对经济增长效率、经济增长稳定性、经济结构优化和绿色发展四个方面的积极影响。具体解释可见理论分析部分，在此不再赘述。生产性服务业与高技术产业协同集聚对社会福利的影响效应不明显。可能的原因是：随着产业在空间范围内的集聚，人口也在不断集中，而人口的增加将不可避免地造成公共资源的紧张。面对日益增长的公共服务需求，各地区对公共卫生、交通设施、生态景观等公共服务的供给却严重不足，这会造成社会福利覆盖面不足和社会福利受益群体有限的问题，进而影响产业集聚对社会福利的改善效果。

表 12 – 5　　　　　　　　　　经济增长质量分项指标回归

变量	*Effi*	*Stab*	*Stru*	*Welf*	*Green*
	(1)	(2)	(3)	(4)	(5)
Coaggl	0.016 ***	0.072 ***	0.053 ***	– 0.007	0.011 **
	(0.004)	(0.028)	(0.005)	(0.017)	(0.005)
控制变量	是	是	是	是	是
AR (1) Test	– 4.106	– 4.389	– 3.349	– 4.042	– 3.665
	[0.000]	[0.000]	[0.001]	[0.000]	[0.000]
AR (2) Test	– 0.938	– 1.790	– 1.800	0.784	0.172
	[0.348]	[0.074]	[0.072]	[0.433]	[0.864]
Sargan Test	28.618	26.418	26.426	26.981	28.825
	[1.000]	[0.991]	[0.999]	[1.000]	[1.000]
样本数	390	390	360	390	390

注：***、** 和 * 分别表示1%、5%和10%的显著性水平；( ) 内为标准误；[ ] 内为 p 值；限于篇幅，省略了控制变量的回归结果。

七、稳健性检验

为保证我们研究结论的可靠性，我们采用以下三种稳健性检验方法：（1）变换经济增长质量指数的测算方法，即采用主成分分析法对各地区的经济增长质量指数重新进行测算；（2）1% 双侧缩尾检验，即对所有变量采取 1% 双侧缩尾处理；（3）改变回归方法，即采用 2SLS 法替代系统 GMM 法，并根据数据可得性，选择 1998 年各地区生产性服务业与高技术产业协同集聚程度作为生产性服务业与高技术产业协同集聚的工具变量。由表 12 − 6 可知，与表 12 − 2 基本回归中的第（4）列相比，各列核心解释变量 $Coaggl$ 的系数符号与显著性均未发生改变，因此本章的研究结论是比较稳健的。

表 12 − 6　　　　　　　　　　　稳健性检验结果

变量	主成分分析法	1% 双侧缩尾处理	2SLS
	（1）	（2）	（3）
$Coaggl$	0.568 ***	0.058 ***	0.036 ***
	(0.131)	(0.007)	(0.010)
控制变量	是	是	是
AR(1) Test	− 3.799	− 4.117	
	[0.000]	[0.000]	
AR(2) Test	0.412	0.917	
	[0.680]	[0.359]	
Sargan Test	25.750	24.427	
	[1.000]	[0.996]	
C-D Wald F Stat			40.477
R^2			0.761
样本数	390	390	420

注：*** 、** 和 * 分别表示 1%、5% 和 10% 的显著性水平；（）内为标准误；［］内为 p 值；限于篇幅，省略了控制变量的回归结果。

第四节　作用机制检验

一、技术进步作用

1. 中介效应模型设定

为进一步考察生产性服务业与高技术产业协同集聚对经济增长质量的传导机制，我们首先借助巴伦和肯尼（Baron & Kenny，1986）提出的中介效应模型，结合前文的理论分析，通过选取技术进步（$Tech$）[①] 作为中介变量来构建以下模型进行中介效应检验：

$$Quality_{it} = \beta_0 + \gamma_1 Quality_{i,t-1} + \beta_1 Coaggl_{it} + \lambda_1 Control_{it} + \varepsilon_{it} \tag{12.4}$$

$$Tech_{it} = \alpha_0 + \sigma Tech_{i,t-1} + \alpha_1 Coaggl_{it} + \delta Control_{it} + \varepsilon_{it} \tag{12.5}$$

$$Quality_{it} = \beta_0 + \gamma_3 Quality_{i,t-1} + \beta_3 Coaggl_{it} + \theta Tech_{it} + \lambda_3 Control_{it} + \varepsilon_{it} \tag{12.6}$$

其中，式（12.4）中的系数 β_1 用来衡量生产性服务业与高技术产业协同集聚对经济增长质量的总效应，式（12.5）中的 α_1 用来衡量生产性服务业与高技术产业协同集聚对技术进步的影响，式（12.6）中的 β_3 用来衡量生产性服务业与高技术产业协同集聚对经济增长质量的直接效应，$\alpha_1 \times \theta$ 是经过中介变量技术进步传导的间接效应，即中介效应。

2. 中介效应检验结果

（1）基于熵值法测算经济增长质量指数的中介效应检验。

表 12 - 7 第（1）列至第（3）列报告了基于熵值法测算的经济增长质量指数的中介效应检验结果。结果显示，生产性服务业与高技术产业协同集聚推动了技术进步，进而提升了经济增长质量。这表明技术进步是生产性服务业与高技术产业协同集聚对经济增长质量的中介变量，生产性服务业与高技术产业协同集聚通过推动技术进步这一传导机制促进了经济增长质量的提升。

表 12 - 7   技术进步作用机制检验结果

变量	熵值法			主成分分析法		
	Quality	Tech	Quality	Quality	Tech	Quality
	（1）	（2）	（3）	（4）	（5）	（6）
Coaggl	0.054 ***	4.158 ***	0.044 ***	0.568 ***	4.158 ***	0.462 ***
	(0.009)	(0.226)	(0.010)	(0.131)	(0.226)	(0.164)
Tech			0.001 **			0.004 *
			(0.000)			(0.002)
控制变量	是	是	是	是	是	是
AR（1）Test	−4.132	−1.500	−4.023	−3.799	−1.500	−3.793
	[0.000]	[0.134]	[0.000]	[0.000]	[0.134]	[0.000]
AR（2）Test	0.649	−0.105	0.879	0.412	−0.105	0.517
	[0.517]	[0.917]	[0.379]	[0.680]	[0.917]	[0.605]

① 本章采用各地区每万人专利申请授权数来衡量技术进步（*Tech*），根据数据特点，没有取对数，该数据来源于历年《中国统计年鉴》。

续表

变量	熵值法			主成分分析法		
	Quality	Tech	Quality	Quality	Tech	Quality
	（1）	（2）	（3）	（4）	（5）	（6）
Sargan Test	25.735 [0.993]	26.203 [1.000]	24.333 [1.000]	25.750 [1.000]	26.203 [1.000]	26.447 [0.999]
中介效应逐步检验						
H0: $\beta_1 = 0$	0.054***	Z = 6.21		0.568***	Z = 4.33	
H0: $\alpha_1 = 0$	4.158***	Z = 18.36		4.158***	Z = 18.36	
H0: $\theta = 0$	0.001**	Z = 2.05		0.004*	Z = 1.91	
H0: $\beta_3 = 0$	0.044***	Z = 4.36		0.462***	Z = 2.82	
间接效应/总效应	18.5%			18.7%		
样本数	390	390	390	390	390	390

注：***、** 和 * 分别表示 1%、5% 和 10% 的显著性水平；（）内为标准误；［］内为 p 值；限于篇幅，省略了控制变量的回归结果。

为检验中介效应的有效性，本节采用以下两种方法进行检验：首先采用逐步检验法进行检验，结果是系数 β_1、α_1、θ、β_3 均显著，并且 $\beta_3 < \beta_1$，说明存在部分中介效应。其次，参考毛其淋和许家云（2016）的做法，采用系数乘积检验法进行检验，检验原假设 $H_0 = \alpha_1 \times \theta = 0$。如果拒绝原假设，说明中介效应显著，反之则不显著。参考索贝尔（Sobel，1987）的方法计算出 $\alpha_1 \times \theta$ 的标准差 $sd = \sqrt{\alpha_1^2 s_\theta^2 + \theta^2 s_{\alpha_1}^2}$。其中，$s_\theta$、$s_{\alpha_1}$ 分别为 θ、α_1 的标准差，由此可以计算出 t 值，$t = \alpha_1 \theta / sd = 1.99$，在 5% 的水平上显著，因此可以拒绝原假设，说明技术进步是生产性服务业与高技术产业协同集聚提升经济增长质量的中介变量。同时，采用 Sobel-Goodman Mediation 检验生产性服务业与高技术产业协同集聚对经济增长质量影响的总效应和间接效应，并计算出中介效应占总效应的比重为 18.5%，说明生产性服务业与高技术产业协同集聚有 18.5% 的部分是通过技术进步效应来提升经济增长质量的。

（2）基于主成分分析法测算经济增长质量指数的中介效应检验。

为保证研究结果的稳健性，我们进一步进行基于主成分分析法测算经济增长质量指数的中介效应检验。表 12-7 第（4）列至第（6）列的结果与基于熵值法测算经济增长质量指数的中介效应检验效果一致，说明本章的中介效应检验结果是稳健的。同样，我们再次对中介效应的有效性进行检验，无论是采用逐步检验法还是系数乘积检验法（t 值为 2.14，在 5% 的水平上显著），均证明中介影响机制成立。此外，还计算出中介效应占总效应的比重为 18.7%，这与上文基于熵值法的中介效应占比 18.5% 相差无几。

二、产业协同集聚的外部性作用

为进一步从产业协同集聚外部性视角进行作用机制检验，我们在格莱泽等（Glaeser et al. , 1992）、张学良（2012）的研究基础上，构建产业协同集聚的三类外部性衡量指标，公式如下：

$$MAR_i = \underset{p}{\text{Max}}(Coaggl_{pi}) \tag{12.7}$$

$$Jacobs_i = Coaggl_i (1/\sum_p |s_{pi} - s_p|) \tag{12.8}$$

$$Porter_i = Coaggl_i \frac{N_i/G_i}{\sum_i N_i / \sum_i G_i} \tag{12.9}$$

其中，s_{pi} 为 i 城市中 p 产业（生产性服务业细分行业）就业人数占该地区所有就业人数的比重，s_p 为 p 产业就业人数占全国所有地区就业人数之和的比重，N_i 为 i 地区批发零售贸易企业数，G_i 为 i 地区限额以上批发零售贸易业商品销售总额。此外，在式（12.8）和式（12.9）中加入 $Coaggl_i$，按生产性服务业与高技术产业协同集聚程度进行加权，能更加客观、全面地反映区域产业协同的多样化集聚和产业竞争状况。

表 12 - 8 展示了产业协同集聚外部性作用机制的检验结果。可以看出：（1）我国经济增长质量的提升主要源于生产性服务业与高技术产业协同集聚的 MAR 外部性。这是因为同类企业或联系紧密的企业集聚在一起，可以通过频繁的业务往来和人员交流，加速知识和技术的外溢，提高地区创新水平。高技术产业与其联系紧密的某一类生产性服务业的协同集聚，可以共享地区公共服务和劳动力市场，进一步深化产业分工协作，从而增强知识、技术溢出效应。同时，专业化集聚较容易产生规模经济效应，降低企业生产成本，也有利于形成优胜劣汰的市场竞争环境，保持地区产业集群的竞争力，促进经济社会持续健康发展。（2）生产性服务业与高技术产业协同集聚的 Jacobs 外部性对经济增长质量的影响不明显。主要原因在于多样化产业集聚需要有一定产业关联度才能产生明显的知识、技术溢出效应，如果各产业只是单纯差异化地聚集在一起而无法形成实质交流与合作，那么产业多样化集聚将难以有效提升地区经济增长质量（文丰安，2018）。（3）生产性服务业与高技术产业协同集聚的 Porter 外部性无法提升经济增长质量，甚至可能还会产生负面影响。可能的原因是目前我国无论是高技术产业还是生产性服务业的同质化竞争现象都较明显，企业主要依靠低成本策略来获取市场生存空间，这种过度竞争导致产业升级

步伐缓慢，限制了产业协同集聚的经济增长质量效应。

表 12 - 8　　　　　　　　　产业协同集聚外部性作用机制检验

变量	熵值法				主成分分析法			
	(1)	(2)	(3)	(4)	(5)	(6)	(7)	(8)
MAR	0.089 *** (0.018)			0.070 *** (0.014)	0.950 *** (0.078)			0.505 *** (0.160)
Jacobs		0.000 (0.000)		0.000 (0.000)		-0.001 (0.001)		-0.000 (0.001)
Porter			0.015 (0.010)	0.005 (0.012)			-0.099 *** (0.025)	-0.105 ** (0.051)
控制变量	是	是	是	是	是	是	是	是
AR (1) Test	-4.130 [0.000]	-4.026 [0.000]	-4.066 [0.000]	-3.726 [0.000]	-3.149 [0.002]	-2.949 [0.003]	-3.016 [0.003]	-3.004 [0.003]
AR (2) Test	0.341 [0.733]	0.519 [0.604]	0.576 [0.564]	-0.048 [0.962]	0.612 [0.541]	1.201 [0.230]	1.203 [0.229]	1.107 [0.268]
Sargan Test	25.000 [0.995]	26.327 [1.000]	24.120 [1.000]	24.743 [1.000]	25.008 [1.000]	23.271 [1.000]	25.378 [0.994]	21.931 [1.000]
样本数	390	390	390	390	390	390	390	390

注：*** 、** 和 * 分别表示 1%、5% 和 10% 的显著性水平；（ ）内为标准误；[ ] 内为 p 值；限于篇幅，省略了控制变量的回归结果。

第五节　研究结论与政策启示

本章从经济增长效率、经济增长稳定性、经济结构优化、社会福利和绿色发展五个维度构建了经济增长质量指标体系，并基于 2003～2016 年我国 30 个省份的面板数据，实证研究了生产性服务业与高技术产业协同集聚对经济增长质量的影响及其作用机制，最终得出以下几个主要结论：（1）生产性服务业与高技术产业协同集聚有利于促进我国经济增长质量的提升；（2）无论是高技术产业与高端生产性服务业协同集聚还是高技术产业与低端生产性服务业协同集聚，都可以显著改善经济增长质量；（3）政府干预程度的增强对生产性服务业与高技术产业协同集聚改善经济增长质量具有负向调节效应，人力资本水平的提高对生产性服务业与高技术产业协同集聚改善经济增长质量具有正向调节效应；（4）生产性服务业与高技术产业协同集聚对经济增长质量的改善作用主要源于其对经济增长效率、经济增长稳定性、经济结构优化和绿色发展四个方面的积极影响；（5）通过作用机制检验，证实生产性服务业与高技术产业协同集聚主要通过技术进步和 MAR 外部性促进中国经济增长质量的提升。

综合以上分析，我们得到的政策启示为：（1）统筹优化区域内的产业空间布局，增强生产性服务业与高技术产业的协同集聚程度。各级政府应制定相应政策，引导生产性服务业与高技术产业在一定空间范围内的协同集聚，减少相关资源要素在区域间和产业间的流动限制，促进产业融合发展，培育和释放协同创新效应。（2）正确处理政府与市场的关系，防止政府对高技术产业和生产性服务业的过度或不当干预。首先，应重点对具有核心技术和竞争潜力的企业给予政策优惠和财政扶持，避免重复低端建设和产能过剩，提高资源配置效率。其次，不断完善市场经济体制，加强知识产权保护力度，维护公平公正和健康有序的市场竞争环境。（3）有效增强生产性服务业与高技术产业协同集聚的外部性对经济增长质量的提升作用。首先，要鼓励生产性服务业与高技术产业协同集聚中的专业化集聚，强化地区产业的专业化生产和专业化服务能力。其次，有针对性地推动生产性服务业与高技术产业协同集聚中的多样化集聚，提升区域内的产业关联度，促进产业间的交流与合作。最后，注重营造健康有序的市场竞争环境，避免同质化竞争和过度竞争，培育地区内产业的差异化竞争优势。

第十三章

推进长三角区域一体化促进了
外资流入和升级吗?

随着长三角区域一体化发展上升为国家战略,近年来长三角一体化发展不断取得实质性新进展,无论是在基础设施互联互通、科创产业深度融合,还是在生态环境共保联治、公共服务普惠共享等方面,都取得显著成效。近年来,由于全球经济增长动能不足和国内生产成本上升的内外双重压力,我国实际外资流入增速大幅下降。为了优化外资利用结构,提高对外资的吸引力,保持我国全球外商直接投资主要目的地地位,2017~2019年我国国务院连续三年发布了关于扩大对外开放积极利用外资的文件,明确指出为推动经济高质量发展和现代化建设必须始终高度重视利用外资。深化改革开放,优化营商环境,增强对外资的吸引力成为我国当前经济发展的重点工作之一。根据国家《长江三角洲区域一体化发展规划纲要》,长三角地区在推进区域一体化发展中,肩负着推进更高起点深化改革和更高层次对外开放,以及努力打造新时代改革开放新高地的重任。因此,研究推进区域一体化对长三角利用外资的影响,无疑具有重要的现实意义。

第一节　文献综述

当前我国经济处于由高速增长阶段向高质量发展阶段转变的关键时期,区域经济一体化作为促进区域协调发展、推动经济高质量增长的重要举措,已经形成了较多的相关研究成果。这些成果归纳起来可以分为以下三个方面:第一是关于对区域经济一体化测度的研究。区域一体化的测度大致分为单一维度的测度和多维度综合测度两类。周立群和夏良科（2010）运用层次分析法从市场一体化和政策一体化两个维度对京津冀、长三角和珠三角的区域一体化程度进行了综合测度。第二是关于区域经济一体化影响因素的研究，包括政府公共支出、基础设施建设和文化认同感等方面。例如，陈甬军和丛子薇（2017）检验了政府公共支出规模对市场一体化水平的影响。第三是关于区域经济一体化经济效应的研究，包括经济增长、环境改善和创新提升等方面。刘生龙和胡鞍钢（2011）验证了交通基础设施的改善对区域经济一体化具有显著的促进。李雪松等（2017）基于长江经济带的实证分析表明，区域一体化能通过促进要素流动、结构升级和加强区域合作实现增长效率提升。张可（2018）运用工具变量法和双重差分法估计长三角和珠三角城市群区域一体化对污染排放的影响。

随着外商直接投资在全球范围内的发展，国内外学者围绕 FDI 区位选择的影响因素进行了大量的研究，形成比较成熟的研究成果（Nielsen et al.，2017）。通过梳理，我们发现现有研究主要涉及经济因素、制度因素和产业环境等方面。经济因素方面，魏后凯等（2001）指出利用东道国廉价的劳动力是外商在中国投资最重要的动机。杨武和李升（2019）认为税收负担直接影响着外商投资者的税后盈利空间。成等（Cheng et al.，2000）证实基础设施水平与 FDI 流入呈显著正相关。制度因素方面，多德和斯坦因（Daude & Stein，2007）关注腐败、政治稳定性和法律体系质量对外资分布的影响。刘军和王长春（2020）考察了发展中国家优化营商环境对外资企业 FDI 动机的影响，发现优化营商环境增加了外资企业的效率型 FDI 动机。产业环境方面，王晶晶和黄繁华（2013）的实证研究表明服务业集聚和制造业集聚均有利于各地区引入服务业 FDI。

总体来看，学术界对于区域经济一体化的经济效应和 FDI 的影响因素形成了较为全面的分析。但是现有区域经济一体化对外资影响的研究多集中于欧盟和东盟等国家间区域经济一体化的投资引致效应（邱立成等，2009），少有学者关注东道国国内区域经济一体化对外资的影响。因此，我们将研究视角聚焦于我国国内区域，以区域经济一体化进程开始最早、覆盖人口最多且经济联系密切的长三角地区为研究对象，探究区域经济一体化对外资流入的影响。刘志彪（2019）指出长三角区域高质量一体化的核心在于区域市场一体化，市场一体化作为营商环境的重要环节在规模经济、要素资源配置市场化等方面对外资存在强大的吸引力，所以我们着重从区域市场一体化的维度衡量区域经济一体化进程。

与已有研究相比，本章的边际贡献主要体现在以下三个方面：第一，研究视角上，以区域经济一体化的核心维度区域市场一体化为切入点，探究区域经济一体化对外资的影响。第二，区别既有研究主要集中于地级市宏观外资加总数据，我们运用微观企业数据对外资的进入程度加以测算，不仅能够探究区域经济一体化对外资进入的整体影响，而且能够针对外资的具体行业、外资规模及进入方式等角度展开详细的异质性分析，丰富既有研究的同时增强了结果的现实解释力，有利于形成更具针对性的对策建议。第三，除探究区域经济一体化对外资的整体影响外，我们进一步计算了长三角城市群的外资中心度，探究区域经济一体化是否对长三角城市群内部的外资空间分布格局产生了影响。

第二节　理论机制

区域经济一体化可以定义为区域经济整合的状态及过程，包括消除区域分割和贸易壁垒，推动产品和要素自由流动，最终体现为生产要素的种类及结构、商品要素与居民水平趋同（陈建军，2009；李雪松等，2017）。根据对现有文献的分析，市场一体化主要通过促进要素自由流动、发挥市场规模效应和推动区域产业协作三条路径吸引外资流入。

第一，要素自由流动。财政分权背景下，地方政府为追求经济快速增长，纷纷采取地方保护政策，限制人口、资金等生产要素流动，甚至通过定价权、分配权控制和扭曲市场等方式吸引外资（李平和季永宝，2014），导致地区之间要素流动的巨大鸿沟。这种地方保护主义在改革开放初期对外资进入发挥了一定效用，但是要素扭曲易导致资源配置效率低下，不利于外资生产效率改进，进入的外资多为低水平劳动密集型外资。随着我国经济向高质量发展转型，以邻为壑的地方保护主义弊端日益显露，市场化和公平化程度较低的营商环境降低了我国对高端制造业和服务业外资的吸引力，技术密集型和资本密集型等高质量外资进入缓慢。长三角地区各级政府较早地认识到了"诸侯经济"的弊端，积极破除行政界线，通过正式和非正式经济合作推进区域经济一体化进程，逐步形成人力资本、信息技术和金融资本等要素自由流动的统一大市场，不断强化市场在资源配置的作用，改善区域内部资源配置的扭曲程度，建设市场化和法制化的营商环境，有效地降低了外资企业获取人力资本和金融资本的机会成本，并且提高了外企信息沟通和技术协作的便捷程度，进而提高了外资企业的生产效率。与此同时，长三角城市群推进区域内部交通基础设施的一体化程度，大力削弱自然地理条件对人员流动和产品运输的限制，以促进产品和人员的高效运转，从时间成本和货币成本降低的角度增强区域整体对外资的吸引力。

第二，市场规模效应。尼尔森（Nielsen，2017）指出一个地区的市场规模越大，越有可能成为外资的目的地，市场规模对要求接近最终消费市场的服务业外资尤为重要。但是，以往地方政府各自为政的背景下，区域经济一体化的程度较低，区域内部无法形成一个统一的大市场。一方面，有限的市场规模降低了对外资企业的吸引力；另一方面，差异化的地方政策，无形中增加了外资企业的经营成本和经营风险，严重抑制了外资进入的积极性。区域经济一体化程度的提升可以显著克服上述弊端，区域经济一体化推动区域由"分割"走向"统一"，有效促进了市场融合，规模效应逐渐显现，对外资吸引力日臻增强。此外，区域经济一体化涵盖内部统一规范制度体系建设，能够推动区域内部实行统一的对外开放和市场准入政策，提高政策的透明度，保持政策的连续性和稳定性，增强外资企业的投资信心，降低外资企业的经营风险，从而提高对外资，特别是市场导向型外资的吸引力。

　　第三，区域产业协作。随着阻碍要素资源和产品跨区域流动的行政壁垒和体制障碍的逐渐消除，设立办事机构、设厂不再是企业进入新市场的必要条件。在此背景下，一方面，劳动密集和资源密集型企业将由一体化的核心城市向非核心城市转移，为非核心城市带去先进的技术和管理方式，提升非核心城市的产业水平，进而增强非核心城市对外资的吸引力；另一方面，资本密集型和技术密集型企业将进一步向核心区域集聚，带动核心城市产业升级，提升核心城市对高端外资企业的吸引力，逐渐形成高端产业集聚地，能通过知识溢出带动非核心城市产业发展，进一步带动外资进入非核心城市。因此，区域经济一体化能够通过推动区域内部产业转移和产业协作的方式，吸引外资企业进入区域，进而缩小区域发展差距。当然，要素向核心城市的集聚，也可能会引起外资企业向核心城市的及进一步靠拢，弱化非核心城市对外资的吸引力，从而对非核心城市产生虹吸效应。所以，尽管区域经济一体化能够通过区域产业协作提升区域对外资的整体吸引力，但新增外资企业在区域内部的流向有待进一步考察，故我们在区域经济一体化与外资中心度的进一步研究中对此进行了讨论。

第三节　计量模型和实证检验

一、计量模型设定

　　为考察区域经济一体化对外资流入的影响，根据上述理论和文献，我们将计量模型设定为如下形式：

$$\ln(fdi_{it}) = \alpha + \beta \ln(yt_{it}) + \gamma\, c_{it} + \eta_t + \delta_i + \varepsilon_{it} \tag{13.1}$$

其中，i 和 t 表示城市和年份，$\ln(fdi)$ 反映外资流量，$\ln(yt)$ 表示区域经济一体化程度。控制变量 c 包括经济发展水平、产业结构、工资和人力资本等。模型还控制了城市固定效应 δ 和年份固定效应 η，α 为常数项，β 和 γ 为各变量对应的系数，ε 为残差项。

二、变量选取与说明

1. 被解释变量

我们的被解释变量为外资流量［$\ln(fdi)$］，采用地级市每年新增的外资企业数量衡量，该数值越大，表示外资流入的越多，对外资的吸引力越强。

2. 核心解释变量

区域经济一体化程度［$\ln(yt)$］为核心解释变量，我们将市场一体化改善作为区域经济一体化的替代变量。市场一体化选取市场分割指数加以测度，市场一体化与市场分割是同一现象的两种表述，可以统称为市场整合问题（陈甫军和丛子薇，2017），市场分割低说明市场一体化程度高，市场整合度高。目前市场整合程度的测量方法主要有贸易流法（Naughton，2003）、生产法（Young，2000）、相对价格法（盛斌和毛其淋，2011）、经济周期法（Xu，2002）和问卷调查法（李善同等，2004）五种方法。与其他测量方法相比，相对价格法测度结果的差异范围相对稳定，对市场整合趋势的判断更为准确，因此我们采用相对价格法测度长江三角洲城市群各地级市的市场一体化水平。为此，我们构建了一组年份、地级市和居民消费价格指数的三维数据（$15 \times 39 \times 8$），数据来自 2003～2018 年《安徽统计年鉴》《浙江统计年鉴》《上海统计年鉴》和江苏各地级市统计年鉴。居民消费价格指数为 39 个地级市的环比价格指数据，包括食品、烟酒及用品、衣着、家庭设备用品及维修服务、医疗保健和个人用品、交通和通信用品及服务、娱乐教育文化用品及服务和居住八类。在测算时，我们根据帕斯雷和魏（Parsley & Wei，2001）的方法，首先对 39 个城市两两配对，将每个城市的八种价格指数分别按照式（13.2）进行相对价格差分，得到 ΔQ_{it}^k。

$$\Delta Q_{ijt}^k = \ln(P_{it}^k / P_{it-1}^k) - \ln(P_{jt}^k / P_{jt-1}^k) = \ln(P_{it}^k / P_{jt}^k) - \ln(P_{it-1}^k / P_{jt-1}^k) \quad (13.2)$$

经计算，39 个城市 15 年 8 种价格指数的数据得到 88920 个差分形式的相对价格，其中配对城市为 741 个。鉴于取对数形式后 i 地与 j 地价格的分子分母位置调换将引起 ΔQ_{it}^k 符号的相反变化，影响 $var(\Delta Q_{it}^k)$ 的大小，所以将 ΔQ_{it}^k 取绝对值规避该问题，得到 $|\Delta Q_{it}^k|$。为了准确度量相对价格的方差，我们进一步采用均值法消

除由于与特定类别居民消费价格指数相关的固定效应导致的异质性：假定 $|\Delta Q_{it}^k| = a^k + \varepsilon_{ijt}^k$，$a^k$ 仅与第 k 类居民消费价格指数相关，ε_{ijt}^k 与两地区的经济环境相关；$|\Delta Q_{it}^k|$ 减去 t 年 k 类居民消费价格指数 741 对地级市组合间的相对价格 $|\Delta Q_{it}^k|$ 的均值，即可消除固定效应：

$$q_{ijt}^k = \varepsilon_{ijt}^k - \varepsilon_{ijt}^{-k} = |\Delta Q_{ijt}^k| - \overline{|\Delta Q_{ijt}^k|} \tag{13.3}$$

最后计算每两个地区间 8 类居民消费相对价格的方差 $var(q_{ijt}^k)$，将 8 类居民消费相对价格方差求和取均值后即为该地区每年的市场一体化指数，市场一体化指数的数值越小，表示区域经济一体化程度越高，对外资吸引力越强，该变量与外资呈负相关，估计系数预期为负。

3. 控制变量

控制变量中，经济发展水平以人均地区生产总值 $[\ln(pgdp)]$ 表示，经济发展水平越高，表明市场需求越大，购买力越强；产业结构借鉴干春晖的做法，以产业结构高级化指数 (cy_gj)，即第三产业增加值除以第二产业增加值表示，数值越大，表示产业结构高级化程度越高；工资水平用职工平均工资 $[\ln(wage)]$ 表示，工资越高说明劳动力成本越高；人力资本的丰裕程度用高等学校在校学生数 $[\ln(edu)]$ 表示，学生数越大表明该地人力资本越丰富；基础设施用地方财政预算内支出占地区生产总值的比重 (gov_gdp) 表示，该值越大，说明地方财政越算支出越多，对基础设施建设的投资越多，基础设施越发达。

三、数据来源

2019 年 12 月 1 日国务院印发的《长江三角洲区域一体化发展规划纲要》列明长三角规划包括上海市、江苏省、浙江省和安徽省全域共 41 个地级市，由于六安市和池州市细分行业居民价格指数的缺失值较多，我们舍去这两个城市，研究对象包括上海、江苏全域、浙江全域及安徽的 14 个地级市，一共 39 个地级市。我们的分析主要涉及 3 类数据，各类数据的年限均为 2003 ~ 2017 年。第一类使用的是地级市新增外资企业数据，来源于商务部外资企业名录，将外资企业从事行业与国民经济行业分类（GB/T 4754—2017）对应，汇总得到每个行业（A~S）的新增外资企业数目，将所有行业的新增外资企业数目加总即为各地级市每年的新增外资企业数目。第二类数据使用的是地级市居民消费价格指数数据，来源于上海、安徽、浙江和江苏等地的统计年鉴、统计公报和《长江三角洲和珠江三角洲统计年鉴》，其中 2016 以后居民消费价格指数的细分类别发生了一定变化，我们按照各类居民消费价格指数的用途将其与 2016 年以前的各类价格指数进行了对照，个别缺失值采用插值法进行了相应的处理。第三类数据是城市特征数据，来源于《中国城市统计年鉴》。为了避免对数的无意义，我们对数据进行 1 个单位的平移处理，表 13 - 1 给出了各个变量的描述性统计结果。

表 13 - 1　　　　　　　　　　　　主要变量的描述性统计

变量	观察值	均值	标准差	最小值	最大值
$\ln(fdi)$	585	3.3153	1.7040	0.0000	8.29254
$\ln(yt)$	585	0.0005	0.0018	0.0001	0.04213
$\ln(pgdp)$	585	10.3991	0.8602	7.8478	12.2012
cy_gj	585	0.8448	0.2757	0.3126	2.3393
$\ln(wage)$	585	10.4613	0.5664	9.0055	11.7812
$\ln(edu)$	585	10.7701	1.1276	7.1647	13.6265
gov_gdp	585	0.1339	0.0787	0.04901	1.4852

资料来源：笔者统计整理所得。

四、基础回归

我们首先对计量模型进行基准回归，表 13 - 2 给出了具体的估计结果。由表 13 - 2 第（1）列可以发现区域经济一体化的系数显著为负，与预期一致，这说明市场一体化指数下降，即区域经济一体化水平提升促进了外资的流入。该结果表明随着长三角区域经济一体化程度的加深，区域内部贸易壁垒的降低，加速了要素的自由流动，市场化和公平化的营商环境增强了对外资的吸引力，有效地带动了长三角城市群内各地级市外资流入。第（2）列至第（6）列分别是依次引入经济发展水平、产业结构高级化、工人工资、人力资本丰裕程度和基础设施等变量后的模型估计结果。回归结果显示，依次引入各控制变量后，区域经济一体化对应系数的方向和显著性均未发生明显改变，表明回归结果具有较好的稳健性。控制变量中，经济发展水平的估计结果显著为正，与预期相符，说明外资倾向于选择经济发展水平高的地区；产业结构高级化的系数和基础设施的系数显著为正，表明第三产业发展水平高和基础设施投入多有利于外资进入；工人工资的系数显著为正，与预期相反，可能是因为近年来长三角地区产业结构升级迅速，第三产业逐渐占据主导地位，第三产业以高素质劳动力即人力资本为主，所以工资普遍较高，工人工资水平较高，说明产业水平越高，产业基础好，对外资的正面影响超过了劳动力成本上升造成的负面影响。人力资本的丰裕程度对外资的影响未通过显著性检验，可能是因为长三角区域经济一体化程度较高，各地级市的人口流动便捷频繁，因此经济发展不受当地人力资本丰裕程度的限制。

表 13 – 2   基准回归结果

变量	(1)	(2)	(3)	(4)	(5)	(6)
$\ln(yt)$	-7.298^{**} (2.967)	-6.084^{**} (2.932)	-5.804^{*} (3.147)	-7.176^{**} (3.073)	-6.589^{*} (3.292)	-6.496^{*} (3.262)
$\ln(pgdp)$		0.424^{**} (0.180)	0.493^{**} (0.190)	0.249^{*} (0.176)	0.249^{*} (0.173)	0.255^{*} (0.171)
cy_gj			0.188 (0.199)	0.356^{*} (0.200)	0.314 (0.190)	0.324^{*} (0.185)
$\ln(wage)$				1.030^{***} (0.262)	1.040^{***} (0.260)	1.006^{***} (0.264)
$\ln(edu)$					-0.136 (0.117)	-0.137 (0.116)
gov_gdp						0.337^{**} (0.128)
Constant	3.260^{***} (0.0916)	-0.751 (1.708)	-1.549 (1.870)	-9.245^{***} (3.096)	-7.922^{**} (3.122)	-7.682^{**} (3.123)
个体效应	是	是	是	是	是	是
时间效应	是	是	是	是	是	是
样本数	576	576	576	576	576	576
R^2	0.409	0.428	0.431	0.458	0.461	0.462

注：***、** 和 * 分别表示在 1%、5% 和 10% 水平上通过显著性检验；括号内为 t 值。

五、基于细分行业的外资异质性分析

针对外资企业总体的考察结果表明区域经济一体化对外资流入产生了正面促进作用，那么区域经济一体化是否同样带动了每个细分行业外资的流入？为此，我们将样本细分至制造业外资和服务业外资[①]，服务业外资又进一步细化成生产性服务业外资和生活性服务业外资[②]加以检验分析，表 13 – 3 给出了相关结果。

---

① 制造业外资对应国民经济行业分类与代码（GB/T 4754—2017）的 C 类，服务业外资对应 F ~ T 类。

② 生产性服务业外资包括 F 类批发和零售业，G 类交通运输、仓储和邮政业，I 类信息传输、软件和信息技术服务业，J 类金融业，L 类租赁和商务服务业和 M 类科学研究和技术服务业，共六类。第四列为生活性服务业外资，生活性服务业外资包括：H 类住宿和餐饮业，K 类房地产业，O 类居民服务、修理和其他服务业，P 类教育和 R 类文化、体育和娱乐业，共五类。

表 13 - 3　　　　　　　　　　　基于细分行业的外资异质性分析

变量	制造业	服务业	生产性服务业	生活性服务业
$\ln(yt)$	-9.295 **	-9.420 ***	8.565 **	-36.73 ***
	(3.887)	(2.931)	(3.236)	(2.658)
$\ln(pgdp)$	0.627 ***	0.372	0.449 *	0.0112
	(0.190)	(0.239)	(0.254)	(0.237)
cy_gj	-0.332	0.907 ***	0.976 ***	0.594 ***
	(0.203)	(0.303)	(0.358)	(0.186)
$\ln(wage)$	1.213 ***	-0.481	-0.564	0.220
	(0.326)	(0.376)	(0.426)	(0.332)
$\ln(edu)$	0.0873	-0.110	-0.200	-0.0226
	(0.119)	(0.194)	(0.183)	(0.123)
gov_gdp	0.370 **	0.156	-0.380 **	0.653 ***
	(0.159)	(0.192)	(0.148)	(0.171)
Constant	-15.09 ***	3.018	3.543	-1.335
	(3.596)	(4.414)	(4.708)	(2.846)
个体效应	是	是	是	是
时间效应	是	是	是	是
观察值	576	576	576	576
R^2	0.431	0.633	0.696	0.210

注：***、**、*分别表示在1%、5%、10%水平上通过显著性检验；括号内为t值。

如表 13 - 3 第一列和第二列所示，制造业外资和服务业外资的估计系数均为负，分别在 5% 和 10% 的水平下通过了显著检验，说明区域经济一体化水平的提升促进了制造业外资和服务业外资流入长三角地区。这是因为从市场规模和市场潜力来看，2019 年《长江三角洲区域一体化发展规划纲要》公布的数据显示，长江三角洲区域常住人口占我国人口总数的 16.15%，人均 GDP 在我国省市中排名领先，购买力极强且拥有广阔的消费群体，随着长三角城市群地级市间贸易壁垒的大幅降低，长三角城市群的市场整合程度逐渐提升，市场辐射范围更广，市场规模效应加快了外资的进入速度。同时，长三角地区交通基础设施的互联互通，提升了要素流动的效率，增强知识技术的正面外溢，对高端制造业和服务业外资均存在正面促进作用。

表 13 - 3 第三列为生产性服务业外资的估计结果，区域经济一体化的系数为正，与前文的估计结果相反，说明区域经济一体化程度的提升对生产性服务业外资进入产生了负面影响。这可能是因为长三角区域市场整合后，外资不必在区域内部

设置多个办事机构或公司，就可辐射长三角全域，因此生产性服务业新增外资企业进入速度有所减缓。表 13 - 3 第四列生活性服务业外资的估计结果显著为负，且系数绝对值远高于新增外资企业全体和制造业外资的估计系数，说明长三角区域经济一体化对生活性服务业外资的吸引力显著高于外资整体和其他细分行业。这可能是因为生活性服务业的即时性和异质性特征，即生产与消费过程通常同时发生，不可分离不可储存，所以使生活性服务业外资在进行区域选址时对市场接近度的要求更高，其结果是长三角的市场规模效应对生活性服务业外资的引致效应更为显著。

六、基于外资投资规模的异质性分析

尽管区域经济一体化提升了长三角地区外资流入的数量，但是不同规模的外资企业对区域经济一体化的反应程度可能不尽相同。因此，我们按照投资金额将样本分为规模以上外资企业和规模以下外资企业①进行分组回归，具体计算结果分别为表 13 - 4 第一列和第二列。从计算结果来看，第一列的系数为负，在 1% 的水平上通过了显著性检验，第二列的系数为负但未通过显著性检验，说明规模以上外资企业相较于规模以下外资企业对长三角区域经济一体化的反应更为敏感。这可能是由于外资企业的规模越大，投入的成本越高，盈利所需消费市场越大；长三角区域经济一体化能够大幅度节约规模以上外资企业获得人力资本的时间成本，从而减少生产成本支出，提高企业生产效率；并且区域市场的整合，扩大了外资企业对长三角区域的市场接近度，降低了规模以上企业的投资风险，提高规模以上企业盈利甚至实现利润最大化的概率，因此规模以上外资企业对区域经济一体化的反应更为显著，即长三角区域经济一体化对规模以上外资企业的带动更为显著。

表 13 - 4　　　　　　　　　　基于外资规模和投资方式的异质性分析

变量	规模以上	规模以下	独资	合资
$\ln(yt)$	- 7.652 ** (3.550)	- 2.839 (3.405)	- 26.84 *** (3.414)	4.390 (3.519)
$\ln(pgdp)$	0.555 *** (0.182)	- 0.0833 (0.251)	0.358 * (0.211)	0.0356 (0.144)
cy_gj	0.418 ** (0.177)	0.0359 (0.230)	0.350 (0.214)	0.236 (0.211)

① 我们将投资金额大于等于 2000 万元的企业划分为规模以上外资企业，将投资金额小于 2000 万元的企业划分为规模以下企业。

续表

变量	规模以上	规模以下	独资	合资
ln(*wage*)	1.317 ***	0.255	0.864 ***	1.328 ***
	(0.316)	(0.362)	(0.299)	(0.332)
ln(*edu*)	−0.0284	−0.207	−0.129	−0.0578
	(0.107)	(0.159)	(0.121)	(0.126)
gov_gdp	0.299 **	0.274	0.372 *	0.282 ***
	(0.123)	(0.261)	(0.197)	(0.104)
Constant	−15.19 ***	3.325	−8.052 **	−9.961 ***
	(3.134)	(4.133)	(3.213)	(2.851)
个体效应	是	是	是	是
时间效应	是	是	是	是
观察值	570	518	585	546
R^2	0.469	0.255	0.371	0.470

注：***、** 和 * 分别表示在1%、5%和10%水平上通过显著性检验；括号内为 t 值。

七、基于外资投资方式的异质性分析

外商在我国投资主要采取中外合资经营企业、中外合作经营企业和外商独资经营企业三种形式。亚伯拉罕等（Abraham et al., 2010）探究 FDI 对中国制造业企业的溢出效应，发现合资型 FDI 相较于独资型 FDI 更可能对中国企业的生产率产生正向影响。我国多鼓励外资以参股形式进入，因此我们基于数据的可得性将外资企业数据分为合资和独资两类，探究区域经济一体化对何种投资形式的外资作用力度更大。回归结果为表 13−4 第三列和第四列。第三列为独资形式，市场一体化的系数为负，在 1% 的水平下通过显著性检验，说明区域经济一体化显著吸引采用独资形式的外资企业进入；第四列为合资形式，市场一体化的系数为正但未通过显著性检验，说明随着长三角地区区域经济一体化水平的提升，合资形式外资的进入数量呈下降趋势。这是因为加入 WTO 初期，外资对长三角地区的投资环境和投资法律了解不全面，为规避交易风险，外资多采用合资方式进入，近年来，我国对外开放的程度不断提升，长三角城市群拥有开放口岸 46 个，江浙沪三地均设立了自贸试验区，加之近年来上海积极开展长三角统一市场准入和监管规则试点，在制度开放的高度上削弱区域行政壁垒，推进统一开放型市场体系的联建共享和营商环境优化，降低了外资企业市场准入门槛和股权比例限制，因此外资以独资化进入的偏好增加。

八、稳健性检验

前文的估计结果表明区域经济一体化发展有助于外资流入，为了保证该结果的可信度，我们采用替换解释变量和分时段回归两种方式进行了稳健性检验，回归结果见表 13 – 5。考虑到商务部外资企业名录可能存在遗漏，因此我们采用当前学者普遍使用的《中国城市统计年鉴》中的新签协议合同数替代新增外资企业数量，即表 13 – 5 第一列；另一方面新增外资企业的规模存在一定异质性，仅用企业数量度量各地级市外资流入的规模可能低估区域经济一体化对外资进入的影响，因此我们进一步用新增外资企业的注册资本作为衡量外资进入规模的数据代入模型中，即表 13 – 5 第二列。这两列区域经济一体化的系数均为负数且较为显著，与前文的结论一致，表明我们估计结果具有良好的稳健性。我们将观察期分成三段，考察区域经济一体化的外资引致效应是否在每一阶段都显著，估计结果为表 13 – 5 的第三至第五列，除 2003 ~ 2007 年长三角区域经济一体化早期的系数通过显著检验外，其他年份的系数均显著为负，再次验证了检验结果是稳健的。

表 13 – 5 稳健性分析

变量	替换核心解释变量		分年份回归		
	注册资本	协议合同数	2003 ~ 2007	2008 ~ 2012	2013 ~ 2017
$\ln(yt)$	– 13. 39 * (7. 871)	– 13. 19 *** (4. 103)	– 0. 817 (1. 918)	– 505. 7 * (261. 2)	– 336. 1 ** (145. 5)
$\ln(pgdp)$	0. 778 ** (0. 379)	– 0. 0276 (0. 200)	0. 608 (0. 362)	0. 646 * (0. 326)	0. 256 * (0. 149)
cy_gj	0. 00351 (0. 590)	0. 386 * (0. 227)	0. 869 * (0. 497)	0. 561 (0. 379)	0. 340 (0. 212)
$\ln(wage)$	2. 010 ** (0. 945)	0. 830 ** (0. 389)	1. 373 *** (0. 460)	0. 0954 (0. 965)	0. 754 (0. 685)
$\ln(edu)$	– 0. 0539 (0. 257)	– 0. 0742 (0. 152)	– 0. 114 (0. 0851)	– 0. 469 * (0. 270)	0. 0866 (0. 151)
gov_gdp	0. 388 (0. 335)	0. 440 *** (0. 123)	7. 498 * (4. 183)	0. 000725 (0. 0966)	1. 011 (0. 761)
Constant	– 17. 16 ** (8. 055)	– 2. 477 (3. 927)	– 15. 81 *** (4. 522)	0. 153 (8. 785)	– 8. 871 (8. 039)
个体效应	是	是	是	是	是
时间效应	是	是	是	是	是

续表

变量	替换核心解释变量		分年份回归		
	注册资本	协议合同数	2003~2007	2008~2012	2013~2017
观察值	576	585	190	191	195
城市个数	39	39	39	39	39
R^2	0.292	0.296	0.286	0.324	0.469

注：***、**和*分别表示在1%、5%和10%水平上通过显著性检验；括号内为t值。

第四节　区域经济一体化与外资中心度

研究结果表明长三角区域经济一体化水平的提升，显著提升了区域外资流量。那么，大规模进入的外资具体流入了区域内部的哪些城市呢？是向核心城市进一步集聚，还是向非核心城市扩散？为厘清外资在区域内部的布局情况及变动趋势，我们参考范剑勇（2004）对制造业中心值指标的计算方法，对长三角地区各地级市的外资中心值进行了计算，计算中引入了空间距离维度，以便客观地描述外资在长三角的空间分布情况和地区的外资集聚程度，具体计算方法见式（13.4）。

$$center_i = \frac{1}{N}\left(\sum_j \frac{\sum_k v_j^k}{\delta_{ij}} + \frac{\sum_k v_i^k}{\delta_{ii}} \right), v_i^k = \frac{E_i^k}{\sum_i E_i^k} \qquad (13.4)$$

其中，k为外资行业数量，包括国民经济行业统计分类A至S类14种外资行业；N为地级市数量，包括39个地级市；v_i^k、v_j^k分别为第i、j地级市的第k产业外资新增企业数量占长三角城市群该行业的当年全部新增外资企业数目的份额；δ_{ij}为第i与j地级市之间的欧式距离，以经纬度换算得到；δ_{ii}为第i个地级市的内部距离，计算公式为$\delta_{ii} = (2/3) \times (area_i/\pi)^{0.5}$，$area_i$为城市$i$的面积，该公式来源于赫德和梅耶尔（Head & Mayer, 2000）的方法。该值越大说明外资中心度越高，集聚度越显著。

考虑到篇幅限制，我们仅展示2003年、2010年和2017年长三角城市群各地级市外资中心度的计算结果（见表13-6）。具体来看，有以下特征值得关注。第一，外资中心度最高的城市始终为区域第一核心城市上海，南京、杭州、苏州为第二梯队核心城市，无锡、宁波、常州、南通、湖州、嘉兴、扬州和合肥等城市紧随其后，这些城市的外资集聚程度较其他城市高，是外资进入的主要选择。第二，外资中心度的最大值逐渐降低，外资中心度的最小值逐渐上升，即长三角地区核心城市的外资集聚程度呈下降趋势，非核心城市的外资集聚程度上升，说明随着长三角地区区域经济一体化进程的发展，区域内各城市吸引外资的竞争力整体增强，外资的选择更为丰富，核心城市外资涌入的同时，区域内其他非核心城市也在加速吸引外资进入。

表 13-6　　　　　2003 年、2010 年和 2017 年长三角各地级市外资中心度

2003 年					
前 1/3 城		中 1/3 城		后 1/3 城	
上海	0.032115	扬州	0.001107	芜湖	0.000160
苏州	0.012043	绍兴	0.000683	徐州	0.000135
南京	0.004591	盐城	0.000676	蚌埠	0.000125
杭州	0.003446	台州	0.000583	阜阳	0.000088
连云港	0.003443	金华	0.000432	温州	0.000085
无锡	0.003269	泰州	0.000339	淮北	0.000062
南通	0.00304	宣城	0.000286	淮安	0.000018
嘉兴	0.002475	丽水	0.000248	宿迁	0.0000085
宁波	0.002418	淮南	0.000242	舟山	0.0000047
镇江	0.002092	滁州	0.000231	宿州	0.0000024
湖州	0.002072	衢州	0.00019	安庆	0.0000022
合肥	0.001896	马鞍山	0.000181	铜陵	0.0000014
常州	0.001705	亳州	0.000161	黄山	0.0000010
2010 年					
前 1/3 城		中 1/3 城		后 1/3 城	
上海	0.029924	湖州	0.001031	芜湖	0.000215
苏州	0.007503	徐州	0.001015	舟山	0.000145
杭州	0.006585	嘉兴	0.000968	滁州	0.000145
宁波	0.006155	南通	0.000914	温州	0.000104
南京	0.006120	合肥	0.000834	黄山	0.000032
淮安	0.003144	宿迁	0.000620	台州	0.000030
铜陵	0.002545	盐城	0.000569	宣城	0.0000096
无锡	0.002408	绍兴	0.000539	蚌埠	0.0000088
丽水	0.001678	连云港	0.000523	衢州	0.0000087
镇江	0.001585	金华	0.000513	淮北	0.0000052
常州	0.001463	宿州	0.000506	淮南	0.0000029
泰州	0.001324	安庆	0.000340	阜阳	0.0000021
扬州	0.001305	马鞍山	0.000311	亳州	0.0000012

续表

2017 年					
前 1/3 城		中 1/3 城		后 1/3 城	
上海	0.024214	泰州	0.001377	宿迁	0.000222
南京	0.007325	金华	0.001342	台州	0.000203
苏州	0.005834	合肥	0.001155	蚌埠	0.000199
杭州	0.005619	镇江	0.001023	铜陵	0.000181
无锡	0.004716	盐城	0.000922	马鞍山	0.000157
嘉兴	0.002991	绍兴	0.000816	安庆	0.000142
宁波	0.002916	连云港	0.000630	阜阳	0.000135
南通	0.002720	舟山	0.000429	亳州	0.000105
常州	0.002704	滁州	0.000378	丽水	0.000102
淮安	0.002608	黄山	0.000377	淮北	0.000099
扬州	0.002330	温州	0.000316	宣城	0.000057
徐州	0.001726	芜湖	0.000282	宿州	0.000053
湖州	0.001484	衢州	0.000255	淮南	0.000014

资料来源：由作者整理计算。

为保证严谨性，我们将外资中心度作为被解释变量代入模型中，以准确分析区域经济一体化对长三角城市群外资集聚程度的影响。表 13 - 7 为模型估计结果，第一列是区域经济一体化对外资中心度的全样本估计结果，系数显著为负，说明区域经济一体化整体上提升了长三角城市群的外资中心度，即外资向长三角地区集聚，与前文的结论一致。将样本分为核心城市和非核心城市进行分组回归得到表 13 - 7 的第二列和第三列，其中核心城市为上文提及的上海、南京、杭州和苏州，非核心城市为长三角区域内其他 35 个城市。第二列核心城市的系数为负但未通过显著性检验，第三列非核心城市的系数为负且在 1% 的水平下通过了显著性检验，说明长三角区域经济一体化发展对核心城市的外资中心度的影响尚不显著，但是对非核心城市外资中心度产生了显著的促进作用，这表明新增外资企业主要流入长三角区域的非核心城市，即外资向非核心城市扩散。造成这一现象的原因可能在于，长三角区域经济一体化，加快了区域内部产业协作，核心城市将部分相对落后的产业向非核心城市转移，有利于非核心城市产业基础和经济环境改善，提升了非核心城市对外资的吸引力，所以非核心城市的外资中心度逐渐提升，核心城市的外资中心度有所下降，与表 13 - 6 中数据展示的变动趋势一致。总体来看，长三角区域经济一体化能够缩小"中心地区"与"外围地区"的外资分布差距，有利于区域协调发展。

表 13 – 7   区域经济一体化对外资中心度的实证结果

变量	整体	核心城市	非核心城市
$\ln(yt)$	-0.026 *** (0.006)	-3.222 (3.202)	-0.025 *** (0.004)
个体效应	是	是	是
时间效应	是	是	是
观察值	585	60	525
R^2	0.063	0.519	0.071

注：*** 表示在 1% 水平上通过显著性检验；括号内为 t 值。

第五节   研究结论与政策启示

随着近年来投资保护主义抬头，资本跨国自由流动壁垒加深，我国利用外资面临了一系列挑战，外资进入增速大幅下降，"稳外资"成为我国经济工作的重点之一。自实施长三角区域经济一体化发展战略以来，我国长三角地区新增外资流量始终都在全国名列前茅。本章以长三角区域一体化发展为切入点，从要素自由流动、市场规模效应和区域产业协作三个角度，分析了区域经济一体化通过破除区域内部贸易壁垒影响外资进入的理论机制。在此基础上，我们运用相对价格指数法计算了衡量区域经济一体化程度的指数，并且通过构建双向固定效应模型，实证检验了区域经济一体化对外资流入的影响。

本章研究得到的主要结论有：第一，长三角区域经济一体化对外资流入产生了显著效果，因此，推进区域经济一体化是吸引外资进入的有效途径。第二，基于细分行业的异质性分析表明，长三角区域经济一体化对制造业外资、服务业外资进入均产生了正向促进作用；进一步，在影响服务业外资流入中，对生活性服务业外资是产生显著的正向效应，但是对生产性服务业外资流入效应，则是产生负向作用。其原因，可能是因为随着长三角区域一体化水平提高，出于规模经济的考虑，生产性服务业外资减少了在区域内部设置企业的数量。第三，长三角区域经济一体化对规模以上外资和独资形式外资流入的促进作用非常明显，对规模以下外资和合资形式外资的效应则不显著。第四，区域经济一体化与外资中心度的估计结果表明，长三角区域经济一体化对核心城市外资中心度的影响不显著，对非核心城市外资中心度则是产生了显著的促进效应，这说明提升长三角区域经济一体化水平有利于缩小区域外资分布差距，能够促进区域协调发展。

由以上结论可以看出，推进区域经济一体化能够提高对外资进入的吸引力，这为我国扩大利用外资提供了新思路。我们要围绕构建新发展格局的目标，通过区域经济一体化进一步发挥外资促进改革的作用，在高水平开放中形成制度优势，吸引全球优质要素资源，推动提升我国自主创新能力，建立具有较强动态国际竞争力的核心技术和产业体系。要进一步减少外商投资市场准入限制，缩减外商投资准入负面清单，持续努力优化外资营商环境。提升外资流入质量，支持外资企业增加研发投入，切实保护外资企业知识产权，稳定外资预期，从而不断提高吸引外资的国际竞争力。

第十四章

服务业发展滞后
与生产率增长悖论的解析

在现代经济中，制造业和服务业是最主要的两个部门或产业。一般认为制造业创新活跃程度高、生产率提高快，是"进步部门"；服务业的生产率提高慢，是"停滞部门"。针对这种现象，鲍莫尔（Baumol，1967）等提出来了所谓的服务业"成本病"理论。改革开放以来，我国一方面经济高速增长，另一方面也同样存在服务业"成本病"难题（程大中，2008），或者说存在中国"服务业悖论"。如何解释和解决中国"服务业悖论"，是推进我国生产性服务业与制造业互动融合发展中无法回避的理论问题。

目前，关于中国"服务业悖论"研究已有不少学者进行了探讨。例如，刘志彪（2011）认为是由于我国制造业主动承接发达国家的订单，率先融入全球价值链，完成了全球化；但是服务业却未能实现同步全球化。谭洪波等（2012）从部门全要素生产率差异的角度，指出我国的经济增长率会趋同于制造业生产率的增长率等。这些成果都从服务部门仅生产中间投入品的角度，解释了中国"服务业悖论"的由来。然而，考虑到进入 21 世纪以来，我国服务业在 GDP 中比重明显提升，而且服务消费支出也总体上持续增加。2019 年在全国居民人均消费支出中，服务性消费支出比重已经达到 45.9%。因此，本章拟在已有文献基础上，突破现有研究中关于服务部门仅生产中间投入品的假设，即从服务消费角度进行中国"服务业悖论"分析，并且认为服务消费可促进人力资本的积累，而人力资本积累可同时决定制造业部门生产率以及服务部门生产率，从而影响经济增长。

第一节　文献综述

关于服务业发展与经济增长之间的关系，目前尚未达成一致结论。鲍莫尔

（Baumol，1967）构建的非平衡增长模型，认为当劳动力资源流向生产率增长处于劣势的服务部门会带来整体劳动生产率的降低。奥尔顿（Oulton，2001）假设当生产性服务部门仅提供制造业生产的中间投入品时，整体的生产率增长率反而会上升，而非鲍莫尔模型中的下降。佐佐木（Sasaki，2012）不仅考虑了作为中间投入的服务产品，同时将作为最终需求的服务产品纳入模型中，研究结果与奥尔顿（Oulton，2001）相反，即服务业发展会带来人均 GDP 增长率的降低，他假设服务部门生产率增长率低于制造业部门、两部门消费比例保持不变，长期来看，无论劳动力投入与生产性服务业投入的替代弹性如何，制造业部门就业份额以及经济增长率均会有所下降。

以上学者的研究均假设部门劳动生产率外生，如果考虑部门劳动生产率的内生性，则会出现差异化的结论。普尼奥（Pugno，2006）的一般均衡模型从供需结合的角度分析得出，服务消费对人力资本的促进作用会导致生产率的提高，这与鲍莫尔模型中的结论相左。文森蒂（Vincenti，2007）的研究结果显示，当服务与货物的替代弹性足够高时，会导致服务部门的就业份额下降，总体的生产率增长下降。相反，服务与货物的替代弹性较低时，服务业就业份额会增长，整体生产率提高。佐佐木（Sasaki，2012）用扩展的鲍莫尔模型同时论证鲍莫尔（Baumol，1967）、普尼奥（Pugno，2006）以及文森蒂（Vincenti，2007）的结论，模型表明最初服务业就业份额的提升会降低经济增长率，但是到了一定的拐点后会提升其增长率。国内学者程大中（2010）在普尼奥（Pugno，2006）模型的基础上，分析表明中国的服务业就业提高有利于增加服务产出和供给；而教育健康服务有利于加强人力资本的积累效率。黄永春等（2013）拓展了文森蒂（Vincenti，2007）的两部门模型，剖析了中国的"去工业化"和美国"再工业化"之谜。

现有研究存在以下几点不足：第一，同时考虑制造业部门与服务部门技术内生性的研究较为匮乏。第二，虽已有文献考虑我国服务消费所产生的效应，但是服务消费带来的人力资本积累是有成本的，随着制造业就业比重的下降，制造业的"干中学"效应减弱。实际上，如果服务消费的人力资本积累效应很弱，那么整体生产率还是会下降，本章将同时考虑制造业"干中学"效应和服务消费的人力资本效应。第三，仅从整体层面分析，缺乏针对中国不同区域的专门研究。不同地区的资源禀赋存在差异较大，制造业发达程度不同，服务消费的"人力资本积累"效应也存在差异。因此，有必要从不同地区的视角进行研究。

第二节　理论模型分析

本章借鉴鲍莫尔（Baumol，1967）、普尼奥（Pugno，2006）和佐佐木（Sasaki，2012）的建模思路，假设经济体中存在两个部门，即制造业部门（m）和服务部门（s），其中制造业部门是进步部门，而服务部门为滞后部门；进步部门劳动生产率为 g_m，滞后部门为 g_s，$g_s < g_m$。劳动为唯一投入，劳动力总量 L 固定不变，$L = L_m + L_s$；L_m 为制造业劳动力数量，L_s 为服务业劳动力数量；同时假定劳动力在部门间自由流动。为了将两部门劳动生产率（g_m，g_s）内生化，我们做两点处理：第一，设定仅制造业存在"干中学"效应，随着生产的进行，制造业的劳动生产率会持续增长。第二，服务消费可促进人力资本形成（Pugno，2006），由于劳动力在两部门之间自由流动，因此人力资本积累同时影响制造业与服务业的劳动生产率。

基于以上假定，本章将得到两部门生产率函数 g_m、g_s：

$$g_m = d_m h \tag{14.1}$$

$$g_s = h \tag{14.2}$$

式（14.1）和式（14.2）中，h 为人力资本水平，d_m 为制造业"干中学"效率增长指数，用来衡量"干中学"效应对制造业劳动生产率提高的效率。进一步可得制造业部门生产函数 $q_m = d_m h L_m$ 和服务部门生产函数 $q_s = h L_s$。

在市场出清条件下，人力资本积累函数为：

$$\dot{H} = \alpha C_s = \alpha h \frac{L_s}{L} \tag{14.3}$$

式（14.3）中，C_s 为服务消费，α 为人力资本积累的效率参数。另外，制造业存在"干中学"效应，假定制造业干中学生产率是知识存量的增函数：

$$d_m = K^{\beta} \tag{14.4}$$

式（14.4）中，K 为知识存量，β 为"干中学"的知识资本积累弹性。假设 K 符合正态分布，分布函数为：$K = \exp \int_{-\infty}^{t} L_m(x)/L(x)\mathrm{d}x$，因此"干中学"生产率函数：

$$\dot{d}_m = \beta \frac{L_m}{L} d_m \tag{14.5}$$

为简化结果，用 l_s、l_m 分别表示服务业和制造业就业份额，其中 $l_s = L_s/L$；$l_m = L_m/L$。根据式（14.3）和式（14.5）可得服务部门劳动生产率增长率以及制造业部门劳动生产率增长率分别为：

$$R_{gs} = \alpha \left(1 - \frac{L_m}{L} \right) = \alpha l_s \tag{14.6}$$

$$R_{gm} = \alpha + (\beta - \alpha)\frac{L_m}{L} = \beta - (\beta - \alpha) l_s \tag{14.7}$$

而经济的整体劳动生产率增长率：

$$R(t) = R_{gm}(t) l_m(t) + R_{gs}(t) l_s(t) \tag{14.8}$$

式（14.8）中，$l_m(t)$ 和 $l_s(t)$ 分别表示制造业和服务业劳动生产率增长对总体劳动生产率增长贡献的权重。将式（14.6）、式（14.7）代入式（14.8）可得：

$$R(t) = (R_{dm} + R_h)l_m + R_h l_s = \left[\beta - (\beta - \alpha)l_s\right](1 - l_s) + \alpha l_s \times l_s$$

$$= \beta \left(l_s - \frac{2\beta - \alpha}{2\beta} \right)^2 + \alpha\left(\frac{4\beta - \alpha}{4\beta}\right) \tag{14.9}$$

根据式（14.9）可知：

整体劳动生产率和服务业发展之间存在"U"型关系。当 $2\beta < \alpha$，服务业发展与整体劳动生产率增长成正比；当 $2\beta > \alpha$，则整体劳动生产率增长率随着服务业的发展而降低，直至 $l_s = \frac{2\beta - \alpha}{2\beta}$ 之后，再上升，最后劳动生产率趋于 α。即服务业是否能够促进经济增长并不取决于占比的高低，而是取决于服务消费的人力资本效应与制造业"干中学"效应。两者并非简单的线性关系，当服务消费带来的人力资本积累效应足够大，服务业的发展可通过增加人力资本存量，提高生产率增长率，促进经济增长。

第三节 计量模型设定以及数据来源说明

一、计量模型设定

基于以上理论模型，考虑样本实际特征的情况，本章将计量模型设定为：

$$\ln g_{it} = \lambda_o + \lambda_1 \ln l_{s_{it}} + \lambda_2 \ln c_{s_{it}} + \lambda_3 \ln k_{it} + X_{it} + \mu_i + \varepsilon_{it} \tag{14.10}$$

其中 i 和 t 分别表示省份和年份，$\ln g_{it}$ 为被解释变量，分别表示整体劳动生产率增长率。$\ln l_{s_{it}}$、$\ln c_{s_{it}}$、$\ln k_{it}$ 为本章的三个核心解释变量，分别表示地区服务业发展水平，服务消费以及物质资本存量，X_{it} 代表影响劳动生产率的其他变量，μ_i 表示不随时间变化的固定效应，ε_{it} 是随机误差项。

二、变量设定及数据来源说明

本章样本为 1995～2010 年中国 31 个省、自治区、直辖市的面板数据。数据主要来源于样本时间内各地区统计年鉴、中经网以及国研网统计数据库，各变量数据处理过程如下：

（1）总体劳动生产率（g）：由于模型中假设劳动为唯一投入，以人均实际GDP 增加值作为衡量整体劳动生产率的变量。测算时，以 1995 年为基期，采用各省人均名义 GDP 除以 1995 年不变价格水平衡量的 GDP 平减指数获得。

（2）服务业发展水平（l_s）：本章参考鲍莫尔（Baumol，1967）、普尼奥（Pugno，2006），选用各省服务业从业人数占总体就业人员的比重来衡量。根据上文理论分析，两者呈"U"型曲线的关键取决两种效应之间的关系。本章以此考察我国服务业发展水平滞后与高速经济增长并存的原因。当该系数为正时，则促进生产率增长；反之，则不促进。

（3）服务消费（C_s）：此处选用各地区城镇家庭平均每人全年家庭设备用品及服务、交通和通信、教育文化娱乐以及医疗保健这四种消费性支出之和占城镇家庭平均每人全年的总消费性支出的比重来衡量。

（4）固定资本（k）：固定资本存量占 GDP 比重。本章采用永续盘存法对各省市自治区 1995～2010 年的固定资本存量进行了测算，公式为：$K_{it} = K_{i,t-1}(1-\delta) + I_{it}$，其中 K_{it} 表示第 t 年 i 地区的固定资本存量，$K_{i,t-1}$ 是 $t-1$ 年的资本存量，I_{it} 为当年新增固定资产投资，δ 是折旧率。最后根据 $pk_{it} = K_{it}/L_{it}$ 计算出人均资本存量。

（5）对外开放水平（$open$）：参照主流的处理方法，本章采用进出口之和占地区国内生产总值的比重来衡量区域对外开放程度。进出口总额按照样本区间内各年度美元兑人民币汇率进行换算，统一调整为以人民币计价，以保持与 GDP 单位的一致性。

（6）市场化程度（$market$）：借鉴王小鲁等（2018）测算的各省市场化指数，作为衡量市场化程度的指标。市场化进程有利于资源配置效率的改善，有助于促进服务业对经济增长的拉动作用，预测该项符号为正。

（7）基础设施（$infra$）：本章采用各地区公路营业里程与铁路营业里程之和，

并赋予各自 1/2 的权重，除以各地区实际面积。预测该项系数为正。

综上所述，加入其他控制变量之后，本章的计量方程最终变为：

$$\ln g_{it} = \lambda_o + \lambda_1 \ln l_{s_{it}} + \lambda_2 \ln c_{s_{it}} + \lambda_3 \ln k_{it} + \lambda_4 \ln open_{it} + \lambda_5 \ln market_{it} + \lambda_6 \ln infra_{it} + \mu_i + \varepsilon_{it}$$

$$(14.11)$$

第四节　实证分析与结果说明

一、整体层面

本章采用中国省级面板数据对计量方程进行回归，表 14 – 1 中 7 个模型均通过 F 值检验，说明整体估计效果良好。经过 Hausman 检验，表明应采用固定效应模型，表 14 – 1 中给出了固定效应回归结果。

表 14 – 1　　　　　　　　　　　整体层面计量结果

变量	FE						稳健性检验
	模型 1	模型 2	模型 3	模型 4	模型 5	模型 6	模型 7
$\ln ls$	3.492 ***	2.693 ***	2.673 ***	2.307 ***	1.238 ***	0.955 ***	0.960 ***
	(0.109)	(0.130)	(0.135)	(0.135)	(0.127)	(0.117)	(0.123)
$\ln cs$		1.165 ***	1.183 ***	1.319 ***	1.156 ***	0.962 ***	0.672 ***
		(0.113)	(0.117)	(0.116)	(0.103)	(0.092)	(0.076)
$\ln k$			− 0.340 ***	− 0.305 ***	− 0.835 ***	− 0.746 ***	− 0.764 ***
			(0.089)	(0.086)	(0.093)	(0.087)	(0.092)
$\ln open$				0.117 ***	0.216 ***	0.132 ***	0.128 ***
				(0.035)	(0.031)	(0.030)	(0.031)
$\ln market$					0.166 ***	0.0964 ***	0.106 ***
					(0.0350)	(0.030)	(0.032)
$\ln infra$						0.308 ***	0.291 ***
						(0.033)	(0.034)
Constant	13.461 ***	13.756 ***	13.4627 ***	13.406 ***	11.3004 ***	11.351 ***	10.656 ***
	(0.144)	(0.135)	(0.162)	(0.153)	(0.185)	(0.170)	(0.176)
R 值	0.58	0.66	0.68	0.71	0.74	0.75	0.88
固定效应	Y	Y	Y	Y	Y	Y	Y
观察值	496	496	496	496	496	496	496
截面数	31	31	31	31	31	31	31

注：实证的结果均根据 Stata 11.0 软件计算并整理得出。圆括号内是稳健的标准差；*** 表示 1% 的显著性水平。

模型 6 表明，随着变量的逐步引入，模型的 R 值提高，即本章选取的变量均是影响整体劳动生产率的重要因素。模型 7 是对模型 6 的稳健性检验，模型 6 是根据前文的理论分析选取服务消费作为影响生产率的变量，而模型 7 则是采用人力资本水平（hr）作为服务消费的替代变量。对于人力资本的测算用区域受教育水平占劳动力数量的比重来表示。模型 7 与模型 6 的计量结果基本类似，表明计量方程的结果是稳健的。因此，以模型 6 作为最终结果进行分析，得出以下结论。

第一，尽管现阶段中国服务业发展水平滞后，但服务业发展却能够显著促进整体劳动生产率的增长。具体来看，各地区服务业发展水平提高 1%，会带来劳动生产率增长 0.955%。该结果证明了我国继续推行"经济服务化"对生产率增长的影响符合理论预期中"U"型曲线的上升阶段。根据理论模型以及实证结果，我们认为，中国现阶段服务业发展滞后与高速经济增长并存现象的原因在于：首先，服务业发展水平较低，但是可以通过服务消费所形成的人力资本积累效应，同时促进制造业部门和服务部门的技术进步，并且这一效应足够大。此外，中国是"世界工厂"，制造业"干中学"有助于促进制造业企业的技术创新，当两个部门的生产率同时提高时，总体生产率提升。其次，由于服务部门被认为是生产率增长滞后的部门，因此人们认为当我国服务业发展水平低时，会恶化服务部门的这一特征，使得生产率增长趋于"停滞"，但这一结论忽略了二、三产业之间的关联性。我国服务业发展虽然滞后，但仍处于上升的阶段，生产性服务业可通过产业关联效应促进制造业的生产率。

第二，服务消费对地区整体生产率提升具有正向的激励作用。具体表现为，服务消费增长 1% 会促进地区劳动生产率增长 0.96%。一方面，服务消费通过促进人力资本积累的形成导致地区技术进步；另一方面，在出口导向战略受挫以及扩大内需的背景下，服务消费需求的扩张是生产率增长的重要途径。服务消费占总体消费比重的提升意味着我国消费结构有所优化，消费结构的升级有利于一个国家和地区的技术创新与进步。模型 7 和模型 6 相比，服务消费对经济增长影响力有明显的下降。这意味着，现阶段我国很多服务消费并未转换成人力资本。因此提高服务产品的质量满足消费者多样化需求，将有助于解决此问题。

第三，和预期结论不同的是，物质资本与生产率呈负相关关系。这并不代表中国的物质资本积累过度，我们理解为由于生产要素存在严重的错配，因此纠正要素扭曲可以进一步提高劳动生产率。该结果证明了中国单纯依靠物质资本投入所实现的高速经济增长不可持续，经济增长方式由"粗放型"向"集约型"转变具有必要性与迫切性。物质资本投入应维持在一定的合理范围内。另外，控制变量中对外开放程度、市场化程度以及基础设施对地区劳动生产率的影响与预期相符合，均显著为正。

二、分地区实证检验

由于我国经济发展存在显著的区域差异性，因此有必要对不同区域进行细分研究。表 14 - 2 给出了中国东部、中部、西部分地区实证结果，计量方程与前文一致。

表 14 - 2　　　　　　　　　　　　　分地区计量结果

变量	东部	中部	西部
ln*ls*	0.973 *** (0.165)	0.691 *** (0.246)	0.872 *** (0.205)
ln*Cs*	0.329 ** (0.166)	0.812 *** (0.150)	0.586 ** (0.236)
ln*k*	-0.137 (0.109)	-0.709 *** (0.191)	-0.337 * (0.180)
ln*open*	-0.002 (0.038)	0.375 *** (0.081)	0.185 ** (0.075)
ln*market*	0.770 *** (0.124)	0.016 (0.026)	0.674 *** (0.120)
ln*infra*	0.306 *** (0.058)	0.355 *** (0.051)	-0.050 (0.055)
Constant	9.855 *** (0.375)	11.611 *** (0.335)	9.696 *** (0.511)
R 值	0.86	0.84	0.84
固定效应	Y	Y	Y
观察值	176	128	192
截面数	11	8	12

注：实证的结果均根据 Stata 11.0 软件计算并整理得出。 *** 、 ** 、 * 分别表示 1%、5%、10% 的显著性水平。

对比服务业发展对不同区域劳动生产率的影响可知，东部地区的服务业发展对劳动生产率提升的影响最为显著，影响系数达 0.97，高于西部地区的 0.87 以及中部地区的0.69。事实上，东部地区的服务业增加值占比以及就业占比均高于中西部地区，由于东部地区得天独厚的地理位置，使得东部地区服务业国际化程度较高，并形成了较多的服务业集聚区，服务企业在区域内的集聚所产生的劳动力蓄水池效应会导致劳动力流向服务业，从而提高劳动者的专业技能，使得服务企业以及服务业的生产率有较大的提升。另外，东部地区发达的制造业同样会对生产性服务业的发展产生辐射效应，从而提高地区劳动生产率。

中部地区服务业就业对生产率增长的提升作用最弱，其中很大原因在于东部、中部地区长期形成的"中心—外围"模式，中部地区的服务业，尤其是生产性服务性的发展很大程度转化成对东部地区的制造业发展的促进。虽然西部地区服务业发展远远滞后于东部、中部地区，生产性服务业和消费者服务业的供给未能匹配人们日益增长的服务需求。但是其资源优势，将是经济发展的重要推动力量。发展适宜当地特色的本地服务业将是推动西部地区建立区域工业体系的关键。因此，西部地区应不断加大服务业要素投入，提高服务业就业人员素养，为西部地区经济的发展注入新的动力。

第五节　研究结论与政策启示

本章考虑制造业与服务业生产率的内生性，将其纳入鲍莫尔的"成本病"理论框架中，构建了两部门非平衡增长模型，分析了中国式"服务业悖论"的原因，并利用1995~2010年全国31个省份的面板数据对相关命题进行了实证检验，得到以下结论与政策启示。

第一，将服务消费纳入分析框架后，我国的"服务业发展悖论"可以得到较为合理的解释。虽然表面上我国服务业比重过低，但是这一表面现象的背后是服务消费所带来的人力资本积累效应，这一效应甚至超过了制造业"干中学"效应。这说明，我国服务业的发展应当以拓展服务消费潜力，提高服务消费占比为抓手，以实现服务业发展对技术进步与经济增长的贡献。随着城镇化水平的提高，我们应从改善消费环境、规范服务自身发展以及改变长期分割的城乡户籍制度出发，增加服务消费，加强服务消费的人力资本累积效应。此外，教育、医疗和保险应当是重点发展产业。放松服务行业准入限制、降低国有企业比重、加大投资力度是发展这些行业的重要途径。值得注意的一点是，服务需求扩张必须对应服务供给的增长，在优化消费结构的同时，政府应使得服务业发展水平与异质性极高的服务业消费需求相匹配，提高服务品的多样化程度。

第二，分地区实证结果表明，东部、中部、西部服务业的发展均有利于区域劳动生产率提升。目前我国服务业的"黏合剂"作用初步显现。但是由于我国服务业比重还是处在较低水平，进一步强化这种作用是今后的重点任务。应充分发挥各地区的比较优势，利用制造业对服务业的促进作用，实现东部地区对中部、西部地区服务业发展的拉动作用，为解决中国服务业发展滞后提供可行路径。

第十五章

信息不对称下生产性服务业
FDI 空间集聚的实证研究

服务业的开放必然伴随着服务业外国直接投资（FDI）在国际间流动，信息壁垒是跨国公司生产性服务业 FDI 进入时遇到的重要瓶颈。由于服务经验性购买特征，在信息非对称下跨国公司进入东道国初期，其高质量生产性服务的价值往往会被低估，因此跨国公司生产性服务业 FDI 首先会趋向于追逐母国制造业 FDI，然后才会满足当地下游产业的需求。另外，此时服务提供者提供服务时存在道德风险，很有可能为了获取一个更高的价格而欺骗消费者，诱使他们认为这个服务产品的质量高于它实际的质量。鉴于此，即使服务业跨国公司提供的服务质量更高，当地消费者也会选择从一个熟悉的、易于评估质量的提供者那购买此类服务。同理，制造业跨国公司也倾向于从他们熟知的母国服务提供者处购买高质量服务。针对上述问题本章首先分析信息壁垒下投资国生产性服务业 FDI 进入市场的均衡条件，接着对实证部分需要的数据进行微观和中观上的描述，对信息壁垒的度量选取了相应指标，并对模型的其他解释变量进行了说明；然后利用美国投资面板数据分别进行 OLS、固定效应以及随机效应分析，从而就信息不对称下生产性服务业 FDI 空间集聚，进行理论和实证研究。

第一节　信息壁垒下生产性服务业 FDI 的市场均衡

关于服务业 FDI 在国际间流动的研究，目前相关的文献已较为丰富。查尔斯（Charles，1997）将要素丰裕理论与垄断竞争理论结合起来，发展了一个基于生产性服务贸易、规模经济与要素市场三者关系的一般均衡模型，并且明确指出生产性服务业的发展需要外商直接投资的推动。本杰明（Benjamin，2010）实证研究表明欧洲国家服务业 FDI 的主要投资方式为绿地投资，并且 FDI 导致的收入增长很可能都会流向国外，对 FDI 吸收国来说收入增长效应微乎其微。科尔斯塔德（Kolstad，2008）利用 57 个国家 1989~2000 年的面板数据进行实证研究，指出服务业 FDI 表现为市场追随型，制度、民主因素比一般的投资风险更能影响服务业 FDI，而东道国的贸易开放度对其影响甚微。安德拉斯和德赛（Antras & Desai，2009）比较了贸易、FDI 两者在长期增长中不同的收敛方式，发现制造业增长率的长期收敛均与贸易、FDI 相关；FDI 输出国比 FDI 输入国更容易达到长期经济增长收敛，其中服务业部门收敛的迹象微弱，制造业部门收敛迹象强劲。里德尔（Riedl，2010）研究发现服务业投入成本低于制造业，因此服务业存量的调整速度快于制造业。库拉塔（Kurata，2009）主要立足于不可贸易服务业的研究，从福利经济学的角度论证了不可贸易服务业 FDI 对于母国生产商影响具有不确定性，对东道国的消费者及东道国整个经济的影响为正效应。

我们借鉴拉夫和鲁尔（Raff & Ruhr，2001）的相关模型，假设东道国有 $N + N^*$ 个制造商（生产性服务业产品的需求者），N 代表跨国公司制造商，N^* 代表东道国制造商。由于服务的质量可高可低，因此模型的约束条件为：当地生产性服务企业只提供低质量的服务，跨国公司只提供高质量的服务。由于生产性服务产品的提供易出现道德风险以及服务产品购买的经验性特征，消费者在购买过程中容易出现信息不对称以及难以评估服务质量的现象，特别是在跨国公司进入初期表现得尤为明显。假设 N_I 为信息对称的消费者，N_U 为信息不对称的消费者，因此 $N_I + N_U = N + N^*$。令 $N_I = \partial N + (1 - \partial) N^*$，$N_U = (1 - \partial) N + \partial N^*$，这里 $\partial > 0.5$，意味着信息对称的消费者多为母国制造业跨国公司。令 c_i 代表边际成本，$i = h, l$，c_h 为高质量服务业边际成本，c_l 为低质量服务边际成本。假设服务生产的边际成本在质量上是递增的，$c_h > c_l$。服务业跨国公司固定成本 F，数量 N，由自由进入与退出的程度决定。当地服务业公司固定成本 F 为 0，自由进出市场使得他们的价格可以低至边际成本。如果一个制造商产量为 X，主要投入为 L，生产性服务产品的数量是 S_i，i 代表质量。根据里昂列夫生产函数，$X = \min\{L, S_i/\beta_i\}$，$\beta_i > 0$ 是一个参数，制造业一单位产出不但需要 β_h 单位高质量的服务，也需要 β_l 单位低质量的服务，同时 $\beta_l > \beta_h$。高质量生产性服务业要素需求由 S_h 表示，$s_h = s_{h1}, s_{h2}, \cdots, s_{hn}$，$n$ 为生产性服务业服务的种类，由此得到生产性服务产品的总供给：

$$S_h = \Big(\sum_{j=1}^{n} s_{hj}^{\frac{\sigma-1}{\sigma}} \Big)^{\frac{\sigma}{\sigma-1}} \tag{15.1}$$

这里，σ 是 n 种高质量服务间不变的替代弹性，$\sigma > 1$。令制造商对特定高质量

生产性服务的需求函数为

$$s_h = p_h^{-\sigma} q_h^{\zeta} D_h \tag{15.2}$$

$$q_h = (np_h^{1-\sigma})^{\frac{1}{1-\sigma}} \tag{15.3}$$

其中，q_h 为价格指数，p_h 为价格，D_h 代表对所有生产性服务业的需求。当服务质量 $i = h, l$ 时，一个制造商生产 X 单位产出的成本为 $c_i(x) = (w + \beta_i q_i)x$。如果 $\beta_h q_h < \beta_l c_l$ 条件成立，制造商则认为他购买了高质量的服务。如制造商已经购买 $\beta_h x$ 单位高质量的服务，使用之后发现它们只是低质量的产品，生产之前不得不再购买 $(\beta_l - \beta_h)x$ 单位低质量服务，这个额外的成本 $c_l(\beta_l - \beta_h)x$ 即构成了他们进入的信息壁垒。当服务业跨国公司以百分之百的概率提供高质量服务时，消费者的数量是 $N_I + N_U$，对高质量生产性服务的需求为：

$$\bar{s} = p_h^{-\vartheta} q_h^{\vartheta} \beta_h (N_1 + N_U) X(q_h, c_l, \beta_h, w, 1) \tag{15.4}$$

如果跨国公司本应提供高质量的产品，因欺骗消费者只出售了低质量的产品，则仅有 N_U 个信息不对称的消费者会买它的产品，此时对其需求为：

$$\underline{s}_h = p_h^{-\vartheta} q_h^{\vartheta} \beta_h N_U X(q_h, c_l, \beta_h, \beta_l, w, 1) \tag{15.5}$$

如果跨国公司提供高质量服务的利润超过靠欺骗信息不对称的消费者所获利润的话，跨国公司就会生产高质量的服务，必要条件为

$$\gamma \geqslant \frac{c_h - c_l}{p_h - c_l} \tag{15.6}$$

$$\gamma \equiv \frac{N_I}{N_I + N_U} \tag{15.7}$$

如果整个服务市场上信息对称消费者的比例达到一定程度，不等式成立。如果不等式不成立，则存在一个混合策略均衡，服务业跨国公司将以 $\hat{\varepsilon} = \frac{\beta_h (q_h - c_l)}{(\beta_l - \beta_h) c_l}$ 的概率提供高质量的服务，信息不对称的消费者将以 $\hat{\delta} = \frac{N_I}{N_U} \left(\frac{p_h - c_h}{c_h - c_l} \right)$ 的概率购买高质量的服务，前提是 $N_U > N_I$，$\hat{\delta} \in (0,1)$。利润最大化下跨国公司卖掉或者假装卖掉高质量服务的价格为 $\hat{p} = \arg\max\limits_{p_h} (p_h - c_h) \bar{s}_h$。利用前面的价格指数 q_h 得出

$$\hat{p}_h = \frac{\sigma}{\sigma - 1} c_h \tag{15.8}$$

随着服务种类之间弹性替代率 σ 增大，边际成本之上利润附加值递减。利用式

（15.6）和式（15.8）得到服务业跨国公司提供高质量服务的必要条件

$$\gamma \geqslant \frac{(\sigma - 1)(c_h - c_l)}{\sigma(c_h - c_l) + c_l} \tag{15.9}$$

从以上分析得出结论：如果信息对称的制造商的比例很大使得式（15.9）条件满足，每一个服务业跨国公司都会以 100% 的概率来提供高质量的服务。如果式（15.9）的条件不满足，每一个服务业跨国公司就会以 $\hat{\varepsilon} \in (0,1)$ 的概率提供高质量的服务。

第二节　生产性服务业 FDI 与制造业 FDI 集聚的特征事实

一、美国生产性服务业 FDI 与制造业 FDI 集聚的总体概况

我们以美国 1994～2009 年的生产性服务业 FDI 为研究对象，分析了美国在此期间对 25 个国家（地区）生产性服务业 FDI 的空间集聚因素，特别是分析在信息不对称情况下美国生产性 FDI 的进入特征与模式。由于我们不能观测到信息对称消费者 N_I 和信息不对称消费者 N_U 的数量，这里将信息对称消费者的份额 $N_I/(N_I + N_U)$ 表述为 $\frac{N_I}{N_I + N_U} = (2\alpha - 1)\frac{N}{N + N^*} + (1 - \alpha)$。$N$ 代表美国制造业跨国公司的数量，N^* 代表东道国（地区）制造商的数量。基于美国制造业跨国公司、东道国（地区）制造业公司的数量不易进行统计与分析的原因，我们选择美国对海外 25 个国家（地区）制造业 FDI 的存量和东道国（地区）当地制造业的产量分别进行变量替换。美国制造业 FDI 与生产性服务业 FDI 的数据来自美国经济分析局，其余数据全部来自世界银行网站。

首先，总体而言 1994～2009 年美国海外直接投资呈持续上升趋势，生产性服务业 FDI 与制造业 FDI 分别从 1994 年的 3386.86 亿美元、1863.40 亿美元上升到 2009 年的 8562.63 亿美元和 4606.41 亿美元，年均增速达到 5.97% 和 5.8%（见图 15－1）。生产性服务业 FDI 与制造业 FDI 均保持不断向上攀升的趋势，两者的运动轨迹基本一致，两者的相关系数高达 0.998。其次，这期间美国海外的生产性服务业 FDI 远远超过了其制造业 FDI，前者几乎为后者的两倍。以 2009 年为例，美国对英国生产性服务业 FDI 的投资额高达 2590.22 亿美元，是其制造业 FDI 的 4.9 倍；对荷兰的投资，前者达到 884.91 亿美元，是后者的 2.89 倍；对日本的投资，前者高达 655.22 亿美元，是后者的 3.89 倍；对加拿大的投资，前者与后者数额均

很庞大，分别是 819.91 亿美元和 650.19 亿美元；相对而言，美国对中国的投资比较小，仅仅为 226.18 亿美元和 166.53 亿美元（见图 15-2）。

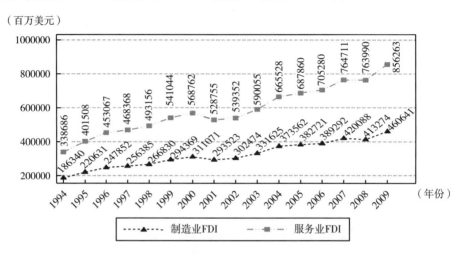

图 15-1 1994~2009 年美国海外制造业 FDI 和生产性服务业 FDI 规模

资料来源：美国经济分析局。

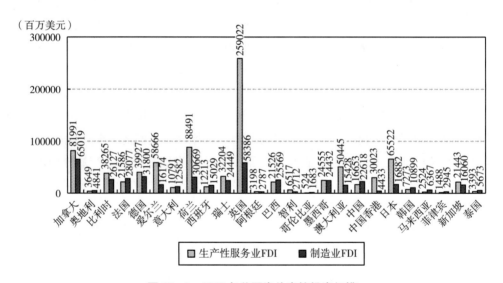

图 15-2 2009 年美国海外直接投资规模

我们对各个东道国（地区）1994~2009 年的年平均吸收投资的数据进行分析。如表 15-1 所示，这期间美国生产性服务业 FDI 最大吸资国为英国，平均每年吸资1306.62 亿美元，依次下来为加拿大、荷兰和日本，分别为 472.76 亿美元、450.29亿美元和 379.66 亿美元；制造业 FDI 最大吸资国为加拿大，高达 584.36 亿美元，依次为英国、德国和荷兰，分别为 437.54 亿美元、234.71 亿美元和 203.51 亿美元。从生产性服务业 FDI 与制造业 FDI 两者的相关性上看，除了菲律宾、新加坡、哥伦比亚、意大利这几个国家两者相关程度不高外，其他国家（地区）都表现出较高的相关性，即生产性服务业 FDI 与制造业 FDI 呈现出互相追随的轨迹与特征；同时表 15－1 也说明：对发达国家（地区）而言，美国以生产性服务业 FDI 投资为主，但是对于发展中国家（地区）而言，比如哥伦比亚、墨西哥、中国，美国以制造业 FDI 为主。

表 15－1　　　1994~2009 年美国对 25 个国家或地区年均生产性服务业 FDI
与年均制造业 FDI 投资情况及相关系数　　　　　　单位：百万美元

国家或地区	生产性服务业 FDI Mean Std. Err.	制造业 FDI Mean Std. Err.	相关系数	国家或地区	生产性服务业 FDI Mean Std. Err.	制造业 Mean Std. Err.	相关系数
加拿大	47276.7　5126.4	58436　3872.4	0.7791	智利	4454　242.1	1501.6　166.8	0.8147
奥地利	1591.5　275.3	2123.6　333.95	0.8438	哥伦比亚	710.5　53.3	1211.6　49.3	0.0251
比利时	18395.2　3128.6	11799.7　1511.1	0.8954	墨西哥	14709　2608	17609　1114.6	0.6471
法国	13920.4　970.3	20404　1197.3	0.8421	澳大利亚	17795　3407	10324　822.4	0.6762
德国	24934.8　2487.9	23471.8　1126.7	0.2789	中国	3736　1104	9190　1842.5	0.8076
爱尔兰	23328.8　4808.1	10537.6　1063.0	0.7875	中国香港	16787　1811	2868.5　183.8	0.7445
意大利	6948.4　776.0	11673.4　579.5	0.0332	日本	37966　4737	14593　547.8	0.4765
荷兰	45029.3　5839.9	20351.6　1795.2	0.6715	韩国	5383　1076	5785.5　732.0	0.7318
西班牙	7778.4　898.0	9298.2　848.6	0.8267	马来西亚	1018　167.7	4149.8　289.3	0.7623
瑞士	26539.5　1990.7	7732.6　1568.6	0.5232	菲律宾	963.9　117.2	2192.4　208.9	-0.275
英国	130662　17567	43754.6　2503.6	0.7573	新加坡	8682　1218	10151　939.3	0.217
阿根廷	3425.0　337.5	3093.8　254.6	0.8272	泰国	1939　229.4	3259.7　392.9	0.951
巴西	10103.3　1240.1	16977.8　1195.8	0.4494				

资料来源：美国经济分析局。

二、信息壁垒的度量

信息壁垒是无法直接度量的。本章中第二部分理论研究表明：如果信息对称的制造商数量足够大以致 $\gamma \geq \dfrac{(\sigma-1)(c_h-c_l)}{\sigma(c_h-c_l)+c_l}$ 满足的情况下，信息壁垒会减弱甚至消失，在这种情况下每一个服务业跨国公司都会以 100% 的概率来提供高质量的服务。在此我们进行一个变量替换，以母国制造业 FDI 占当地 GDP 的比重为指标来度量 γ 成立的条件。当母国制造业 FDI 占当地 GDP 的比重足够大时，服务业跨国公司能够有效地克服信息壁垒，更好地提供优质服务。我们采取赋值法间接评估信息壁垒的影响，方法为：当制造业 FDI 超过东道国（地区）GDP 的2%，我们就赋值为1，当比重在2%以下就赋值为0。以 2009 年为例，美国制造业 FDI 占东道国（地区）GDP 比重最小的是日本，仅为 0.0033，依次下来分别为中国、意大利、哥伦比亚与德国，仅占 0.0045、0.006、0.0072 和 0.0095。比重最大的为爱尔兰，高达 0.0712，依次下来分别是比利时、新加坡和加拿大，均高达 0.0555、0.0552 和 0.0487。这个指标在一定程度上测量了信息壁垒的存在。比重越大，意味着美国制造业 FDI 占东道国（地区）国民生产总值越大，即信息对称消费者越多，透明度越高，生产性服务业跨国公司提供优质服务的可能性也越大，反之亦然。这个结果从某种程度上说明美国生产性服务业 FDI 进入中国的信息壁垒相当大，这可能是因为中国与美国的文化地域差距大，消费习惯迥异、语言障碍难以克服等。

三、变量的选择

我们对 1994~2009 年美国投资的 25 个国家（地区）的生产性服务业 FDI、制造业 FDI 等数据序列进行面板截面的固定效应与随机效应分析，选择变量解释如下。

（1）东道国（地区）的 GDP 水平。GDP 水平可以衡量市场容量与消费潜力，在某种程度上为跨国公司实现其规模经济提供了可能（贺灿飞，1999；徐康宁，2002）。

（2）美国制造业跨国公司的数量。由于统计数据难以获得，我们选择美国在东道国（地区）的制造业 FDI 存量进行替代。这个变量在前文中已有详细的分析，其数据来自美国经济分析局。由于制造业 FDI 的影响存在滞后性，因此我们选取滞后1期来表示，命名为 $fdi^{ma}(t-1)$。

（3）各个东道国（地区）制造商的数量（Raff & Ruhr，2001；Guerrieri，2005）。由于统计上的原因，文中选用各东道国（地区）制造业的总产量进行替代，命名为 $owned^{ma}$。东道国（地区）当地制造业的发展是影响生产性服务业 FDI 的重要因素。当投资国制造业 FDI 占到东道国（地区）GDP 的一定比重后，意味着信息对称顾客比例的增加，购买跨国公司高质量服务的透明度与经验性也随之增强，这种信息壁垒的作用会随之减弱，此时东道国（地区）制造业对生产性服务业 FDI 的影响会逐渐增加，而且随着东道国（地区）制造业规模的递增，对中间产品的需求也递增（贺灿飞，1999）。这种情况下当地制造业的发展对于生产性服务业 FDI 来说刺激效应更强。

（4）交互作用项 $[ra \times fdi^{ma}(t-1)]$。其中 ra 代表美国制造业 FDI 占东道国

（地区）GDP 的比重，如果超过 2% 即赋值为 1，反之赋值为 0。交互作用项衡量的是存在信息壁垒下，滞后 1 期的制造业 FDI 如何影响生产性服务业 FDI 的进入。

（5）东道国（地区）人口受教育程度（Michael，2003；Charles，1997）。生产性服务业大部分属于知识密集型产业，因此我们预测东道国（地区）受教育的水平会正向影响生产性服务业 FDI。我们选择了世界银行网站上高等学校入学率这个指标作为衡量标准，用 *educ* 来表示。

（6）贸易开放度。我们以贸易依存度这个指标来衡量贸易开放的程度，用 *open* 来表示。文中的贸易依存度用 25 个东道国（地区）各自的出口值占其国民生产总值的比重来衡量，数据来自世界银行网站。2009 年外贸依存度最高的国家（地区）是新加坡、中国香港、马来西亚和爱尔兰，分别达到 234%、194%、96%、89%，中国为 27%。从 1994～2009 年平均外贸依存度的数据来看，仍然是这四个国家（地区）名列前茅，分别为 217%、163%、107%、85%（见图 15 - 3）。我们预计外贸依存度会正向地影响生产性服务业 FDI，即贸易依存度越大的国家（地区）贸易开放度越高，越容易吸引海外的直接投资。

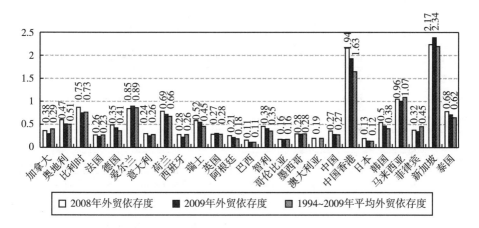

图 15 - 3　25 个东道国（地区）外贸依存度（出口/国内生产总值）对比

资料来源：世界银行网站；平均数据根据各国历年外贸依存度计算。

第三节　生产性服务业 FDI 空间集聚的实证分析

我们选取美国生产性服务业 FDI 作为被解释变量，选择东道国（地区）GDP、制造业 FDI 滞后 1 期、当地制造业产量、交互作用项、东道国（地区）受教育程度以及东道国（地区）贸易开放度 6 个指标作为解释变量，取对数后分别命名为

fdi^{pr}、GDP、$fdi^{ma}(t-1)$、$owned^{ma}$、$ra \times fdi^{ma}(t-1)$、$edca$、$open$，建立方程如下：

$$fdi_{it}^{pr} = a_i + \beta_{1it}GDP_{it} + \beta_{2it}fdi^{ma}(t-1) + \beta_{3it}owned^{ma}$$
$$+ \beta_{4it}ra \times fdi^{ma}(t-1) + \beta_{5it}educ + \beta_{6it}open + u_{it}$$

其中，$i = 1,2,3,4,\cdots,25$，代表美国对外直接投资的 25 个东道国（地区）；$t = 1,2$，$3,\cdots,16$，代表美国 1996～2009 年的对外投资时间段。由于我们选择数据具有 16 年的跨度，要考虑序列在面板里的平稳性与协整关系。首先对面板各个序列数据进行单位根检验，依次采用 LLC、IPS、ADF、PP 等检验方法分别对取对数后的 fdi^{pr}、$fdi^{ma}(t-1)$、$owned^{ma}$、$edca$、$open$、GDP 序列进行单位根检验。fdi^{pr} 序列的初始值和一阶差分值通过了所有的检验，而其他各个序列的一阶差分值均通过所有的检验，因此初步得出各个序列均为 $I(1)$ 平稳，各截面序列中至少有一个不存在单位根（见表 15 - 2）。

表 15 - 2   各变量序列组单位根检验

检验	fdi^{pr}				检验	$fdi^{ma}(t-1)$			
	初始值		一阶差分值			初始值		一阶差分值	
	Statistic	Prob. **	Statistic	Prob. **		Statistic	Prob. **	Statistic	Prob. **
LLC 检验	-5.55	0.0000	-17.78	0.0000	LLC 检验	-1.4	0.0806	-11.87	0.0000
IPS 检验	-4.08	0.0000	-15.5	0.0000	IPS 检验	-0.26	0.3959	-8.69	0.0000
ADF 检验	97.0	0.0001	278.4	0.0000	ADF 检验	52.41	0.3807	161.5	0.0000
PP 检验	79.17	0.0054	326.8	0.0000	PP 检验	49.09	0.5502	191.6	0.0000

检验	$owned^{ma}$				检验	$educ$			
	初始值		一阶差分值			初始值		一阶差分值	
	Statistic	Prob. **	Statistic	Prob. **		Statistic	Prob. **	Statistic	Prob. **
LLC 检验	-1.16	0.1227	-5.84	0.0000	LLC 检验	052.	0.6999	-5.12	0.0000
IPS 检验	1.78	0.9621	-5.09	0.0000	IPS 检验	0.83	0.7968	-3.52	0.0000
ADF 检验	36.4	0.9249	106.9	0.0000	ADF 检验	37.3	0.8177	94.6	0.0000
PP 检验	17.6	1.0000	108.8	0.0000	PP 检验	37.1	0.8229	116.5	0.0000

检验	$Open$				检验	GDP			
	初始值		一阶差分值			初始值		一阶差分值	
	Statistic	Prob. **	Statistic	Prob. **		Statistic	Prob. **	Statistic	Prob. **
LLC 检验	-1.47	0.0712	-8.03	0.0000	LLC 检验	-1.30	0.096	-8.13	0.0000
IPS 检验	-0.57	0.2837	-6.18	0.0000	IPS 检验	0.854	0.803	-6.42	0.0000
ADF 检验	69.9	0.0331	134.8	0.0000	ADF 检验	42.28	0.773	126.2	0.0000
PP 检验	34.9	0.9477	139.4	0.0000	PP 检验	20.89	0.999	132.9	0.0000

经过 Perdroni 和 Kao 检验后，我们发现面板中各个序列是协整的。Perdroni 检验中 Panel PP-Statistic、Panel ADF-Statistic 均拒绝面板不存在同质性协整的假设条件，Group PP-Statistic、Group ADF-Statistic 均拒绝面板不存在异质性协整的假设条件。于是我们得到各个序列存在协整关系的结论（由于篇幅有限，正文中没有列出）。

表 15 - 3 对 25 个截面的面板数据分别进行最小二乘法（OLS）、固定效应（FE）以及随机效应（RE）分析，依次得到模型 1、模型 2、模型 3。值得注意的是，我们对 OLS、固定效应与随机效应模型做模型筛选时去掉了 GDP 这个变量，是因为当地 GDP 与当地制造业产量（$owned^{ma}$）两变量之间可能存在高度的线性相关，因此我们选择留下 $owned^{ma}$，略去 GDP。对于 GDP 这个影响因素，我们在模型 4、模型 5 中分析信息壁垒时再加入。首先我们发现模型 2（FE）的 F 值以 100% 的概率通过检验，这说明固定效应模型优于 OLS 模型。随后我们对模型 2 与模型 3 分别进行 LR 检验与 Hausman 检验，两个检验方法均证明固定效应模型优于随机效应模型，所以在随后的模型 4、5、6 的实证研究中我们均采用固定效应模型（FE）来进行分析（见表 15 - 3）。

表 15 - 3　　　　　　美国生产性服务业 FDI 集聚因素的面板数据分析

变量	模型 1	模型 2	模型 3	模型 4	模型 5	模型 6
	OLS	FE	RE	FE	FE	FE
C	- 1. 16 *** (- 1. 67)	- 5. 86 *** (- 3. 5)	- 2. 86 (- 1. 27)	0. 14 (0. 085)	- 5. 84 *** (- 3. 47)	- 5. 86 *** (- 3. 5)
$Fdi^{ma}(t-1)$	1. 19 *** (21. 52)	0. 31 *** (4. 19)	0. 48 *** (4. 62)	0. 35 *** (4. 64)	0. 31 *** (4. 14)	0. 3 *** (4. 19)
$owned^{ma}$	00. 14 *** (- 2. 33)	0. 82 *** (10. 06)	0. 55 *** (4. 88)		0. 76 *** (7. 67)	0. 82 *** (10. 1)
$ra \times fdi^{ma}(t-1)$ （交互作用项）	- 0. 07 *** (- 1. 97)	- 0. 0058 *** (- 2. 04)	- 0. 0091 *** (- 1. 88)		0. 0062 *** (- 2. 15)	- 0. 0058 *** (- 2. 04)
$Educ$	1. 55 *** (9. 85)	1. 14 *** (2. 55)	1. 55 *** (2. 52)	0. 83 *** (4. 54)	0. 82 *** (2. 58)	0. 82 *** (2. 55)
$Open$	0. 44 *** (1. 64)	0. 64 * (1. 59)	0. 801 *** (2. 22)		0. 66 * (1. 64)	0. 64 * (1. 596)
GDP				0. 51 *** (7. 71)	0. 049 (0. 85)	
F-statistic	297. 5 ***	206. 86 ***	46. 66 ***	215. 11	203. 8	206. 9
Adj-R^2	0. 835	0. 952	0. 439	0. 952	0. 953	0. 952

续表

变量	模型 1	模型 2	模型 3	模型 4	模型 5	模型 6
	OLS	FE	RE	FE	FE	FE
< LR Test >						
Statistic d. f		75.51 (23.26)				
Prob.		0				
< the Wu-Hausman Test >						
Chi-Sq. Statistic			14.39			
Chi-Sq. d. f.			5			
Prob.			0.0133			

注：＊、＊＊、＊＊＊分别代表在15%、10%、5%的显著水平上通过检验。

我们在模型4中加入了 GDP 变量，略去了 $owned^{ma}$ 变量。原因是我们承认信息壁垒的存在，服务业跨国公司在进入初期只会追随本国的制造业 FDI，东道国（地区）当地制造业对其影响比较小，甚至不考虑，在这种情况下自然略去 $owned^{ma}$ 变量，也不存在度量信息壁垒的交互作用项 $[ra \times fdi^{ma}(t-1)]$ 问题。我们发现生产性服务业在进入初期考虑更多的是当地市场容量（GDP）以及本国制造业 FDI 的大小。当 GDP 每提高1%时，生产性服务业 FDI 即提高0.51%；本国制造业 FDI 每提高1%，生产性服务业 FDI 即提高0.35%。迹象表明在信息壁垒下本国生产性服务业遵循追随本国制造业 FDI 的轨迹特征。

随着时间的变化，信息壁垒开始逐渐降低甚至消失，这时当地制造业的发展对于生产性服务业 FDI 集聚的影响越来越显著。在这种情况下，我们在模型5和模型6中加入当地制造业产量（$owned^{ma}$）这个变量，所不同的是模型5同时包含 GDP 和 $owned^{ma}$，而模型6省略了 GDP 只包含 $owned^{ma}$。由于 GDP 与 $owned^{ma}$ 的同时存在导致多重共线性问题，模型5中 GDP 的系数变得很不显著，而 $owned^{ma}$ 的系数仍以高度的显著性通过了检验，因此我们认为此时不应该考虑 GDP 变量，即模型6优于模型5，为最优模型。

模型6的经济意义在于：生产性服务业在进入东道国（地区）一段时间后，当地制造商逐渐从信息不对称消费者转变成为信息对称消费者，服务业当地生产当地消费的特点使得东道国（地区）制造商成为服务业跨国公司最大的消费者，对生产性服务业 FDI 的投资导向起着最关键最根本的驱动作用，而本国制造业 FDI 由于信息壁垒的减弱与降低对其影响也逐渐消失。从模型6我们看到，$Fdi^{ma}(t-1)$ 以及交互作用项 $ra \times fdi^{ma}(t-1)$ 的系数分别为0.3和 -0.0058，其经济含义为：上一年制造业 FDI 每提高 1% ，当年生产性服务业 FDI 即提高 0.3% 。而交互作用项的存在使得这个影响程度下降 -0.0058% ，即由于信息对称制造商的增加，上一年制造业 FDI 每提高 1% ，当年生产性服务业 FDI 仅仅提高 0.2942% ，这就是信息壁垒减弱的信号。进一步解释为：如投资国制造业 FDI 占当地 GDP 中的比重高于 2% 以后（存在交互作用项），信息壁垒会下降，投资国制造业 FDI 对生产性服务业 FDI 的影响会降低，当地制造业的影响会增强。模型 6 也告诉我们，当地制造业产量对投资国生产性服务业 FDI 集聚的影响相当大，当地制造业产量每提高 1% ，生产性服务业 FDI 即提高 0.82% 。

另外，受教育水平（人力资本因素）在 6 个模型中都以高度的统计显著性通过了检验。以模型 6 为例，东道国（地区）受高等教育的比例每提高 1% ，生产性服务业 FDI 即提高 0.82% ，这与我们预期的符号符合。最后一个影响因素是贸易开放度，6 个模型均通过了显著性检验。以模型 6 为例，东道国（地区）外贸依存度每提高 1% ，生产性服务业 FDI 即提高 0.64% 。

第四节　研究结论与政策启示

本章主要研究了生产性服务业 FDI 进入东道国（地区）的空间集聚因素以及模式选择。在信息不对称下高质量服务经验性购买的特性使得这种服务的提供本身具有道德风险。由于当地消费者最初购买时不能辨认服务质量，驱使提供者在道德风险诱惑下有可能降低服务质量，以次充好，因此当地消费者会偏向于购买本土供应商所提供的低质量服务。但是这种信息壁垒是能够克服的，只要市场上存在大量的母国制造业 FDI，会使生产性服务业跨国公司更容易明确服务的质量，能够刺激服务提供者更多地提供高质量的服务。伴随着母国生产性服务业 FDI 的不断输出，这种信息不对称的现象会逐渐消失，母国制造业 FDI 的影响会逐渐下降，而当地制造业即成为吸引生产性服务业 FDI 的主要驱动因素。我们通过对美国 1994～2009 年对 25 个国家的直接投资数据进行实证检验，发现生产性服务业 FDI 确实追随制造业 FDI，而且随着时间增长呈递减趋势。

对生产性服务业 FDI 空间集聚影响最大的因素是东道国（地区）当地制造业的发展。当地制造业发展是东道国（地区）生产性服务业、生产性服务业 FDI 需求的最主要来源。东道国（地区）的市场开放度、受教育的程度、服务业自身的发展都会影响生产性服务业 FDI 的空间集聚与模式选择。

研究表明随着服务业跨国公司数量的增加导致生产性服务业的价格指数的不断

下降，推动东道国（地区）制造业成本的下降，说明生产性服务业 FDI 和制造业成本之间有着千丝万缕的联系，即东道国（地区）生产性服务业种类的上升会降低东道国（地区）制造业的生产成本。

本章实证研究的样本数据包括中国在内的 25 个国家（地区），具有一定的现实意义与适用性。对中国来说，不论是从制造业的角度还是从本土生产性服务业发展的角度，都需要加快步伐积极引导和吸收生产性服务业 FDI，从宏观和微观上加强引导和发展本土生产性服务业，从技术上降低服务产品的单位成本，加快生产性服务产品的多元化生产。

第三篇

开放视角下生产性服务业与制造业互动融合发展研究

第十六章

生产性服务业开放与制造业互动发展
和升级的作用机理

——基于知识产权保护视角

随着生产性服务业对外开放步伐的加快，我国生产性服务贸易规模不断扩大。和制造业对外贸易一样，生产性服务贸易也包括两个方面，即进口与出口。鉴于服务贸易产品提供方式的复杂性，我们将生产性服务贸易产品的流动模式，总体归类为商业存在模式和非商业存在两种模式。由于随着技术水平的不断提高，各类生产性服务贸易产品和制造业产品的技术含量越来越多，这就对知识产权保护制度提出了更高要求。现实中，需要知识产权保护的产品"无形"部分，往往是实现产品价值创造的最大来源。

本章将借鉴赫尔普曼（Helpman，1993）的南北贸易理论模型，基于知识产权保护视角分别研究发展中国家生产性服务贸易进口和出口对发展中国家制造业发展的影响。主要的学术贡献在于：第一，一改以往研究者不考虑进出口品技术异质性的缺陷，本章考虑到了进口服务品的技术差异，研究在知识产权保护趋于强化的条件下不同技术水平的生产性服务贸易产品进口对制造业发展的不同效应；第二，把赫尔普曼（Helpman，1993）的南北贸易理论分别运用于商业存在模式和非商业存在模式的生产性服务贸易产品流动领域，研究知识产权保护如何通过生产性服务贸易产品的流动来影响发展中国家的制造业发展；第三，我们还研究了知识产权保护如何通过生产性服务贸易产品进口的结构升级来影响制造业发展与全面升级。对这些问题的探讨和分析，可以为推动我国在开放条件下更好地促进生产性服务业与制造业互动融合发展，提供相关理论依据。

第一节　生产性服务贸易商业存在模式进口与制造业发展和升级

按照 WTO 于 1994 年签署的《服务贸易总协定》（GATS）的规定，服务贸易包括跨境交付（cross-border supply）、境外消费（consumption abroad）、商业存在（commercial presence）和自然人流动（movement of natural persons）四种模式，这四种模式的服务贸易具有完全不同的属性和特点，而且商业存在模式的服务贸易是以 FDI 的形式而开展的，而跨境交付、境外消费和自然人流动三种模式的服务贸易并不是以 FDI 的形式而开展的。服务贸易模式的差异在很大程度上会影响到理论分析的过程，鉴于商业存在目前已经成为最重要的服务贸易模式。因而，本章首先研究商业存在模式下，生产性服务贸易产品进口对制造业的影响。

一、消费者行为分析

根据格罗斯曼和赫尔普曼（Grossman & Helpman，1991），假设发达国家与发展中国家消费者的偏好相同，代表性消费者在时间 t 选择即期消费量 $E(\tau)$ 以最大化其跨期效用，函数表达式为

$$U(t) = \int_{t}^{\infty} e^{-\rho(\tau-t)} \frac{u(\tau)^{1-\sigma} - 1}{1-\sigma} \mathrm{d}\tau \qquad (16.1)$$

由于对任何时刻 t，其资产变动遵循以下表达式

$$I(t) - E(t) + rA(t) = \dot{A}(t) \qquad (16.2)$$

因此，式（16.1）的跨期预算约束为

$$\int_{t}^{\infty} e^{-r(\tau-t)} E(\tau) \mathrm{d}\tau = \int_{t}^{\infty} e^{-r(\tau-t)} I(\tau) \mathrm{d}\tau + A(t) \qquad (16.3)$$

对于以上三式来说，σ 为产品消费的跨期替代弹性，而且 $0 \leqslant \sigma \leqslant 1$，$\rho$ 为主观贴现率，r 为利息率水平，$E(\tau)$ 为消费额，$I(\tau)$ 为收入水平，$A(t)$ 为时间 t 时的资产现值。$u(\tau)$ 为在时间 τ 的效用流量，其值由以下基于不变替代弹性偏好结构的消费品数量决定。

$$u = \left[\int_{0}^{n} x(j)^{\alpha} \mathrm{d}j \right]^{1/\alpha} \qquad (16.4)$$

其中，$x(j)$表示对产品j的消费量。

由式（16.4）可知，

$$u(t) = (nx^\alpha)^{\frac{1}{\alpha}} = n^{\frac{1}{\alpha}} \cdot x = n^{\frac{1}{\alpha}} \cdot \frac{E(t)}{np} = n^{\frac{1-\alpha}{\alpha}} \cdot \frac{E(t)}{p} \tag{16.5}$$

式（16.1）和式（16.3）最优化问题的汉密尔顿方程为

$$H = \frac{u^{1-\alpha}-1}{1-\sigma} + \gamma [I(t) - E(t) + rA(t)] \tag{16.6}$$

其中，γ为拉格朗日乘数，式（16.6）对$E(t)$的一阶条件为

$$H_E = u^{-\sigma} \frac{\partial u}{\partial E} - \gamma = 0 \tag{16.7}$$

由式（16.5）可知，

$$\frac{\partial u}{\partial E} = n^{\frac{1-\alpha}{\alpha}} \cdot \frac{1}{p} \tag{16.8}$$

把式（16.8）代入式（16.7）得到

$$\gamma = \frac{u^{-\sigma} \cdot n^{\frac{1-\alpha}{\alpha}}}{p} \tag{16.9}$$

式（16.6）对A的一阶条件为

$$\dot{\gamma} = \rho\gamma - H_A = \rho\gamma - r\gamma = (\rho - r)\gamma \tag{16.10}$$

式（16.9）意味着

$$\frac{\dot{\gamma}}{\gamma} = -\sigma \frac{\dot{u}}{u} + \left(\frac{1-\alpha}{\alpha}\right)\frac{\dot{n}}{n} - \frac{\dot{p}}{p} \tag{16.11}$$

联立式（16.10）和式（16.11）可解得

$$\rho - r = -\sigma \frac{\dot{u}}{u} + \left(\frac{1-\alpha}{\alpha}\right)\frac{\dot{n}}{n} - \frac{\dot{p}}{p} \tag{16.12}$$

由于假定经济在平稳增长路径（balanced growth path，BGP）上运行，$\frac{\dot{n}}{n} = \frac{\dot{E}}{E} = \frac{\dot{p}}{p} = g^N$，$g^N$为发达国家的创新率。而且，发达国家的创新率越高，服务品的技术水平和知识含量则越高，在国际市场上也就具有更为明显的比较优势和竞争优势，因而以商业存在模式向发展中国家出口的生产性服务贸易产品越多，即服务贸易规

模和发达国家创新率之间的关系可定义为 $M = f(g^N)$，而且满足

$$\frac{\mathrm{d}M}{\mathrm{d}(g^N)} > 0 \tag{16.13}$$

由式（16.5）可得

$$\frac{\dot{u}}{u} = \left(\frac{1-\alpha}{\alpha}\right)\frac{\dot{n}}{n} + \frac{\dot{E}}{E} - \frac{\dot{p}}{p} \tag{16.14}$$

由式（16.12）和式（16.14）可解得

$$\rho - r = (1-\sigma)\left(\frac{1-\alpha}{\alpha}\right)\frac{\dot{n}}{n} - \frac{\dot{E}}{E} \tag{16.15}$$

对于消费者当期的消费行为而言，其约束条件为

$$\int_0^n x(i)p(i)\mathrm{d}i = E(t) \tag{16.16}$$

由式（16.16）可知，

$$x(i) = \frac{p(i)^{-\varepsilon}}{\int_0^n p(\phi)^{1-\varepsilon}\mathrm{d}\phi} \cdot E(t) \tag{16.17}$$

其中，$\varepsilon = \frac{1}{1-\alpha}$ 为两种消费品之间的替代弹性，且 $\varepsilon > 1$。

二、商业存在模式的生产性服务贸易产品进口

接下来为了考察发展中国家以商业存在模式开展生产性服务贸易产品进口的活动，对相关参数作如下设定，$n = n_S + n_N$，n 表示全世界的服务品总数量，n_N 为发达国家所生产的服务品，n_S 为发展中国家所生产的服务品，而 n_S 的构成为 $n_S = n_{in} + n_{im} + n_m$，$n_{in}$ 为发展中国家依靠自主创新所生产的服务品（innovation），n_{im} 为发展中国家依靠模仿进入该国的跨国公司所生产的服务品（imitation），n_m 为跨国公司（multinational corporation）通过商业存在模式在发展中国家生产的服务品。

简要地假定每一种服务品唯一地由一个企业所创新并生产，那么发达国家企业的垄断性市场结构决定了其价格与边际收益之间的关系为

$$MR = p^N\left(1 - \frac{1}{\varepsilon}\right) \tag{16.18}$$

其中，MR 为边际收益，p^N 为价格，ε 为需求弹性。

根据要素市场理论，

$$MR = w^N \tag{16.19}$$

其中，w^N 为发达国家的工资率。

令 $\varepsilon = \dfrac{1}{1-\alpha}(\varepsilon > 1)$，那么式（16.18）可以改写为

$$p^N = \frac{w^N}{\alpha} \tag{16.20}$$

当发达国家以商业存在模式向发展中国家开展服务贸易出口时，即发达国家在发展中国家建立跨国公司时，其市场结构依然为垄断，所以定价为

$$p_m = \frac{w_S}{\alpha} \tag{16.21}$$

类似于赫尔普曼（Helpman，1993）的研究，假设不管对于哪一种服务品类型，单位产品的劳动需求量均为 1，那么生产成本可以表示为

$$C = w \times 1 \tag{16.22}$$

其中，w 为工资率，而且 $\dfrac{\dot{w}}{w} = g^N$。

以式（16.16）对时间 t 求导，并联立式（16.17）、式（16.20）、式（16.22）可得

$$\frac{\dot{u}}{u} = \left(\frac{1-\alpha}{\alpha}\right) g^N = \left(\frac{1-\alpha}{\alpha}\right) \frac{\dot{E}}{E} \tag{16.23}$$

根据泊松到达模型（Lai，1998），假设发展中国家企业对跨国公司的模仿率为 $\dfrac{\dot{n}_{im}}{n_m} = \dfrac{1}{i\mu}$，所有发达国家生产性服务贸易产品的跨国化生产比例为 $\dfrac{\dot{n}_S}{n_N} = \omega$。对于模仿率而言，其高低取决于两个因素，一是服务品的技术复杂程度（i），从理论上来说，技术越复杂，模仿的难度越大，模仿率越低，根据设定的模仿率公式可知，i 越大则技术越复杂；二是服务品进口国的知识产权保护力度（μ），从逻辑上来推断，μ 值越大，知识产权保护力度越大，模仿率自然越低。

由于企业的行为选择是以利润最大化为准则，因此，为了分析发达国家不从事服务业对外直接投资活动的企业和从事对外直接投资活动的跨国公司的战略行为，现引入两者的利润概念。设 π_N 为发达国家企业的利润，π_m 为跨国公司的利润，根

据式（16.17）、式（16.20）和式（16.22）可知，π_N 和 π_m 的关系为：

$$\frac{\pi_m}{\pi_N} = \left(\frac{w_S}{w_N}\right)^{1-\varepsilon} \tag{16.24}$$

由于发展中国家的工资率 w_S 小于发达国家的工资率 w_N，且前文中所述 $\varepsilon > 1$，所以 $\dfrac{\pi_m}{\pi_N} > 1$，或者说 $\pi_m > \pi_N$。这一点从逻辑上来看也是成立的，因为跨国公司的经营活动要面临被东道国企业模仿的风险，而在母国则不存在该风险，只有更高的获利机会才能激励对外直接投资的行为选择。

根据莱（Lai，1998）的研究，发达国家跨国公司的所有利润贴现值为

$$\Pi_m = \frac{\pi_m}{r + 1/i\mu} \tag{16.25}$$

同理可知，发达国家不考虑对外直接投资的企业无须面临被模仿的威胁，因而其利润贴现值为

$$\Pi_N = \frac{\pi_N}{r} \tag{16.26}$$

从长远来看，对利润的追逐会使得 Π_m 和 Π_N 相等而实现均衡，否则从事生产性服务业对外直接投资的发达国家企业会重新调整全球的产业经营布局，于是由式（16.25）和式（16.26）以及均衡条件可得

$$\frac{\pi_m}{\pi_N} = \frac{r}{r + 1/i\mu} \tag{16.27}$$

有必要指出的是，发达国家企业从事创新活动所获得的高额垄断利润会驱使更多的创新资本投入这一领域，在市场可以自由进入的情形下，最终会实现下式成立。

$$\frac{\pi_N}{r} = \frac{a}{n} \cdot w_N = C \tag{16.28}$$

其中，a 为创新的成本参数，该值越小，创新成本越低。

对于跨国公司而言，其利润函数可以另外表达成

$$\pi_m = x_m(p_m - w_S) = x_m w_S\left(\frac{1-\alpha}{\alpha}\right) \tag{16.29}$$

其中，$x_m = \dfrac{l_m}{n_m}$，l_m 为跨国公司在发展中国家经营的过程中所雇用的劳动力人数。类

似的，

$$\pi_N = x_N w_N \left(\frac{1-\alpha}{\alpha} \right) \tag{16.30}$$

其中，$x_N = \dfrac{l_N^P}{n_N}$，l_N^P 为发达国家企业在经营过程中所雇佣的劳动力人数。

把 l_m 和 l_N^P 分别代入式（16.29）和式（16.30）可得

$$\pi_m = \frac{l_m}{n_m} w_S \left(\frac{1-\alpha}{\alpha} \right) \tag{16.31}$$

$$\pi_N = \frac{l_N^P}{n_N} w_N \left(\frac{1-\alpha}{\alpha} \right) \tag{16.32}$$

根据发展中国家的劳动力约束条件，即 $l_S = n_{in} x_{in} + n_{im} x_{im} + n_m x_m$ 以及式（16.17）和式（16.20），可解得

$$l_m = \frac{l_S}{\dfrac{\alpha^{-\varepsilon}}{i\mu g^N} + 1} \tag{16.33}$$

在发达国家，劳动力人数被划分为两部分，一部分用于创新活动，另一部分用于生产或者操作活动，因此，发达国家的资源约束方程为

$$a \cdot g^N + n^N x^N = l_N \tag{16.34}$$

其中，n^N 为发达国家所生产的尚未被发展中国家所模仿的服务品数量。式（16.34）表明，$a \cdot g^N$ 为创新活动所需要的劳动力人数，$n^N x^N$ 为生产活动所需要的劳动力人数。

根据定义，

$$\frac{n_S}{n_N} = \frac{n_S}{n - n_S} = \frac{\dot{n}_S}{n - n_S} \cdot \frac{n_S}{\dot{n}_S} = \frac{\omega}{g^N} \tag{16.35}$$

所以，

$$\frac{n}{n_N} = \frac{n_N + n_S}{n_N} = \frac{\omega}{g^N} + 1 \tag{16.36}$$

由 $\dfrac{n_m}{n_N} = \left(\dfrac{n_m}{n_S} \right) \left(\dfrac{n_S}{n_N} \right)$，而且定义 $\dfrac{\dot{n}_{im}}{n_m} = \dfrac{1}{i\mu}$，可得到

$$\frac{n_m}{n_S} = \frac{g^N}{1/i\mu + g^N} \tag{16.37}$$

由式（16.35）和式（16.37）相乘易得

$$\frac{n_m}{n_N} = \frac{\omega}{1/i\mu + g^N} \tag{16.38}$$

联立式（16.24）、式（16.27）和式（16.31）~式（16.37）可解得

$$\left\{ \frac{\omega}{g^N} \left(\frac{g^N + \alpha^{-\varepsilon}/i\mu}{g^N + 1/i\mu} \right) \left[\frac{l_N - ag^N}{l_S} \right] \right\}^{\alpha} = \frac{r}{1/i\mu + r} \tag{16.39}$$

为了替换式（16.39）中的 $\frac{\omega}{g^N}$，现联立式（16.28）、式（16.32）、式（16.34）和式（16.36）~式（16.38）可解得

$$\left(\frac{1-\alpha}{\alpha} \right) \left[l_N - ag^N \right] \left(\frac{\omega}{g^N} + 1 \right) = a \cdot r \tag{16.40}$$

以式（16.40）中的 $\frac{\omega}{g^N}$ 代替式（16.39）中的 $\frac{\omega}{g^N}$ 并整理得

$$\left\{ \left(\frac{g^N + \alpha^{-\varepsilon}/i\mu}{g^N + 1/i\mu} \right) \left[\frac{a \cdot r \cdot \left(\frac{\alpha}{1-\alpha} \right) - l_N + a \cdot g^N}{l_S} \right] \right\}^{\alpha} = \frac{r}{1/i\mu + r} \tag{16.41}$$

三、对一般均衡模型的求解

由于式（16.41）关于 μ 和 g^N 之间关系的表达式较为复杂，因此我们在此借助于隐函数定理来计算 μ 和 g^N 之间的联动关系。设定函数如下

$$F(\mu, g^N) = \left\{ \left(\frac{g^N + \alpha^{-\varepsilon}/i\mu}{g^N + 1/i\mu} \right) \left[\frac{a \cdot r \cdot \left(\frac{\alpha}{1-\alpha} \right) - l_N + a \cdot g^N}{l_S} \right] \right\}^{\alpha} - \frac{r}{1/i\mu + r}$$

$$\tag{16.42}$$

出于计算与书写方便的需要，对式（16.42）中的部分变量作如下置换，令

$$i = 1/\iota \tag{16.43}$$

$$\mu = 1/\phi \tag{16.44}$$

$$\alpha^{-\varepsilon}/i = \Lambda_1 \tag{16.45}$$

$$\frac{a \cdot r \cdot \left(\frac{\alpha}{1-\alpha} \right) - l_N}{l_S} = \Lambda_2 \tag{16.46}$$

$$\frac{a}{l_S} = \Lambda_3 \qquad (16.47)$$

把式（16.43）~ 式（16.47）代入式（16.42）可得

$$F(\phi, g^N) = \left[\left(\frac{g^N + \Lambda_1\phi}{g^N + \iota\phi}\right)(\Lambda_2 + \Lambda_3 g^N)\right]^{\alpha} - \frac{r}{\iota\phi + r} \qquad (16.48)$$

由式（16.48）可知

$$F_{\phi}(\phi, g^N) = \alpha\left[\left(\frac{g^N + \Lambda_1\phi}{g^N + \iota\phi}\right)(\Lambda_2 + \Lambda_3 g^N)\right]^{\alpha-1} \cdot (\Lambda_2 + \Lambda_3 g^N) \cdot \frac{(\Lambda_1 - \iota)g^N}{(g^N + \iota\phi)^2} \qquad (16.49)$$

类似地，

$$F_{g^N}(\phi, g^N) = \alpha\left[\left(\frac{g^N + \Lambda_1\phi}{g^N + \iota\phi}\right)(\Lambda_2 + \Lambda_3 g^N)\right]^{\alpha-1} \cdot \left[\Lambda_3 \cdot \frac{g^N + \Lambda_1\phi}{g^N + \iota\phi} + \frac{(\Lambda_2 + \Lambda_3 g^N)(\iota - \Lambda_1)\phi}{(g^N + \iota\phi)^2}\right] \qquad (16.50)$$

由隐函数定理可知，

$$\begin{aligned}
(g^N_{(\phi)})' &= -\frac{F_{\phi}(\phi, g^N)}{F_{g^N}(\phi, g^N)} \\
&= -\left\{\alpha\left[\left(\frac{g^N + \Lambda_1\phi}{g^N + \iota\phi}\right)(\Lambda_2 + \Lambda_3 g^N)\right]^{\alpha-1} \cdot (\Lambda_2 + \Lambda_3 g^N) \cdot (\Lambda_1 - \iota)g^N\right. \\
&\quad \left. + \frac{\iota r (g^N + \iota\phi)^2}{(\iota\phi + r)^2}\right\} \Big/ \left\{\alpha\left[\left(\frac{g^N + \Lambda_1\phi}{g^N + \iota\phi}\right)(\Lambda_2 + \Lambda_3 g^N)\right]^{\alpha-1} \cdot \left[\Lambda_3 (g^N)^2\right.\right. \\
&\quad \left.\left. + 2\Lambda_3 g^N \iota\phi + \Lambda_3\Lambda_1\iota\phi^2 + \Lambda_2\iota\phi - \Lambda_1\Lambda_2\phi\right]\right\} \qquad (16.51)
\end{aligned}$$

根据式（16.45）~ 式（16.47），$\left(\dfrac{g^N + \Lambda_1\phi}{g^N + \iota\phi}\right)$ $(\Lambda_2 + \Lambda_3 g^N) > 0$，$\Lambda_2 + \Lambda_3 g^N > 0$，

$(\Lambda_1 - \iota)$ $g^N > 0$，而且 $\dfrac{\iota r (g^N + \iota\phi)^2}{(\iota\phi + r)^2} > 0$，因此，式（16.51）的分子大于0。

通过分析式（16.51）的分母发现：

（1）当 $0 < \alpha < \dfrac{1}{ri\mu + 1}$ 时，即 $0 < \mu < \dfrac{1-\alpha}{\alpha ri}$ 时，根据式（16.45）~ 式（16.47）

可知，$\Lambda_3 (g^N)^2 + 2\Lambda_3 g^N \iota\phi + \Lambda_3\Lambda_1\iota\phi^2 + \Lambda_2\iota\phi - \Lambda_1\Lambda_2\phi < 0$，因此，式（16.51）的分

母小于0，进而，$(g^N_{(\phi)})' = -\dfrac{F_{\phi}(\phi, g^N)}{F_{g^N}(\phi, g^N)} > 0$。又根据式（16.13）和式（16.44），

$\dfrac{\mathrm{d}M}{\mathrm{d}\mu}<0$ 成立。

可见，当发展中国家知识产权保护力度较弱时，即 μ 在 $\left(0,\dfrac{1-\alpha}{\alpha ri}\right)$ 的范围内加强时，无法促使发达国家以商业存在模式向发展中国家出口生产性服务贸易产品，发展中国家从发达国家以商业存在模式开展生产性服务贸易产品进口活动的规模也随之下降。

（2）当 $\dfrac{1}{ri\mu+1}<\alpha<1$ 时，即 $\dfrac{1-\alpha}{\alpha ri}<\mu\leqslant\tilde{m}$ 时，同样根据式（16.45）~式（16.47）可知，$\Lambda_3\left(g^N\right)^2+2\Lambda_3 g^N\iota\phi+\Lambda_3\Lambda_1\iota\phi^2+\Lambda_2\iota\phi-\Lambda_1\Lambda_2\phi>0$，因此，式（16.51）的分母也大于 0，进而，$\left(g^N_{(\phi)}\right)'=-\dfrac{F_\phi\left(\phi,g^N\right)}{F_{g^N}\left(\phi,g^N\right)}<0$。又根据式（16.13）和式（16.44），$\dfrac{\mathrm{d}M}{\mathrm{d}\mu}>0$ 成立。

可见，当发展中国家知识产权保护力度较强时，即 μ 在 $\left(\dfrac{1-\alpha}{\alpha ri},\ \tilde{m}\right]$ 的范围内加强时，能够有效地促使发展中国家从发达国家进口生产性服务贸易产品。在这种情况下，知识产权保护的加强确保了发达国家在向发展中国家以商业存在模式开展生产性服务贸易产品出口时，发展中国家难以非法模仿发达国家的创新品。所以，发展中国家知识产权保护制度的加强激励了发达国家以商业存在模式对发展中国家开展生产性服务贸易产品出口。同时，发展中国家以商业存在模式从发达国家进口生产性服务贸易产品时的合法权益也得到了维护，激励了发展中国家的企业从发达国家大规模进口服务品，增加了发展中国家在自主创新的过程中所需要的知识存量，活跃了发展中国家的创新活动，并促进了技术进步。

综上所述，我们得到命题如下。

H16.1：当发展中国家的知识产权水平较低时，即使发展中国家加强了知识产权保护的措施，但依然难以促使其从发达国家大规模进口生产性服务贸易产品，这并不利于发展中国家从生产性服务贸易产品进口中获得技术溢出效应，也就不利于发展中国家的制造业发展。

H16.2：当发展中国家的知识产权水平较高时，即知识产权保护制度已经具有较好的基础时，发展中国家知识产权保护措施的进一步加强有利于提高发达国家的创新率，促进发展中国家与发达国家之间生产性服务贸易产品的贸易自由化，促使发展中国家从发达国家大规模进口服务品，增加了发展中国家在技术创新过程中所需要的知识积累，强化了服务贸易所带来的技术溢出效应和技术创新效应，最终促进了发展中国家制造业等相关产业的技术进步，促进了制造业的发展。

从进口国的角度来看，知识产权保护的加强能够规范进口国的市场竞争秩序，形成了高科技生产性服务贸易产品进口商扩大需求的激励机制，高技术服务品的大量进口为进口国制造业等相关产业的自主创新、技术升级等活动积累了必要的知识存量（Helpman，1993），获得了进口品所导致的技术溢出。服务贸易产品大多是智慧、知识和技术的结晶，在产品的设计、开发和生产中汇聚了引领时代前沿的先进理念和最新技术，这些服务产品的创新者在起步阶段需要大量的知识投入和资金投入，因此，在服务业产品成形之后只有加强市场垄断势力才能够顺利回收前期的巨额投入，并且在下一阶段获取丰厚的市场利润。当服务业产品进口商对高科技服务品产生需求时，必然也需要在进口之后在国内形成垄断势力，否则在花费巨额进口费用之后给予了竞争对手"搭便车"的机会，而国内完善的知识产权保护制度则是构建垄断势力的重要制度条件，只有加强知识产权保护，服务品进口商才能够降低进口品被非法模仿的风险，激励了进口商的进口需求，促进了进口商技术水平的提高，并通过产业链的上下游联系来提升制造业等相关行业的生产率。

进一步，当其他服务品需求者由于对国内严厉的知识产权保护制度的顾虑而不敢非法模仿时，而且在自身缺乏创新能力的前提下，势必"被迫"通过进口高技术服务品来提高生产技术。如此一来，严厉的知识产权保护制度规范了进口国服务品市场的竞争秩序，避免了非法模仿等恶性竞争的产生，促成了对国外高技术服务品进口的激励机制，为进一步从服务品进口中获得技术溢出、推动制造业发展奠定了基础。当进口方对技术的要求更高时，而且难以从进口中得到满足时，或者进口成本过高的时候，那么进口方则会基于原有的进口技术积累从事自主技术创新活动。

四、对不同技术含量进口服务品的考察

知识产权保护是指对"智力成果权"所实施的法律层面的保护，技术水平越高的生产性服务贸易产品越能够代表"智力成果权"，那么知识产权保护制度对这些服务品的价值就越大。因而，接下来考察不同技术含量的生产性服务贸易产品进口对加强知识产权保护的反应。

由于知识产权保护 μ 处于不同的初始水平时，对 μ 的加强会产生不同的结果，由 H16.2 可知，当知识产权保护制度已经有了较好的基础时，知识产权保护措施的

进一步加强能够促使发展中国家从发达国家大规模进口服务品。对于不同技术含量 i 的进口服务品而言，技术含量越高，即 i 值越大，那么区间 $\left(\dfrac{1-\alpha}{\alpha ri}, \tilde{m}\right]$ 的范围则越大，由此，μ 落在区间 $\left(\dfrac{1-\alpha}{\alpha ri}, \tilde{m}\right]$ 的可能性越大，相反，μ 落在区间 $\left(0, \dfrac{1-\alpha}{\alpha ri}\right)$ 的可能性越小，进而，H16.2 成立的可能性也越大。可见，技术水平较高的服务品对知识产权保护措施加强这一外部政策因素的反应十分敏感，一方面，知识产权保护措施的加强为发达国家以商业存在模式向发展中国家开展服务贸易出口活动提供了激励，减少甚至避免了出口的高技术服务品被其他企业非法模仿，从而损失后续收益；另一方面，知识产权保护措施的加强保障了进口者能够独享高技术服务品，使发展中国家从发达国家进口技术含量较高的服务品的激励机制得以产生。发展中国家从发达国家进口服务品，尤其进口高技术含量的服务品为发展中国家积累了经验与知识（Helpman，1993），最终将促进发展中国家制造业的自主创新、技术进步。

由此，我们得到命题如下。

H16.3：发展中国家知识产权保护制度的加强，对于技术含量不同的进口生产性服务贸易产品具有不同的作用。相比于低技术含量的服务品而言，发展中国家知识产权保护措施的加强更加能够激励对高技术含量服务品的进口，改善生产性服务贸易产品进口品的技术结构，从而产生了贸易结构升级效应。

由 H16.3 可以得到以下推论。

H16.4：相比于低技术含量的生产性服务贸易品而言，知识产权保护与高技术含量的进口服务品具有更高的匹配性，知识产权保护的加强更加容易与高技术含量的进口服务品产生协同效应，并促进进口国在生产性服务业和制造业的技术进步。

对于生产性服务贸易产品进口国而言，该国进口的内部结构一方面取决于国内的产品需求结构，另一方面还取决于该国的知识产权保护等制度性因素以及制度性因素与进口服务品的匹配性。当知识产权保护制度得到加强时，服务品进口商（尤其是高技术服务品进口商）由于获得了法律制度层面的权益保护，进而根据本国对高技术服务品的实际需求来确定进口的合理规模，同缺乏知识产权保护制度时相比，在知识产权得到保障时，与知识产权相关的高技术服务品的进口规模能够得以扩张，这也在一定程度上优化了合乎知识产权保护制度要求的进口贸易结构，否则，弱知识产权保护制度条件下的生产性服务贸易产品进口将更多地集中于与知识产权保护关联较小的旅游服务等产品上。以上所述的情形在以商业存在模式开展的生产性服务贸易产品进口中表现得尤为突出，此外，随着进口贸易结构的改善，本国与进口服务品相关的产业，尤其是先进制造业由于得到专业化的服务要素投入而提高了生产效率，先进制造业的发展形态得以强化和升级。

第二节　生产性服务贸易非商业存在模式进口与制造业发展和升级

前文基于知识产权保护视角研究商业存在模式下生产性服务贸易产品进口对制造业发展与升级的作用机理，接下来本章分析非商业存在模式下生产性服务贸易产品进口与制造业发展升级之间的关系。

一、发展中国家的生产性服务贸易产品进口和模仿

非商业存在模式服务贸易与商业存在模式服务贸易的本质区别在于，前者不存在跨国公司的生产性服务业对外直接投资行为，而后者是以生产性服务业的对外直接投资行为开展的，因此，前面所分析的跨国公司在东道国所生产的服务品数量在现在的条件下满足 $n_m = 0$，所有发达国家服务品的跨国化生产比例在现在的条件下满足 $\omega = 0$。在此假设发展中国家的模仿率为 $\dfrac{\dot{n}_S}{n_N} = \dfrac{1}{i\mu}$。此时的模仿率高低依然取决于两个因素，一是产品的技术复杂程度（i），技术越复杂，模仿的难度越大，模仿率越低，i 越大表明技术越复杂；二是产品进口国的知识产权保护力度（μ），μ 值越大，知识产权保护力度越大，模仿率也就越低。

考虑到发达国家企业的经营活动面临被发展中国家模仿的风险，所以企业的所有利润贴现值为

$$\Pi_N = \frac{\pi_N}{r + 1/i\mu} \tag{16.52}$$

此外，发达国家企业的创新活动需要付出一定的成本（Grossman & Helpman, 1991），其表达式为

$$C = a \cdot \frac{w_N}{K_n} \tag{16.53}$$

其中，a 为创新的成本参数，该值越小创新成本越小；K_n 为创新活动的知识积累存

量，并且令 $K_n = n$，其值越大（即知识积累存量越大）创新所付出的成本越小。

在发达国家企业能够自由进入与退出创新活动市场的情况下，有下式成立。

$$\frac{\pi_N}{r + 1/i\mu} = a \cdot \frac{w_N}{n} \tag{16.54}$$

由于 $\frac{\dot{n}}{n} = \frac{\dot{E}}{E} = \frac{\dot{p}}{p} = g^N$，而且又由式（16.15）、式（16.30）和式（16.54）以及发达国家的劳动力市场约束条件可得：

$$\left(\frac{1-\alpha}{\alpha}\right)(L_N - ag^N)(i\mu g^N + 1) = a\left[\rho i\mu g^N - (1-\sigma)\left(\frac{1-\alpha}{\alpha}\right)i\mu (g^N)^2 + i\mu (g^N)^2 + g^N\right] \tag{16.55}$$

二、对一般均衡模型的求解

为了考察 μ 与 g^N 的关系，对式（16.55）简化之后并建立以下函数关系：

$$F(\mu, g^N) = \left\{a\left[1 + (1-\sigma)\frac{1-\alpha}{\alpha}\right] + \frac{1-\alpha}{\alpha}a\right\} \cdot i\mu (g^N)^2 + \left(a\rho + \frac{1-\alpha}{\alpha}l_N\right) \cdot$$
$$i\mu g^N + \left(a + \frac{1-\alpha}{\alpha}a\right)g^N - \frac{1-\alpha}{\alpha} \cdot l_N \tag{16.56}$$

由式（16.56）可知，

$$F_\mu(\mu, g^N) = \left\{a\left[1 + (1-\sigma)\frac{1-\alpha}{\alpha}\right] + \frac{1-\alpha}{\alpha}a\right\} \cdot i (g^N)^2 + \left(a\rho + \frac{1-\alpha}{\alpha}l_N\right) \cdot ig^N \tag{16.57}$$

$$F_g(\mu, g^N) = 2\left\{a\left[1 + (1-\sigma)\frac{1-\alpha}{\alpha}\right] + \frac{1-\alpha}{\alpha}a\right\} \cdot i\mu g^N + \left(a\rho + \frac{1-\alpha}{\alpha}l_N\right) \cdot$$
$$i\mu + \left(a + \frac{1-\alpha}{\alpha}a\right) \tag{16.58}$$

由隐含数定理可得

$$[g^N_{(\mu)}]' = -\frac{F_\mu(\mu, g^N)}{F_{g^N}(\mu, g^N)} \tag{16.59}$$

从式（16.57）和式（16.58）很容易看出，$[g^N_{(\mu)}]' < 0$ 一定成立，由此 $\frac{\mathrm{d}M}{\mathrm{d}\mu} < 0$ 也必将成立。可见，在非商业存在模式的生产性服务贸易产品贸易中，发展中国家知识产权保护制度的加强不仅仅无法促进发达国家的创新，而且阻碍了发达国家的

创新活动。其原因主要在于，知识产权保护措施的加强提高了发达国家服务品的市场力量，创新的动力受到遏制。当发达国家的创新活动受到遏制时，发展中国家进口的服务品就无法实现快速的技术更新，这会导致发展中国家缺乏激励以非商业存在模式从发达国家进口服务品，这显然不利于发挥服务贸易的技术溢出效应，发展中国家也难以通过服务品的进口来积累自主创新所需要的知识存量，最终导致服务贸易的技术创新效应受到遏制。

由此，我们得到如下命题。

H16.5：当发展中国家以非商业存在模式从发达国家进口生产性服务贸易产品时，发展中国家知识产权保护措施的加强不利于发展中国家从发达国家大量进口服务品，难以通过生产性服务贸易产品进口来获得技术溢出效应，也不利于产生服务贸易的技术创新效应，这就无法对制造业发展与升级产生积极的推动作用。

由此可见，在知识产权保护加强的情形下，不同模式的生产性服务贸易产品进口活动对进口国制造业发展的作用机理存在较大的区别，商业存在模式的服务贸易产生了正面作用，而非商业存在模式的服务贸易则产生了负面的作用。综合来看，在知识产权保护措施不断加强的条件下，生产性服务贸易产品进口对制造业发展与升级的最终作用要取决于商业存在模式服务贸易与非商业存在模式服务贸易的力量对比。另外，从其他方面的现实需要来看，发展中国家加强知识产权保护不仅仅能够产生本章中所提及的这些效应，而且对于本国的 R&D 投入也是一个重要的制度环境支持。综合来看，发展中国家加强知识产权保护是今后一个较长时期内的发展趋势，发展中国家也将从中获得推进制造业发展乃至经济增长的技术动力，发展中国家和发达国家存在加强知识产权保护的双赢基础。

第三节　生产性服务贸易出口对制造业发展与升级的理论模型

前面我们研究了在知识产权保护的条件下生产性服务进口对制造业发展与全面升级的影响，本节将研究知识产权保护条件下的生产性服务出口对本国（区域）制造业发展与全面升级的作用机理，考察生产性服务出口对制造业发展的作用到底是仅仅停留于"量"的层面还是能够提升至"质"的层面？知识产权保护在生产性服务出口驱动制造业发展的过程中是否发挥了"助推器"的作用？对这些问题的回答将直接关系到一国对生产性服务出口活动的准确定位和知识产权保护政策的取向及执行力度，进而影响到政府部门对生产性服务结构调整、产业结构规划以及资源配置等多项经济政策的制定。

一、生产性服务出口驱动制造业发展与升级的理论模型分析

我们在此借鉴了费德（Feder，1982）的出口驱动经济增长理论，把知识产权保护因素纳入理论模型，考察在知识产权保护条件下生产性服务出口通过何种渠道和作用机理来影响制造业的发展与全面升级，并且考察知识产权保护是否扮演了"助推器"的角色。

为了表示知识产权保护的强度，在此借用赫尔普曼（Helpman，1993）的做法，令

$$m = \tilde{m} - \mu \tag{16.60}$$

其中，m 为知识产权保护条件下创新产品被竞争对手非法模仿的比例，$\tilde{m}$ 为完全缺乏知识产权保护时创新产品被竞争对手非法模仿的比例，μ 为知识产权保护加强的程度。随着 μ 的上升，m 值下降，即 μ 的增加表征了知识产权保护力度的加强，其范围为 $\tilde{m} > \mu > 0$。

知识产权保护的加强有利于维护创新者的合法权益，创新者能够独享创新成果，所以，与缺乏知识产权保护时相比较，即使使用了等量的要素投入，创新者依然能够获得更高的创新回报和利润（Grossman & Helpman，1991）。出于简化理论模型的考虑，我们在理论模型中并不出现利润等变量，但为了能够体现以上逻辑，我们借鉴琼斯（1999）的做法，在资本（K）和劳动力（L）的前面加入参数来表示实际有效的资本和实际有效的劳动力，从而做如下假设：

$$Y = N + X \tag{16.61}$$
$$N = F\big[(1 + \mu) K_n, (1 + \mu) L_n, X \big] \tag{16.62}$$
$$X = G\big[(1 + \mu) K_x, (1 + \mu) L_x \big] \tag{16.63}$$

其中，Y 为总产出，X 为生产性服务贸易产品出口部门的产出，N 为制造业部门的产出[①]，K_n，K_x 为各部门的资本存量，L_n，L_x 为各部门的劳动力投入。

式（16.62）和式（16.63）中的 $1 + \mu$ 表示知识产权保护的加强程度。式（16.62）反映了生产性服务贸易产品出口部门对制造业部门能够产生外部经济溢出效应。此外，我们假设式（16.63）式满足一次齐次条件。

假设生产性服务贸易产品出口部门与制造业部门的要素边际生产率存在差异，

---

① 为了简化分析，我们假设经济中只包含生产性服务贸易产品部门和制造业部门两个部门。

并且以 δ 表示如下：

$$\frac{G_k}{F_k} = \frac{G_l}{F_l} = 1 + \delta \qquad (16.64)$$

其中下标均表示偏微分。

对式（16.61）、式（16.62）和式（16.63）两边同时取微分并整理可得：

$$dY = (1+\mu)F_k \cdot dK_n + (1+\mu)F_l \cdot dL_n + F_x \cdot dX + (1+\mu)(1+\delta)F_k \cdot$$
$$dK_x + (1+\mu)(1+\delta)F_l \cdot dL_x \qquad (16.65)$$

不考虑折旧时，某年资本存量增值等于当年净投资，即 $dK_n = I_n$，$dK_x = I_x$，所以

$$dY = F_k \cdot I_n + \mu F_k \cdot I_n + F_l \cdot dL_n + \mu F_l \cdot dL_n + F_k \cdot I_x + \delta F_k \cdot I_x + \mu F_k \cdot I_x$$
$$+ \mu\delta F_k \cdot I_x + F_l \cdot dL_x + \delta F_l \cdot dL_x + \mu F_l \cdot dL_x + \mu\delta F_l \cdot dL_x + F_x \cdot dX$$
$$(16.66)$$

由于 $dK_n + dK_x = I_n + I_x = I$，而且生产性服务贸易产品出口部门与制造业部门的劳动力增量之和等于总的劳动力增量，即 $dL_n + dL_x = dL$，所以式（16.66）可以表示为

$$dY = (1+\mu)F_k \cdot I + (1+\mu)F_l \cdot dL + (\delta + \mu\delta)(F_k \cdot I_x + F_l \cdot dL_x) + F_x \cdot dX$$
$$(16.67)$$

由此，根据式（16.64）和式（16.67）可得

$$dY = (1+\mu)F_k \cdot I + (1+\mu)F_l \cdot dL + \left(\frac{\delta}{1+\delta} + F_x\right) \cdot dX \qquad (16.68)$$

对式（16.68）两边同时除以 Y，并且令 $F_k \equiv \alpha$，而且根据布鲁诺（Bruno，1968）的研究，令 $F_l = \beta \cdot (Y/L)$，则式（16.68）可以变形为

$$\frac{dY}{Y} = \alpha \cdot (1+\mu) \cdot \frac{I}{Y} + \beta(1+\mu) \cdot \frac{dL}{L} + \left(\frac{\delta}{1+\delta} + F_x\right) \cdot \frac{dX}{X} \cdot \frac{X}{Y} \qquad (16.69)$$

其中，$F_x = \frac{\partial N}{\partial X}$ 表示生产性服务贸易产品出口部门对制造业部门的外部经济溢出效应。

到此为止，必须强调的一个关键问题是，对于式（16.63）来说，考虑知识产权保护和不考虑知识产权保护的两种不同做法会使得分析的结论大相径庭，如果不考虑知识产权保护的话，那么式（16.63）将会演变为

$$\widetilde{X} = G(K_x, L_x) \tag{16.70}$$

上式中的 $\widetilde{X}$ 表示在缺乏知识产权保护的情况下，资本投入 K_x 和劳动力 L_x 所带来的生产性服务贸易产品出口部门产出。因此，假定式（16.63）满足一次齐次条件的话，那么式（16.69）则会演变为

$$\frac{dY}{Y} = \alpha \cdot (1+\mu) \cdot \frac{I}{Y} + \beta(1+\mu) \cdot \frac{dL}{L} + \left[(1+\mu)\frac{\delta}{1+\delta} + (1+\mu)^2 F_{(\widetilde{x})} \right] \cdot \frac{d\widetilde{X}}{\widetilde{X}} \cdot \frac{\widetilde{X}}{Y}$$

$$\tag{16.71}$$

至此，由式（16.69）和式（16.71）可以看出，知识产权保护的存在和加强会使得不断扩张的生产性服务出口部门对制造业部门产生更强的外部经济溢出效应，即 $(1+\mu)^2 F_{(\widetilde{x})} > F_{(\widetilde{x})}$。

由此，我们得到命题如下。

H16.6：在完善的知识产权保护条件下，生产性服务贸易产品出口部门对制造业部门产生了比没有知识产权保护时更强的外部经济溢出效应，促进了制造业部门的发展，最终使得整个制造业部门的发展水平高于缺乏知识产权保护时的水平，知识产权保护在服务贸易出口驱动经济增长的过程中发挥了"助推器"的功能。

对于 H16.6 的外部经济溢出效应，我们可以把它分解为要素配置效应和技术溢出效应（Feder，1982），并且从内在机理上具体分析如下。

首先，关于要素配置效应。对生产要素进行优化配置时应当以要素的整体利益最大化为基本准则，不同技术含量、边际效率的生产要素应当被安排在不同潜在收益的经济活动之中。相对于制造业部门而言，生产性服务贸易产品出口部门的技术水平显得较高，各种生产要素进入该部门的门槛和技术要求也更高，高技术生产性服务贸易产品出口部门对生产要素会做出严格的优劣甄别以保持该部门在技术上和竞争力上的优势。在这种情况下，优质要素具有高边际生产率和高边际价值的特征就会在甄别过程中得到展现，并得到高技术生产性服务贸易产品出口部门的接纳。优质要素在高技术生产性服务贸易产品出口部门中所生产的产品具有十分明显的技术属性和知识属性，在完善的知识产权保护制度条件下，知识产权保护制度提供了十分关键的外部政策环境，在回收研发资金、获取市场利润、维护创新所产生的正当权益等方面能够满足该部门的发展需要，充分地保障了竞争机制，避免了恶性竞争，规范了市场秩序，并且激发了创新动力。因此，高技术生产性服务贸易产品出口部门与知识产权保护制度的协同效应能够较好地激励优质要素（主要是优质的人力资源）产生更高的边际价值和财富贡献，而竞争力较弱的要素则可能在自由竞争中遭遇淘汰而被配置到潜在收益稍低的制造业部门，优胜劣汰法则促使生产要素的

配置效率得到了极大的提高。

其次，关于技术溢出效应。在生产性服务贸易产品出口部门中，尤其是高技术生产性服务贸易产品出口部门中，代表金融行业的银行、证券和保险等行业每年都会创造出层出不穷的衍生工具，代表信息技术的通信和计算机等行业都会以指数速度实现着技术的新陈代谢，其他行业（诸如咨询、广告、影视和教育等）也通过大量的智力投资而实现了技术和运营模式的脱胎换骨。这些行业的技术进步和理念创新都具有宝贵的原创性价值，知识产权保护制度是孕育各种创新理念的摇篮和平台，只有在这种完善的制度环境之下，高技术服务业的智力投入才能够得到应有的回报，生产性服务贸易产品出口部门才能够得到发展与壮大。当高技术生产性服务贸易产品出口部门由于受到知识产权保护制度的支持而具备技术和运营管理等方面的竞争力时，可能会通过部门间人员的流动效应和竞争效应等对其他生产性服务业部门产生行业内的技术溢出，这就推动了整个服务业部门的发展。此外，生产性服务贸易产品出口部门与其下游行业（例如现代制造业）存有内在的价值链关系，在完善的知识产权保护条件下，下游行业可以毫无顾忌地采购生产性服务贸易产品出口部门所提供的中间投入——生产性服务贸易产品，否则，下游行业从上游生产性服务贸易产品出口部门中采购的服务品可能面临被其他竞争对手非法模仿的风险，这种产生于上下游产业链关系的采购活动导致了生产性服务贸易产品出口部门对下游行业的行业间技术溢出。总之，高技术生产性服务贸易产品出口部门不管是产生行业内技术溢出还是行业间技术溢出，都是以完善的知识产权保护制度为前提条件的。

二、制造业促进生产性服务发展与升级途径

这部分将从知识产权保护的视角来研究制造业的发展对生产性服务发展的影响机制，考察这些影响机制能够得以产生的前提条件。总体来说，在知识产权保护不断完善的情形下，制造业会从供给和需求两个方面对生产性服务的升级与发展产生积极影响。

（一）制造业能够给生产者性服务业的发展提供必要的先进设备

目前取得广泛共识的是，生产性服务能够通过为制造业提供中间投入的高级要素来促进制造业的升级与发展，而实际上，制造业也一直在为生产性服务提供必要的先进设备，生产性服务水平的提高通常离不开制造业所提供的硬件设备。我们以3G 通信技术为例，3G 技术在数据业务上的频谱利用率比 2G 提高了 3 倍以上，再

加上频谱带宽的成倍增长，3G 的数据传输能力大幅提高。在理想环境下，其数据速率可以达到 2G 的 200 倍。也就是说通过手机，使用者能像用电脑连接宽带上网一样，轻松实现高速网络游戏、视频在线观看、高压缩率音频在线收听等功能，这些业务在现有的 2G 网络上是根本无法想象的。我们可以做一个反事实的假象，倘若制造业难以生产出高性能的数据处理设备和高标准的信号传输设备，3G 技术只能成为空中楼阁，永远只能停留于科学家们的想象之中。总而言之，生产性服务提供的更多的是思想、理念与技术等无形产品，其表现形式或者说发挥作用的渠道是以硬件设备作为载体的，没有载体的技术终将无法转化为生产力。

然而，制造业在研发各类先进的机器设备的过程中由于涉及众多的技术秘密和商业机密，侵权事件时有发生，这无疑会给从事研发活动的领头羊企业带来损失，并削弱它们从事研发创新的动力。例如，在 2003 年，TCL 通讯设备股份有限公司与深圳市振华通讯设备有限公司就专利侵权事件而对簿公堂；2010 年，中兴通讯 WiFi 设备在美国就遭到了专利侵权的诉讼；2020 年，美国就芯片技术对华为实施进口禁令和制裁。

因此，知识产权保护制度的完善对于先进制造业的研发创新和技术升级能够产生其他因素无法替代的积极作用，它能使充满生机和活力的制造业为生产性服务提供必不可少的技术载体，从而推动了生产性服务的升级发展。

（二）制造业的技术升级引致了生产性服务的全面升级

制造业的技术升级并非完全依靠制造业本身的力量来完成，它需要得到生产性服务业的系统性支持和配合，反过来，由于制造业的技术攀升对生产性服务贸易产品的质量、生产性服务企业提供服务的模式以及理念都提出了更高的要求，制造业技术水平的提高和产业升级也会引致生产性服务的全面升级。因此，这种产业发展的传递关系在内在机理上首先要求制造业的发展要达到一个较高的水准。进一步说，制造业技术水平的提高和技术导向型发展又需要得到其他条件的支持。近年来，我国提出了发展先进制造业的战略构想。先进制造业是相对于传统制造业而言，它是指制造业不断吸收电子信息、计算机、机械、材料以及现代管理技术等方面的高新技术成果，并将这些综合应用于制造业产品的研发设计、生产制造、在线检测、营销服务和管理的全过程，实现优质、高效、低耗、清洁、灵活生产，即实现信息化、自动化、智能化、柔性化、生态化生产，取得很好经济社会和市场效果的制造行业总称。由此可见，发展先进制造业的一个重要环节就是要提高制造业整个价值链的技术水平，淘汰无法适应时代需要的落后技术。经济发展的经验表明，一个企业、一个产业乃至一个国家，其技术水平的提高往往通过自主研发投入、技术引进以及技术的外部性溢出等渠道来实现，而这些渠道最终能否发挥作用，在很大程度上要取决于一国知识产权保护制度的状况。

对于自主研发而言，如果一个国家缺乏较为完备的知识产权保护制度，那么大量的企业会对是否需要投入研发资金而有所忌惮，投入研发成本最终到底能否取得成功姑且不论，仅仅针对投入了研发资金能否得到知识产权制度的保护一项而言，也足以让很多企业瞻前顾后。以我国的中小企业为例，很多企业在创业的成长期获得了大量利润，但是这些企业考虑到研发本身存在的高风险，以及我国知识产权保护水平的不足，很少企业会把企业利润作为研发投入来提高企业的技术水平，相反，它们更愿意把资金投入房地产市场，以便能进一步获得"短、平、快"的收益。我们在调研中也发现了类似的情形，我国有些地方政府尽管大力倡导产业升级已经长达多年，然而很多被调研的企业却固执地停留于当前的业务范围。原因是，它们认为目前没有产业升级的必要，而且研发投入所获得的专利也很难在知识产权保护水平低下的环境中带来持续性收益等。

以上分析表明，如果缺乏较为完备的知识产权保护制度，我国的先进制造业发展的路径就会受到严重的阻碍，制造业的升级就会面临制度上的困境，由此导致的先进制造业规模停滞不前自然降低了对生产性服务贸易产品的需求，生产性服务一旦缺乏下游的服务品需求，其经营过程中的边际成本也就可能攀升，从而阻碍了其自身的规模扩大，这又会进一步影响了生产性服务水平的提高和升级。这种"多米诺骨牌效应"式的连锁反应其源头之一，就是知识产权保护制度的薄弱，因此，加强知识产权保护措施是以制造业推动生产性服务升级发展的制度性保障之一。

第十七章

服务业开放影响制造业
创新能力研究

当前，新技术革命与产业变革正在加速重塑国际产业分工格局，我国制造业也正处在提档升级的发展关键期，制造业创新能力提升是确保我国跻身世界级制造强国的重要支撑。制造业是实体经济的中坚力量，也是推进生产性服务业与制造业互动融合发展的主要产业基础。已有研究表明，产业创新能力显著促进生产性服务业与制造业的协同融合发展（孙正等，2021）。而提升制造业发展创新能力，一方面要立足于国内的自我创新，另一方面也需要吸引全球科技优质资源，开展开放式协同创新。服务业开放是支持国际科研要素资源流动和合作的前提与保障。我国"十四五"规划中指出，"增强制造业竞争优势，推动制造业高质量发展"，同时强调"实行高水平对外开放，开拓合作共赢新局面"。实际上，近年来我国通过服务业对外开放和知识和技术密集型服务贸易的发展，已在促进我国制造业创新能力提升上发挥了较好作用。

关于服务业对外开放对东道国制造业的影响，许多学者从不同角度进行了研究。这些成果归纳起来，主要有：（1）从专业化分工视角对服务业开放的研究，例如马库森（Markusen，1989）、琼斯和基兹科夫斯基（Jones & Kiezkowski，1988）、弗朗索瓦（Francois，1990）经分析发现，服务业开放可以降低一国生产成本，提高该国社会福利水平。格罗斯曼和罗西-汉斯贝格（Grossman & Rossi-Hansberg，2008）经分析认为，专业化分工外包会促进生产率提升。（2）从技术溢出视角对服务业开放的研究，例如迪尔多夫（Deardorff，2001）、布莱因利希和克里斯库洛（Breinlich & Criscuolo，2011）经研究，发现由于服务跨境提供会产生产业间溢出效应，从而可提高生产效率。米鲁多（Miroudot，2017）的研究进一步说明，发展中国家通过服务业开放，可以享受发达国家的技术外溢。（3）从制约因素视角对服务业开放的研究，例如阿米蒂和魏（Amiti & Wei，2009）认为发现服务外包引起的劳动生产率效应，会因样本的选取而存在差异。国内学者中，陈启斐和刘志彪（2014）、谢慧和黄建忠（2015）等通过跨国实证研究，也认为虽然服务业对外开放总体上有助于提高一国制造业或全要素生产率水平，但是它同时受到其他因素的制约。

本章拟在现有成果基础上，围绕中国服务业对外开放对制造业创新能力的影响，从分析我国服务业对外开放特点出发，多维度评估我国制造业创新力，然后重点实证检验服务业基于不同方式开放下对制造业创新能力产生的实际效应，并且考察对制造业不同行业影响的差异性。

第一节　我国服务业对外开放主要特征和评估

自实施改革开放政策以来，我国服务业的对外开放总体上可分为三个阶段。第一阶段为有限开放阶段（1979～2001年），随着1979年我国通过《中华人民共和国中外合资经营企业法》，我国服务业对外开放由此开始，这阶段我国服务业开放主要采取试点开放与逐步开放相结合的方式，服务业对外开放有限。第二阶段为扩大开放阶段（2002～2007年），随着2001年加入WTO，我国开始履行加入WTO议定书的服务业对外开放承诺。根据议定书内容，在服务贸易提供的四种方式中，我国在跨境交付和境外消费方式承诺开放的程度相对最大，而在商业存在和自然人流动方式限制则较为严格。第三阶段为全面开放阶段（2008年至今）。这阶段随着改革的不断深化，我国服务业对外开放领域不断扩大，对服务业外资进入的经营地域、注册资本等限制不断放宽。其主要做法，一是通过双边或多边区域服务业开放协议，二是通过加快新型自贸区建设步伐等。

截至2020年底，我国已与东盟、巴基斯坦、智利、新西兰、新加坡、瑞士、韩国、澳大利亚等签署了涵盖服务业开放内容的区域贸易安排协议，特别是2020年11月15日中国、东盟十国、日本、韩国、澳大利亚、新西兰共15个国家正式签署了《区域全面经济伙伴关系协定》，该协定是目前世界上涉及人口最多、经贸规模最大、最具发展潜力的自贸区协定，协定中包括金融服务、电信服务、专业服务等生产性服务业内容。在探索新型自贸区开放方面，包括中国从2013年起先后进行中国（上海）自贸区、中国（广东）自由贸易试验区、中国（天津）自由贸易试验区、中国（福建）自由贸易试验区的建设，在这四个自贸区建设中服务业开放是其重要内容；2016 年中国批复在天津、上海等 10 个省份和江北新区、两江新区等 5 个国家级新区开展服务贸易创新试点，也是进行扩大服务业对外开放的尝试和创新；2018 年，国务院发布《关于同意设立中国（海南）自由贸易实验区的批复》，将海南岛全岛设立为自贸区。

关于服务业对外开放程度的度量，目前国际上主要有两种方法。第一种主要是基于对特定国家有关政策评估形成的结果，比如：世界银行于 2012 年 6 月建立和发布对 103 个国家评估后得到的服务贸易限制指数数据库（STRI）。其中，我国的 STRI 指数值为 36.6，分值相对较高，表示中国整体服务业开放度在成员国家中处于中下游位置。进一步，从分行业角度看，如图 17 - 1 所示，中国运输部门 STRI 值为 19.3，在国别比较中该值较小，表明中国运输部门的开放程度已经较高。电信部门 STRI 值为 50，仅次于专业服务部门，开放程度明显偏低。金融服务部门的开放情况与电信部门相似。OECD 也公布有与世界银行相类似的各国 STRI，只是与世界银行相比，OECD 的 STRI 涵盖的服务行业更加全面，对世界银行 STRI 起到了有益补充作用。

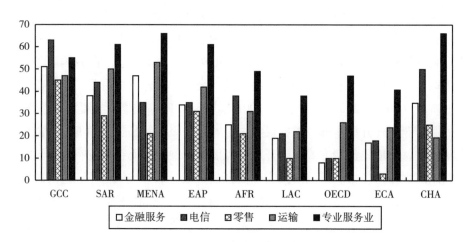

图 17 - 1　各国服务业分部门的服务贸易限制指数

资料来源：世界银行服务贸易限制指数数据库（STRI）。

第二种方法主要是基于特定国家服务业对外开放业务实践，并经计算得到的结论。常用的指标包括服务贸易依存度、服务业利用外资依存度等①。

改革开放以来，我国服务贸易发展增长迅猛。如图 17 - 2（a）所示，我国服

---

① 相应的计算公式为：服务贸易依存度 =（服务贸易出口额 + 服务贸易进口额）/GDP（国家或地区）；服务业利用外资依存度 = 服务业 FDI 流入额/服务业 GDP。

务贸易进出口总额从 2005 年的 1624.4 亿美元增长到 2019 年的 7838.7 亿美元，增长了 3.8 倍，其中服务贸易出口额增长了 2.6 倍，服务贸易进口额增长了 5.0 倍。但是，我国服务贸易长期处于贸易逆差状态，且呈逆差额不断扩张。如图 17 – 2 (b) 所示，2019 年我国服务贸易逆差已达 2174.9 亿美元，相比 2005 年，贸易逆差扩大了 38.5 倍。其中，运输服务、旅游、保险服务、专利权利使用费和特许费等行业是主要的贸易逆差行业。鉴于此，我国服务贸易依存度一直不高，2005 年为 7.1%，2008 年后，随着金融危机的不利影响，我国服务贸易依存度甚至出现较大幅度的下降。2019 年时，中国服务贸易依存度下降到 5.5%。从竞争力的角度看，2019 年，我国服务贸易竞争力指数为 – 0.28，全球服务贸易竞争力指数为 0.03，我国服务贸易国际竞争力弱于全球平均水平，与美国等发达国家更是存在差距（见表 17 – 1）。

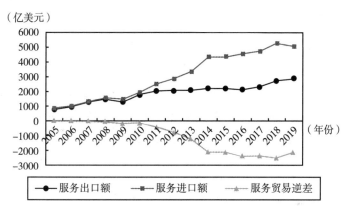

（a）2005~2019年中国服务贸易进出口额

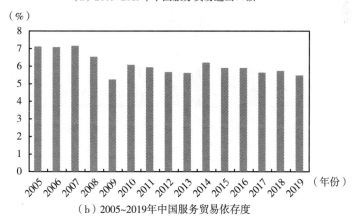

（b）2005~2019年中国服务贸易依存度

图 17 – 2　2005 ~ 2019 年中国服务贸易情况

资料来源：根据联合国贸易和发展会议数据库（UNCTAD）相关数据计算。

表 17-1   2019 年主要国家或地区服务贸易竞争力指数对比

国家或地区	服务贸易出口额（亿美元）	服务贸易进口额（亿美元）	服务贸易竞争力指数
中国	2831.92	5006.80	-0.28
日本	2050.57	2035.85	0.00
韩国	1024.31	1264.22	-0.10
美国	8758.25	5883.59	0.20
欧盟	22598.17	20753.37	0.04
印度	2143.64	1791.78	0.09
世界	61440.34	58263.35	0.03

资料来源：根据联合国贸易和发展会议数据库（UNCTAD）相关数据计算。

从服务业利用外资依存度上看，加入 WTO 以来我国服务业利用外资规模不断扩大，并从 2011 年开始服务业 FDI 占全部 FDI 的比重超过了 50%，截至 2014 年，我国服务业利用外资规模达 662.3 亿美元，占比超过 55%。2019 年，我国服务业利用外资 952.7 亿美元，占 2019 年我国实际利用外资总额的 69.0%。但是，我国 2003~2014 年服务业利用外资依存度长期在 1.7 左右徘徊，近几年更呈现下滑趋势，截至 2019 年服务业利用外资依存度为 1.23。此外，从服务业外资的流入行业分布上看，中国 2019 年服务业外资主要集中在房地产业、租赁和商务服务业、信息传输、软件和信息技术服务业以及科学研究和技术服务业，这些行业占整体服务业外商投资比重分别达到 24.64%、23.17%、15.41% 和 11.72%（见图 17-3）。

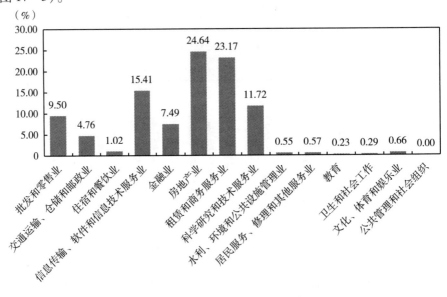

图 17-3   2019 年服务业分行业 FDI 占服务业整体 FDI 比重

资料来源：《中国统计年鉴（2019）》。

为了更有针对性地研究服务业开放对制造业的影响，我们借鉴阿诺德（Arnold，2011）和张艳等（2013）的方法，即在计量分析服务业开放对制造业的影响时，度量服务业开放的指标是采用服务业开放渗透率（service_lib），其具体计算公式如下：

$$service\_lib_{it} = \sum_k a_{ikt} liberalization_{kt} \qquad (17.1)$$

其中，服务投入比例 a_{jkt} 根据 2002 年和 2007 年中国 42 个行业投入产出表计算得到[①]。i 代表 16 个制造行业，k 是服务行业，t 代表时间。根据 WTO 对服务贸易中服务提供方式的规定，服务业对外开放方式相应地被归纳为跨境服务提供型开放和服务业利用外资型开放两种。因此，式（17.1）中的服务业开放渗透率，可被细分为跨境提供服务业开放渗透率（st_lib）和利用外资服务业开放渗透率（sfdi_lib）两部分。

需要说明的是，本章使用的跨境服务数据来自联合国贸发会议数据库，该数据库将服务分为运输、旅游、通信服务、建筑服务、保险服务、金融服务、计算机和信息服务、专利和特许费、其他商业服务、个人文化和娱乐服务、政府服务共 11 类，为与中国投入产出表中服务部门相匹配，论文借鉴崔日明和张志明（2013）的分类方法，最终整理形成 9 大服务行业，并同时进行数据匹配。关于中国服务业利用外资数据，也是经过匹配处理，选取 14 个服务业行业作为服务投入部门。具体服务业利用外资数据来自相关年份《中国统计年鉴》和 Wind 数据库。由于中国服务业开放进程主要发生在加入 WTO 后的时期，加之数据的可获得性，本章将研究的样本区间限定为 2004～2015 年。

通过运用 DEA-Malmquist 指数法，我们计算出我国制造业 2004～2014 年 16 个行业全要素增长率（见表 17-2），并将其与服务业开放指标的面板数据进行相关数据的单位根、协整以及 Granger 因果分析（见表 17-3），发现随着服务开放渗透率提高，制造业 TFP 会出现不同程度的提升。进一步，不同方式下服务业开放对于制造业 TFP 的影响趋势不同，即跨境服务提供型开放对于制造业 TFP 增长的影响逐渐减弱，而利用外资型服务业开放对于 TFP 增长影响逐渐增强。数据的实证分析采用计量软件 Stata 11，各变量的统计性描述见表 17-4，主要变量之间的散点图见图 17-4 和图 17-5。

---

① 由于本章考察的样本区间是 2004～2014 年，中间有 2002 年和 2007 年两次投入产出表的编制，考虑到服务业在工业行业生产中投入的变动，在计算服务部门开放对制造业行业的影响时，2004～2006 年数据使用 2002 年中国投入产出表进行系数加权，2007～2014 年数据使用 2007 年中国投入产出表进行加权。

表 17 - 2   **2004 ~ 2014 年我国制造业总体 TFP 及其分解**

年份	EC	TC	TFP
2004	1.088	0.955	1.039
2005	0.923	1.135	1.048
2006	0.905	1.223	1.107
2007	0.960	1.109	1.065
2008	0.915	1.092	0.999
2009	0.947	1.200	1.136
2010	1.148	0.859	0.986
2011	0.929	1.135	1.054
2012	0.892	1.023	0.913
2013	0.933	0.918	0.856
2014	0.906	0.985	0.892
平均	1.020	1.025	1.046

表 17 - 3   **面板数据 Granger 因果检验结果**

假设	TFP 与 lnst_lib			TFP 与 lnsfdi_lib		
	滞后一阶	滞后二阶	滞后三阶	滞后一阶	滞后二阶	滞后三阶
lnservice_lib （lab）不是 TFP 的 Grange 原因	4.958 (0.042)	2.172 (0.034)	3.771 (0.047)	1.401 (0.087)	4.756 (0.030)	29.860 (0.000)
TFP 不是的 lnservice_lib （lab) Grange 原因	0.895 (0.224)	1.401 (0.147)	4.745 (0.007)	3.189 (0.127)	3.771 (0.147)	2.176 (0.048)
lnservice_lib （cap）不是 TFP 的 Grange 原因	5.257 (0.030)	4.784 (0.014)	4.452 (0.054)	7.421 (0.000)	8.278 (0.007)	8.800 (0.00)
TFP 不是的 lnservice_lib （cap) Grange 原因	3.633 (0.056)	6.788 (0.032)	15.664 (0.000)	5.462 (0.009)	4.342 (0.008)	4.756 (0.000)
lnservice_lib （tec）不是 TFP 的 Grange 原因	8.447 (0.004)	8.873 (0.006)	5.556 (0.024)	3.723 (0.083)	4.469 (0.051)	6.875 (0.002)
TFP 不是的 lnservice_lib （tec) Grange 原因	5.378 (0.020)	6.817 (0.017)	18.238 (0.000)	3.255 (0.027)	3.018 (0.046)	5.471 (0.060)

注：括号内的数值为 p 值；lab、cap 和 tec 分别表示劳动密集型、资本密集型和资本及技术密集型制造业。

表 17 - 4   **各变量的统计性描述**

变量	表示符号	样本数	均值	标准差	最小值	最大值
跨境提供型服务业开放	lnst_lib	166	4.215	1.010	1.870	5.936
利用外资型服务业开放	lnsfdi_lib	166	2.223	1.00	− 0.248	4.204
制造业全要素生产率	TFP	166	1.026	0.134	0.575	1.473

资料来源：通过 Stata 11 软件计算而得。

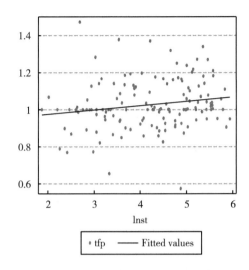

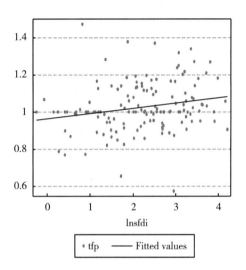

图 17 - 4　跨境提供型服务业开放
　　　　　与制造业 TFP

图 17 - 5　利用外资型服务业开放
　　　　　与制造业 TFP

资料来源：通过 Stata 11 软件计算而得。

第二节　服务业开放影响制造业创新能力实证分析

　　从长远看，创新能力是决定制造业生产率的根本力量。而制造业创新能力是受到研发投入、创新条件、产业政策甚至竞争环境等因素的影响。关于服务业对外开放影响制造业创新能力的途经，来自三个方面：一是服务业的对外开放扩大了制造业进行创新的资源来源，使更多国外的优质资源能被服务业开放国制造业利用；二是服务业对外开放引起的技术外溢效应和竞争效应，有利于提高该国制造业创新资源的重组和利用效率；三是服务业对外开放可以为制造业进行创新活动提供更好的配套环境，从而有助于加快制造业创新速度。当然，不同制造业企业在企业规模、企业运作等方面的差异，也会对自身创新能力造成影响。

　　因此，借鉴科伊和赫尔普曼（Coe & Helpman，1995）、利希滕贝格和波特尔斯贝格（Lichtenberg & Pottelsberghe，1998）等的模型，通过将 R&D 经费、研发人员等作为企业研发投入变量，将服务业开放作为研究的核心解释变量，得到服务业对外开放对制造业创新能力影响的基本计量模型如下：

$$
\begin{aligned}
\ln patent_{it} = \alpha_0 &+ \alpha_1 \ln patent_{i,t-1} + \alpha_2 \ln service\_lib_{it} + \alpha_3 rd\_l + \alpha_4 rd\_k \\
&+ \eta X_{it} + \mu_i + \varepsilon_{it}
\end{aligned}
$$

$$(17.2)$$

在式（17.2）中，*patent* 表示制造业创新能力，*service_lib* 为核心解释变量，表示服务业开放程度，实证检验时分别用跨境提供型服务业开放渗透率（*st_lib*）和利用外资型服务业开放渗透率（*sfdi_lib*）来度量。*rd_l* 和 *rd_k* 分别代表制造业用于研发创新活动的技术人员数和研发内部经费数。*X* 为影响制造业创新能力的其他控制变量。此外，通过引入反映创新能力的一阶滞后变量，以控制本期技术活动对前期的路径依赖。所有变量均采用对数形式。*i* 和 *t* 分别表示第 *i* 个行业和第 *t* 年，μ_i 是不可观测的行业固定效应，ε_{it} 是随机误差项。

在被解释变量中，制造业创新能力（*patent*）是采取专利作为创新能力的量化指标，并且具体采用企业的累积有效专利数量来表示，其计算方法为 $patent_{it} = (1 - \delta)patent_{it-1} + public_{it}$，其中，$public_{it}$ 表示行业 *i* 在 *t* 年的专利授权数量，δ 为专利的折旧率。按照贾夫（Jaff，1986）的选择，取 δ 值为 0.15[①]。

在解释变量中，除了核心解释变量服务业开放渗透率（*service_lib*）以外，其他控制变量是：（1）国有化程度（*control*）：一般认为，过度的国有化可能会遏制企业活力，不利于创新。因此，我们将国有化程度引入解释变量，具体是用各细分行业国有及国有控股工业企业工业总产值占全部规模以上企业比值来衡量国有化程度，预期系数为负。（2）企业规模（*scale*）：在市场竞争中，企业规模可以带来规模经济利益，有助于企业谋取独特创新资源，进而提高创新能力。我们使用各细分行业的利润总额表示该变量，预期该变量系数为正。另外，为了考察服务业开放对不同类型制造业创新能力影响的差异性，实证检验时还引入 *service_lib* × *zbh*，这里 *zbh* 指的是技术密集度虚拟变量，对高技术行业取值为 1，对中低技术行业则取值为 0。*enp* 指的是环境污染度虚拟变量，污染行业则取值为 1，清洁行业取值为 0。

为了解决内生性问题，我们采用动态面板的两阶段系统 GMM 方法进行研究[②]。使用的原始数据来源，包括联合国贸发会议数据库、《中国统计年鉴》和中国投入产出表、《中国科技统计年鉴》《中国工业经济统计年鉴》等。表 17-5 列出了两阶段系统 GMM 法的估计结果，8 个模型的 AR（2）的检验结果支持方程的误差项不存在二阶序列相关的假设（*p* 值均大于 0.1）。Sargan 过度识别的 *p* 值均显著大于 0.1，检验结果显示不能拒绝工具变量有效性假设，这表明工具变量设定的合理性。

---

① 鉴于 1999 年后制造业统计口径有所改变，本章将设定 1999 年设为初始年份。而使用的数据是从 2004 年开始，这样就避免了初期专利存量设定的问题。

② 动态 GMM 方法又可进一步分为差分 GMM 和系统 GMM，前者更容易受到弱工具变量以及小样本偏误的影响，而系统 GMM 同时对差分方程和水平方程进行估计，用滞后项作为工具变量，较好地解决了内生性问题。

表 17 – 5　　　　　　　　服务业开放对制造业创新能力的实证分析

变量	跨境提供型服务业开放				利用外资型服务业开放			
	（1）	（2）	（3）	（4）	（5）	（6）	（7）	（8）
$L.\ lnpatent$	0. 247 ***	0. 240 ***	0. 273 ***	0. 221 ***	0. 334 ***	0. 333 ***	0. 348 ***	0. 308 ***
	（5. 75）	（4. 08）	（3. 63）	（3. 35）	（6. 26）	（4. 87）	（4. 85）	（3. 84）
$\ln service\_lib$	0. 635 ***	0. 683 ***	0. 590 **	0. 750 *	0. 0672 *	0. 047 **	0. 031 *	0. 062 ***
	（6. 41）	（4. 12）	（2. 24）	（1. 86）	（2. 13）	（2. 50）	（2. 11）	（3. 01）
$\ln^2 service\_lib$		– 0. 144 ***	– 0. 122 *	– 0. 172 *		– 0. 016 *	– 0. 030 **	– 0. 020 *
		（– 2. 93）	（– 1. 93）	（– 2. 62）		（– 1. 94）	（– 2. 24）	（– 2. 11）
$\ln^2 service\_lib \times zbh$			0. 321 ***				0. 126 **	
			（3. 11）				（2. 47）	
$\ln^2 service\_lib \times enp$				– 0. 065 **				– 0. 230 *
				（– 1. 98）				（– 1. 87）
$lnrd\_k$	– 0. 315	– 0. 065	– 0. 343	– 0. 326	0. 0656	0. 128	0. 145	0. 252
	（– 0. 96）	（– 0. 18）	（– 0. 50）	（– 0. 47）	（0. 27）	（0. 49）	（0. 48）	（0. 88）
$lnrd\_l$	1. 046 ***	0. 815 **	1. 108 *	1. 064 *	0. 779 **	0. 713 **	0. 722 *	0. 591 *
	（3. 00）	（2. 26）	（1. 81）	（1. 85）	（3. 26）	（2. 82）	（2. 43）	（2. 14）
$lnscale$	0. 184 ***	0. 180 *	0. 167 ***	0. 202 ***	0. 202 **	0. 214 **	0. 198 *	0. 210 **
	（4. 08）	（5. 71）	（4. 44）	（4. 42）	（2. 65）	（2. 81）	（2. 45）	（2. 94）
$lncontrolt$	0. 724	0. 658	0. 710	0. 928	0. 517	– 0. 511	– 0. 509	– 0. 689
	（1. 55）	（1. 73）	（1. 43）	（1. 07）	（1. 78）	（1. 62）	（1. 37）	（1. 23）
常数项	– 5. 083 ***	– 5. 170 ***	– 6. 50 **	– 6. 79 ***	– 8. 636 ***	– 8. 56 ***	– 9. 01 ***	– 8. 70 ***
	（– 10. 5）	（– 10. 6）	（– 9. 9）	（– 9. 6）	（– 16. 2）	（– 12. 02）	（– 7. 14）	（– 9. 70）
AR（1）	– 1. 539	– 1. 439	– 1. 539	– 1. 3176	– 1. 774	– 1. 877	– 2. 120	– 2. 216
	[0. 12]	[0. 15]	[0. 12]	[0. 08]	[0. 07]	[0. 06]	[0. 03]	[0. 26]
AR（2）	– 1. 471	– 1. 611	– 1. 649	– 1. 651	– 0. 366	– 0. 445	– 0. 324	– 0. 657
	[0. 14]	[0. 10]	[0. 12]	[0. 14]	[0. 71]	[0. 65]	[0. 74]	[0. 51]
Sargan	0. 71	0. 72	0. 70	0. 67	0. 69	0. 71	0. 66	0. 67

　　注：实证结果由 Stata 11 计算并整理得出。工具变量选用各变量的一期滞后项。***、**、* 分别表示 1%、5% 和 10% 水平显著；AR（1）、AR（2）为扰动项相关检验；Sargan 检验主要考察动态面板工具变量的过度识别问题。[ ] 内为各检验值的统计概率。

在表 17-5 中，模型（1）~模型（4）显示的是跨境提供型服务业开放对制造业创新能力影响的检验结果，模型（5）~模型（8）表示的是利用外资型服务业开放对制造业创新能力影响的检验结果。其中，模型（3）、模型（7）分别是技术密度虚拟变量和跨境服务型服务业开放、利用外资型服务业开放的交叉项，模型（4）、模型（7）分别是环境污染虚拟变量和跨境服务型服务业开放、利用外资型服务业开放的交叉项，以检验服务开放对不同类型制造业创新能力影响的异质性。从表中模型（1）~模型（4）的数据可以看到，跨境提供型服务业开放（用跨境提供服务业开放渗透率表示）的回归系数均显著为正，从表中模型（5）~模型（8）的数据也可以看到，利用外资型服务业开放（用服务业利用外资开放渗透率表示）的回归系数也同样均显著为正，这意味着无论是跨境提供型服务业开放还是利用外资型服务业开放，都对制造业创新能力产生明显的促进作用。此外，从制造行业特性上看，两种服务业开放方式都将提高高技术制造行业的创新能力，但都会遏制污染行业的创新。

与此同时，从表 17-5 中也可以看到，跨境提供型服务业开放渗透率的二次项回归系数显著为负，利用外资型服务业开放渗透率也是二次项回归系数显著为负，即在服务业开放与制造业创新能力之间存在显著的倒"U"型关系，它说明服务开放程度与创新能力之间存在先促进后降低的关系。具体来说，无论是跨境提供型还是利用外资型服务业开放没有超过一定门槛时，服务业的扩大开放对中国制造业创新能力提升主要呈现正向效应；但是服务业开放超过一定门槛时，服务对外开放对中国制造业创新能力主要呈现抑制或负面效应，不利于中国制造业提高创新能力。

在控制变量中，R&D 人员投入的增加能够显著提升了制造业创新能力，与预期相符，但是 R&D 资金投入对于创新能力的影响不显著。究其原因，首先，可能与当前中国科研体制和研发资金需要改革和完善有关。其次，企业的规模与创新能力存在显著的正相关性，与预期一致。但是，国有化程度系数虽然为正，但未通过显著性检验，这表明中国制造业的国有化程度，并不是影响创新能力的因素。其更深的意义在于，经过这么多年的国有企业改革，国有企业在创新能力方面已没有天然性优势或劣势。

创新能力源自创新资源的投入和产出，其过程同样存在创新效率的问题。用 *effic* 表示创新效率，*service_lib* 表示服务业开放程度，并且仍采用跨境提供服务业开放渗透率（*st_lib*）和利用外资服务业开放渗透率（*sfdi_lib*）衡量。*X* 为影响制造业知识资本积累的其他控制变量，相关指标选取与前面一致，从而得到表 17-6 中的计量模型。

表 17－6 服务业开放对中国制造业创新效率影响的实证分析

变量	跨境提供型服务业开放为自变量				利用外资型服务业开放为自变量			
	(1)	(2)	(3)	(4)	(5)	(6)	(7)	(8)
$L.\,\text{lneffic}$	−0.078 * (−2.01)	−0.091 ** (−2.24)	−0.0681 * (−1.86)	−0.132 *** (−3.52)	−0.0382 * (−1.74)	−0.091 ** (−2.56)	−0.068 ** (−2.21)	−0.132 *** (−3.07)
lnservice_lib	0.445 *** (2.83)	0.594 *** (4.12)	0.457 *** (3.34)	0.438 *** (3.81)	0.209 * (2.09)	0.485 ** (2.62)	0.690 *** (3.40)	0.678 * (3.07)
$\ln^2 \text{service\_lib}$		−0.078 (−1.43)	−0.061 (−0.73)	−0.058 (−0.43)		−0.015 (−0.70)	−0.022 (−0.51)	−0.021 (−0.51)
$\text{lnservice\_lib} \times zbh$			0.040 ** (2.60)				0.010 *** (3.20)	
$\text{lnservice\_lib} \times enp$				−0.155 ** (−2.38)				−0.246 (−1.54)
lnscale	0.009 * (1.90)	0.009 * (1.90)	0.008 * (1.84)	0.014 * (1.91)	0.028 *** (2.64)	0.029 *** (2.98)	0.0202 (1.70)	0.0201 ** (2.36)
lncontrolt	−0.042 *** (−5.24)	−0.031 (−1.63)	−0.029 (−1.74)	0.007 (0.13)	−0.09 *** (−5.86)	−0.103 *** (−4.37)	−0.083 *** (−3.03)	−0.008 (−0.17)
常数项	0.347 *** (4.21)	−1.079 (−1.31)	−0.849 (−0.95)	−0.665 (−0.86)	−0.703 (−0.36)	−0.664 (−0.34)	−0.945 (−0.50)	−0.579 (−0.30)
AR(1)	−2.155 [0.03]	−2.138 [0.03]	−2.442 [0.01]	−2.07 [0.03]	−1.995 [0.04]	−1.997 [0.04]	−2.184 [0.03]	−1.979 [0.04]
AR(2)	0.436 [0.66]	0.381 [0.70]	0.464 [0.64]	0.176 [0.86]	−0.070 [0.94]	−0.057 [0.95]	0.391 [0.69]	0.044 [0.96]
Sargan	0.85	0.91	0.89	0.75	0.76	0.74	0.88	0.74

注：实证结果由 Stata 11 计算并整理得出。工具变量选用各变量的一期滞后项。*** 、** 、* 分别表示 1%、5% 和 10% 水平显著；AR(1)、AR(2) 为扰动项目相关检验；Sargan 检验主要考察动态面板工具变量的过度识别问题。[ ] 内为各检验值的统计概率。

对于效率的测度，我们采用近年来兴起的 DEA-*Malmquist* 指数法来测算制造业各产业的创新效率。此外，继续采用两阶段系统 GMM 方法，估计结果如表 17－6 所示。在该表中，AR(2) 的检验结果支持方程的误差项不存在二阶序列相关的假设（p 值均大于 0.1）。*Sargan* 过度识别的 p 值均显著大于 0.1，检验结果显示不能拒绝工具变量有效性假设，这说明工具变量设定的合理性。

从表 17－6 可知，各模型方程中的跨境提供型服务业开放渗透率和利用外资型服务业开放渗透率的一次项系数均显著为正，即中国服务业开放对制造业创新效率都产生了明显的正向效应。在加入了服务业开放渗透率的二次项后，二次项系数未通过显著性检验，这说明无论是跨境服务开放还是服务业投资开放，对中国制造业创新能力提升的效率，长期效应都不明显。此外，从表中还可以看到，跨境提供型服务业开放和利用外资型服务业开放对高技术产业的创新能力提升效率，都起到了促进作用，但是对环境污染行业创新效率，是起着遏制作用。

在控制变量方面，检验结果与表 17 – 5 中的情况相仿。即企业规模对创新效率具有显著的促进作用，且大多通过显著性检验，说明大企业在创新能力提升效率上具有优势。但是，国有化程度对制造业创新效率影响不显著。

第三节　研究结论与政策启示

本章基于我国服务业对外开放视角，具体考察了跨境提供型服务业开放和利用外资型服务业开放方式下，我国服务业对外开放对制造业创新能力和创新效率的影响。通过使用计量分析方法和中国 2004～2012 年有关面板数据，经实证检验形成了以下主要结论和政策启示：

第一，服务业对外开放，显著地提升了我国制造业创新能力，这既体现在跨境提供型方式下的服务业开放，也反映在利用外资型服务业开放方式下的服务业开放。不过，服务业开放对我国制造业创新能力的影响存在显著地倒"U"型关系，即服务业开放在一定范围内，对我国制造业创新能力的影响是正向的，但是超过一定门槛时将起着负面的抑制效应。这说明，当前我国一方面应该继续积极推动服务业对外开放，另一方面也需要注意服务业对外开放的秩序和科学性，合理把握服务业开放进度，不断提高服务业开放水平。

第二，服务业开放有利于我国提高制造业创新效率。本章实证分析显示，我国跨境提供型服务开放和利用外资型服务业开放，都能对我国制造业创新效率提升产生积极影响。但是，因服务业开放对制造业创新效率的二次项没有通过检验，所以从长期来看，我国服务业开放对制造业创新效率的影响并不显著，这意味着前阶段我国服务业开放涉及企业创新层面有限，中国需要加快服务业特别是生产性服务业对外开放步伐，以提升制造业创新效率。

第三，服务业开放有助于我国制造业结构调整和转型升级。我国制造业结构调整和转型升级的方向，是加快高技术行业发展和创新能力，逐步淘汰污染型传统制造行业。我们的计量分析表明，服务业对外开放一方面显著提高高技术制造行业创新能力和效率，另一方面显著遏制污染型制造行业的创新能力和效率，因此，服务业对外开放将促进中国产业政策的落实和产业结构优化。

第四，服务业开放在不同方式下对我国制造业创新的影响，既有共性也有差异。即尽管两种服务业开放方式都对我国制造业创新能力和效率产生积极影响，但是，通过对比表中数据也可发现，跨境提供型服务开放对中国制造业创新能力和效率产生的正向效应，都高出利用外资型服务业开放方式。这与我国现阶段服务业对外开放特征相关。不过，前面的计量分析也显示，从制造业全要素生产率角度看，跨境提供型服务业开放对于制造业全要素生产率的积极影响逐渐减弱，而利用外资型服务业开放影响是逐渐增强。我国应进一步扩大服务业利用外资的领域和范围。

第五，实证研究显示人力资源投入对我国制造业创新的贡献能通过显著性检验，但是研发经费投入无法通过显著性检验。这说明我国应继续强化创新体制机制改革，进一步完善创新环境。要充分发挥市场在创新资源配置中的决定性作用，鼓励企业自主竞争，政府正确履职，推动服务业与制造业的相互渗透与融合，促进市场高效运行，使我国制造业能够向全球价值链高端不断攀升。

第十八章

服务业开放提高了制造业
出口国内附加值吗？

探讨服务业开放对制造业出口国内附加值的影响，关系到开放条件下的生产性服务业与制造业互动融合发展。基于传统国际分工模式，有关服务开放效应的文献主要研究一国开放程度对该国出口总量的影响。然而在价值链分工体系下，出口中的国内增加值才能准确反映出口中的国内产值，开放对出口增加值的影响则更能体现国际分工体系下开放与贸易的关系。目前，有关对外开放与出口增加值的研究可以归纳为两种观点：一种观点认为，通过对外开放可以吸收国外先进的技术，促进国内科技创新，从而有利于提高本国的出口增加值（田巍等，2014）；另一种观点认为，对外开放使得发展中国家长期锁定在价值链低端，从事增加值较低的生产活动，阻碍了这些国家出口增加值的提高（Dollar et al.，2004）。从本质来看，开放对出口增加值的影响是国际贸易引致了要素相对需求发生变化，其中东道国的经济发展程度等内部因素具有重要作用（Gwartney et al.，1999）。然而，目前国内学术界还鲜有探讨服务业开放影响出口国内增加值的成果。鉴于此，本章首先从直接效应和间接效应两个角度，分析服务市场开放对制造业出口国内增加值的影响机理，其次利用经验数据，对影响我国出口国内增加值的各种效应进行验证，并在此基础上考察服务市场开放对不同类型制造业影响的差异。

第一节　效应传导机制的理论分析与研究假说

一、服务业开放对出口国内增加值的影响

服务业开放对制造业出口国内增加值的溢出效应可以分为两个方面：一是通过

引进国外服务要素以促进制造业产品中高级服务投入的增长。服务业开放便利了国外服务中间品的进入，增加制造业生产中服务中间投入品的种类，不同服务中间品进入制造业生产过程可以带来差异化的竞争优势。作为中间投入的服务通常具有技术密集型、知识密集型、信息密集型、人力资本密集型等高端要素密集型特征，这些高端要素有助于促进制造业企业生产率的提高（Deardorff，2001）。国外服务中间品进入引起的竞争效应和示范效应会促进东道国生产效率的提升，从而提高制造业出口国内增加值。二是通过降低生产成本提升制造业出口中的国内增加值。服务业开放可以通过直接和间接两条途径降低制造业的生产成本：首先，制造业企业能够利用国外更低价的中间服务降低投入成本，从而产生直接的成本降低效应（Robinson et al.，2002）；其次，购买国外中间服务投入有助于促使企业将资源配置到更加有效的生产环节，从而间接地降低生产成本（Autor et al.，2013）。基于上述分析可知，服务业开放通过降低生产成本提高了制造业企业的生产率以及制造业出口中的国内增加值，实现了制造业内部的优化与升级。基于此，提出以下假说：

H18.1：服务市场开放对制造业出口国内增加值有正向影响。

二、创新能力的中介效应

服务业开放的最大贡献在于技术外溢，即主要通过行业竞争效应、示范效应、人员流动效应、产业关联效应等促进东道国的创新和技术进步（Keller，2004）。扩大服务业开放水平不仅可以通过引进外资为东道国带来先进的硬件设施，更重要的是还能够带来知识、技术和资本的转移。服务投入（设计、研发等）具有高增加值的特点，因此增加本国服务中间品投入可以提升国内出口增加值比率。尤其是生产性服务业将人力资本、知识资本引入商品生产过程，有助于提高生产效率、运营效率及其他投入要素的使用效率。所以，服务业开放可以通过溢出效应，促进企业自主创新，实现制造业企业在生产链中的攀升，进而提高制造业出口中的国内增加值。基于此，提出以下假说。

H18.2：创新能力在服务市场开放影响制造业出口国内增加值的关系中具有中介效应。

三、产业集聚的中介效应

根据"冰山成本"理论，随着对外开放水平的提高，运输成本会降低，产业集聚强度将增大。产业的空间集聚可以通过规模经济、吸引外商直接投资、降低交易成本、加强技术交流等途径提高出口国内增加值。在产业集聚区，由于知识、信息和技术在区域内的扩散和共享，专业技术人才在区域内的集聚，使得服务业开放的溢出效应更为明显。此外，产业集聚还会通过制造业与服务业的产业关联对制造业增长产生乘数效应，进一步提高出口企业的生产率、技术含量和服务专业化程度，促进制造业参与价值链高端环节的活动。因此，产业集聚程度的差异将影响服务业开放对制造业出口国内增加值的促进作用。基于此，提出以下假说。

H18.3：产业集聚在服务市场开放影响制造业出口国内增加值的关系中具有中介效应。

四、垂直专业化的中介效应

由于竞争效应的存在，服务业开放不仅能够通过扩大中间品的进口提升生产专业化程度，还能促使制造业企业将服务环节外包，专注于具有比较优势的制造环节。垂直专业化分工主要通过以下方面影响制造业出口国内增加值：首先，由于专业化降低了配置成本，制造业企业可以将生产要素配置到具有高增加值的生产环节中，实现制造业出口国内增加值的提升。其次，随着分工的深化，制造业企业会选择生产利润高的产品，淘汰生产率低的产品，从而实现自身的转型升级（Bernard et al.，2010）。因此，服务业开放能够通过深化专业分工以降低成本、优化配置，进而提高制造业企业的生产率和出口国内增加值。基于此，提出以下假说。

H18.4：垂直专业化在服务市场开放影响制造业出口国内增加值的关系中具有中介效应。

第二节　研究设计与变量选取

一、研究方法

根据前述的理论分析，服务业开放不仅会直接影响出口国内增加值，而且还会通过作用于创新能力、集聚效应、垂直专业化，对出口国内增加值产生间接影响，这说明创新能力、集聚效应、垂直专业化在服务业开放与出口国内增加值之间可能存在中介效应。为了检验创新能力、集聚效应、垂直专业化的中介效应存在与否以及具体的效应大小，我们借鉴巴伦等（Baron et al.，1986）的研究思路，如图 18 – 1 所示。其中，路径 a 表示服务业开放对中介变量的影响；路径 b 表示中介变量对出口国内增加值的影响；路径 c 表示服务业开放对出口国内增加值的总影响；而路径 c′表示路径 a 和路径 b 同时受到控制时，服务业开放对出口国内增加值的直接影响。中介变量分别为创新能力、集聚效应和垂直专业化。

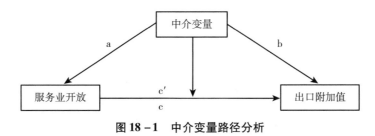

图 18 – 1　中介变量路径分析

假设所有变量都已经中心化（即均值为零），可用下列方程来描述变量之间的关系：

$$DVA_{i,t} = cOPEN_{i,t-1} + e_1 \tag{18.1}$$

$$MV_{i,t} = aOPEN_{i,t-1} + e_2 \tag{18.2}$$

$$DVA_{i,t} = c'OPEN_{i,t-1} + bMV_{i,t} + e_3 \tag{18.3}$$

其中，$OPEN_{i,t-1}$ 表示 i 行业 $t-1$ 期的服务业开放程度；$MV_{i,t}$ 表示 i 行业 t 期的中介变量，包括创新能力、产业集聚和垂直专业化；$DVA_{i,t}$ 表示 i 行业 t 期的出口国内增加值。方程（18.1）的系数 c 为服务业开放对出口国内增加值的总效应；方程（18.2）的系数 a 为服务业开放对中间变量的效应；方程（18.3）的系数 b 是在控制服务业开放的影响后，中介变量对出口国内增加值的效应；系数 c' 是在控制中间变量的影响后，服务业开放对出口国内增加值的直接效应；$e_1 - e_3$ 是回归残差。效应之间的关系如下：

$$c = c' + ab \tag{18.4}$$

其中，ab 表示中介效应。由式（18.4）可得，$ab = c - c'$，即 $c - c'$ 等于中介效应。绝对中介效应用 $\hat{a}\hat{b}$ 衡量，相对中介效应用绝对中介效应与总效应之比（$\hat{a}\hat{b}/\hat{c}$）或中介效应与直接效应之比（$\hat{a}\hat{b}/\hat{c}'$）衡量。关于中介效应的显著性问题，我们借鉴了温忠麟等（2014）提出的检验程序，如图 18 – 2 所示。

二、变量选择和数据来源

（1）制造业出口国内增加值（*DVA*）。国内出口国内增加值能够衡量出口中的

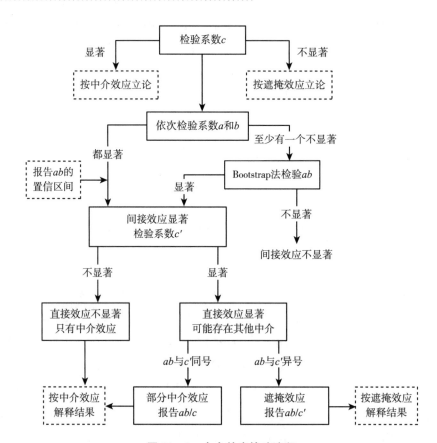

图 18 - 2　中介效应检验流程

国内产值占比，制造业出口中的国内增加值越高，说明一国制造业出口的质量越高，越有利于制造业的转型升级。有关出口国内增加值测算主要可分为两类：一是基于投入产出表测算的产业层面上出口国内增加值（王直等，2015）；二是基于企业微观角度测度的出口国内增加值（张杰等，2013）。我们借鉴 KPWW 的方法建立投入产出模型，在产业层面测算了我国制造业出口的国内增加值，数据来源于世界投入产出数据库（WIOD Database），其中涵盖了 1995 ~ 2011 年 14 个制造业部门的数据。

（2）服务市场开放（*OPEN*）。本章的服务业开放度是指服务业开放所带来的效果，用服务业开放渗透率加以衡量。参照阿诺德等（Arnold et al. , 2011）的方法，通过测算服务业在制造业中间投入的比重，得出服务业开放对制造业的影响程度。具体计算公式如下：

$$open_{it} = \sum_k a_{ikt} services\_trade_{kt} \qquad (18.5)$$

其中，a_{ikt}表示制造业 i 对服务业 k 的投入依赖程度，数据根据中国投入产出表计算得到。i 代表制造行业，k 代表服务行业，t 表示时间。$services\_trade_{kt}$表示服务业进出口额，数据来源于联合国贸发会数据库。由于我国服务业统计口径在 2003 年之后发生了较大变化，为保持样本数据的一致性，我们考察的样本区间为 2004 ~ 2011 年。

（3）创新能力（$INVA$）。在全球化生产的分工体系下，创新能力决定了一国（地区）在全球价值链分工中的地位。创新能力较强的国家（地区）能够生产出附加价值较高的产品，从而在全球价值链中占据优势地位。创新能力采用各制造业部门研发经费支出与主营业务收入之比。数据来源为《中国科技统计年鉴》和《中国统计年鉴》。

（4）产业集聚（AGG）。我们采用空间基尼系数法测算产业集聚，公式如下：

$$G_i = \sum_{j=1} (x_{ij} - s_{ij})^2 \tag{18.6}$$

其中，G_i 表示行业 i 的集聚度；x_{ij}表示地区 j 就业人数占全国就业人数的比重；s_{ij}表示 j 地区 i 行业就业人数占全国 i 行业就业人数的比重。数据来自《中国城市统计年鉴》和《中国统计年鉴》。

（5）垂直专业化程度（VS）。一国（地区）的垂直专业化水平是影响其出口国内增加值的重要因素。随着我国参与垂直专业化程度的持续提高，以增加值核算的出口增值也不断上升。各制造业部门垂直专业化程度采用各制造业出口增加值占出口额之比衡量。数据来自 OECD-TIVA 数据库。

第三节　实证检验结果与分析

模型 18.1 ~ 模型 18.3 分别是中介效应检验涉及的三个回归模型。若服务业开放对出口国内增加值的回归系数通过了给定的显著性水平检验，则满足中介效应检验的前提条件，可以进一步检验中介效应的显著性。检验程序首先进行以服务业开放为自变量、中介变量为因变量的回归分析，然后进行以服务业开放和中介变量为自变量、出口国内增加值为因变量的回归分析。在模型 18.2 的回归系数显著的情况下，若模型 18.3 的中介变量回归系数也显著，则说明中介效应显著。同时，若模型 18.3 中出口国内增加值回归系数不显著，则说明完全中介效应显著。如果模型 18.2 的回归系数和模型 18.3 的中介变量回归系数至少有一个不显著，则需要构造 Bootstrap 统计量并进行 Bootstrap 检验，以确认中介变量产生的中介效应是否存在。根据研究需要，我们分别探讨了基于国家层面的服务业开放对出口国内增加值的中介效应以及服务业开放对不同要素类型制造业出口国内增加值的中介效应。

一、基于国家层面的中介效应检验及分析

表18-1是基于国家层面的服务业开放对出口国内增加值中介效应的检验结果。从中得出的结论是：服务业开放对出口国内增加值具有正效应，服务业开放水平平均提高1单位，出口国内增加值将增加0.9单位，且创新能力、产业集聚和专业化程度的中介效应均显著。对于创新能力作为中介变量而言，效应传递路径在两个环节均显著，服务业开放对本国企业的创新能力的提升具有显著的正向作用，创新能力的提高又进一步显著地促进了出口国内增加值的增长，因此创新能力的中介效应显著。对于产业集聚和垂直专业化而言，服务业开放能够显著提升出口国内增加值，但服务业开放对产业集聚和垂直专业化的作用没有通过显著性检验，我们又用 Bootstrap 法检验 ab，发现间接效应显著。因此，服务业开放对出口国内增加值的影响作用中，部分是由创新能力、产业集聚和专业化程度产生的间接效应产生的。其中，服务业开放通过创新能力作为中介效应影响出口国内增加值的间接效应最大，直接效应不显著；通过产业集聚和专业化程度作为中介效应影响出口国内增加值的间接效应较小，直接效应显著。

表 18-1　　　　服务市场开放对制造业出口国内增加值的中介效应检验结果

检验	创新能力			产业集聚			垂直专业化		
	模型 18.1	模型 18.2	模型 18.3	模型 18.1	模型 18.2	模型 18.3	模型 18.1	模型 18.2	模型 18.3
DVA	0.900 *** (0.3038)	1.370 *** (0.314)	0.216 (0.2792)	0.900 *** (0.3038)	0.189 (0.162)	0.668 *** (0.175)	0.900 *** (0.3038)	0.00975 (0.00999)	0.829 *** (0.298)
MV			0.507 *** (0.0828)			1.491 *** (0.113)			7.298 ** (3.146)
中介效应	中介效应显著 中介效应 = 0.65			中介效应显著 中介效应 = 0.28			中介效应显著 中介效应 = 0.07		

注：实证结果由 Stata 14 计算并整理得出。括号内是 t 值；***、** 分别表示1%、5%的显著性水平。

产生这种情况主要有以下几个原因：

（1）随着服务市场逐步对外开放，我国制造业部门可以通过外部采购获得更廉价、更专业化的服务中间品，促使成本降低。由于成本降低，制造业部门又可以通

过优化资源配置促进出口企业生产率的提高。服务业开放不仅为我国制造业生产提供了国外高级服务要素，而且通过生产性服务业把这些高级要素引入商品生产过程以提高其他投入要素的使用效率，从而进一步增加制造业出口的国内增加值。

（2）创新能力越强，我国制造业出口的国内增加值越高。服务业开放产生的溢出效应促进了企业的学习和模仿，有助于提高企业的创新能力，知识储备的提升进一步增强了企业对技术外溢的吸收能力，进而提高出口产品的技术复杂度和价值增值。以研发为代表的服务投入具有高增加值的特点，服务作为中间投入可以大大提升出口增加值比率。因此，提高创新能力是我国扩大出口国内增加值，实现产业升级的关键。

（3）由于服务业对外开放加剧了区域内制造业企业的相互竞争，给企业带来了降低成本、提高质量的压力，因此企业需要利用集聚效应，提高自身的生产率，增强核心竞争力。而产业集聚对我国制造业出口中的国内增加值具有显著的正面影响。从空间布局来看，产业的集聚分布特征明显，我国制造业和生产性服务业主要集中在东部沿海地区，因而这些产业集聚的地区更容易通过实现规模经济、吸引外商直接投资等途径提高制造业部门的生产率，并通过引入先进的技术、知识和专业化的人才，提升制造业服务化水平，进而促进制造业出口国内增加值的提高。

（4）随着我国参与全球化生产的不断深入，垂直专业化程度逐步增强，出口部门更专注于比较优势的生产，从而降低成本，在出口中获得更多的利润。我国作为"世界工厂"，主要以代工的方式参与全球生产中，因此专业化程度是影响我国出口部门收益的重要因素。

二、服务业开放对不同要素密集类型制造业的中介效应检验及分析

通过分析表 18-2 服务业开放对资本密集型和技术密集型制造业中介效应的检验结果，可以发现：

首先，从模型 18.1 可知，服务业开放对资本密集型制造业和技术密集型制造业出口国内增加值均具有正效应，但对技术密集型制造业的正效应低于资本密集型制造业，这说明服务业开放更能提升我国资本密集型制造业出口国内增加值。扩大服务业开放实现价值链升级的本质是利用国外先进技术和管理带来的外溢效应，结合本国技术和知识积累，实现关键部件的技术创新，从而推动本国出口国内增加值的提升。

其次，服务业开放对不同类型制造业的影响方式和作用效果有所差异。对于资本密集型制造业而言，只有创新能力的中介效应显著地促进了出口国内增加值的提

高，而产业集聚和专业化程度的中介效应均不显著。服务业开放可以吸引大量外资，跨国公司不仅为满足投入品质量的需求对有关联的本土企业提供一定技术的帮助，而且技术或管理人员流向国内也带来了知识外溢，从而促进了我国资本密集型制造业出口国内增加值的提高。对于技术密集型制造业而言，创新能力和产业集聚的中介效应均非常显著。由于服务业开放对技术密集型行业的作用效果取决于东道国的吸收能力，因此通过集聚效应能够更加有效地发挥服务业开放的积极作用。而垂直专业化的中介效应对资本密集型和技术密集型制造业出口国内增加值的影响均不显著，原因在于，我国凭借劳动力优势进入全球价值链分工体系主要从事加工品贸易，虽然短期内出口增长迅速并且能够从价值链分工中获得一定收益，但长期而言，不能完全依靠专业化加工作为提升出口国内增加值的途径。

表 18 – 2　　　服务市场开放对不同要素密集类型制造业出口国内增加值的中介作用

检验		创新能力			产业集聚			垂直专业化		
		模型 18.1	模型 18.2	模型 18.3	模型 18.1	模型 18.2	模型 18.3	模型 18.1	模型 18.2	模型 18.3
资本密集型	DVA	1.218 ** (0.504)	1.532 *** (0.462)	0.231 (0.482)	1.218 ** (0.504)	0.368 (0.344)	0.861 *** (0.273)	1.218 ** (0.504)	0.0201 (0.0290)	1.109 ** (0.493)
	MV			0.643 *** (0.168)			1.270 *** (0.156)			5.424 (3.300)
	中介效应	中介效应显著 中介效应 = 0.96			Z = 0.8292 < 0.97 中介效应不显著			Z = 0.6914 < 0.97 中介效应不显著		
技术密集型	DVA	0.780 ** (0.320)	1.295 ** (0.517)	0.469 (0.322)	0.780 ** (0.320)	0.0964 * (0.0489)	0.460 (0.293)	0.780 ** (0.320)	0.00680 (0.00774)	0.882 *** (0.306)
	MV			0.241 ** (0.0915)			3.327 *** (0.903)			– 14.91 ** (6.187)
	中介效应	中介效应显著 中介效应 = 0.31			中介效应显著 中介效应 = 0.32			Z = 0.8785 < 0.97 中介效应不显著		

注：实证结果由 Stata 14 计算并整理得出。括号内是 t 值；*** 、** 和 * 分别表示 1%、5% 和 10% 的显著性水平。

第四节　研究结论与政策启示

对于全球价值链组织和治理下的"世界工厂"中国而言，努力提升制造业出口国内增加值是当前经济发展的重要现实课题。本章基于我国服务市场开放的视角，探讨了影响我国制造业出口国内增加值提升的因素和渠道，服务市场开放不但会对出口国内增加值产生直接效应，也会通过创新能力、产业集聚、垂直专业化间接影响制造业出口国内增加值。我们的主要结论有：（1）服务市场开放对制造业出口国内增加值产生积极的显著性影响，服务业开放对我国资本密集型制造业出口国内增加值的促进作用更显著。（2）创新能力、产业集聚和垂直专业化在服务市场开放与制造业出口国内增加值关系间具有中介效应。服务市场开放对中介变量具有显著正向影响，而后者又会对出口国内增加值产生显著影响。（3）创新能力、产业集聚、垂直专业化对我国制造业出口国内增加值的影响程度不同。其中，创新能力对服务市场开放带来的出口国内增加值增长的影响最大，产业集聚和垂直专业化水平其次。（4）对技术密集型制造业而言，创新能力和产业集聚的中介效应均显著；对资本密集型制造业而言，只有创新能力的中介效应显著。本章研究所得结论具有重要的政策含义。

第一，制定适宜的服务市场对外开放政策。目前，服务市场开放对我国制造业出口国内增加值的促进作用，更多地还是体现在资本密集型制造业上。因此，我国政府在制定加快服务市场开放政策的同时，需考虑如何充分利用 FDI 的溢出效应来提高科技水平。此外，还应着重提高开放服务业的质量，鼓励进口高技术含量的服务投入，重点提升技术密集型制造业出口国内增加值。

第二，加大研发资金的支持力度。政府在制定对外开放政策时，要考虑到服务市场开放对制造业出口国内增加值的间接影响效应，并针对不同类型的制造业采取差异化政策，给予资本密集型制造业企业提供更多的财政补贴和融资渠道，为知识和技术密集型制造业企业提供良好的制度保障和完善的创新环境。通过推动服务市场开放与知识和技术密集型制造业的融合发展，进一步提高我国制造业出口国内增加值。

第三，提高产业集聚程度。一方面，政府应给予企业相应的政策扶持和资金补贴，提高产业集聚程度，促进规模经济的形成，增强招商引资的能力；另一方面，政府应进一步加强市场的有效监管，营造健康有序的竞争环境，避免恶性竞争，并通过产业集聚来扩大服务业开放的积极效应。

第十九章

信息不完全下生产性服务业
国际产业转移与制造业协同发展

继 20 世纪制造业国际产业转移之后，服务业的国际产业转移逐渐占据国际直接投资主体地位，包括服务业 FDI 占所有 FDI 的比例自 1987 年以来就一直高于制造业。服务业的大规模对外直接投资，使人们相信国际产业转移已经出现了全新的特征。在服务业产业转移中，最引人注目的是生产性服务业国际转移的快速发展，而在此背后支撑则是各国生产性服务业的高速增长。由于生产性服务业资本往往是更高形态的技术密集型和知识密集型资本，能够带动东道国生产性服务业的发展并有效提升三次产业结构，调整优化制造业内部结构，促进生产性服务业与制造业互动融合发展，因此，从信息不完全的角度研究生产性服务业国际产业转移与制造业协同发展，具有重要的现实意义。

第一节　文献综述

国际产业转移问题一直吸引着经济学家的注意力，综观现有的实证研究文献，一个被广泛认同的结论是，国际产业转移是多重因素共同作用的综合结果，具体而言，市场规模（Sabi，1988）、基础设施（Broadman & Sun，1997）、开放度（Grosse & Trevino，1996）和有利的政策（Agodo，1978；魏后凯、贺灿飞和王新，2001）与国际产业转移正相关，工资水平与国际产业转移负相关（Moshirian，1997）。研究者们随后发现，除了以上传统的影响因素以外，人力资本（沈坤荣和田源，2002）和集聚因素（Caves，1971；徐康宁和王剑，2002）也会显著促进国际产业转移。

　　进一步查询研究文献发现，专门针对生产性服务业国际产业转移进行深入探讨的文献则较为鲜见，具有代表性的一篇是拉夫和鲁尔（Raff & Ruhr，2001）的研究。他们首先根据制造业企业经营利润最大化的原则构建了一个数理模型，随后运用 1976～1995 年美国在 25 个国家的生产性服务业 FDI 面板数据检验了该模型，并得出结论认为，生产性服务业在进入东道国市场时会面临来自政府限制、文化差异和不完全信息的障碍，在生产性服务业产品供给方与需求方信息较为透明的前提条件下，生产性服务业产业转移具有跟随本国下游制造业 FDI 流动到东道国的倾向。拉夫和鲁尔（Raff & Ruhr，2001）认为，生产性服务业产品的供给者是以一次博弈的结果为决策依据，从而有可能把低质量服务业产品充当高质量服务业产品出售给需求者，但我们认为这并不符合现实情形，生产性服务业产品的供给者实际上会以重复博弈的结果作为行为决策的依据，重复博弈所暗含的长期利益往往是理性的企业所真正追求的。

　　基于学术界对生产性服务业国际产业转移问题研究的不足，本章主要在以下三个方面对现有文献做出拓展：（1）在拉夫和鲁尔（Raff & Ruhr，2001）的理论模型基础上把一次博弈推广至重复博弈，勾勒制造业 FDI 对生产性服务业国际转移的影响，并且在实证检验中加入他们没有考虑到的重要影响因素；（2）把生产性服务业划分为五个细分行业并做更为精细的研究，以期得出重要结论；（3）拉夫和鲁尔（Raff & Ruhr，2001）检验的样本时间已经过去 24 年了，生产性服务业国际产业转移对制造业 FDI 的追逐行为是特定时期的短暂经济现象，还是具有普遍意义的长期经济规律？尤其在当今生产性服务业投资占总体直接投资比例趋高并占主导地位，生产性服务业得到世界各国前所未有的重视等多重现实背景下，现有的研究结论是否会发生变化？学术上有必要做最新的进一步检验。

第二节　生产性服务业国际产业转移与制造业 FDI 关系的理论模型

　　本章根据拉夫和鲁尔（Raff & Ruhr，2001）的已有研究，设定理论模型包括以下假设前提。

　　（1）有两个国家，母国（home country）和东道国（host country），母国在东道国建立的制造业跨国公司数量为 N，东道国当地制造业企业的数量为 N^*，两者的总和保持不变，代表性制造业企业所生产产品的价格为 $P(X) = 1 - X$，X 为数量。

（2）母国在东道国建立的服务业跨国公司数量为 n，代表性跨国公司运营的固定成本为 F，并且能够分别以 c_h 和 c_l 的边际成本提供高质量（high quality，以下简称 h）和低质量（low quality，以下简称 l）的服务业产品，$c_h > c_l$，但东道国的当地服务业企业只能提供低质量服务业产品。

（3）服务业的市场结构是垄断竞争，母国在东道国建立的服务业跨国公司在竞争均衡时的利润为零。

（4）服务业跨国公司在提供产品时，与东道国当地制造业公司之间展开的是重复博弈。

考虑到 n 个服务业子公司都可能生产高质量服务业产品，为了便于表达高质量服务业产品的数量，在此借鉴赫尔普曼和克鲁格曼（Helpman & Krugman，1985）的方法，以 S_h 代表 n 种服务业产品 $s_{h1}, s_{h2}, \cdots, s_{hn}$ 的数量指数，即

$$S_h = \left(\sum_{j=1}^{n} s_{hj}^{\frac{\sigma-1}{\sigma}} \right)^{\frac{\sigma}{\sigma-1}} \tag{19.1}$$

其中，σ 为服务业产品之间的替代弹性，且 $\sigma > 1$。

假设某一高质量服务业产品（s_h）的价格为 p_h，所有高质量服务业产品的价格指数为 $q_h = (n p_h^{1-\sigma})^{\frac{1}{1-\sigma}}$，一个制造业企业对高质量服务业产品的总需求为 D_h，则该制造业企业对单个高质量服务业产品的需求为 $s_h = \left(\dfrac{q_h}{p_h} \right)^{\sigma} D_h$。以 w 表示基本要素投入的价格，以 β_i 表示生产一单位制造业产品所需要的服务业产品的数量，$i = h, l$，且 $\beta_h < \beta_l$，即高质量服务业产品和低质量服务业产品在生产中可以相互替代，只是低质量服务业产品的使用量更多一些，q_l 为低质量服务业产品的价格指数，而且 $q_l < q_h$，那么一个制造业企业生产 X 单位产品的成本为

$$C_i(X) = (w + \beta_i q_i)X, \quad i = h, l \tag{19.2}$$

值得注意的是，服务业产品与一般的实物产品有一个重要的区别：实物产品在购买之前就可以判断其质量的优劣进而确定其价格，而服务业产品在购买和使用之前其质量的高低是无法鉴别的，只有在使用的过程中才能准确识别。因此拉夫和鲁尔（Raff & Ruhr，2001）认为，那些不知情的（uninformed）制造业企业［假设数量为 N_U，$N_U = (1 - \alpha)N + \alpha N^*$，$\alpha > 0.5$］往往无法深入了解服务业跨国公司的服务水平和质量，在购买他们所需要的服务业产品之前无法判断其质量，正是出于同样的原因，服务业跨国公司为了节约成本，有可能以低质量服务业产品充当高质量服务业产品出售给东道国的不知情制造业企业，即服务业跨国公司只会以概率 $\phi(0 < \phi < 1)$ 提供高质量服务业产品给他们，而那些知情的（informed）企业［假设数量

为 N_I，$N_I = \alpha N + (1 - \alpha) N^*$] 往往能够获得真正的高质量服务业产品。

由式（19.2）可知，当 $\beta_h q_h < \beta_l q_l$ 时，不知情的制造业企业会购买"他们所认为的"高质量服务业产品，假如这些服务业产品真是高质量的，那么生产计划照常进行，假如后来发现"他们所认为的"高质量服务业产品实际上是低质量的，那么必须追加购买 $(\beta_l - \beta_h) X$ 单位的低质量服务业产品才能够保证生产计划顺利完成，由此可见，由于信息的不完全，以概率（$1 - \phi$）出现的追加支出是不知情制造业企业所面临的风险。

考虑到信息不完全因素，一个代表性制造业企业为了实现利润最大化，其选择的最优产出数量 X 为

$$X(q_h, q_l, \beta_h, \beta_l, w, \phi) = arg\max \{ (1 - X) X - [w + \beta_h q_h + (1 - \phi)(\beta_l - \beta_h) q_l] X \}$$

（19.3）

上式的一阶条件为

$$X(q_h, q_l, \beta_h, \beta_l, w, \phi) = \frac{1}{2} [1 - w - \beta_h q_h - (1 - \phi)(\beta_l - \beta_h) q_l] \qquad (19.4)$$

如果服务业跨国公司以概率 $\phi = 1$ 提供高质量服务业产品，那么所有制造业企业对该跨国公司服务业产品的需求量为

$$\overline{s_h} = p_h^{-\sigma} q_h^{\sigma} \beta_h (N_I + N_U) X(q_h, q_l, \beta_h, \beta_l, w, 1) \qquad (19.5)$$

如果服务业跨国公司把低质量服务业产品充当高质量服务业产品来出售，那么知情的企业便不会购买，只有不知情的企业才会购买，此时所有制造业企业对该跨国公司服务业产品的需求量则为

$$\underline{s_h} = p_h^{-\sigma} q_h^{\sigma} \beta_h N_U X(q_h, q_l, \beta_h, \beta_l, w, 1) \qquad (19.6)$$

当提供高质量服务业产品所带来的利润不少于"以次充优"提供服务业产品所带来的利润时，服务业跨国公司才会以概率 $\phi = 1$ 提供高质量服务，该条件可以表示为

$$(p_h - c_h) \overline{s_h} \geqslant (p_h - c_l) \underline{s_h} \qquad (19.7)$$

正如前文所说，拉夫和拉尔（Raff & Ruhr，2001）认为不知情制造业企业与服务业跨国公司之间的信息不对称，会促使后者以低质量服务业产品充当高质量产品提供给前者，这种观点实际上默认了两者之间展开的是一次博弈。在一次博弈的情形下，假如式（19.7）成立，那么服务业跨国公司将以概率 $\phi = 1$ 提供高质量服务业产品，出现的是纯策略纳什均衡；假如式（19.7）不成立，那么服务业跨国公司

将以概率 $\phi(0<\phi<1)$ 提供高质量服务业产品，出现的是混合策略纳什均衡，即以 $(\phi,1-\phi)$ 的概率分布随机选择出售高质量服务业产品和低质量服务业产品。

但现实情况并非如此，不知情制造业企业与服务业跨国公司之间实际上展开的并非一次博弈，而是重复博弈，不知情制造业企业的确可能在第一次博弈中可能被蒙骗，但是这些企业会引以为戒而断绝和服务业跨国公司的后续合作，服务业跨国公司以丧失客户为代价来获取一次欺骗所得的利润很显然违背了经济学的"理性"原则，同时，服务业跨国公司还要考虑到被欺骗的不知情企业事后可能采取的行动，例如，将欺骗事件加以传播以致服务业跨国公司名誉受损，等等。在考虑重复博弈的情形下，服务业跨国公司考虑的收益实际上包含了当前和以后各期，因而式（19.7）应当修正为

$$(p_h-c_h)\overline{s_h}\cdot(\delta^0+\delta^1+\delta^3+\cdots+\delta^T)\geqslant(p_h-c_l)\underline{s_h} \qquad (19.8)$$

其中，δ 为未来得益的贴现因素，T 为期限，式（19.8）经过变形后可以表示为

$$(p_h-c_h)(N_u+N_I)\frac{1-\delta^T}{1-\delta}\geqslant(p_h-c_l)N_u \qquad (19.9)$$

式（19.9）最终能否成立取决于 c_h、c_l、N_I、N_U、δ、T 的取值，具体而言，c_h 与 c_l 之差越小，或者 $N_U/(N_U+N_I)$ 越小，或者 δ 越大，或者 T 越大，式（19.9）越可能成立，然而生产性服务业每一个行业的这些精确数据都难以获得，因此很难依赖于统计数据来直接判断式（19.9）能否成立。

然而拉夫和鲁尔则借助于制造业 FDI 与 GDP 的统计数据，用制造业 FDI 与 GDP 的比值来判定式（19.7）一定成立[①]，在此情形下，由于服务业的市场结构是垄断竞争的，竞争均衡时代表性服务业跨国公司的零利润条件可以表述为 $\left(\frac{c_h}{\sigma-1}\right)s_h-F=0$，即

$$s_h=\frac{\sigma-1}{c_h}F \qquad (19.10)$$

根据式（19.1）、式（19.10）可知，高质量服务业产品的总供给为

$$S_h=(ns_h^{\frac{\sigma-1}{\sigma}})^{\frac{\sigma}{\sigma-1}}=\frac{(\sigma-1)F}{c_h}n^{\frac{\sigma}{\sigma-1}} \qquad (19.11)$$

由前面的分析可知，所有服务业产品的总需求量为

---

① 我们认为用一个单独的指标来判断如此复杂的不等式能否成立是不甚严密的。

$$D_h = \beta_h(N_I + N_U)X(q_h, c_l, \beta_h, \beta_l, w, 1) = \beta_h(N + N^*)X(q_h, c_l, \beta_h, \beta_l, w, 1)$$

$$(19.12)$$

当服务业产品市场实现均衡时，$S_h = D_h$，即

$$q_h = \frac{1-w}{\beta_h} - \frac{(\sigma-1)F}{\beta_h(N+N^*)c_h}n^{\frac{\sigma}{\sigma-1}} \qquad (19.13)$$

解式（19.13）可得

$$n = \left[\frac{\left(\frac{1-w}{\beta_h} - q_h\right)\beta_h c_h}{(\sigma-1)F}(N+N^*)\right]^{\frac{\sigma-1}{\sigma}} \qquad (19.14)$$

式（19.14）对 N 求偏导可得

$$\frac{\partial n}{\partial N} = \frac{\sigma-1}{\sigma} \cdot \left[\frac{\left(\frac{1-w}{\beta_h} - q_h\right)\beta_h c_h}{(\sigma-1)F}(N+N^*)\right]^{-\frac{1}{\sigma}} \cdot \frac{\left(\frac{1-w}{\beta_h} - q_h\right)\beta_h c_h}{(\sigma-1)F} \qquad (19.15)$$

由于 $\sigma > 1$，所以 $\frac{\sigma-1}{\sigma} > 0$。又根据式（19.13）可知，$\left(\frac{1-w}{\beta_h} - q_h\right) =$

$\frac{(\sigma-1)F}{\beta_h(N+N^*)c_h}n^{\frac{\sigma}{\sigma-1}} > 0$，所以 $\left[\frac{\left(\frac{1-w}{\beta_h} - q_h\right)\beta_h c_h}{(\sigma-1)F}(N+N^*)\right]^{-\frac{1}{\sigma}} > 0$，而且

$\frac{\left(\frac{1-w}{\beta_h} - q_h\right)\beta_h c_h}{(\sigma-1)F} > 0$。因此，$\frac{\partial n}{\partial N} > 0$ 恒成立。

拉夫和鲁尔（Raff & Ruhr，2001）由此认为，生产性服务业 FDI 是制造业 FDI 的一个增函数，即生产性服务业 FDI 具有追逐制造业 FDI 的倾向。

我们认为基于一次博弈所推导出的式（19.7）存在逻辑上的缺陷，应当由基于重复博弈所推导出的式（19.9）来取代，而且，很难依赖于统计数据来直接判定式（19.9）能否成立，因此我们不寄希望于仿照拉夫和鲁尔（Raff & Ruhr，2001）的做法来寻找单一的替代性指标加以判断，在此也不直接回答该不等式能否成立，而是以 1985~2009 年美国对 OECD 中 24 个国家的分行业投资面板数据来验证生产性服务业 FDI 是否具有追逐制造业 FDI 的倾向。

第三节 计量检验模型

基于上述讨论，我们把制造业 FDI 变量引入通常的国际产业转移区域分布决定

因素模型。考虑到计量经济学模型总体设定的"一般性"和"现实性"原则，我们不直接依据理论推导来设定总体模型，而是纳入了现有研究文献所识别出的其他解释变量，否则模型将会舍弃太多显著的影响因素，导致严重的"模型设定误差"（李子奈，2008）。同时出于另外两个方面的考虑，一是这些解释变量对被解释变量影响的滞后性；二是某些解释变量具有内生性，因此最终设定滞后期为1的计量模型为：

$$\ln FDI_{it}^{ser} = \alpha_1 + \alpha_2 \cdot \ln(FDI_{i,t-1}^{manuf-stock}) + \phi \cdot X_{i,t-1} + \lambda_{t-1} + \mu_i + \xi_{i,t-1} \quad (19.16)$$

其中，$\ln FDI_{it}^{ser}$ 为生产性服务业 FDI 流量的自然对数。我们在借鉴部分学者（Markusen et al. , 1989；Raff & Ruhr, 2001）的研究基础之上，把生产性服务业定义为以下5类：（1）批发贸易（wholesale trade）；（2）商业银行（commercial banking）；（3）金融服务（financial services，除商业银行以外）和保险（insurance）；（4）信息服务业（information）；（5）科学与技术服务（scientific and technical services）。$\ln(FDI_{i,t-1}^{manuf-stock})$ 为制造业 FDI 存量的自然对数，之所以用存量来代替流量，是考虑到每期的制造业 FDI 经过折旧后对后续各期的生产性服务业 FDI 仍然产生影响，而且该变量前面的系数 α_2 是我们最为关注的。存量的计算使用了永续盘存法（perpetual inventory method）。

$X_{i,t-1}$ 为其他解释变量，包括从现有研究文献中已经识别出的影响 FDI 区域分布的主要因素，具体包括：$\ln(FDI_{i,t-1}^{ser-stock})$ 是与被解释变量同类的生产性服务业 FDI 存量的自然对数；$\ln(GDP_{i,t-1})$ 是 GDP 的自然对数，用于反映一国的市场规模；$\ln(wage_{i,t-1})$ 是工资水平的自然对数，用于测度劳动力的成本；$service_{i,t-1}$ 是服务业增加值与 GDP 的比值，用于表征服务业发展水平。必须说明的是，东道国服务业发展水平对于生产性服务业国际产业转移有正反两方面的影响，从正面影响来看，其一，东道国较高的服务业发展水平为国外生产性服务业的进入提供了良好的外部市场环境和发展平台，为了便于表述，我们把这种正面影响命名为"市场环境效应"；其二，服务业发展水平较高时，东道国才愿意较为充分地向外资放开国内服务业市场（否则本国服务业市场会受到巨大冲击），国外生产性服务业才有可能进入，我们把这种正面影响命名为"政策开放效应"。从负面影响来看，东道国服务业发展水平越高，制造业所需要的这种中间服务品投入便能够从东道国市场上就地获得，国外生产性服务业进入后所能够占领的市场相对不足，从而难以激励生产性服务业的进入，我们把负面影响命名为"竞争挤出效应"。所以，东道国服务业发展水平到底对生产性服务业国际产业转移产生何种影响，将取决于以上三种效应的综合作用；$\ln(information_{i,t-1})$ 是以每百人中固定电话和移动电话用户数量反映的信息化水平，该指标属于基础设施的范畴；$political_{i,t-1}$ 是以政治风险指数刻画的政治环境。

在以上数据中，生产性服务业、制造业 FDI 数据来源于 BEA 网站①，政治风险指数来源于 PRS Group ICRG，其他数据均来源于世界银行统计数据库。所有数据均以 2000 年为基期剔除了价格因素，分析样本为 1985～2009 年美国对 OECD 24 个国家的面板数据。

第四节　经验检验结果与分析

接下来我们对计量检验的结果进行分析。从表 19 - 1 的拟合结果（1）来看，批发贸易类生产性服务业产业转移并没有受到率先进入的制造业 FDI 的显著正面影响，不属于制造业 FDI 追逐型之行列，这与拉夫和鲁尔（Raff & Ruhr, 2001）的研究结论有所不同。对此，我们的理解是，从批发贸易的行业特性来看，它属于劳动密集型或资本密集型行业，技术含量较低，业务壁垒不高，很多制造业跨国公司需要开展批发贸易时完全可以自行解决，批发贸易类生产性服务业企业承揽的业务量因此而减少，从而使两类企业之间未必存在长期而稳固的一对一服务关系。在这种情况下，批发贸易类生产性服务业在国际转移时并不会过多地受到母国制造业 FDI 流向的影响，而是更多地关注东道国当地的市场业务量（由模型中的"市场规模"这个变量来反映）等其他重要因素。

表 19 - 1　　　　各类生产性服务业国际产业转移区域分布的决定因素

变量	(1) 批发贸易类	(2) 商业银行类	(3) 金融服务（商业银行除外）和保险类	(4) 信息类	(5) 科学与技术类
$\ln(FDI^{manuf\text{-}stock})$	- 0.274 (- 0.628)	0.963 *** (3.368)	0.311 *** (3.602)	1.811 ** (3.562)	0.202 * (1.832)
$\ln(FDI^{ser\text{-}stock})$	1.004 *** (15.613)	1.045 *** (7.693)	0.698 *** (13.831)	- 0.027 (- 0.073)	0.909 *** (13.304)
$\ln(GDP)$	0.903 ** (2.459)	1.744 ** (2.210)	0.012 (0.156)	- 6.718 (- 1.642)	0.112 (0.244)

① BEA 的统计数据库中有极少量的数据是非公开的，并且以字母"D"来表示，我们的处理方法是：如果一个序列包含 30% 以下的"D"，那么以插值法估算出这些非公开数据，如果一个序列包含 30% 以上的"D"，我们认为估算出来的数据误差可能较大，因此把该序列样本排除在外。

续表

变量	(1) 批发贸易类	(2) 商业银行类	(3) 金融服务（商业银行除外）和保险类	(4) 信息类	(5) 科学与技术类
ln(*wage*)	−0.194 * (−1.608)	−1.312 *** (−4.701)	0.317 ** (2.444)	2.528 * (1.821)	1.158 *** (6.157)
service	1.076 (1.141)	2.921 (1.437)	2.302 * (1.872)	−10.562 (−1.216)	−3.675 *** (−2.683)
ln(*information*)	0.161 * (1.758)	1.809 *** (7.700)	0.333 *** (3.653)	0.447 (0.348)	0.745 *** (5.297)
political	0.011 * (2.382)	−0.017 (−1.517)	0.002 (0.344)	−0.012 (−0.284)	−0.016 (−0.826)
C	−22.150 *** (−2.611)	−39.291 ** (−2.192)	−6.173 *** (−2.958)	6.144 * (1.796)	−10.901 (−1.033)
Hausman Test	38.847 *** (F)	42.133 *** (F)	13.219 (R)	30.132 *** (F)	14.406 ** (F)
R^2	0.924	0.788	0.531	0.772	0.886
Adj-R^2	0.920	0.776	0.525	0.739	0.879
F-statistics	222.411 ***	62.316 ***	210.229 ***	22.926 ***	141.242 ***
Groups	24	17	21	21	24
Obs.	576	408	504	210	576

注：表中括号内的数值为系数的 t 统计值，*、** 和 *** 分别表示在 10%、5%、1% 水平上显著，F 和 R 分别表示固定效应和随机效应。

此外我们还发现，批发贸易类生产性服务业的集聚效应十分明显，通过了 1% 显著性水平的检验。本地市场规模对批发贸易类生产性服务业进入东道国产生了积极的正面影响，证实了前文关于批发贸易类生产性服务业关注东道国当地市场业务量的论述。批发贸易类生产性服务业对工资水平的反应仍然敏感，较低的工资水平也是此类产业转移的重要权衡因素，这与以往研究制造业 FDI 区域分布文献的结论相同。服务业发展水平对此类产业转移的影响不显著，其原因可能在于前文所说的各种正负效应相互抵消了。信息化水平对批发贸易类生产性服务业的影响为正，良好的政治环境也显著促进了此类生产性服务业的进入。

从表 19−1 的拟合结果（2）来看，制造业 FDI 的先期进入积极促进了商业银行类生产性服务业的后续进入，母国的生产性服务业企业与该国制造业跨国公司的这种服务与被服务的关系已经延伸到了国外（即东道国），生产性服务业企业成了制造业跨国公司的追逐者。商业银行对制造业企业开放的业务囊括了资产业务、负债业务和中间业务，尤其值得一提的是中间业务，包括理财、投资银行服务和信用卡等，目前，美国银行业中间业务收入占其总收入的比重平均达到50%左右，花旗银行等一些大银行甚至高达70%以上，这些业务都是制造业企业不可迂回的，制造业的对外直接投资也无法摆脱商业银行的这些业务支撑。

检验结果同时表明，商业银行类生产性服务业的集聚效应十分显著，东道国的市场潜力也促进了此类生产性服务业的进入，工资水平对商业银行类生产性服务业国际产业转移的影响为负，说明追求低成本运营不仅仅是制造业跨国公司独有的现象，同时也是技术属性和知识属性较强的银行业跨国公司的战略考虑。较高的信息化水平会刺激此类生产性服务业进入，服务业发展水平和政治环境对此类生产性服务业国际产业转移的影响不显著。

由表19-1的拟合结果（3）可知，金融服务和保险类生产性服务业也是制造业 FDI 追逐型的，集聚效应依然显著，服务业发展水平和信息化水平也都显著促进了此类生产性服务业 FDI 的进入。不过此类生产性服务业的国际产业转移也表现了自身的独特性，例如，市场规模缺乏解释力，其原因可能在于东道国普遍对外来金融机构的监管较为严格，现有的或潜在的市场规模虽然对投资来说极具吸引力，但政策层面的规制却构成了约束力，不过，金融服务和保险类生产性服务业的国际转移显然没有因为受到约束而停止流动。此外，工资水平发挥了正向促进作用，这也与大多数现有的研究结论不同，其中的原因主要在于，金融服务和保险类生产性服务业的技术属性和知识属性较强，往往素质较高的人员才能从事这类知识附加值较高的工作，这类企业的核心竞争力不在于低成本运作而在于高附加值竞争，因此，高技术人才成为此类生产性服务业国际转移的必然选择。政治环境的影响依然不显著。

表19-1的拟合结果（4）显示，信息类生产性服务业对先前进入东道国市场的制造业 FDI 具有明显的追逐性，这种"分而不离"的特殊关系再次得到验证。能够对此类生产性服务业国际转移产生显著正面影响的因素除了制造业 FDI 以外还有工资水平，这充分表明，高工资所对应的高技术人才是信息类生产性服务业重要的争夺对象。拟合结果同时表明，集聚效应不再显著，集聚效应尚未显现的可能原因是信息类生产性服务业 FDI 的存量还没有越过最低的门槛。其他的影响因素均缺乏足够的解释力。

表19-1的拟合结果（5）表明，先前进入的制造业 FDI 对科学与技术类生产性服务业国际转移的影响是正向而显著的。科学与技术类生产性服务业是技术与知识密集型服务业的典型代表，它对社会科技的推动在很大程度上是通过对制造业的

贡献来实现的，而且制造业生产率的提升也需要科技与技术类生产性服务业的支持，此类生产性服务业与制造业之间存在密切的上下游联系。因此，制造业 FDI 的流动会吸引科学与技术类生产性服务业随其同步流动。拟合结果同时显示，科学与技术类生产性服务业的集聚效应十分明显，市场规模对此类生产性服务业国际转移没有显著的影响，工资水平显著的正向影响表明，科学与技术类生产性服务业更加重视高素质人才而非低成本劳动力，服务业发展水平对此类生产性服务业的国际转移产生了负面影响，看来"竞争挤出效应"在三种效应中占据了主导地位。较高的信息化水平显著促进了此类生产性服务业的国际产业转移，政治环境的影响仍然不显著。

第五节　研究结论与政策启示

我们将拉夫和鲁尔（Raff & Ruhr，2001）的一次博弈模型扩展为重复博弈，发现由于制造业在对外直接投资的过程中与东道国生产性服务业企业之间存在不完全信息，它们在获得生产性服务贸易产品投入时可能会转向来自母国的生产性服务业企业，由此使生产性服务业的国际产业转移与来自母国的制造业 FDI 之间存在内在的联系。由于这两者之间的关系同时受到其他多重因素的影响而显得较为复杂，于是我们利用 1985 ~ 2009 年美国对 OECD 中 24 个国家的对外直接投资面板数据做了实证检验，并发现了生产性服务业在国际产业转移中决定因素的特殊性。

我们发现，先期进入的制造业 FDI 是除了批发贸易类以外的各类生产性服务业国际转移的共同决定因素。其政策含义是，东道国在针对服务业制定相应的引资政策的同时，完全可以通过制造业尤其是先进制造业 FDI 的途径来间接地吸引生产性服务业进入东道国。

我们的研究同时表明，除了批发贸易类生产性服务业以外，各类生产性服务业在国际转移过程中均不受东道国市场规模因素的影响，制造业 FDI 等其他影响因素更为重要。工资水平与批发贸易类、商业银行类低知识含量的生产性服务业产业转移呈负相关关系，而与金融服务与保险类、信息服务类、科学与技术服务类高知识含量的生产性服务业产业转移呈正相关关系，可见后面三类可能更看重较高的人力资本，而不是低成本运作，这些企业宁可支付高薪也不愿意以低工资雇用不能胜任的员工，这就对东道国加强服务业高端人才的培养提出了要求。除了批发贸易类生产性服务业以外，政治环境并未构成生产性服务业产业转移区域分布的决定因素，其重要性已经让位于制造业 FDI 等其他决定因素。

在当前产业集群式发展的新特征下，产业之间的融合与互动已经成为影响一个地区甚至一个国家经济发展的新型力量，管理部门应当充分重视产业之间牵一发而动全身的"蝴蝶效应"。地方政府在实施产业政策时，应当从更加全面和宏大的视野兼顾产业之间的协同发展效应，政策的实施也应当具有较强的包容性。

第二十章

制造业服务化对制造业
出口技术复杂度的影响

　　制造业服务化是生产性服务业与制造业互动融合发展的重要形式，它不仅是顺应新一轮科技革命和产业变革的主动选择，而且是增强我国制造业产业竞争力、推动制造业由大变强的必然要求。改革开放以来，我国利用劳动力资源优势嵌入跨国公司主导的全球生产网络，主要从事以加工装配为主的低端制造业务，创造了制造业对外贸易高速增长的奇迹。制造业对外贸易规模从 2013 年开始，已经稳居世界各国之首。但是，我国制造业出口商品结构和技术复杂度还较低，面临如何尽快提升的挑战。

　　鉴于此，本章在理论分析基础上，利用世界投入产出表（WIOD）数据库以及联合国贸易数据库（UNcomtrade）中相关国家的数据，针对制造业服务化对制造业出口技术复杂度的效应，进行有关实证计量检验，并在此基础上进行进一步的异质性研究。

第一节　制造业出口技术复杂度相关研究和度量

一、出口技术复杂度的相关研究

　　目前，国内外已有不少成果研究了出口技术复杂度的测算及影响因素。出口技术复杂度最早是以技术复杂度指数（TSI）的形式出现，该指数通过各个国家的人均 GDP 按照该国或该地区出口额占世界出口总额的比重进行加权，然后作为衡量一国出口贸易技术复杂度的标准。豪思曼（Hausman，2005）在研究知识外溢和分工类型基础上，结合比较优势构建了评价出口产品复杂度指标，并指出该指标越大，表明该国出口品的技术含量越高。罗德里克（Rodrik，2006）利用 1992～2003 年国际贸易商品分类标准目录（HS）六分位的贸易统计数据，测算了各国出口技术复杂度，发现中国出口产品的技术复杂度水平明显高于同等收入水平的国家。豪思曼（Hausmann，2007）利用跨国截面数据研究了人均 GDP、人口规模、制度质量、人力资本、土地规模对出口技术复杂度的影响，结果表明人均 GDP 和人口规模对出口技术复杂度产生显著正向效应，土地规模具有显著负向影响，而人力资本和法治水平对出口技术复杂度的影响不显著。阿诺德等（Arnold et al.，2008）利用对非洲数千家制造业企业的调查数据，研究发现加大生产性服务投入对企业全要素生产率有显著提升作用。阿南德（Anand，2012）等研究成果表明，贸易自由化程度越高、信息流动越通畅的国家通常具有更高的出口技术复杂度。我国学者刘斌等（2016）利用中国工业企业和中国海关进出口等数据与 WIOD 投入产出数据进行匹配，实证检验了制造业服务化对出口产品质量以及出口技术复杂度的影响，首次探讨了制造业服务化与价值链升级的关系。刘英基（2016）认为制造业服务化不仅有助于提高产出中知识型服务要素的密集度，从而增加产品种类和附加值，并且有利于降低制造业生产各个环节间的协调成本，推动产业实现从底端向高端的升级。吕越（2017）等研究发现，制造业服务化将提升企业的全要素生产率，提高企业在参与全球价值链中的分工地位。因此，根据国际经济学经典理论，并参考国内外已有成果的主要观点，影响出口技术复杂度的因素，归纳起来，主要有以下几个方面。

（1）经济发展水平。一国的经济实力与该国的技术升级、知识创新、人才培养等各个方面都密切相关。黄先海（2010）通过测度全球 52 个经济体金属制品的出口技术复杂度，结果表明对发达国家来说，经济增长更能促进技术复杂度的提升，而出口增长对发展中国家技术复杂度提升的作用更为显著。

（2）要素禀赋结构。根据比较优势理论，一国应当生产和出口要素禀赋充裕的产品，进口要素禀赋匮乏的产品。祝树金等（2010）研究发现资本劳动比、人力资本、研发等变量与出口技术水平之间具有显著正相关性。自然资源丰富与制度质量之间有互补关系，二者的交叉项显著为正。卫平和冯春晓（2010）基于我国 31 个省份 2002～2007 年出口商品的面板数据，发现人力资本对提升出口技术复杂度发挥着非常显著的作用。

（3）外商直接投资水平。外商直接投资作为资本积累的重要来源，对出口技术复杂度有很大的影响。进一步，哈丁和雅沃尔奇克（Harding & Javorcik，2009）研究发现：对于不同发展程度的国家而言，外商直接投资对出口技术复杂度的促进作用存在明显差别。

（4）其他因素。王永进等（2010）测算 101 个国家的出口技术复杂度，实证结果表明完善的基础设施对于提升各国的出口技术复杂度具有明显的促进效应，提高基础设施水平不仅能增加贸易的"深度"，还能拓宽贸易的"广度"。产品的技术复杂度越高，这种促进效应越为显著。齐俊妍（2011）等重点分析金融发展对提升出口技术复杂度的影响，发现发展金融能解决高技术复杂度产品在研发和生产过程中可能产生的逆向选择问题，从而有利于一国出口技术复杂度的提升。

另外，盛斌等（2017）通过分析进口贸易自由化对我国制造业出口技术复杂度的影响，发现贸易自由化能提高我国出口技术复杂度，而中介渠道主要是通过研发创新。刘维刚和倪红福（2018）指出制造业服务化的运营模式对制造企业而言，降低了企业的运营管理成本和交易成本，提升了企业技术创新能力。

二、出口技术复杂度的测度

本书采用豪思曼等（Hausmann et al., 2007）提出的出口技术复杂度测算方法。该方法首先计算制造业行业中各个细分的技术复杂度，然后将细分行业的技术复杂度进行加权平均，从而得到样本国家制造业出口技术复杂度指数。具体计算公式如下：

$$PRODY_k = \sum_j \frac{(x_{jk}/X_j)}{\sum_j (x_{jk}/X_j)} Y_j \tag{20.1}$$

其中，$PRODY_k$ 表示 k 类制造行业的出口技术复杂度。Y_j 代表 j 国人均 GDP，x_{jk}/x_j 表示 j 国 k 类行业产品出口额占该国制造业总出口额的比重，$\sum_j (x_{jk}/X_j)$ 表示样本国家 k 类行业产品出口额占该国制造业各行业出口比重的总和。

一国整体的制造业出口复杂度指数计算公式如下：

$$TC = \sum_k \frac{x_k}{X} PRODY_k \tag{20.2}$$

其中，TC 为 j 国制造业出口技术复杂度，x_k 为 j 国 k 类行业的出口总额，X 为 j 国制造业整体出口总额。

根据 OECD 数据库对制造业技术标准的划分，本章将制造业划分为低、中、高技术制造业，利用联合国贸易统计数据库（UNcomtrade），测算了 2003～2014 年 42

个样本国各个制造行业出口技术复杂度指数和变化情况。^① 具体如表 20 - 1 所示。从表 20 - 1 可以看到，从整体上讲看，样本国制造业各行业的技术复杂度指数大多呈现出逐年增加的趋势，其中，制造业出口技术复杂度指数较低的行业分别为纺织品、服装和皮革制品制造、木材和木材制品制造等，这些行业相对于其他行业而言，人力成本投入和行业进入成本低，同时对技术水平投入的要求不高。正因如此，这些行业的利润率也往往较低，价值创造能力不强。相反，医药制造、电气机械和器材制造和机械设备等行业出口技术复杂度指数高。这些行业一般存在较复杂的行业进入壁垒，研究开发成本和人力成本高，企业创新能力强。不仅如此，数据结果还显示，这些行业的出口技术复杂度指数上升势头较快，在制造业各行业中保持领先水平。

表 20 - 1　　　　　2003 ~ 2014 年 42 个样本国制造业出口技术复杂度指数

	行业	2003 年	2006 年	2009 年	2012 年	2014 年
低技术	食品、饮料和烟草等	31540.92	33641.26	31651.04	32714.37	33963.28
	纺织品、服装和皮革制品	17791.59	20047.46	20186.94	21178.48	21739.19
	木材和木材制品制造	19467.45	23594.03	23507.29	23862.62	24851.50
	纸和纸制品制造	33784.44	37253.93	35956.27	34736.42	34184.34
	打印和复制记录的媒体	35945.76	36874.92	38971.29	31708.50	32019.29
	家具制造；其他制造	28383.66	28173.26	28240.61	28694.16	29266.40
中等技术	焦炭和精炼石油等	24698.05	26154.86	26519.45	27844.96	28069.49
	橡胶和塑料制品	31212.29	32882.56	31591.43	32046.70	32581.70
	非金属矿物制品	31082.50	32931.51	33022.30	34711.86	33453.31
	基本金属制造	32120.79	35969.50	35282.63	37116.48	38822.84
	制造金属制品业等	33280.13	34161.01	33056.87	32744.66	33527.21
高技术	橡胶和塑料制品	31113.44	32807.21	32515.17	33045.88	34340.05
	医药制造	42131.80	44820.66	43611.96	44265.50	45804.19
	计算机，电子和光学等	28036.48	29838.55	27960.91	29486.67	30707.60
	电气机械和器材制造	26509.19	33250.88	27752.94	36301.72	36503.52
	机械设备制造	27832.16	35703.43	28165.55	35696.81	36397.07
	汽车、拖车和半挂车制造	27374.02	28079.18	28532.56	28849.33	29603.02
	船舶、航空航天等	29460.84	29093.67	26869.03	27815.82	29342.35

注：根据 UNcomtrade 数据库计算所得，由于篇幅原因，只列出部分数据。

---

① 样本国选自 WIOD 数据库中的 42 个国家，具体分别是澳大利亚、奥地利、比利时、加拿大、瑞士、塞浦路斯、捷克、德国、丹麦、西班牙、爱沙尼亚、芬兰、法国、英国、希腊、匈牙利、爱尔兰、意大利、日本、韩国、卢森堡、马耳他、荷兰、挪威、波兰、葡萄牙、斯洛伐克、斯洛文尼亚、瑞典、美国、保加利亚、巴西、中国、克罗地亚、印度尼西亚、印度、立陶宛、拉脱维亚、墨西哥、罗马尼亚、俄罗斯、土耳其。

表 20 - 2 列出了具有代表性的五个发达国家和五个发展中国家制造业出口技术复杂度的具体情况。表中数据显示，在发达国家中英国和德国的制造业出口复杂度指数一直处于较高水平。其中，英国在 2014 年的出口技术复杂度指数为 33891.00，德国为 32688.05。在发展中国家中，巴西的制造业出口复杂度最高，2014 年达到了 33149.07，甚至超过了一些发达国家出口技术复杂度水平。我国从 2003 ~ 2014 年出口技术复杂度总体上呈上升趋势，说明我国制造业的出口结构不断优化，竞争力在不断提高。

表 20 - 2 　　　　　2003 ~ 2014 年代表性国家制造业出口技术复杂度指数

国家	2003 年	2005 年	2007 年	2009 年	2011 年	2013 年	2014 年
美国	28541.62	29824.52	31627.58	29628.6	30670.92	31105.25	31793.17
德国	29765.14	31122.74	32920.13	31314.16	32009.48	32121.17	32688.05
英国	30460.00	31432.82	33334.68	32027.49	32749.66	33102.14	33891.00
日本	29302.28	30478.99	32096.44	30393.07	31655.59	31639.35	32241.60
韩国	28211.16	29614.04	31528.86	29802.65	30536.41	30968.87	31688.58
中国	26809.50	28320.22	30291.09	28659.26	29776.76	30024.49	30629.64
印度	26247.30	28018.34	30324.20	28741.85	29894.01	30180.66	30766.90
墨西哥	27733.26	29287.69	31059.29	29221.13	30691.36	30727.43	31249.03
俄罗斯	30196.95	31210.37	33983.35	31912.92	32354.59	32598.70	32988.23
巴西	29127.79	30638.89	32496.64	31060.87	32321.02	32291.81	33149.07

注：根据 UNcomtrade 数据库计算所得，由于篇幅原因，只列出部分数据。

表 20 - 3 展示了主要国家不同类型制造业出口技术复杂度的变化情况。首先，在高技术制造业出口技术复杂度方面，发展中国家和发达国家相比存在明显差距，发达国家的平均出口技术复杂度要远远高于发展中国家。例如，2014 年韩国的高技术制造业出口技术复杂度指数为 23548.43，日本为 22929.53，并且两国整体上保持相对稳定。2014 年我国高技术制造业出口技术复杂度指数为 19238.62，不仅较 2003 年增长 27%，而且与一些发展中国家相比也是处于优势地位。但是和发达国家相比，还是存在差距。其次，在中等技术制造业出口技术复杂度方面，情况比较复杂，例如，在发达国家中，日本 2014 年的中等技术制造业出口复杂度指数为 8310.63，较 2003 年增长 61%，美国出口技术复杂度指数为 7235.40，较 2003 年增长了近一倍。我国和墨西哥处于较低水平，2014 年我国的中等技术出口技术复杂度指数为 5302.94，而墨西哥为 5167.30。俄罗斯这一数值却高达 19836.09，这其中的原因与中等技术制造行业的产业特点有很大关系。俄罗斯在石油、天然气、矿物

质以及金属储量上较为丰富，因此，在这些制造业的出口占比较高，从而提升了俄罗斯的中等技术制造业出口技术复杂度指数。再次，在低技术制造业出口中，发展中国家的制造业出口技术复杂度指数整体上处于较高水平，甚至高于发达国家。其原因和发达国家低技术制造业产品出口较少有关。在低技术制造业行业中，巴西出口比例最高的行业为食品、饮料和烟草制品业，达到了30%，而我国和印度出口比例最高的行业为纺织品、服装和皮革制品业，份额大约为15%，但发达国家出口占比较多的基本上都是中高技术制造业产品，低技术制造业产品出口只占了很少一部分比例。以美国为例，美国低技术制造业出口占比不足15%，这一数字仅为巴西食品、饮料和烟草制造业出口占比的一半。我国低技术制造业出口技术复杂度指数总体上处于样本国家中的中等水平。

表 20－3　　　　　2003～2014 年主要国家不同类型制造业出口技术复杂度指数

国家	高技术制造业			中技术制造业			低技术制造业		
	2003 年	2009 年	2014 年	2003 年	2009 年	2014 年	2003 年	2009 年	2014 年
美国	22052.44	21368.93	20854.91	3740.71	5388.37	7235.40	4546.27	4807.12	4867.20
德国	21245.46	21519.32	22688.42	4768.18	5384.22	5737.82	3751.50	4410.62	4261.81
英国	21489.66	21565.97	22353.62	4122.43	5313.46	6947.81	4847.91	5148.06	4589.57
日本	23194.20	21431.14	22929.53	5174.98	7877.94	8310.63	933.10	1084.00	1001.44
韩国	20850.03	22361.38	23548.43	4387.65	5934.36	6499.70	2973.48	1506.91	1640.45
中国	15142.90	18260.23	19238.62	4591.19	4229.68	5302.94	7075.41	6169.35	6088.09
印度	8502.58	10512.18	10838.52	7422.11	9681.45	11701.36	10322.61	8548.22	8227.03
墨西哥	20340.52	20503.74	21758.09	3460.11	4744.16	5167.30	3932.63	3973.24	4323.65
俄罗斯	10495.36	9545.91	9163.03	16450.58	19289.65	19836.09	3251.01	3077.35	3989.11
巴西	10364.71	10082.07	9962.18	7174.46	7745.56	8568.83	11588.63	13233.24	14618.07

注：根据 UNcomtrade 数据库计算所得，由于篇幅原因，只列出部分数据。

第二节　制造业服务化影响制造业出口技术复杂度模型和基准回归

一、基准计量模型设定

制造业企业的服务化转型不仅是业务领域的拓展，对企业的技术知识资源、运营管理体系以及外部制度环境等也提出了更高的要求（顾乃华，2010）。根据以上分析,我们认为制造业服务化对出口技术复杂度的影响,并不是简单的线性关系。因为推进制造业服务化即加大服务中间投入,一方面将有助于促进企业向依靠技术、人才和管理等要素的转变,拓展了技术创新的广度和深度,提升产品的个性化设计水平,增加企业的技术创新特性。通过促进具有创新理念的新产品、新服务的发展,推动企业出口产品从低技术复杂度向高技术复杂度攀升。另一方面,受制于多种因素,当制造业投入服务化到达一定程度时,如果盲目追求投入的大量服务化,将导致企业资源配置效率低下,压缩了企业技术创新的活力和空间,不利于提高出口技术复杂度。因此,我们参考国内外已有文献特别是许和连等(2017)的成果,本章构建基准计量模型如下。

$$TC_{it} = \beta_0 + \beta_1 SER_{it} + \beta_2 SER_{it}^2 + \beta_3 Control_{it} + v_i + \mu_t + \varepsilon_{it} \qquad (20.3)$$

其中,TC_{it}代表 i 国家在 t 年的制造业出口技术复杂度;SER_{it}代表 i 国家在 t 年的制造业服务化水平,SER_{it}^2制造业服务化的平方项。$Control_{it}$表示计量模型中的控制变量,具体包括:外商直接投资(FDI)、制度质量(INST)、人力资本(HU)、研发投入(RD),v_i 为个体固定效应,μ_t 表示时间固定效应,ε_{it} 为随机干扰项。

二、核心解释变量

制造业服务化是模型(20.3)的核心解释变量。目前关于制造业投入服务化程度的测算方法主要有直接消耗系数和完全消耗系数两种方法。直接消耗系数是指某行业生产单位总产出中直接消耗的各行业服务的数量,用该行业服务投入占总投入的比率表示。由于和直接消耗相比,用完全消耗系数来计算制造业服务化程度会较为准确,因此,本章选择完全消耗系数作为衡量制造业服务化水平的指标。根据WIOD 数据库提供的样本国家和行业分类,本章计算得到了 42 个样本国的制造业服务化水平指数,其中主要代表国家 2003 ~ 2014 年制造业服务化水平如表 20 - 4所示。

表 20 - 4   **2003 ~ 2014 年主要代表国家制造业服务化水平**   单位:%

国家	2003 年	2005 年	2007 年	2009 年	2011 年	2013 年	2014 年
美国	1.96	2.94	4.99	4.23	10.34	30.28	32.69
德国	1.85	2.81	5.37	5.16	11.76	30.91	29.72
英国	2.42	3.71	7.21	4.03	12.01	26.75	26.98
日本	1.83	2.62	4.10	4.79	9.84	30.59	28.02
韩国	0.99	1.70	3.28	3.03	6.85	24.74	23.22

续表

国家	2003 年	2005 年	2007 年	2009 年	2011 年	2013 年	2014 年
中国	0.55	0.93	1.94	2.35	6.47	25.19	30.53
印度	1.28	2.11	3.89	4.87	9.18	27.86	30.60
墨西哥	1.30	2.05	3.65	3.27	7.24	19.04	19.53
俄罗斯	1.39	2.33	5.18	4.26	10.24	27.09	26.76
巴西	1.06	1.97	4.01	4.44	10.49	26.30	24.52

资料来源：根据 WIOD 投入产出表计算所得，由于篇幅原因，只列出部分数据。

三、控制变量

各个控制变量的含义和测算方法如下。

（1）研发投入（RD）：一国制造业的技术水平和出口复杂度直接受到该国研发能力的影响，而研发能力直接受制于研发经费投入。这里用一国研发支出占 GDP 的比重来表示研发投入指标。原始数据来自世界银行数据库。

（2）人力资本（HU）：人力资源包括企业员工有关方面知识、经验、技能等。该控制变量用一国公共教育经费支出占 GDP 的比重表示，原始数据来自世界银行数据库。

（3）外商直接投资（FDI）：外国直接投资不仅能直接带来国外的先进技术，并且可以通过技术溢出效应，加速东道国的技术创新速度。该指标数据来自国际货币基金组织提供的国际收支数据库。

（4）制度质量（$INST$）：不同国家经济运行制度不同，政策和风险也存在明显区别，这些都影响一个国家的科技创新和制造业出口技术复杂度。我们参考戴翔和金碚（2014）做法，采用社会经济条件指数作为制度质量的代理变量。数据来源于世界各国风险指南（International Country Risk Guide，ICRG）数据库。

控制变量的描述性统计结果如表 20－5 所示。

表 20－5　　　　　　　　　　变量描述性统计

变量符号	含义	均值	标准差	最小值	最大值
lntc	技术复杂度	10.352	0.062	10.154	10.530
ln$tc0$	低技术复杂度	8.719	0.561	6.794	9.665
ln$tc1$	中技术复杂度	8.970	0.523	6.831	10.142
ln$tc2$	高技术复杂度	9.573	0.415	8.210	10.252

变量符号	含义	均值	标准差	最小值	最大值
ser	制造业服务化	0.085	0.088	0.006	0.489
ln*fdi*	外商投资	20.580	10.747	−24.114	27.322
ln*inst*	制度质量	2.014	0.241	1.012	2.398
hu	人力资本	5.048	1.041	2.338	8.560
rd	研发投入	1.532	0.894	0.083	4.289

资料来源：笔者整理所得。

四、基准回归结果

表 20-6 汇报了基于模型（20.3）所得到的制造业服务化影响制造业出口技术复杂度的基本回归结果。其中，第（1）列未加入任何控制变量，其他各列依次加入外商直接投资、制度质量、人力资本、研发投入等变量。所有回归均控制了国家固定效应和年份固定效应。结果表明，在样本期间内，核心解释变量与被解释变量在 1% 的显著性水平上始终呈倒"U"型关系，即制造业服务化在开始阶段会有利于出口技术复杂度提升；而当一国的制造业服务化水平超过一定水平时，将对制造业出口技术复杂度提升产生负向的抑制效应。在分别加入外商直接投资、制度质量、人力资本、研发投入等控制变量后，模型的回归结果依旧显示核心解释变量和被解释变量之间始终呈现显著的倒"U"型关系，并且都通过 1% 的显著性检验。

表 20-6　　　　　制造业服务化对制造业出口技术复杂度的基准回归结果

变量	(1)	(2)	(3)	(4)	(5)
	ln*tc*	ln*tc*	ln*tc*	ln*tc*	ln*tc*
ser	0.674 ***	0.680 ***	0.683 ***	0.690 ***	0.620 ***
	(0.083)	(0.083)	(0.082)	(0.087)	(0.087)
*ser*2	−1.543 ***	−1.559 ***	−1.562 ***	−1.577 ***	−1.414 ***
	(0.281)	(0.284)	(0.281)	(0.294)	(0.281)
ln*fdi*		0.000	0.000	0.000	0.000
		(0.000)	(0.000)	(0.000)	(0.000)
ln*inst*			0.008	0.008	0.017
			(0.021)	(0.021)	(0.022)
hu				−0.002	−0.003
				(0.005)	(0.005)

续表

变量	(1) lntc	(2) lntc	(3) lntc	(4) lntc	(5) lntc
rd					0.027 *** (0.006)
Constant	10.318 *** (0.003)	10.315 *** (0.005)	10.299 *** (0.043)	10.308 *** (0.056)	10.258 *** (0.059)
国家固定效应	控制	控制	控制	控制	控制
年份固定效应	控制	控制	控制	控制	控制
观察值	504	504	504	504	504
R^2	0.276	0.278	0.278	0.279	0.305
国家数	42	42	42	42	42

注: *** 表示在1%水平上显著。固定效应模型括号内为标准误。

在控制变量的回归结果方面,可以看到研发投入在1%的显著性水平上对制造业出口技术复杂度产生正向影响,这表明技术投入在提高制造业出口技术复杂度中起着重要促进作用。不过制度质量、外商直接投资和人力资本对制造业出口技术复杂度的效应均不显著。

第三节 制造业服务化影响制造业出口技术复杂度异质性分析

一、区分高技术、中技术和低技术制造业的异质性分析

基于模型(20.3),表20-7展示了制造业服务化对不同类型制造业出口技术复杂度影响的回归结果。可以看到,无论是否加入控制变量,就高技术和中技术制造业而言,核心解释变量与被解释变量之间都呈显著的倒"U"型关系,即中高技术制造业出口技术复杂度一开始会随着制造业服务化而提高,但当制造业服务化水平超过一定程度时,中高技术制造业出口技术复杂度会随之下降。这一结论和前面分析的制造业服务化对整个制造业出口技术复杂度的影响,结果是相同的。对低技术制造业来说,制造业服务化对出口技术复杂度产生的效应,无法通过显著性检验,即影响不显著。换言之,制造业服务化对制造业出口技术复杂度提升作用,主要集中在高技术和中技术制造业方面。

表 20 - 7   制造业服务化对不同类型制造业出口技术复杂度的回归结果

变量	(1)	(2)	(3)
	高技术	中技术	低技术
ser	1. 205 ***	1. 031 ***	- 0. 321
	(0. 324)	(0. 366)	(0. 292)
ser2	- 3. 150 ***	- 2. 512 **	1. 032
	(0. 818)	(1. 027)	(0. 961)
控制变量	控制	控制	控制
国家固定效应	控制	控制	控制
年份固定效应	控制	控制	控制
观察值	504	504	504
R^2	0. 109	0. 139	0. 042
国家数	42	42	42

注：*** 、** 分别表示在 1%、5% 水平上显著。括号内为标准误。

二、稳健性检验

为了解决上面计量分析中可能存在的内生性问题，本章采用系统 GMM 估计方法，即选择制造业服务化系数以及制造业服务化系数的平方项的滞后一期作为工具变量进行内生性检验。

如表 20 - 8 所示，制造业服务化对高、中技术制造业技术复杂度的 GMM 动态面板数据回归结果，均通过显著性检验，并且方向与原计量结果一致，说明原基准模型下得到的基本结论是比较稳健的。

表 20 - 8   内生性检验结果

变量	(1)	(2)	(3)
	高技术	中技术	低技术
ser	0. 878 ***	1. 578 ***	- 0. 024
	(0. 132)	(0. 184)	(0. 279)
ser2	- 3. 396 ***	- 2. 086 ***	- 0. 492
	(0. 383)	(0. 533)	(0. 810)
控制变量	控制	控制	控制
国家固定效应	控制	控制	控制
年份固定效应	控制	控制	控制
观察值	504	504	504

注：*** 表示在 1% 水平上显著。括号内为标准误。

三、区分不同类型国家的异质性分析

通过将 42 个样本国家区分为由 30 个国家组成的发达国家样本组和由 12 个国家组成的发展中国家样本组，并分别进行计量实证经验，本章进一步探讨制造业服务化对不同类型国家出口技术复杂度影响的异质性。

从表 20 – 9 可以看到，在高技术制造业方面，无论是发达国家还是发展中国家，制造业服务化都对其出口技术复杂度产生显著的倒 "U" 型效应。因为发达国家和发展中国家的制造业服务化一次项系数分别在 1% 和 5% 的水平下显著为正，二次项系数分别在 1% 和 5% 的显著性水平下为负。在中技术制造业方面，发达国家的计量结果和高技术相似，即核心解释变量和被解释变量之间存在显著的倒 "U" 型关系，但这种关系仅存在于发达国家，发展中国家样本的回归结果无法通过显著性检验。在低技术制造业方面，无论发达国家还是发展中国家，制造业服务化与其制造业出口技术复杂度之间都不存在显著的 "U" 型关系。上述结果验证了制造业服务化对不同类型国家制造业出口技术复杂度影响的异质性。

表 20 – 9　　　　　不同类型国家制造业服务化对不同制造业出口技术复杂度影响

变量	高技术		中技术		低技术	
	发达国家	发展中国家	发达国家	发展中国家	发达国家	发展中国家
ser	0.912 ***	1.767 **	1.115 **	0.693	− 0.210	− 0.529
	(0.309)	(0.694)	(0.419)	(0.730)	(0.293)	(0.432)
*ser*2	− 2.451 ***	− 4.624 **	− 2.592 **	− 1.950	0.525	2.003 *
	(0.799)	(1.732)	(1.237)	(1.787)	(1.001)	(1.032)
控制变量	控制	控制	控制	控制	控制	控制
国家固定效应	控制	控制	控制	控制	控制	控制
年份固定效应	控制	控制	控制	控制	控制	控制
观察值	360	144	360	144	360	144
R^2	0.141	0.273	0.153	0.147	0.046	0.089
国家数	30	12	30	12	30	12

注：*** 、** 、* 分别表示在 1% 、5% 、10% 水平上显著。固定效应模型括号内为标准误。

第四节　研究结论与政策启示

一、研究结论

本章利用 WIOD 数据库公布的世界投入产出表以及联合国贸易统计数据库中的

有关数据资料，分别计算 2003～2014 年 42 个样本国家的制造业出口技术复杂度和制造业服务化指数，并且通过构建制造业服务化影响制造业出口技术复杂度的计量分析模型，从多个角度进行了实证检验和分析，得到了许多有价值的研究发现和结论。

其一，通过利用联合国贸易统计数据库测算出的 2003～2014 年 42 个样本国制造业出口技术复杂度结果，发现从整体上看，研究制造业各行业的技术复杂度大多呈现出逐年增加的趋势。其中，发达国家制造业出口复杂度指数一直处于较高水平，而发展中国家和发达国家相比存在明显差距，这种差距主要集中在高技术制造业出口技术复杂度上。在样本区间，我国出口技术复杂度呈上升趋势，并且与其他发展中国家相比处于优势地位，从而折射出我国制造业的出口竞争力正在不断提高。

其二，本章基准计量结果显示，一国制造业服务化将显著影响该国制造业出口技术复杂度，并且通过 1% 的显著性检验，但是这种影响呈现倒"U"型关系。即制造业服务化在开始阶段会有利于出口技术复杂度水平的提升，但当制造业服务化水平超过一定水平时，将对制造业出口技术复杂度产生抑制效应。在控制变量方面，研发投入变量在 1% 的显著性水平上对制造业出口技术复杂度产生正向影响。

其三，通过将制造业划分为高技术、中技术和低技术制造业，计量分析结果表明制造业服务化对高技术和中技术制造业出口技术复杂度能产生倒"U"型效应，但是对低技术制造业来说，制造业服务化对出口技术复杂度的影响不显著。进一步，通过区分不同类型的国家的，发现在高技术制造业方面，无论是发达国家还是发展中国家，制造业服务化都对本国制造业的出口技术复杂度产生较为显著的倒"U"型影响。在中技术制造业方面，发达国家的计量结果和高技术情况相似。但是，发展中国家这种关系已无法通过显著性检验。在低技术制造业方面，无论是发达国家还是发展中国家，制造业服务化对其出口技术都不产生显著影响，从而显示了制造业服务化对制造业出口技术复杂度影响的异质性。

二、政策启示

我国正在进入以高质量发展为主题的发展新时代。制造业服务化是我国提升制造业竞争力和综合实力的重要途径，也是实现制造业转型升级和高质量发展的重要支撑。当前，世界百年未有之大变局加速演变，贸易保护主义和逆全球化思潮时有抬头。与此同时，数字技术正在驱动全球新一轮产业革命。因此，我国首先要充分认识制造业服务化在高质量发展大局中的作用，加快相关政策和措施的出台与落实。

其次，要加大制造业服务化创新以及制造业服务化创新步伐，加快发展研发服务、知识产权服务、科技咨询服务等科技服务业，加强关键核心技术攻关，加速科技成果转化，夯实产学研协同创新基础，推动产业链与创新链精准对接和深度融合。要提升制造业产业基础高级化、产业链供应链现代化水平，强化人才培养和支撑，尤其是加快符合制造业服务化要求的创新型、应用型、复合型人才培养。支持服务型制造业集聚发展，完善配套功能，优化集聚生态。引导金融机构在依法合规、风险可控的前提下，加大对制造业服务化企业的融资支持力度，加强区域协作，增强产业布局协同性，实现功能互补、错位发展，形成一体化发展的制造业服务化生态圈。

最后，要以提高制造业出口技术复杂度水平为目标，加快改革创新步伐，努力消除制造业服务化面临的体制机制障碍；针对当前我国生产性服务业供给质量不高，专业化、社会化程度不够等问题，要选择优先突破重点行业，围绕制造业共性服务需求，加快培育一批集战略咨询、管理优化、解决方案创新、数字能力建设于一体的综合性服务平台。应鼓励制造业企业和服务业企业按照市场化原则开展并购重组，实现集约化和品牌化发展。培育一批制造业服务化新型产业服务平台或社会组织，鼓励其开展协同研发、资源共享和成果推广应用等活动。

第二十一章

提高服务业出口复杂度的路径研究

大数据、云计算、物联网、区块链等新一代信息技术在服务业领域的广泛应用，跨越了服务生产与消费不可分离的障碍，为服务业全球拓展和服务业出口提供了技术条件。WTO 发布的《2019 年世界贸易报告》指出，由于数字技术带来的远程交易量增加及相关贸易成本降低，服务业进出口即服务贸易在全球贸易中所占份额，未来 20 年将继续快速增长。但不应忽视的是，服务贸易本身也存在不同的发展方式，也面临着集约型增长和粗放型增长的选择问题。即与制造业相类似，对于面向出口的服务业，其不同环节也具有价值链的高低端之分，相应地服务贸易出口也存在技术内涵、商品档次和附加值高低的区别。我国在服务贸易发展目标上，明确提出要"提升服务贸易的质量和效益，推动服务贸易持续健康发展"。努力提高服务出口产品的技术含量，不仅关系到服务贸易自身的发展，而且会影响生产性服务业与制造业的互动融合发展。

第一节 文献综述

作为衡量出口产品技术水平的一个重要指标，学者们对一国制造业或货物贸易领域出口复杂度的变迁及其背后的演进机制进行了大量研究。拉尔等（Lall et al., 2006）对出口复杂度进行了开创性研究，他将产品的技术复杂度定义为出口这种产品的所有国家人均收入加权，用各国该产品出口占全球市场的比重作为权重。豪思曼（Hausmann，2007）在此基础上将各国出口产品的比较优势作为权重以减小可能高估的大国作用，从而将出口复杂度分解为产品和国家两个层面。罗德里克（Rodrick，2006）认为出口复杂度实质是高端产品占一国出口产品中的比重，出口产品中附加值和技术含量越多，该国出口技术复杂度也就越高。对出口复杂度升级影响因素的分析也主要从内部力量和外部力量（FDI 和加工贸易）两方面展开。如姚洋等（2008）研究认为人均收入水平与出口复杂度显著正相关。祝树金等（2010）利用全球跨国面板数据研究发现资本劳动比、研发等变量对于出口技术水平具有显著正相关性，而自然资源丰富不利于出口产品技术升级。肖特（Schott，2008）对中国的研究认为中国出口产品复杂度明显被高估，其提升主要来自加工贸易的发展。邱斌等（2012）的研究则发现，参与全球生产网络显著促进了以出口复杂度衡量的中国制造业价值链的提升。

随着服务贸易的兴起，学者们逐渐将研究的目光从制成品出口复杂度转向服务品出口复杂度。米什拉等（Mishra et al.，2011）采用 1990～2007 年全球 103 个样本国服务品出口数据，构建了服务贸易出口复杂度指标，并得出服务贸易出口复杂度能显著促进经济增长的结论。相对而言，我国学者更加关注中国服务贸易出口复杂度的变迁、影响因素以及经济效应。董直庆和夏小迪（2010）利用服务业行业数据测度了中国服务贸易出口复杂度的变化趋势和全球位次，发现现阶段我国服务贸易出口技术内涵仍然偏低。也有学者实证考察了我国服务贸易出口技术复杂度变迁的影响因素，认为服务业外商直接投资、服务贸易开放度以及货物贸易出口规模均对出口技术含量提升具有显著积极影响。马鹏和肖宇（2014）利用 G20 国家面板数据发现服务贸易出口复杂度与产业转型升级呈正相关关系。

通过对已有文献的梳理不难发现，相对于货物贸易，服务贸易出口复杂度的研究仍然较为匮乏。仅有的几篇文献，大多侧重于服务贸易出口复杂度的测算及其对样本国家的经济效应，缺乏对其决定因素的系统深入考察。而且已有的研究，主要是采用跨国截面数据或中国的特例进行经验研究，实证方法多为静态回归，这使研究结论的适用性受到质疑。基于此，我们基于"成本发现"模型，从跨国层面入手，采用全球跨国面板数据，分别运用静态面板和动态系统 GMM 方法，分析服务贸易出口复杂度的决定因素和发展对策。

第二节　服务贸易出口复杂度变动的理论模型

我们在内生增长理论基础上对生产函数进行分解，借鉴豪思曼等（Hausmann et al.，2007）和邱斌等（2012）的"成本发现"模型以及服务创新特征，设定了一个探讨服务贸易出口复杂度决定因素的微观理论模型，从而为进一步实证分析奠定理论基础。

假设一国服务业出口企业的生产取决于劳动力、资本的禀赋以及现有的技术水平，其生产函数形式为 C-D 函数：

$$Y = AK^{\alpha}L^{\beta}N^{\gamma} \tag{21.1}$$

其中，K、L 和 N 分别代表物质、劳动力和自然资源禀赋，产出对这些要素满足规模报酬不变，即 $\alpha + \beta + \gamma = 1$。$A$ 代表服务出口企业将这些要素组装并进行生产的全要素生产率（TFP）。服务业中的创新通常为利用已有知识或特定技术库，通过对服务生产要素的系统性重组或利用而产生的创新。假设 A 在 $[0, A^*]$ 区间上服从一致均匀分布，一般而言，A^* 值越大，企业生产效率越高，越有可能出口技术复杂度较高的产品。结合前人研究成果，我们认为影响一国服务企业技术禀赋 A^* 的因素包括人力资本、对外开放程度、基础设施和制度质量因素等。借鉴祝树金等（2010）的处理方法，假定 A^* 是一个多元组合，则：

$$A^*(R\&D, Hum, Open, Infra, institution) = Be^{\lambda hum + vopen + \zeta infra + \rho ins} \tag{21.2}$$

其中，B 表示可能影响服务企业 TFP 的其他因素，λ、υ、ζ 和 ρ 分别代表人力资本、对外开放程度、基础设施和制度因素对 TFP 增长率的影响参数。

现假定服务企业在投资决策前是无法知道自身 TFP 是处于高水平还是低水平上的，也就是说 A^* 值需要企业付出额外"发现成本"（discovery cost）后才能被确定。但一旦企业选择出口产品，其本身 A^* 作为一种共同知识是可以被其他厂商所观察到的。因此，企业可以通过比较自身生产产品的技术水平与所要模仿产品的最高技术水平 A^{max}，决定是否研发新产品或模仿最高技术产品。

当企业 i 的 $A_i^* > \theta A^{max}$ 时，该企业将选择采用自己研发新产品的途径来参与出口；而当 $A_i^* \leqslant \theta A^{max}$ 时，该企业将会选择模仿他人研发的新产品，这里假定模仿的效率为 $\theta(0 < \theta < 1)$。现假定 A^{max} 的期望取决于生产技术前沿和部门中从事研发的企业数量（c），即：$E(A^{max}) = \dfrac{cA^*}{c+1}$。因此，企业 i 选择研发新产品的概率和 TFP 期望分别为：

$$prob(A_i > \theta A^{max}) = 1 - \frac{c}{c+1}\theta \tag{21.3}$$

$$E(A_i \mid A_i > \theta A^{max}) = \frac{1}{2}A^*\left(1 + \frac{c}{c+1}\theta\right) \tag{21.4}$$

而企业 i 选择模仿最高技术产品的概率和 TFP 期望分别为：

$$prob(A_i \leqslant \theta A^{max}) = \frac{c}{c+1}\theta \tag{21.5}$$

$$E\left(A_i \mid A_i \leqslant \theta A^{\max}\right) = A^* \left(1 + \frac{c}{c+1}\theta\right) \tag{21.6}$$

最终，服务出口企业 TFP 的期望值为：

$$E(A) = \frac{1}{2}A^* \left[1 + \left(\frac{c}{c+1}\theta\right)^2\right] \tag{21.7}$$

联立式（21.2）和式（21.7）并代入式（21.1）中，结合规模报酬不变假设，可以得到一国服务部门出口复杂度决定因素的函数：

$$\frac{E(Y)}{L} = \frac{1}{2}\left[1 + \left(\frac{c}{c+1}\theta\right)^2\right]Be^{\lambda hum + \upsilon open + \zeta infra + \rho ins}\left(\frac{K}{L}\right)^{\beta}\left(\frac{N}{L}\right)^{\gamma} \tag{21.8}$$

从上式中，可以发现，一国服务部门的对外开放程度、人力资本、制度、基础设施、人均资本存量以及人均自然资源禀赋，共同作用决定服务贸易出口复杂度。

第三节 计量模型设定和数据说明

一、计量模型设定

根据上节的理论分析，我们拟构建的实证模型如下：

$$\begin{aligned}\ln SEXPY_{it} = {} &\beta_0 + \beta_1 \ln k_{it} + \beta_2 \ln n_{it} + \beta_3 hum_{it} + \beta_4 open_{it} + \beta_5 infra_{it} \\ &+ \beta_6 ins_{it} + \mu_i + \varepsilon_{it}\end{aligned} \tag{21.9}$$

其中，i、t 分别代表国家和时期，$SEXPY_{it}$ 是被解释变量，表示各国服务贸易出口复杂度；k_{it} 为资本存量；n_{it} 代表自然资源禀赋；hum_{it} 表示人力资本；$open_{it}$ 表示对外开放程度；$infra_{it}$ 代表基础设施；ins_{it} 衡量各国的制度因素；μ_i 表示国家不可观测的固定效应，满足 $\mu_i \sim i.i.d(0, \sigma_{\mu_i})$；$\varepsilon_{it}$ 是随机误差项。我们将采用静态面板方法对式（21.9）进行估计。

新新贸易理论认为企业出口行为通常具有持续性特征，因此，一国即期服务贸易出口复杂度可能受到自身前期的影响，这将会导致估计结果有偏和非一致。为消除这种影响，我们将出口复杂度的前一期滞后变量纳入回归方程中，从而将实证模型拓展为动态面板模型，具体见式（21.10）。为了解决内生性问题，常见的方法是引入工具变量（IV）来替代内生变量。进一步地，若样本同时还存在异方差影响，那么动态面板的 GMM 模型又比单纯地采用 IV 估计更为有效。鉴于此，我们采用动态面板的两阶段系统 GMM 方法进行研究。

$$\ln SEXPY_{it} = \beta_0 + \alpha \ln SEXPY_{it-1} + \beta_1 \ln k_{it} + \beta_2 \ln n_{it} + \beta_3 hum_{it} + \beta_4 open_{it}$$
$$+ \beta_5 infra_{it} + \beta_6 ins_{it} + \mu_i + \varepsilon_{it} \qquad (21.10)$$

二、数据来源及说明

我们采用跨国年度面板数据，为了满足数据连续性及代表性，选取全球 83 个国家（地区）作为样本对象进行服务贸易出口复杂度的测算。在研究期间（2000～2012 年）内，该 83 个国家（地区）的服务贸易出口加总占全球服务贸易出口总额的比例最低时也达到 90.9%，能基本满足本章的研究要求。在实证部分，考虑到部分国家的解释变量存在大量缺失，我们将样本国家进一步缩减为 57 个。人口、实际人均 GDP、国内生产总值、人力资本、自然资源禀赋和基础设施数据主要源自世界发展指数数据库（WDI）。资本存量、对外开放程度数据源自联合国贸发会议统计数据库（UNCTAD）。制度变量源自世界银行全球治理指标（Worldwide Governance Indicators，WGI）数据库。各变量的具体数据处理和来源如下。

（1）服务贸易出口复杂度（SEXPY）：我们借鉴罗德里克（Rodrik，2006）、米什拉（Mishra，2011）所提出的收入指标法（EXPY），利用产品出口国的收入水平来测度具体到服务业产品层面的出口复杂度具体公式如下：

$$SPRODY_c = \sum_i \frac{x_{ci}/X_i}{\sum_i x_{ci}/X_i} Y_i \; ; SEXPY_i = \sum_c \frac{x_{ci}}{X_i} SPRODY_c \qquad (21.11)$$

其中，$SPRODY_c$ 表示全球服务贸易出口中分项的 c 项服务商品的复杂度，x_{ci} 是指 i 国服务贸易分项中第 c 类商品的贸易出口额，X_i 是 i 国服务贸易的出口总额，Y_i 是 i 国的实际人均 GDP。服务品 c 的出口复杂度实际上就是出口产品 c 的所有国家的收入水平（实际人均 GDP）的加权平均值，其中权重是各国 c 产品的出口额占所有国家 c 产品出口额的比重。$SEXPY_i$ 则是在前一步的基础上计算一国整体服务贸易出口复杂度，是对其所有服务贸易出口产品的加权平均。权重为各商品 c 的出口额占 i 国出口总额的比例。因此，一国服务贸易出口复杂度的提升主要一方面来自服务贸易出口结构由低复杂度分类产品向高复杂度分类产品攀升，另一方面来自"宏观"分类层面下所隐含的服务贸易出口"亚结构"复杂度增加。

具体测度服务贸易出口复杂度指数时，采用按 IMF 国际收支平衡表中对服务贸易出口分项的分类方法[①]。表 21 - 1 列出了 2000～2012 年全球服务贸易各出口分项

[①] 本章将服务贸易分为运输、旅游、通信服务、建筑服务、保险服务、金融服务、计算机和信息服务、专利使用费和特许费、其他商业服务、个人文化和娱乐服务、政府服务共 11 个细分行业。

的 *SPRODY* 值变化情况。从总体变化趋势来看，样本期间服务贸易每一分项的 *SPRODY* 值都大致呈现出逐年上升的趋势，这表明服务商品的技术含量普遍有所提高。从各年出口复杂度实际值来看，金融服务、专利使用费和特许费、计算机和信息服务三部门的 *SPRODY* 实际值的排名在历年间都位居前列，而旅游、运输服务以及建筑服务部门的各年度 *SPRODY* 值则相对不高。这也进一步揭示出，在技术内涵方面，现代服务部门较之于传统服务部门有更大的进步空间和发展潜力。

表 21 - 1　　　　　　　　2000 ~ 2012 年全球服务贸易细分行业的出口复杂度指数

年份	运输	旅游	通信服务	建筑服务	保险服务	金融服务	计算机和信息服务	专利使用费和特许费	其他商业服务	个人文化和娱乐服务	政府服务
2000	12711	9145	6000	14521	12055	20515	16554	25721	13250	10700	10301
2001	12386	9108	6426	13663	10795	20735	15462	25255	13298	10593	9624
2002	13044	9567	7256	13748	16780	28199	16408	26129	14994	10238	9371
2003	15058	10736	8681	16782	21454	33910	19927	29801	17558	12360	12269
2004	17546	12058	10039	19193	22455	38560	23427	33549	19805	14376	14212
2005	18856	12960	12258	19787	22804	41234	24266	34809	20453	16626	13240
2006	20404	13903	14820	20581	26699	44614	25143	36261	21765	18442	16467
2007	23874	15252	17470	23313	28852	49928	27013	40430	25042	21525	16612
2008	25635	16656	20214	25035	29662	52410	29104	42537	27291	24071	22719
2009	22329	15003	17047	22980	27210	45772	24857	40991	24752	23131	13732
2010	23483	16093	17266	23354	29724	47667	25334	42152	25821	23928	13967
2011	25995	17898	19117	26314	29249	53534	26396	46668	27739	27259	21778
2012	26421	19381	23732	25866	29268	51931	24702	41259	26454	33700	17261

资料来源：根据 UNCTAD、WDI 数据库样本国（地区）相关数据计算整理而得。

图 21 - 1 反映了所有样本以及按世界银行对各国或地区收入程度划分的样本组服务贸易出口复杂度变化趋势。样本区间内，高收入国家或地区服务贸易出口技术水平显著高于全球平均水平，中高收入和中低及低收入国家或地区出口技术水平则低于全球平均水平。这表明在高资本、高技术和高人力资源投入等为特征的服务贸易中，发达国家具有较高的服务出口复杂度。中国服务贸易出口复杂度也呈现出不断上升的趋势，在 2012 年已达到 24741.5，但与高收入国家和全球平均水平相比仍有一定的差距，与中高收入国家相比也稍有落后。

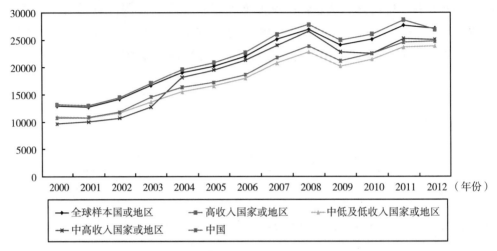

图21-1 2000~2012年全球及不同收入水平①国家或地区服务贸易出口复杂度变化

（2）资本存量（k）：即各国或地区物质存量与劳动力人数之比。新经济增长理论认为资本形成的过程往往也是知识、技术等要素嵌入劳动力和资本的过程。

（3）自然资源禀赋（n）：以往针对工业化进程的研究已经表明，丰裕的自然资源可能使得一国陷入"资源诅咒"，即在自然资源丰裕的国家，资源密集型行业可能会在大量吸引物质资本和人力资本的同时，降低了工人技术积累的动力，从而阻碍高技术复杂度产业的发展。但是以上研究结论是否适用于服务业部门，需要通过下文的实证分析来考察。我们采用各国能源生产综合指标除以人口数代表人均自然资源禀赋（蒙英华和裴瑱，2013），该指标是根据原油、天然气等主要能源指标转化为油的等价物的综合指标。

（4）人力资本水平（hum）：人力资本是解释自主创新和技术升级的重要因素。一国服务贸易出口技术复杂度的提升往往伴随着服务品出口由传统部门向现代部门转换，而现代新型服务业的主要特征就是人力资本密集。人力资本的深化不仅通过

---

① 世界银行以2012年人均GNI为标准将所有国家或地区划分为低收入、中低等收入、中高等收入、高收入国家或地区。本部分测度服务贸易出口复杂度时将低收入和中低收入国家或地区归为一组，结合研究需要，各组样本分布为：（1）中低及低收入：菲律宾、蒙古国、印度、巴基斯坦、斯里兰卡、萨尔瓦多、危地马拉、洪都拉斯、尼加拉瓜、尼泊尔、柬埔寨；（2）中高收入：中国、马尔代夫、多米尼克、多米尼加共和国、牙买加、约旦、土耳其、格林纳达、阿根廷、巴西、哥伦比亚、厄瓜多尔、秘鲁、委内瑞拉、伯利兹、哥斯达黎加、墨西哥、巴拿马、保加利亚、匈牙利、罗马尼亚、马来西亚、泰国；（3）高收入：澳大利亚、新西兰、加拿大、美国、奥地利、比利时、塞浦路斯、捷克、丹麦、爱沙尼亚、芬兰、法国、德国、希腊、冰岛、爱尔兰、意大利、拉脱维亚、立陶宛、卢森堡、马耳他、荷兰、挪威、波兰、葡萄牙、斯洛伐克、斯洛文尼亚、西班牙、瑞典、瑞士、英国、日本、以色列、新加坡、乌拉圭、中国香港、中国澳门、韩国、阿联酋、安提瓜和巴布达、阿鲁巴、巴哈马、巴巴多斯、圣基茨和尼维斯、智利、科威特、阿曼、卡塔尔、沙特阿拉伯。

技术应用和创新来促进服务贸易出口技术含量的提升，也通过调节成本发现过程和从事成本发现的企业数目来拓展新服务产品的发现范围。我们采用高等教育劳动力占比来进行衡量。

（5）基础设施（*infra*）：一些基础设施与服务贸易（如运输、旅游等）紧密相关，是服务品生产环节中不可缺少的部分。便捷的基础设施不仅有效地降低了服务的跨境交通成本，也减小了服务提供者与消费者之间的沟通成本和服务贸易的不确定性。此外，当基础设施影响货物贸易时，无疑也会对服务贸易同时产生影响。考虑到服务贸易的运输过程实现强烈依赖现代通信和电子手段的支持，我们采用一国人均电话线路长度来代表基础设施水平。

（6）对外开放程度（*ex* 和 *im*）：国际贸易是国际技术溢出的重要渠道，有利于东道国服务业吸收国外先进知识和技术，提升服务品出口复杂度。对于服务贸易而言，一国通过进口技术密集型的服务贸易中间品，不仅拓宽了可选择的中间品投入种类，也可间接分享国际先进的 R&D 成果；对于货物贸易而言，其对服务较大的外部需求性，有助于推动现代新型服务贸易尤其是生产性服务贸易发展，从而导致服务贸易出口技术复杂度提升。我们分别采用货物贸易出口和服务贸易进口值占 GDP 的比重来衡量对外开放程度。

（7）制度质量（*ins*）：国家或地区的制度因素也是影响产品出口复杂度的重要因素，对于服务品亦然。由于服务业具有很强的制度密集型特征，服务品生产、交易和消费过程的顺利实现需要更为复杂的契约安排加以保障。我们采用法律规则指标来度量制度质量，取值范围为 $-2.5 \sim 2.5$，该指标值越高就意味着越好的治理效果。表 21 - 2 汇报了主要变量的统计性特征。

表 21 - 2　　　　　　　　　　　　主要变量的统计特征描述

变量	样本量	均值	标准差	最小值	最大值
ln*SEXPY*	778	9.805874	0.3174176	9.034232	10.64269
lnk	758	7.86057	1.25882	3.958964	10.12419
lnn	488	9.480623	2.420538	0.0029955	14.70443
infra	779	0.3475649	0.186564	0.0018921	0.7446185
hum	541	24.85046	8.757066	2.1	46.5
im	472	11.43113	11.75345	2.310604	73.60439
ex	778	37.15839	30.16532	2.343407	195.5152
ins	776	0.8377871	0.8757388	- 0.9740431	2.429651

第四节　计量结果分析

一、静态面板模型估计结果

在静态面板数据分析中，最常用的估计方法是固定效应和随机效应模型。表 21 – 3 中 6 个方程的 Hausman 检验均在 1% 的显著性水平拒绝原假设，即各方程应采用固定效应模型。方程（1）至方程（5）是依次加入资本存量和自然资源禀赋、人力资本水平、开放程度、基础设施和制度变量所得到的回归结果。资本存量和自然资源禀赋作为经济发展的基本要素，二者对于服务贸易出口复杂度的影响则存在很大不同。资本存量在方程（1）至方程（5）中均在 1% 的显著性水平下促进样本国（地区）的服务贸易出口复杂度的提升，这与新经济增长理论的预测相符。自然资源禀赋与服务品出口复杂度呈现正相关关系，并通过了 1% 的显著性检验。人力资本水平在 1% 的显著性水平上对服务贸易出口技术复杂度有正向作用，这说明随着人力资本的积累，可以使得技术的应用和创新加速发展，尤其是人力资本密集型的现代新型服务贸易。以服务贸易进口与货物贸易出口衡量的对外开放程度变量均在 1% 的水平上显著提高了服务出口的技术复杂度。对此的解释是，服务品进口的知识溢出效应、市场竞争效应和货物贸易出口带来的外部性需求，对于本土服务企业的创新起到了激励作用。基础设施对于服务贸易出口技术含量的影响通过 1% 的显著性检验，说明基础设施规模与质量稳健的确提高了各国的服务出口复杂度。作为反映制度因素的法律规则指标变量通过了显著性检验，但其系数为负，这与理论预期相违背。祝树金等（2010）认为制度质量也有可能通过发挥和利用资源禀赋来影响出口技术水平。结合本章数据的相关性分析，发现制度指标与人均资本存量的存在高度相关（二者相关系数达到 0.78）。因此，在方程（6）中用制度质量与人均资本存量的交叉项替代制度变量，回归结果显示该项显著为正。制度质量与资本、劳动力禀赋之间存在互补性，它有效促进了资本等要素禀赋的利用，促进了服务贸易出口技术升级。

表 21 – 3　　　　　　　　　　　　静态面板模型估计结果

变量	（1）	（2）	（3）	（4）	（5）	（6）
lnk	0.274 *** (5.94)	0.272 *** (14.01)	0.262 *** (13.66)	0.258 *** (13.67)	0.263 *** (13.87)	0.274 *** (13.65)
lnn	0.097 *** (4.12)	0.062 *** (3.01)	0.048 ** (2.56)	0.0530 *** (2.85)	0.0567 *** (3.04)	0.0575 *** (3.10)

续表

变量	(1)	(2)	(3)	(4)	(5)	(6)
hum		0.034 *** (15.14)	0.028 *** (12.19)	0.025 *** (10.53)	0.025 *** (10.46)	0.0249 *** (10.32)
im-s			0.015 *** (4.05)	0.012 *** (4.02)	0.011 *** (3.92)	0.0109 *** (3.77)
ex-m			0.005 *** (5.17)	0.005 *** (5.23)	0.004 *** (5.19)	0.0045 *** (5.16)
infra				0.496 *** (3.03)	0.487 *** (2.99)	0.501 *** (−3.09)
ins					−0.091 * (−1.96)	
ins × lnk						0.0125 ** (2.41)
_cons	6.851 *** (28.94)	6.276 *** (25.65)	6.307 *** (25.78)	6.550 *** (25.83)	6.574 *** (26.03)	6.519 *** (25.83)
Hausman test	106.68 [0.00]	146.56 [0.00]	138.98 [0.00]	118.15 [0.00]	114.64 [0.00]	121.57 [0.00]
R^2（Within R^2）	0.373	0.653	0.651	0.664	0.669	0.671
Obs	479	351	303	303	303	303
Groups	57	56	56	56	56	56

注：***、**、*分别表示1%、5%、10%的显著性水平；（ ）内为 t 值，[ ]内为伴随概率；Hausman test 的零假设是 FE 和 RE 的估计系数不存在系统性差异，若拒绝原假设则采用 FE 模型。

二、动态面板模型估计结果

表 21 - 4 汇报了整体与分组样本的两阶段系统 GMM 法回归结果。依据世界银行 2012 年的划分标准，将样本国家划分为高收入（35 个）、中高收入（16 个）、中低和低收入（6 个）国家或地区。考虑到这样划分后横截面国际样本将减少，通过对不同经济发展水平国家分别进行回归分析，可以找出不同发展阶段服务贸易出口复杂度升级决定性因素的特点，还可以通过对比发现两者的相同或不同之处，从而使分析结果更具有针对性。本部分所有模型也采用两阶段系统 GMM 法进行回归，GMM 估计方法的有效性取决于残差项是否存在序列相关及工具变量选取的合意与否，对此我们进行了相应的检验。从各项检验来看，方程（7）~方程（10）的 Arellano-Bond AR（1）、AR（2）检验的 p 值均在 10% 之上，从而可以推断出残差序列不存在二阶相关；过度识别检验（Sargan test）的 p 值均大于 10%，说明工具变量不存在过度识别问题。综上所述，模型的设定和工具变量的选择皆是合理的。

表 21 −4 动态面板模型估计结果

变量	全球（7）	高收入（8）	中高收入（9）	中低和低收入（10）
$L.\ln SEXPY$	0.379 *** (24.50)	0.396 *** (20.15)	0.446 *** (6.13)	0.541 *** (6.02)
lnk	0.256 *** (25.27)	0.253 *** (19.29)	0.265 *** (17.28)	0.153 ** (1.99)
lnn	0.047 *** (8.25)	0.045 ** (2.01)	0.036 ** (1.89)	0.018 (0.95)
hum	0.012 *** (12.86)	0.012 *** (8.93)	0.002 (0.35)	
$im\text{-}s$	0.012 *** (25.14)	0.010 *** (21.62)	0.018 *** (2.72)	0.013 ** (1.97)
$ex\text{-}m$	0.004 *** (17.34)	0.005 *** (7.34)	0.010 *** (26.92)	0.013 *** (3.16)
$infra$	0.713 *** (9.2)	0.419 *** (7.34)	0.225 (0.21)	2.530 (0.93)
ins	− 0.202 *** (− 15.93)	− 0.113 *** (− 7.04)	− 0.089 ** (− 1.87)	0.191 (0.84)
_cons	4.392 *** (26.97)	3.603 *** (23.19)	4.080 *** (5.04)	3.788 *** (3.56)
Surgan	[0.154]	[0.184]	[0.558]	[0.700]
Arellano-Bond AR（1）	[0.263]	[0.132]	[0.149]	[0.188]
Arellano-Bond AR（2）	[0.324]	[0.597]	[0.621]	[0.408]
Obs	303	224	63	42
Groups	56	36	14	6

注：*** 、** 、* 分别表示 1% 、5% 、10% 的显著性水平；（）内为稳健性标准误，[ ] 内为伴随概率；Arellano-Bond AR（1）/AR（2）检验的零假设分别为模型不存在一阶和二阶相关；Surgan 检验的零假设是工具变量不存在过度识别，若接受零假设则说明工具变量是合理的。

从表 21 −4 的回归结果看，$\ln SEXPY$ 的一阶滞后变量均在 1% 的水平下显著为正，说明服务贸易出口复杂度存在路径依赖，从而证实动态面板模型回归的必要性。方程 7 列出了全体样本的动态回归结果，相对于静态回归，各变量的回归系数符号和显著性没有明显改变，制度因素变量依然显著为负，其他变量都为显著为正的回归系数。

方程（8）~方程（10）反映了按经济发展水平对样本国家进行划分的分组检验。就高收入和中高收入国家而言，资本存量和自然资源禀赋的回归系数显著为正。就中低和低收入国家而言，资本存量的回归系数仍然显著为正，但自然资源禀赋并未通过显著性检验。这就是说，"资源诅咒"可能存在于中高收入、中低和低收入国家。丰富的自然资源可能使经济发展水平欠发达国锁定于基于自然资源密集型、低技术密集型的制造业和传统服务业，从而不利于人力资本和技术知识向高技术复杂度行业流入，降低了高技术密集型的现代服务业出口比较优势。人力资本变量对于高收入国家的服务贸易出口复杂度提升有着显著的促进作用，但对于中高收入国家，其作用不显著①。导致这一结果的原因可能有两方面，其一是大量中高收入国的服务贸易仍局限于传统服务部门或知识和技术密集型部门的劳动密集型环节，人力资本对于这类部门的技术提升作用较小；二是中高收入国的人力资本供给不足，导致其作用尚未显现。我们采用一国高等教育劳动力占比来衡量人力资本水平，数据显示中高收入国家这一指标仅为20.4%，远低于高收入国家的36.6%。基础设施变量对于中高收入、中低和低收入国家服务贸易出口复杂度提升的作用不显著，对此的解释为发展中国家落后的基础设施建设对服务出口技术结构升级的作用尚未得到体现。因此，应当增加网络、医院以及教育等服务部门的基础设施投入，改善这些国家的服务业发展绩效。以服务贸易进口和货物贸易出口衡量的对外开放程度因素在各组均通过了显著性检验，并且系数均为正。横向比较发现，中高收入、中低和低收入国家样本中上述两个变量的回归系数均大于高收入国家。这意味着积极参与国际生产和服务分工，对于经济水平较为落后的国家实现服务业技术升级具有十分重要的意义。

第五节 研究结论与政策启示

随着服务业发展出现的"碎片化"特征，服务业的不同环节具有了产业价值链的高低端之分。各国在推动服务贸易发展的进程中，越来越重视贸易质量的提升。为了分析服务贸易出口复杂度提升的决定因素，本章基于"成本发现"理论和服务创新特征，建立理论模型，利用2000～2012年跨国面板数据，采用静态与动态相结合的方法实证检验了各因素对服务贸易出口复杂度的影响，得到以下结论和启示。

第一，从全球整体层面来看，资本存量、自然资源禀赋、对外开放程度、基础设施、人力资本均能显著促进服务贸易出口复杂度的提升，相反，制度质量的作用较为模糊，其回归系数的符号与显著性因方程中其他控制变量而异，资本存量与制

---

① 中低和低收入国家人力资本项数据缺失严重，故在该组中未对人力资本项进行回归。

度质量的交叉项的回归系数显著为正。第二，从样本国经济发展水平分组层面来看，其影响因素存在显著差异。自然资源禀赋显著提升了高收入和中高收入国家的服务贸易出口复杂度，但对于中低和低收入国家，由于国内产业结构层次较低以及对资源过度的依赖，导致自然资源禀赋对服务出口技术水平的影响并不显著。人力资本变量对于高收入国家的服务贸易出口复杂度提升有着显著的促进作用，但对于中高收入国家，由于其服务业结构主要集中于传统部门，服务出口复杂度的提升较少依赖人力资本积累。基础设施是影响高收入国家服务贸易出口复杂度提升的重要因素，但对于中高收入、中低和低收入国家的影响不显著。以服务贸易进口和货物贸易出口衡量的开放程度因素对各组国家的服务贸易出口复杂度的提升都具有显著正向影响，但对于中高收入、中低和低收入国家的影响更大。

现阶段我国经济总量虽然已位居全球第二，但经济发展水平仍属于中高收入国家，与主要服务贸易大国相比，我国服务贸易出口复杂度仍然偏低。因此，如何缩小同发达国家服务出口技术水平的差距，实现服务贸易的"量质齐飞"，已成为我国发展所面临的重要问题。目前，应当通过增加人力资本投入、提升基础设施规模与质量、增加服务贸易进口和货物贸易出口等手段，促进我国服务业以及服务贸易向国际价值链的高端攀升，从而实现贸易结构的优化升级。同时，政府应提升治理质量，通过合理规范的制度设计，加大服务业开放领域，引导资本与资源向服务业高端环节的有序流入。

第二十二章

互联网发展对 FDI 影响机制和异质性研究

　　基于全球范围内互联网等现代信息网络建设和数字经济蓬勃发展的客观事实，互联网对国际直接投资的流动正在发挥着日益重要的作用（詹晓宁和欧阳永福，2018）。不论是在互联网对宏观经济增长、生产效率、国际贸易方面，还是互联网对产业发展以及微观企业运行方面，目前学术界已形成不少研究成果。其中比较流行的观点是，学者们普遍肯定互联网的对各种经济活动的正面促进作用。例如，黄群慧等（2019）、王金杰等（2018）以及卢福财和徐远彬（2019）等指出互联网会通过降低生产成本和提高创新能力促进劳动生产率水平提高。施炳展和金祥义（2019）研究表明发展互联网可以降低国际贸易固定成本和可变成本，促进国际贸易发展。许家云（2019）运用 DID 分析了商用互联网对工业结构升级的作用，发现提高互联网普及率能通过"生产率提升效应"和"资源配置效应"帮助地区的工业结构升级。沈国兵和袁征宇（2020）指出企业的互联网化提高了国内中间投入的使用，有助于提升本国企业出口竞争力。

　　国际直接投资对生产性服务业与制造业在开放条件下的互动融合发展，具有重要影响。关于国际直接投资区位选择影响因素的探讨，目前许多学者也进行了相对广泛的研究。起初，学者主要围绕劳动力成本、市场潜力、关税、人力资本等角度展开论证。比如，邓宁（Dunning，1988、1998）的国际生产折中理论和区位优势论，论证了自然和人造资源以及市场的空间分布、投资障碍及优惠和社会基础设施等因素对东道国吸引外商直接投资的影响。沈坤荣和田源（2002）指出人力资本存量是影响 FDI 投资规模的重要因素。随着产业结构的不断升级和经济全球化的飞速发展，一方面学者逐渐将研究视角转向产业集聚，从制造业和服务业两个层次探究产业间集聚、产业内集聚和产业关联对 FDI 区位选择的效应

（杨仁发和刘纯彬，2012；Blanc-Brude et al.，2014）；另一方面，学者也开始探究全球城市和特殊经济区（Nielsen et al.，2017）与外国直接投资的关系。

关于将互联网发展作为 FDI 区位选择影响因素的研究，目前成果较为鲜见。崔（Choi，2010）运用一国拥有的互联网主机数和互联网使用人数作为衡量互联网发展程度的指标，分析互联网发展对 FDI 流入的影响，发现互联网主机数提升能够带动 FDI 增加。还有学者也证实了以互联网为代表的信息通信技术扩散与外国直接投资之间的正向关系。这些成果的分析思路大多聚焦于互联网作为调节效应对外商直接投资的影响（Latif et al.，2018）。换言之，互联网影响外资流入的作用机制和直接效应，目前还有待研究。我国是网民数量位居世界第一的国家，也是国际直接投资的主要目的国之一。因此，在分析有关理论机制基础上，我们利用我国 2004 ~ 2017 年各地有关样本数据进行互联网影响 FDI 机制和异质性研究，对我国在数字经济时代更好地利用外资和推动生产性服务业与制造业的互动融合发展，具有重要的理论和现实意义。

第一节　理论机制

我国国家统计局将数字经济定义为使用数字化的知识和信息作为关键生产要素、以现代信息网络作为重要载体、以信息通信技术的有效使用作为效率提升和经济结构优化的重要推动力的一系列经济活动（国家统计局，2021）。以互联网为代表的信息网络及其承载的信息技术，作为数字经济的"地基"，近年来受到政府的大力支持和投资建设，这显著地提升了我国市场的透明度和信息对称性，改善了营商环境，进一步提升了我国利用外资的吸引力。通过对相关领域文献的梳理，我们将互联网影响外资流入的机制，归纳为以下两个渠道：

一、交易成本降低

科斯（Coase，1937）认为所有的市场交易都会产生成本，这类成本为"利用价格机制的成本"，即交易成本，信息不对称、信息不完全和有限理性等因素是造成高交易成本的重要因素。交易成本过高会在一定程度上抑制外资进入我国的投资意愿，互联网的建设和发展提高了市场的透明度和信息对称性，有助于降低外资进入的交易成本，进而提高外资进入意愿。具体而言，以互联网为标志的现代信息网络的建设和发展具有极强的连接性，突破了时空距离对信息传递限制，互联网的平台功能为不同地区不同部门经济主体提供了信息交流的机会，扩大信息源和信息量，提升了信息在市场的传播能力和传播效率。市场中掌握信息主体的不断增加，能够大幅改善信息的不完全性，营造透明、公正、公平的市场化环境，降低外资企业的信息搜寻成本、信息交换成本和因不了解政策信息的盲目性交易成本，提高资源配置效率和选择的理性程度，促进了国际资源供给方和需求方的匹配效率，即促进了我国各地区和各类外资企业的匹配效率，提升了外资企业的经济效应。与此同时，我国政府鼓励"互联网＋政务"，大幅简化办事流程，降低外资企业在我国办理生产经营手续所需的审批时间，提升外资企业办事效率，并且减少了外资被迫寻租的概率，降低了外资企业的经营风险，进而增强促进外资企业进入意愿。

二、消费扩张效应

寻求消费市场是跨国公司对外直接投资的主要动机之一，市场规模和市场活力是外资企业区位选址考虑的重要因素。我国拥有超过 14 亿人口，消费群体庞大，但是以往受制于地理区位等因素，国内需求尚未得到充分的利用和开发。因此，市场规模的引资效果未充分展现和挖掘。2003 年互联网销售平台"淘宝网"横空出世，开创了国内 B2C 线上消费的新模式，各类电子商务平台迅速崛起，新兴业态不断涌现，此外，我国对 4G 和 5G 等信息网络的大规模投资和以智能终端设备为代表的移动互联网载体的出现，以及物联网对超越自然地理和行政区划的跨区消费能力的保障作用，都通过供给端深度发力，使居民消费深刻地受到互联网与实体经济深度融合的数字经济的影响。2019 年我国移动互联网接入流量消费高达 1220 亿吉字节（GB），居民消费规模大幅增加，消费结构也不断优化升级，"云购物""云订餐""云订票""云视频""云直播"等"云"消费蓬勃发展。一方面，互联网带动我国本土市场规模的扩张、市场潜力的释放和新型消费市场的涌现，为国外投资者提供了稳定的消费群体、市场前景和崭新的市场机遇，增强了我国对市场导向型外资的吸引力；另一方面，这也为在华 FDI 企业的规模化生产经营奠定了基础，有利于外国投资者实现规模收益递增。

第二节　计量模型设计

一、模型设定

根据以上理论分析，为了检验互联网建设对 FDI 流入的影响，我们设定如下计

量模型:

$$\ln fdi_{it} = \alpha + \beta \ln inter_{it} + \gamma c_{it} + \eta_t + \delta_i + \varepsilon_{it} \tag{22.1}$$

其中,i 和 t 分别表示城市和年份,$\ln fdi$ 反映外资流量,$\ln inter$ 表示互联网建设发展水平,c 代表一系列控制变量,α 为常数项,β 和 γ 为各变量对应的系数。模型还控制了地区固定效应 δ 和年份固定效应 η,ε 表示随机扰动项。

二、变量设置

1. 被解释变量

$\ln fdi$ 为因变量,反映外资流入的情况。目前现有研究多采用《中国城市统计年鉴》中的当年实际使用外资金额表示,该数据为各地所有行业的外资流入总额,未公布各地细分行业数据。为了深入分析流入外资的行业分布情况,我们最终运用由商务部外资企业名录获得的微观企业数据,采用每年新增外资企业数量测度各地外资总体和各地细分行业外资进入程度,新增外资企业数量越多,说明该地区总体或该地细分行业的外资流入越多,对外资的吸引力越强。此外,我们将各地当年实际使用外资金额和微观企业数据中的投资规模作为替换变量在稳健性检验中加以讨论。

2. 核心解释变量

$\ln inter$ 为核心解释,反映互联网发展情况。我们借鉴黄群慧等(2019)以及卢福财和徐远彬(2019)对互联网综合发展指数的研究,运用熵值法从投入、应用和产出三个角度选择指标测度了互联网综合发展程度。其中,互联网投入是采用信息传输、计算机服务和软件业从业人数代理,互联网应用是使用国际互联网用户数代理,互联网产出是采用年末移动电话用户数和电信业务总量代理。通过对数据进行标准化处理和运用熵值法加以测算,得到互联网综合发展指数。该数值介于 0 和 1 之间,数值越大表明城市互联网综合发展水平越高。

3. 控制变量

控制变量中,选取经济发展水平、产业结构、科技创新、人力资本、交通基础设施和对外开放程度六个变量对城市特征进行控制。经济发展水平($\ln pgdp$)用人均地区生产总值表示,一个地区人均地区生产总值越高,经济发展水平越高,对外资企业吸引力越强。产业结构(cy)用第三产业增加值占地区生产总值的比重衡量,数值越大,表示产业结构服务业化程度越高,产业升级越快。科技创新(tec)用地方财政科学事业费支出占地区生产总值比重表示,代表地区的科技创新能力,科技创新能力越强，越有利于企业生产率提升，提高企业盈利能力。人力资本用工资水平代理，工资水平（lnwage）用职工平均工资表示，工资越高说明劳动力成本越高；交通基础设施（lnjt）用公路客运量表示，衡量城市对外联系的便捷程度，公路客运量越大，表示该地区对外联系越便利；对外开放程度（open）用货物进出口总额占地区生产总值比重表示，该比值越大，说明对外开放程度越高，对外资的吸引力越强。

三、数据来源

我们运用 2004～2017 年我国地级市样本数据进行实证研究，剔除数据缺失较为严重的城市[①]，最终选取 266 个地级市为基础样本。地级市新增外资企业数据来源于商务部外资企业名录（共计获得 30 多万条外资企业数据），将外资企业从事行业与国民经济行业分类（GB/T 4754—2017）对应，进一步按照外资企业实际经营地进行汇总，即可得到各地级市每个行业（A～S）的新增外资企业数目，将所有行业的新增外资企业数目加总，即为各地级市每年的新增外资企业数目。互联网综合发展指数和控制变量的数据来源于《中国城市统计年鉴》《中国税务年鉴》《中国区域经济统计年鉴》《中国统计年鉴》。相关数据进行了对数化处理，个别变量存在缺失值，变量的描述性统计结果如表 22-1 所示。

表 22-1　　　　　　　　　　　变量的描述性统计结果

变量	样本量	均值	标准差	最小值	最大值
lnfdi	3724	2.112	1.550	0	8.297
ln$inter$	3724	0.0435	0.0654	0.000243	0.655
ln$pgdp$	3724	10.21	0.790	4.605	12.58
cy	3717	0.378	0.0966	0.0858	0.853
tec	3724	0.00233	0.0101	2.80e-08	0.496
ln$wage$	3724	10.34	0.546	8.509	11.83
lnjt	3724	8.486	0.972	4.344	12.57
$open$	3643	0.229	0.716	0.000215	28.01

[①]　由于删除值较多，我们所采用的样本中删除了以下城市：赤峰、呼伦贝尔、亳州、十堰、襄阳、三沙、儋州、攀枝花、六盘水、毕节、铜仁、普洱、日喀则、昌都、林芝、山南、陇南、海东、固原、中卫、吐鲁番和哈密 22 个城市。

第三节 实证结果分析

一、基准回归

我们首先对计量模型进行基准回归，具体估计结果见表22-2。由表22-2第（1）列可知，互联网综合发展指数的系数为正，且通过了1%的显著性检验，说明互联网发展有助于带动外资进入我国。该结果表明随着我国对网络通信基础设施投入的增加，我国信息化水平快速提升，市场的透明度和信息对称性增强，为外资企业进入搭建了高质量的互联互通环境，增强了我国在FDI全球化区位选址的吸引力。由此可见，互联网等现代信息网络和信息技术的大规模投资建设，能够成为吸引外资进入的新动能。第（2）~（7）列分别是以依次引入经济发展水平、科技创新、产业结构、人力资本、交通基础设施和对外开放程度等变量的模型估计结果，互联网综合发展指数的系数大小和显著性水平未发生明显改变，表明回归结果具有较好的稳健性。

表 22-2　　　　　　　　　　　　基准回归结果

变量	(1)	(2)	(3)	(4)	(5)	(6)	(7)
lninter	2.279 ***	2.069 ***	2.056 ***	2.020 ***	2.012 ***	2.012 ***	2.038 ***
	(3.60)	(3.28)	(3.25)	(3.19)	(3.18)	(3.18)	(3.21)
lnpgdp		0.257 ***	0.274 ***	0.301 ***	0.295 ***	0.292 ***	0.289 ***
		(6.24)	(6.24)	(6.76)	(6.50)	(6.40)	(6.23)
cy			0.105	0.156	0.169	0.165	0.186
			(0.50)	(0.73)	(0.79)	(0.78)	(0.84)
tec				2.823 ***	2.811 ***	2.778 ***	1.131
				(3.41)	(3.40)	(3.35)	(0.87)
lnwage					0.051	0.048	0.074
					(0.67)	(0.63)	(0.90)
lnjt						0.012	0.016
						(0.67)	(0.90)
open							0.038 *
							(1.65)
Constant	1.936 ***	-0.446	-0.636	-0.901 **	-1.338 *	-1.379 *	-1.630 **
	(50.96)	(-1.16)	(-1.46)	(-2.04)	(-1.70)	(-1.75)	(-1.96)

续表

变量	(1)	(2)	(3)	(4)	(5)	(6)	(7)
观察值	3724	3724	3717	3717	3717	3717	3636
R^2	0.156	0.165	0.165	0.168	0.168	0.168	0.171
地区固定	是	是	是	是	是	是	是
时间固定	是	是	是	是	是	是	是

注：***、**、*分别表示在1%、5%、10%水平上通过显著性检验；括号内为t值，本章下表同。

在控制变量中，经济发展水平的系数为正且在1%的水平上通过了显著性检验，说明经济发展水平是外资区位选址看重的重要因素之一，经济发展水平高的地区对FDI吸引力强。科技创新水平的估计结果显著为正，同样说明外资倾向于进入科技创新水平高的地区。对外开放程度的系数为正且在10%的水平上通过了显著性检验，说明对外开放程度越高，引资能力越强。产业结构的系数为正，但不显著，可能是因为我国各地处于产业结构提升的集中期，弱化了产业结构变量对外资的吸引力。工资水平的系数也为正，但不显著，可能是因为高工资在中国不仅是劳动力成本的象征，也是反映技能水平的重要指标（田素华和杨烨超，2012）；随着互联网发展水平的提升，生产方式向数字化智能化变革，外资的需求由廉价劳动力向高技术人才转变，所以工资水平与FDI流入开始呈正相关。交通基础设施的估计结果为正，但未通过显著性检验，可能是因为互联网的网络连接性能够跨越时空限制，因此互联网在一定程度削弱了交通基础设施对外资的作用力度。

二、考虑行业差异的估计结果

伴随着我国经济由高速度增长阶段向高质量发展阶段转变，政府和学者不仅关注外资进入的规模，对进入外资的质量也越发重视。为了探究互联网发展究竟带动何种行业外资进入，我们将FDI整体分为制造业FDI和服务业FDI加以讨论，并进一步将制造业FDI分为劳动密集型、资本密集型和技术密集型，将服务业FDI细化至14个细分行业，判断互联网是否能够改善投资结构，带动高质量外资进入。

1. 基于制造业FDI和服务业FDI的分析

首先，我们按照国民经济的产业分类，探究互联网对制造业和服务业外资的影响[1]。表22-3第一列互联网发展对制造业FDI的影响为正，但未通过统计检验，说明互联网对制造业外资进入规模的影响暂不显著，原因可能在于样本期内互联网

---

[1]　制造业外资对应国民经济行业分类与代码（GB/T 4754—2017）的C类，服务业外资对应F～T类。

的快速发展以消费级为主，工业互联网等产业级的互联网处于萌芽阶段，对制造业外资企业的带动作用有限，2019 年工信部出台《5G 经济社会影响白皮书》后，5G建设迅速落地，产业级互联网方才迎来大规模发展期。表 22 - 3 第二列互联网发展对服务业 FDI 的估计系数显著为正，这表明互联网发展较为全面地提升了我国吸引服务业 FDI 的竞争力。造成这一估计结果的原因可能在于服务业具有无形、即时性、不可储存等特点，决定了服务产品的供给和需求不可分离，需要面对面的接触，而原有的时空距离提高了服务企业的交易成本，降低了服务成交的概率；但是，互联网发展水平的提升，能够跨越时空限制，通过信息网络节约交易成本，同时线上消费的发展，刺激了多种新型消费需求，消费市场不断扩张，增加服务企业的盈利空间和盈利机会，市场前景和利润的驱动下，吸引了服务业外资的大规模进入。

表 22 - 3　　　　　　　　互联网对制造业 FDI 和服务业 FDI 的估计结果

变量	产业类型	
	制造业	服务业
ln$inter$	0.621 (0.97)	3.084 *** (4.48)
ln$pgdp$	0.323 *** (6.86)	0.169 *** (3.35)
cy	-0.318 (-1.42)	1.051 *** (4.39)
tec	-0.897 (-0.68)	1.993 (1.42)
ln$wage$	0.368 *** (4.38)	-0.275 *** (-3.06)
lnjt	0.024 (1.27)	-0.057 *** (-2.84)
$open$	0.032 (1.39)	0.026 (1.06)
Constant	-4.835 *** (-5.74)	1.893 ** (2.10)
观察值	3636	3636
R^2	0.128	0.316
地区固定	是	是
时间固定	是	是

2. 基于制造业 FDI 的要素密集度分析

尽管制造业 FDI 的估计结果整体上未通过显著性检验，但是不同要素密集度制造业外资对互联网综合发展水平的反映程度可能存在异质性。我们参考鲁桐和党印（2014）对行业的要素密集度分类标准，将制造业分为劳动密集型、资本密集型和技术密集型三类行业[①]，其中资本密集型和技术密集型的外资质量高于劳动密集型外资。表 22-4 展示了相应的估计结果，劳动密集型外资和资本密集型外资的估计结果未通过显著性检验，技术密集型外资的系数为正，在 10% 的显著性水平上通过检验。这一估计结果表明互联网发展，例如，移动互联网的大面积覆盖和"互联网 +"与各行业的深度融合，培育了优质的创新环境及集聚效应，增强我国吸引技术密集型高质量外资的对外竞争力。

表 22-4　　　　　　　　　　互联网对制造业行业要素密集度的估计结果

变量	制造业行业要素密集度		
	劳动密集型	资本密集型	技术密集型
lninter	0.290 (0.47)	-0.817 (-1.38)	0.942 * (1.65)
lnpgdp	0.136 ** (2.50)	0.442 *** (7.25)	0.390 *** (6.48)
cy	-1.468 *** (-4.85)	-0.311 (-1.05)	-0.244 (-0.87)
tec	-1.332 (-1.14)	-0.467 (-0.39)	-2.114 * (-1.85)
lnwage	0.394 *** (3.83)	0.243 ** (2.28)	0.490 *** (4.06)
lnjt	0.017 (0.73)	0.020 (0.85)	0.016 (0.69)
open	0.031 (1.50)	0.039 * (1.82)	0.062 *** (3.07)
Constant	-2.843 *** (-2.73)	-4.744 *** (-4.45)	-6.681 *** (-5.78)

[①]　鲁桐和党印（2014）根据行业固定资产比重和研发支出比重将行业分为劳动密集型、资本密集型和技术密集型，其中，劳动密集型包括 C0 食品、饮料，C2 纺织、服务、皮毛；资本密集型包括 C3 造纸、印刷，C4 石油、化学、塑料、塑胶，C6 金融、非金属；技术密集型包括 C5 电子，C7 机械、设备、仪表，C8 医药、生物制品，C9 其他制造业。

续表

变量	制造业行业要素密集度		
	劳动密集型	资本密集型	技术密集型
观察值	1992	2072	2072
R^2	0.273	0.201	0.151
地区固定	是	是	是
时间固定	是	是	是

3. 基于服务业 FDI 的细分行业分析

在对服务业外资整体分析的基础上，我们进一步探究互联网发展对 14 个服务业细分行业外资的具体影响，得到表 22 - 5。在服务业外资的 14 个细分行业中，批发和零售业、交通运输、仓储和邮政业、信息传输、软件和信息技术服务业、金融业、租赁和商务服务业、科学研究和技术服务业和教育服务业 7 个服务业细分行业的估计结果显著为正，这些行业多为现代服务业，行业技术含量较高且对互联网的需求高。住宿和餐饮业等 8 个行业技术含量相对较低的服务行业估计系数则未通过显著性检验①。对比服务业细分行业的回归结果，发现互联网对技术含量高的外资行业的影响更为突出，这意味着互联网有助于带动高质量外资进入。

表 22 - 5　　　　　　　　　　行业异质性分析结果

变量	服务业细分行业						
	批发零售	交通运输	信息软件	金融	租赁商务	科学技术	教育服务
ln*inter*	2.731 ***	2.974 ***	2.561 ***	4.042 ***	2.620 ***	2.412 ***	0.482 **
	(4.15)	(7.06)	(5.66)	(8.52)	(4.91)	(4.65)	(2.10)
ln*pgdp*	0.007	0.074 **	0.041	− 0.125 ***	− 0.013	− 0.039	− 0.071 ***
	(0.14)	(2.41)	(1.25)	(− 3.61)	(− 0.32)	(− 1.03)	(− 4.20)
cy	1.147 ***	− 0.073	− 0.080	0.620 ***	0.494 ***	0.297 *	− 0.062
	(5.01)	(− 0.50)	(− 0.51)	(3.76)	(2.66)	(1.65)	(− 0.78)
tec	2.403 *	1.664 *	− 0.115	5.129 ***	1.445	5.027 ***	2.460 ***
	(1.78)	(1.93)	(− 0.12)	(5.29)	(1.32)	(4.74)	(5.24)
ln*wage*	− 0.321 ***	− 0.009	− 0.285 ***	− 0.291 ***	− 0.322 ***	− 0.350 ***	− 0.074 **
	(− 3.73)	(− 0.17)	(− 4.83)	(− 4.70)	(− 4.63)	(− 5.18)	(− 2.46)

---

① 因篇幅有限，住宿与餐饮业等 8 类服务业细分行业的回归结果未在表中列明。

续表

变量	服务业细分行业						
	批发零售	交通运输	信息软件	金融	租赁商务	科学技术	教育服务
ln*jt*	−0.072 *** (−3.78)	−0.029 ** (−2.41)	−0.043 *** (−3.25)	0.005 (0.35)	−0.040 *** (−2.60)	−0.065 *** (−4.33)	−0.012 * (−1.73)
open	0.026 (1.10)	0.015 (0.99)	0.064 *** (3.95)	−0.027 (−1.59)	0.016 (0.84)	−0.018 (−0.97)	0.009 (1.07)
Constant	3.396 *** (3.94)	−0.243 (−0.44)	2.762 *** (4.67)	3.543 *** (5.71)	3.477 *** (4.98)	4.134 *** (6.09)	1.472 *** (4.90)
观察值	3636	3636	3636	3636	3636	3636	3636
R^2	0.290	0.058	0.162	0.164	0.213	0.221	0.113
地区固定	是	是	是	是	是	是	是
时间固定	是	是	是	是	是	是	是

三、考虑地区差异的估计结果

我国区域经济呈现阶梯式不平衡发展状态，推动外资向中西部地区布局，也是我国提升外资利用质量的目标之一。互联网发展能够突破时空限制，削弱自然地理条件对区域经济发展和外资进入的制约。因此，我们在全国层面分析的基础上，分别设置了地理区位（东中西部）和城市规模（大中小城市）①的类别虚拟变量，并将虚拟变量和我们核心解释变量的交乘项引入模型中，从而探究互联网是否对外资向中西部地区和中小城市转移产生影响。其中，地理区位虚拟变量 *cw* = 0，代表某地位于东部地区；*cw* = 1，代表某地位于中西部地区；城市规模虚拟变量 *cs* = 0，代表某地为大城市；*cs* = 1，代表某地为中小城市。若虚拟变量和连续变量交乘项的系数显著，说明两组之间的系数存在显著差异。

引入地理区位分类变量的样本，估计结果显示（见表 22 − 6），地理区位虚拟变量和我们核心解释变量互联网综合发展指数的系数显著为正，说明东部地区互联网发展的引资效果和中西部地区存在差异，中西部地区互联网发展对外资的吸引力强于中西部地区，这意味着互联网发展有利于缩小外资进入的区域差距，实现提升外资投资区域质量的目标。这可能是因为东部地区多为沿海区域，地理位置优越，对外开放早且互联网建设早，网民数量和互联网普及率达到了比较高的水平，互联

---

① 城市规模分类指按照城市年末常住人口数量对城市规模进行划分，小于 500 万的为中小城市，大于等于 500 万的为大城市。

网对外资的引资效应已经提前释放。与此同时，信息网络的飞速发展有效地弥补了中西部内陆地区对外交流不便的劣势，为中西部地区获取劳动力科技等要素信息和商品信息提供了便捷的渠道，同时提升了中西部地区对外招商引资信息传递的即时性，从而总体上增强了中西部地区吸引外资的竞争力。

表 22 - 6　　　　　　　　　　　外资管制及区域异质性分析结果

变量	地理区位		城市规模	
	(1)	(2)	(3)	(4)
ln*inter*	2.424 ***	1.263 *	1.773 ***	1.582 **
	(3.32)	(1.74)	(2.74)	(2.45)
c. ln*inter* × i. cw	6.093 ***	2.589 **		
	(4.98)	(2.20)		
c. ln*inter* × i. cs			4.878 ***	4.542 ***
			(3.64)	(3.39)
ln*pgdp*		0.286 ***		0.280 ***
		(6.15)		(6.04)
cy		0.218		0.185
		(0.99)		(0.84)
tec		0.997		1.225
		(0.77)		(0.95)
ln*wage*		0.068		0.071
		(0.82)		(0.85)
ln*jt*		0.014		0.017
		(0.74)		(0.94)
open		0.039 *		0.036
		(1.72)		(1.56)
Constant	1.893 ***	-1.535 *	2.081 ***	-1.388 *
	(69.90)	(-1.84)	(33.82)	(-1.66)
观察值	3724	3636	3724	3636
R^2	0.024	0.172	0.160	0.174
地区固定	是	是	是	是
时间固定	是	是	是	是

从按城市规模分类的样本估计结果来看（见表 22 - 6），交乘项的系数同样显著为正，说明大城市互联网发展的引资效果和中小城市存在差异，中小城市互联网发展对外资的吸引力大于大城市，也证明了互联网综合发展水平的提升有利于优化

投资区域，提升外资利用质量。互联网发展显著增强了中小城市对外资的吸引，这一方面是因为互联网的网络连接性，促进先进的知识、管理经验和生产方式由大城市向中小城市外溢，有助于中小城市提升劳动生产率（李坤望等，2015），从而增强对外资的吸引力；另一方面，互联网为中小城市居民提供了更多的消费机会，推动中小城市消费结构升级，通过市场规模和购买能力扩大吸引外资进入。

四、考虑外资管制政策变化的估计结果

为改变"粗放式"的引资模式，1995 年我国首次出台《外商投资产业指导目录》，列明鼓励、限制和禁止外资进入的行业，此后我国分别在 1997 年、2002 年、2004 年、2007 年、2011 年、2014 年、2017 年和 2020 年进行了多次修改①，不断调整对外资的开放程度，减少对外资的管制。参考孙浦阳等（2018）方法，我们对 473 个行业中类的外资管制情况整理，发现 2014 年《外商投资产业指导目录》的变动程度最大，限制外资进入行业由 2004 年的 144 个减少到 88，禁止外资进入的行业由 47 个减少到 46。因此，我们将 2014 年《外商投资产业指导目录》调整事件为划分依据，创建事件发生变量（fdi_gz）。该变量 2014 年以前的年份为 0，2014 年及以后的年份为 1。同时将其与我们的核心解释变量互联网发展综合指数作为交乘项（$c.\,lninter \times i.\,fdi\_gz$）引入模型，探究引资政策放宽是否进一步促进外资流入。估计结果呈现在表 22-7 中，互联网发展指数、外资管制变量以及交乘项的系数显著为正，说明放松外资管制能够促进外资流入，同时强化互联网发展对外资流入的积极作用。

表 22-7　　　　　　　考虑外资管制政策变化的估计结果

变量	(1)	(2)
$lninter$	1.950 *** (3.04)	1.654 ** (2.58)
$c.\,lninter \times i.\,fdi\_gz$	0.812 *** (3.14)	0.986 *** (3.68)
$i.\,fdi\_gz$	0.494 *** (11.49)	-0.226 (-1.42)

---

① 2004 年《外商投资产业指导目录》限制 144 个中类行业，禁止 47 个行业；2007 年限制 140 个行业，禁止 47 个行业；2011 年限制 133 个行业，禁止 47 个行业；2014 年限制 88 个行业，禁止 46 个行业；2017 年限制 90 个行业，禁止 44 个行业。

续表

变量	(1)	(2)
ln$pgdp$		0.306 ***
		(6.57)
cy		0.193
		(0.87)
tec		0.501
		(0.38)
ln$wage$		0.089
		(1.08)
lnjt		0.017
		(0.90)
$open$		0.043 *
		(1.89)
Constant	1.949 ***	-1.914 **
	(51.07)	(-2.30)
观察值	3724	3636
R^2	0.158	0.174
地区固定	是	是
时间固定	是	是

第四节 作用机制及稳健性检验

一、作用机制检验

前文的研究表明，互联网发展显著地促进了外资流入。参考他人成果并根据我们的理论分析，互联网对外资的作用是通过交易成本降低和消费扩张效应两个中介渠道。因此我们借鉴温忠麟和叶宝娟（2014）的做法，运用中介效应模型，检验上述效应是否存在，进一步构建以下方程。

$$Z_{it} = b_0 + b_1 \ln inter_{it} + \omega c_{it} + \tau_i + \nu_t + \rho_{it} \tag{22.2}$$

$$\ln fdi_{it} = c_0 + c_1 \ln inter_{it} + c_2 Z_{it} + \kappa c_{it} + \delta_i + \vartheta_t + \phi_{it} \tag{22.3}$$

其中，Z 为中介变量，包括交易成本效应和消费扩张效应。考虑到地级市的交易成本降低难以量化，故选取市场化指数（王小鲁等，2018）的分项指标"非国有集体就业人数占就业人数比重"作为地级市层面的市场化指数（*market*），用以反映交易成本的代理变量。市场化指数越大，说明互联网发展所营造的交易环境效应越好，外资企业的盈利空间越大。关于消费扩张效应，由于互联网发展水平带动新消费增长的数据难以获得，我们用社会零售消费总额（ln*ls*）作为消费扩张效应的代理变量。表 22 – 8 报告了互联网发展对外资进入影响渠道的检验结果。

表 22 – 8　　　　　　　　　　作用机制的中介效应检验结果

变量	交易成本		消费扩张	
	market	lnfdi	lnls	lnfdi
ln*inter*	0.786 **	1.686 ***	0.600 **	1.992 ***
	(2.07)	(2.62)	(2.14)	(3.14)
market		0.106 ***		
		(3.51)		
ln*ls*				0.078 **
				(2.00)
ln*pgdp*	0.192 ***	0.279 ***	0.122 ***	0.280 ***
	(6.76)	(5.78)	(5.97)	(5.99)
cy	– 0.716 ***	0.272	0.193 **	0.171
	(– 5.21)	(1.17)	(1.98)	(0.77)
tec	0.719	0.888	0.662	1.080
	(0.94)	(0.69)	(1.15)	(0.83)
ln*wage*	0.370 ***	0.087	– 0.054	0.079
	(7.39)	(1.03)	(– 1.48)	(0.95)
ln*jt*	0.004	0.003	0.012	0.016
	(0.32)	(0.16)	(1.48)	(0.84)
open	0.011	0.041 *	– 0.005	0.038 *
	(0.82)	(1.80)	(– 0.54)	(1.67)
Constant	6.084 ***	– 2.703 ***	13.101 ***	– 2.653 ***
	(11.96)	(– 3.08)	(35.68)	(– 2.72)
观察值	3392	3392	3636	3636
R^2	0.882	0.178	0.903	0.172
地区固定	是	是	是	是
时间固定	是	是	是	是

表 22 – 8 中第一列和第三列对应检验方程（22.2），互联网发展指数的系数为正，且在 5% 的水平上通过显著性检验，说明互联网发展能够带动交易成本降低，并促进了消费能力提升。第二列和第四列对应检验方程（22.3）。第二列同时引入互联网发展指数和市场化指数，两个变量的系数均显著为正，模型整体通过了 sobel 检验，说明交易成本降低是互联网发展影响外资流入的部分中介，证实了互联网发展有助于提高市场和信息的透明度，节约获取有效信息的时间，进而降低交易成本吸引外资进入。第四列同时引入互联网发展指数和社会零售消费总额，这两个变量的系数也显著为正，且模型通过了 sobel 检验，说明消费扩张效应是互联网发展影响外资流入的部分中介，证实了互联网的确通过消费扩张效应引导外资进入。综上所述，交易成本降低和消费扩张效应的确是互联网发展提升外资吸引力的重要途径。

二、稳健性检验

1. 替换变量

为了保证回归结果的可信度，我们首先采用替换解释变量的方式进行稳健性检验。对于被解释变量，考虑到新增外资企业数量的变动幅度相对较小，可能低估互联网发展对外资区位选择的影响，为此我们进一步采用《中国城市统计年鉴》中的当年实际使用外资金额（ln$fdi2$）和样本数据中的企业投资总额（ln$fdi3$）表示外资流入的变动情况。

对于核心解释变量，我们进一步将变量进行占比和人均化处理，得到了信息传输、计算机服务和软件业就业人数占该地级市总就业人数比重、每百人互联网接入用户数、每百人移动电话用户数和人均电信业务量，运用熵值法重新合成了互联网综合发展指标（ln$inter2$）。另外，我们还运用主成分分析法重新对该指标进行了构造（ln$inter3$）。上述估计结果呈现在表 22 – 9 中，四列互联网发展指数的系数均为正且较为显著，与前文的估计结果一致，表明我们的估计结果具有良好的稳健性。

表 22 – 9   稳健性检：替换变量

变量	替换被解释变量		替换核心解释变量	
	当年新增实际利用外资	新增投资总额	熵值法 – 比重人均	主成分分析法
ln$inter$	1.647 * (1.88)	6.202 * (1.68)		
ln$inter2$			0.577 ** (2.02)	

续表

变量	替换被解释变量		替换核心解释变量	
	当年新增实际利用外资	新增投资总额	熵值法－比重人均	主成分分析法
ln$inter3$				0.828 *** (3.41)
ln$pgdp$	0.311 *** (4.50)	0.555 ** (2.05)	0.303 *** (6.51)	0.291 *** (6.28)
cy	−0.808 *** (−2.69)	0.297 (0.23)	0.221 (1.00)	0.174 (0.79)
tec	0.841 (0.51)	2.935 (0.39)	1.217 (0.94)	1.057 (0.81)
ln$wage$	−0.153 (−1.40)	1.055 ** (2.19)	0.076 (0.92)	0.078 (0.94)
lnjt	0.081 *** (3.22)	0.116 (1.09)	0.018 (0.98)	0.016 (0.88)
$open$	0.043 (1.48)	−0.003 (−0.02)	0.034 (1.51)	0.038 * (1.67)
观察值	3636	3456	3636	3636
R^2	0.046	0.221	0.169	0.171
地区固定	是	是	是	是
时间固定	是	是	是	是

2. 改变样本容量

考虑到样本中包含大量来源于港澳台地区的投资，这些资本可能是内地企业为避税进行的绕道投资，易导致估计结果偏误。因此，我们在表22－10第一列中去掉港澳台投资，对模型进行检验，估计结果显示系数的方向及显著性与前文一致。

表22－10　　　　　稳健性检验：删减样本、补充变量及内生性问题讨论

变量	改变样本容量	补充变量法		内生性分析	
	去掉港澳台投资	加入外资存量	加入税收变量	1984 年固定电话数量	1984 年邮局数量
ln$inter$	1.318 ** (2.03)	1.937 *** (3.34)	2.025 *** (3.17)	6.248 *** (3.29)	8.203 *** (3.48)
fdi_lj		1.220 *** (25.89)			

续表

变量	改变样本容量	补充变量法		内生性分析	
	去掉港澳台投资	加入外资存量	加入税收变量	1984年固定电话数量	1984年邮局数量
tax_fdi			−0.190 (−0.22)		
lnpgdp	0.168*** (3.54)	0.152*** (3.55)	0.289*** (6.23)	0.323*** (5.47)	0.310*** (5.14)
cy	−0.210 (−0.93)	0.194 (0.96)	0.186 (0.84)	0.300 (1.24)	0.266 (1.08)
tec	1.185 (0.89)	0.818 (0.69)	1.139 (0.88)	0.525 (0.39)	0.476 (0.35)
lnwage	0.011 (0.13)	−0.116 (−1.52)	0.075 (0.91)	−0.004 (−0.04)	−0.005 (−0.06)
ln*jt*	0.011 (0.57)	−0.018 (−1.06)	0.016 (0.90)	0.012 (0.59)	0.013 (0.62)
open	0.042* (1.80)	0.022 (1.06)	0.038 (1.64)	0.053** (2.21)	0.053** (2.19)
Anderson LM statistic				305.638 (0.000)	201.768 (0.000)
Cragg-Donald Wald F				342.008 (16.38)	216.414 (16.38)
观察值	3636	3636	3636	2918	2918
R^2	0.127	0.309	0.171	0.175	0.160
地区固定	是	是	是	是	是
时间固定	是	是	是	是	是

3. 补充变量

（1）加入外资存量。

我们运用新增外资企业数量衡量外资流入程度。当外资存量较高时，某些地区的引资能力可以趋于饱和，表现为新增外资企业数量减少，这可能低估互联网对外资的吸引力。因此，我们将外资存量引入模型中，重新估计。我们对所获取的微观企业数据进行处理，将1980年以来各地级市每年新增外资企业数目进行加总，得到该地级市的外资企业存量数据。代入模型（22.1）后得到表22−10的第二列，估计结果显示：互联网综合发展指数对新增外资企业数量的影响仍显著为正，说明现有外资尚未达到饱和状态，互联网发展对新增外资仍有显著的吸引力；外资企业存量这一变量的系数也显著为正，说明外商投资倾向存在路径依赖。

（2）加入税收变量。

税收政策是外资企业区位选择的重要影响因素之一，也是各级政府引资的重要手段，我们计算了省级层面外资企业所得税实际税率（tax_fdi），将该变量作为控制变量引入模型。外资所得税实际税率等于区域内部外商投资及港澳台投资企业的年度企业所得税税收总收入除以外资企业增加值。其中，外资企业增加值通过地区外商投资及港澳台投资工业企业资产占地区工业总资产比重与地区生产总值乘积计算获得。表22－10第三列显示，互联网发展指数的系数仍显著为正，但税收的系数为负，未通过显著性检验，说明税收优惠对外资的影响有限。其成因我们认为是随着我国经济向高质量发展转型，利用外资结构升级，各级政府对外资的税收优惠程度逐渐降低，且对优惠对象进行了规范等因素所致。

4. 内生性问题

若模型存在内生性问题，则会导致估计结果的偏误。考虑我们的核心解释变量互联网综合发展指数可能存在内生性问题，因为互联网综合发展指数与外资进入可能存在双向因果关系，即互联网综合发展指数可以促进外资进入，外资进入又会通过技术外溢等途径反向拉动互联网发展水平提升。基于此，我们采用面板工具变量法进一步控制内生性问题。在工具变量的选取上，我们分别构造了各城市1984年固定电话数量与滞后一期互联网综合发展指数（与时间有关）的交乘项和邮局的数量与滞后一期互联网综合发展指数（与时间有关）的交乘项，作为城市互联网综合发展指数的工具变量。

互联网出现以前，人们通过信件邮寄方式进行沟通交流，随着技术进步改为固定电话，邮局是固定电话铺设的执行部门（黄群慧等，2017），固定电话拨号上网也是互联网出现的起点。因此，选取邮局数量和固定电话作为反映互联网发展程度的工具变量满足相关性要求。随着信息技术的发展，互联网在全球快速渗透，固定电话和邮局在信息交流中的使用频率逐渐降低，对 FDI 的影响大幅度下降。因此，选取历史上各城市固定电话和邮局数量作为工具变量满足排他性要求。将工具变量与滞后一期互联网综合发展指数相乘，是为了避免固定效应导致变量被省略的问题。表22－10第四列和第五列分别报告了使用工具变量的估计结果，Anderson 正则相关性检验至少在1%的水平上显著，可以拒绝工具变量识别不足的原假设；Cragg-Donald Wald F 统计值至少大于该指标 Stock-Yogo 检验5%水平上的偏误值，因此可以拒绝存在弱工具变量的原假设，表明我们选择的工具变量是外生的，且为强工具变量。互联网发展水平的系数为正，且在1%的显著性水平上通过检验，这表明我们的核心结论得到了进一步验证。

第五节　研究结论与政策启示

我们以互联网和数字经济为研究切入点，采用熵值法和分别从投入与产出等角度，构建并测算反映互联网综合发展水平的代理变量，利用外资企业微观数据分析我国外资进入情况，然后运用双向固定效应模型，实证分析互联网对外资流入我国的影响，得到了以下结论：第一，我国对互联网的大规模投资建设显著地增加了外资流入规模。第二，从投资结构来看，互联网发展推动了高质量外资的进入。具体而言，互联网能够显著促进技术密集型制造业外资和信息技术服务业和科技服务业等七类技术含量相对较高的服务外资进入。第三，从投资区域来看，互联网发展能有效带动中西部地区和中小规模城市外资流入，但对东部地区和大城市未发挥显著的外资促进作用，这将有利于缩小我国地区间引资差距，优化我国利用外资的空间布局。第四，放松外资管制能够增强互联网对外资的吸引力。第五，基于作用机制的分析和中介效应检验结果，发现互联网通过交易成本降低和消费扩张效应两条路径促进外资进入。

稳定外商投资规模和提高外资利用质量是我国保持经济运行稳定的重要内容，也是推动经济向高质量发展的重要途径。鉴于以上研究结论我们得到的启示，主要有我国要进一步增强对互联网等信息化基础设施建设和信息技术的投入，提高现代信息网络的普及和应用，从而促进外资的保"量"提"质"。尤其是，针对研究中发现的互联网对制造业外资影响整体上暂不显著的特点，要进一步推动工业互联网发展，尽快补齐工业互联网等现代信息网络短板。要充分认识数字经济在重组全球要素资源、重塑全球经济结构、改变全球竞争格局中的重要性，加快突破数字关键核心技术，以互联网和信息化培育吸引外资新动能，努力打造具有国际竞争力的数字产业生态，为我国提高利用外资水平提供更有力的服务和支撑。

第四篇

生产性服务业与制造业互动融合发展的经济效应研究

第二十三章

生产性服务业与制造业互动
融合发展的就业效应

就业是民生之本、安国之策，牵动着社会发展的方方面面，在我国经济社会发展中占据极为重要的地位。改革开放以来，我国高度重视就业工作，坚持实施就业优先战略和积极的就业政策，在经济发展中注重经济增长与扩大就业良性互动，调整产业结构与提高就业质量互促共进，为保障和改善就业与民生，实现经济不断转型升级发挥了重要作用。

制造业服务化是生产性服务业与制造业互动融合发展的新模式、新形态。推进制造业服务化自然会对制造业就业产生多方面影响。尤其是当前面对世界经济格局演变新动向和我国经济发展新特点，我国的就业压力普遍加大，在这种情况下，研究制造业服务化对制造业就业的影响，并且基于我国制造企业的微观数据进行有关实证分析和异质性检验，具有重要的理论价值和现实意义。

第一节　文献综述

长期以来，就业是经济学研究中的重要命题，其中关于制造业就业国内外很多学者已从不同角度进行了富有成效的研究，形成了一大批成果。经过梳理，与本章研究直接相关的成果，可归纳为以下几个方面。

首先，许多学者探讨了技术进步或技术创新对制造业就业的影响，多数观点认为技术进步或技术创新会促进制造业就业。例如，拉亨迈尔和罗特曼（Lachenmaier & Rottmann，2011）通过对德国制造业企业动态面板数据的实证研究，发现技术创新会增加就业规模。祖尼加和克雷斯皮（Zuniga & Crespi，2013）通过对拉丁美洲国家制造业企业微观数据的实证分析，发现技术创新促进了企业就业增长。马弘等（2013）运用1998～2007年工业企业微观数据，研究发现1998～2007年，中国制造业内部同时存在就业创造与就业消失情况，但总体上就业净增长为正。因为在不同行业之间就业创造和消失之间具有显著的差异，消费品制造业是创造就业相对较多的行业，而传统制造业的就业消失相对最严重。关于这方面，也有学者得出与此不同的结论。何平和骞金昌（2007）通过对1998～2004年中国制造业大中型企业数据的实证研究，发现技术创新活动对就业没有影响或是产生负向影响。方建国和尹丽波（2012）的研究结果显示，随着劳动效率的提升，产业内部的确存在技术毁灭就业的情况；但从长期来看，技术创新对劳动力就业总量的影响并不显著，只有当大规模技术变革引起产业结构变动时，才会在短期内带来失业现象。杨浩昌（2016）等研究结果显示，现阶段我国科技创新能够显著促进制造业就业，但存在明显区域差异；我国科技创新对制造业就业的影响呈现倒"U"型曲线特征，即科技创新前半阶段会增加制造业就业，但到达一定门槛后，科技创新会对制造业就业产生负面影响，并指出目前我国科技创新对制造业就业效应正处于倒"U"型曲线的前半阶段。

其次，有许多学者分析劳动力价格或资本投入对制造业就业的效应。这些研究结果多数表明，工资水平、资本投入会增加制造业就业。张亚斌等（2006）通过对1980～2004年面板数据的实证分析，发现工资水平的上涨对中国制造业出口部门的就业产生显著的正向影响。王孝成和于津平（2010）的实证研究发现，无论是短期还是长期上看，人均实际资本存量对中国制造业就业的影响相对最大，而实际汇率变动及技术变迁对制造业就业的影响相对最小。但是，也有学者研究表明工资上涨会导致制造业就业人数的减少。刘刚和胡立（2012）通过对1999～2013年和2004～2010年制造业面板数据的实证研究，发现不管是整体还是分类回归，工资水平对制造业就业都产生负向影响。徐伟呈和范爱军（2017）研究发现，利率对就业的负向影响最显著，人民币贬值会拉动绝大部分劳动密集型制造业行业的就业增长。另外，高虹（2018）基于2004～2009年中国工业企业数据，发现产业集群对集群内企业就业产生了显著的促进作用，其促进效应主要来自企业数和企业平均就业规模的增长，并且这种就业促进效应没有以工资水平的下降为代价。

再次，还有不少学者探讨扩大对外开放对制造业就业产生的影响。格林威（Greenaway，1999）等以发达国家为样本的研究表明，扩大出口开放度显著地促进了制造业劳动生产效率的提高，进而对制造业的就业产生了显著的负面影响。但是，俞会新和薛敬效（2002）等以中国和其他发展中国家及转型国家为样本的研究却表明，提高出口开放度不仅没有对就业产生负面影响，而且无论在地区还是产业层面都显著增加了就业。毛日昇（2009）利用中国1999～2007年329个制造业面板数据，研究发现扩大出口规模和出口开放度都会促进制造业劳动需求增长，还发现增加出口开放度倾向于降低制造业劳动需求的价格弹性，从而有利于提升劳动者地位。权家敏和强永昌（2016）指出，提升进口渗透率在提高出口企业就业的同时，会更多地减少非出口企业的就业，因而导致相关行业企业的总体就业规模减小；而增加出口渗透率在提高出口企业就业的同时，没有显著减少非出口企业的就业，因而保证了行业内企业的总体就业增长。刘海云和廖庆梅（2016）研究发现，全球价值链参与度和全球价值链分工地位是影响中国就业结构的重要因素，其中如果全球价值链参与度和全球价值链分工地位越高，那么对中国对熟练劳动力的相对需求越大，这意味着在中国制造业就业中，熟练劳动力占比会增长。王磊（2017）等也探讨了中国制造业嵌入全球价值链对就业动向的影响，研究认为由于低技术劳动力仍是中国制造业就业的主体，因此在参加全球价值链分工中，制造业服务化会在相应环节出现就业"挤出效应"。

最后，在探讨制造业和服务业就业的相互影响方面，张川川（2015）、袁志刚和高虹（2015）等研究发现，制造业就业对服务业就业产生一定的乘数效应。李逸飞等（2017）研究发现，制造业就业与服务业就业之间存在相互促进关系。肖挺（2018）研究发现知识密集型服务业的发展有利于扩大制造业就业，而制造业的发展又促进了知识密集型服务业的发展，并由此产生良性循环。戴翔等（2019）采用WIOD提供的基础数据，研究发现来自国内的服务要素投入有利于提高制造业服务化程度，还促进了企业实现全球价值链攀升，但是来自国外的服务要素投入则不利于企业实现全球价值链攀升。罗军（2019）研究认为，制造业服务化是提升全球价值链分工地位的重要途径，有助于改善劳动力需求技能结构。杜传忠和金文翰（2020）利用中国投入产出表和行业面板数据，实证检验结果表明：制造业服务化对制造业总体及高技能劳动力就业规模扩大产生显著的促进作用；进一步，通过区分生产性服务要素投入及制造业技术水平的不同类型，发现制造业服务化的影响存在一定的异质性。刘斌和赵晓斐（2020）利用OECD投入产出数据和国际劳工组织数据，分析结果显示，总体而言制造业投入服务化对服务业女性就业具有显著的促进作用，其原因是制造业投入服务化使从事家庭生产的女性减少，从而导致服务部门的女性就业增加。

本章在既有成果基础上，首先就制造业服务化影响就业的作用机制进行理论分析，然后利用2000～2013年中国制造业微观企业面板数据，并结合全球投入产出数据库，实证检验制造业服务化对我国制造业就业产生的效应，并在此基础上进行进一步的异质性分析。本章余下部分安排为：第二节为理论分析和模型设定，第三节为变量的测度以及数据的处理，并进行基准回归分析；第四节为异质性拓展研究；第五部分为结论与启示。

第二节　作用机制和模型构建

制造业服务化基本表现为在制造业生产过程中服务要素投入占比的增长和产品产出中服务含量的增加，是制造业企业由以生产为中心转向以服务为中心演变和发展的过程。制造业服务化包括制造投入服务化和制造产出服务化两个方面，本章关于制造业服务化对就业影响的作用机制分析，主要立足于制造投入服务化视角。

制造投入服务化是指制造业中间投入从实物要素向服务要素逐渐转变的经营新模式、新业态。制造业服务化对就业影响的作用机制可归纳为对就业的"创造效应"和"破坏效应"两个方面。

首先，从就业"创造效应"上看，制造业服务化意味着企业将增加生产性服务投入占中间投入比重，这将有利于深化劳动分工，促进制造业企业设置更多新部门、新岗位，由此相应地增加对劳动力的需求。研究表明，制造企业这种经营模式的变化，有利于企业向全球价值链的上下游延伸，从而显著提升企业在全球价值链中的分工地位（刘斌等，2016），这反过来会进一步从更大范围促进制造企业对高技能劳动力的需求，从而产生更为显著的就业"创造效应"。不仅如此，这还会对就业结构的优化起到推动作用。

其次，从就业"破坏效应"上讲，制造业服务化的目标是推动企业技术进步、提高企业生产效率、改进企业经营绩效和提高竞争力。因此，企业在总产出不变的情况下，为降低劳动力成本开支，很可能减少劳动力投入。尤其是，近年来一些企业通过增加研发服务中间品投入，提高企业人工智能技术水平，从而对企业劳动力投入起到一定程度的替代作用（崔艳，2022），在这种情况下，造成了企业对于劳动力的需求压缩，客观上形成了制造业服务化对就业的"破坏效应"。

由此可见，制造业服务化影响就业的作用机制较为复杂，制造业服务化影响就业的结果存在不确定性。实际上，我们认为评估制造业服务化对就业的影响，还需要进一步考虑制造业中不同行业的特点和不同企业的特征，即需要进一步考察制造业中行业层面和企业层面的相关影响因素（见图 23-1）。具体而言，在行业层面，不同的制造业行业运营模式不同，服务化的途径和效应是不同的。比如，对低技术水平制造业行业而言，因这些企业大多以加工、装配等为主要生产环节，投入的服务要素也以技术要求较低的服务为主，因此，即使企业内部就业岗位因服务要素投入而发生变化，其原有员工也基本可以胜任服务化带来的部分新岗位。故此，低技术制造业服务化的就业"创造效应"通常会比较有限。但是对高技术水平制造业来说，因这些企业大多从事高技术产品开发和生产，其投入的服务要素以研发设计、金融等专业性较强、技术要求较高的服务为主。因此，高技术制造业服务化一般需要从企业外部招聘新的员工和在企业内部设置更多新的工作岗位，从而扩大企业就业规模。在企业层面，涉及的影响因素较多且更为复杂。相对而言，我们认为有两个因素尤为重要。一是企业规模。企业规模越大，往往自身的抗风险往往越强，企业为了占据市场竞争的有利位置，需要从单纯的生产环节向生产与服务环节并举的方向攀升，这使得企业必然加大服务要素投入。二是企业存续时间，即企业生存年龄。企业的存续年限越长，企业越有可能实现多元化生产经营，为此，为了满足完善自身的管理发展模式、扩张业务范围等需要，企业只得增加企业劳动力投入规模。

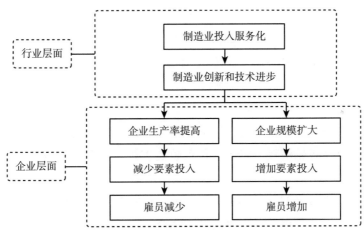

图 23 - 1　制造业投入服务化影响企业就业作用机制

综合以上分析，并参考毛日昇（2009）、杜传忠（2020）等学者的相关成果，我们构建以下制造业服务化对就业影响的计量回归模型。

$$\ln L_{ijt} = \beta_0 + \beta_1 Servitization_{jt} + \beta Controls + \nu_i + \nu_t + \varepsilon_{ijt} \tag{23.1}$$

其中，i、j 和 t 分别表示个体企业、企业所属行业和年份。L_{ijt} 为被解释变量，表示 t 年 j 行业 i 企业就业人数；$Servitization_{jt}$ 表示 t 年 j 行业的制造业投入服务化水平，为核心解释变量；$Controls$ 控制了一系列其他影响因素，如企业规模、资本产出比、企业年龄等；ν_i、ν_t 分别表示企业、年份固定效应；ε_{ijt} 为随机扰动项。为降低异方差与处理零值，我们对所有变量均加 1 之后取对数。另外，由于衡量制造业服务化水平所采用的为行业层面数据，而就业人数以及控制变量为企业层面数据，因此，考虑到统计误差存在低估的可能性，本模型使用行业聚类标准误进行纠正。

第三节　基准回归和稳健性检验

一、变量选择和说明

1. 被解释变量

在模型（23.1）中，被解释变量是企业就业人数，我们使用年末从业人员衡量就业人数来表示。数据来源是《中国工业企业数据库》，该数据库涵盖了 2000～2013 年期间中国工业企业相关数据。

2. 核心解释变量

制造业服务化水平是模型（23.1）的核心解释变量。对于制造业服务化的测算，我们参考顾乃华和夏杰长（2010）、刘斌（2016）等的做法，即分别使用直接消耗系数法和完全消耗系数法进行测度。测度结果如图 23－2 所示。其中，直接消耗是指生产性服务作为中间投入直接参与制造业的生产，直接消耗系数为服务投入占制造业生产总投入的比重；完全消耗是指生产性服务除了直接参与了制造过程，还间接参与了其他各轮消耗，完全消耗系数是直接消耗系数与间接消耗系数之和。因本书第七章中已有对直接消耗系数法和完全消耗系数法计算方法的说明，故此这里不再重复。在模型（23.1）的基准回归中，我们使用完全消耗系数作为核心解释变量，直接消耗系数是用于本章的稳健性检验。

3. 控制变量

（1）资本产出比（k/q）。该变量体现企业生产中对资本的依赖程度，同时因不同制造细分行业之间的资本产出比区分明显，所以该变量也在一定程度上反映企业所在的行业特征。我们用企业固定资产与工业总产值的比值来衡量，以控制单位产出所耗费资本对就业的影响。

（2）企业总产出（q）。企业总产出能够说明企业经营的规模经济效应情况，该变量数据我们使用 2000～2013 年各省份工业品出厂价格指数对企业工业总产值进行平减处理得到。

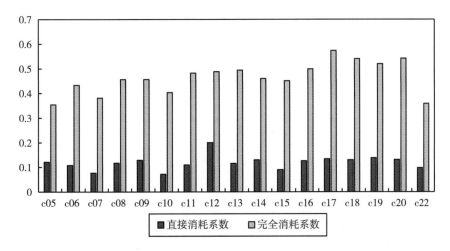

图23－2　2014年中国制造业细分行业服务化水平

注：行业代码 c05～c22 从左至右分别对应为：食品、饮料与烟草业，纺织、服装及皮革制品制造业，木材制造业，造纸业，印刷业，焦炭及成品油制造业，化学制品业，药品制造业，橡胶、塑料制品制造业，其他非金属及其制品业，基本金属制造业，金属制品业，计算机、电子与光学产品制造业，电气设备制造业，机械设备制造业，交通运输设备制造业（c20、c21合并为c20），家具及其他制造业。

资料来源：根据 WIOD 数据库计算整理。

（3）企业总资产（*Escale*）。企业总资产也是体现企业规模经营和行业特征的重要变量。企业总资产规模越大，通常所需要雇用的员工越多，因而需要引入企业总资产变量作为控制变量。

（4）企业年龄（*age*）。通常来说，企业的年龄即存续年限越久，雇用的员工越多。企业年龄我们以当年年份减去企业成立年份来计算。考虑到当年新成立的企业，企业年龄为零。因此，为消除零值影响，我们对所有企业年龄都进行加1处理。

（5）企业所有制类型。不同类型的所有制企业，企业发展战略和雇用员工方法也存在差异。因此，我们也将企业所有制类型作为控制变量。参考刘斌和王乃嘉（2016）等的方法，将外商资本金或港澳台资本金占比超过25%的企业作为外资企业或港澳台企业；国家资本金、集体资本金、个人资本金和法人资本金投入占比超过50%的企业，分别为国有、集体、私人和独立法人企业。

本章计量分析的原始数据，主要来自中国工业企业数据库、世界投入产出数据库（WIOD）和有关年份的《中国统计年鉴》，在此基础上我们根据研究需要，进行了大量的数据匹配和处理工作。表23－1描述了上述各变量的定义、测度方法及描述性统计值。

表 23-1   各变量定义、测度方法及描述性统计值

变量	含义	测度方法	均值	最小值	最大值
$\ln L$	从业人员的对数	年末从业人数	4.93	0	12.29
servitization	制造业服务化水平	完全消耗系数	0.33	0.24	0.43
$\ln q$	企业总产出的对数	工业总产值	10.26	-2.24	19.56
$\ln(k/q)$	资本产出比的对数	固定资产/工业总产值	0.26	-6.81	13.15
$\ln age$	企业年龄的对数	当年年份 - 企业成立年份 +1	2.09	0	7.6
$\ln Escale$	企业总资产的对数	企业总资产	9.97	0	19.45
state	是否为国有企业	国有企业为1，非国有企业为0	0.22	0	1
foreign	是否为外资企业	外资企业为1，非外资企业为0	0.25	0	1
corporate	是否为独立法人企业	独立法人企业为1，非独立法人企业为0	0.37	0	1
collective	是否为集体企业	集体企业为1，非集体企业为0	0.23	0	1
personal	是否为个人企业	个人企业为1，非个人企业为0	0.52	0	1
hkmt	是否为港澳台企业	港澳台企业为1，非港澳台企业为0	0.25	0	1

资料来源：作者统计整理。

二、基准回归结果和分析

表 23-2 报告了基于模型（23.1）和样本数据基准回归分析得到的结果。从表 23-2 中可以看到，在没有加入控制变量的情况下，制造业投入服务化的系数在 5% 的水平上显著为正。然后在此基础上，加入企业总产出、资本产出比、企业年龄和企业总资产等控制变量，结果显示制造业投入服务化回归系数依旧为正，并且显著性水平有所提高。这表示制造业服务化和制造业企业就业规模之间存在显著的正向关系，推进制造业服务化将扩大制造业企业就业规模。表 23-2 中第（3）列为仅引入企业所有制类型控制变量后得到的结果，可以发现回归系数和显著性水平与第（1）列大致相同。第（4）列是同时引入企业总产出、资本产出比、企业年龄、企业总资产、企业所有制类型等控制变量后得到的回归结论，可以看到此时制造业投入服务化系数为正并且通过 1% 显著性检验，制造业服务化对就业增加的促进没有变化。也就是说，就我国制造业总体而言，制造业服务化的就业"创造效应"明显强于"破坏效应"。

表 23 - 2   基准回归结果

变量	(1)	(2)	(3)	(4)
servitization	0. 630 ** (3. 08)	0. 764 *** (5. 63)	0. 610 ** (2. 98)	0. 761 *** (5. 60)
ln$q$		0. 377 *** (62. 21)		0. 378 *** (62. 37)
ln(k/q)		0. 101 *** (11. 31)		0. 101 *** (11. 27)
ln*age*		0. 0710 *** (20. 04)		0. 0686 *** (19. 63)
ln*Escale*		0. 0576 *** (13. 55)		0. 0566 *** (13. 43)
state			0. 148 *** (17. 68)	0. 0654 *** (12. 03)
foreign			− 0. 0675 *** (− 8. 67)	− 0. 0361 *** (− 6. 41)
corporate			− 0. 0899 *** (− 20. 15)	− 0. 00883 ** (− 2. 80)
collective			− 0. 0786 *** (− 16. 36)	− 0. 0168 *** (− 5. 01)
personal			− 0. 118 *** (− 23. 96)	− 0. 0211 *** (− 6. 00)
hkmt			− 0. 0604 *** (− 9. 09)	− 0. 0349 *** (− 6. 51)
企业固定效应	是	是	是	是
年份固定效应	是	是	是	是
观察值	2127826	2026778	2127826	2026778
R^2	0. 7659	0. 8313	0. 7679	0. 8314

注: * 、 ** 、 *** 分别代表10% 、5% 、1% 的显著性水平；括号内 t 值均经过 cluster 处理。本章以下各表同。

资料来源：作者计算整理。

在控制变量方面，表中结果显示企业总产出、资本产出比、企业年龄、企业总资产控制变量对就业的回归系数均为正，并且都通过 1% 显著性检验，这说明上述四个控制变量对制造业企业就业均产生积极的正向效应。其中，企业总产出、资本产出比的回归系数，明显大于企业年龄和企业总资产，这表示企业总产出、资本产出比变量对就业的促进作用，要大于企业年龄和企业总资产的影响。这些结论和一般理论预期相符。在企业所有制类型控制变量方面，国有企业的回归系数显著为正，而其他所有制类型企业回归系数显著为负。这也与现实情况一致，即和国有企业相比，外资企业通常实现全球化战略，包括独立法人企业、集体企业、个人企业和港澳台企业，一般在压缩劳动成本和减少劳动力需求上，更为主动和优先，力度也相对更大。

三、稳健性检验

在前面的基准回归中，核心解释变量制造业服务化水平是用完全消耗系数来表示。这里我们将核心解释变量替换为用直接消耗系数表示，结果如表 23 - 3 中第（1）列所示。另外，我们还借鉴许和连等（2017）的方法，通过制造企业微观层面数据对服务化水平进行重新测算，以进一步检验研究结论的稳健性。具体做法为：将企业的财务费用、管理费用与销售费用加总，并计算三种费用之和占工业总产值的比重。由于上述三种费用主要用于企业的教育、研发、运输、营销、金融等服务项目的投入，这些项目支出之和即为企业的服务支出，因此，该比重可作为衡量制造业服务化水平的新指标。我们将该指标作为新的核心解释变量，计量回归结果见表 23 - 3 中的第（2）列。从表 23 - 3 中可以看到，无论是以直接消耗系数作为新的核心解释变量，还是采用企业层面测算出来的服务化指标，结果都显示制造业投入服务化系数为正，并且都在 1% 水平通过显著性检验，从而验证了本章基准回归结果的稳健性。

表 23 - 3　　　　　　　　　稳健性和内生性检验回归结果

变量	(1)	(2)	(3)
	直接消耗系数	企业层面的测度	两阶段最小二乘法
servitization	1.466 *** (4.49)	0.293 *** (20.36)	4.205 *** (3.32)
ln*q*	0.378 *** (62.40)	0.245 *** (44.39)	0.401 *** (6.35)
ln(*k*/*q*)	0.100 *** (11.25)	0.0488 *** (5.74)	0.0915 (1.56)
ln*age*	0.0688 *** (19.58)	0.0911 *** (17.40)	0.0611 (1.53)

续表

变量	(1)	(2)	(3)
	直接消耗系数	企业层面的测度	两阶段最小二乘法
ln$Escale$	0.0565 *** (13.39)	0.147 *** (30.59)	0.0695 (1.79)
$state$	0.0653 *** (11.95)	0.0726 *** (8.98)	0.0348 (1.66)
$foreign$	− 0.0359 *** (− 6.41)	− 0.0293 *** (− 3.63)	− 0.0742 *** (− 5.47)
$corporate$	− 0.00905 ** (− 2.90)	− 0.0256 *** (− 6.05)	− 0.0495 *** (− 6.00)
$collective$	− 0.0172 *** (− 5.27)	− 0.0341 *** (− 7.45)	− 0.0387 *** (− 3.52)
$personal$	− 0.0213 *** (− 6.16)	− 0.0435 *** (− 10.23)	− 0.0574 *** (− 6.28)
$hkmt$	− 0.0348 *** (− 6.54)	− 0.0132 (− 1.79)	− 0.0701 *** (− 3.30)
企业固定效应	是	是	是
年份固定效应	是	是	是
观察值	2026778	1046366	1253096
R^2	0.8314	0.8197	0.3024

资料来源：作者计算整理。

四、内生性检验

由于前文的基准回归模型中控制了企业与年份固定效应，可解决部分因变量遗漏而产生的内生性问题；同时，由于解释变量与被解释变量选取维度并不一致，制造业服务化与企业就业规模之间产生内生性问题的可能性也较小。但考虑到企业层面的控制变量可能与就业规模产生逆向因果关系，比如企业规模越大、企业年龄越长，越有可能雇用更多的员工，进而进一步促进企业规模的扩大，使企业的存续年限越久。鉴于此，我们认为固定效应模型并不能解决全部的内生性问题。为此，我们借鉴刘斌和王乃嘉（2016）的做法，使用滞后一期的中国制造业投入服务化指数作为工具变量，进行两阶段最小二乘回归（2SLS）。表 23 - 3 中第（3）列显示了两阶段最小二乘回归的结果。可以看到，与上文中的基准回归结果一致。此外，为验证所选取的工具变量是否有效，我们先后对工具变量进行了识别不足检验（Kleibergen-Paap LM 检验）、弱工具变量检验（Cragg-Donald Wald F 检验）和过度识别检验（Hansen J 检验），结果显示上述检验均可以通过。这说明在两阶段最小二乘回归中，所选取的工具变量具有解释力、不存在弱工具变量，且所有工具变量均为外生的，从而再次验证前面得到结论的稳健性。

第四节 异质性拓展分析

一、服务投入类型和来源的异质性分析

在本章前面的实证分析中，对制造业投入服务化分析是将服务投入作为整体处理的。实际上，作为生产中间投入的服务要素，有很多类型，其功能也存在明显差异。为此，这里按照服务要素功能的不同，将服务要素投入细分为五个类型，即批发零售投入、交通运输投入、信息技术投入、金融服务投入、研发与商务服务投入等①。采用同样的计量回归方法，结果如表 23 - 4 所示。

表 23 - 4 不同类型服务投入和来源的异质性分析回归结果

变量	(1) 批发零售	(2) 交通运输	(3) 信息技术	(4) 金融服务	(5) 研发与商务	(7) 来自国内	(8) 来自国外
$servitization$	-0.0270 (-0.48)	0.214 *** (4.38)	0.0443 (1.49)	0.193 *** (4.36)	0.101 ** (2.94)	0.158 *** (3.43)	0.0525 * (2.58)
$\ln q$	0.378 *** (62.07)	0.378 *** (62.32)	0.378 *** (62.13)	0.378 *** (62.33)	0.378 *** (62.16)	0.378 *** (62.27)	0.377 *** (62.11)
$\ln(k/q)$	0.101 *** (11.17)	0.101 *** (11.26)	0.101 *** (11.29)	0.0997 *** (11.01)	0.100 *** (11.17)	0.101 *** (11.30)	0.100 *** (11.17)
$\ln age$	0.0682 *** (19.36)	0.0683 *** (19.37)	0.0682 *** (19.36)	0.0684 *** (19.69)	0.0688 *** (19.98)	0.0684 *** (19.39)	0.0688 *** (20.05)
$\ln Escale$	0.0567 *** (13.53)	0.0567 *** (13.51)	0.0568 *** (13.49)	0.0563 *** (13.48)	0.0566 *** (13.52)	0.0567 *** (13.44)	0.0566 *** (13.53)
$state$	0.0650 *** (12.05)	0.0652 *** (11.99)	0.0650 *** (11.93)	0.0657 *** (12.31)	0.0658 *** (12.33)	0.0648 *** (11.79)	0.0659 *** (12.41)

---

① 各个细分服务投入类型和 WIOD 数据库中的行业编码之间的对应，具体如下：批发零售投入包含 c28、c29、c30；交通运输投入包含 c31、c32、c33、c34、c35；信息技术投入包含 c39、c40；金融服务投入包含 c41、c42、c43；研发与商务服务投入包含 c45、c46、c47、c48、c49。

续表

变量	(1)	(2)	(3)	(4)	(5)	(7)	(8)
	批发零售	交通运输	信息技术	金融服务	研发与商务	来自国内	来自国外
foreign	−0.0367 ***	−0.0362 ***	−0.0364 ***	−0.0367 ***	−0.0369 ***	−0.0360 ***	−0.0369 ***
	(−6.67)	(−6.35)	(−6.35)	(−6.78)	(−6.72)	(−6.29)	(−6.76)
corporate	−0.00874 **	−0.00879 **	−0.00882 **	−0.00828 **	−0.00859 **	−0.00894 **	−0.00870 **
	(−2.86)	(−2.81)	(−2.77)	(−2.73)	(−2.76)	(−2.83)	(−2.79)
collective	−0.0159 ***	−0.0166 ***	−0.0163 ***	−0.0155 ***	−0.0157 ***	−0.0167 ***	−0.0158 ***
	(−4.83)	(−4.90)	(−4.74)	(−4.70)	(−4.65)	(−4.98)	(−4.69)
personal	−0.0210 ***	−0.0210 ***	−0.0211 ***	−0.0206 ***	−0.0208 ***	−0.0211 ***	−0.0211 ***
	(−6.06)	(−6.04)	(−5.91)	(−6.02)	(−5.96)	(−5.99)	(−5.98)
hkmt	−0.0355 ***	−0.0353 ***	−0.0352 ***	−0.0358 ***	−0.0357 ***	−0.0347 ***	−0.0357 ***
	(−6.80)	(−6.58)	(−6.43)	(−6.95)	(−6.76)	(−6.43)	(−6.80)
_cons	0.271	0.839 ***	0.511 ***	0.903 ***	0.624 ***	0.514 ***	0.620 ***
	(1.93)	(6.96)	(4.11)	(6.54)	(5.66)	(6.63)	(5.29)
企业固定效应	是	是	是	是	是	是	是
年份固定效应	是	是	是	是	是	是	是
观察值	2026779	2026779	2026779	2026779	2026779	2026779	2026779
R^2	0.2156	0.2160	0.2157	0.2159	0.2159	0.8314	0.8314

资料来源：作者计算整理。

从表 23 - 4 中可以发现，交通运输投入、金融服务投入、研发与商务服务投入的回归系数显著为正，表示加大交通运输投入、金融服务投入、研发与商务服务投入都能显著增加制造业就业规模，该结论和理论预期以及服务作为整体的计量结果一致。但是，批发零售、信息技术服务的回归结果没有通过显著性检验，这意味着在样本区间我国制造业加大批发零售服务投入、信息技术服务投入对制造业就业效应不显著。究其原因，我们认为与制造业服务化中批发零售服务和信息技术服务投入层次不高或结构不合理有关。

进一步，我们将制造业服务化中的服务投入，根据来源不同区分为国内服务投入与国外服务投入。通过测算我国制造业分别对来自国内与国外服务投入的依赖程度（完全消耗系数表示），继续进行计量回归分析。结果列于表 23 - 4 的第（7）和第（8）列。可以发现，首先无论是来自国内的服务要素投入还是来自国外的服务要素投入，都对就业产生积极影响。其次，和来自国外的服务投入相比，来自国内的服务投入对就业的效应，不仅显著程度高，而且回归系数大。这一方面说明我国制造业服务化在利用国内服务投入上已取得较好成绩，另一方面也体现了我国制造业在使用国外服务投入上还存在不足。

二、不同类型制造业和企业所在区域的异质性分析

技术层次不同的制造企业，其制造业服务化对就业产生的效应也会不同。为此，我们根据国家统计局 2017 年公布的《高技术产业（制造业）分类》，将所有制造业行业按照技术密度分为中低技术行业和高技术行业。[①] 计量结果如表 23 – 5 中第（1）列、第（2）列所示，可以发现，高技术水平制造业和中低技术水平制造业企业的服务化，都能对就业产生显著的促进作用。相对而言，中低技术水平制造业的显著性略高于高技术水平制造业，但是高技术水平制造业的回归系数略大于中低技术水平制造业，这说明高技术水平制造业服务化带来的就业增长更大。

表 23 – 5　　　　　不同技术密集度制造业和企业所在区域不同的异质性分析回归结果

变量	(1)	(2)	(3)	(4)	(5)
	高技术	中低技术	东部	中部	西部
servitization	1. 208 ** (2. 62)	1. 111 *** (5. 13)	0. 614 *** (4. 80)	0. 855 *** (3. 86)	0. 754 * (2. 35)
ln*q*	0. 379 *** (39. 52)	0. 379 *** (59. 05)	0. 363 *** (48. 56)	0. 347 *** (53. 45)	0. 257 *** (33. 15)
ln(*k/q*)	0. 106 *** (9. 04)	0. 0931 *** (8. 51)	0. 0632 *** (6. 64)	− 0. 0205 (− 1. 36)	0. 159 *** (12. 45)
ln*age*	0. 0874 *** (18. 83)	0. 0552 *** (15. 41)	0. 0806 *** (21. 55)	0. 0322 *** (7. 13)	0. 0720 *** (11. 67)
ln*Escale*	0. 0552 *** (9. 03)	0. 0531 *** (11. 08)	0. 0793 *** (16. 37)	0. 130 *** (16. 81)	0. 114 *** (14. 78)
state	0. 0852 *** (11. 87)	0. 0481 *** (7. 61)	0. 0542 *** (6. 82)	0. 0917 *** (6. 10)	0. 113 *** (6. 21)
foreign	− 0. 0531 *** (− 8. 82)	− 0. 0225 *** (− 3. 71)	− 0. 0268 *** (− 3. 85)	− 0. 0614 *** (− 3. 63)	− 0. 0250 (− 1. 20)
corporate	0. 00633 * (2. 11)	− 0. 0166 *** (− 5. 78)	− 0. 00461 (− 1. 03)	− 0. 0310 ** (− 2. 81)	− 0. 00101 (− 0. 09)
collective	− 0. 0129 ** (− 2. 63)	− 0. 0169 *** (− 4. 99)	− 0. 0165 ** (− 3. 18)	− 0. 0290 ** (− 2. 83)	0. 000486 (0. 03)

---

① 中低技术行业包括 WIOD 数据库中的行业 c5 ~ c16、c22 ~ c26，除去 c11、c12；高技术行业包括 c11、c12、c17 ~ c21。

续表

变量	(1) 高技术	(2) 中低技术	(3) 东部	(4) 中部	(5) 西部
personal	− 0.00673 (− 1.82)	− 0.0277 *** (− 8.75)	− 0.0156 ** (− 2.70)	− 0.0474 *** (− 4.64)	− 0.0141 (− 1.26)
hkmt	− 0.0538 *** (− 7.91)	− 0.0232 *** (− 4.18)	− 0.0254 *** (− 3.72)	− 0.0148 (− 0.85)	− 0.0226 (− 0.92)
企业固定效应	是	是	是	是	是
年份固定效应	是	是	是	是	是
观察值	795677	1403319	1466531	385569	174638
R^2	0.3917	0.3693	0.8307	0.8396	0.8541

资料来源：作者计算整理。

再从企业所在区域角度上看，我国幅员辽阔，不同地区的经济社会发展水平和服务业发展程度存在较大差异，因而在制造业投入服务化的就业效应上也有不同。我们按照企业所在地划分为东部、中部和西部三个子样本分别进行计量回归分析，结果如表23 − 5 中第（3）~（5）列所示。可以看到东部、中部、西部地区企业制造业投入服务化均对就业规模都有促进作用，其中中部地区的影响系数最高，但西部地区的显著性较弱。我们认为可能是和东部及中部地区相比，目前西部地区服务业发展整体水平较低等因素造成的。

第五节 研究结论与政策启示

当前，制造业服务化已成为各国制造业转型升级发展的重要方向。本章在分析制造业服务化影响就业的作用机制基础上，使用 WIOD 数据库测算了我国各制造业行业的投入服务化水平，然后使用 2000 ~ 2013 年中国工业企业数据库有关数据，对我国制造业企业服务化的就业效应进行了不同层面和多个角度的计量回归分析。

通过理论分析发现，制造业服务化影响就业的作用机制较为复杂，制造业服务化既可能对制造业就业产生就业"创造效应"，也可能造成就业"破坏效应"。因此，需要进一步结合制造业行业特征和企业层面的影响因素进行异质性分析。利用计量分析模型和基准回归实证检验，我们发现总体而言我国制造业服务化对就业产生显著的促进作用。通过替换核心解释变量和使用企业层面数据进行稳健性检验，并且采用两阶段最小二乘法进行内生性检验，结果都表明了以上基准回归结果的稳健性。研究结果还表明，企业总产出、资本产出比、企业年龄、企业总资产等控制变量对制造企业就业的回归系数均显著为正，这说明上述四个变量对我国制造业企业就业也均产生积极的正向效应。从企业所有制类型控制变量上看，在样本期内只有国有企业发挥显著的正向作用。

在异质性分析方面，我们研究发现加大制造业服务化中的交通运输投入、金融服务投入、研发与商务服务投入，都能显著增加我国制造业就业规模，这和理论预期一致。但是，批发零售、信息技术服务的回归结果没有通过显著性检验，这表明在我国制造业服务化中，批发零售服务和信息技术服务投入层次不高或结构不合理。进一步，根据来源不同将服务业区分为国内服务投入与国外服务投入，发现和来自国外的服务投入相比，来自国内的服务投入对就业的积极影响，不仅显著性高，而且回归系数大。这既显示了我国在利用国内投入上的成效，也折射出在使用国外服务要素投入上的不足。从不同技术密度和企业所在不同区域，研究发现高技术水平制造业和中低技术水平制造业企业的服务化，都能对就业产生显著的促进作用。其中，中低技术水平制造业的显著性略高于高技术水平制造业，而高技术水平制造业的就业效应强度更大。此外，和东部、中部地区企业相比，西部地区企业制造业服务化对就业的促进效应，相对较弱。

上述研究结论，为我国制定通过制造业服务化扩大和优化就业政策，提供了理论依据。鉴于"稳就业、保民生"一直以来都是我国政府工作的重要内容，为应对就业压力、扩大就业规模、提高就业质量，我国要进一步加快制造业投入服务化进程，积极提高企业服务投入水平。一方面，要加大制造业企业服务中间品投入，提高服务要素投入占总投入的比重，尤其是增加金融服务投入、信息与技术投入和研发与商务服务投入的占比，从而优化服务投入结构；另一方面，要聚焦增强制造业企业全产业链优势，提高企业在现代物流、采购分销、生产控制、运营管理、售后服务等领域的发展水平，重视批发零售服务和信息技术服务新模式、新业态在制造业服务化中的应用。要尽快破解各地特别是西部地区制造业服务化的各种制约因素，加快完善制造业投入服务化的市场环境，规范劳动资源市场化配置机制，从而更好地发挥制造业服务化对我国就业的积极影响。

第二十四章

长三角地区产业协同和区域一体化
对城乡收入差距的影响

区域一体化发展要求区域内实现产业协同发展、市场融合发展、公共服务均等发展，重点是取消区域内各种经济和非经济壁垒，降低交易成本，提高要素流动和产品贸易自由度，从而实现资源的优化配置。生产性服务业与制造业互动融合发展是促进区域内产业协作的重要途径，也是提高区域一体化发展水平的重要内容。

减少收入分配差距和推进共同富裕，是人民群众的共同期盼，也是社会主义的本质要求。改革开放以来，我国经济发展取得了举世瞩目的辉煌成就，不仅经济总量跃居世界第二，而且人均国民收入大幅增加，总体步入中等偏上收入国家行列。然而，当前我国还面临着收入分配结构不合理，特别是城乡居民收入差距过大的问题（刘伟等，2018）。在我国《长江三角洲区域一体化发展规划纲要》（以下简称《长三角一体化规划纲要》）中，中央明确要求长三角地区要加强区域内的产业分工协作，共同推动制造业高质量发展，合力发展高端服务经济，引导产业合力布局。同时也要求，长三角不仅要成为未来全国经济高质量发展的样板区，而且要在减少收入分配差距上为全国做出示范和表率。

本章在国内已有相关成果基础上，力图在以下方面进行拓展研究和做出边际贡献：（1）围绕产业协作互动和区域一体化对城乡收入分配差距影响，不仅从理论上探讨有关作用机制，而且结合长三角地区的实践进行实证分析。（2）不仅研究产业协作互动和区域一体化发展对长三角城乡收入差距的总体效应，而且通过对长三角城市类别的细分，进一步分析长三角产业协作互动和区域一体化对不同类型城市影响的异质性。（3）借助于计量模型和长三角面板数据，在计量分析长三角产业协作互动和区域一体化对城乡收入差距效应的同时，还考察了当地人均地区生产总值、产业结构、市场化和城市化等因素所发挥的作用。

第一节　产业协同和区域一体化对城乡收入差距影响的理论分析

长期以来，关于收入分配的理论研究，一直是学术界关注的重点和热点之一。其中，探讨城乡收入分配差距问题，更是吸引了众多学者的研究兴趣，并形成了比较丰富的研究成果。归纳起来，这些成果总体上可主要分为以下三类。

第一类是关于揭示经济发展与城乡收入差距变化关系的研究。库兹涅茨（Kuznets，1995）等认为，一个国家在经济发展过程中，由于存在城乡二元经济结构，因此，城乡收入差距会出现先扩大、后缩小，即呈现倒"U"型的基本规律。王小鲁和樊纲（2005）研究发现，改革开放以来我国城乡收入差距尽管变动趋势在数学意义上同样表现出库兹涅茨曲线特征，但认为经济发展并不必然带来收入差距先升后降的结果。李实和朱梦冰（2018）的成果表明，我国经济转型的前30年，收入差距持续扩大。但是近20年随着大量农村剩余劳动力流向城市打工，城乡收入差距扩大趋势已得到遏制。

第二类是关于影响城乡收入差距因素的研究。陆铭和陈钊（2004）的成果发现，城市化能显著缩小城乡收入差距；陈斌开和林毅夫（2013）的研究也得到了同样的结论。郑万吉和叶阿忠（2015）通过探究产业结构与城乡收入差距关系，认为产业结构升级在短期内会加剧城乡收入差距，长期则相反。周国富和陈菡彬（2021）的研究则证实了产业结构升级和城乡居民收入差距的非线性关系。杜鑫（2018）通过分析市场化对城乡收入差距的影响，发现发展非国有经济能减少我国城乡收入差距。万广华等（2005）的成果显示，对外贸易和利用外资对我国地区间收入差距的贡献显著为正，并且随着时间推移而增强。

第三类是关于产业协作互动和区域一体化发展对经济增长质量影响的研究。李雪松等（2017）利用长江经济带的实证分析，结果发现加强产业协作互动和区域一体化发展能提升长江经济带经济增长效率。蔡欣磊等（2021）的成果发现，长三角城市群的扩容能改善区域资本配置效率。邓慧慧等（2021）的研究显示，长三角扩容能推动城市群的产业升级。

收入和财富分配问题是经济学两大命题之一。一般认为，城乡二元经济结构是导致城乡收入分配差距的重要原因，而体制机制的不完善甚至城乡分割，是加剧城乡收入分配差距的重要因素。新中国成立后，由于实施重工业优先发展战略和采取"农业支持工业、农村服务城市"等政策，在我国曾经形成了一个典型的城乡二元经济结构。改革开放以来，一些地方片面地强调经济增长速度，甚至实行"政治锦标赛"式的激励模式，则进一步催生了城乡间、区域间的地方保护和行政分割，进一步拉大了城乡居民收入之间的差距。

产业协同和区域一体化发展是促进城乡协调发展的重要途径，也是减少城乡居民收入分配差距的重要手段。产业协作互动和区域一体化发展可以形成强大的集聚与扩散效应，并促进长三角在更大空间范围的产业结构升级和区域现代化进程。因此，从作用机制上看，推进产业协作互动和区域一体化发展对长三角城乡收入差距的影响，主要体现在以下三个方面。

其一，产业协同和区域一体化发展可以减少长三角地区产业同构和过度竞争导致的资源浪费。由于地方保护割断要素流动。这不仅直接损害了消费者利益，而且阻碍了资源空间配置效率的提升，影响生产要素的收益。目前，一方面伴随着高铁和互联网的快速发展，长三角地区进入深度同城化时代，另一方面区域内没有形成差异化的制造行业分工协作体系。例如，计算机与通信和其他电子设备制造业、电气机械和器材制造业、化学原料和化学制品制造业、汽车制造业和通用设备制造业等，是当前长三角地区内各个区域重点发展的优势行业。产业同构和过度竞争问题严重，催生了无效配置，也不利于长三角不同地区缩小收入差距。产业一体化发展通过消除区域内各种商品和要素流动的经济和非经济壁垒，促进区域统一大市场的形成，从而为区域内部资源配置的优化和效率提升、产业分工的细化和合理布局提供了条件。

其二，产业协同和区域一体化发展有助于长三角地区建立统一开放的区域大市场。通过有效的产业政策可以纠正一部分市场失灵，促进资源配置效率的提高和产业结构优化升级，促进高新技术产业的发展。特别是借助于产业协同和区域一体化发展，可以较快地实现对区域优质要素资源进行优化整合，即可以根据各地区的自然资源禀赋、基础设施、产业基础和市场条件等方面的优势，选择具有适当规模和发展潜力的产业进行重新布局和加强合作，以尽快打造产业国际竞争优势。例如，作为我国集成电路、人工智能、生物医药产业要素集聚，产业链完整，创新资源丰富的地区，长三角可以建设世界级产业集群为目标，促进产业链深度融合和产业一体化发展。在此基础上，进一步推进产业政策联动、产业链和产业集群共建，以及产业创新和升级合作、新型产业基础设施共建、"产学研"跨区域深度融合等。

其三，产业协同和区域一体化发展将促进长三角地区"产城人"融合发展。"产城人"融合的基本逻辑是："产人融合"是基础，即产业发展需要劳动力作为基础要素，而劳动者的生存发展需要通过产业提供就业来实现；"产城融合"是关键，即城镇发展需要产业提供生产动力，而产业发展需要城镇提供空间载体。长三角区域具备良好的"产城人"融合发展基础，不仅体现在部分城镇先试先行，在创办乡镇企业、打造产业园区、建设特色小镇方面积累了丰富经验和深刻反思，且在长三角区域一体化上升为国家战略背景下，"产城人"融合更迎来升级契机。包括：一方面长三角可依托跨区域产业合作，推进南北两翼产业带融合与飞地园区建设，继续走"以产促城"到"以城留人"的传统"产城人"融合发展路径；另一方面，长三角可突出以人为本的发展理念，通过包容性落户政策改革以及共享高品质社会公共服务，推进"以城聚人"到"以人兴产"的新型"产城人"融合发展路径。由于现代产业和高端产业一般首先诞生于经济发达地区和中心城市，这就使发达地区和中心城市的平均收入，往往会高于欠发达的农村地区。长三角这种产城人融合发展模式，通过加大城乡产业联动和融合，加快缩小城乡收入差距。

事实上，在改革开放之初，长三角就开始了产业协作互动和区域一体化发展探索。早在 20 世纪 80 年代初，随着国务院同意建立上海经济区，长三角就成立了包括长江三角洲城市经济协调会等机构，积极为长三角城乡间、区域间的经济合作搭建平台和营造环境，开始了自上而下和自下而上的各种跨区域合作模式创新。这阶段，长三角如雨后春笋蓬勃发展起来的各地乡镇企业，既为长三角地区农村工业化打下了基础，也为增加农民收入和减少城乡收入差距做出了贡献。其中，乡镇企业以"星期天工程师"形式聘请上海技术人才的异地兼职，可以说是当今长三角人才跨区域流动的雏形。特别是，从 20 世纪 90 年代开始，凭借自身区位优势和要素禀赋优势，长三角吸引了大批外商直接投资和跨国公司前来投资设厂。这些遍布长三角城乡各地的外资企业，以市场经济和参与国际大循环为导向，突破了各种行政和市场分割的传统束缚，既为长三角经济增长提供了新引擎，也为减少长三角城乡收入差距创造了新条件。

为进一步提高长三角一体化发展水平，我国先后于 2010 年和 2016 年出台了《长江三角洲地区区域规划》与《长江三角洲城市群发展规划》。尤其是作为国家重要发展战略，中央于 2018 年发布了《长三角一体化规划纲要》。在《长三角一体化规划纲要》的指引下，近年来长三角地区坚持目标导向、问题导向相统一，紧扣一体化和高质量两个关键词，不断推动长三角一体化发展取得新进展、新成效。

其中，在推进产业协同和区域一体化发展方面，长三角除了首创"三省一市"主要领导人座谈会、市长联席会议等制度以外，还专设了由沪苏浙皖有关部门共同组织的长三角区域合作办公室，以负责组织研究长三角区域产业协作互动和一体化发展中的重大问题，拟定促进产业协作互动和区域一体化发展相关规划和提出相关政策建议等。协同强化长三角科技成果转移和转化，促进科技联合攻关，努力推进长三角产业链补链固链强链，协同打造世界级新兴产业集群。为了积极促进区域间、城乡间的基础设施一体化建设，长三角还加大了对高速公路、城际铁路和机场航运等公共交通领域的投资，出行方式在经历了快速的建设发展期后，现在已实现了省际和城乡"无缝衔接"。在公共服务方面，长三角近年来深入推进医保一体化，持续推进社会保障卡"一卡通"，加强大气污染协同治理，积极完善应急协同管理体系等。目前，长三角"一小时经济圈"和"一日交流圈"不断扩散，农村到城市的可达性大幅提升，同城化效应日益显现，长三角一体化发展正在不断跃上新台阶。

第二节　产业协作互动和区域一体化及城乡收入差距的度量

改革开放以来，长三角地区无论在城镇居民人均收入还是在农村居民人均收入上，都长期领先于全国平均水平。以 2003 年为例，长三角城镇和农村居民的人均收入分别为 11022 元、4602 元，明显超出全国同年的 8472 元和 2622 元。2010 年长三角城镇居民和农村居民人均收入增加到 24482 元、9921 元，而同期全国平均值分别为 19109 元、5919 元。截至 2019 年，长三角城镇和农村居民人均收入已分别达到 55598 元和 25291 元，分别为全国同年平均值的 1.3 倍和 1.6 倍。

得益于城乡经济发展的相对均衡，长三角城乡收入差距也一直低于全国总体水平，并且自 2009 年以来呈现出连续下降态势（见图 24-1）。2003 年长三角城乡居民收入之比为 2.513，全国同年平均比值是 3.231。2010 年长三角城乡居民收入之比为 2.55，我国是 3.228。截至 2019 年，长三角城乡居民收入之比已降至 2.23，而同年全国的平均水平是 2.644。进一步，在长三角三省一市中，从 2010~2019 年上海市的城乡居民收入之比由 2.28 降至 2.22，江苏省从 2.52 减为 2.25，浙江省则由 2.42 降为 2.01，安徽省从 2.99 减至 2.44。换言之，在 2003~2019 年样本区间，安徽省的城乡居民收入差距的降幅最大，但浙江省的城乡居民收入差距平均值最低。

关于产业协作互动和区域一体化发展水平的量化评估，目前国内外尚未形成统一的标准和方法。鉴于产业协作互动和区域一体化发展的最终效果，都将在相当程度上体现在市场一体化维度上，同时也是基于数据可获得性的考虑，于是本章参考了帕斯雷和魏（Parsley & Wei，2001）的计算方法。即借助于各地居民消费价格指数，逐步测算出各地市场分割指数，然后通过适当技术处理从而获得评估产业协作

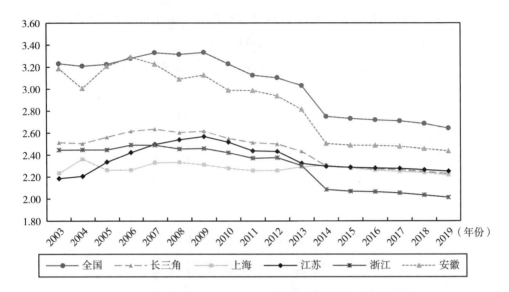

图 24 - 1 2003 ~ 2019 年全国及长三角地区城乡收入差距变动情况

资料来源：《中国统计年鉴》。

互动和区域一体化发展程度的量化指标。具体计算公式和步骤如下。

$$\Delta Q_{ijt}^{k} = \ln(P_{it}^{k}/P_{it-1}^{k}) - \ln(P_{jt}^{k}/P_{jt-1}^{k}) = \ln(P_{it}^{k}/P_{jt}^{k}) - \ln(P_{it-1}^{k}/P_{jt-1}^{k}) \quad (24.1)$$

其中，ΔQ_{ijt}^{k} 表示 t 时间 i 城市和 j 城市在 k 类商品消费价格的差分，P_{it}^{k}/P_{it-1}^{k} 分别表示 t 时间 i 城市在当期和滞后一期在 k 类商品消费价格指数；P_{jt}^{k}/P_{jt-1}^{k} 分别表示 t 时间 j 城市在当期和滞后一期在 k 类商品消费价格指数。为规避不同方向变化可能导致的偏差对测算 $var(\Delta Q_{it}^{k})$ 的准确性影响，我们将 ΔQ_{it}^{k} 取绝对值。

在上面计算基础上，我们进一步采用均值法以消除由于与特定类别居民消费价格指数相关的固定效应导致的偏差。即通过分别计算两个城市之间在各类商品消费的相对价格方差 $var|q_{it}^{k}{}_{ijt}|$，然后将各类商品居民消费相对价格方差求和取均值，以获得各个样本城市的市场分割指数。为克服数据偏小的问题，我们将所有市场分割指数的数值统一乘 10000 并进行对数化处理，此时获得的数值即为本章评估产业一体化发展程度的量化指标。该指标数值越小，表示该城市参与产业一体化发展的程度越高。

运用式（24.1）和长三角样本城市数据，我们测算了从 2003 ~ 2019 年长三角产业一体化发展指标数值。结果表明，这期间长三角产业一体化指标数值虽然有所波动，但是总体上呈现出明显的下降态势。也就是说，从 2003 ~ 2019 年长三角产业一体化的总体水平得到了不断提升、一体化程度总体上被持续推进。

第三节　计量模型和实证分析

一、模型构建、变量选取和数据来源

为了实证检验产业协作互动和区域一体化发展对长三角城乡收入差距的影响，根据本章前面的理论分析，构建如下实证计量分析模型：

$$Gap_{it} = \alpha + \beta inte_{it} + \gamma X_{it} + \varepsilon_{it} + \eta_i + \lambda_t \qquad (24.2)$$

其中，i 和 t 表示城市和年份，Gap 表示城乡居民收入差距，为被解释变量。$inte$ 表示产业协作互动和区域一体化发展程度，为核心解释变量。X 为控制变量，包括：经济发展水平（$pgdp$），以人均地区生产总值的对数值来表示；城市化水平（$cityrate$），以城镇人口占总人口的比值表示；市场化水平（sc），以非国有单位就业人数占就业总人数的比值替代；产业结构（str），用服务业增加值占地区生产总值比重表示。模型还控制了城市固定效应 η 和年份固定效应 λ，α 为常数项，β 和 γ 为变量对应的系数，ε 为随机扰动项。

在样本和数据来源方面，我们选取长三角三省一市中所有的 41 个地级市以上城市作为样本城市。由于其中六安市、池州市统计数据缺失较多，因此最后实际有效样本城市为 39 个。[①] 原始数据来自《中国城市统计年鉴》《区域经济统计年鉴》《安徽统计年鉴》《浙江统计年鉴》《上海统计年鉴》和江苏各地级市的统计年鉴及统计公报等。对个别缺失值，我们采用插值法补齐。样本时间为 2003～2019 年。有关变量的描述性统计见表 24 - 1。为避免多重共线性造成估计结果偏误，我们对上述变量进行多重共线性检验，发现方差膨胀因子 VIF 值介于 1.19 和 4.79 之间，说明变量之间的多重共线性问题处于可控范围内。

表 24 - 1　　　　　　　　　　　变量的描述性统计

变量	观察值	均值	标准差	最小值	最大值
Gap	663	2.340	0.462	1.026	4.252
$inte$	660	1.053	0.583	0.007	2.938

---

① 39 个样本城市具体是：上海、南京、无锡、徐州、常州、苏州、南通、连云港、淮安、盐城、扬州、镇江、泰州、宿迁、杭州、宁波、温州、嘉兴、湖州、绍兴、金华、衢州、舟山、台州、丽水、合肥、芜湖、蚌埠、淮南、马鞍山、淮北、铜陵、安庆、黄山、滁州、阜阳、宿州、亳州、宣城。

续表

变量	观察值	均值	标准差	最小值	最大值
pgdp	663	10.500	0.854	7.847	12.201
cityrate	663	0.525	0.177	0.102	0.896
sc	652	0.521	0.132	0.049	0.809
str	661	0.411	0.080	0.234	0.727

资料来源：作者统计整理所得。

二、模型基准回归和分析

基于模型（24.2）和应用长三角样本城市的面板数据，采用固定效应估计方法，得到的实证检验结果如表24-2所示。从表中可看到，在未加入控制变量的情况下，产业协作互动和区域一体化发展与城乡居民收入差距之间存在显著的正相关关系，并且在5%的水平上显著。这说明提高产业协同和区域一体化发展水平，能够显著缩小长三角城乡收入差距。逐步引入其他控制变量，可以发现产业协同和区域一体化的系数有所降低，但是产业协同和区域一体化发展对降低城乡收入差距的正向效应和显著性，都没有发生改变，从而显示了产业协作互动和区域一体化发展对减少城乡收入差距影响的稳定性。

表24-2　　　产业协同和区域一体化对城乡收入差距影响的基准回归

变量	(1)	(2)	(3)	(4)	(5)
inte	0.048** (2.11)	0.045** (2.02)	0.054** (2.54)	0.049** (2.30)	0.048** (2.23)
pgdp		-0.267*** (-5.83)	-0.174*** (-3.86)	-0.178*** (-3.90)	-0.161*** (-3.42)
cityrate			-1.129*** (-8.26)	-1.137*** (-8.30)	-1.119*** (-8.16)
sc				-0.234** (-2.58)	-0.228** (-2.52)
str					0.408* (1.68)
Constant	2.476*** (45.52)	5.006*** (11.44)	4.472*** (10.65)	4.622*** (10.68)	4.249*** (9.09)
样本数	660	660	660	649	649
R^2	0.554	0.577	0.620	0.617	0.619
个体固定	是	是	是	是	是
时间固定	是	是	是	是	是

注：***、**、*分别表示在1%、5%、10%水平上通过显著性检验；括号内为t值。

在控制变量方面，如表 24 − 2 所示，经济发展水平和市场化水平的回归系数为负，并在 1% 的水平上通过显著性检验，表明提高经济发展水平和市场化程度有利于缩小长三角城乡收入差距。城市化水平的系数也显著为负，说明推进城市化也可减少长三角的城乡收入差距。这些实证检验结果和理论分析预期相符。但是，表 24 − 2 显示，产业结构的回归系数显著为正，这意味着提升产业结构不利于减少长三角城乡收入差距。这折射出长三角在发展高端产业的同时，在如何强化高端产业的技术"溢出效应"和减少城乡收入差距方面，目前尚存有不足。

第四节　异质性分析和稳健性检验

一、样本异质性分析

考虑到长三角样本城市中，不同样本城市之间差异性很大。不仅城市的发展规模和区位特征区别明显，而且在享有国家一体化发展的政策上，时间也是有先有后。因此，本章首先以 2016 年《长江三角洲城市群发展规划》为依据，将列入 2016 年城市群发展规划的样本城市作为长三角核心区，其他则作为长三角扩容区。基于模型（24.2）和样本分组后的回归结果，如表 24 − 3 所示。从表 24 − 3 中第（1）列可看到，核心区的产业协同和区域一体化发展的回归系数为正，但没有通过显著性检验，也就是说核心区的产业协同和区域一体化发展对减少城乡收入差距的影响不显著。从第（2）列可发现，扩容区产业协同和区域一体化发展的回归系数为正且显著，这表明提高长三角扩容区的产业协作互动和区域一体化发展水平，能显著减少城乡收入差距。出现核心区实证分析结果与预期不符的原因，我们认为可能是核心区参与产业协作互动和区域一体化发展的时间较早，对缩小城乡收入差距比较容易释放的正向效应，在样本时间段之前已提前释放到位。而在样本分析区间，因深层次改革没有取得突破，导致了核心区对减少城乡收入差距的积极影响已不再显现。

表 24 − 3　　　　　　　　　　　　　分样本回归结果

变量	加入时间		区域空间结构	
	核心区	扩容区	中心城市	外围城市
intet	0.014 (0.65)	0.102 * (1.88)	− 0.003 (0.19)	0.045 * (1.80)
pgdp	− 0.126 *** (− 2.81)	− 0.040 (− 0.38)	− 0.513 *** (− 3.90)	− 0.119 * (− 2.29)

续表

变量	加入时间		区域空间结构	
	核心区	扩容区	中心城市	外围城市
cityrate	−0.848 *** (−6.40)	−1.266 *** (−4.17)	−1.096 *** (−2.97)	−0.987 *** (−6.51)
sc	0.041 (0.44)	−0.410 ** (−2.07)	0.621 * (2.02)	−0.265 *** (−2.72)
str	0.137 (0.60)	0.945 * (1.88)	0.500 (0.82)	0.165 (0.61)
Constant	3.841 *** (8.30)	3.179 *** (3.29)	7.716 *** (5.36)	3.964 *** (7.69)
样本数	410	230	84	5565
R^2	0.519	0.708	0.731	0.623
个体固定	是	是	是	是
时间固定	是	是	是	是

注: ***、**、* 分别表示在1%、5%、10%水平上通过显著性检验；括号内为 t 值。

其次，在综合评估各个样本城市的经济发展水平、城市级别和地理位置基础上，本章在样本城市中将上海、南京、杭州、苏州和合肥作为长三角的中心城市，其他则作为外围城市①。然后再次基于模型（24.2）和新的分组样本数据进行回归分析，结果如表24-3第三列和第四列所示。从第三列可看到，中心城市推进产业协同和区域一体化发展的回归系数为正，但未通过显著性检验；第四列的结果则表明，提高外围城市产业协同和区域一体化发展水平的回归系数为正，且在10%的水平上通过显著性检验。该结果和前面将长三角分为核心区与扩容区得到的实证分析结论一样，成因也相似，故此不再重复。

二、稳健性检验

1. 替换被解释变量

对城乡收入分配差距的测量，除了采用居民收入指标以外，泰尔指数也是常用的度量方法。因此，本章通过将模型（24.2）的被解释变量换用泰尔指数表示，以

---

① 长三角样本城市中，2018年地区生产总值前八名依次为上海、苏州、杭州、南京、无锡、宁波、南通和合肥；城市级别优先考虑直辖市和省会城市，具体包括上海、南京、杭州和合肥；地理位置以39个样本城市中两两地区的相对地理距离平均数加以计算，上海、南京、杭州、苏州和合肥在39个样本城市中处于前1/3距离较短的行列。

实现使用替换被解释变量法，对前面计量进行稳健性检验。泰尔指数的计算方式如下：

$$T_{it} = Y_{i,ut}/Y_{it}\ln\left[(Y_{iut}/Y_{it})/(R_{iut}/R_{it})\right] + Y_{irt}/Y_{it}\ln\left[(Y_{irt}/Y_{it})/(R_{irt}/R_{it})\right] \quad (24.3)$$

其中，T 为泰尔指数；Y_u、Y_r 和 Y 分别表示城镇总收入、农村总收入和地级市以上包括城镇和农村的总收入；R_u、R_r 和 R 分别表示城镇总人口、农村总人口和地级市以上包括城镇和农村的总人口，其他字母的含义同前。回归结果列于表 24 − 4 第一列和第二列。因表 24 − 4 中产业协同和区域一体化发展的系数仍为正并且在 10% 的水平上通过显著性检验，与前文的回归结果一致，这说明我们估计结果具有良好的稳健性。

表 24 − 4　　　　　　　　　　　稳健性检验结果

变量	替换被解释变量		缩尾处理		动态 GMM	
L. Gap					0.762 *** (108.75)	0.470 *** (34.43)
inte	0.096 ** (2.25)	0.067 * (1.77)	0.045 * (1.96)	0.047 ** (2.18)	0.119 *** (31.51)	0.019 *** (3.82)
pgdp		− 0.420 *** (− 5.12)		− 0.117 ** (− 2.56)		− 0.187 *** (− 11.96)
cityrate		− 1.973 *** (− 8.22)		− 1.113 *** (− 8.31)		− 0.136 ** (− 2.57)
sc		− 1.060 *** (− 6.70)		− 0.246 *** (− 2.70)		− 0.120 *** (5.70)
str		1.606 *** (3.79)		0.408 * (1.73)		− 0.220 *** (− 3.00)
Constant	2.512 *** (24.60)	7.027 *** (8.49)	2.475 *** (46.10)	3.890 *** (8.48)	0.412 *** (29.50)	3.284 *** (21.96)
样本数	660	649	660	649	621	611
R²	0.511	0.626	0.562	0.622	–	–
个体固定	是	是	是	是	–	–
时间固定	是	是	是	是	–	–

注：***、**、* 分别表示在 1%、5%、10% 水平上通过显著性检验；括号内为 t 值。

2. 缩尾处理

由于各变量的最大值和最小值之间存在较大的差异，为避免异常值造成的估计结果偏误，我们对数据进行 1% 的双侧缩尾处理，并且重新进行了回归。结果列于

表 24 - 4 第三列和第四列。因核心解释变量和控制变量的系数大小、方向及显著性水平均未发生显著改变，从而表明了回归结论的稳定性。

3. 内生性问题

考虑到当期城乡居民收入差距可能受上一期城乡居民收入差距的影响，本章继续将滞后一期的被解释变量引入模型中，运用系统 GMM 进行估计。系统 GMM 接受扰动项差分的二阶自相关系数为 0 的假设，同时接受所有工具变量都有效的原假设，因此通过了相关性检验和过度识别检验。估计结果报告如表 24 - 4 第五列和第六列所示。表中结果显示，滞后一期城乡居民收入差距的系数显著为正，说明当期城乡居民收入差距确实受上一期城乡居民收入差距的影响；产业协同和区域一体化发展的系数仍为正，且显著性水平与基准回归相同，说明这里估计结果具有较好的可靠性。

第五节　研究结论与政策启示

优化城乡收入分配结构和减少城乡收入差距，是长三角实施高质量发展的重要内容和目标。本章探讨了产业协同和区域一体化发展影响城乡收入差距的作用机制，度量了长三角产业一体化发展现状和城乡收入差距的变化趋势，通过构建计量分析模型和应用长三角样本面板数据，实证检验了长三角产业协同和区域一体化发展对减少城乡收入差距的具体效应。在此基础上，本章还进一步考察了产业协同和区域一体化发展对长三角不同类型区域影响的异质性。本章得到结论主要如下。

第一，长三角地区无论在城镇居民人均收入还是在农村居民人均收入上，都长期领先于全国平均水平。同时，得益于城乡经济发展的相对均衡，长三角城乡收入差距不仅一直小于全国总体平均，并且自 2009 年以来开始连续下降。改革开放后，长三角在推进区域一体化发展上进行了积极探索，已取得许多成效。经相关数据测算，发现 2003～2019 年虽有波动，但是长三角产业一体化发展水平已总体上呈现明显的上升态势。

第二，在长三角"三省一市"中，2003～2019 年浙江省的城乡居民收入差距平均值最小，安徽省的城乡居民收入差距降幅则最大。利用计量分析模型和长三角样本城市面板数据，实证分析结果表明，提高长三角产业协同和区域一体化发展水平能显著减少长三角城乡收入总体差距。研究还发现，增加人均地区生产总值、提高市场化程度和城市化水平，对缩小城乡居民收入差距也都产生积极影响。但是，提高产业结构的效应则是相反，这反映出当前长三角在提升产业结构的同时，在如何强化高端产业的技术"外溢效应"以及减少城乡收入差距方面，还有待进一步改进和完善。

第三，通过将长三角地区划分为核心区和扩容区，分组后的样本实证检验结果表明，提高核心区产业协同和区域一体化发展水平没有显著影响城乡居民收入差距。然而，提升扩容区的产业协同和区域一体化发展程度能显著缩小城乡居民收入差距。如果将长三角划分为中心城市和外围城市两部分，分样本后得到检验结果和区分为核心区与扩容区的结论基本一样。这意味着在样本分析区间，长三角扩容区和外围城市推进产业协同和区域一体化发展步伐较快；相反，核心区和中心城市因种种原因，进展有限。

根据以上结论得到的主要启示是：长三角应进一步加强产业协同和区域一体化发展，努力消除制约产业互动融合与区域一体化发展的各种体制机制障碍，坚持创新引领，通过设立更高层级的协调发展机构，综合集成各地的体制改革创新经验，创新产业一体化发展的创新融合发展体系。特别是要在加快核心区和中心城市深层次改革上取得突破。要通过降低制度性交易成本，促进要素在区域之间和城乡之间的自由流动，不断提高长三角的资源配置的效率。要建立区域间和城乡间产业协作体系，深化产业发展联动性。应扩大知识溢出和技术扩散，强化区域间和城乡间的融合发展。要加快现代产业新体系建设，加强长三角核心区和扩容区、中心城市和外围城市间更紧密地合作，通过引导上下游产业差异化布局，构建和完善区域内部产业链条。要抢抓产业数字化、数字产业化机遇，加强数字经济合作与交流，共同推进数字经济重大创新平台建设。要继续提升长三角经济发展和城市化、市场化水平，加强对农村财政和再就业培训的支持。要加快以人为核心的城乡综合配套改革，创造多元化的就业机会，推进公共服务体系和社会治理体系更加均衡化、便利化。要进一步扩大同城化效应规模，从而为长三角优化城乡收入结构和推进共同富裕，提供源源不断的新动力和新途径。

第二十五章

服务业与全球价值链分工演变研究

在国际经济学理论中，一般认为全球生产体系和分工格局主要是由要素禀赋和规模经济等因素决定的，并且制造业对全球分工格局起着决定性作用。然而，随着经济全球化和现代服务业的发展，国际分工格局不仅从传统的以产业或产品为界线演变为同一产品内不同生产环节或工序的专业化分工，而且服务业在其中占据越来越重要的地位。近年来，在数字经济推动下，生产性服务业与制造业加快互动融合发展更加快了全球分工格局的变化。鉴于当前全球价值链（Global Value Chains，GVC）分工是全球国际分工的重要形式，同时我国正在努力从全球价值链分工中低端向高端攀升，本章将从全球视角考察全球分工格局演变特征，解析服务业在其中的作用机制和主要影响。这不仅可充实丰富当前国际分工理论，而且有利于促进我国开放条件下的生产性服务业与制造业互动融合发展。

第一节　全球价值链分工中的一个重要现象

根据世界贸易组织（WTO）资料，当前服务业一方面作为全球价值链的重要组成部分，对分布于不同国家的价值链节点起着联结和黏合作用；另一方面以中间投入品形式，影响着全球价值链上各个生产环节的运行和附加值高低。服务业已贯穿从产品的设计研发、生产组装、质量控制，到物流运输、市场营销、品牌管理等全球价值链分工的各个环节。服务业特别是生产性服务业，已经成为决定全球价值链分工利益和分工地位的关键因素。目前，发达国家正是凭借本国发达的服务业，纷纷占据着全球价值链利益分工的高端地位，享有全球价值链分工的绝大部分利益。研究成果表明，在美国、英国等发达国家，服务业出口增加值占出口总值比重已经超过50%（见图25 – 1）。中国的服务业增加值占总出口比重相对较低，低于世界平均水平，与发达国家还有差距，说明中国服务业仍有较大发展潜力。进一步分析2016年世界主要国家出口国内增加值和总出口占全球份额发现，美国、日本等发达国家借助于本国服务业支撑，使其在世界出口国内增加值中的比重明显高于传统贸易统计的结果（见图25 – 2）。

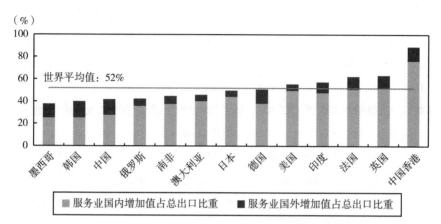

图 25 – 1　2011 年主要国家（地区）出口增加值中服务业占比

资料来源：作者根据 WTO-TiVA 数据库整理。

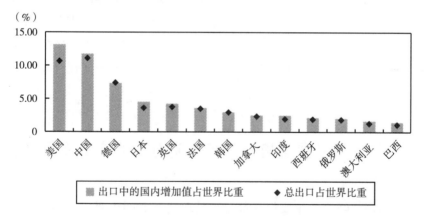

图 25 – 2　主要国家（地区）国内出口增加值和总出口占世界份额

资料来源：OECD TiVA 数据库。

全球价值链分工是国际分工新模式，也是当前国际经济研究领域的热点和前沿，近年来，围绕研究国际分工演变和全球价值链分工的成果众多。不过，其中直接探讨服务业对全球价值链分工影响的文献，相对较少。

在国外，迪尔多夫（Deardorff，1985）可能是最早用比较优势来解释服务业与国际分工的学者，而后马库森（Markusen，1989）借鉴 Dixit-Stiglitz 垄断竞争模型，考察了服务业作为中间投入品的差异性；琼斯和基尔兹科夫斯基（Jones & Kierz-kowski, 2001）"生产区段"（production block）和"服务关联"（service link），论述了服务业对形成跨国分段式生产网络形成的重要性。龙等（Long et al., 2005）探讨构建了服务业与价值链生产的完全竞争模型；诺达斯（Nordas, 2008）测算了 OECD 国家制造业出口中的国内服务增加值，并且发现生产性服务业效率越高的国家，制造业专业化水平越高；希姆（Sim, 2004）建立了开放小国的国际生产分工模型，发现服务外包作为中间投入能够有效协调制造业生产活动；库夫曼（Koopman, 2012）、王（Wang, 2017）等则主要是针对全球价值链分工的度量和测算，提出了具体方案。

在我国，顾国达和周蕾（2010）基于投入产出法，经研究发现我国服务业参与全球价值链分工程度相对偏低；唐海燕和张会清（2009）的研究显示，交通运输服务和金融服务能明显提高全球价值链分工地位；张艳等（2013）考察了我国服务贸易自由化对制造业生产率的效应；陈启斐和刘志彪（2013）分析了反向服务外包对中国制造业价值链提升的影响，研究发现发展反向服务外包能提高中国制造业参与全球价值链分工中的地位。

本章拟在已有成果基础上，深入探讨服务业对全球价值链分工的影响和作用机理，并在此基础上运用 OECD-WTO 增加值贸易面板数据，分别从全球价值链分工地位、全球价值链分工利益两个视角，实证检验服务业对当前全球价值链分工的影响。不仅如此，考虑到不同服务行业以及不同国家之间存在明显的异质性，我们还基于服务业异质性和国家异质性，展开进一步的实证计量分析和比较研究。

第二节　服务业影响全球价值链分工演变的作用机制

服务业是现代经济的主要组成部分，是现代产业的重要标志。根据功能的不同，联合国将服务业分为分配服务（如运输与储运、交通、批发与零售等）、生产者服务（如企业管理服务、金融、保险、房地产服务等）、消费者服务（如宾馆与餐饮服务、娱乐与消遣服务、个人服务等）、政府服务（包括公共服务和准公共服务产品）四个部分。据世界银行统计，2015 年服务业占高收入国家 GDP 比重已达74%，占世界 GDP 的平均比重也有 69%。当前，在新一代信息、人工智能等技术影响下，服务业内涵日益丰富、模式不断创新，正在成为引领现代经济增长和创新发展的主导力量。

　　根据国际经济学经典理论，国际分工格局主要取决于自然资源禀赋特征和技术水平上的差异。然而，在进入以全球价值链分工为代表的国际分工新阶段，随着一国参与国际分工已不再集中于某种产品的生产，而是更多地专注于产品价值创造过程中的某一工序或区段。因此，服务业不仅传统功能被大大强化，而且在全球价值链分工中，被赋予了更多、更关键的功能。

　　服务业是全球价值链分工得以形成和发展的基础和前提。全球价值链分工最基本的特点，是将处于不同国家的价值链上不同生产环节，有机地链接起来。服务业中诸如交通服务、物流服务、通信服务等，在全球价值链的不同生产环节之间起着纽带和流通作用，没有这些服务行业，全球价值链的生产区段分散化不可能形成，更谈不上发展。随着全球产业链分工的不断深化，先进和高效的服务业既促进分散化生产链接成本和交易费用的降低，又推动全球价值链的不断重塑和优化。

　　目前，服务业正成为决定全球价值链上生产环节增加值和竞争力的关键因素。一方面，包括研发服务、商务服务、金融服务等在内的生产性服务，具有高知识含量、高技术含量、高附加值等特点，它不仅能提高生产制造环节的效率，而且通过丰富制造业的服务内容，能不断拓展价值链增加值的增长空间。实际上，服务业已经成为当前全球价值链分工的关键节点和主要增值环节。另一方面，服务全球化加快和国际经贸规则的重构，不断增添服务业在全球价值链分工中的功能。例如，通过提高信息服务水平，能更好地消除全球价值链上不同环节企业间的信息阻隔，有助于企业间信息共享与协同运作，提高企业经营水平和全球价值链的运作效率；通过提高物流服务效率，能推动企业间工艺流程分工合作的深化，改进和优化全球价值链空间布局，提升企业生产率和增加值。

　　针对日益激烈的国际竞争，服务业还推动着全球价值链分工不断进行商业模式创新。在信息技术影响下，近年来服务业网络化、智能型、平台化和跨界融合态势日益明显。发达国家生产制造企业纷纷将自己的研发、设计、仓储、营销等服务职能逐渐分离出去，通过将原先由公司内部承担的服务流程活动，以外包形式改由外部的专业服务公司提供，以提高自身核心竞争力。这些新型商业模式使制造生产环节对外部服务市场的依赖程度更高。服务业正越来越成为向价值链生产制造活动注入技术、知识、信息等优质生产要素的"飞轮"。包括，通过研发服务外包，可以更充分地利用外部科技资源和研发力量；通过金融服务外包，能帮助企业缓解资金流动性约束，降低交易成本，实现企业技术创新的可持续发展。利用分销服务外包，可更精准地围绕目标顾客个性化需求，及时改进分销服务模式和渠道，不断扩大产品市场规模。

从总体上看，当前全球价值链分工的不同区段，所嵌入服务内容的重点有所不同。其中，对处于上游的生产环节，引入的重点是研发服务和人力资源服务等；在价值链中游，重点是通过生产业态创新服务、商务服务、质量控制服务等，以促进企业核心竞争力的提升；在价值链下游，主要是物流服务、售后信息服务等，以提高产品市场竞争力。

关于服务业在全球价值链中的作用，世界银行在 2017 年 7 月发布的《全球价值链发展报告》中进行了归纳和总结。该报告指出，服务业在当前全球价值链中的功能，可以归纳体现在以下三个方面：（1）随着运输物流的发展和通信技术的变革，服务业作为纽带将跨国性的分段式生产环节联系起来，加快了全球价值链的形成。（2）服务作为企业外部要素投入（outsourced inputs），包括通过 FDI 和商务服务人员聘用以及数字化交易等，推动全球价值链的发展。（3）服务作为企业内部要素的投入（in-house inputs），促进制造企业参与到全球价值链分工中。

因此，服务业对全球价值链分工的影响和作用机制，归纳起来主要体现在以下几个方面。

第一，专业化分工和规模经济效应。无论是服务业还是全球价值链的形成和发展，都是生产分工深化的产物，而专业化分工带来的效率提升和规模经济效应，是驱动分工不断深化的内在根本动力。从制造企业角度看，通过外购服务作为生产的中间投入品，可保证企业将有限的内部资源，能更好地集中在体现核心优势的关键环节上，并在关键环节业务上赢得更可观的规模经济效益。从服务企业角度讲，从制造业内部有效剥离出去的生产性服务产品，可在专业化服务业企业得到更好的专业化生产，并获得更大的规模经济效应。

第二，竞争和效率提升效应。与传统生产模式和国际分工格局相比，全球价值链分工引入了更多国内外市场竞争。在市场机制作用下，市场竞争加剧必然驱动各种要素和中间投入品价格下降，从而降低全球价值链运行成本。市场竞争加剧还将刺激服务企业开发更多和更为优质的服务产品，从而提高全球价值链有关环节的增值能力。特别是对于广大发展中国家来说，通过对外开放和参与全球价值链分工，可以有机会引进和利用更多国外优质服务资源，包括先进的知识资本、技术资本和人力资本等，从而不断提升本国在全球价值链中的分工地位和获利能力。

第三，优势叠加和集聚效应。为了更好地抓住新一轮科技产业革命带来的机遇，世界各国纷纷加快本国产业转型升级，各种创新不断。服务业根据制造业价值链不同环节的需求，将服务的创新要素、创新模式不断融入制造业的全过程，这自然会形成制造业和服务业的优势叠加效应和集聚效应。有研究成果已发现，生产性服务业集聚与制造业升级之间，存在高度关联、协同与融合促进的内在关系。[①]

依据以上论述和分析，本章得到以下命题。

H25.1：服务业发展水平和该国全球价值链分工利益之间，存在正向的正相关关系；服务业发展水平越高，该国在全球价值链分工中的获取利益规模越大。

H25.2：服务业发展水平显著影响该国全球价值链分工地位，一国服务业水平发展越高，该国在全球价值链中所处分工地位越有利，向高端攀升的能力也越强。

H25.3：不同服务行业对全球价值链分工的影响，存有差异性，优化服务业结构将提高一国参与全球价值链的分工地位和分工利益；对于不同类型的国家，服务业对其全球价值链分工的影响，也不尽一致。

第三节　服务业影响全球价值链分工演变的实证分析

一、计量模型及数据说明

为了全面和深入考察服务业对全球价值链分工的影响，我们选取全球价值链的分工利益和分工地位两个视角，来评估一国参与全球价值链分工的状况。前者表示一国在参与全球价值链分工中所获利益的大小，后者体现一国在参与全球价值链分工中，嵌入的价值链位置特征。这两者之间既有相关性，但是又不完全一致。一般来说，在全球价值链中所处的分工地位越有利，所获得的分工利益越多。

根据前面对服务业影响全球价值链分工的理论分析，同时参考约翰森和奥拉贝里亚（Johansson & Olaberria，2014）的研究方法，建立以下计量模型：

$$GVC\_Index_{it} = \alpha_0 + \alpha_1 Service_{it} + \alpha_2 X_{it} + v_i + v_t + \varepsilon_{it} \qquad (25.1)$$

其中，控制变量 X_{it} 的集合为：

$$X_{it} = \gamma_1 Hum_{it} + \gamma_2 K/L_{it} + \gamma_3 Tariff_{it} + \gamma_4 FDI_{it} \qquad (25.2)$$

其中，$Gain\_Index_{it}$ 分别用 i 国 t 年的全球价值链分工利益指数（GVC_c_{it}）和分工地位指数（GVC_s_{it}）来表示。我们参考和使用王（Wang，2017）的测算方法，对其

[①] 刘奕，夏杰长，李垚. 生产性服务业与制造业升级［J］. 中国工业经济，2017（7）：24－42.

中全球价值链分工利益指数的测算，是直接用一国的出口国内增加值表示；对全球价值链分工地位指数的评估，是用一国在全球价值链分工中的前向生产长度和后向生产长度之比来表示；该分工地位指数越高，表明在全球价值链分工中，一国所处位置相对地越靠近上游，越处于相对比较有利的地位。运用 2014 年 WIOD 数据库数据，我们测算后发现，目前发达国家的全球价值链分工地位指数，普遍高于发展中国家。式（25.1）中的核心解释变量（$Service_{it}$）是指一国的服务业发展水平，用经过平减指数修正过的服务业增加值占总产值比重表示。v_i、v_t 分别表示国家和年份特定效应，ε_{it} 表示随机扰动项。

借鉴其他有关全球价值链分工的研究成果（Balswin，2016；Timmer，2014），并且考虑计量检验结果的稳健性，本章计量分析中还选取如式（25.2）所示的多个控制变量，具体如下。

（1）要素禀赋结构（K/L_{it}）。要素禀赋结构是影响一国产业结构和专业化分工模式的重要因素（Johansson，2014），它必然也会影响该国参与全球价值链分工状况。我们使用各国资本和劳动的比值作为衡量一国要素禀赋结构的指标，其中 K 以 2010 年不变价美元计算的固定资产形成总额表示，L 以参加就业职工人数表示。

（2）人力资本（Hum_{it}）。很多研究表明，一国人力资本是决定该国比较优势和国际分工的重要方面（Grossman & Maggi，2000）。我们采用受高等教育（tertiary）人数占总人口的比重来表示。

（3）外商直接投资（FDI_{it}）。外商直接投资是当前全球价值链的形成与发展重要载体，是全球价值链分工中的主导力量。因此，分析全球价值链分工，理应引入外商直接投资作为控制变量。

（4）贸易成本（$Tariff_{it}$）。贸易成本是跨国公司进行全球价值链分工布局考虑的重要因素，并且在全球价值链分工中，许多贸易成本存在成本放大效应现象（Koopman，2012；OECD，2014）。从理论上讲，贸易成本应该包括关税和非关税壁垒两部分，但是，限于数据可获得性，我们仅选择关税作为衡量贸易成本的指标。

应用模型（1）进行实证分析涉及的各个解释变量、被解释变量具体符号、含义、数据来源和说明详见表 25 - 1。表 25 - 1 中还包括了后面考虑服务业异质性所做的实证检验所需变量，如物流服务（Logs）、信息服务（ICTs）、金融服务（Fins）、商务服务（Buss）、研发服务（Rads）等。

表 25 - 1   变量定义和数据来源

	变量名	含义	单位和数据来源
因变量	GVC_c	全球价值链的分工利益指数采用出口国内增加值率表示	WIOD 数据库
	GVC_s	全球价值链的分工地位指数采用一国在价值链位置表示	%，WIOD 数据库
主要解释变量	Ser	服务业增加值占总产值比重	%，世界银行
	Logs	物流服务业增加值占总产值比重	千分之一，WIOD 数据库
	ICTs	信息服务业增加值占总产值比重	
	Fins	金融服务业增加值占总产值比重	
	Buss	商务服务业增加值占总产值比重	
	Rads	研发服务业增加值占总产值比重	
控制变量	K/L	要素禀赋结构，资本和劳动的比值	世界银行
	Hum	人力资本	%，世界银行
	FDI	FDI 流入存量	美元，UNCTAD，进行了平减处理
	Tar	关税税率	%，世界银行

资料来源：作者整理。

本章实证检验的数据样本区间是 2000～2014 年来自 42 个国家的跨国面板数据[①]。其中，被解释变量的指标数据，采用 WIOD 数据库 2016 年的更新数据。考虑到不同变量水平值的明显差异和为了消除异方差，我们对解释变量和被解释变量数据，全部按取对数处理。有关样本数据的描述性统计见表 25 - 2，从该表中可以看到，有关样本数据比较稳健。

表 25 - 2   样本数据描述性统计

变量	样本量	均值	标准差	最小值	最大值
lnGVC_c	633	3.341	0.375	1.398	4.202
lnGVC_s	645	0.017	0.012	0.000	0.063
lnSer	613	4.199	0.140	3.684	4.473
lnSp	599	6.126	0.865	3.440	7.784
lnSe_t	645	0.255	0.089	0.045	0.590
lnSe_m	645	0.171	0.074	0.029	0.472
ln$Logs$	630	2.830	0.705	0.756	4.633

[①] 澳大利亚、奥地利、比利时、加拿大、瑞士、塞浦路斯、捷克、德国、丹麦、西班牙、爱沙尼亚、芬兰、法国、英国、希腊、匈牙利、爱尔兰、意大利、日本、韩国、卢森堡、马耳他、荷兰、挪威、葡萄牙、斯洛伐克、斯洛文尼亚、瑞典、土耳其、美国、保加利亚、巴西、中国、克罗地亚、印度尼西亚、印度、立陶宛、拉脱维亚、墨西哥、波兰、罗马尼亚、俄罗斯。

续表

变量	样本量	均值	标准差	最小值	最大值
ln$ICTs$	630	1.723	0.905	-0.642	4.035
ln$Fins$	630	2.189	1.002	-0.654	5.591
ln$Buss$	585	2.086	0.898	-1.594	4.065
ln$Rads$	630	1.001	1.089	-2.763	2.693
ln$Size$	630	26.656	1.715	22.689	30.417
ln(K/L)	630	9.234	0.873	6.212	10.782
lnHum	549	3.933	0.505	2.031	4.766
lnFDI	620	11.316	1.580	7.433	15.216
lnTar	605	0.612	0.652	-0.994	3.273

资料来源：作者整理。

二、服务业影响全球价值链分工利益的实证结果

服务业内部行业众多，并且相互特性各异。本章这部分仅考察服务业作为整体对全球价值链分工的影响。应用模型（25.1）和有关样本数据，以全球价值链的分工利益指数作为被解释变量，将服务业发展水平作为核心解释变量，然后依次纳入其他控制变量进行回归分析；选择静态面板数据方法，对上述计量方程进行估计时采用固定效应模型，结果如表 25 - 3 所示。

表 25 - 3 服务业对全球价值链分工利益影响的回归结果

变量	(1)	(2)	(3)	(4)	(5)
lnSer	7.132*** (0.483)	2.143*** (0.440)	3.594*** (0.375)	2.243*** (0.375)	1.962*** (0.375)
lnHum		1.531*** (0.0755)	0.966*** (0.0724)	0.726*** (0.0727)	0.626*** (0.0730)
ln(K/L)			0.804*** (0.0524)	0.682*** (0.0503)	0.658*** (0.0500)
lnFID				0.216*** (0.0233)	0.170*** (0.0232)
lnTar					-0.314*** (0.0388)
Cons	-18.70*** (2.027)	-3.943** (1.696)	-15.16*** (1.579)	-9.822*** (1.563)	-7.369*** (1.615)

续表

变量	(1)	(2)	(3)	(4)	(5)
F	218.4	389.3	459.8	417.3	356.1
R^2	0.277	0.610	0.735	0.773	0.793
时间固定效应	Y	Y	Y	Y	Y
国家固定效应	Y	Y	Y	Y	Y

注：实证结果由 Stata 14 计算并整理得出。括号内是 t 值，***、**分别表示1%、5%的显著性水平。

从表25-3中可以看到，从第（1）至第（5）列虽然在依次纳入其他控制变量后，服务业发展水平的系数估计值有所变化，但其与全球价值链分工利益之间的正相关关系，没有改变，且均在1%的水平下显著。这表明：提高服务业发展水平对增加全球价值链分工利益，具有明显促进作用。这与理论分析所提出的命题，完全相符。

其次，就控制变量的影响而言，从第（2）至第（5）列的回归结果可以看到，人力资本的系数估计值为正，且在1%的水平下具有显著性。这意味着增加人力资本能够显著增加一国全球价值链分工利益。第（3）至第（5）列的回归结果表明，资本劳动比的系数估计值为正，且1%的水平下显著，这说明在一国要素禀赋中，如果资本相对禀赋越多，该国在全球价值链分工中所获利益越大。从第（4）和第（5）列回归结果还可以看到，外商直接投资变量的系数估计值为正，且在1%的水平下显著。这表明扩大外商直接投资规模，有助于增加一国全球价值链的分工利益。也就是说，尽管外商直接投资对东道国的影响，当前在理论和实证研究领域还颇具争议，但就本章的回归结果而言，外商直接投资对于增加一国全球价值链分工利益，产生正向的有利效应。第（5）列的关税税率变量的系数估计值为 -0.314，且1%的水平下显著，这说明增加关税负担，将显著地减少一国在全球价值链中分工利益。这与库夫曼（Koopman，2014）的研究结论一致，库夫曼（Koopman，2014）指出，由于全球价值链分工下一个产品的生产流程，会经历多次跨国运输和被征关税，因此，应该通过减少关税来提升一国的全球价值链分工利益。

三、服务业影响全球价值链分工地位的实证结果

我们继续应用模型（25.1）和有关样本数据，同样以服务业发展水平作为核心解释变量，然后依次纳入其他控制变量进行回归分析，以考察服务业对全球价值链分工地位的影响。具体计量分析结果，见表25-4。

表 25 – 4 服务业对全球价值链分工地位影响的回归结果

变量	(1)	(2)	(3)	(4)	(5)
lnSer	0.0121 ** (0.00491)	0.0107 ** (0.00485)	0.0165 *** (0.00601)	0.0234 *** (0.00650)	0.0187 ** (0.00743)
ln(K/L)		0.00318 *** (0.000723)	0.00381 *** (0.000811)	0.00458 *** (0.000878)	0.00407 *** (0.000992)
lnFID			– 0.000634 * (0.000371)	– 0.000543 (0.000405)	– 0.000557 (0.000460)
lnTar				0.00188 *** (0.000690)	0.00183 ** (0.000769)
lnHum					0.00142 (0.00145)
Cons	– 0.0331 (0.0206)	– 0.0569 *** (0.0210)	– 0.0796 *** (0.0253)	– 0.118 *** (0.0286)	– 0.0976 *** (0.0320)
F	6.034	12.77	9.374	9.000	5.983
R^2	0.110	0.132	0.124	0.128	0.186
时间固定效应	Y	Y	Y	Y	Y
国家固定效应	Y	Y	Y	Y	Y

注：实证结果由 Stata 14 计算并整理得出。括号内是 t 值，***、** 和 * 分别表示 1%、5% 和 10% 的显著性水平。

从表 25 – 4 第（1）至第（5）列可以发现，与实证检验服务业对全球价值链分工利益影响的结果类似，虽然在依次纳入其他控制变量后，服务业发展水平的系数估计值有所变化，但是，其与全球价值链分工结构之间的正相关关系，没有改变，且至少在 5% 的水平下显著。这说明提高服务业发展水平，将显著地提升该国的全球价值链分工地位。这与我们的理论分析所提出的命题，也是完全一致。

再看控制变量影响方面，第（2）至第（5）列的回归结果显示，资本劳动比的系数估计值为正，且在 1% 的水平下显著。换言之，提高一国要素禀赋中资本禀赋的相对值，会提升该国在全球价值链中的分工地位。第（4）和第（5）列的回归结果表明，关税的系数估计值为正，且至少在 5% 的水平下具有显著性，这与关税对全球价值链分工利益影响的实证结果相反。可能的解释是，由于增加关税提高了一国进口国外中间品的成本，并且促进了本国中间品的供给，从而导致该国价值链分工地位的上升。值得注意的是，从第（3）至第（5）列的回归结果可以看到，外商直接投资变量的系数估计值，没有通过显著性检验。这与前面外商直接投资对全球价值链分工利益影响的检验结果，不相一致。这意味着，外商直接投资虽然能为东道国带来全球价值链分工利益，但是，在提升东道国全球价值链分工地位上，外商直接投资的功能不显著。

第四节　基于服务行业和国家异质性的拓展分析

一、基于服务业异质性的进一步实证分析

根据不同服务行业的基本特性和数据的可获得性，我们从众多服务行业中选择了物流服务、信息服务、金融服务、商务服务和研发服务等，作为进一步考察服务业异质性影响的五个代表性服务行业。应用模型（25.1），并且分别将物流服务、信息服务、金融服务、商务服务和研发服务作为核心解释变量，然后纳入人力资本、要素禀赋结构、关税等控制变量，使用有关样本数据和进行固定效应回归，五个服务行业各自对全球价值链分工影响的实证检验结果，如表 25 – 5 和表 25 – 6 所示。

表 25 – 5　　　　　　服务业异质性对全球价值链分工利益影响的回归结果

变量	(1)	(2)	(3)	(4)	(5)
ln$Logs$	0.661 *** (0.0261)				
ln$ICTs$		0.451 *** (0.0222)			
ln$Fins$			0.440 *** (0.0249)		
ln$Buss$				0.492 *** (0.0210)	
ln$Rads$					0.372 *** (0.0254)
lnHum	0.550 *** (0.0467)	0.535 *** (0.0527)	0.582 *** (0.0557)	0.395 *** (0.0527)	0.517 *** (0.0609)
ln(K/L)	0.376 *** (0.0316)	0.544 *** (0.0346)	0.461 *** (0.0371)	0.434 *** (0.0332)	0.440 *** (0.0400)
lnFDI	0.0559 *** (0.0157)	0.0233 (0.0187)	0.0404 ** (0.0198)	0.00145 (0.0180)	0.126 *** (0.0193)
lnTar	– 0.199 *** (0.0260)	– 0.190 *** (0.0294)	– 0.202 *** (0.0312)	– 0.174 *** (0.0281)	– 0.213 *** (0.0334)

续表

变量	(1)	(2)	(3)	(4)	(5)
Cons	3.018 ***	3.032 ***	3.283 ***	4.481 ***	3.342 ***
	(0.286)	(0.324)	(0.353)	(0.331)	(0.387)
F	920.1	712.5	619.9	809.6	530.0
R^2	0.907	0.883	0.868	0.903	0.849
时间固定效应	Y	Y	Y	Y	Y
国家固定效应	Y	Y	Y	Y	Y

注：实证结果由 Stata 14 计算并整理得出。括号内是 t 值，*** 、** 和 * 分别表示 1%、5% 和 10% 的显著性水平。

表 25 - 6　　　　　　　　　服务业异质性对全球价值链分工地位影响的回归结果

变量	(1)	(2)	(3)	(4)	(5)
lnLogs	-0.000411				
	(0.000770)				
lnICTs		0.00210 ***			
		(0.000576)			
lnFins			-0.000790		
			(0.000616)		
lnBuss				0.0000177	
				(0.000600)	
lnRads					0.00565 ***
					(0.000528)
lnHum	0.00270 *	0.00152	0.00289 **	0.00233	-0.00111
	(0.00138)	(0.00137)	(0.00138)	(0.00151)	(0.00126)
ln(K/L)	0.00319 ***	0.00307 ***	0.00324 ***	0.00374 ***	0.00146 *
	(0.000933)	(0.000899)	(0.000918)	(0.000950)	(0.000831)
lnFDI	-0.0000394	-0.00103 **	0.000176	-0.000463	-0.00150 ***
	(0.000464)	(0.000485)	(0.000490)	(0.000515)	(0.000401)
lnTar	0.00144 *	0.00218 ***	0.00128 *	0.00161 **	0.00332 ***
	(0.000767)	(0.000763)	(0.000772)	(0.000805)	(0.000695)
Cons	-0.0206 **	-0.00924	-0.0236 ***	-0.0216 **	0.0182 **
	(0.00844)	(0.00842)	(0.00873)	(0.00947)	(0.00804)
F	4.713	7.455	4.999	4.712	28.75
R^2	0.0476	0.0733	0.0504	0.0512	0.234
时间固定效应	Y	Y	Y	Y	Y
国家固定效应	Y	Y	Y	Y	Y

注：实证结果由 Stata 14 计算并整理得出。括号内是 t 值，*** 、** 和 * 分别表示 1%、5% 和 10% 的显著性水平。

表 25-5 显示的是上述代表性服务行业各自对全球价值链分工利益影响的回归结果。从表 25-5 中可以看到，物流服务、信息服务、金融服务、商务服务和研发服务均与全球价值链的分工利益存在正相关关系，且均在 1% 水平上显著。这与服务业作为整体的实证检验结论一致，并且进一步显示了服务业对全球价值链分工利益影响的稳健性。但是，在对价值链分工利益影响的程度上，不同服务行业存在较大差异。其中，物流服务对全球价值链分工利益的正向效应最大，显示了物流服务在全球价值链中的重要性；商务服务包括企业管理咨询、法律服务等，对全球价值链分工利益产生正向效应的程度，排在第二位。然后分别是金融服务、信息服务、研发服务，全球价值链的运行和增值，离不开金融服务和信息服务，研发服务更是营造核心竞争力的关键因素。

从表 25-5 可以看到控制变量的影响，结果表明：人力资本、要素禀赋结构、FDI 和全球价值链的分工利益之间，都存在显著的正相关关系，关税与全球价值链分工利益呈显著的负相关关系，且所有回归结果在 1% 的水平上均显著。这与服务业作为整体的检验分析结果一致，这里不再重复。

表 25-6 展示的是五个代表性服务行业各自对全球价值链分工地位影响的实证分析结果。从表 25-6 中可以看到，不同服务行业对全球价值链分工地位的影响差异性很大，这和服务业作为整体的检验分析结果不同，与前面不同服务行业对全球价值链分工利益影响的回归结论也不一样，从而充分显示了服务业异质性对全球价值链分工地位影响的复杂性。

具体而言，信息服务和研发服务与全球价值链分工地位之间，呈正相关关系，且均在 1% 的水平上显著。其中，研发服务对全球价值链分工地位的提升效应，超过信息服务。物流服务、金融服务和商务服务的系数估计值，均无法通过显著性检验，也就是说，对全球价值链分工地位，物流服务、金融服务和商务服务的影响不明显。这和物流服务、金融服务和商务服务对全球价值链分工利益的影响不同。究其原因，可能既和物流服务、金融服务和商务服务在全球价值链上功能有关，也可能是因当前很多国家的物流服务、金融服务和商务服务被少数跨国公司所垄断，因而上述行业的应有作用得不到发挥。

在控制变量影响方面，人力资本、要素禀赋结构和关税与全球价值链分工地位间，均呈正相关关系，FDI 的系数估计值不显著，这与服务业作为整体对全球价值链分工地位影响的回归结果一致，这里不再重复。

二、基于国家异质性的进一步实证分析

世界上不同国家之间，不仅经济发展水平差异很大，而且服务业在各国经济发

展中的地位和作用也不完全一样，这自然会体现到服务业对全球价值链分工的影响上。因此，我们通过对样本国家进一步细分为发达国家和发展中国家两个子样本[①]，进一步探讨不同类型国家服务业对全球价值链分工影响的异质性。

应用模型（25.1）和不同类型国家的物流服务、信息服务、金融服务、商务服务和研发服务的样本数据等，所得的回归分析结果，如表 25 - 7 和表 25 - 8 所示。其中，表 25 - 7 显示的发达国家和发展中国家代表性服务行业对其全球价值链分工利益影响的回归结果，表 25 - 8 展示的是发达国家和发展中国家代表性服务行业对其全球价值链分工地位影响的检验结果。

从表 25 - 7 可以看到，第（1）至第（5）列显示的是发达国家的回归结果，第（6）至第（10）列表示的是发展中国家实证检验结论。通过表中有关数据，可以看到无论是发达国家还是发展中国家，它们的物流服务、信息服务、金融服务、商务服务和研发服务，均与全球价值链的分工利益之间呈正相关关系，这与没有考虑国家异质性时的分析结果一致。

进一步观察可发现，对于发达国家而言，物流服务对增加全球价值链分工利益的效应最大，然后依次是商务服务业、信息服务业、金融服务业和研发服务业；对于发展中国家来说，物流服务同样正向效应最大，然后分别依次是商务服务、信息服务、研发服务和金融服务，发达国家和发展中国家的行业排序，区别不大。但是，通过对比可以看到，发展中国家的物流服务、信息服务和研发服务对增加本国全球价值链分工利益的影响程度，超过发达国家。而对发达国家来说，金融服务和商务服务对其扩大全球价值链分工利益的效应，程度上超过发展中国家。

与表 25 - 7 相类似，表 25 - 8 中第（1）至第（5）列显示的是发达国家代表性服务行业对全球价值链分工地位影响的回归结果，第（6）至第（10）列展示的是发展中国家代表性服务行业对全球价值链分工地位影响的计量结果。

从表 25 - 8 中数据可以看到，信息服务和研发服务无论对发达国家还是对发展中国家，都能显著提升其全球价值链分工地位。其中，发达国家的研发服务正向效应，还超过信息服务。在发展中国家，信息服务、商务服务业、金融服务和研发服务都能提升其全球价值链分工地位，但是信息服务的积极效应，幅度最大。通过对比还可以发现，发展中国家的商务服务和金融服务对本国参与全球价值链分工地位的提升效应，超过发达国家；发达国家的信息服务和研发服务对其全球价值链分工地位的正向影响，强于发展中国家。

---

① 发达国家和发展中国家划分，是根据世界银行发布的标准。因此，本章中的样本国家，前 30 个为发达国家，其余被列为发展中国家。

表 25-7　国家异质性对全球价值链分工利益影响的回归结果

变量	发达国家						发展中国家			
	(1)	(2)	(3)	(4)	(5)	(6)	(7)	(8)	(9)	(10)
ln*Logs*	0.520*** (0.0261)					0.548*** (0.0384)				
ln*ICTs*		0.311*** (0.0210)					0.315*** (0.0415)			
ln*Fins*			0.311*** (0.0222)					0.255*** (0.0425)		
ln*Buss*				0.413*** (0.0263)					0.336*** (0.0367)	
ln*Rads*					0.251*** (0.0241)					0.290*** (0.0312)
ln*Size*	1.671*** (0.0996)	1.760*** (0.116)	1.988*** (0.113)	1.449*** (0.125)	2.251*** (0.119)	2.096*** (0.163)	2.046*** (0.217)	1.940*** (0.235)	1.823*** (0.205)	1.813*** (0.207)
ln*Hum*	0.177*** (0.0441)	0.137*** (0.0509)	0.131** (0.0521)	0.0973* (0.0535)	0.0801 (0.0577)	0.0687 (0.0788)	0.0425 (0.103)	0.0938 (0.111)	0.0338 (0.0954)	0.0453 (0.0961)
ln(K/L)	0.0339 (0.0390)	0.00161 (0.0461)	0.0715 (0.0459)	0.0678 (0.0467)	0.191*** (0.0492)	0.415*** (0.0812)	0.145 (0.107)	0.225** (0.112)	0.140 (0.100)	0.226** (0.0988)
ln*FDI*	0.0151 (0.0108)	0.00609 (0.0128)	0.0256* (0.0135)	0.0262** (0.0129)	0.00511 (0.0146)	0.0253 (0.0337)	0.0474 (0.0485)	0.150*** (0.0453)	0.00147 (0.0502)	0.268*** (0.0351)
ln*Tar*	0.124*** (0.0253)	0.180*** (0.0285)	0.209*** (0.0287)	0.152*** (0.0292)	0.236*** (0.0313)	0.097*** (0.0342)	0.0295 (0.0447)	0.0348 (0.0472)	0.0423 (0.0408)	0.00291 (0.0421)
Cons	35.08*** (2.239)	36.35*** (2.647)	41.61*** (2.549)	28.66*** (2.887)	47.02*** (2.700)	42.96*** (3.660)	43.04*** (4.870)	40.79*** (5.329)	36.64*** (4.608)	37.86*** (4.673)
时间固定效应	Y	Y	Y	Y	Y	Y	Y	Y	Y	Y
国家固定效应	Y	Y	Y	Y	Y	Y	Y	Y	Y	Y
F	1038.7	767.2	731.6	781.2	598.0	549.9	309.7	274.6	355.2	357.3
R^2	0.952	0.936	0.933	0.941	0.919	0.957	0.927	0.918	0.939	0.936

注：实证结果由 Stata 14 计算并整理得出。括号内是 t 值，***、** 和 * 分别表示 1%、5% 和 10% 的显著性水平。

表 25 - 8

国家异质性对全球价值链分工地位影响的回归结果

变量	发达国家						发展中国家			
	(1)	(2)	(3)	(4)	(5)	(6)	(7)	(8)	(9)	(10)
lnLogs	0.000517 (0.00150)					0.00109 (0.000752)				
lnICTs		0.00519*** (0.00100)					0.00233*** (0.000595)			
lnFins			0.00190* (0.00107)					0.00185*** (0.000586)		
lnBuss				0.000534 (0.00135)					0.00214*** (0.000600)	
lnRads					0.0136*** (0.000744)					0.00172*** (0.000482)
lnSize	0.01340** (0.00572)	0.0268*** (0.00557)	0.00857 (0.00546)	0.00994 (0.00643)	0.0325*** (0.00367)	0.00553* (0.00320)	0.00730** (0.00310)	0.00803** (0.00324)	0.00747** (0.00335)	0.00823** (0.00320)
lnHum	0.00666*** (0.00253)	0.00611** (0.00243)	0.00688*** (0.00252)	0.00632** (0.00276)	0.00179 (0.00178)	0.00410** (0.00154)	0.00452*** (0.00148)	0.00488*** (0.00153)	0.00374** (0.00156)	0.00387** (0.00148)
ln(K/L)	0.00743*** (0.00224)	0.0108*** (0.00221)	0.00637*** (0.00223)	0.00715*** (0.00240)	0.00858*** (0.00152)	0.00278* (0.00159)	0.00396** (0.00153)	0.00336** (0.00154)	0.00435*** (0.00164)	0.00330** (0.00152)
lnFDI	0.000220 (0.000620)	0.000555 (0.000611)	0.000659 (0.000655)	0.000307 (0.00066)	0.0023*** (0.000450)	0.0000897 (0.000661)	0.00113 (0.000695)	0.000354 (0.000624)	0.00144* (0.000821)	0.000525 (0.000542)
lnTar	0.00173 (0.00145)	0.00361*** (0.00136)	0.000972 (0.00139)	0.00178 (0.00150)	0.00522*** (0.000967)	0.0000732 (0.000671)	0.000316 (0.000641)	0.000276 (0.000651)	0.000193 (0.000667)	0.000480 (0.000650)
Cons	0.272** (0.129)	0.596*** (0.127)	0.156 (0.124)	0.187 (0.149)	0.796*** (0.0834)	0.116 (0.0717)	0.164** (0.0698)	0.179** (0.0734)	0.171** (0.0754)	0.181** (0.0721)
时间固定效应	Y	Y	Y	Y	Y	Y	Y	Y	Y	Y
国家固定效应	Y	Y	Y	Y	Y	Y	Y	Y	Y	Y
F	3.047	7.746	3.576	3.095	62.40	5.679	8.365	7.277	7.576	7.840
R^2	0.370	0.361	0.353	0.260	0.266	0.188	0.255	0.229	0.248	0.242

注: 实证结果由 Stata 14 计算并整理得出。括号内是 t 值, ***、** 和 * 分别表示 1%、5% 和 10% 的显著性水平。

第五节　研究结论与政策启示

本章探讨了服务业对全球价值链分工的影响和作用机制，检验了服务业对全球价值链分工利益和分工地位的实际效应。在此基础上，基于服务业和国家的异质性，还展开了进一步的实证分析和比较研究。本章形成的主要结论和政策启示如下。

第一，在全球价值链分工中，服务业一方面作为全球价值链的重要组成部分，对分布于不同国家的价值链节点起着联结和黏合作用；另一方面以中间投入品形式，影响着全球价值链中各个生产环节的运行和附加值创造。在新一轮科技和产业革命的影响下，服务业正日益成为决定一国参与全球价值链分工地位和分工利益的关键性因素。鉴于此，我国应当加快服务业发展步伐，通过加大改革力度、增加要素投入规模、破解发展"瓶颈"、创新服务业发展模式等，尽快提升我国服务业特别是生产性服务业发展水平。要扩大服务业对外开放和加快服务业"走出去"步伐，尽快完善我国服务业有关制度安排和政策设计，使服务业在提高我国参与全球价值链分工水平中，发挥更多和更好的作用。

第二，本章实证分析表明，服务业发展水平既与全球价值链的分工利益间存在显著的正相关关系，也和全球价值链分工地位间存在显著的正向效应。即，提高服务业发展水平，不仅可以增加一国参与全球价值链的分工利益，而且能够提高参与全球价值链的分工地位，实现向价值链高端的攀升。通过计量分析还发现，发展服务业对全球价值链的分工利益影响，高于对分工地位的正向效应。这意味着，强调发展服务业对全球价值链分工的有利影响，不必局限于在全球价值链上向高端环节的攀升。因此，通过推动制造业和服务业深度融合发展，加快制造业和服务化商业模式创新，大力提升价值链上节点的增值能力，也应成为我国提高开放型经济水平的重要途径。

第三，服务业内部不同行业对全球价值链分工的影响，存在明显差异性。一方面，从对全球价值链的分工利益影响上看，研发服务、信息服务、金融服务、商务服务和物流服务业，对全球价值链的分工利益都产生显著的正向效应。其中，物流服务的积极影响最大，然后依次分别是商务服务、信息服务、金融服务和研发服务等。另一方面，从对全球价值链的分工地位影响上讲，只有研发服务、信息服务能够产生显著的积极效应，而金融服务、商务服务和物流服务，无法通过显著性检验。这意味着，我国要尽快提升全球价值链分工地位，相应对策可以有所侧重，应更多地依靠立足于本国自主创新和研发能力的增强，以及通过提高信息服务水平等来实现。

第四，本章计量分析还显示，服务业对不同类型国家参与全球价值链分工的影响，也存在明显异质性。其中，在对全球价值链的分工利益影响方面，发展中国家的物流服务、信息服务和研发服务对本国参与全球价值链的分工利益的积极效应，超过发达国家。发达国家的金融服务和商务服务，其产生的正向效应超过发展中国家。在对全球价值链分工地位影响方面，发展中国家的商务服务和金融服务的经济影响，强于发达国家；而发达国家的信息服务和研发服务产生的促进作用，大于发展中国家。这些所揭示的当前世界经济和全球价值链分工基本格局及规律，为我国加快"一带一路"建设，采取防范对外开放各种风险的措施等，提供了理论参考依据。

第五，本章研究结果还表明，增加人力资本和减少关税负担，有助于扩大一国参与全球价值链的分工利益规模。提高一国要素禀赋结构，不仅将增加该国全球价值链分工利益，而且将提升该国全球价值链分工地位。增加利用外商直接投资规模，有利于增加一国在全球价值链的分工利益，但是，对该国的全球价值链的分工地位，影响不确定、不显著。为此，我国应继续加大对科研和人力资本的投入，进一步强化对全球优质要素资源特别是各种人才的吸引力；要通过更多地采取负面清单等方式，扩大和优化我国利用外资的规模与结构；要通过降低进口关税、提高贸易便利化水平、完善知识产权保护等，打造更好的一流营商环境，并且在新一轮科技革命和产业国际转移中，努力发展更多由我国主导的新的全球价值链分工体系。

第二十六章

服务业 FDI、吸收能力
与国际 R&D 溢出效应研究

我国实施高水平对外开放战略和参与国际循环的重要目标，是积极引进国外优质要素特别是创新和研发资源。实现生产性服务业与制造业的互动融合与高质量发展，需要积极吸收全球先进技术和优质要素的支撑。国际直接投资（FDI）是国际技术溢出的主要途径之一，服务业 FDI 又是全球外商直接投资占比最多的产业。考虑到服务业具备明显区别于制造业的产业特征，那么，服务业 FDI 能否像制造业 FDI 一样带来国外的先进技术和产生科技研发（R&D）溢出效应？东道国的吸收能力将如何影响服务业 FDI 的 R&D 溢出？对于该问题的研究，既可以丰富服务业外商直接投资理论，也可以为我国合理引导外资流向，促进服务业与制造业的互动融合发展提供理论依据。

本章研究的边际贡献主要在于：第一，将服务业 FDI 从整体中剥离，利用 LP 模型测算东道国服务业 FDI 的 R&D 溢出效应；第二，利用 Malmquist 指数法对跨国的全要素生产率进行测算与分解，考察服务业 FDI 研发外溢对生产率变动的影响机制；第三，从人力资本、制度因素以及金融发展水平这三个方面，综合考察东道国不同维度的吸收能力对服务业 FDI 的 R&D 溢出效应的影响。

第 一 节　研 究 设 计

国际 R&D 溢出的渠道主要包括国际贸易、FDI 以及 OFDI。柯和赫尔普曼（Coe & Helpman，1995）构建 CH 模型，首次采用进口份额作为权重来测算国外 R&D 资本，研究表明，国外 R&D 资本对 OECD 国家 TFP 的影响显著。利希滕贝格和波特利（Lichtenberg & Potterie，1998）采用了不同的方法测算了国外 R&D 资本，并同样验证了贸易开放程度越高的国家，越容易获得的国外 R&D 外溢。马德森（Madsen，2007）利用 OECD 国家面板数据得出，样本期间内全要素生产率增长的 93%来源于进口贸易的技术外溢。随着研究的深入，学者发现国际贸易的溢出效应不仅取决于双边贸易额的多少，更重要的是东道国自身的吸收能力。柯等（Coe et al.，2009）进一步研究发现，人力资本有助于促进东道国通过进口贸易渠道的 R&D 溢出，在模型中加入制度变量之后发现，东道国的商业环境、高等教育质量以及知识产权保护力度均有利于促进国外 R&D 外溢效应。国内学者陈继勇和盛杨怿（2008）考察了 FDI 的知识溢出、国内知识资本对中国地区技术进步的影响，结果表明 FDI 渠道传递的国外 R&D 资本存量对技术进步的促进与经济发展水平密切相关。

一、计量方程设定

我们参考利希滕贝格和波茨尔斯堡（Lichtenberg & Pottlsberghe，1998，以下简称 LP）研究思路，将生产函数设定为：

$$Y_{it} = A_{it} K_{it}^{\alpha} L_{it}^{\beta} R_{it}^{\theta} H_{it}^{\chi} \tag{26.1}$$

Y_{it} 表示国民生产总值，K_{it}、L_{it}、R_{it}、H_{it}、A_t 分别表 i 国 t 期的物质资本投入、劳动力投入、研发投入、人力资本投入以及技术水平。我们假定经济整体满足规模报酬不变，即 $\alpha + \beta = 1$。将公式两边同除 $K_{it}^{\alpha} L_{it}^{\beta}$ 可得：

$$Y_{it}/K_{it}^{\alpha} L_{it}^{\beta} = A_{it} R_{it}^{\theta} H_{it}^{\chi} \tag{26.2}$$

可见，t 期东道国全要素生产率由初始技术水平、研发投入以及人力资本投入决定。由于我们主要考察通过服务业外商直接投资获得的国际外溢，因此将研发投入 R_{it} 分解为东道国国内研发 RD_{it}^{d} 以及通过服务业 FDI 获得的 R&D 投入 sRD_{it}^{f}，

$$TFP_{it} = A_{it} RD_{it}^{d\theta_1} sRD_{it}^{f\theta_2} H_{it}^{\chi} \tag{26.3}$$

对上式求对数，可得到基础模型

$$\log TFP_{it} = C + \theta_1 \log RD_{it}^{d} + \theta_2 \log sRD_{it}^{f} + \chi \log H_{it} + \mu_i + \varepsilon_{it} \tag{26.4}$$

其中，μ_i 表示不可观测的固定效应，满足 $\mu_i \sim i.i.d(0, \sigma_{\mu_i})$；$\varepsilon_{it}$ 是随机误差项。基础模型考察了东道国服务业外商直接投资 R&D 溢出效应是否存在，我们将考察东道国吸收能力对服务业外商直接投资 R&D 溢出效应的影响，因此需要在上式的基础上引入吸收能力与 sRD_{it}^{f} 的交叉相乘项，得到本章最终计量方程：

$$\log TFP_{it} = C + \theta_1 \log RD_{it}^{d} + \theta_2 \log sRD_{it}^{f} + \chi \log H_{it} + \omega_1 \log Ab_{it} \times \log sRD_{it}^{f} + \mu_i + \varepsilon_{it}$$

$$\tag{26.5}$$

其中，$i=1,\cdots,41$[①]，包含 31 个 OECD 国家以及 10 个非 OECD 国家；$t=2005$，$\cdots$，2011 分别代表样本国家以及时间维度。Ab_{it} 为东道国吸收能力，包括人力资本水平 H_{it}、制度因素 G_{it} 以及金融发展水平 F_{it}。

二、相关变量测算

（一）跨国全要素生产率（TFP）的测算

我们基于数据包络分析（DEA）而形成的 Malmquist 指数法测算了 41 个国家的全要素生产率，Malmquist 生产率指数包含了技术进步指数（TC）与技术效率变化指数（EC）。此处，利用 2005～2011 年 41 个国家产出、劳动投入和物质资本投入的数据进行测算。其中，为了剔除通胀，GDP 经过 GDP 平减指数进行修正，而物质资本投入采用世行提供的固定资本形成总额，数据以 2000 年不变价美元计，劳动力为各国每年就业人员数。相应的生产函数可以表述为：$Y=f(K,L)$。使用 DEAP 2.1 软件计算出最终的数据。

（二）本国 R&D 资本存量

东道国国内 R&D 存量，根据永续盘存法对其进行计算，公式如下：

$$RD_{i0}^{d,s}=RD_{i0}^{d}/(g+\delta) \tag{26.6}$$

$RD_{i0}^{d,s}$ 为初始年份 i 国国内 R&D 存量；RD_{i0}^{d} 表示 i 国初始年份 R&D 支出，g 为样本期间内各国 R&D 支出年均增长率，δ 为折旧率，我们参照柯和赫尔普曼（Coe & Helpman，1995，以下简称 CH），将折旧率设为 5%。此处，2005～2011 年东道国 R&D 支出占 GDP 的比重来源于世界银行数据库，由此可计算出各国 R&D 支出。得出期初的数据后，2006～2011 年，国内 R&D 存量的计算公式为：

$$RD_{it}^{d,s}=RD_{it}^{d}+(1-\delta)RD_{i,t-1}^{d,s} \tag{26.7}$$

其中，$RD_{it}^{d,s}$ 为第 t 期 i 国国内 R&D 资本存量，RD_{it}^{d} 为 t 期 i 国 R&D 支出，$RD_{i,t-1}^{d,s}$ 表示第 $t-1$ 期 i 国 R&D 存量。

---

① 41 个国家包括澳大利亚、奥地利、比利时、巴西、瑞士、智利、捷克斯洛伐克、丹麦、爱沙尼亚、芬兰、法国、德国、希腊、匈牙利、冰岛、爱尔兰、伊朗、意大利、日本、韩国、卢森堡、荷兰、挪威、波兰、葡萄牙、斯洛伐克、塞尔文尼亚、西班牙、瑞典、瑞士、土耳其、英国、美国、俄罗斯、南非、中国、巴西、印度、新加坡、泰国、哥伦比亚、罗马尼亚、马来西亚。

(三) 服务业 FDI 溢出的国外 R&D 存量

该变量是本章的核心指标，在测算过程中，有两个难点：第一，跨国服务业 FDI 存量数据的获取。FDI 数据中包含存量与流量两种，为了数据获取上的方便，现有的研究大多采用流量指标。实际上，服务业 FDI 不仅当年影响一国的技术进步，更重要的是对其长期持续的影响。因此，我们采用存量作为解释变量。样本中包含了 31 个 OECD 国家以及 10 个非 OECD 国家，OECD 国家服务业 FDI 数据来自 OECD STAN Statistics，非 OECD 国家服务业 FDI 数据来源于 I-TIP (Integrated Trade Intelligence Portal)。该数据库由世界贸易组织和世界银行联合提供，服务业 FDI 数据由分行业[①]的进行加总。对于仅给出流量数据的国家，我们参考马德森 (Madsen, 2007) 的处理方法，对服务业 FDI 存量公式进行换算。即

$$SFDI_{it}^S = SFDI_{it} + (1 - \delta)SFDI_{i,t-1}^S \tag{26.8}$$

$SFDI_{it}^S$ 为 t 期东道国服务业 FDI 存量，$SFDI_{i,t-1}^S$ 为 t−1 期服务业 FDI 存量，$SFDI_{it}$ 为 t 期服务业 FDI 流量，根据马德森 (Madsen, 2007) 的建议，此处折旧率 δ 设定为 5%。

第二，服务业 FDI 渠道下国际研发存量的计算。借鉴 LP (1998) 的方法，测算了通过服务业 FDI 渠道的国际 R&D 溢出，无论是 CH 方法还是 LP 方法，均基于双边数据，但目前无法获得各国之间的双边服务业 FDI 数据，仅能获得各国服务业 FDI 的总量。因此，我们使用以下公式测算服务贸易进口 R&D 的溢出：

$$sRD_{it}^{f,s} = \frac{SFDI_{it}^S}{Y_{w-i,t}^s} sRD_{w-i,t}^s \tag{26.9}$$

其中，$sRD_{w-i,t}^s$ 为 t 期除了 i 国以外，世界其他各国 R&D 资本存量总和；$Y_{w-i,t}^s$ 表示 t 期，除了 i 国以外世界各国 GDP 存量的总和；$SFDI_{it}^S$ 为 t 期东道国服务业 FDI 存量。由于各国 GDP 数据是流量的概念，我们依然采用永续盘存法对 GDP 存量进行测算。GDP 存量的计算公式为：$Y_{it}^s = Y_{it} + (1 - \delta)Y_{i,t-1}^s$。

表 26-1 列出了本章计算的 41 个国家 2005~2011 年 SFDI 的 R&D 溢出值，图 26-1 给出了 OECD 国家、非 OECD 国家和所有样本国家加总的 R&D 溢出值，图 26-2 给出了 OECD 国家、非 OECD 国家和所有样本国家平均的 R&D 溢出值。观察图

[①] 该数据库将服务业分为 12 个行业，分别为商务服务、通信服务、建筑及相关工程服务、分销服务、教育服务、环境服务、金融服务、健康与社会服务业、旅游及旅游相关服务、娱乐、文化和体育服务、运输服务以及其他服务，包含 160 个细分行业。

26－1、图26－2 和表26－1，我们可以发现：第一，无论是发达国家、发展中国家，SFDI 的 R&D 溢出均值都表现出强烈的上升趋势。第二，41 个样本国家中，SFDI 的平均 R&D 溢出值最高的 3 个国家是美国、法国和德国，最少的 3 个国家是爱沙尼亚，斯洛文尼亚和冰岛。中国的平均 R&D 溢出值为 2884，在样本中排 15 名。第三，从总体上看，发达国家 SFDI 的 R&D 溢出均值要远远高于世界平均水平和发展中国家的平均水平。

表 26 – 1　　　　　　　41 个国家服务业 FDI 溢出的国外 R&D 存量

国家	2005 年	2006 年	2007 年	2008 年	2009 年	2010 年	2011 年	均值
澳大利亚	2055	2637	3315	2680	3980	5128	5515	3616
奥地利	1282	2016	3255	3135	3916	3816	3846	3038
比利时	8521	10878	13418	16198	18951	18882	21166	15431
智利	574	625	894	977	1598	2037	2274	1283
捷克	638	854	1283	1474	1720	1878	1786	1376
丹麦	1852	2316	3001	2937	3096	2880	2996	2725
爱沙尼亚	158	164	249	309	306	338	345	267
芬兰	701	1034	1382	1416	1498	1443	1532	1286
法国	9826	13736	18720	19302	21715	21602	22205	18158
德国	10607	14439	18611	19069	20457	20558	20659	17771
希腊	315	484	647	609	658	677	490	554
匈牙利	537	842	1055	1360	1609	1493	1734	1233
冰岛	247	131	127	120	137	155	172	156
爱尔兰	1555	2325	3137	3337	5103	6452	5488	3914
伊朗	600	700	800	841	639	657	790	718
意大利	2282	3452	5927	5071	6351	5745	5841	4953
日本	941	1114	1687	2832	3019	3321	3645	2366
韩国	613	722	805	791	1438	1921	2404	1242
卢森堡	744	1005	1377	1457	1822	1756	1888	1435
荷兰	5273	6607	10674	8535	8900	7648	6942	7797
挪威	589	866	1122	1129	1557	1847	2022	1305
波兰	1003	1568	2387	2414	2788	3378	3141	2383

续表

国家	2005 年	2006 年	2007 年	2008 年	2009 年	2010 年	2011 年	均值
葡萄牙	958	1472	2045	1233	1723	2387	3051	1838
斯洛伐克	197	286	432	599	665	640	615	491
斯洛文尼亚	72	111	225	261	272	280	304	218
西班牙	3015	6317	7773	7128	7557	8030	8502	6903
瑞典	1145	1934	2777	2644	3537	3813	4089	2849
瑞士	2728	4719	6675	9149	10639	14040	15489	9063
土耳其	842	1373	2378	1430	2353	3099	2281	1965
英国	8209	13468	17296	13808	16537	17744	19905	15281
美国	18400	22946	25859	28450	29360	33813	40063	28413
俄罗斯	367	516	717	991	998	1068	1437	871
南非	317	394	484	591	1145	1449	1724	872
泰国	368	474	602	600	745	916	1087	684
罗马尼亚	300	421	585	808	980	1003	1025	732
马来西亚	367	461	570	702	846	1013	1216	739
新加坡	4779	6151	7814	8710	10754	13234	15714	9594
印度	630	877	1178	1550	1906	2081	2255	1497
巴西	3259	3775	4246	4691	5007	5166	5325	4496
哥伦比亚	815	954	1054	1129	1197	1237	1278	1095
中国	402	845	1581	2545	3534	4825	6455	2884

资料来源：根据 WTO、世界银行等数据，经作者计算得出。

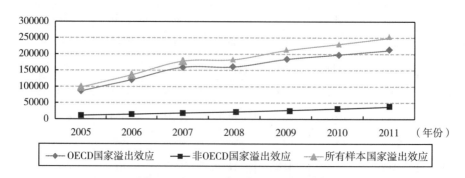

图 26 - 1 不同组别国家加总溢出效应

资料来源：根据 WTO、世界银行等数据，经作者计算得出。

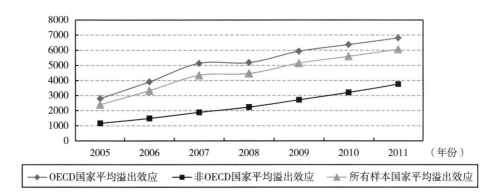

图 26-2　不同组别国家平均溢出效应

资料来源：根据 WTO、世界银行等数据，经作者计算得出。

（四）东道国吸收能力的衡量

我们从东道国人力资本水平、政府支出以及金融发展水平这三个方面考察吸收能力对服务业 FDI 的 R&D 溢出效应的影响。（1）人力资本水平（H）：博伦施泰因等（Borensztein et al.，1998）指出当人力资本足够丰裕时，东道国才能充分吸收 FDI 的技术溢出。对于人力资本的计算，我们采用对一国加总层面的测算方法。数据主要来源于世界银行发展数据库。（2）制度因素（G）：柯等（Coe et al.，2009）指出东道国的制度环境显著影响国外 R&D 外溢效应。我们用东道国政府支出占 GDP 的比重表示制度因素，该变量可反映政府对经济的干预程度。（3）金融发展水平（F）：一国金融体系的发达程度影响东道国对 FDI 技术外溢效应的吸收。我们选用各国银行部门提供的国内信贷占 GDP 百分比，作为衡量一国金融发展水平的指标。

三、描述性统计

为了直观起见，表 26-2 给出了变量的基本信息。

表 26-2　　　　　　　　　　　　　　　数据来源说明

变量名称	变量定义	变量测算方法	数据来源
TFP	全要素生产率	Malmquist 指数	世界银行数据库
EC	技术效率	Malmquist 指数	世界银行数据库
TC	技术进步	Malmquist 指数	世界银行数据库

续表

变量名称	变量定义	变量测算方法	数据来源
$sRD^{f,s}$	服务业 FDI 的 R&D 溢出存量	$sRD_{it}^{f,s} = \dfrac{SFDI_{it}^s}{Y_{w-i,t}^s} sRD_{w-i,t}^s$	OECD 数据库 I - TIPS 数据库
$RD^{d,s}$	国内 R&D 存量	$RD_{it}^{d,s} = RD_{i,t}^d + (1-\delta) RD_{i,t-1}^{d,s}$	世界银行数据库
H	人力资本水平	借鉴 Caselli（2005）的方法	世界银行数据库
G	制度因素	东道国政府支出占 GDP 的比重	世界银行数据库
F	金融发展水平	银行部门提供的国内信贷占 GDP 比重	世界银行数据库

第二节 服务业 FDI 影响国际 R&D 溢出的实证分析

考虑各国经济发展水平、外商直接投资结构以及吸收能力的异质性，我们将分别以总体、OECD 国家以及非 OECD 国家的样本为研究对象。解释变量的内生性问题可能会导致计量结果是有偏的、非一致的，我们选取的解释变量与被解释变量之间可能存在逆向因果关系。为克服内生性偏误，我们采用系统 GMM 两步法对模型进行估计。

一、总体样本回归结果

表 26-3 为总体样本拟合结果。方程 1 和方程 2 的区别在于，方程 1 仅考虑人力资本吸收能力对服务业 FDI 研发外溢的促进作用，而方程 2 综合考虑人力资本、制度因素以及金融发展水平三种吸收能力对其影响。6 个方程均通过了 Wald 检验，表明整体计量方程是稳健的。AR（2）的检验结果支持估计方程的误差项不存在二阶序列相关的假设。同时，Hansen 过度识别检验结果也显示，不能拒绝工具变量有效性假设（p 值均显著的大于 0.1），这意味着模型设定的合理性和工具变量的有效性。

表 26-3   总体样本回归结果

变量	全要素生产率		技术效率		技术进步	
	方程 1	方程 2	方程 3	方程 4	方程 5	方程 6
	lntfpch	lntfpch	lntfpch	lntfpch	lntfpch	lntfpch
$L.$ lntfpch	0.3543 ***	0.1772 ***	-0.8195 ***	-1.0080 ***	-0.7429 ***	-0.9578 ***
	(0.0421)	(0.0448)	(0.0253)	(0.0349)	(0.0118)	(0.0286)
lnsrdf	0.1951 *	0.3216 ***	2.1165 ***	2.1348 ***	-3.8126	-1.5398
	(0.1009)	(0.0431)	(0.3460)	(0.5493)	(0.4684)	(0.3533)

续表

变量	全要素生产率		技术效率		技术进步	
	方程1	方程2	方程3	方程4	方程5	方程6
	ln*tfpch*	ln*tfpch*	ln*tfpch*	ln*tfpch*	ln*tfpch*	ln*tfpch*
ln*rd*	0.0015 (0.0044)	0.0081 (0.0062)	−0.0766 *** (0.0203)	−0.1246 *** (0.0208)	0.0780 *** (0.0155)	0.0591 *** (0.0151)
ln*hr*	0.3994 *** (0.1421)	0.5119 *** (0.0662)	3.2866 *** (0.4676)	2.9201 *** (0.7418)	−5.6023 (0.7419)	−2.0762 (0.5656)
ln*hr* × ln*srdf*	0.0404 ** (0.0204)	0.0635 *** (0.0088)	0.3993 * (0.0668)	0.3957 * (0.1109)	0.7231 *** (0.0933)	0.2569 *** (0.0697)
ln*gov* × ln*srdf*		0.0109 *** (0.0014)		0.0363 *** (0.0084)		−0.0160 ** (0.0067)
ln*fin* × ln*srdf*		−0.0066 *** (0.0016)		0.0306 *** (0.0093)		0.0044 (0.0078)
Constant	−1.9485 *** (0.7126)	−2.5522 *** (0.3207)	−16.4395 *** (2.3707)	−14.0850 *** (3.7329)	28.6312 *** (3.7359)	11.4981 *** (2.8198)
WALD 值	207 (0.000)	490 (0.000)	4644 (0.000)	3030 (0.000)	6137 (0.000)	4117 (0.000)
AR(2)检验	(0.6287)	0.3881	0.786	0.701	0.647	0.598
Hansen 检验	0.3309	0.2304	0.282	0.523	0.115	0.248
观察值	287	287	287	287	287	287
国家数	41	41	41	41	41	41

注：实证的结果均由 Stata 11 计算并整理得出。( )内是稳健的标准差，***、**、* 分别表示1%、5%、10%的显著性水平。

观察表中计量结果，得出以下结论：

通过服务业 FDI 渠道的国际 R&D 资本（$sRD^{f,s}$）显著促进东道国的全要素生产率增长，这一结论与我们的预期相符合。其传导机制主要体现在对技术效率的提升上，即当 $sRD^{f,s}$ 每提高1%，可带来全要素生产率增长0.19%，其中技术效率将提高2.13%。我们认为服务业 FDI 存在显著的 R&D 溢出效应主要原因在于，服务业外商直接投资的流入同样可产生示范效应、竞争效应以及人员流动效应等，从而提升本土企业的效率。由于服务业的异质性极强，服务业 FDI 产生的管理、营销、组织诀窍等知识溢出效应比制造业 FDI 更为显著，一旦这种 R&D 溢出形成，不仅可以改善技术创新能力，还可以提高服务业从业人员的效率。

国内研发存量 $RD^{d,s}$ 对东道国全要素生产率的提升作用并不显著，通过对生产率的分解可知，其机制为显著促进技术进步，却阻碍技术效率的提升。我们认为其中原因在于，发达国家高的国内 R&D 投入可显著促进全要素生产率增长（Coe & Helpman，1995），但发展中国家由于 R&D 投入较低，因此该正向溢出效应尚未显现。

人力资本项显著促进全要素生产率和技术效率，但对技术进步的影响不显著。这说明人力资本对技术进步的促进作用主要体现在改善技术效率上。在人力资本与 $sRD^{f,s}$ 的交叉项中，所有的方程中该项系数均为正，即人力资本投资显著提升了服务业 FDI 渠道的国际 R&D 技术外溢。在同时考虑人力资本、东道国制度因素以及金融发展水平这三方面的吸收能力的情况下，人力资本交叉相乘项仍然为正。方程 2 中显示，东道国制度因素可显著促进服务业 FDI 的 R&D 外溢，但是金融发展水平却阻碍这一途径的技术外溢，该结果与我们预期的相反。事实上，金融业的发展存在着正负两方面的外部性，它对国际技术外溢的影响存在一定的门槛效应。事实上，样本中一些发展中国家的金融业存在着低效率，而样本期内发达国家的金融业受到了金融危机以及欧债危机的冲击等。

二、OECD 成员国家

由于发达国家与发展中国家的开放型经济发展程度、创新能力以及吸收能力均存在较大差异，我们将样本分为 OECD 国家与非 OECD 国家，OECD 国家为样本的拟合结果如表 26 - 4 所示。

表 26 - 4　　　　　　　　　　OECD 国家计量结果

变量	全要素生产率		技术效率		技术进步	
	方程 1	方程 2	方程 3	方程 4	方程 5	方程 6
	lntfpch	lntfpch	lntfpch	lntfpch	lntfpch	lntfpch
$L.$ lntfpch	0. 2670 ***	0. 1234 ***	- 0. 8323 ***	- 0. 9049 ***	- 0. 7930 ***	- 0. 8435 ***
	(0. 0385)	(0. 0153)	(0. 0229)	(0. 0244)	(0. 0044)	(0. 0094)
lnsrdf	0. 3766 ***	0. 3256 ***	0. 7225 ***	0. 4615 *	1. 1801	0. 9172
	(0. 0414)	(0. 0360)	(0. 1727)	(0. 2388)	(0. 2713)	(0. 1943)
lnrd	0. 0053 *	0. 0196 ***	0. 0528 ***	0. 0883 ***	- 0. 0327 ***	0. 1397 ***
	(0. 0035)	(0. 0031)	(0. 0045)	(0. 0197)	(0. 0026)	(0. 0170)
lnhr	0. 7015 ***	0. 5133 ***	0. 8464 ***	0. 4241 *	1. 6315	0. 9766
	(0. 0552)	(0. 0562)	(0. 1814)	(0. 2347)	(0. 4091)	(0. 2451)
lnhr × lnsrdf	0. 0774 ***	0. 0666 ***	0. 1517	- 0. 0609	0. 2333 ***	0. 1499 ***
	(0. 0084)	(0. 0075)	(0. 0341)	(0. 0476)	(0. 0541)	(0. 0400)
lngov × lnsrdf		0. 0149 ***		0. 0782 ***		- 0. 0649 ***
		(0. 0020)		(0. 0038)		(0. 0032)

续表

变量	全要素生产率		技术效率		技术进步	
	方程1	方程2	方程3	方程4	方程5	方程6
	ln*tfpch*	ln*tfpch*	ln*tfpch*	ln*tfpch*	ln*tfpch*	ln*tfpch*
ln*fin* × ln*srdf*		− 0. 0055 ***		0. 0087 *		− 0. 0315 ***
		(0. 0012)		(0. 0046)		(0. 0018)
Constant	− 3. 4689 ***	− 2. 5550 ***	− 4. 3850 ***	− 1. 7087	8. 5228 ***	4. 2079 ***
	(0. 2559)	(0. 2688)	(0. 9257)	(1. 2483)	(2. 0664)	(1. 3059)
WALD 值	984	668	32980	21374	21346	27004
	(0. 000)	(0. 000)	(0. 000)	(0. 000)	(0. 000)	(0. 000)
AR(2)检验	0. 382	0. 2086	0. 765	0. 823	0. 574	0. 643
Hansen 检验	0. 312	0. 4011	0. 192	0. 132	0. 133	0. 104
观察值	217	217	217	217	217	217
国家数	31	31	31	31	31	31

注：实证的结果均由 Stata 11 计算并整理得出。圆括号内是稳健的标准差，*** 、* 分别表示 1% 、10% 的显著性水平。

在 1% 的显著性水平下，服务业 FDI 的 R&D 溢出效应显著，即 $sRD^{f,s}$ 每提高 1% 可促进全要素生产率增长 0. 376%，且这一弹性系数高于总体样本，其中对技术效率的促进作用显著。控制三种吸收能力之后，SFDI 的 R&D 溢出效应变化不大。而 OECD 国家国内 R&D 投入能够显著促进全要素生产率、技术效率与技术进步。该结果与柯和赫尔普曼（Coe & Helpman，1995）的结论类似。

OECD 国家人力资本水平的提高显著提升东道国全要素生产率以及技术效率，方程 1 中人力资本项每提高 1%，可促进全要素生产率增加 0. 701%，这一数值也远远超过总体样本中的 0. 394%。我们考察三种吸收能力对 SFDI 国际技术溢出的影响，观察方程 2、4、6 中交叉相乘项可知，人力资本、制度因素可显著促进 SFDI 的国际技术溢出，其中人力资本项对其促进作用体现在技术进步上，而制度因素则主要体现在技术效率的提升上。与总体样本中的结果类似，金融服务业的发展阻碍 SFDI 的 R&D 国际资本溢出。

三、非 OECD 成员国家

非 OECD 国家通过 SFDI 溢出的国外研发资本对本国对 TFP 的促进作用并不显著，但可显著提升技术效率。这意味着，相对于 OECD 国家，非 OECD 国家由于本身吸收能力上的不足以及技术上的差距，还不能较好地将国外的先进技术和高级知识转化为技术进步的内生动力。目前非 OECD 国家主要通过 SFDI 的溢出效应改善自身技术效率。数据显示：非 OECD 国家通过 SFDI 可以带动技术效率提高 0.72%。

考虑东道国的三种吸收能力后，如表 26 - 5 所示，方程 2 中，国内研发投入对全要素生产率的提升作用为负，但能够促进技术效率。这与 OECD 国家为样本的拟合结果相反。此外，发展中国家的人力资本也无法支撑经济增长，这和全球分工模式有相当大的关系。由于欠发达国家长期停留在价值链的低端，依靠廉价的劳动力和丰富的自然资源加入全球分工体系。在这种网格式的分工中，发展中国家对人力资本这种高级生产要素的需求弹性低，导致人力资本的积累不足。所以，发展中国家的人力资本无法对经济增长产生正向影响。

表 26 - 5   非 OECD 国家计量结果

变量	全要素生产率		技术效率		技术进步	
	方程 1	方程 2	方程 3	方程 4	方程 5	方程 6
	ln*tfpch*	ln*tfpch*	ln*tfpch*	ln*tfpch*	ln*tfpch*	ln*tfpch*
L. ln*tfpch*	0.4432 ***	1.4213 **	− 0.9309 ***	− 4.4474 ***	− 0.8521 ***	− 1.2990 ***
	(0.1202)	(0.6531)	(0.1463)	(1.6875)	(0.1208)	(0.4668)
ln*srdf*	− 0.0699	0.1294	0.0249 *	0.7225 **	− 0.2880	0.5362
	(0.0438)	(0.0839)	(1.7558)	(4.9189)	(0.3093)	(0.5557)
ln*rd*	− 0.0150	− 0.0585 *	− 0.3113	2.8561 *	0.3456	− 0.0053
	(0.0104)	(0.0340)	(0.2194)	(1.7046)	(0.2749)	(0.2595)
ln*hr*	0.0023 *	0.0096 **	0.0528	− 0.0483	− 0.0327 **	− 0.1397 *
	(0.0035)	(0.0031)	(0.0025)	(0.0197)	(0.263)	(0.170)
ln*hr* × ln*srdf*	0.0170 **	− 0.0143	0.0864	− 1.7058 **	− 0.0496	− 0.1184
	(0.0070)	(0.0131)	(0.3313)	(0.8345)	(0.0839)	(0.1438)
ln*gov* × ln*srdf*		− 0.0054		0.0520		0.1377 **
		(0.0113)		(0.0558)		(0.0627)
ln*fin* × ln*srdf*		0.0002		− 0.3249		− 0.1436
		(0.0070)		(0.2316)		(0.1043)
Constant	0.0358	0.0603	− 0.3220	− 41.9101 **	0.5484	1.2927
	(0.0815)	(0.2575)	(1.9765)	(20.7856)	(1.0960)	(3.4734)
WALD 值	47.28	40.42	159.9	91.38	86.70	48.17
	(0.000)	(0.000)	(0.000)	(0.000)	(0.000)	(0.000)
AR(2)检验	0.497	0.287	0.480	0.292	0.230	0.955
Hansen 检验	0.98	0.99	0.99	0.99	0.984	0.99
观察值	70	70	70	70	70	70
国家数	10	10	10	10	10	10

注：实证的结果均由 Stata 11 计算并整理得出。括号内是稳健的标准差，*** 、** 、* 分别表示 1% 、5% 、10% 的显著性水平。

第三节　研究结论与政策启示

本章运用 41 个国家 2005~2011 年的面板数据，从东道国吸收能力的视角研究了服务业 FDI 的国外 R&D 溢出效应，并得到以下研究结论与政策启示。

第一，国际 R&D 通过服务业外商直接投资对东道国全要素生产率的提升具有显著促进作用，这种促进作用主要是通过提高技术效率来实现的。

第二，由于服务业 FDI 的技术溢出存在明显的"门槛效应"，因此，东道国的吸收能力对于发挥 SFDI 的技术溢出效应尤为重要。通过对东道国吸收能力的分析，我们发现东道国人力资本存量、制度因素能够显著促进服务业 FDI 的技术外溢，但金融服务业的发展水平却阻碍了这一途径的技术外溢。为了发挥 SFDI 的溢出效应，必须提高东道国的人力资本存量，优化制度安排，更重要的是建立合理高效的金融体系。

第三，由于发达国家无论是人力资本存量、制度设计还是金融体系都优于发展中国家。因此，会表现出更加强烈的 SFDI 的溢出效应。本章的研究结论对于发展中国家，尤其对于中国具有重要的启示作用。为了弥补自身服务业发展的滞后，我国需要优化积极优化国内制度，加大教育科研投入，提高人力资本水平，努力改善服务业投资环境，完善金融体系，降低进入门槛，实现外商直接投资渠道下服务业"软技术"的外溢。

第二十七章

服务贸易出口经济增长效应
与知识产权保护

随着服务贸易出口地位的日益提升，服务贸易出口驱动经济增长的重要性正在受到越来越多学者的关注。相比于制造业参与国际分工形成的货物贸易而言，服务业的国际化即服务贸易具有很多特殊性，对经济增长的影响路径也明显区别于货物贸易。知识产权制度是维护创新和保障市场公平竞争的重要制度保障。因此，有必要基于服务贸易出口增长和世界各国知识产权保护制度趋于完善的双背景下，研究服务贸易出口到底通过怎样的作用机理来推动经济增长？服务贸易出口对经济增长的作用到底是仅仅停留于"量"的层面还是能够提升至"质"的层面？对这些问题的回答，一方面会关系到一国对服务贸易出口的准确定位和知识产权保护政策的取向，另一方面也会影响生产性服务业与制造业互动融合发展。

第一节　文献综述

学者们在研究服务贸易影响经济增长的过程中大致沿着三条线索展开：第一，把服务贸易视为一个整体，并且考察它对经济增长的作用；第二，研究某一特定行业的服务贸易对经济增长的影响；第三，研究某一特定交易模式的服务贸易对经济增长的影响。

一、总体服务贸易影响经济增长的研究

这类研究往往简单地把服务贸易看成商品贸易，不考虑各种服务贸易模式之

间的差异，例如罗宾逊（Robinson et al.，2002）等运用可计算一般均衡（CGE）模型研究了服务贸易自由化所产生的经济增长效应。用实证的方法研究总体服务贸易影响经济增长的文献较多，并且以国内学者居多。陈怡和沈利生（2006）基于1998～2002年的服务贸易数据以及RAS法修正直耗系数，运用"投入—产出"分析法研究了我国服务贸易出口对经济增长的贡献率，并且考察了中国服务贸易出口的内部结构问题。尚涛等（2007）基于1982～2004年的时间序列数据，运用VAR模型的脉冲响应函数法与方差分解法，研究了中国服务贸易与经济发展的长期关系和动态特征。以上研究大多支持服务贸易出口促进了经济增长这一结论。

二、分不同行业对服务贸易影响经济增长的研究

目前分行业研究服务贸易影响经济增长的文献大多集中于金融、电信和医疗卫生等服务部门。贝克等（Beck et al.，2000）的研究认为，金融部门的开放在一定程度上打破了本国金融市场的垄断，促使金融市场进入有序竞争的正常发展轨道，生产率得以提高，并最终促使了本国的经济增长。埃森巴赫和赫克曼（Eschenbach & Hoekman，2005）以20个转型经济国家为样本，库里和萨维德斯（Khoury & Savvides，2006）以60个国家为样本，他们的研究均发现金融、电信和交通运输等基础性行业的贸易有力地解释了这些国家的经济增长动力。现有研究文献中也不乏从微观视角考察服务贸易促进经济增长的研究证据，例如，阿诺德等（Arnold et al.，2008）以全要素生产率变量代替经济增长变量，他们以非洲撒哈拉沙漠地区10个经济体的1000家企业的微观数据为分析样本，发现通信、电力和金融部门的发展水平越高，这些企业的全要素生产率增长越快。这些研究都为服务贸易促进经济增长提供了重要的微观证据。

类似于分行业研究服务贸易对经济增长的影响，部分学者也专门考察了生产性服务业与经济增长的关系。马库森（Markusen，1989）发现，国内的市场需求与国外生产性服务贸易产品的对接或互补使国内的相关产业获得显著的利益，从价值链关系来讲，这是最终消费品进口所难以替代的。马库森（Markusen，1989）与弗朗索瓦（Francois，1990）一致地认为，尽管生产性服务业是脱胎于制造业，但是这种"分而不离"的紧密联系与互补性使得专业化以后的生产性服务贸易进口极大地促进了相关产业部门的全要素生产率提高，这是一种高级形态的经济增长，而不仅仅停留于GDP的简单扩张。阿米蒂和柯宁（Amiti & Konings，2007）的实证研究也证实了马库森（Markusen，1989）和弗朗索瓦（Francois，1990）的论断。

三、分不同交易模式对服务贸易影响经济增长的研究

卡尔等（Carr et al.，2001）和马库森等（Markusen et al.，2005）借助于 CGE 模型，从理论上考察了以商业存在模式开展的服务贸易（以服务业 FDI 表征）对经济增长的影响，结果表明，服务贸易是一国经济福利增加的重要来源，服务行业的开放是大势所趋。随后，运用 CGE 模型从理论上考察服务贸易影响经济增长的方法开始盛行，柯南和马库斯（Konan & Maskus，2006）等基于 CGE 模型而展开的研究结果表明，消除服务业 FDI 市场准入壁垒是四种贸易模式中最为重要的自由化举措。

用实证方法研究具体模式服务贸易与经济增长关系的文献较多。从商业存在模式来看，马库森（Markusen，1989）认为，商业存在服务贸易的开展具有正负两个方面的效应，正面效应是指服务部门的竞争导致了国内对该部门生产要素的需求增加而有利于产出增长，即"市场规模效应"；负面效应是指服务贸易导致国内市场竞争加剧，并使部分本国服务性企业退出市场，即产生了"挤出效应"。马库森（Markusen，1989）的研究表明，服务市场开放后的"市场规模效应"要远远超过"挤出效应"，在抵消掉"挤出效应"后依然能够促使非服务业部门生产率提升，并且进一步优化了本国货物贸易的结构。赫克曼（Hoekman，2006）以印度为例考察了金融、电信和运输等部门商业存在服务贸易对货物商品出口部门竞争力的影响，得出了与马库森（Markusen，1989）类似的结论。从跨境支付模式来看，有学者发现对发达国家经济增长具有积极促进作用的服务进口，对发展中国家的经济增长却产生了明显的负面影响，可能原因在于马库森（Markusen，1989）所说的"挤出效应"大于"市场规模效应"。从自然人移动模式来看，沃尔姆斯利和温特斯（Walmsley & Winters，2002）指出，如果 OECD 国家允许相当于其国内劳动力总数百分之三的国外服务提供者进入其国内市场，则全球获得的收益可能比商品贸易完全自由化条件下获得的利益还要多得多，发展中国家和发达国家可以共享福利的增加。总体来看，这些分不同交易模式的研究大多支持服务贸易促进经济增长的观点。

尽管现有的研究逐步推进了人们对服务贸易影响经济增长的认识，但这些研究仍然存在有待进一步挖掘的空间，本章主要从以下三个方面展开进一步的探索：第一，借鉴了费德（Feder，1982）的出口贸易驱动经济增长理论模型，从知识产权保护这一新视角出发研究服务贸易出口影响经济增长的作用机理，考察知识产权保护在服务贸易出口驱动经济增长的过程中是否发挥了显著的积极作用；第二，不拘

泥于现有的文献把服务贸易与产出（或产出增长率）纳入一个回归模型中并考察两者之间关系的统计显著性，而是规范严谨地论证了服务贸易出口对经济增长的作用机理，重点考察了服务贸易出口对该国技术进步的内在推动机制——要素配置效应和技术溢出效应；第三，考虑到服务贸易品的技术异质性对经济增长可能带来不同的影响，本章按照要素密集度的差异，把服务贸易出口划分为劳动密集型、资本密集型、技术与知识密集型三类，研究不同属性的服务贸易出口对经济增长的影响。

第二节 服务贸易出口影响经济增长的模型推导与机理分析

本节在此借鉴了费德（Feder，1982）的出口驱动经济增长理论，把知识产权保护因素纳入理论模型，考察在知识产权保护条件下，服务贸易出口通过何种渠道和作用机理来影响经济增长，并且考察知识产权保护是否发挥了积极作用。

一、服务贸易出口驱动经济增长的基础模型

为了表示知识产权保护的强度，借用赫尔普曼（Helpman，1993）的做法，令：

$$m = \tilde{m} - \mu \tag{27.1}$$

其中，m 为知识产权保护条件下创新产品被竞争对手非法模仿的比例，$\tilde{m}$ 为完全缺乏知识产权保护时创新产品被竞争对手非法模仿的比例，μ 为知识产权保护加强的程度。随着 μ 的上升，m 值下降，即 μ 的增加表征了知识产权保护力度的加强，其范围为 $\tilde{m} > \mu > 0$。

知识产权保护的加强有利于维护创新者的合法权益，创新者能够独享创新成果，所以，与缺乏知识产权保护时相比较，即使使用了等量的要素投入，创新者依然能够获得更高的创新回报和利润（Grossman & Helpman，1991）。出于简化理论模型的考虑，我们在理论模型中并不出现利润等变量，但为了能够体现以上逻辑，我们借鉴琼斯（1999）的做法，在资本（K）和劳动力（L）的前面加入参数来表示实际有效的资本和实际有效的劳动力，从而做以下假设：

$$Y = N + X \tag{27.2}$$

$$N = F\big[(1+\mu)K_n, (1+\mu)L_n, X\big] \tag{27.3}$$

$$X = G\big[(1+\mu)K_x, (1+\mu)L_x\big] \tag{27.4}$$

其中，Y 为总产出，X 为服务业出口部门的产出，N 为其他部门的产出，K_n、K_x 为各部门的资本存量，L_n、L_x 为各部门的劳动力投入。

式（27.3）和式（27.4）中的 $1 + \mu$ 表示知识产权保护的加强程度。式（27.3）反映了服务业出口部门对其他部门能够产生外部经济溢出效应。此外，我们假设式（27.4）满足一次齐次条件。

假设服务业出口部门与其他部门的要素边际生产率存在差异，并且以 δ 表示如下：

$$\frac{G_k}{F_k} = \frac{G_l}{F_l} = 1 + \delta \tag{27.5}$$

其中下标均表示偏微分。

对式（27.2）、式（27.3）和式（27.4）两边同时取微分并整理可得：

$$dY = (1 + \mu)F_k \cdot dK_n + (1 + \mu)F_l \cdot dL_n + F_x \cdot dX$$
$$+ (1 + \mu)(1 + \delta)F_k \cdot dK_x + (1 + \mu)(1 + \delta)F_l \cdot dL_x \tag{27.6}$$

不考虑折旧时，某年资本存量增值等于当年净投资，即 $dK_n = I_n$，$dK_x = I_x$，所以

$$dY = F_k \cdot I_n + \mu F_k \cdot I_n + F_l \cdot dL_n + \mu F_l \cdot dL_n + F_k \cdot I_x + \delta F_k \cdot I_x$$
$$+ \mu F_k \cdot I_x + \mu\delta F_k \cdot I_x + F_l \cdot dL_x + \delta F_l \cdot dL_x$$
$$+ \mu F_l \cdot dL_x + \mu\delta F_l \cdot dL_x + F_x \cdot dX \tag{27.7}$$

由于 $dK_n + dK_x = I_n + I_x = I$，而且服务业出口部门与其他部门的劳动力增量之和等于总的劳动力增量，即 $dL_n + dL_x = dL$，所以式（27.7）可以表示为

$$dY = (1 + \mu)F_k \cdot I + (1 + \mu)F_l \cdot dL + (\delta + \mu\delta)(F_k \cdot I_x + F_l \cdot dL_x) + F_x \cdot dX \tag{27.8}$$

由此，根据式（27.5）和式（27.8）可得

$$dY = (1 + \mu)F_k \cdot I + (1 + \mu)F_l \cdot dL + \left(\frac{\delta}{1 + \delta} + F_x\right) \cdot dX \tag{27.9}$$

对式（27.9）两边同时除以 Y，并且令 $F_k \equiv \alpha$，而且根据布鲁诺（Bruno, 1968）的研究，令 $F_l = \beta \cdot (Y/L)$，则式（27.9）可以变形为

$$\frac{dY}{Y} = \alpha \cdot (1 + \mu) \cdot \frac{I}{Y} + \beta(1 + \mu) \cdot \frac{dL}{L} + \left(\frac{\delta}{1 + \delta} + F_x\right) \cdot \frac{dX}{X} \cdot \frac{X}{Y} \tag{27.10}$$

其中，$F_x = \frac{\partial N}{\partial X}$ 表示服务业出口部门对其他部门的外部经济溢出效应。

到此为止，必须强调的一个关键问题是，对于式（27.4）来说，考虑知识产权保护和不考虑知识产权保护的两种不同做法会使分析的结论大相径庭，如果不考虑知识产权保护的话，那么式（27.4）将会演变为

$$\tilde{X} = G(K_x, L_x) \tag{27.11}$$

其中，$\tilde{X}$ 表示在缺乏知识产权保护的情况下，资本投入 K_x 和劳动力 L_x 所带来的服务业出口部门产出。因此，假定式（27.4）满足一次齐次条件的话，那么式（27.10）则会演变为

$$\frac{\mathrm{d}Y}{Y} = \alpha \cdot (1+\mu) \cdot \frac{I}{Y} + \beta(1+\mu) \cdot \frac{\mathrm{d}L}{L} + \left[(1+\mu)\frac{\delta}{1+\delta} + (1+\mu)^2 F_{(\tilde{X})} \right] \cdot \frac{\mathrm{d}\tilde{X}}{\tilde{X}} \cdot \frac{\tilde{X}}{Y} \tag{27.12}$$

考虑到我们后面的经验研究中将要把服务贸易划分为劳动密集型、资本密集型、技术与知识密集型三种类型[①]，所以在此理论模型分析中，也把服务贸易分为这三种类型来加以推导。由式（27.12）可知，下式显然成立：

$$\frac{\mathrm{d}Y}{Y} = \alpha \cdot (1+\mu) \cdot \frac{I}{Y} + \beta(1+\mu) \cdot \frac{\mathrm{d}L}{L} + \left[(1+\mu)\frac{\theta}{1+\theta} + (1+\mu)^2 F_{(\widetilde{LX})} \right] \cdot$$

$$\frac{\mathrm{d}\widetilde{LX}}{\widetilde{LX}} \cdot \frac{\widetilde{LX}}{Y} + \left[(1+\mu)\frac{\eta}{1+\eta} + (1+\mu)^2 F_{(\widetilde{CX})} \right] \cdot \frac{\mathrm{d}\widetilde{CX}}{\widetilde{CX}} \cdot \frac{\widetilde{CX}}{Y}$$

$$+ \left[(1+\mu)\frac{\omega}{1+\omega} + (1+\mu)^2 F_{(\widetilde{TX})} \right] \cdot \frac{\mathrm{d}\widetilde{TX}}{\widetilde{TX}} \cdot \frac{\widetilde{TX}}{Y} \tag{27.13}$$

其中，θ、η、ω 分别表示劳动密集型、资本密集型、技术与知识密集型服务业出口部门三类部门分别与其他部门要素边际生产率的差异程度。LX、CX、TX 分别表示劳动密集型、资本密集型、技术与知识密集型服务业出口部门的产出。

至此，由式（27.4）和式（27.13）可以看出，知识产权保护的存在和加强会使得不断扩张的服务贸易出口部门对其他部门产生更强的外部经济溢出效应，即 $(1+\mu)^2 F_{(\widetilde{LX})} > F_{(\widetilde{LX})}$，$(1+\mu)^2 F_{(\widetilde{CX})} > F_{(\widetilde{CX})}$，以及 $(1+\mu)^2 F_{(\widetilde{TX})} > F_{(\widetilde{TX})}$。

由此，我们得到命题如下。

H27.1： 在完善的知识产权保护条件下，服务业出口部门对其他部门产生了比没有知识产权保护时更强的外部经济溢出效应，促进了其他部门的发展，最终使整

[①]　本章考虑 WTO 统计数据库的分类方法，对三类密集型服务贸易作如下划分：劳动密集型服务贸易主要包括国际旅游收支，资本密集型服务贸易主要包括运输服务，技术与知识密集型服务贸易主要包括通信服务、保险服务、金融服务、计算机和信息服务、专有权利使用费和特许费、咨询、广告、宣传、电影、音像和其他商业服务。

个经济部门的发展水平高于缺乏知识产权保护时的水平，知识产权保护在服务贸易出口驱动经济增长的过程中发挥了积极作用。

二、对基础模型的进一步分解

根据费德（Feder，1982），服务业出口部门对其他部门的外部经济溢出效应实际上包含两个维度：一是通过在服务业出口部门与其他部门之间优化要素的配置来提高要素的使用效率，我们称之为要素配置效应；二是服务业出口部门对其他部门产生部门间的技术溢出效应。为了精确区分这两种效应分别在多大程度上发挥作用，就有必要对式（27.13）做进一步的分解。

假设不同类型服务业出口部门对其他部门产出的影响具有不变弹性的特征，即把式（27.3）改写为：

$$N = F\big[(1+\mu)K_n,(1+\mu)L_n,LX,CX,TX\big]$$
$$= LX^v \cdot CX^\varphi \cdot TX^\sigma \cdot \Phi\big[(1+\mu)K_n,(1+\mu)L_n\big] \qquad (27.14)$$

其中，v、φ、σ 分别表示劳动密集型、资本密集型、技术与知识密集型服务业出口部门对其他部门的技术外溢参数。式（27.14）对 LX、CX 和 TX 分别求偏导并且代入式（27.14）可得，

$$\frac{\mathrm{d}Y}{Y} = \alpha \cdot (1+\mu) \cdot \frac{I}{Y} + \beta(1+\mu) \cdot \frac{\mathrm{d}L}{L} + \left(\frac{\theta}{1+\theta} + v \cdot \frac{N}{LX}\right) \cdot \frac{\mathrm{d}LX}{LX} \cdot \frac{LX}{Y}$$
$$+ \left(\frac{\eta}{1+\eta} + \varphi \cdot \frac{N}{CX}\right) \cdot \frac{\mathrm{d}CX}{CX} \cdot \frac{CX}{Y} + \left(\frac{\omega}{1+\omega} + \sigma \cdot \frac{N}{TX}\right) \cdot \frac{\mathrm{d}TX}{TX} \cdot \frac{TX}{Y} \quad (27.15)$$

把式（27.15）可以进一步变形得到

$$\frac{\mathrm{d}Y}{Y} = \alpha \cdot (1+\mu) \cdot \frac{I}{Y} + \beta(1+\mu) \cdot \frac{\mathrm{d}L}{L} + \frac{\theta}{1+\theta} \cdot \frac{\mathrm{d}LX}{LX} \cdot \frac{LX}{Y} + v\left(1 - \frac{CX+TX}{Y}\right)$$
$$\cdot \frac{\mathrm{d}LX}{LX} + \frac{\eta}{1+\eta} \cdot \frac{\mathrm{d}CX}{CX} \cdot \frac{CX}{Y} + \phi\left(1 - \frac{LX+TX}{Y}\right) \cdot \frac{\mathrm{d}CX}{CX} + \frac{\omega}{1+\omega} \cdot \frac{\mathrm{d}TX}{TX} \cdot \frac{TX}{Y}$$
$$+ \sigma\left(1 - \frac{LX+CX}{Y}\right) \cdot \frac{\mathrm{d}TX}{TX} = \alpha \cdot (1+\mu) \cdot \frac{I}{Y} + \beta(1+\mu) \cdot \frac{\mathrm{d}L}{L} + \frac{\theta}{1+\theta}(1+\mu)$$
$$\cdot \frac{\mathrm{d}\widetilde{LX}}{\widetilde{LX}} \cdot \frac{\widetilde{LX}}{Y} + v\left[1 - (1+\mu)\frac{\widetilde{CX}+\widetilde{TX}}{Y}\right] \cdot \frac{\mathrm{d}\widetilde{LX}}{\widetilde{LX}} + \frac{\eta}{1+\eta}(1+\mu) \cdot \frac{\mathrm{d}\widetilde{CX}}{\widetilde{CX}} \cdot \frac{\widetilde{CX}}{Y}$$
$$+ \phi\left[1 - (1+\mu)\frac{\widetilde{LX}+\widetilde{TX}}{Y}\right] \cdot \frac{\mathrm{d}\widetilde{CX}}{\widetilde{CX}} + \frac{\omega}{1+\omega}(1+\mu) \cdot \frac{\mathrm{d}\widetilde{TX}}{\widetilde{TX}} \cdot \frac{\widetilde{TX}}{Y}$$
$$+ \sigma\left[1 - (1+\mu)\frac{\widetilde{LX}+\widetilde{CX}}{Y}\right] \cdot \frac{\mathrm{d}\widetilde{TX}}{\widetilde{TX}} \qquad (27.16)$$

如果不考虑知识产权保护，那么式（27.15）应当表述为：

$$\frac{\mathrm{d}Y}{Y} = \alpha \cdot \frac{I}{Y} + \beta \cdot \frac{\mathrm{d}L}{L} + \frac{\theta}{1+\theta} \cdot \frac{\mathrm{d}\tilde{LX}}{\tilde{LX}} \cdot \frac{\tilde{LX}}{Y} + \upsilon'\left(1 - \frac{\tilde{CX}+\tilde{TX}}{Y}\right) \cdot \frac{\mathrm{d}\tilde{LX}}{\tilde{LX}} + \frac{\eta}{1+\eta}$$

$$\cdot \frac{\mathrm{d}\tilde{CX}}{\tilde{CX}} \cdot \frac{\tilde{CX}}{Y} + \phi'\left(1 - \frac{\tilde{LX}+\tilde{TX}}{Y}\right) \cdot \frac{\mathrm{d}\tilde{CX}}{\tilde{CX}} + \frac{\omega}{1+\omega} \cdot \frac{\mathrm{d}\tilde{TX}}{\tilde{TX}} \cdot \frac{\tilde{TX}}{Y}$$

$$+ \sigma'\left(1 - \frac{\tilde{LX}+\tilde{CX}}{Y}\right) \cdot \frac{\mathrm{d}\tilde{TX}}{\tilde{TX}} \tag{27.17}$$

其中，$\tilde{LX}$、$\tilde{CX}$、$\tilde{TX}$分别表示在缺乏知识产权保护的情况下，劳动密集型、资本密集型、技术与知识密集型服务业出口部门的产出。υ'、φ'和σ'分别表示在缺乏知识产权保护条件下三类服务业出口部门对其他部门的技术溢出效应。

比较式（27.16）和式（27.17）不难发现，$\frac{\theta}{1+\theta}(1+\mu) > \frac{\theta}{1+\theta}$，$\frac{\eta}{1+\eta}(1+\mu) > \frac{\eta}{1+\eta}$并且$\frac{\omega}{1+\omega}(1+\mu) > \frac{\omega}{1+\omega}$，这就表明，在知识产权保护条件下，三类服务业出口部门均发挥了更强的要素配置效应。

接下来我们将要证明知识产权保护条件下三类服务业出口部门对其他部门的技术溢出效应与缺乏知识产权保护时的差异。

正如前文所述，式（27.14）实际上是式（27.3）的另一种表达形式，因此，由式（27.3）推导而来的式（27.13）实际上与由式（27.14）推导而来的式（27.16）是等价的。对比式（27.13）和式（27.16）两式可知，

$$(1+\mu)^2 F_{(\tilde{LX})} \cdot \frac{\mathrm{d}\tilde{LX}}{\tilde{LX}} \cdot \frac{\tilde{LX}}{Y} = \upsilon\left[1 - (1+\mu)\frac{\tilde{CX}+\tilde{TX}}{Y}\right] \cdot \frac{\mathrm{d}\tilde{LX}}{\tilde{LX}} \tag{27.18}$$

$$(1+\mu)^2 F_{(\tilde{CX})} \cdot \frac{\mathrm{d}\tilde{CX}}{\tilde{CX}} \cdot \frac{\tilde{CX}}{Y} = \varphi\left[1 - (1+\mu)\frac{\tilde{LX}+\tilde{TX}}{Y}\right] \cdot \frac{\mathrm{d}\tilde{CX}}{\tilde{CX}} \tag{27.19}$$

$$(1+\mu)^2 F_{(\tilde{TX})} \cdot \frac{\mathrm{d}\tilde{TX}}{\tilde{TX}} \cdot \frac{\tilde{TX}}{Y} = \sigma\left[1 - (1+\mu)\frac{\tilde{LX}+\tilde{CX}}{Y}\right] \cdot \frac{\mathrm{d}\tilde{TX}}{\tilde{TX}} \tag{27.20}$$

以式（27.18）为例，对于方程左边而言，如果不考虑知识产权保护因素，则应当为$F_{(\tilde{LX})} \cdot \frac{\mathrm{d}\tilde{LX}}{\tilde{LX}} \cdot \frac{\tilde{LX}}{Y}$；对于方程右边而言，如果不考虑知识产权保护因素，根据式（27.17）可知，则应当为$\upsilon'\left[1 - \frac{\tilde{CX}+\tilde{TX}}{Y}\right] \cdot \frac{\mathrm{d}\tilde{LX}}{\tilde{LX}}$。在此情形下，又根据式（27.18）可知，

$$F_{(\widetilde{LX})} \cdot \frac{\mathrm{d}\widetilde{LX}}{\widetilde{LX}} \cdot \frac{\widetilde{LX}}{Y} = v' \Big[1 - \frac{\widetilde{CX} + \widetilde{TX}}{Y} \Big] \cdot \frac{\mathrm{d}\widetilde{LX}}{\widetilde{LX}} \qquad (27.21)$$

（1）当 $\mathrm{d}\widetilde{LX} > 0$ 时：

由于 $(1+\mu)^2 F_{(\widetilde{LX})} \cdot \frac{\mathrm{d}\widetilde{LX}}{\widetilde{LX}} \cdot \frac{\widetilde{LX}}{Y} > F_{(\widetilde{LX})} \cdot \frac{\mathrm{d}\widetilde{LX}}{\widetilde{LX}} \cdot \frac{\widetilde{LX}}{Y}$，根据式（27.18）和式

（27.21），所以有下列不等式成立：

$$v \Big[1 - (1+\mu) \frac{\widetilde{CX} + \widetilde{TX}}{Y} \Big] \cdot \frac{\mathrm{d}\widetilde{LX}}{\widetilde{LX}} > v' \Big[1 - \frac{\widetilde{CX} + \widetilde{TX}}{Y} \Big] \cdot \frac{\mathrm{d}\widetilde{LX}}{\widetilde{LX}} \qquad (27.22)$$

进而可知，

$$v \Big[1 - (1+\mu) \frac{\widetilde{CX} + \widetilde{TX}}{Y} \Big] > v' \Big[1 - \frac{\widetilde{CX} + \widetilde{TX}}{Y} \Big] \qquad (27.23)$$

由于 $\mu > 0$，$\frac{\widetilde{CX} + \widetilde{TX}}{Y} > 0$，所以 $1 - (1+\mu) \frac{\widetilde{CX} + \widetilde{TX}}{Y} < 1 - \frac{\widetilde{CX} + \widetilde{TX}}{Y}$。又根据式

（27.23）可知，$v > v'$ 必然成立。

（2）当 $\mathrm{d}\widetilde{LX} < 0$ 时：

由于 $(1+\mu)^2 F_{(\widetilde{LX})} \cdot \frac{\mathrm{d}\widetilde{LX}}{\widetilde{LX}} \cdot \frac{\widetilde{LX}}{Y} < F_{(\widetilde{LX})} \cdot \frac{\mathrm{d}\widetilde{LX}}{\widetilde{LX}} \cdot \frac{\widetilde{LX}}{Y}$，根据式（27.18）和式

（27.21），所以有下列不等式成立：

$$v \Big[1 - (1+\mu) \frac{\widetilde{CX} + \widetilde{TX}}{Y} \Big] \cdot \frac{\mathrm{d}\widetilde{LX}}{\widetilde{LX}} < v' \Big[1 - \frac{\widetilde{CX} + \widetilde{TX}}{Y} \Big] \cdot \frac{\mathrm{d}\widetilde{LX}}{\widetilde{LX}} \qquad (27.24)$$

进而可知，

$$v \Big[1 - (1+\mu) \frac{\widetilde{CX} + \widetilde{TX}}{Y} \Big] > v' \Big[1 - \frac{\widetilde{CX} + \widetilde{TX}}{Y} \Big] \qquad (27.25)$$

这就自然回到了式（27.23），在此情形下，$v > v'$ 同样必然成立。

同理可知，对于式（27.19）和式（27.20）而言，$\phi > \phi'$ 以及 $\sigma > \sigma'$ 也将成立。

这说明，在知识产权保护条件下，劳动密集型、资本密集型、技术与知识密集型服务业出口部门对其他部门的技术溢出效应大于缺乏知识产权保护时的水平。

由此，我们得到命题如下。

H27.2：服务业出口部门对其他部门的外部经济溢出效应可以分解为要素配置效应和技术溢出效应，知识产权保护的功能强化了服务业出口部门所产生的要素配

置效应以及对其他部门的技术溢出效应。

对于 H27.2，我们从内在机理上具体分析如下。

首先，关于要素配置效应。对生产要素进行优化配置时应当以要素的整体利益最大化为基本准则，不同技术含量、边际效率的生产要素应当被安排在不同潜在收益的经济活动之中。相对于其他部门而言，服务业出口部门的技术水平显得较高，各种生产要素进入该部门的门槛和技术要求也更高，高技术服务业出口部门对生产要素会做出严格的优劣甄别以保持该部门在技术上和竞争力上的优势。在这种情况下，优质要素具有高边际生产率和高边际价值的特征就会在甄别过程中得到展现，并得到高技术服务业出口部门的接纳。优质要素在高技术服务业出口部门中所生产的产品具有十分明显的技术属性和知识属性，在完善的知识产权保护制度条件下，知识产权保护制度提供了十分关键的外部政策环境，在回收研发资金、获取市场利润、维护创新所产生的正当权益等方面能够满足该部门的发展需要，充分地保障了竞争机制，避免恶性竞争，规范了市场秩序，并且激发了创新动力。因此，高技术服务业出口部门与知识产权保护制度的协同效应能够较好地激励优质要素（主要是优质的人力资源）产生更高的边际价值和财富贡献，而竞争力较弱的要素则可能在自由竞争中遭遇淘汰而被配置到潜在收益稍低的其他部门，优胜劣汰法则促使生产要素的配置效率得到了极大的提高。

其次，关于技术溢出效应。在服务业出口部门中，尤其是高技术服务业出口部门中，代表金融行业的银行、证券和保险等行业每年都会创造出层出不穷的衍生工具，代表信息技术的通信和计算机等行业都会以指数速度实现着技术的新陈代谢，其他行业（诸如咨询、广告、影视和教育等）也通过大量的智力投资而实现了技术和运营模式的脱胎换骨。这些行业的技术进步和理念创新都具有宝贵的原创性价值，知识产权保护制度是孕育各种创新理念的摇篮和平台，只有在这种完善的制度环境之中，高技术服务业的智力投入才能够得到应有的回报，服务业出口部门才能够得到发展与壮大。当高技术服务业出口部门由于受到知识产权保护制度的支持而具备技术和运营管理等方面的竞争力时，可能会通过部门间人员的流动效应和竞争效应等对其他服务业部门产生行业内的技术溢出，这就推动了整个服务业部门的发展。此外，服务业出口部门与其下游行业存有内在的价值链关系，在完善的知识产权保护条件下，下游行业可以毫无顾忌地采购服务业出口部门所提供的中间投入——生产性服务业产品，否则，下游行业从上游服务业出口部门中采购的服务品可能面临被其他竞争对手非法模仿的风险，这种产生于上下游产业链关系的采购活动导致了服务业出口部门对下游行业的行业间技术溢出。总之，高技术服务业出口部门不管是产生行业内技术溢出还是行业间技术溢出，都是以完善的知识产权保护制度为前提条件的。

第三节　经验研究与结果分析

理论分析结果表明，知识产权保护条件下的服务业出口部门能够产生更强的要素配置效应，并且能够对其他部门产生更强的技术溢出效应。接下来，我们将基于 90 个国家 1998～2007 年的面板数据对以上命题进行经验检验。

一、计量模型与解释变量

我们依据前面的理论推导，构建的计量模型如下：

$$
\left(\frac{\mathrm{d}Y}{Y}\right)_{it} = C_{it} + \alpha_1 \cdot \left(\frac{I}{Y}\right)_{it} + \alpha_2 \cdot \left(\frac{\mathrm{d}L}{L}\right)_{it} + [\alpha_3, \alpha_4, \alpha_5] \cdot \left[\left(\frac{\mathrm{d}ST^l}{ST^l} \cdot \frac{ST^l}{Y}\right)_{it}, \left(\frac{\mathrm{d}ST^c}{ST^c} \cdot \frac{ST^c}{Y}\right)_{it}, \right.
$$

$$
\left.\left(\frac{\mathrm{d}ST^t}{ST^t} \cdot \frac{ST^t}{Y}\right)_{it}\right]^T + [\alpha_6, \alpha_7, \alpha_8] \cdot \left\{\left[\left(1 - \frac{ST^c + ST^t}{Y}\right) \cdot \frac{\mathrm{d}ST^l}{ST^l}\right]_{it}, \right.
$$

$$
\left[\left(1 - \frac{ST^l + ST^t}{Y}\right) \cdot \frac{\mathrm{d}ST^c}{ST^c}\right]_{it}, \left[\left(1 - \frac{ST^l + ST^c}{Y}\right) \cdot \frac{\mathrm{d}ST^t}{ST^t}\right]_{it}\right\}^T + [\alpha_9, \alpha_{10}, \alpha_{11}]
$$

$$
\cdot IPR_{it} \cdot \left[\left(\frac{\mathrm{d}ST^l}{ST^l} \cdot \frac{ST^l}{Y}\right)_{it}, \left(\frac{\mathrm{d}ST^c}{ST^c} \cdot \frac{ST^c}{Y}\right)_{it}, \left(\frac{\mathrm{d}ST^t}{ST^t} \cdot \frac{ST^t}{Y}\right)_{it}\right]^T + [\alpha_{12}, \alpha_{13}, \alpha_{14}]
$$

$$
\cdot IPR_{it} \cdot \left\{\left[\left(1 - \frac{ST^c + ST^t}{Y}\right) \cdot \frac{\mathrm{d}ST^l}{ST^l}\right]_{it}, \left[\left(1 - \frac{ST^l + ST^t}{Y}\right) \cdot \frac{\mathrm{d}ST^c}{ST^c}\right]_{it}, \right.
$$

$$
\left.\left[\left(1 - \frac{ST^l + ST^c}{Y}\right) \cdot \frac{\mathrm{d}ST^t}{ST^t}\right]_{it}\right\}^T + \varepsilon_{it}
$$

其中，$\left(\frac{\mathrm{d}Y}{Y}\right)_{it}$ 为产出增长率，C_{it} 为常数项，$\alpha_1, \cdots, \alpha_{14}$ 为拟合系数，ε_{it} 为误差项。其他的解释变量分别为：

（1）投资产出比 $\left(\frac{I}{Y}\right)_{it}$。根据经济增长理论，资本投入是经济增长的基本动力之一，一国的投资力度越大，越能够推动经济增长。

（2）劳动力增长率 $\left(\frac{\mathrm{d}L}{L}\right)_{it}$。部分发展中国家的经济发展历程已经表明，丰裕的劳动力是产品能够以低成本进军国际市场，促进出口快速增长，增加企业利润的重要原因，中国即为其中的一个典型代表。

（3）$\left(\dfrac{\mathrm{d}ST^l}{ST^l}\cdot\dfrac{ST^l}{Y}\right)_{it}$、$\left(\dfrac{\mathrm{d}ST^c}{ST^c}\cdot\dfrac{ST^c}{Y}\right)_{it}$、$\left(\dfrac{\mathrm{d}ST^t}{ST^t}\cdot\dfrac{ST^t}{Y}\right)_{it}$。这三个变量分别表示劳动密集型、资本密集型、技术与知识密集型服务业出口部门的要素配置效应。同样的生产要素在不同的部门可能具有不同的使用效率，生产要素的配置只有根据比较优势的原则，按照要素的质量高低进行梯度分布才能够从整体上发挥最大的效用。因此，如果不同类型服务业出口部门能够对要素进行部门间的合理配置，那么这无疑能从资源效率上驱动经济增长。

（4）$\left[\left(1-\dfrac{ST^c+ST^t}{Y}\right)\cdot\dfrac{\mathrm{d}ST^l}{ST^l}\right]_{it}$、$\left[\left(1-\dfrac{ST^l+ST^t}{Y}\right)\cdot\dfrac{\mathrm{d}ST^c}{ST^c}\right]_{it}$、$\left[\left(1-\dfrac{ST^l+ST^c}{Y}\right)\cdot\dfrac{\mathrm{d}ST^t}{ST^t}\right]_{it}$。这三个变量分别表示劳动密集型、资本密集型、技术与知识密集型服务业出口部门对其他部门所产生的技术外溢效应。当不同类型服务业出口部门能够对其他部门产生技术溢出效应时，便会通过其他部门间接促进经济增长，这是除了出口部门直接促进经济增长以外的另一种形态的促进经济增长的方式。

（5）知识产权保护制度 IPR_{it}。目前国际上已经有一些从数量上测度制度因素的方法，主要包括 PRS 集团提供的"全球各国风险指导"评估体系，创办于 1993 年的透明国际（Transparency International）所公布的"腐败指数"，考夫曼（Kaufmann）等构建的政治治理指标体系，等等。此外，帕克和利波尔特（Park & Lippoldt，2005）专门测算了知识产权保护力度（以下简称为 P-L 方法），但该方法在计算综合指数时分别对各项指标所赋予的权重会不可避免地受到主观判断的干扰，而且当一国在某项指标上的得分保持不变时，就认为这项指标所反映的知识产权保护力度恒定不变，但是这显然与事实并不吻合。例如，当一国在某年已经加入了 n 项知识产权条约，在接下来的几年中如果一直没有加入新的条约，P-L 方法就认为该项指标所表征的知识产权力度未能提高。然而我们认为，人们对一项新制度法规的认可和遵守往往有一个不断深入的漫长过程，该制度法规的影响力会随着颁布时间的久远而不断强化，立法时间越长，执法实践就会越充分、越完备，即制度法规具有时间上的"积累效应"。由于 P-L 方法存在这些不足，而且考虑到本章的研究对象包括 90 个国家，用 P-L 方法计算所涉及的数据难以系统地收集，于是本章依据各国加入世界知识产权组织的进展情况来衡量各国知识产权保护力度。具体方法是：对于某一条约而言，如果某国于第 t 年加入，则该国第 $t+1$ 年、$t+2$ 年……在这一项上的得分为 1 分、2 分……，即某个特定年度距离加入的时点越久远则得分越高，该国在其他各条约中的得分也依照同样的方法计算。最后，某年在各项条约上得分相加的总和即为该国该年度的总分，总分越高，该国的知识产权保护力度越大。同时我们考虑到，知识产权保护措施的作用具有边际效用递减的特征，因此我们对以上算出的总分取自然对数来表示这种特征。

以上变量所用数据来自 WTO 统计数据库、世界银行统计数据库和世界知识产权组织网站①。

二、检验结果与分析

在进行经验研究之前，有必要检查模型中是否存在多重共线性，以确保估计结果尽量准确可靠②。结果表明，部分自变量之间存在高度的相关性，相关性较高的系数共计 29 个。通过进一步检查可以发现，在这 29 个系数中，有 23 个系数是由于经过知识产权保护（IPR）因素相乘以后才导致自变量之间高度相关的，也就是说，在没有考虑知识产权保护（IPR）因素之前就已经存在高度相关性的系数只有 6 个。因此，为了避免多重共线性的发生，我们采取了以下两项措施。第一，在纳入知识产权保护因素对模型进行拟合时，删除与知识产权相乘的变量。例如，由于 $\left(\frac{\mathrm{d}ST^l}{ST^l} \cdot \frac{ST^l}{Y}\right)_{it}$ 和 $IPR_{it} \cdot \left(\frac{\mathrm{d}ST^l}{ST^l} \cdot \frac{ST^l}{Y}\right)_{it}$ 存在高度相关性，所以在考察 $IPR_{it} \cdot \left(\frac{\mathrm{d}ST^l}{ST^l} \cdot \frac{ST^l}{Y}\right)_{it}$ 对经济增长的影响时，把 $\left(\frac{\mathrm{d}ST^l}{ST^l} \cdot \frac{ST^l}{Y}\right)_{it}$ 撇除在模型之外，这样能在较大程度上消除模型的多重共线性。第二，对其他存在高度相关性的自变量，我们把这些自变量分别先后置入模型发现，拟合系数的正负号以及显著性均与把这些自变量同时置入模型的拟合结果一致，因此，我们认为少量的多重共线性没有影响到模型估计的有效性。

考虑到世界各国经济发展水平和阶段相差较大，各国自身的禀赋状况、贸易结构以及在知识产权制度建立等方面参差不齐，尤其在发达国家与发展中国家更是相差甚远，研究对象的差异性可能带来完全不同的检验结果。因此，我们首先考察以 90 个国家作为总体样本的拟合结果，其次把 30 个发达国家和 60 个发展中国家分别进行拟合的结果加以对比分析③。

---

① 本章选取的 90 个国家包括亚洲 21 个国家，欧洲 33 个国家，北美洲 8 个国家，南美洲 12 个国家，大洋洲 2 个国家以及非洲 14 个国家。

② 受到篇幅所限，检验结果未能详细列出。

③ 在联合国的运作中，目前并没有一套统一的衡量发达国家的指标，根据各种国际组织的资料来看，公认的发达国家共 24 个，分别是：卢森堡、挪威、瑞士、爱尔兰、丹麦、冰岛、瑞典、英国、奥地利、荷兰、芬兰、比利时、法国、德国、意大利、西班牙、希腊、葡萄牙、美国、加拿大、日本、新加坡、澳大利亚和新西兰。新增的发达国家共 8 个，分别是塞浦路斯、巴哈马、斯洛文尼亚、以色列、韩国、马耳他、匈牙利和捷克。本章综合考虑了世界银行、国际货币基金组织等对发达经济体的界定，同时根据数据的收集情况，选取了以下 30 个国家作为发达国家：澳大利亚、奥地利、比利时、加拿大、塞浦路斯、捷克、丹麦、芬兰、法国、德国、希腊、匈牙利、冰岛、爱尔兰、以色列、意大利、日本、韩国、马耳他、荷兰、新西兰、挪威、葡萄牙、新加坡、斯洛文尼亚、西班牙、瑞典、瑞士、英国和美国。

（一）总体样本拟合结果分析

表27-1给出了90个国家的服务贸易出口对经济增长的要素配置效应和技术溢出效应，具体结果如下。

表 27-1　　　　　　服务贸易出口对经济增长的要素配置效应
和技术溢出效应（总体样本）

变量	（1）	（2）	（3）	（4）	（5）	（6）	（7）
常数项	0.011 * （1.867）	0.011 * （1.861）	0.012 ** （2.430）	0.011 * （1.867）	0.012 ** （2.220）	0.012 ** （2.270）	0.012 ** （2.256）
资本产出比	0.123 *** （4.474）	0.124 *** （4.482）	0.115 *** （5.382）	0.123 *** （4.471）	0.119 *** （5.480）	0.119 *** （5.507）	0.119 *** （5.542）
劳动力增长率	-0.025 （-0.321）	-0.026 （-0.337）	0.022 （0.331）	-0.025 （-0.325）	0.017 （0.246）	0.015 （0.227）	0.018 （0.268）
（劳动密集型） 要素配置效应	-0.216 （-1.214）		-0.095 （-0.552）	-0.215 （-1.215）	-0.208 ** （-2.488）	-0.055 （-0.388）	-0.166 （-1.075）
（资本密集型） 要素配置效应	0.723 *** （4.169）	0.682 *** （4.070）		0.721 *** （4.148）	0.657 *** （3.973）	0.580 *** （3.903）	0.619 *** （3.800）
（技术与知识密集型） 要素配置效应	0.051 （0.391）	0.028 （0.218）	0.028 （0.237）		0.057 （0.482）	0.043 （0.360）	0.051 （0.453）
（劳动密集型） 技术溢出效应	0.123 （0.5325）	0.031 （0.139）	0.002 （0.008）	0.123 （0.534）		-0.144 （-0.809）	0.004 （0.021）
（资本密集型） 技术溢出效应	-0.351 * （-1.876）	-0.325 （-1.551）	-0.172 （-0.986）	-0.347 * （-1.854）	-0.118 （-0.772）		-0.056 （-0.301）
（技术与知识密集型） 技术溢出效应	0.243 （1.312）	0.334 ** （2.065）	0.185 （1.030）	0.336 *** （2.204）	0.071 （0.433）	0.089 （0.493）	
知识产权保护×（劳动 密集型）要素配置效应		-0.022 （-0.802）					
知识产权保护×（资本 密集型）要素配置效应			0.115 *** （3.467）				
知识产权保护×（技术与 知识密集型）要素配置效应				0.107 *** （3.152）			
知识产权保护×（劳动 密集型）技术溢出效应					0.011 ** （2.536）		
知识产权保护×（资本 密集型）技术溢出效应						0.012 *** （2.887）	

续表

变量	(1)	(2)	(3)	(4)	(5)	(6)	(7)
知识产权保护×(技术与知识密集型)技术溢出效应							0.012 *** (2.860)
Hausman 检验	14.438 * (F)	13.401 * (F)	13.060 (R)	15.304 * (F)	5.634 (R)	8.937 (R)	11.249 (R)
Adj-R^2	0.335	0.334	0.069	0.335	0.079	0.079	0.079
F-statistics	5.208 ***	5.194 ***	8.597 ***	5.209 ***	9.751 ***	9.716 ***	9.722 ***
Groups	90	90	90	90	90	90	90
Obs.	900	900	900	900	900	900	900

注：***、**、*分别表示在1%、5%、10%水平上显著；括号内的数值为系数的 t 统计值；F 为固定效应，R 为随机效应，本章其余表同。

（1）90 个国家从总体上来看，其经济增长在很大程度上依赖于投资，这与经济增长理论是完全符合的，由于这一点并非本章的研究重点，所以在此不做过多叙述。

（2）劳动力投入不是经济增长的推动力量，其中的原因主要在于两点，一是世界各国普遍实现了劳动力节约型的技术进步（黄先海，2009），经济增长主要依靠投资、产业结构调整、技术创新和制度变革等因素来推动；二是近年来世界平均失业率基本维持在6%以上，劳动力已经不是稀缺资源，产生的边际效用也较低。因此，在劳动力大量闲置的情形下，劳动力的增加并不会对经济增长带来显著的贡献，拟合系数往往会不显著（Feder，1982）。

（3）劳动密集型、技术与知识密集型服务业出口部门对经济增长的要素配置效应不明显，资本密集型服务业出口部门对经济增长的要素配置效应通过了显著性检验。

根据比较优势的原理，对要素进行优化配置应当遵循高边际效率要素对应高技术要求，低边际效率要素对应低技术要求的基本原则。以劳动力资源为例，接受过优质教育的劳动力资源具有较高的边际价值，应当配置到技术门槛和素质要求较高的部门中参与相关的经济活动，反之则反是。但问题是，在全球劳动力大量闲置，以及劳动密集型服务业出口部门进入门槛相对较低等多重背景下，要素配置就难以遵循这样的原则了，高素质的劳动力和低素质的劳动力往往同样面临稀缺的就业机会。而且，劳动密集型服务业出口部门对要素的要求远远低于技术与知识密集型服务业出口部门，所以在使用要素的过程中难以做到严格的优劣甄别，优质要素凌驾于劣质要素之上的种种优势在劳动密集型服务业出口部门中难以得到充分的施展，这就降低了劳动密集型服务业出口部门的要素配置效率。类似地，许和连（2005）

的研究表明，中国初级产品出口部门的要素配置效应较差，而工业制成品出口部门的要素配置效应较好，其根本原因也在于初级产品出口部门所具备的技术条件较低，要素需求门槛不高以及要素甄别机制相对缺失所致，这与我们的研究结论是内在一致的。

与劳动密集型服务业出口部门不同的是，由于技术与知识密集型服务业出口部门的进入门槛和技术要求较高，对物质要素和劳动力要素都会做出严格的优劣甄别以保持该部门技术上的优势，而这一点正是波特（2002）在研究国家竞争优势的决定因素中所得出的一个重要结论之一。然而，由于 90 个国家作为一个整体而言，其技术与知识密集型服务业出口部门的发展水平依然较低，1998～2007 年，90 个国家的技术与知识密集型服务贸易出口额占总体服务贸易出口总额的比重仅为 40.47%。所以，技术与知识密集型服务业出口部门在要素配置方面的功能发挥得并不充分，拟合系数尽管全部为正，但均没有通过显著性检验。

对于资本密集型服务业出口部门而言，尽管其进入门槛也较低，高边际价值和低边际价值的要素在使用过程中都只能发挥出低效率，但该部门的一个明显优势在于它能产生可观的规模经济，其中的典型代表就是运输服务业部门。在一定范围之内，投入的要素越多，规模经济越明显，要素的使用效率大幅度提高，这种规模经济意义上的优势在很大程度上弥补了，甚至远远超越了该部门低技术属性所决定的生产要素低效率这一劣势。

（4）在控制了知识产权保护因素之后，劳动密集型服务业出口部门依然缺乏要素配置效应，资本密集型服务业出口部门提高了生产要素的使用效率，技术与知识密集型服务业出口部门发挥了更加显著的要素配置效应，知识产权保护在技术与知识密集型服务贸易出口驱动经济增长中的积极作用得到了证实。

尽管控制了知识产权保护因素，劳动密集型服务业出口部门本身所固有的属性决定了产品技术含量较低，例如，旅游、餐饮和住宿等，这类服务业产品的竞争力并不主要在于各项技术专利的发明和技术创新等方面，而是取决于优越的地理位置、恰当的市场定位和低成本运作等方面，在甄别投入要素的优劣等方面并没有严格的要求。所以，知识产权保护政策难以提升劳动密集型服务业出口部门的要素配置效应。资本密集型服务业出口部门在知识产权保护制度下同样优化配置了各种要素投入，提高了生产要素的使用效率，主要原因是，资本密集型服务业部门并不会因为知识产权保护制度的存在和加强而丧失原有的规模经济优势。

对于技术与知识密集型服务业出口部门而言，知识产权保护制度提供了十分关键的外部政策环境。由于技术与知识密集型服务业出口部门所生产的产品具有十分明显的技术属性和知识属性，知识产权保护制度恰恰能够充分地保障竞争机制，避免恶性竞争，规范了市场秩序，进而维护技术与知识的高边际价值。因此，技术与知识密集型服务业出口部门与知识产权保护制度的协同效应能够较好地激励优质要素（主要是优质的人力资源）产生更高的边际价值和财富贡献，而竞争力较弱的要素则可能在自由竞争中遭遇淘汰。

（5）劳动密集型和资本密集型服务业出口部门对其他部门均没有产生显著的技术溢出效应，技术与知识密集型服务业出口部门对其他部门的技术溢出效应不稳定。

劳动密集型服务业出口部门对其他部门没有产生外部溢出效应，这完全符合预期。劳动密集型服务业出口部门不是新技术的创造者，而仅仅是新技术的受益者。资本密集型服务业出口部门没有产生积极的外部溢出效应，其根本原因还是在于该部门的技术属性偏低。

对技术与知识密集型服务业出口部门的拟合结果要好于对其他两类部门的拟合结果，其背后的原因跟技术与知识密集型服务业出口部门所提供产品的属性有关。在广泛的技术与知识密集型服务业产品中，计算机、通信、咨询、金融和教育等产品无不包含了大量的人类智慧与引领时代科技的创意，这些智慧与创意一方面推动了本部门产品的更新与升级，提高了本部门的生产率；另一方面，技术升级以后的服务业部门能够更加高效率和高质量地服务于其他部门，并且在技术层面对其他部门也会产生显著的技术溢出效应，推动了其他部门的生产率提升。当然，正如前面所提及的，技术与知识密集型服务业出口部门对其他部门的溢出效应拟合结果并不稳定，这可能与某些干扰该服务业出口部门发展的不利因素有关，例如，与服务业发展相关的政策法规不够完善，服务业市场不够统一等。

（6）在控制了知识产权保护因素之后，劳动密集型、资本密集型、技术与知识密集型服务业出口部门均对其他部门产生了更加显著的技术溢出效应，这与 H27.2 完全吻合，知识产权保护的"助推器"作用得到了进一步证实。

技术与知识密集型服务业出口部门对其他部门所产生的更加显著的技术溢出效应完全在我们的预期之中，其主要原因在于该部门的各行业在发展的过程中对相关政策的需求恰好能够从知识产权保护制度中得到满足。在该部门中，代表金融行业的银行、证券和保险等行业每年都会创造出层出不穷的衍生工具，代表信息技术通信和计算机等行业都会以指数速度实现着技术的新陈代谢，其他行业（诸如咨询、广告、影视和教育等）也通过大量的智力投资而实现了技术和运营模式的脱胎换骨。这些行业的技术进步和理念创新都具有宝贵的原创性价值，知识产权保护制度是孕育各种创新理念的摇篮和平台，只有在完善的制度环境之下，技术与知识密集型服务业的智力投入才能够得到应有的回报（Lai，1998）。因此，技术与知识密集型服务业出口部门与知识产权保护制度具有极佳的匹配性，能够产生良好的协同效应，并且由此对其他部门产生了技术溢出效应、示范效应等外部溢出效应。

（二）发达国家样本与发展中国家样本拟合结果的对比分析

为了揭示服务贸易出口对经济增长的要素配置效应和技术溢出效应在发达国家与发展中国家之间是否存在差异，考察这些差异背后的根源，进而对作为发展中国家的中国提供必要的启示，我们在此对发达国家与发展中国家进行对比分析（见表 27 - 2 和表 27 - 3）。此外，受篇幅所限，和表 27 - 1 中相同的拟合结果在此不再展开分析，比较分析的结果如下。

表 27 - 2　　　　　　　服务贸易出口对经济增长的要素配置效应和

技术溢出效应（30 个发达国家样本）

变量	（1）	（2）	（3）	（4）	（5）	（6）	（7）
常数项	0.020* (1.688)	0.020* (1.691)	0.019* (1.671)	0.020* (1.719)	0.020* (1.731)	0.021* (1.788)	0.008 (1.068)
资本产出比	0.024 (0.483)	0.024 (0.484)	0.025 (0.499)	0.023 (0.453)	0.021 (0.429)	0.019 (0.378)	0.069** (2.154)
劳动力增长率	0.174† (1.537)	0.172† (1.521)	0.176† (1.553)	0.170† (1.504)	0.167† (1.492)	0.164† (1.453)	0.264*** (2.652)
（劳动密集型）要素配置效应	0.066 (0.223)		0.110 (0.373)	0.092 (0.311)	-0.038 (-0.297)	-0.025 (-0.134)	0.206 (0.591)
（资本密集型）要素配置效应	0.597*** (2.638)	0.596*** (2.637)		0.595*** (2.626)	0.635*** (2.820)	0.674*** (3.022)	0.639*** (3.123)
（技术与知识密集型）要素配置效应	0.204* (1.854)	0.204* (1.861)	0.207* (1.879)		0.223** (2.035)	0.190* (1.746)	0.207** (2.341)
（劳动密集型）技术溢出效应	0.007 (0.024)	-0.020 (-0.058)	-0.038 (-0.126)	-0.012 (-0.042)		0.037 (0.160)	-0.261 (-0.674)
（资本密集型）技术溢出效应	0.295 (0.883)	0.325 (0.853)	0.350 (1.052)	0.337 (0.997)	0.285 (1.304)		0.171 (0.530)
（技术与知识密集型）技术溢出效应	-0.309 (-1.406)	-0.311 (-1.417)	-0.318 (-1.446)	-0.331 (-1.471)	-0.386* (-1.730)	-0.186 (-0.983)	
知识产权保护×（劳动密集型）要素配置效应		0.013 (0.276)					
知识产权保护×（资本密集型）要素配置效应			0.082** (2.336)				
知识产权保护×（技术与知识密集型）要素配置效应				0.032* (1.815)			

续表

变量	(1)	(2)	(3)	(4)	(5)	(6)	(7)
知识产权保护×（劳动密集型）技术溢出效应					0.015 (1.320)		
知识产权保护×（资本密集型）技术溢出效应						0.021 (1.360)	
知识产权保护×（技术与知识密集型）技术溢出效应							0.010 (0.753)
Hausman 检验	15.599** (F)	15.760** (F)	15.569** (F)	14.995* (F)	15.390** (F)	15.615** (F)	9.617 (R)
Adj-R^2	0.285	0.285	0.281	0.285	0.291	0.288	0.107
F-statistics	3.907***	3.908***	3.843***	3.901***	3.984***	3.954***	5.052***
Groups	30	30	30	30	30	30	30
Obs.	300	300	300	300	300	300	300

表 27 – 3　　　　　　　　　服务贸易出口对经济增长的要素配置效应

和技术溢出效应（60 个发展中国家样本）

变量	(1)	(2)	(3)	(4)	(5)	(6)	(7)
常数项	0.018*** (2.800)	0.017*** (2.804)	0.018*** (2.856)	0.018*** (2.813)	0.016** (2.560)	0.018*** (2.797)	0.017*** (2.640)
资本产出比	0.125*** (4.896)	0.124*** (4.883)	0.122*** (4.741)	0.125*** (4.869)	0.130*** (5.045)	0.126*** (4.915)	0.130*** (5.036)
劳动力增长率	-0.063 (-0.734)	-0.058 (-0.679)	-0.062 (-0.721)	-0.061 (-0.716)	-0.058 (-0.678)	-0.070 (-0.824)	-0.066 (-0.767)
（劳动密集型）要素配置效应	0.352 (1.189)		0.353 (1.188)	0.335 (1.139)	-0.053 (-0.315)	0.390 (1.330)	-0.148 (-0.736)
（资本密集型）要素配置效应	0.765*** (3.373)	0.775*** (3.463)		0.759*** (3.338)	0.792*** (3.500)	0.675*** (3.166)	0.657*** (2.979)
（技术与知识密集型）要素配置效应	-0.122 (-0.494)	-0.092 (-0.379)	-0.131 (-0.529)		-0.010 (-0.042)	-0.088 (-0.357)	0.026 (0.108)
（劳动密集型）技术溢出效应	-0.451 (-1.239)	-0.413 (-1.370)	-0.417 (-1.142)	-0.430 (-1.187)		-0.756** (-2.304)	-0.027 (-0.095)
（资本密集型）技术溢出效应	-0.581** (-2.088)	-0.511* (-1.785)	-0.520* (-1.902)	-0.585** (-2.100)	-0.546** (-2.044)		-0.046 (-0.171)
（技术与知识密集型）技术溢出效应	1.046*** (2.994)	0.937*** (3.477)	0.951*** (2.762)	1.028*** (2.945)	0.501* (1.797)	0.687** (2.092)	
知识产权保护×（劳动密集型）要素配置效应		0.069 (1.424)					

续表

变量	(1)	(2)	(3)	(4)	(5)	(6)	(7)
知识产权保护×（资本 密集型）要素配置效应			0.167 *** (3.287)				
知识产权保护×（技术与 知识密集型）要素配置效应				−0.010 (−0.250)			
知识产权保护×（劳动 密集型）技术溢出效应					0.011 ** (2.066)		

（1）投资对 30 个发达国家经济增长的影响为正，但只有极个别方案通过了显著性检验，这表明发达国家的经济增长并不是主要依靠资本投入来实现的；与此相反，60 个发展中国家的经济增长在很大程度上依赖于资本的持续投入。对于发达国家来说，第三产业的比例较高，而第三产业在运营的过程中所需要的实物资本投入量要远远低于第一产业和第二产业，它所需要的投入主要集中于人力资本、创意和智慧等。也就是说，发达国家已经摆脱了主要依靠物质资本投入的发展阶段，但发展中国家则尚未摆脱这一阶段。

（2）30 个发达国家的经济增长在很大程度上依赖劳动力的投入，这个结果不仅与经济增长理论相吻合，而且有其背后更深层次的原因。发达国家的教育水平普遍较高，而且劳动者在工作过程中也会接受各式各样的培训，此外，他们用于医疗和保健的费用也要高于一般国家的劳动者。因此，发达国家的劳动力包含了丰富的人力资本，也就是说，发达国家的经济增长实际上并不是简单地依靠低技术水平的"劳动力"，而是在很大程度上由内含于劳动力之中的"人力资本"来推动的（Romer，1990；Barro & Lee，1996）。对于 60 个发展中国家而言，经济增长对劳动力的投入并不敏感，原因同前文，在此不再赘述。

（3）发达国家技术与知识密集型服务业出口部门产生了显著的要素配置效应，但发展中国家的技术与知识密集型服务业出口部门未能产生显著的要素配置效应。对于发达国家而言，其技术与知识密集型服务业出口部门一般具有更高的技术水平，对于生产要素，特别是人力资本的要求十分高，劳动力大军在竞争这些部门职位的过程中所展开的激烈竞争会使得优质劳动力资源的使用效率得到极大的发挥，生产要素的安排往往会避免错配的情形。对于发展中国家而言，首先，它们的技术与知识密集型服务业部门的发展相对落后①，在三次产业中所占比重较低，因此，

---

① 这可以从发展中国家国际收支平衡表中明显地看出，长年以来的技术与知识密集型服务贸易均呈现出逆差。

该部门在生产要素的配置功能中仅仅发挥了辅助性的作用，真正占主导地位的还是第一产业和第二产业。其次，由于人力资本等高级要素的稀缺，技术与知识密集型服务业部门的发展难以得到要素支持，进而在要素配置的问题上就会面临较少的选择机会，对要素进行优化配置的功能便难以发挥。例如，在中国的"长三角"一带和"珠三角"一带，近年来出现了"求职慌"与"技工荒"并存的现象，尽管这只是制造业所出现的劳动力供需脱节现象，但却是整个经济系统中一个严重问题的缩影。制造业部门尚且如此，那么技术要求更高的技术与知识密集型服务业部门将会面临何种状况便可想而知了。

在控制了知识产权保护因素之后，发达国家的技术与知识密集型服务业出口部门产生了显著的要素配置效应，但发展中国家的技术与知识密集型服务业出口部门仍然未能产生显著的要素配置效应。可见，由于存在以上两个原因，知识产权保护制度很难与发展中国家的技术与知识密集型服务业出口部门发生协同作用。

（4）发达国家的技术与知识密集型服务业出口部门没有对其他部门产生积极的技术溢出效应，但发展中国家的技术与知识密集型服务业出口部门却产生了技术溢出效应，该结论与我们的预期并不一致。我们的理解是，对于发达国家而言，可能的原因在于两点：第一，发达国家的技术与知识密集型服务业出口部门早已发展到了一个较高的阶段，在本章分析的样本期间内所发挥的边际效用可能有所下降；第二，这些发达国家的第一产业和第二产业所占的比重均在30%左右（甚至30%以下），特别是第二产业中的制造业大多转移到了发展中国家，剩下的部分受到服务业部门技术溢出的空间已经较小。对于发展中国家而言，尽管它们的服务业部门发展滞后，但是由于第一产业和第二产业的某些技术水平仍然在很大程度上落后于技术与知识密集型服务业出口部门的技术水平，正需要这些部门的技术支持。而且从产业链关系的角度来说，某些技术与知识密集型服务业部门恰恰脱胎于制造业部门，分工以后的服务业部门反而能够更好地为其他部门服务，所以技术与知识密集型服务业部门对其他部门产生了技术溢出效应。以中国为例，中国的生产性服务业在很大程度上促进了制造业的发展，对制造业产生了显著的技术溢出效应（江静等，2007）。

（5）在控制了知识产权保护因素之后，发达国家的劳动密集型、资本密集型、技术与知识密集型服务业出口部门对其他部门的技术溢出效应拟合系数尽管都没有通过显著性检验，但是与没有考虑知识产权保护因素相比，拟合的效果有了显著改善。重点考察发达国家技术与知识密集型服务业出口部门发现，在不考虑知识产权保护因素之前，拟合系数全部为负，但在考虑了知识产权保护因素之后，拟合系数转负为正。因此，从拟合效果的改善可以看出，发达国家的知识产权保护制度确实有利于推动服务业出口部门对其他部门的技术溢出向显性化方向发展。同时，发展中国家三类服务业出口部门均对其他部门产生了更加显著的技术溢出效应。对于劳动密集型和资本密集型服务业出口部门而言，在考虑知识产权保护制度之前，其拟合系数为负，但在考虑知识产权保护制度之后，拟合系数显著为正；对于技术与知识密集型服务业出口部门而言，在考虑知识产权保护制度之前，其拟合系数显著为正，在考虑知识产权保护制度之后，拟合系数依然显著为正，而且 t 值有所上升。发达国家和发展中国家的拟合结果都表明，完善的知识产权保护是服务业出口部门产生技术溢出效应的一个重要的制度性保障。

第四节　研究结论与政策启示

我们基于 90 个国家面板数据从知识产权保护的视角考察了服务贸易出口对经济增长的作用机理和途径，检验了知识产权保护是否已经成为服务贸易出口驱动经济增长的"助推器"，得到了以下主要结论与政策启示。

第一，知识产权保护强化了服务业出口部门对其他部门所产生的外部经济溢出效应，促进了其他部门的发展，最终使得整个经济部门的发展水平高于缺乏知识产权保护时的水平。服务业出口部门对其他部门的外部经济溢出效应可以分解为要素配置效应和技术溢出效应，在完善的知识产权保护条件下，服务业出口部门所产生的要素配置效应以及对其他部门的技术溢出效应比缺乏知识产权保护时更强。从理论上来看，知识产权保护在服务贸易出口驱动经济增长的过程中发挥了"助推器"的作用。

第二，劳动密集型服务业出口部门由于受到低技术水平的限制而未能通过要素配置效应促进经济增长；资本密集型服务业出口部门得益于较强的规模经济优势而通过要素配置效应显著促进了经济增长；技术与知识密集型服务业出口部门通过要素配置效应显著促进了发达国家的经济增长，但是由于发展中国家该部门的发展相对落后，加上以人力资本为代表的优质要素相对匮乏，服务业出口部门对发展中国家未能产生显著的要素配置效应。这给我们的政策启示是，发展中国家可以通过鼓励发展技术与知识密集型服务业出口部门，加强人力资本积累等措施来促使技术与知识密集型服务业出口部门产生更强的要素配置效应，以达到促进经济增长的目的。

第三，在控制了知识产权保护因素之后的经验研究表明，劳动密集型服务业出口部门仍然没有能够通过要素配置效应来促进经济增长，资本密集型服务业出口部门通过要素配置效应促进了经济增长，技术与知识密集型服务业出口部门产生了比缺乏知识产权保护时更强的要素配置效应，但由于发展中国家的技术与知识密集型服务业出口部门发展滞后和知识产权保护制度不够完善等原因，要素配置效应依然不显著。由此可见，知识产权保护确实已经成为服务贸易出口驱动经济增长的"助推器"，发展中国家应当实施更加完善的知识产权保护制度才能够获得这种"助推器"所带来的益处。

第四，由于劳动密集型和资本密集型服务业出口部门的技术属性和知识属性偏弱，这些部门的技术进步甚至需要技术水平更高的部门来支撑，因此对其他部门均没有产生显著的技术溢出效应。技术与知识密集型服务业出口部门对其他部门的技术溢出效应显得较为复杂：对于发达国家而言，由于该部门的边际效用在本章的研究样本期间趋于下降，加上这些部门可能受到网络经济的破灭而遭到重创，所以对其他部门没有产生显著的技术溢出效应；然而对于发展中国家而言，该部门却对其他部门产生了显著的技术溢出效应。这给我们的启示是，服务业出口部门对其他部门能否产生技术溢出效应，在很大程度上取决于该服务业出口部门的技术水平有多高，只有进一步鼓励发展技术水平相对较高的技术与知识密集型服务业出口部门，其他部门才能够从服务贸易出口中获得更多的技术溢出效应。

第五，在控制了知识产权保护因素之后的经验研究表明，发展中国家的劳动密集型、资本密集型、技术与知识密集型服务业出口部门均对其他部门产生了比不考虑知识产权保护因素时更加显著的技术溢出效应，发达国家的这三类服务业出口部门对其他部门技术溢出效应的拟合系数尽管都没有通过显著性检验，但是与没有考虑知识产权保护因素时相比，拟合的效果有了显著改善。这充分表明，知识产权保护制度有助于劳动密集型、资本密集型、技术与知识密集型服务业出口部门对其他部门产生技术溢出效应，不管是对于发达国家还是对于发展中国家而言，加强知识产权保护措施是确保服务贸易出口通过技术溢出效应来促进经济增长的关键制度保障。

第二十八章

FDI 产业结构性转变
是否促进经济增长研究

随着我国扩大服务业对外开放和现代服务业的发展，我国服务业利用外资明显加快。一般认为，外商直接投资是促进我国经济增长的重要因素。但是，由于我国的 FDI 发生结构性转变，即外商直接投资领域逐步由制造业转向服务业，服务业在外资流入总量中的占比甚至超过制造业。那么，FDI 的这种结构性转变会产生怎样的经济增长效应，是否会通过产业间溢出效应带动上下游制造业的高质量发展？由于服务业和制造业是实现服务型制造的产业基础，因此对该问题的研究不仅有助于对我国经济增长问题的分析，而且也影响到我国生产性服务业与制造业的互动融合发展探讨。

第一节　文献综述

现有的研究 FDI 的文献，可以分成两大类。早期关注的是整体 FDI 或者是制造业 FDI。随着服务业地位的提升，学者们开始关注服务业 FDI。其中，FDI 对经济增长影响的研究，主要从两个方面展开。宏观层面，大部分研究结果表明外商直接投资有利于东道国经济增长（Dunning，1988；Barro，1990）。微观层面的研究，主要考察了一国 FDI 的流入对制造业企业生产率的影响。但是现有的研究尚未得到统一的结论。国内学者关于此问题的研究，主要存在以下几个观点：第一是"促进说"，认为我国外商直接投资对经济增长存在正向溢出效应；第二是"抑制说"，主要观点认为外商直接投资的溢出效应不显著，甚至抑制经济增长；第三是"门槛说"，认为东道国必须满足一定的条件，FDI 才可以产生正向的激励作用。

　　随着服务业开放程度的提高，服务业 FDI 对东道国经济增长影响的研究也逐渐兴起。马库森（Markusen et al.，2005）考察了 FDI 对东道国生产率的影响，结果表明贸易自由化能够提高东道国的收益，因为生产性服务业的开放，有助于制造业投入品种类的扩张和质量的改善，进而提高一国整体的全要素生产率。沿袭马库森的思路，学者用不同国家的和地区的数据验证服务业开放对制造业生产率的影响。柯南和马库斯（Konan & Maskus，2006）分析表明，服务业的开放可带动其他部门经济增长。费尔南德斯和（Fernandes & Paunov，2012）利用智利企业层面数据考察了生产性服务业 FDI 流入对制造业 TFP 的影响，结果表明，服务业 FDI 对制造业 TFP 的提高具有显著正效应。国内学者研究普遍认为，服务业 FDI 有助于我国经济增长。其中，姚战琪（2012）利用向量自回归模型，以经济理论为分析框架，证明了服务业增加值以及国内生产总值与服务业 FDI 呈正相关关系。

　　目前已有的研究揭示了 FDI 对经济增长的作用机制，丰富了 FDI 溢出效应的内涵，但依旧存在一定的不足：第一，用统一的模式研究 FDI 对经济增长的影响，忽略了产业的差异性。第二，缺乏对 FDI 在产业间流动效应的研究；多伊奇和乌克图姆（Doytch & Uctum，2011）用跨国数据检验发现，制造业 FDI 对制造业和服务业发展均具有积极作用，但服务业 FDI 可能因导致该地区服务经济的增长，会阻碍制造业的发展。但他们的分析依然从静态的角度研究，缺少对 FDI 在部门间流动对整体经济增长和行业发展的分析。第三，由于各省市服务业 FDI 数据可获得性较差，国内关于服务业 FDI 对经济增长溢出效应的实证研究，大部分采用时间序列或是行业面板数据分析，忽略了地域差异对 FDI 溢出效应的影响。针对现有研究的不足，本章将从以下方面扩展现有的研究：第一，基于外商直接投资在产业间的分布，从结构变迁视角出发，研究 FDI 流向服务业对经济增长产生的效应。第二，从部门生产率增长的异质性出发，考察 FDI 流入生产率劣势的产业对不同部门劳动生产率的影响。第三，由于中国经济发展存在特殊的区域差异性，我们将样本分为东部、中部、西部进行区域层面的异质性分析。

第二节　FDI 中产业性结构转变促进
经济增长的理论模型

　　FDI 的结构性转变，主要标志是服务业 FDI 规模的扩大以及服务业 FDI 占比的提高。结合现有文献，FDI 流向服务业对经济增长的促进作用主要体现在以下几个方面：第一，服务业 FDI 溢出效应的传导机制与制造业 FDI 存在很大差异，服务业跨国公司主要通过转移管理和营销诀窍、专业知识、组织能力和信息等"软技术"（soft technology），而制造业则以转移设备、工业过程等所谓的"硬技术"（hard technology）为主导（Nadia & Merih，2011），而"软技术"的缺乏才是中国现阶段服务业发展滞后的重要原因之一。当服务业吸收更多的外商直接投资时，通过"学习效应"和"竞争效应"促进服务品质量的提升和功能的改善，提高服务业劳动生产率。第二，现代经济增长中，生产方式和组织形态发生了巨大的变化，主要表现在生产的"碎片化"以及"服务关联"（service link）的提高。如今，服务业大部分产品进入下游制造业，在产业关联的视角下，作为制造业的中间投入，服务产品的改进，可以促进制造业整体竞争力提高。服务业外商直接投资的增加在提高服务品质量的同时，也间接提高了下游制造业中间投入品的质量，有助于提高制造业的生产率。第三，从结构优化的视角来看，服务业 FDI 比重的提高不仅意味着外商直接投资在三次产业间构成的变化，还体现了外资结构的优化。一方面，以往外商投资的结构性倾斜加大了我国三次产业结构的偏差，影响了我国现代产业体系的构建和国际竞争力的提升。近年来，外商直接投资不断向服务业倾斜的现象意味着对产业结构升级有着显著的促进作用。另一方面，我国开放型经济发展要求，无论是外贸还是外资的结构均急需转型升级。外资结构的优化有助于促进产业结构的升级与调整，从而加速经济发展方式的转变。

我们在内生增长理论框架下对生产函数进行分解，主要借鉴巴罗（Barro，1990）的宏观模型和琼斯（Jones，2001）的微观模型，构建了一个基于内生经济增长模型，尝试分析外商直接投资在不同部门之间的流动对经济增长的影响。

假定经济增长取决于资本、劳动力投入以及现有的技术水平，生产函数设定为柯布—道格拉斯函数形式：

$$Y_{it} = A_{it} K_{it}^{\alpha} L_{it}^{\beta} \tag{28.1}$$

其中，Y 表示国民生产总值，A 是全要素生产率（TFP），K 为物质资本投入量，L 是劳动力投入量。结合前人的研究成果，我们认为外商直接投资对经济增长的影响主要体现在其对技术进步的影响。而对外开放，人力资本、基础设施以及制度因素均是影响一国全要素生产率的重要原因。本章生产函数设定为希克斯中性，技术进步可以同时提高资本产出率和劳动产出率。我们借鉴毛其淋和盛斌（2011）的处理方法，假定 A 是一个多元组合，即

$$A(open, hum, fdi, institution, infra) = A_{i,0} e^{\kappa_i t} open_{i,t}^{\delta_i} hum_{i,t}^{\varphi_i} fdi_{i,t}^{\gamma_i} institution_{i,t}^{\lambda_i} infra_{i,t}^{\rho_i}$$

$$\tag{28.2}$$

其中，i 表示地区，t 表示年份。$A_{i,0}$ 表示初始的生产率水平，k_i 是外生的全要素生

产率提高速度，δ_i、ϕ_i、γ_i、λ_i 和 ρ_i 分别表示对外开放、人力资本积累、外商直接投资、制度以及基础设施对 TFP 的影响参数。

将式（28.2）代入式（28.1）中可以得到：

$$Y = A_{i,0}e^{\kappa_i t}open_{i,t}^{\delta_i}hum_{i,t}^{\varphi_i}fdi_{i,t}^{\gamma_i}insitution_{i,t}^{\lambda_i}infra_{i,t}^{\rho_i}K_{it}^{\alpha}L_{it}^{\beta} \tag{28.3}$$

式（28.3）两边同时除以 L，可以得到

$$Y/L = A_{i,0}e^{\kappa_i t}open_{i,t}^{\delta_i}hum_{i,t}^{\varphi_i}fdi_{i,t}^{\gamma_i}insitution_{i,t}^{\lambda_i}infra_{i,t}^{\rho_i}(K_{it}^{\alpha}/L_{it}^{1-\beta}) \tag{28.4}$$

假定经济整体满足规模报酬不变，即 $\alpha + \beta = 1$。式（28.4）转化为：

$$y_{i,t} = A_{i,0}e^{\kappa_i t}open_{i,t}^{\delta_i}hum_{i,t}^{\varphi_i}fdi_{i,t}^{\gamma_i}insitution_{i,t}^{\lambda_i}infra_{i,t}^{\rho_i}(k_{i,t})^{\alpha_i} \tag{28.5}$$

对式（28.5）同时求对数，可以得到下面的模型：

$$\ln y_{i,t} = \ln A_{i,0} + \kappa_i t + \delta_i \ln open^{i,t} + \varphi_i \ln hum^{i,t} + \gamma_i \ln fdi^{i,t} + \lambda_i \ln insitution^{i,t}$$
$$+ \rho_i \ln infra^{i,t} + \alpha_i \ln k_{i,t} \tag{28.6}$$

从式（28.5）中，我们可以发现，一国的对开放程度、人力资本、外商直接投资、制度、基础设施以及人均资本存量，共同作用决定经济增长。

第三节 计量模型、数据度量和描述性分析

一、计量模型设定

本章的研究重点是考察我国 FDI 从制造业流向服务业对经济增长的影响，合理选取度量指标是本章实证研究的关键因素。从资本流动的角度出发，资本实际上是追逐收益率高的行业，那么，制造业 FDI 和服务业 FDI 可能是同时决定的，很难做到控制其中一个不变。例如：假定制造业 FDI 不变，而服务业 FDI 增加，此时，如果其他条件不变，并满足边际报酬递减，那么，资本会重新配置，这必然导制造业 FDI 的调整。因此有必要将两者统一到计量方程中。本章的处理方法是，采用服务业外资直接投资占整体外商直接投资的比重（SFDI/FDI）来衡量。由于我国农业部门的外商直接投资比重十分小，所以我们认为 SFDI/FDI 可以较好地反映制造业和服务业外商直接投资的变动情况。结合前文的理论分析，我们构建以下动态计量方程：

$$\ln y_{i,t} = \beta_0 + \beta_1 \ln y_{i,t-1} + \beta_2 \ln sfdi^{i,t} + \beta_3 \ln hum^{i,t} + \beta_4 \ln open^{i,t} + \beta_5 \ln insitution^{i,t}$$
$$+ \beta_6 \ln infra^{i,t} + \beta_7 \ln k_{i,t} + \mu_i + \varepsilon_{i,t} \tag{28.7}$$

其中，$i = 1,\cdots,31$ 和 $t = 2004,\cdots,2010$ 分别代表全国样本中省份以及时间维度。$y_{i,t}$

为被解释变量；为了体现动态效应，选取被解释变量的滞后一期 $y_{i,t-1}$ 作为其中一个解释变量；$sfdi_{i,t}$ 表示地区服务业 FDI 占总体 FDI 的比重；$hum_{i,t}$ 表示人力资本；$open_{i,t}$ 表示对外开放程度；$insitution_{i,t}$ 衡量地区的制度因素；$infra_{i,t}$ 代表基础设施；$k_{i,t}$ 为人均资本存量；μ_i 表示地区不可观测的固定效应，满足 $\mu_i \sim i.i.d(0, \sigma_{\mu_i})$；$\varepsilon_{i,t}$ 是随机误差项。

二、数据来源及说明

我们采用省际年度面板数据，由于 2003 年产业统计分类标准有所变动，为了满足统计口径的一致性以及数据的可得性，选取了 2004～2010 年全国 26 个省级分部门的面板数据①。数据主要源于各省统计年鉴、中经网和国研网统计数据库。其中，分部门 FDI 数据来源于各个省份的统计年鉴，人均 GDP、人力资本、物质资本、政府支出、进出口值、制造业和服务业以及整体 GDP 数据均根据中经网以及国研网进行换算而来。各变量的数据处理和来源如下。

（一）被解释变量

人均 GDP（$pgdp$）：该变量用以衡量地区劳动生产率。对人均 GDP 的计算，主要以 2004 年为基期，以各省人均名义 GDP 除以 2004 年不变价格水平衡量的 GDP 平减指数获得；制造业劳动生产率（$pigdp$）：由各省份制造业增加值除以制造业从业人数来表示；服务业劳动生产率（$psgdp$）：通过各省份服务业部门增加值除以服务业从业人数。我们还将劳动生产率进一步分为整体、服务部门以及制造业部门，从而有助于从产业关联视角理解 FDI 结构性转变对经济增长的影响。

（二）解释变量

（1）服务业 FDI 占 FDI 总额的比重（$sfdi$）：我们采用服务业 FDI 占 FDI 总额的比重代表 FDI 的结构性转变。而各省份年度统计年鉴中并没有该比重，因此，我们应先得到服务业 FDI 的数据。各省份统计年鉴中存在外商直接投资合同金额和实际利用外资金额两种数据。这两种类型的数据相差甚远，借鉴何枫和袁晓安（2010），我们认为外商直接投资实际投资额更为准确。服务业 FDI 数据的获取，有些省市由统计年鉴直接给出，但大部分省份服务业 FDI 的数据是根据服务业 14 个细分行业 FDI 的数据加总得来。

---

① 由于数据的缺损和统一口径的差异，本章剔除了西藏、甘肃、吉林、海南、四川五个省份。

（2）人均资本存量（k）：即物质资本存量除以地区就业人数。其中资本存量根据"永续盘存法"进行测算，测算公式为 $K_t = I_t/P_t + (1-\delta)K_{t-1}$，其中 K_t 为当年的资本存量，K_{t-1} 为上一期的资本存量，I_t 为当期的投资额，P_t 为当期的资本价格，δ 为资本折旧率。样本期初的数值，我们借鉴张军（2004）年测算的数据[①]，折旧率的选取较为多样，我们采用盛斌（2011）的做法，设定 $\delta = 9.6\%$[②]。最后根据 $pk_{it} = K_{it}/L_{it}$ 计算出人均资本存量。由于重庆建辖较晚，张军（2004）的计算中并没有包含重庆市，因此我们借鉴陈纪平（2012）对重庆市资本存量的计算数据。

（3）人力资本水平（hum）：主要参考陈钊（2004）、盛斌（2011）的做法，用区域受教育水平占劳动力数量的比重来表示。其中 L_{it} 表示 i 地区的 t 年的劳动力数量，受教育水平用 H 表示，$H = 6h_1 + 9h_2 + 12h_3 + 16h_4$，其中 h_1 表示小学毕业人数，h_2 表示初中毕业人数，h_3 表示高中毕业生人数，h_4 表示大专、本科及本科以上毕业生人数。因此，人力资本水平公式为：$Hum_{it} = H_{it}/L_{it}$。

（4）控制变量。

对外开放水平（$open$）：参照主流的处理方法，我们采用进出口之和占地区国内生产总值的比重来衡量区域对外开放程度。进出口总额按照样本区间内各年度美元兑人民币汇率进行换算，统一调整为以人民币计价，以保持与 GDP 单位的一致性。我们预测该项符号为正。

基础设施水平（$infra$）：一些公共基础设施虽没有直接用于生产活动中，但却是生产环节中不可缺少的部分。我们用铁路密度代表基础设施，用区域铁路公里数除以地区面积来衡量地区铁路的密集程度。预测此项为正。

制度变量（$insitution$）：国家和地区的制度也是影响区域经济发展的重要因素。我们用政府决算内支出占 GDP 的比例带代表制度因素，该变量可反映政府对经济的干预程度，对经济增长的影响具有两面性。

第四节　计量结果分析

一、全国层面

面板数据最常用的估计方法是固定效应模型和随机效应模型，Hausman 检验显

---

① 张军的测算到 2000 年为止，因此计算资本存量时，取 2000 为第一期，由计算公式，得出 2004～2010 年省级的资本存量。

② 已有的文献表明，不同区域之间的资本折旧率可能不唯一，由于缺乏可靠的数据支撑，为了避免随意设定带来的计量偏误，本章假定所有省份的资本折旧率相同。

示在1%的显著性水平下拒绝原假设，表明方程（28.7）应该采用固定效应模型。表28-1中方程1、方程2、方程3为基于方程（28.7）分别以人均GDP、服务业劳动生产率以及制造业劳动生产率作为被解释变量的计量结果。根据固定效应方程结果可知，FDI从制造业流向服务业可促进经济增长。由于固定效应模型要求所有解释变量均为外生，而我们选取的变量之间存在着逆向因果以及内生性的问题。为了解决此问题，我们采用了动态面板数据的广义矩估计（GMM）对各个方程进行估计。第一，GMM方法可通过使用内部变量的滞后期作为工具变量，从而较好地解决内生性问题（Arellano & Bover，1991，1995）。第二，由于外商直接投资从制造业流向服务业是一动态过程，而GMM方法能够体现其对经济增长影响的动态效应。我们将服务业FDI作为计量方程的内生解释变量，其他变量均设定为外生解释变量，各解释变量均采用滞后一期作为工具变量。

表 28-1　　　　　　　　　　　　**FDI 结构性转变对经济增长的影响**

变量	FE			GMM		
	方程1	方程2	方程3	方程4	方程5	方程6
	人均 GDP	服务业劳动生产率	制造业劳动生产率	人均 GDP	服务业劳动生产率	制造业劳动生产率
$L.\ln pgdp$				0.605 *** (0.033)		
$L.\ln psgdp$					0.800 *** (0.043)	
$L.\ln pigdp$						0.834 *** (0.035)
$\ln sfdi$	0.025 *** (0.01)	0.012 (0.01)	0.012 ** (0.00)	0.022 *** (0.01)	0.006 (0.01)	0.026 *** (0.01)
$\ln k$	0.786 *** (0.03)	0.572 *** (0.03)	0.663 *** (0.04)	0.388 *** (0.02)	0.153 *** (0.02)	0.188 *** (0.02)
$\ln hum$	0.397 *** (0.09)	0.108 (0.11)	0.476 *** (0.12)	0.135 *** (0.04)	0.222 ** (0.09)	0.525 *** (0.06)
$\ln open$	0.000 (0.02)	-0.049 (0.03)	-0.058 (0.03)	0.113 *** (0.01)	-0.016 (0.01)	0.095 *** (0.01)
$\ln infra$	0.039 (0.04)	0.102 * (0.05)	0.017 (0.06)	-0.157 *** (0.02)	0.075 *** (0.02)	-0.048 * (0.03)
$\ln institution$	-0.018 (0.08)	-0.000 (0.10)	-0.240 ** (0.11)	-0.104 *** (0.04)	-0.039 (0.04)	-0.067 (0.07)

续表

变量	FE			GMM		
	方程 1	方程 2	方程 3	方程 4	方程 5	方程 6
	人均 GDP	服务业劳动生产率	制造业劳动生产率	人均 GDP	服务业劳动生产率	制造业劳动生产率
常数项	2.374 *** (0.43)	4.686 *** (0.53)	4.498 *** (0.59)	1.146 *** (0.20)	0.368 (0.29)	0.695 (0.43)
WALD 值				37802 (0.00)	135215 (0.00)	288416 (0.00)
AR(1)				−2.80 (0.00)	−2.19 (0.02)	−2.66 (0.00)
AR(2)				−0.083 (0.93)	0.222 (0.82)	1.228 (0.21)
Hansen 检验				25.242 (0.15)	21.191 (0.32)	24.324 (0.18)
R^2	0.96	0.92	0.90			
观察值	180	180	180	180	180	180
截面数	26	26	26	26	26	26

注：实证的结果均由 Stata 11 计算并整理得出。Wald 检验的原假设为变量时外生的（H_0：/athrho = 0），圆括号内是稳健的标准差。*** 、** 、* 分别表示 1%、5%、10% 的显著性水平。

表 28 – 1 中方程 4、方程 5、方程 6 为两步系统 GMM 的计量结果，我们将其作为最终计量结果。三个方程的 AR（2）的检验结果支持估计方程的误差项不存在二阶序列相关的假设。同时，Hansen 过度识别检验结果也显示，不能拒绝工具变量有效性假设（p 值均显著大于 0.1）。这意味着模型设定的合理性和工具变量的有效性。方程均通过了 Wald 检验，表明整体计量方程是稳健的。观察表中计量结果，我们得出以下结论。

（1）从整体上看，方程 4 的结果显示，FDI 的结构性转变对经济增长的促进作用显著，当服务业 FDI 占总体 FDI 比重每提高 1%，可促进人均 GDP 增长 0.02%。这意味着，当外资流向处于生产率劣势的服务业时，即我国服务业吸引外资规模的相对扩大，不仅不会抑制整体劳动生产率增长，反而会促进地区经济增长，这就回答了本章开篇提出的问题。

（2）现有研究表明，我国服务业生产率增长滞后的问题一直存在，而 FDI 从生产率高的制造业部门流向生产率低的服务部门反而会促进经济增长，这是否意味着，服务业 FDI 除了提高本部门的劳动生产率之外，还会存在产业间的正向溢出效应？方程 5 和方程 6 分别研究了 FDI 结构性变动对服务业和制造业劳动生产率的作用。方程 6 的结果显示，服务业 FDI 占比每提高 1%，可促进制造业劳动生产率显著提高 0.026%。由此可见，虽然服务部门处于生产率增长劣势，但 FDI 流入服务业处于对整体经济增长的正向溢出效应主要体现在部门间的溢出作用。我们认为造成这一现象的主要原因是：一方面，服务业生产率增长滞后也是导致产业内溢出效应不显著的重要原因。我国存在服务业增长滞后与经济高速发展并存的现象，服务业的 TFP 增长率几乎为零，并且生产性服务业 TFP 对服务业整体 TFP 增长率的贡献偏低（谭洪波和郑江淮，2012）。当服务业自身增长停滞时，很难发现服务业利用外资比重提高对服务业生产率增长的促进作用。另一方面，在开放经济背景下，中国的制造业已融入全球化而服务业尚未深入融入全球化（刘志彪，2008），同时随着服务业和制造业联系程度加深，服务业尤其是生产性服务业的产品大部分流入制造业，成为制造业品的中间投入。服务业吸收外商直接投资的增加，更多表现为对制造业的促进作用。即服务业外商直接投资可通过产业间溢出效应，提高下游制造业的生产率。目前，我国依旧是处于制造业为主导产业的经济发展阶段，当服务业 FDI 可以促进制造业生产率提高时，也就可以理解，服务业 FDI 为什么会促进整体的经济增长。

（3）整体上看，人均资本存量与人力资本水平对于经济增长的促进作用均显著，且人均资本对其促进作用大于人力资本。具体而言，人均资本存量提高 1% 会导致地区劳动生产率提高 0.389%，人力资本水平提高 1% 可带来人均 GDP 增加 0.135%。这说明，目前中国高速的经济增长更多依靠物质资本，而非人力资本的投入。相对于发达国家普遍步入知识经济时代，中国的经济增长模式依旧停留在初级的要素驱动上。随着人口红利逐步消失和外需市场萎缩，这样的增长方式急需转变。

在分部门研究中，纵向比较可以发现：目前我国人力资本对劳动生产率的作用已经开始慢慢体现，无论是制造业还是服务业，人力资本对劳动生产率的促进作用都高于人均资本。随着我国要素红利的逐步消失，需要主动转变经济发展方式，从"要素驱动"走向"创新驱动"。横向比较可以看出：人力资本对制造业劳动生产率的促进作用高于服务业。这说明，相比服务业，我国的制造业生产方式急需调整，单纯的依靠加大要素投入无法保持长久的国际竞争力，必须要提高人力资本存量，从"中国制造"走向"中国创造"。

（4）对外开放程度与地区经济增长以及制造业劳动生产率呈正相关关系，但是外贸依存度的提高并不利于中国服务业劳动生产率的提高。这说明经过 30 多年的发展，中国经济已经较好地融入了全球价值链当中，伴随着货物贸易量的上升，可以吸引更多的外部资金，有利于模仿和学习国外的先进生产技术和管理方法，提高经济发展绩效。另一方面，自从加入 WTO 之后，我国的服务业贸易持续逆差。过高的服务贸易逆差不利于我国服务业的发展，国外服务品压缩了我国服务业的发展空间，这也是导致我国服务业发展滞后的重要原因。

基础设施项的结果表明，我国公共基础设施投入已不利于地区总体经济增长以及制造业生产率的提升，但增加基础设施投入有利于服务业生产率增长。在制造业中：一方面，地方割据导致区域间无法共享基础设施，溢出效应无法发挥；另一方面，可能是重复建设导致过度投资，使基础设施的正向外部性无法体现。在服务业中，基础设施建设的增加有助于服务业劳动生产率的提高。这意味着现阶段应当增加网络、医院以及教育等服务部门的基础设施投入，改善服务业发展绩效。

二、稳健性检验

为保证计量分析和估计结果的可靠性，下面将从以下两个方面对其进行稳健性分析。

（一）替换关键解释变量

我们将服务业外商直接投资企业占总体外商直接投资企业数目的比重作为服务业 FDI 比重的替代变量，依然采用两步法 GMM 方法对其进行估计，结果为表 28 - 2 中方程 1、方程 2、方程 3。从中可以看出，该变量的经济增长弹性系数仍为正，且在 1% 的水平上显著，这说明了在控制其他影响因素后，FDI 的结构性转变对省际经济增长仍然具有积极的促进作用。与此同时，FDI 流向服务业并不显著促进服务业劳动生产率的提升，而对制造业劳动生产率的溢出效应显著为正。另一方面其他控制变量的系数符号和显著性水平与两步法 GMM 估计结果相比较为一致。由此可见，回归结果不会因核心变量测度方法的改变而出现较大的变化。

（二）剔除异样样本值

我们需考察的是 FDI 流向服务业是否会促进经济增长，而像青海、宁夏这两个地区，其服务业外商直接投资水平本身较低，且占外资比重并未呈现上升趋势。根据计算，我们剔除了青海和宁夏，利用剩余的 24 个省份的数据进行了回归。结果如表 28 - 2 中方程 4、方程 5、方程 6 所示。我们所关注的系数符号以及显著性与先前的结果并未发生明显变化。总体而言，异常样本点并未给估计带来实质性的影响，这说明前文回归结果是稳健的。

表 28 - 2 稳健性检验

变量	替换变量			剔除异常样本		
	方程 1	方程 2	方程 3	方程 4	方程 5	方程 6
	ln$pgdp$	ln$psgdp$	ln$pigdp$	ln$pgdp$	ln$psgdp$	ln$pigdp$
$L.$ ln$pgdp$	0. 557 ***			0. 629 ***		
	(0. 02)			(0. 03)		
$L.$ ln$psgdp$		0. 826 ***			0. 838 ***	
		(0. 03)			(0. 03)	
$L.$ ln$pigdp$			0. 833 ***			0. 755 ***
			(0. 04)			(0. 04)
ln$sfdi$	0. 024 ***	0. 179	0. 020 ***	0. 011 **	0. 009	0. 033 **
	(0. 00)	(0. 00)	(0. 00)	(0. 00)	(0. 01)	(0. 01)
ln$k$	0. 430 ***	0. 149 ***	0. 185 ***	0. 400 ***	0. 156 ***	0. 349 ***
	(0. 02)	(0. 02)	(0. 03)	(0. 03)	(0. 03)	(0. 03)
lnhum	0. 142 ***	0. 281 ***	0. 494 ***	0. 044	0. 216 **	0. 574 ***
	(0. 04)	(0. 09)	(0. 06)	(0. 03)	(0. 09)	(0. 11)
ln$open$	0. 111 ***	- 0. 023	0. 117 ***	0. 128 ***	- 0. 008	0. 076 ***
	(0. 00)	(0. 01)	(0. 01)	(0. 00)	(0. 00)	(0. 02)
ln$infra$	- 0. 159 ***	0. 076 ***	- 0. 029 *	- 0. 145 ***	0. 105 ***	- 0. 076 ***
	(0. 017)	(0. 02)	(0. 02)	(0. 02)	(0. 00)	(0. 01)
ln$institution$	- 0. 148 ***	- 0. 006	- 0. 063 *	- 0. 281 ***	- 0. 135 ***	- 0. 433 ***
	(0. 04)	(0. 03)	(0. 07)	(0. 03)	(0. 04)	(0. 07)
Constant	1. 132 ***	0. 166	0. 500	0. 331	- 0. 399	- 0. 579
	(0. 20)	(0. 27)	(0. 40)	(0. 24)	(0. 24)	(0. 44)
WALD 值	40921	20433	10011	31033	127439	6310
	(0. 00)	(0. 00)	(0. 00)	(0. 00)	(0. 00)	(0. 00)
AR(1)	- 2. 723	- 2. 176	- 2. 788	- 3. 050	- 2. 027	- 2. 213
	(0. 00)	(0. 02)	(0. 00)	(0. 00)	(0. 04)	(0. 02)
AR(2)	- 1. 083	0. 185	0. 184	- 0. 456	0. 370	1. 141
	(0. 27)	(0. 85)	(0. 85)	(0. 64)	(0. 71)	(0. 25)
Hansen 检验	24. 335	20. 204	23. 387	22. 956	17. 176	20. 691
	(0. 18)	(0. 38)	(0. 22)	(0. 23)	(0. 57)	(0. 35)
观察值	156	156	156	143	143	143
截面数	26	26	26	24	24	24

注：实证的结果均由 Stata 11 计算并整理得出。Wald 检验的原假设为变量时外生的（H_0：/athrho $= 0$），圆括号内是稳健的标准差，*** 、** 、* 分别表示 1% 、5% 、10% 的显著性水平。

三、区域层面

以上较好地分析了全国层面上 FDI 结构性转变对总体经济增长以及部门劳动生产率的影响。由于中国经济发展存在显著的区域差异性，因此有必要对不同区域进行细分研究，我们将总样本分为东部地区、中部地区以及西部地区[①]。这不仅有助于深刻理解 FDI 在产业间流动的区域性特征，而且可以为不同的地区制定合理招商引资措施提供理论依据。分地区实证结果如表 28 - 3 所示。

表 28 - 3　　　　　　　　　　　　　分地区实证结果

变量	东部		中部		西部	
	FE	稳健性检验	FE	稳健性检验	FE	稳健性检验
	方程 1	方程 2	方程 3	方程 4	方程 5	方程 6
	ln$pgdp$	ln$psgdp$	ln$pigdp$	ln$pgdp$	ln$psgdp$	ln$pigdp$
ln$sfdi$	0.084 **	0.076 ***	0.004	0.002	0.075 ***	0.066 ***
	(0.04)	(0.02)	(0.01)	(0.04)	(0.02)	(0.02)
ln$k$	0.692 ***	0.792 ***	0.887 ***	0.873 ***	0.946 ***	0.789 ***
	(0.07)	(0.08)	(0.04)	(0.04)	(0.04)	(0.04)
lnhum	0.248 **	0.524 ***	0.130 **	0.221 *	0.381 ***	0.342 ***
	(0.04)	(0.08)	(0.05)	(0.11)	(0.09)	(0.08)
ln$open$	0.029 *	0.017 ***	0.111 **	0.061 *	0.091 *	0.078 *
	(0.06)	(0.06)	(0.04)	(0.03)	(0.04)	(0.05)
ln$infra$	0.096	- 0.054	0.113	0.059 **	0.081 ***	0.065 ***
	(0.13)	(0.06)	(0.15)	(0.02)	(0.02)	(0.03)
ln$institution$	0.206	0.068	- 0.421 ***	- 0.479 ***	- 0.291 ***	- 0.272 ***
	(0.25)	(0.27)	(0.11)	(0.09)	(0.09)	(0.08)
Constant	2.205	1.299 ***	- 1.202	- 1.324 **	- 1.968 ***	- 1.968 ***
	(1.56)	(0.41)	(0.73)	(0.60)	(0.65)	(0.65)
R^2	0.948	0.952	0.981	0.952	0.942	0.922
观察值	77	77	56	56	49	49
区域数	11	11	8	8	7	7

注：实证结果由 Stata 11 计算整理得出，圆括号内是稳健的标准差，*** 、** 、* 分别表示 1%、5%、10% 的显著性水平。

---

① 本章对区域的具体划分为：东部地区包括北京、天津、河北、辽宁、上海、江苏、浙江、福建、山东、广东和广西 11 个省份；中部地区包括山西、内蒙古、黑龙江、安徽、江西、河南、湖北和湖南 8 个省份；西部地区包括重庆、贵州、云南、陕西、海南、宁夏和新疆 7 个省份。

Hausman 检验显示在 1% 的显著性水平下拒绝原假设，表明应采用固定效应。表 28-3 中方程 1、3、5 给出了东中西部的固定效应估计结果。而方程 2、4、6 分别为方程 1、3、5 的稳健性检验结果。我们采用替代变量法对其进行稳健性检验，同样选取服务业外商直接投资企业个数占外商直接投资企业总数的比重作为替代变量。稳健性检验的计量结果显示，固定效应方程的结果是稳健的。

表 28-3 中方程 1、3、5 结果显示，东、中、西部服务业利用外资占比的提高对地区劳动生产率的影响存在显著差异。其中东、西地区 FDI 流向服务业对经济增长的促进作用显著，而中部地区虽为正，但并未通过显著性检验。事实上，我国的外商直接投资在区域间的分布具有高度不平衡性，由于东部地区独特的地理位置，其对外交通条件便利，国家的对外开放政策也是从东部逐渐推进，因此我国外商直接投资最先主要流入东部地区。随着 FDI 的结构性变化，东部地区服务业 FDI 会表现出更强的溢出效应。而西部地区服务业 FDI 与东部、中部地区相比，处于相对滞后的水平，因此，在发展初期，加大服务业吸引外资有利于改善西部地区服务业发展滞后的境况，并为制造业生产注入更多高质量的投入。

具体来看，东部地区服务业 FDI 占比提高 1% 会导致人均 GDP 增长 0.085%，西部地区服务业 FDI 占比提高 1% 会促进经济增长 0.075%。中部地区服务业 FDI 占比与劳动生产率之间的关系虽不显著，但仍然呈正相关。分地区的实证结果证明了 FDI 从制造业向服务业的转移有利于东、中、西部地区经济的发展和资源配置的优化。

另外，人均资本与人力资本的提高均有助于东部和中部地区的经济增长，这个结果和现有研究主流观点相符。东、中、西部对外开放程度的提高有助于推动 FDI 结构性转变对经济增长的促进作用。而基础建设对东部、中部地区服务业 FDI 溢出效应发挥的促进作用并不显著。减少政府干预程度有助于经济增长，因此如何转变政府职能，进一步完善社会主义市场经济体制，是今后政府工作要面临的重大问题。

第五节　研究结论与政策启示

随着经济发展步入深度调整期，我国经济发展显现出诸多新的现象。外商直接投资从制造业流向服务业就是其中之一。为了分析 FDI 这一结构性转变对经济增长的影响，进而有助于研究生产性服务业与制造业的互动融合发展，我们基于内生增长理论建立计量模型，利用我国 26 个省份 2004~2010 年省级面板数据，采用两步法 GMM 检验了外商直接投资从制造业流向服务业对我国经济产生的多方面效应，得到的主要结论与启示如下。

第一，从全国整体层面来看，当服务业 FDI 占总体 FDI 比重每提高 1%，可促进人均 GDP 增长 0.02%。这意味着，外商直接投资从制造业流向服务业有利于地区经济增长。因此，应加大地区服务业外资的引进力度，促进外资结构的优化，推动我国经济增长方式的转变。

第二，从不同部门来看，由于制造业与服务业之间的异质性，FDI 结构性转变对不同产业的溢出效应也存在差异。FDI 结构性变动的外溢效应主要体现在促进制造业的劳动生产率的提高，而对服务业劳动生产率提升的促进作用并不显著。这也就解释了为什么当外资流向处于生产率劣势的服务业，反而会促进整体生产率增长的现象。因此，发挥外资结构优化的功能，促进制造业与服务业之间的良性互动，是改变我国服务业发展滞后的重要途径。

第三，分区域的计量结果显示，东部、中部、西部服务业利用外资占比的提高对地区劳动生产率的影响存在很大差异。其中，东部、西部地区 FDI 流向服务业对经济增长的促进作用显著，而中部地区虽为正，但并未通过显著性检验。其原因是不同地区之间服务业外商直接投资的规模与占比的差距明显。我国应加大中部、西部地区对外开放，利用"一带一路"建设优势，大力推进中部、西部地区服务业外资流入的规模，实现其正向的技术溢出效应，缓解地区发展不平衡现象。

第二十九章

服务贸易对新发展格局的影响
和对策研究

促进生产性服务业与制造业互动融合发展，不仅有助于提高我国制造业国际竞争力，而且将为我国服务贸易增长提供新引擎。"十三五"时期，我国服务贸易发展迅速，服务贸易进出口累计达到了 3.6 万亿美元，比"十二五"时期增长了 29.7%。与此同时，我国服务贸易结构不断提升，知识密集型和技术密集型服务贸易占比显著提高。构建新发展格局对我国开放型经济发展提出了更多和更高要求，而服务贸易将从多个不同层面加快新发展格局的推进和完善，并对生产性服务业与制造业互动融合发展产生积极影响。

第一节　服务贸易影响新发展格局构建的作用机制

服务贸易是服务业的国际化形态，它与服务经济、服务消费、国际投资等紧密相连。由于服务贸易具有交易内容无形性、交易方式复杂性①、交易影响敏感性等基本特征，长期以来服务贸易在全球经贸活动中主要处于边缘位置。但是，从 20 世纪 80 年代以来，随着信息技术的广泛应用和各国服务市场逐步对外开放，全球服务贸易发展明显加快，其增速甚至超过同期货物贸易。WTO 资料显示，2012 ~ 2019 年，跨境服务贸易出口在全球出口中的比重，已从 19.5% 提升至 24.5%。服务贸易不仅已是国际贸易重要组成部分，而且已成为国际经贸领域

---

① 根据 WTO《服务贸易总协定》（GATS）解释，服务贸易包括跨境交付、境外消费、商业存在、自然人流动等四种交易方式。因服务贸易交易方式的复杂性，目前 WTO 公布的服务贸易额主要来自跨境交付、境外消费和自然人流动三种交易方式下的统计。

中最活跃的"新引擎"。

在"十四五"规划中，我国明确提出要加快构建以国内大循环为主体、国内国际双循环相互促进的新发展格局。这是对我国经济发展战略、路径做出的重大调整和完善，对于我国实现更高质量、更有效率、更为持续、更为安全的经济发展，都具有重要且深远的影响。需要指出的是，构建新发展格局绝不是封闭的国内循环，而是更加开放的国内国际双循环。我国构建新发展格局，不仅离不开参与国际循环，而且要通过更加开放的国际循环，实现国内循环和国际循环的相互促进。服务贸易的产业基础是服务业。服务业在国民经济中的独特地位，决定了服务贸易对一国经济发展的影响，无论在广度上还是深度上，都远非其他领域的经贸活动可比。从我国营造新发展格局角度上讲，加快服务贸易则更是被赋予了更多功能。

服务贸易影响我国新发展格局的作用机制，归纳起来重点体现在以下三个方面。

一、服务贸易将扩大我国内需市场规模、提升我国内需市场结构，并促进"内循环"支撑体系的完善

改革开放以来，我国经济高速增长，取得了举世瞩目的辉煌成就。2020年尽管遭遇世界经济的急剧动荡和新冠肺炎疫情的严重冲击，我国国内生产总值依旧达到101.6万亿元，同比增长2.3%；居民人均可支配收入为3.2万元，也同比增长4.7%。伴随经济发展和收入的增加，我国内需市场规模在不断扩大的同时，消费的结构和模式也在发生改变。突出表现为：消费重点开始从以往的生存型消费为主，向享受型、发展型消费为主转变，特别是服务消费开始在居民消费支出中，占比明显上升。不仅如此，表29-1显示服务消费弹性普遍高于同期食品、衣着等物质消费，也就是说服务消费已成为拉动我国当前内需市场增长的重点和关键。然而，由于多种原因，目前我国包括高端服务在内的优质产品供给，却还存在明显"短板"。这不仅制约了我国内需市场和规模优势的发挥，而且影响了我国经济增长方式与质量的提升。鉴于此，通过发展服务贸易，一方面可解决国内服务高端产品供给的不足，促进我国服务消费市场发展；另一方面高端服务进口所产生的外溢和示范效应，将推动我国服务业转型升级和创新发展。服务业发展水平的提升，有助于提高我国经济运行效率，优化流通领域结构体系，从而对我国"内循环"和生产性服务业与制造业的互动融合发展，发挥积极作用。

表 29 - 1　　　　　　　　2015～2019 年中国居民主要消费需求收入弹性　　　　单位:%

年份	食品	衣着	居住	家庭服务	交通通信	文教娱乐	医疗保健	其他
2015	0.798	0.661	0.766	0.777	1.305	1.366	1.284	0.977
2016	0.829	0.393	1.133	1.149	1.424	1.321	1.454	0.520
2017	0.478	0.321	1.065	0.816	0.763	0.987	1.216	1.108
2018	0.552	0.478	1.514	1.049	0.814	0.770	1.858	0.786
2019	0.907	0.430	0.990	0.536	0.784	1.455	1.452	1.097

资料来源：根据 2014～2019 年《中国统计年鉴》整理计算。

二、服务贸易将提高我国参与国际经济循环的结构和层次，促进向全球价值链分工高端攀升

改革开放以来，我国凭借劳动力成本优势，积极参与国际经济大循环，通过利用外资和发展加工贸易，谋取国际分工利益。凭借多年位居世界各国对外贸易规模首位的成就，我国被誉为了"世界工厂"。但是进一步分析可发现，在由跨国公司主导的国际分工体系中，我国占据的国际分工地位并不高，分享得到的国际分工利益也是比较有限。全球价值链（GVC）是当前国际分工的主要形式。研究表明，在目前 GVC 分工体系中，服务贸易不仅是链接不同分工环节的纽带，而且是 GVC 各环节创造价值的主要来源。根据 OECD 研究报告，当前全球贸易增加值的 52% 是来自于 GVC 上服务贸易活动创造的价值，该比例在美国、英国、法国则更高。换言之，服务贸易已成为决定一国在参与 GVC 中分工地位高低的关键因素。这给我国的启示是，面对世界经济不确定风险和各种"逆全球化"事件的冲击，我国如果需要提升参与国际经济合作的分工地位，增强参与经济国际循环的抗风险能力，那么加快服务贸易发展无疑是最重要的路径。事实上，已有计量分析结果显示，服务贸易对我国制造业参与全球价值分工位置和出口国内增加值率，都产生着显著的正向提升效应。

三、服务贸易将强化我国经济"外循环"和"内循环"的互动发展，更好地利用"外循环"提高"内循环"发展水平

实现我国经济"外循环"和"内循环"的相互促进发展，既需要动力，也离不开两者间的契合程度。从动力上看，我国正在进入发展更高水平开放型经济的新

阶段，扩大服务业对外开放是这阶段的重点。服务业对外开放幅度的加大，将直接带动我国服务贸易增长进入新的快车道，从而为"外循环"驱动"内循环"营造新动力。不仅如此，我国"外循环"促进"内循环"发展的核心要义，是利用"外循环"吸引国际上优质要素集聚我国，进而推动我国"内循环"的转型升级。目前，从贸易分类上讲，无论是科技成果、创新人才等优质资源国际流动的业务本身，还是服务优质要素国际流动的各种支撑体系，都属于服务贸易的范畴。也就是说，在新发展格局中服务贸易具有重要的战略地位。从提高"外循环"驱动"内循环"的契合度上看，因服务贸易具有其他经贸活动无法比拟的天然"黏合剂"属性，这也决定了服务贸易在新发展格局中的独特地位。统计数据显示，近年来随着强调创新驱动发展，我国知识密集型服务贸易进口明显加速。2020年，我国知识密集型服务进出口同比增长8.3%，占服务进出口总额的比重达到44.5%，同比提升9.9个百分点。

第二节　服务贸易发展基础和主要影响因素

"十三五"期间，我国服务贸易增长迅速，在我国对外贸易中的地位持续攀升，服务贸易大国地位得到不断巩固，这为"十四五"时期我国服务贸易发展打下了良好基础，也为服务贸易在"十四五"阶段更好地赋能新发展格局，创造了有利条件。

据商务部统计，2019年我国服务贸易总额已达到7850亿美元，为2015年的1.2倍，服务贸易规模稳居全球第二位。2016~2019年，我国服务贸易出口的年均增长速度为7.1%，高于全球服务出口增速1.7个百分点。服务贸易出口占我国对外贸易出口的比重，也从2015年的8.8%，稳步提升至2019年的10.2%。2020年，因受到海外疫情持续蔓延的重大冲击，我国服务贸易规模虽然同比下降15.7%，但是，如果剔除旅行服务贸易，我国仍实现服务进出口增长2.9%，其中出口增长6%，为支撑我国货物贸易发展和供应链、产业链的稳定，发挥了重要作用（见图29-1）。

我国服务贸易结构不断优化，贸易新模式、新业务不断涌现。尤其是我国知识密集型服务贸易，增长明显加速，"十三五"期间对服务贸易额的贡献率，甚至高达103.5%。一些特色服务项目出口优势也开始显现，如文化产品进出口，2019年已达1114.5亿美元，同比提升8.9%。数字服务贸易增长加速，2015~2019年数字服务贸易规模从2000亿美元增长到了2722亿美元，占服务贸易总额的比重也从

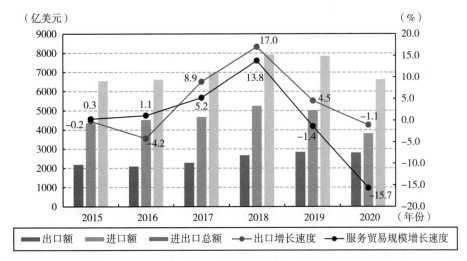

（亿美元）　　　　　　　　　　　　　　　　　　　　　　（％）

图 29 - 1　2015 ~ 2020 年我国服务进出口规模和增长速度

资料来源：商务部。

31% 增长到 35%。① 国际（离岸）服务外包规模持续增加，2019 年承接离岸服务外包合同额为 1389. 1 亿美元，同比增长 15. 4%，比上年提高 10. 1 个百分点。2020 年 1 ~ 10 月，我国承接离岸信息技术外包（ITO）、业务流程外包（BPO）、知识流程外包（KPO）执行额，分别同比分别增长 8. 1%、13% 和 12. 9%。像承接集成电路设计外包离岸执行额，同比增长达到 30%。2020 年，我国知识产权使用费、电信计算机和信息服务、保险服务的出口增长率，也都分别达到了 30. 5%、12. 8% 和 12. 5%。

此外，"十三五"时期我国服务业吸收外资年均增长 4. 4%，占比从 2015 年的 69. 8% 提高至 2020 年的 78. 5%，为我国 2020 年成为全球最大外资流入国做出了贡献。2021 年一季度，我国利用外资实现了较快增长，服务业继续成为外资增长"主引擎"，实际使用外资 2377. 9 亿元，同比增长 51. 5%，占比达 78. 6%。其中，高技术服务业增长 43. 9%。

尽管我国服务贸易"十三五"时期取得了辉煌成就，然而，就我国服务贸易发展现状而言，和世界上服务贸易先进国家相比，仍然存在明显差距。包括：我国服务贸易总额还处于贸易逆差状态，在对外贸易中服务贸易比重依旧偏低等。同时，和我国经济社会发展要求以及营造新发展格局的需要相比，服务贸易发展也是存在很大的距离。

---

① 王晓红，朱福林，夏友仁."十三五"时期中国数字服务贸易发展及"十四五"展望 [J]. 首都经济贸易大学学报，2020（6）：28 - 42.

加快我国"十四五"时期服务贸易的发展，既要看到近年来世界经济低迷、国际贸易和投资大幅萎缩，贸易保护主义抬头等带来的不利影响，也要看到当前新一轮科技革命深入发展、全球供应链变迁、区域合作重组等带来的新机遇。纵观"十四五"时期国内外发展环境，我国尤其需要高度重视以下因素对服务贸易产生的效应。

其一，数字技术革命和数字经济。21 世纪以来，全球科技创新进入密集活跃期，数字和信息技术潜能加速释放并叠加倍增。以移动互联网、大数据、云计算、人工智能、物联网、区块链为代表的数字技术革命，开始进入大规模产业化应用加速阶段，深刻改变着产业的生产组织方式。这一方面大大拓展了服务贸易的内涵和空间，并有力提升了服务贸易的精准度和效率；另一方面因数字技术革命减少了服务贸易壁垒，特别是面对面服务的接触成本（face-to-face cost），更为服务贸易发展提供强大动力和各种可能性。服务贸易便利化，推动产业朝着智能化、定制化的方向发展。借助于近年来我国对数字和信息技术的高度重视和大力发展，当前我国互联网、物联网、无线宽带、移动终端、超级计算等技术和设施水平已位居世界前列，5G 等重要技术领域和互联网商业模式更是处于世界领先。在数字技术广泛应用的背景下，据测算 2019 年我国数字经济占 GDP 比重已达到 36.2%。这意味着我国完全有可能在"十四五"阶段实现服务贸易的跨越式发展。

其二，新发展阶段和国内消费的提档升级。世界各国的经济发展规律显示，伴随着经济发展和人均收入的提升，一国不仅服务业占其 GDP 的比重会攀升，而且该国人均服务贸易额也呈现出明显的增长态势（见图 29 - 2）。置于这样的分析框架，不难看出我国目前服务贸易存在明显的增长空间。实际上，2019 年我国人均服

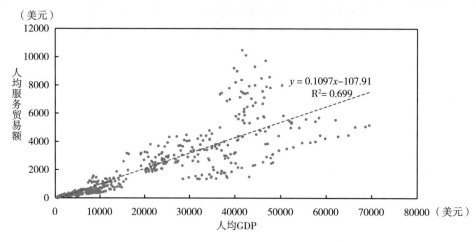

图 29 - 2　世界 20 个主要经济体人均 GDP 和人均服务贸易额关系

资料来源：世界银行数据库。

务贸易额是 560 美元，该数据仅为美国的 12.6%、日本的 17.3% 和德国的 6.6%，差距很大。"十四五"阶段我国强调坚持新发展理念，在质量效益明显提升的基础上实现经济持续健康发展，并且要求明显改善分配结构，实现居民人均可支配收入与国内生产总值基本同步增长。同时指出，要顺应居民消费升级趋势，促进消费向绿色、健康、安全发展，发展服务消费，放宽服务消费领域市场准入，推动服务消费提质扩容，把扩大消费同改善人民生活品质结合起来，稳步提高居民消费水平。鉴于此，可以发现，无论是从供给侧结构性改革角度还是从需求侧管理角度上看，我国服务贸易在"十四五"阶段都会迎来更好的国内发展环境，从而促进服务贸易更快速发展。

其三，产业转型升级和现代产业体系。服务贸易发展离不开产业支撑，随着我国明确"十四五"时期将聚焦产业转型升级和居民消费升级需要，构建优质高效、结构优化、竞争力强的服务产业新体系，这必将需要服务贸易的规模和结构与之相适应，从而倒逼我国服务贸易的发展。从巩固壮大实体经济根基上讲，推进产业基础高级化、产业链现代化的重要途径，是促进我国先进制造业和现代服务业的深度融合，构建实体经济、科技创新、现代金融、人力资源协同发展的现代产业体系。在开放条件下，科技创新、现代金融、人力资源的表现形态，就是科技创新服务贸易、现代金融服务贸易、人力资源服务贸易。换言之，构建我国现代产业体系也和服务贸易发展高度相关。实施制造强国战略，同样需要服务贸易的繁荣发展，需要高水平的金融服务贸易、科技服务贸易等生产性服务贸易支撑，而先进制造业和现代服务业的深度融合，更使得先进制造业的附加值中，直接就包含有相当多来自服务贸易的优质要素资源。据统计，为了满足制造业转型升级的需要，我国积极开展科技服务贸易进口，2015～2019 年的知识产权使用费进口额，由 220.3 亿美元增长至 343.8 亿美元，年均增长 11.8%。

其四，高水平对外开放和全球治理体系改革。"十四五"期间，一方面，世界正经历百年未有之大变局，国际环境日趋复杂，全球治理体系面临了前所未有的挑战。另一方面，我国将实施更大范围、更宽领域、更深层次的对外开放，在推进贸易和投资自由化便利化、持续深化商品和要素流动型开放的同时，稳步拓展规则、规制、管理、标准等制度型开放，从而营造开放层次更高、营商环境更优、辐射作用更强的开放新高地。具体就服务贸易而言，我国将大幅减少服务贸易进入门槛，继续推动和"一带一路"沿线经济体以及其他区域性双边和多边的服务贸易合作。将实施自由贸易区提升战略，积极构建面向全球的高标准自由贸易区网络。此外，我国将积极参加国际多边经济治理机制的维护和完善，积极参与世界贸易组织改革，推动包括服务贸易在内的新兴领域经济治理规则的制定等。这些都为我国"十四五"服务贸易的发展，从国际环境角度产生多方面的重要影响。

第三节　促进服务贸易赋能新发展格局的路径

鉴于我国服务贸易发展现状和赋能新发展格局的需要，我们认为发展服务贸易赋能新发展格局的关键，是立足"改革、开放、创新"三个关键词，尽快提高我国服务贸易的发展水平和竞争力。具体而言，强化服务贸易赋能新发展格局的核心路径，应主要体现在以下方面。

第一，聚焦创新驱动，积极培育服务贸易发展新动能。

我国要顺应科技革命和产业变革新趋势，积极鼓励服务贸易创新发展，努力形成有助于服务贸易业态创新的多元化、高效能、可持续发展模式和发展路径。拓展新兴服务贸易集聚区域，积极发展研发、跨境租赁等新兴服务贸易，鼓励生产性服务业与制造业互动融合发展以及服务贸易与货物贸易相互促进发展，努力使我国服务贸易的模式和业态，在世界上从以往的"跟跑者"变为"并跑者"和"领跑者"。

要积极鼓励运用各种新兴技术改造提升传统服务贸易，支持引导研发设计、知识产权、信息技术、文化创意等领域的服务企业加大研发投入力度，创新研发机制；鼓励服务贸易企业跨越传统产业边界、整合产业要素资源，大力发展数字服务贸易，加快服务贸易人才资源的引进和培养。应推进生产性服务贸易与先进制造业的深度融合，推动我国制造业从以产品为中心向产品、服务和整体解决方案并重转变。鼓励服务贸易企业运用"互联网＋"思维，紧密对接市场需求，强化理念思路更新、业务流程再造、组织管理体制变革等。要围绕我国服务贸易关键"短板"和战略需求，支持我国服务企业以跨国并购、绿地投资、联合投资等方式，高效配置全球人才、技术、品牌等核心资源。

第二，扩大服务行业对外开放，打造服务贸易开放新优势。

我国要进一步降低服务领域准入门槛，减少服务贸易经营范围限制，大幅提升服务行业对外开放水平。要引进国际惯例和市场准入规则，加强服务业领域的公平竞争，实行服务贸易准入前国民待遇加负面清单管理制度，加强商务、外汇管理、税务、海关、出入境管理、金融、文化、旅游等部门之间的信息共享。推进服务业和服务贸易领域内外标准的对接。

应坚持要素型开放与制度型开放相结合、开放与监管相协调、准入前与准入后相衔接，从制度层面和重点领域持续改革创新。进一步提升我国服务贸易自由化与便利化水平，积极复制服务贸易创新发展试点的成功经验。充分发挥"自贸试验区"作用，积极引导外资向高端服务业和新兴服务业领域集聚，为外籍高端人才在办理居留、工作许可、社会保障提供"绿色通道"服务。积极做好服务行业有序开放的风险压力测试，健全服务贸易的制度化监管规则；主动适应服务贸易发展新变化，不断推进政策创新，不断提升我国服务贸易开放水平。

第三，围绕促进"双循环"，全面推进服务行业深层次改革。

我国要聚焦体制机制、市场规则、事中事后监管等事关服务行业发展的重大关键问题，以制度创新为核心，全面深化服务行业改革。打破地区封锁和行业垄断，强化综合改革探索，放宽市场准入，下放或取消服务领域审批权。依托强大国内市场，贯通生产、分配、流通、消费各环节，推动资金、技术、人员、信息、数据等各类要素的便捷流动和优化配置。

要进一步加大对现代服务行业发展的要素支撑，鼓励引导社会资本参与服务业投资。加快研发设计、现代物流、法律服务等生产性服务行业的改革和发展，完善技术贸易管理体系，推动各类市场主体参与服务供给，推进生产性服务业向专业化和价值链高端延伸。加快健康、养老、文化、旅游等生活性服务行业的改革和发展，放宽服务消费领域市场准入，改善服务消费环境，顺应消费升级趋势，推进服务业标准化、品牌化建设。要完善便民消费服务设施，积极开拓城乡服务消费市场，推动生活性服务业向高品质和多样化升级。应深入改革通关监管制度和模式，为与展览、维修、研发设计等服务贸易相关的货物、物品进出口提供通关便利。

第四，加强服务贸易载体建设，健全服务贸易发展促进体系。

我国要依托服务贸易创新发展试点地区、服务外包示范城市，推进服务贸易集聚区建设，形成服务贸易发展的战略支点。以服务功能优化、竞争力提升为核心，以综合评价为助力，加快推进服务贸易基地的提档升级。应支持服务贸易基地进一步完善配套服务功能，强化增强基地要素吸附能力、产业支撑能力和辐射带动能力。

应尽早打通"内循环"和"外循环"所涉及的服务业与服务贸易促进体系之间的链接，加快和完善科技服务、智慧物流、公共数字技术、检验检测、国际展示等领域的配套服务体系建设，积极发挥各类服务贸易促进机构、行业协会的功能。落实有关公共服务平台扶持政策，加大对数字贸易、知识产权服务、研发设计、检验检测、维护维修等知识密集型服务贸易的支持力度。积极探索建设一批服务贸易境外促进中心，并且通过建立服务贸易企业信贷风险补偿机制，为服务企业"走出去"提供信息和海外法律支撑等服务。要完善服务贸易分类和统计方法，进一步优化服务贸易统计监测系统工作机制，继续探索和优化涵盖跨境交付、境外消费、商业存在和自然人移动等四种服务贸易模式的全口径统计等。

第五，扩大服务贸易国际合作，增强服务贸易国际规则中的话语权。

我国要积极参与全球经济治理体系改革，积极参与服务贸易规则制定。在推动服务贸易的跨境数据流动、知识产权保护和争端解决机制等方面，加强和有关国际机构的合作与交流，在努力打造"中国服务"国家品牌的同时，努力在服务贸易国际规则中积极提供中国智慧和中国方案。当前，尤其要在数字服务贸易的国际规则制定中，争取自己的主导权和话语权。

要以"一带一路"沿线国家为重点对象，积极开拓"一带一路"沿线国家服务贸易市场，在巩固传统服务贸易市场的前提下，推动服务贸易市场多元化。完善与重要贸易伙伴之间合作机制，深化多双边合作形式，推动形成更宽领域的服务贸易合作新格局。要善于抢抓成功签署《区域全面经济伙伴关系协定》（RCEP）可能带来的服务贸易新机遇，积极拓展与东盟的服务贸易新合作，并且尽快实现中日韩服务贸易发展的新突破。要积极推动和尽早实施《中欧投资协定》，争取打造中欧服务贸易合作新局面。

参 考 文 献

一、中文参考文献

[1] 柏培文，张云. 数字经济、人口红利下降与中低技能劳动者权益 [J]. 经济研究，2021，56 (5)：91 - 108.

[2] [美] 保罗·克鲁格曼. 发展、地理学与经济理论 [M]. 北京：北京大学出版社、中国人民大学出版社，2000.

[3] [美] 波特. 国家竞争优势 [M]. 北京：华夏出版社，2002.

[4] 蔡欣磊，范从来，林键. 区域一体化扩容能否促进高质量发展——基于长三角实践的准自然实验研究 [J]. 经济问题探索，2021 (2)：84 - 99.

[5] 曹建海，王高翔. 推进我国制造业与服务业融合发展 [J]. 中国发展观察，2021 (24)：43 - 55.

[6] 钞小静，惠康. 中国经济增长质量的测度 [J]. 数量经济技术经济研究，2009 (6)：75 - 86.

[7] 陈斌开，林毅夫. 发展战略、城市化与中国城乡收入差距 [J]. 中国社会科学，2013 (4)：81 - 102.

[8] 陈继勇，盛杨怿. 外商直接投资的知识溢出与中国区域经济增长 [J]. 经济研究，2008 (12)：39 - 49.

[9] 陈建军，陈国亮，黄洁. 新经济地理学视角下的生产性服务业集聚及其影响因素研究——来自中国 222 个城市的经验证据 [J]. 管理世界，2009 (4)：83 - 95.

[10] 陈建军，刘月，邹苗苗. 产业协同集聚下的城市生产效率增进——基于融合创新与发展动力转换背景 [J]. 浙江大学学报 (人文社会科学版)，2016 (3)：150 - 163.

[11] 陈丽娴，沈鸿. 制造业服务化如何影响企业绩效和要素结构——基于上市公司数据的 PSM-DID 实证分析 [J]. 经济学动态，2017 (5)：64 - 77.

[12] 陈启斐，刘志彪. 反向服务外包对我国制造业价值链提升的实证分析

[J]. 经济学家, 2013 (11): 68-75.

[13] 陈怡, 沈利生. 我国服务贸易出口贡献率分析——基于 1997 年投入产出表的计算 [J]. 数量经济技术经济研究, 2006 (11): 59-77.

[14] 陈甬军, 丛子薇. 更好发挥政府在区域市场一体化中的作用 [J]. 财贸经济, 2017 (2): 5-19.

[15] 程大中. 中国服务业存在"成本病"问题吗? [J]. 财贸经济, 2008 (12): 109-115.

[16] 程大中. 中国服务业与经济增长: 一般均衡模型及其经验研究 [J]. 世界经济, 2010 (10): 25-42.

[17] 程大中. 中国生产性服务业的水平、结构及影响——基于投入—产出法的国际比较研究 [J]. 经济研究, 2008 (1): 76-88.

[18] 崔日明, 张志明. 服务贸易与中国服务业技术效率提升——基于行业面板数据的实证研究 [J]. 国际贸易问题, 2013 (10): 90-101.

[19] 崔书会, 李光勤, 豆建民. 产业协同集聚的资源错配效应研究 [J]. 统计研究, 2019, 36 (2): 78-89.

[20] 崔艳. 人工智能对制造业就业的影响及应对研究: 来自微观企业和劳动者调查数据 [J]. 当代经济研究, 2022 (3): 59-66.

[21] 戴翔, 金碚, 产品内分工、制度质量与出口技术复杂度 [J]. 经济研究, 2014 (7): 4-17.

[22] 戴翔, 李洲, 张雨. 服务投入来源差异、制造业服务化与价值链攀升 [J]. 财经研究, 2019 (5): 30-43.

[23] 党琳, 李雪松, 申烁. 制造业行业数字化转型与其出口技术复杂度提升 [J]. 国际贸易问题, 2021 (6): 32-47.

[24] 邓慧慧, 潘雪婷, 李慧榕. 城市群扩容是否有利于产业升级——来自长三角县域的经验证据 [J]. 上海财经大学学报, 2021 (3): 32-47.

[25] 刁莉, 朱琦. 生产性服务进口贸易对中国制造业服务化的影响 [J]. 中国软科学, 2018 (8): 49-57.

[26] 董直庆, 夏小迪. 我国服务贸易技术结构优化了吗? [J]. 财贸经济, 2010 (10): 77-83.

[27] 杜传忠, 金文翰. 制造业服务化转型的就业规模效应 [J]. 当代财经, 2020 (12): 112-124.

[28] 杜鑫. 市场化对中国城乡收入差距的影响: 基于省级面板数据的经验分析 [J]. 北京工商大学学报 (社会科学版), 2018 (1): 19-32.

[29] 樊纲，关志雄，姚枝仲．国际贸易结构分析：贸易品的技术分布 [J]．经济研究，2006（8）：117 - 127.

[30] 范剑勇．产业集聚与地区间劳动生产率差异 [J]．经济研究，2006（11）：72 - 81.

[31] 范剑勇．市场一体化、地区专业化与产业集聚趋势——兼谈对地区差距的影响 [J]．中国社会科学，2004（6）：39 - 51.

[32] 范前进，孙培源，唐元虎．公共基础设施投资对区域经济影响的一般均衡分析 [J]．世界经济，2004（5）：58 - 62.

[33] 方建国，尹丽波．技术创新对就业的影响：创造还是毁灭工作岗位——以福建省为例 [J]．中国人口科学，2012（6）：34 - 43.

[34] 冯泰文．生产性服务业的发展对制造业效率的影响——以交易成本和制造成本为中介变量 [J]．数量经济技术经济研究，2009（3）：56 - 65.

[35] 傅元海，叶祥松，王展祥．制造业结构优化的技术进步路径选择 [J]．中国工业经济，2014（9）：78 - 90.

[36] 高传胜，刘志彪．生产者服务与长三角制造业集聚和发展——理论、实证与潜力分析 [J]．上海经济研究，2005（8）.

[37] 高传胜．中国生产者服务对制造业升级的支撑作用——基于中国投入产出数据的实证研究 [J]．山西财经大学学报，2008（1）：44 - 50.

[38] 高虹．中国制造业产业集群的划分及其就业增长效应估计 [J]．世界经济文汇，2018（6）：86 - 101.

[39] 高运胜，杨阳．全球价值链重构背景下我国制造业高质量发展目标与路径研究 [J]．经济学家，2020（10）：65 - 74.

[40] [加] 格鲁伯．服务业的增长：原因与影响 [M]．上海：生活·读书·新知三联书店，1993.

[41] 顾国达，周蕾．全球价值链角度下我国生产性服务贸易的发展水平研究——基于投入产出方法 [J]．国际贸易问题，2010（5）：61 - 69.

[42] 顾乃华，毕斗斗，任旺兵．中国转型期生产性服务业发展与制造业竞争力关系研究——基于面板数据的实证分析 [J]．中国工业经济，2006（9）：14 - 21.

[43] 顾乃华．生产性服务业对工业获利能力的影响和渠道——基于城市面板数据和 SFA 模型的实证研究 [J]．中国工业经济，2010（5）：48 - 58.

[44] 国务院发展研究中心．国务院发展研究中心调查报告第 99 号 [R]．2001.

[45] [英] 海韦尔·G. 琼斯．现代经济增长理论导引 [M]．北京：商务印书

馆，1999.

[46] 何枫，袁晓安. 我国 SFDI 产业内溢出效应机制及其实证效果研究——基于跨省数据的随机前沿分析 [J]. 数量经济技术经济研究，2010 (6)：99–109.

[47] 何平，骞金昌. 中国制造业：技术进步与就业增长实证分析 [J]. 统计研究，2007 (9)：3–11.

[48] 何树全，赵婧媛，张润琪. 数字经济发展水平，贸易成本与增加值贸易 [J]. 国际经贸探索，2021，37 (11)：4–19.

[49] 何兴邦. 环境规制与中国经济增长质量——基于省际面板数据的实证分析 [J]. 当代经济科学，2018 (2)：1–10，124.

[50] 贺灿飞，梁进社. 中国外商直接投资的区域分异及其变化 [J]. 地理学报，1999，54 (2)：97–105.

[51] 洪银兴，刘志彪等. 长江三角洲地区经济发展的模式和机制 [M]. 北京：清华大学出版社，2003.

[52] 洪银兴. 中国式现代化论纲 [M]. 南京：江苏人民出版社，2022.

[53] 洪银兴. 培育新动能：供给侧结构性改革的升级版 [J]. 经济科学，2018 (3)：5–13.

[54] 洪银兴. 创新驱动攀升全球价值链中高端 [J]. 经济学家，2017 (12)：6–9.

[55] 洪银兴. 论创新驱动经济发展战略 [J]. 经济学家，2013 (1)：5–11.

[56] 侯欣裕，孙浦阳，杨光. 服务业外资管制，定价策略与下游生产率 [J]. 世界经济，2018，41 (9)：146–170.

[57] 胡霞，魏作磊. 中国城市服务业集聚效应实证分析 [J]. 财贸经济，2009 (8)：108–114.

[58] 胡昭玲，夏秋，孙广宇. 制造业服务化、技术创新与产业结构转型升级——基于 WIOD 跨国面板数据的实证研究 [J]. 国际经贸探索，2017，33 (12)：4–21.

[59] 黄繁华，洪银兴. 制造业基地发展现代服务业的路径 [M]. 南京：南京大学出版社，2010.

[60] 黄群慧，霍景东. 全球制造业服务化水平及其影响因素——基于国际投入产出数据的实证分析 [J]. 经济管理，2014，36 (1)：1–11.

[61] 黄群慧，余永泽，张松林. 互联网发展与制造业生产率提升：内在机制与中国经验 [J]. 中国工业经济，2019 (8)：5–23.

[62] 黄先海. 产业出口复杂度的测度及其动态演进机理分析——基于 52 个经济体 1993～2006 年金属制品出口的实证研究 [J]. 管理世界，2010 (3)：44–55.

[63] 黄先海.中国劳动收入比重下降成因分析:基于劳动节约型技术进步的视角 [J].经济研究,2009 (7):34-44.

[64] 黄永春,郑江淮,杨以文,祝吕静.中国"去工业化"与美国"再工业化"冲突之谜的解析——来自服务业与制造业交互外部性的分析 [J].中国工业经济,2013 (3):7-19.

[65] 惠炜,韩先锋.生产性服务业集聚促进了地区劳动生产率吗? [J].数量经济技术经济研究,2016 (10):37-56.

[66] 贾根良.第三次工业革命带来了什么? [J].求是,2013 (6):21-22.

[67] 江静,丁春林.制造业和服务业深度融合:长三角高质量一体化的战略新选择 [J].南通大学学报·社会科学版,2021 (4):33-42.

[68] 江静,刘志彪,于明超.生产性服务业发展与制造业效率提升:基于地区和行业面板数据的经验分析 [J].世界经济,2007 (8):52-62.

[69] 江静,刘志彪.商务成本:长三角产业分布新格局的决定因素考察 [J].上海经济研究,2006 (11):87-96.

[70] 江小涓,李辉.服务业与中国经济:相关性和加快增长的潜力 [J].经济研究,2004 (1):4-15.

[71] 孔群喜,王紫绮,蔡梦.对外直接投资提高了中国经济增长质量吗 [J].财贸经济,2019 (5):96-111.

[72] 李坤望,邵文波,王永进.信息化密度、信息基础设施与企业出口绩效——基于企业异质性的理论与实证分析 [J].管理世界,2015 (4):52-65.

[73] 李平,季永宝.政策导向转化、要素市场扭曲与 FDI 技术溢出 [J].南开经济研究,2014 (6):125-137.

[74] 李善同,高传胜.中国生产性服务业发展与制造业升级 [M].上海:三联书店,2008.

[75] 李善同,侯永志,刘云中,等,中国国内地方保护问题的调查与分析 [J].经济研究,2004 (11):78-84.

[76] 李实,朱梦冰.中国经济转型 40 年中居民收入差距的变动 [J].管理世界,2018 (12):19-28.

[77] 李文秀.服务业 FDI 能促进服务业集聚吗 [J].财贸经济,2012 (3):112-119.

[78] 李雪松,张雨迪,孙博文.区域一体化促进了经济增长效率吗?——基于长江经济带的实证分析 [J].中国人口·资源与环境,2017 (1):10-19.

[79] 李逸飞,李静,许明.制造业就业与服务业就业的交互乘数及空间溢出

效应 [J]. 财贸经济, 2017 (4): 115-129.

[80] 李子奈. 计量经济学应用研究的总体回归模型设定 [J]. 经济研究, 2008 (8): 136-144.

[81] 联合国贸易和发展会议. 世界投资报告 [R]. 联合国贸易和发展会议, 2017.

[82] 廖利兵, 李皓. 区域一体化市场进入方式与企业异质性 [J]. 世界经济研究, 2015 (3): 72-81, 128.

[83] 林春. 财政分权与中国经济增长质量关系——基于全要素生产率视角 [J]. 财政研究, 2017 (2): 73-83, 97.

[84] 刘斌, 王乃嘉. 制造业投入服务化与企业出口的二元边际——基于中国微观企业数据的经验研究 [J]. 中国工业经济, 2016 (9): 59-74.

[85] 刘斌, 魏倩, 吕越, 等. 制造业服务化与价值链升级 [J]. 经济研究, 2016, 51 (3): 151-162.

[86] 刘斌, 赵晓斐. 制造业投入服务化、服务贸易壁垒与全球价值链分工 [J]. 经济研究, 2020, 55 (7): 159-174.

[87] 刘斌, 赵晓斐. 制造业投入服务化与女性就业 [J]. 中南财经政法大学学报, 2020 (1): 58-67.

[88] 刘刚, 胡立. 汇率、工资和经济增长对我国就业的影响: 1994—2010——基于制造业动态面板数据的实证检验 [J]. 产业经济研究, 2012 (3): 69-78.

[89] 刘海云, 廖庆梅. 中国制造业参与全球价值链对母国就业结构的影响分析 [J]. 经济问题探索, 2016 (11): 82-90.

[90] 刘军, 王长春. 优化营商环境与外资企业 FDI 动机——市场寻求抑或效率寻求 [J]. 财贸经济, 2020 (1): 65-79.

[91] 刘培林, 宋湛, 服务业与制造业企业法人绩效比较 [J]. 经济研究, 2007 (1): 89-101.

[92] 刘生龙, 胡鞍钢. 交通基础设施与中国区域经济一体化 [J]. 经济研究, 2011 (3): 72-81.

[93] 刘维刚, 倪红福. 制造业投入服务化与企业技术进步: 效应及作用机制 [J]. 财贸经济, 2018, 39 (8): 126-140.

[94] 刘伟, 王灿, 赵晓军, 张辉. 中国收入分配差距: 现状、原因和对策研究 [J]. 中国人民大学学报, 2018 (5): 25-43.

[95] 刘修岩, 邵军, 薛玉立. 集聚与地区经济增长: 基于中国地级城市数据

的再检验 [J]. 南开经济研究, 2012 (3): 52 - 64.

[96] 刘英基. 知识资本对制造业出口技术复杂度影响的实证分析 [J]. 世界经济研究, 2016 (3): 97 - 107.

[97] 刘志彪, 黄繁华. 供给侧结构性改革: 长三角地区的探索和实践 [M]. 北京: 中国人民大学出版社, 2018.

[98] 刘志彪, 江静, 等. 长三角制造业向产业链高端攀升路径与机制 [M]. 北京: 经济科学出版社, 2009: 125 - 129.

[99] 刘志彪. 长三角区域市场一体化与治理机制创新 [J]. 学术月刊, 2019 (10): 31 - 38.

[100] 刘志彪. 发展现代生产性服务业与调整优化制造业结构 [J]. 南京大学学报: 哲学·人文科学·社会科学, 2006, 43 (5): 36 - 44.

[101] 刘志彪. 论以生产性服务业为主导的现代经济增长 [J]. 中国经济问题, 2001 (1): 10 - 17.

[102] 刘志彪. 生产性服务业及其集聚: 攀升全球价值链的关键要素与实现机制 [J]. 中国经济问题, 2008 (1): 3 - 12.

[103] 娄洪. 公共基础设施投资与长期经济增长 [M]. 北京: 中国财政经济出版社, 2003.

[104] 卢福财, 徐远彬. 互联网对制造业劳动生产率的影响研究 [J]. 产业经济研究, 2019 (4): 1 - 11.

[105] 鲁桐, 党印. 公司治理与技术创新: 分行业比较 [J]. 经济研究, 2014, 49 (6): 115 - 128.

[106] 陆铭, 陈钊. 城市化、城市倾向的经济政策与城乡收入差距 [J]. 经济研究, 2004 (6): 50 - 58.

[107] 陆铭, 向宽虎. 地理与服务业——内需是否会使城市体系分散化? [J]. 经济学 (季刊), 2010, 11 (2): 1079 - 1096.

[108] 路红艳. 生产性服务与制造业产业结构升级——基于产业互动、融合的视角 [J]. 财贸经济, 2009 (9): 126 - 131.

[109] 路江涌, 陶志刚. 中国制造业区域聚集及国际比较 [J]. 经济研究, 2006 (3): 103 - 114.

[110] 吕铁. 生产者服务业与制造业互动发展——来自投入产出表的分析 [J]. 中国经济问题, 2007 (2): 59 - 64.

[111] 吕越, 陈帅, 盛斌. 嵌入全球价值链会导致中国制造的"低端锁定"吗? [J]. 管理世界, 2018 (8): 11 - 29.

[112] 吕越, 李小萌, 吕云龙. 全球价值链中的制造业服务化与企业全要素生产率 [J]. 南开经济研究, 2017 (3): 88 – 110.

[113] 罗军. 制造业服务化转型与就业技能结构变动 [J]. 中国人口科学, 2019 (3): 53 – 66.

[114] 马弘, 乔雪, 徐嫄. 中国制造业的就业创造与就业消失 [J]. 经济研究, 2013 (12): 68 – 80.

[115] 马鹏, 肖宇. 服务贸易出口技术复杂度与产业转型升级——基于 G20 国家面板数据的比较分析 [J]. 财贸经济, 2014 (5): 105 – 114.

[116] 马轶群, 史安娜. 金融发展对中国经济增长质量的影响研究——基于 VAR 模型的实证分析 [J]. 国际金融研究, 2012 (11): 30 – 39.

[117] 毛其淋, 盛斌. 对外经济开发、区域市场整合与全要素生产率 [J]. 经济学 (季刊), 2011 (10): 181 – 210.

[118] 毛其淋, 许家云. 中国对外直接投资如何影响了企业加成率: 事实与机制 [J]. 世界经济, 2016 (6): 77 – 99.

[119] 毛其淋. 二重经济开放与中国经济增长质量的演进 [J]. 经济科学, 2012 (2): 5 – 20.

[120] 毛日昇. 出口、外商直接投资与中国制造业就业 [J]. 经济研究, 2009 (11): 105 – 117.

[121] 蒙英华, 裴瑱. 基础设施对服务出口品质的影响研究 [J]. 世界经济研究, 2013 (12): 32 – 38.

[122] 彭水军, 袁凯华, 韦韬. 贸易增加值视角下中国制造业服务化转型的事实与解释 [J]. 数量经济技术经济研究, 2017 (9): 3 – 20.

[123] 齐俊妍, 王永进, 施炳展. 金融发展与出口技术复杂度 [J]. 世界经济, 2011 (7): 91 – 118.

[124] 邱斌, 叶龙凤, 孙少勤. 参与全球生产网络对我国制造业价值链提升影响的实证研究——基于出口复杂度的分析 [J]. 中国工业经济, 2012 (1): 57 – 67.

[125] 邱立成, 马如静, 唐雪松. 欧盟区域经济一体化的投资效应研究 [J]. 南开学报 (哲学社会科学版), 2009 (1): 1 – 9.

[126] 权家敏, 强永昌. 贸易自由化对我国制造业企业就业影响的经验研究 [J]. 经济问题探索, 2016 (12): 120 – 129.

[127] 任保平. 经济增长质量: 经济增长理论框架的扩展 [J]. 经济学动态, 2013 (11): 45 – 51.

[128] 任皓, 周绍杰, 胡鞍钢. 知识密集型服务业与高技术产业协同增长效应

研究 [J]. 中国软科学, 2017 (8): 34 - 45.

[129] 尚涛, 郭根龙, 冯宗宪. 我国服务贸易自由化与经济增长的关系研究: 基于脉冲响应函数方法的分析 [J]. 国际贸易问题, 2007 (8): 92 - 98.

[130] 邵朝对, 苏丹妮, 王晨. 服务业开放、外资管制与企业创新: 理论和中国经验 [J]. 经济学 (季刊), 2021, 21 (4): 1411 - 1432.

[131] 沈国兵, 袁征宇. 互联网化、创新保护与中国企业出口产品质量提升 [J]. 世界经济, 2020 (11): 127 - 151.

[132] 沈坤荣, 傅元海. 外资技术转移与内资经济增长质量——基于中国区域面板数据的检验 [J]. 中国工业经济, 2010 (11): 5 - 15.

[133] 沈坤荣, 李剑. 企业间技术外溢的测度 [J]. 经济研究, 2009 (4): 77 - 89.

[134] 沈坤荣, 田源. 人力资本与外商直接投资的区位选择 [J]. 管理世界, 2002 (11): 26 - 31.

[135] 沈利生, 王恒. 增加值率下降意味着什么 [J]. 经济研究, 2006 (3): 59 - 66.

[136] 沈能, 王艳, 王群伟. 集聚外部性与碳生产率空间趋同研究 [J]. 中国人口·资源与环境, 2013 (12): 40 - 47.

[137] 盛斌, 毛其淋. 进口贸易自由化是否影响了中国制造业出口技术复杂度 [J]. 世界经济, 2017, 40 (12): 52 - 75.

[138] 盛斌, 毛其淋. 贸易开放、国内市场一体化与中国省际经济增长: 1985—2008 年 [J]. 世界经济, 2011 (11): 44 - 66.

[139] 施炳展, 金祥义. 注意力配置、互联网搜索与国际贸易 [J]. 经济研究, 2019, 54 (11): 71 - 86.

[140] 施炳展. 互联网与国际贸易——基于双边双向网址链接数据的经验分析 [J]. 经济研究, 2016, 51 (5): 172 - 187.

[141] 石良平, 王素云. 互联网促进我国对外贸易发展的机理分析: 基于 31 个省市的面板数据实证 [J]. 世界经济研究, 2018 (12): 48 - 59.

[142] 随洪光, 刘廷华. FDI 是否提升了发展中东道国的经济增长质量——来自亚太、非洲和拉美地区的经验证据 [J]. 数量经济技术经济研究, 2014 (11): 3 - 20.

[143] 孙浦阳, 韩帅, 许启钦. 产业集聚对劳动生产率的动态影响 [J]. 世界经济, 2013 (3): 33 - 53.

[144] 孙浦阳, 武力超, 张伯伟. 空间集聚是否总能促进经济增长: 不同假定条件下的思考 [J]. 世界经济, 2011 (10): 3 - 20.

[145] 孙正，杨素，刘瑾瑜. 我国生产性服务业与制造业协同融合程度测算及其决定因素研究 [J]. 中国软科学，2021 (7): 31 - 39.

[146] 谭洪波，郑江淮. 中国高速经济增长与服务业滞后并存之谜——基于部门全要素生产率的研究 [J]. 中国工业经济，2012 (9): 5 - 17.

[147] 唐海燕，张会清. 产品内国际分工与发展中国家的价值链提升 [J]. 经济研究，2009 (9): 81 - 93.

[148] 唐宜红，张鹏杨. 中国企业嵌入全球生产链的位置及变动机制研究 [J]. 管理世界，2018 (5): 28 - 46.

[149] 田素华，杨烨超. FDI 进入中国区位变动的决定因素——基于 D-G 模型的经验研究 [J]. 世界经济，2012 (11): 59 - 87.

[150] 田巍，余淼杰. 中间品贸易自由化和企业研发: 基于中国数据的经验分析 [J]. 世界经济，2014 (6): 90 - 112.

[151] 万广华，陆铭，陈钊. 全球化与地区间收入差距: 来自中国的证据 [J]. 中国社会科学，2005 (3): 17 - 26.

[152] 王春云，王亚菲. 数字化资本回报率的测度方法及应用 [J]. 数量经济技术经济研究，2019，36 (12): 123 - 144.

[153] 王娟娟. 新通道贯通"一带一路"与国内国际双循环——基于产业链视角 [J]. 中国流通经济，2020 (10): 3 - 16.

[154] 王可，李连燕. "互联网 +" 对中国制造业发展影响的实证研究 [J]. 数量经济技术经济研究，2018，35 (6): 3 - 20.

[155] 王磊，魏龙. "低端锁定" 还是 "挤出效应"——来自中国制造业 GVCs 就业、工资方面的证据 [J]. 国际贸易问题，2017 (8): 62 - 72.

[156] 王欠欠，夏杰长. 服务业全球价值链位置提升与制造业技术进步 [J]. 世界经济研究，2019 (5): 67 - 79.

[157] 王如忠，郭澄澄. 生产性服务业对制造业的引领作用研究——基于北京、天津、上海三个直辖市的比较分析 [J]. 上海经济，2018 (6): 16 - 28.

[158] 王小鲁，樊纲，胡李鹏. 中国分省份市场化指数报告 [M]. 北京: 社会科学文献出版社，2018.

[159] 王小鲁，樊纲. 中国收入差距的走势和影响因素分析 [J]. 经济研究，2005 (10): 24 - 36.

[160] 王孝成，于津平. 中国制造业行业就业影响因素研究 [J]. 经济评论，2010 (3): 30 - 39.

[161] 王永进，盛丹，施炳展. 基础设施如何提升了出口技术复杂度? [J].

经济研究，2010，45（7）：103－115.

[162] 王直，魏尚进，祝坤福. 总贸易核算法：官方贸易统计与全球价值链的度量 [J]. 中国社会科学，2015（9）：108－127.

[163] 危旭芳，郑志国. 服务贸易对我国 GDP 增长贡献的实证研究 [J]. 财贸经济，2002（4）：75－79.

[164] 卫平，冯春晓. 中国出口商品结构高度化的影响因素研究——基于省际面板数据的实证检验 [J]. 国际贸易问题，2010（10）：24－31.

[165] 魏后凯，贺灿飞，王新. 外商在华直接投资动机与区位因素分析——对秦皇岛市外商直接投资的实证研究 [J]. 经济研究，2001（2）：67－76.

[166] 温忠麟，叶宝娟. 中介效应分析：方法和模型发展 [J]. 心理科学进展，2014（5）：731－745.

[167] 文丰安. 生产性服务业集聚、空间溢出与质量型经济增长——基于中国 285 个城市的实证研究 [J]. 产业经济研究，2018（6）：36－49.

[168] 巫强，刘志彪. 长三角统一市场的内外开放与有序竞争 [J]. 现代经济探讨，2014（12）：29－33.

[169] 吴福象，刘志彪. 城市化群落驱动经济增长的机制研究：来自长三角 16 城市的经验证据 [J]. 经济研究，2008（11）：126－136.

[170] 吴福象. 跨国公司制造业垂直分离 [M]. 南京：南京大学出版社，2009.

[171] 武力超，张馨月，童欢欢. 金融服务部门开放对制造业企业技术创新影响 [J]. 财贸经济，2019，40（4）：116－129.

[172] 夏杰长. 高新技术产业与现代服务业融合发展研究 [M]. 北京：经济管理出版社，2008：76－93.

[173] 肖挺. 制造业国际贸易对服务化就业结构变迁影响的实证研究 [J]. 世界经济研究，2016（11）：101－112.

[174] 肖宇，夏杰长，倪红福. 中国制造业全球价值链攀升路径 [J]. 数量经济技术经济研究，2019（11）：40－59.

[175] 谢慧，黄建忠. 服务业管制改革与制造业生产率——基于三水平多层模型的研究 [J]. 国际贸易问题，2015，386（2）：94－102.

[176] 徐康宁，王剑. 美国在华直接投资的决定因素分析（1983—2000）[J]. 中国社会科学，2002（5）：66－77.

[177] 徐伟呈，范爱军. 中国制造业就业和工资的影响因素研究——来自细分行业的经验证据 [J]. 南开经济研究，2017（4）：105－124.

[178] 许和连，成丽红，孙天阳. 制造业投入服务化对企业出口国内增加值的

提升效应——基于中国制造业微观企业的经验研究 [J]. 中国工业经济, 2017 (10)：62－80.

[179] 许家云. 互联网如何影响工业结构升级？——基于互联网商用的自然实验 [J]. 统计研究, 2019, 36 (12)：55－67.

[180] 宣烨, 余泳泽. 生产性服务业集聚对制造业企业全要素生产率提升研究——来自230个城市微观企业的证据 [J]. 数量经济技术经济研究, 2017 (2)：89－104.

[181] 宣烨. 生产性服务业空间集聚与制造业效率提升——基于空间外溢效应的实证研究 [J]. 财贸经济, 2012 (4)：121－128.

[182] 闫逢柱, 苏李, 乔娟. 产业集聚发展与环境污染关系的考察——来自中国制造业的证据 [J]. 科学学研究, 2011 (1)：79－83, 120.

[183] 杨浩昌, 李廉水, 刘军. 科技创新与制造业就业 [J]. 经济问题探索, 2016 (3)：108－115.

[184] 杨玲. 生产性服务进口贸易促进制造业服务化效应研究 [J]. 数量经济技术经济研究, 2015, 32 (5)：37－53.

[185] 杨仁发, 刘纯彬. 中国生产性服务业FDI影响因素实证研究 [J]. 国际贸易问题, 2012 (11)：107－116.

[186] 杨仁发. 产业集聚与地区工资差距——基于我国269个城市的实证研究 [J]. 管理世界, 2013 (8)：41－52.

[187] 杨武, 李升. 税收征管不确定性与外商直接投资：促进还是抑制 [J]. 财贸经济, 2019 (11)：50－65.

[188] 姚洋, 张晔. 中国出口品国内技术含量升级的动态研究——来自全国及江苏省、广东省的证据 [J]. 中国社会科学, 2008 (2)：67－82.

[189] 姚战琪. SFDI与经济增长——基于中国的实证分析 [J]. 财贸经济, 2012 (6)：89－96.

[190] 于斌斌. 生产性服务业集聚能提高制造业生产率吗？——基于行业、地区和城市异质性视角的分析 [J]. 南开经济研究, 2017 (2)：112－132.

[191] 于明远, 范爱军. 生产性服务嵌入与中国制造业国际竞争力提升 [J]. 当代经济科学, 2019, 41 (2)：88－96.

[192] 余东华, 吕逸楠. 政府不当干预与战略性新兴产业产能过剩——以中国光伏产业为例 [J]. 中国工业经济, 2015 (10)：53－68.

[193] 余淼杰. "大变局"与中国经济"双循环"发展新格局 [J]. 上海对外经贸大学学报, 2020 (6)：19－28.

[194] 俞会新，薛敬孝. 中国贸易自由化对工业就业的影响 [J]. 世界经济，2002 (10)：10 - 13.

[195] 袁淳，肖土盛，耿春晓，盛誉. 数字化转型与企业分工：专业化还是纵向一体化 [J]. 中国工业经济，2021 (9)：137 - 155.

[196] 袁志刚，高虹. 中国城市制造业就业对服务业就业的乘数效应 [J]. 经济研究，2015 (7)：30 - 41.

[197] 詹晓宁，欧阳永福. 数字经济下全球投资的新趋势与中国利用外资的新战略 [J]. 管理世界，2018，34 (3)：78 - 86.

[198] 张诚，赵奇伟. 中国服务业外商直接投资的区位选择因素分析 [J]. 财经研究，2008 (12)：38 - 52.

[199] 张川川. 地区就业乘数：制造业就业对服务业就业的影响 [J]. 世界经济，2015 (6)：70 - 87.

[200] 张杰，陈志远，刘元春. 中国出口国内附加值的测算与变化机制 [J]. 经济研究，2013 (10)：124 - 137.

[201] 张军，施少华. 中国经济全要素生产率变动：1952 - 1998 [J]. 世界经济文汇，2003 (2)：17 - 24.

[202] 张军，吴桂英，张吉鹏. 中国省际物质资本存量的估算 [J]. 经济研究，2004 (10).

[203] 张可. 区域一体化有利于减排吗？[J]. 金融研究，2018 (1)：67 - 83.

[204] 张学良. 中国交通基础设施促进了区域经济增长吗——兼论交通基础设施的空间溢出效应 [J]. 中国社会科学，2012 (3)：60 - 77，206.

[205] 张亚斌，吴小波，曾铮. 工资变动影响中国制造业出口部门就业的机理分析 [J]. 中国人口科学，2006 (5)：14 - 22，95.

[206] 张艳，唐宜红，周默涵. 服务贸易自由化是否提高了制造业企业生产效率 [J]. 世界经济，2013 (11)：51 - 71.

[207] 赵蓉，赵立祥，苏映雪. 全球价值链嵌入、区域融合发展与制造业产业升级——基于双循环新发展格局的思考 [J]. 南方经济，2020 (10)：1 - 19.

[208] 赵涛，张智，梁上坤. 数字经济、创业活跃度与高质量发展——来自中国城市的经验证据 [J]. 管理世界，2020，36 (10)：65 - 76.

[209] 赵伟，张萃. FDI 与中国制造业区域集聚：基于 20 个行业的实证分析 [J]. 经济研究，2007 (11)：82 - 90.

[210] 郑万吉，叶阿忠. 城乡收入差距、产业结构升级与经济增长——基于半参数空间面板 VAR 模型的研究 [J]. 经济学家，2015 (10)：61 - 67.

［211］周大鹏. 制造业服务化对产业转型升级的影响［J］. 世界经济研究，2013（9）：17 - 22.

［212］周国富，陈菡彬. 产业结构升级对城乡收入差距的门槛效应分析［J］. 统计研究，2021（2）.

［213］周静. 生产性服务业的发展模式［J］. 财经科学，2014（11）：102 - 109.

［214］周立群，夏良科. 区域经济一体化的测度与比较：来自京津冀、长三角和珠三角的证据［J］. 江海学刊，2010（4）：81 - 87.

［215］周念利，包雅楠. 数字服务贸易限制性措施对制造业服务化水平的影响测度：基于 OECD 发布 DSTRI 的经验研究［J］. 世界经济研究，2021（6）：32 - 45，135 - 136.

［216］祝树金，戢璇，傅晓岚. 出口品技术水平的决定性因素：来自跨国面板数据的证据［J］. 世界经济，2010，33（4）：28 - 46.

二、英文参考文献

［1］Abraham F, Konings J, Slootmaekers V. FDI Spillovers in the Chinese Manufacturing Sector：Evidence of Firm Heterogeneity［J］. Economics of Transition, 2010, 18 (1)：143 - 182.

［2］Aghion P, Howitt P. A Model of Growth Through Creative Destruction［J］. Econometrica, 1992, 60 (2)：323 - 351.

［3］Aghion P. Growth and Development：A Schumpeterian Approach［J］. Annals of Economics and Finance, 2004, 5 (1)：1 - 25.

［4］Ahamed Z, Inohara T, Kamoshida A. The Servitization of Manufacturing：An Empirical Case Study of IBM Corporation［J］. International Journal of Business Administration, 2013, 4 (2)：18 - 26.

［5］Aitken B, Harrison A. Do Domestic Firms Benefit from Direct Foreign Investment?［J］. American Economic Review, 1999, 89：605 - 618.

［6］Amiti M, Konings J. Trade Liberalization, Intermediate Inputs and Productivity：Evidence from Indonesia［J］. American Economic Review, 2007, 97 (5)：1611 - 1638.

［7］Amiti M, Wei S J. Service Offshoring and Productivity：Evidence from the US［J］. World Economy, 2009, 32 (2)：203 - 220.

［8］Anand R, Mishra S, Spatafora N. Structural Transformation and the Sophistication of Production［R］. IMF working paper, No. 59, 2012.

[9] Anderson M. Co-location of Manufacturing& Producer Services: A Simultaneous Equation Approach [R]. Working Paper, 2004.

[10] Ann M, Vicky G. Multipolarity and the Layering of Functions in World Cities: New York City's Struggle to Stay on Top [J]. International Journal of Urban and Regional Research, 1994, 18 (2): 167 – 193.

[11] Antras P, Chor D. On The Measurement of Upstreamness and Downstreamness in Global Value Chains [R]. NBER Working Paper No. 24185, 2018.

[12] Antras P. Conceptual Aspects of Global Value Chains [R]. NBER Working Paper No. 26539, 2019.

[13] Arellano M, Bover O. Another Look at the Instrumental Variable Estimation of Error-components Models [J]. Journal of Econometrics, 1995, 68 (1): 29 – 51.

[14] Arnold J M, Javorcik B S, Mattoo A. Does Services Liberalization Benefit Manufacturing Firms? Evidence from the Czech Republic [J]. Journal of International Economics, 2011, 85 (1): 136 – 146.

[15] Arnold J M, Mattoo A, Narciso G. Services Inputs and Firm Productivity in Sub-Saharan Africa: Evidence from Firm-Level Data [J]. Journal of African Economies, 2008, 17 (4): 578 – 599.

[16] Arrow K J. The Economic Implications of Learning by Doing [J]. The Review of Economic Studies, 1962, 29 (3): 155 – 173.

[17] Arrow K, Kurz M. Public Investment, the Rate of Return, and Optimal Fiscal Policy [M]. Baltimore: John Hopkins Press, 1970.

[18] Aslesen H W, Isaksen A. Knowledge Intensive Business Services and Urban Industrial Development [J]. Service Industries Journal, 2007 (3): 321 – 338.

[19] Audretsch D B, Feldman M P. Innovation in Cities: Science-based Diversity, Specialization and Localized Competition [R]. CEPR discussion papers, 1998, 43 (2): 409 – 429.

[20] Autor D H, Dorn D. The Growth of Low-skill Service Jobs and the Polarization of the US Labor Market: Dataset [J]. American Economic Review, 2013, 103 (5): 1553 – 1597.

[21] Baines T, Lightfoot H, Smart P. Servitization within Manufacturing [J]. Journal of Manufacturing Technology Management, 2011.

[22] Bala R, Matthew Y. The Determinants of Foreign Direct Investment in Services [J]. The World Economy, 2010, 33 (4): 573 – 596.

［23］ Baldwin R E, Martin P. Agglomeration and Regional Growth ［J］. Handbook of Regional and Urban Economics, 2004 （4）: 2671 – 2711.

［24］ Baldwin R. The Great Convergence: Information Technology and the New Globalization ［M］. Harvard University Press, 2016.

［25］ Baron R M, Kenny D A. The Moderator-mediator Variable Distinction in Social Psychological Research: Conceptual, Strategic, and Statistical Considerations ［J］. Journal of Personality and Social Psychology, 1986, 51 （6）: 1173 – 1182.

［26］ Barro R J, Lee J W. International Measures of Schooling Years and Schooling Quality ［J］. American Economic Review, 1996, 86 （2）: 218 – 233.

［27］ Barro R J, Sala-I-Martin X. Economic Growth ［M］. Massachusetts Institute of Technology, 2004.

［28］ Barro R J. Government Spending in a Simple Model of Endogenous Growth ［J］. Journal of Political Economy, 1990, 98 （5）: 103 – 126.

［29］ Baumol W J. Macroeconomics of Unbalanced Growth: The Anatomy of Urban Crises ［J］. American Economic Review, 1967, 57 （3）: 415 – 426.

［30］ Beck T, Levine R, Loayza N. Finance and the sources of growth ［J］. Journal of Financial Economics, 2000, 58 （2）: 261 – 300.

［31］ Benjamin N. Does FDI in Manufacturing Cause FDI in Business Services? Evidence from French Firm – level Data ［J］. The Canadian Journal of Economics, 2010, 43 （1）: 180 – 203.

［32］ Bernard A B, et al. Multi-Product Firms and Product Switching ［J］. American Economic Review, 2010, 100 （1）: 70 – 97.

［33］ Blanc-Brude F, Cookson G, Piesse J, et al. The FDI Location Decision: Distance and the Effects of Spatial Dependence ［J］. International Business Review, 2014, 23 （4）: 797 – 810.

［34］ Blundell R, Bond S. Initial Conditions and Moment Restrictions in Dynamic Panel Data Models ［J］. Journal of Econometrics, 1998, 87 （1）: 115 – 143.

［35］ Borensztein E, De Gregorio J, Lee J W. How does Foreign Direct Investment Affect Economic Growth? ［J］. Journal of international Economics, 1998, 45 （1）: 115 – 135.

［36］ Bougheas S S, Demetriades P O, Mamuneas T P. Infrastructure, Specialization, and Economic Growth ［J］. Canadian Journal of Economics, 2000, 33: 506 – 522.

［37］ Breinlich H, Criscuolo C. International Trade in Services: A Portrait of Importers and Exporters [J]. Journal of International Economics, 2011, 84 (2): 188 – 206.

[38] Breinlich H, Soderbery A, Wright G C. From Selling Goods to Selling Services: Firm Responses to Trade Liberalization [J]. American Economic Journal: Economic Policy, 2018, 10 (4): 79 – 108.

[39] Broadman H G, Sun X. The Distribution of Foreign Direct Investment in China [J]. The World Economy, 1997 (20): 339 – 361.

[40] Bruno M. Estimation of Factor Contribution to Growth under Structural Disequilibrium [J]. International Economic Review, 1968, 9 (1): 49 – 61.

[41] Brynjolfsson E, Saunders A. Wired for Innovation: How Information Technology in Reshaping the Economy [M]. Massachusetts Institute of Technology, 2010.

[42] Brülhart M, Mathys N A. Sectoral Agglomeration Economies in a Panel of European Regions [J]. Regional Science and Urban Economics, 2008, 38 (4): 348 – 362.

[43] Brülhart M, Sbergami F. Agglomeration and Growth: Cross-country Evidence [J]. Journal of Urban Economics, 2009, 65 (1): 48 – 63.

[44] Carr D L, Markusen J R, Maskus K E. Estimating the Knowledge-capital Model of the Multinational Enterprise [J]. American Economic Review, 2001, 91 (3): 693 – 708.

[45] Caves R E. Industrial Corporations: The Industrial Economics of Foreign Investment [J]. Economica, 1971 (38): 1 – 27.

[46] Cheng L K, Kwan Y K. What are the Determinants of the Location of Foreign Direct Investment? The Chinese Experience [J]. Journal of International Economics, 2000, 51 (2): 379 – 400.

[47] Choi C. The Effect of the Internet on Service Trade [J]. Economics Letters, 2010, 109 (2): 102 – 104.

[48] Ciccone A, Hall R E. Productivity and the Density of Economic Activity [J]. American Economic Review, 1996, 86 (1).

[49] Ciccone A. Agglomeration Effects in Europe [J]. European Economic Review, 2002, 46 (2): 213 – 227.

[50] Coase R H. The Nature of the Firm [J]. Economica, 1937, 4 (16): 386 – 405.

[51] Coe D T, Helpman E, Hoffmaister A. W. International R&D Spillovers and Institutions [J]. European Economic Review, 2009, 53 (7): 723 – 741.

［52］ Coe D T, Helpman E. International R&D Spillovers ［J］. European Economic Review, 1995, 39 （5）: 859 – 887.

［53］ Cohen J P, Paul C J M. Public Infrastructure Investment, Interstate Spatial Spillovers, and Manufacturing Costs ［J］. Review of Economics and Statistics, 2004, 86: 551 – 560.

［54］ Crozet M, Milet E. Should Everybody be in Services? The Effect of Servitization on Manufacturing Firm Performance ［J］. Journal of Economics & Management Strategy, 2017, 26 （4）: 820 – 841.

［55］ Dachs B, Biege S, Borowiecki M, et al. The Servitization of European Manufacturing Industries ［R］. MPRA Paper, No. 38873, 2012.

［56］ Daude C, Stein E. The Quality of Institutions and Foreign Direct Investment ［J］. Economics & Politics, 2007, 19 （3）: 317 – 344.

［57］ Deardorff A V. Comparative Advantage and International trade and Investment in Services ［M］. Fishman – Davidson Center for the Study of the Service Sector, the Wharton School, University of Pennsylvania, 1985.

［58］ Deardorff A V. International Provision of Trade Services, Trade, and Fragmentation ［J］. Review of International Economics, 2001, 9 （2）: 233 – 248.

［59］ Dixon R J, Thirlwall A P. A Model of Regional Growth-Rate Differences along Kaldorian Lines ［J］. Oxford Economics Papers, 1975 （527）: 201 – 214.

［60］ Dollar D, Kraay A. Trade, growth, and poverty ［J］. The Economic Journal, 2004, 114 （493）: 22 – 49.

［61］ Donoghue D, Gleave B. A Note on Methods for Measuring Industrial Agglomeration ［J］. Regional Studies, 2004, 38 （4）: 419 – 427.

［62］ Doytch N, Uctum M. Does the Worldwide Shift of FDI from Manufacturing to Services Accelerate Economic Growth? A GMM Estimation Study ［J］. Journal of International Money and Finance, 2011, 30 （3）: 410 – 427.

［63］ Dunning J H, Sarianna L M. The Geographical Sources of Competitiveness of Multinational Enterprises: An Econometric Analysis ［J］. International Business Review, 1998, 7 （2）: 115 – 133.

［64］ Dunning J H. The Eclectic Paradigm of International Production: A Restatement and Some Possible Extensions ［J］. Journal of International Business Studies, 1988, 19 （1）: 1 – 31.

［65］ Dunning J. Multinational Enterprises and the Growth of Service: Some Conceptual and Theoretical Issues [J]. The Service Industries Journal, 1989 (9): 5 – 391.

[66] Edwin L, Lai C. International Intellectual Property Rights Protection and the Rate of Product Innovation [J]. Journal of Development Economics, 1998, 55 (1): 133 – 153.

[67] Ellison G, Glaeser E L, Kerr W R . What Causes Industry Agglomeration? Evidence from Coagglomeration Patterns [J]. American Economic Review, 2010, 100 (3): 1195 – 1213.

[68] Eschenbach F, Hoekman B. Services Trade and FDI in Eastern Europe and Central Asia [R]. World Bank working paper, 2005.

[69] Feder G. On Exports and Economic Growth [J]. Journal of Development Economics, 1982, 12: 59 – 73.

[70] Fernandes A M, Paunov C. Foreign Direct Investment in Services and Manufacturing Productivity: Evidence for Chile [J]. Journal of Development Economics, 2012, 97 (2): 305 – 321.

[71] Francois J F. Trade in Producer Services and Returns due to Specialization under Monopolistic Competition [J]. Canadian Journal of Economics, 1990, 23 (1): 109 – 124.

[72] Francois J. Producer Services, Scales, and the Division of Labor [J]. Oxford Economic Papers, 1990, 42: 715 – 729.

[73] Fujita M, Krugman P, Venables A J. The Spatial Economy, Cities, Regions and International Trade [M]. MIT Press, 1999.

[74] Gerhard G, Ravikumar B. Public Investment in Infrastructure in a Simple Growth Model [J]. Journal of Economic Dynamics and Control, 1994, 18: 1173 – 1187.

[75] Glaeser E L, Kallal H D, Scheinkman J A, et al. Growth in Cities [J]. Journal of Political Economy, 1992, 100 (6): 1126 – 1152.

[76] Glasmeier A, Howland M. Service-led Rural Development: Definitions Theories and Empirical Evidence [J]. International Regional Science Review, 1994, 16: 197 – 229.

[77] Greenaway D, Hine R, Wright P. An Empirical Assessment of the Impact of Trade on Employment in the United Kingdom [J]. European Journal of Political Economy, 1999, 15 (3): 485 – 500.

[78] Grosse R, Trevino L J. Foreign Direct Investment in the United States: An

Analysis by Country of Origin [J]. Journal of International Business Studies, 1996 (27): 139 – 155.

[79] Grossman G M, Helpman E. Innovation and Growth in the Global Economy [M]. Cambridge: MIT Press, 1991.

[80] Grossman G M, Rossi-Hansberg E. Trading Tasks: A Simple Model of Offshoring [J]. American Economic Review, 2008, 98 (5): 1978 – 1997.

[81] Grossman G M, Maggi G. Diversity And Trade [J]. American Economic Review, 2000, 90 (5): 1255 – 1275.

[82] Guerrieri P. Technology and International Competitiveness: The Interdependence Between Manufacturing and Producer Services [J]. Structural Change and Economic Dynamics, 2005 (16): 489 – 502.

[83] Gwartney J D, Lawson R A, Holcombe R G. Economic Freedom and the Environment for Economic Growth [J]. Journal of Institutional and Theoretical Economics, 1999, 115 (4): 643 – 663.

[84] Hall R E, Jones C I. Why Do Some Countries Produce So Much More Output Per Worker than Others? [J]. The Quarterly Journal of Economics, 1999, 114 (1): 83 – 116.

[85] Harding T, Javorcik B. A Touch of Sophistication: FDI and Unit Values of Exports [R]. CEPR Discussion Papers, 2009 (12).

[86] Hausmann R, Hwang J, Rodrik D. What You Export Matters [J]. Journal of Economic Growth, 2007, 12 (1): 1 – 25.

[87] Head K, Mayer T. Non – Europe: The Magnitude and Causes of Market Fragmentation in the EU [J]. Review of World Economics, 2000, 136 (2): 284 – 314.

[88] Helpman E, Krugman P. Market Structure and Foreign Trade: Increasing Returns, Imperfect Competition, and the International Economy [M]. Cambridge, Mass: MIT Press, 1985.

[89] Helpman E. Innovation, Imitation, and Intellectual Property Rights [J]. Econometric, 1993, 61 (6): 1247 – 1280.

[90] Henderson J V. Marshall's Scale Economies [J]. Journal of Urban Economics, 2003, 53 (1): 1 – 28.

[91] Heuser C, Mattoo A. Services Trade and Global Value Chains [Z]. World Bank Policy Research, working paper, No. 8126, 2017.

[92] Hoekman B. Trade in Services, Trade Agreements and Economic Development:

A Survey of the Literature [R]. CEPR Discussion Paper, 2006.

[93] Holtz-Eakin D, Lovely M E. Scale Economies, Return to Variety, and the Productivity of Public Infrastructure [J]. Regional Science and Urban Economics, 1996, 26: 105 – 123.

[94] Jacobs J. The Economy of Cities [M]. Vintage Books: A Division of Random House, 1969.

[95] Jaffe A B. Technological Opportunity and Spillovers of R&D: Evidence from Firm's Patent, Profits, and Market Value [J]. American Economic Review, 1986, 76 (5): 984 – 1001.

[96] Johansson Å, Olaberria E. Long – term Patterns of Trade and Specialisation [R]. OECD Economic Department Working Papers, No. 136, 2014.

[97] Jones R W, Kierzkowski H. The Role of Services in Production and International Trade: A Theoretical Framework [R]. University of Rochester—Center for Economic Research (RCER) working paper, 1988, 165: 1485 – 1486.

[98] Jones R W, Kierzkowski H. Horizontal Aspects of Vertical Fragmentation [M] // Cheng L K, Kierzkowski H. Global Production and Trade in East Asia. Springer, 2001: 33 – 51.

[99] Juleff L E. Advanced Producer Services: Just a Service to Manufacturing [J]. Service Industries Journal, 1996, 16 (3): 389 – 400.

[100] Keeble D, Bryson J, Wood P. Small Firms, Business Service Growth and Regional Development in the UK: Some Empirical Findings [J]. Regional Studies the Journal of the Regional Studies Association, 1991, 25 (5): 439 – 457.

[101] Keller W. International Technology Diffusion [J]. Journal of Economic Literature, 2004, 42 (3): 752 – 782.

[102] Khoury E, Antoine C, Savvides A. Openness in Services Trade and Economic Growth [J]. Economics Letters, 2006, 92 (2): 277 – 283.

[103] Kolstad I, Villanger E. Determinants of Foreign Direct Investment in Services [J]. European Journal of Political Economy, 2008, 24 (2): 518 – 533.

[104] Konan D, Maskus K. Quantifying the Impact of Services Liberalization in a Developing Country [J]. Journal of Development Economics, 2006, 81 (11): 142 – 162.

[105] Koopman R, Wang Z, Wei S. Tracing Value – Added and Double Counting in Gross Exports [J]. American Economic Review, 2014, 104 (2): 459 – 494.

[106] Krugman P. Geography and Trade [M]. Cambridge, Mass.: MIT Press,

1991.

[107] Krugman P. Scale Economies, Product Differentiation, and the Pattern of Trade [J]. American Economic Review, 1980, 70 (5): 950 - 959.

[108] Kurata H. Location Choice, Competition, and Welfare in Nontradable Service FDI [J]. International Review of Economics and Finance, 2009 (18): 20 - 25.

[109] Kuznets S. Economic Growth and Income Inequality [J]. American Economic Review, 1955, 45 (1): 1 - 28.

[110] Lachenmaier S, Rottmann H. Effects of Innovation on Employment: A Dynamic Panel Analysis [J]. International Journal of Industrial Organization, 2011, 29 (2): 210 - 220.

[111] Lai E. International Intellectual Property Rights Protection and the Rate of Product Innovation [J]. Journal of Development Economics, 1998, 55: 133 - 153.

[112] Lall S, Weiss J, Zhang J. The "Sophistication" of Exports: A New Trade Measure [J]. World Development, 2006, 34 (2): 324 - 404

[113] Latif Z, Yang M, et al. The Dynamics of ICT, Foreign Direct Investment, Globalization and Economic Growth: Panel Estimation Robust to Heterogeneity and Cross-sectional dependence [J]. Telematics & Informatics, 2018, 35 (2): 318 - 328.

[114] Lee J. Trade, FDI, and Productivity Convergence: A Dynamic Panel Data Approach in 25 Countries [J]. Japan and the World Economy, 2009 (21): 226 - 238.

[115] Lichtenberg F R, van Pottelsberghe de la Potterie B. International R&D Spillovers: A Comment [J]. European Economic Review, 1998, 42 (8): 1483 - 1491.

[116] Liu X, Mattoo A, Wang Z, Wei S. Services Development and Comparative Advantage in Manufacturing [R]. NBER Working Paper No. 26542, 2019.

[117] Lodefalk M. Servicification of Firms and Trade Policy Implications [J]. World Trade Review, 2017, 16 (1): 59 - 83.

[118] Long V N, Riezman R, Soubeyran A. Fragmentation and Services [J]. The North American Journal of Economics and Finance, 2005, 16 (1): 137 - 152.

[119] Lucas R E. On The Mechanics of Economic Development [J]. Journal of Monetary Economics, 1988, 22 (1): 3 - 42.

[120] Madsen J B. Technology Spillover through Trade and TFP Convergence: 135 years of Evidence for the OECD Countries [J]. Journal of International Economics, 2007, 72 (2): 464 - 480.

[121] Markusen J R, Rutherford T, Tarr D. Trade and Direct Investment in Producer Services and the Domestic Market for Expertise [J]. Canadian Journal of Economics, 2005, 38 (3): 758 – 777.

[122] Markusen J R. Trade in Producer Services and in Other Specialized Intermediate Inputs [J]. American Economic Review, 1989, 79 (1): 85 – 95.

[123] Marrewijk C. Producer Services, Comparative Advantage, and International Trade Patterns [J]. Journal of International Economics, 1997, 42 (1): 195 – 220.

[124] Marshall A. Principles of Economics [M]. London: Macmilan, 1920.

[125] Michael W, Christopher S. "High Order" Producer Service in Metropolitan Canada: How Footloose are They? [J]. Regional Studies, 2003, 37 (5): 469 – 490.

[126] Miroudot S, Cadestin C. Services In Global Value Chains: From Inputs to Value-Creating Activities [R]. OECD Trade Policy Papers No. 197, 2017.

[127] Mishra S, Lundstrom S, Anand R. Service Export Sophistication and Economic Growth [R]. Policy Research Working Paper Series, No. 5606, The World Bank, 2011.

[128] Moshirian F. Foreign Direct Investment in Insurance Services in the United States [J]. Journal of Multinational Financial Management, 1997 (7): 159 – 173.

[129] Muller E, Zenker A. Business Services as Actors of Knowledge Transformation: The Role of KIBS in Regional and National Innovation Systems [J]. Research Policy, 2001 (30): 1501 – 1516.

[130] Nadia D, Merih U. Does the Worldwide Shift of FDI from Manufacturing to Services Accelerate Economic Growth? [J]. Department of Economics and Finance, 2011, 30: 410 – 427.

[131] Nielsen B B, Asmussen C G, Weatherall C D. The Location Choice of Foreign Direct Investments: Empirical Evidence and Methodological Challenges [J]. Journal of World Business, 2017, 52 (1): 62 – 82.

[132] Nordas H. The Impact of Services Trade Liberalization on Trade in Non – Agricultural Products [Z]. OECD Trade Policy Paper No. 81, OECD Publishing, 2008.

[133] Oulton N. Must the Growth Rate Decline? Baumol's Unbalanced Growth Revisited [J]. Oxford Economic Papers, 2001, 53 (4): 605 – 627.

[134] Pace R K, Lesage J P. A Sampling Approach to Estimate the Log Determinant used in Spatial Likelihood Problems [J]. Journal of Geographical Systems, 2009, 11 (3): 209 – 225.

[135] Paolo G, Valentina M. Technology and International Competitiveness: The Interdependence between Manufacturing and Producer Services [J]. Structural Change and Economic Dynamics, 2005, 16 (4): 489 – 502.

[136] Park W, Lippoldt D. International Licensing and the Strengthening of Intellectual Property Rights in Developing Countries During the 1990s [J]. OECD Economic Studies, 2005: 7 – 48.

[137] Parsley D C, Wei S J. Limiting Currency Volatility to Stimulate Goods Market Integration: A Price Based Approach [R]. NBER Working Paper, No. 8468, 2001.

[138] Pugno M. The Service Paradox and Endogenous Economic Growth [J]. Structural Change and Economic Dynamics, 2006, 17 (1): 99 – 115.

[139] Raff H, Ruhr M V. Foreign Direct Investment in Producer Services: Theory and Empirical Evidence [R]. CESifo Working Paper, 2001, No. 598.

[140] Ramsey F P. A Mathematical Theory of Saving [J]. The Economic Journal, 1928, 38 (152): 543 – 559.

[141] Riedl A. Location Factors of FDI and the Growing Services Economy-Evidence for Transition Countries [J]. Economics of Transition, 2010, 18 (4): 741 – 761.

[142] Robinson S, Wang Z, Martin W. Capturing the implications of services trade liberalization [J]. Economic Systems Research, 2002, 14 (1): 3 – 33.

[143] Rodrik D. What's so special about China's Exports? [J]. China & World Economy, 2006, 14 (5): 1 – 19.

[144] Romer P M. Endogenous Technological Change [J]. Journal of Political Economy, 1990, 98 (5): 71 – 102.

[145] Romer P M. Growth Based on Increasing Returns Due to Specialization [J]. American Economic Review, Papers and Proceedings, 1987, 77 (2): 56 – 62.

[146] Roy R, Shehab E, Tiwari A, et al. The Servitization of Manufacturing [J]. Journal of Manufacturing Technology Management, 2009, 20 (5): 547 – 567.

[147] Sabi M. An Application of the Theory of Foreign Direct Investment to Multinational Banking in LDCs [J]. Journal of International Business Studies, 1988 (19): 433 – 447.

[148] Sasaki H. Endogenous Phase Switch in Baumol's Service Paradox Model [J]. Structural Change and Economic Dynamics, 2012, 23 (1): 25 – 35.

[149] Schott P. The Relative Sophistication of Chinese Exports [J]. Economic Policy, 2008, 1: 5 – 49.

[150] Sim N C S. International Production Sharing and Economic Development: Moving Up the Value-chain for a Small-open Economy [J]. Applied Economics Letters, 2004, 11 (14): 885 – 889.

[151] Sobel M E. Direct and Indirect Effects in Linear Structural Equation Models [J]. Sociological Methods & Research, 1987, 16 (1): 155 – 176.

[152] Szalavetz A. Tertiarization' of Manufacturing Industry in the New Economy-experiences in Hungarian Companies [R]. Institute for World Economics of the Hungarian Academy of Sciences, 2003.

[153] Timmer M P, Erumban A A, Los B, et al. Slicing Up Global Value Chains [J]. Journal of Economic Perspectives , 2014, 28 (2): 99 – 118.

[154] Tordoir P. The Professional Knowledge Economy: The Management and Integration of Professional Services in Business Organizations [M]. Boston: Kluwer Academic Publishers, 1995.

[155] Uzawa H. Neutral Inventions and the Stability of Growth Equilibrium [J]. Review of Economic Studies, 1961, 28 (2): 117 – 124.

[156] Vandermerwe S, Rada J. Servitization of Business: Adding Value by Adding Services [J]. European management journal, 1988, 6 (4): 314 – 324.

[157] Venables A J. Productivity in Cities: Self-selection and Sorting [J]. Journal of Economic Geography, 2011, 11 (2): 241 – 251.

[158] Vincenti D. C. Baumol's Disease: Production Externalities and Productivity Effects of Inter-sectoral Transfers [J]. Metroeconomica, 2007, 58 (3): 396 – 412.

[159] Walmsley T, Winters L A. Relaxing the Restrictions on the Temporary Movement of Natural Persons: A Simulation Analysis [R]. CEPR Discussion Paper, 2002.

[160] Wang Z, Wei S, Zhu K, Characterizing Global Value Chains: Production Length and Upstreamness [R]. NBER Working Paper No. 23261, 2017.

[161] Williamson J G. Regional Inequality and the Process of National Development: A Description of the Patterns [J]. Economic Development and Cultural Change, 1965, 13 (4).

[162] Windrum P, Tomlinson M. Knowledge-intensive Services and International Competitiveness: A Four Country Comparison [J]. Technology Analysis & Strategic Management, 1999 (3): 391 – 408.

[163] Xu X. Have the Chinese Provinces Become Integrated Under Reform? [J]. China Economic Review, 2002, 13 (2 – 3): 116 – 133.

［164］Zeithaml V A, Parasuraman A P, Berry L. Problems and Strategies in Service Marketing ［J］. Journal of Marketing, 1985, 49 (2): 33 –46.

［165］Zuniga P, Crespi G. Innovation Strategies and Employment in Latin American Firms ［J］. Structural Change and Economic Dynamics, 2013, 24: 1 –17.

后　记

　　本书是在我主持和承担的教育部人文社会科学重点研究基地重大招标项目"长三角地区生产者服务与制造业互动发展与全面升级：理论、实证与政策研究"基础上形成的研究成果。

　　课题研究借助于南京大学长江三角洲经济社会发展研究中心等科研平台，成员主要由我和南京大学商学院相关领域教授以及曾在南京大学深造的其他高校科研骨干老师组成，包括：南京大学商学院产业经济学系主任、教授、博士生导师吴福象，南京大学博士和清华大学博士后、南京大学商学院国际经济贸易系副教授李剑，南京大学博士、南京财经大学教授唐保庆，南京大学博士、山东大学副教授马卫红，南京大学博士、湘潭大学教授高静，南京大学博士、南京邮电大学副教授王晶晶，南京大学博士和复旦大学博士后、江苏省社科院助理研究员于诚，南京大学博士、上海对外经贸大学讲师硕导姜悦，南京大学博士和复旦大学博士后、安徽财经大学讲师硕导郭卫军，南京大学博士、南京晓庄学院李浩等。

　　按照我设计的课题方案和相关研究方向，课题首先进行各子课题研究，并形成系列中期研究成果，先后在《经济学（季刊）》《经济学动态》《经济理论与经济管理》《统计研究》《国际贸易问题》《世界经济研究》《产业经济研究》等权威或核心学术期刊上发表论文二十多篇。本书是在课题研究基础上，进一步补充和完善而成。各章作者具体如下：前言，黄繁华；第一章，黄繁华、马卫红；第二章，马卫红、黄繁华、纪洁；第三章，李剑；第四章，黄繁华；第五章，吴福象；第六章，于诚、林思宇；第七章，黄繁华、谢丽娟、赵冲；第八章，黄繁华、纪洁；第九章，王晶晶、黄繁华、于诚；第十章，王晶晶、黄繁华；第十一章，黄繁华、郭卫军；第十二章，郭卫军、黄繁华；第十三章，李浩、黄繁华；第十四章，王晶晶、黄繁华；第十五章，高静、黄繁华；第十六章，唐保庆；第十七章，于诚、黄繁华；第十八章，姜悦、黄繁华；第十九章，唐保庆；第二十章，黄繁华、项圆心、刘慧；第二十一章，于诚、黄繁华；第二十二章，李浩、黄繁华；第二十三章，黄繁华、余小雪；第二十四章，黄繁华、李浩；第二十五章，黄繁华、姜悦；第二十六章，黄繁华、王晶晶；第二十七章，唐保庆、黄繁华；第二十八章，王晶晶、黄繁华；第二十九章，黄繁华。在各章完成后，由我对全书内容进行通稿、修改和定稿。

感谢参加课题研究和书稿撰写的各位专家，感谢南京大学商学院教授、博士生导师和产业经济学系副主任巫强对课题的支持，感谢经济科学出版社初少磊、尹雪晶对本书出版付出的辛勤劳动。由于生产性服务业和制造业互动融合发展及效应的复杂性，同时也限于作者的研究水平，书中肯定还有许多不足之处，欢迎有关专家学者批评指正。

黄繁华

2022 年 12 月